U0153983

大家受啟發的大家身影

走過，必留下足跡；畢生行旅，彩繪了閱歷，也孕育了思想！人類文明因之受到滋潤，甚至改變，永遠持續！

將其形諸圖文，不只**啟人尋思**，也便**尋根與探究**。

昨日的行誼，即是今日的史料；不只是傳記，更多的是思想的顯影。一生浮萍，終將漂逝，讓他走向永恆的時間和無限的空間；**超越古今，跨躍國度，「五南」願意！**

思想家、哲學家、藝文家、科學家，只要是能啟發大家的**「大家」**，都不會缺席。至於以「武」、以「謀」、以「體」，叱吒寰宇、攪動世界的風雲人物，則不在此系列出現。

大家受啟發的

大家身影系列 015

馬克思

弗朗茲・梅林（Franz Mehring）——著
李華夏——編譯

作者自序

本書有它自己的一段小歷史。當建議發表馬克思和恩格斯的通信集的時候，馬克思的女兒勞拉．拉法格女士，提出一個她贊同這建議的條件，要我作她的代表參加編輯工作。一九一〇年十一月十號她寫信來允許我作一些我認爲必要的注釋、說明或修改。

其實我並不曾使用過這種特權，因爲並無重要異議發生於編輯之間，即編輯伯恩斯坦和我自己之間——倍倍爾不過掛名在這工作上而已。我既沒有機會，也沒有權力，自然更沒有存心依照拉法格的意旨去干涉他的工作，除非有確實而急需的理由。

然而，在編纂這通信集的長久工作期間，我在學習時所獲得的關於馬克思的知識融會貫通起來了。我情不自禁地想要把它組織成一部傳記，尤其是我知道拉法格女士會喜歡這計畫。我取得她的友情和信任，並不因爲她以爲我是她父親最博學、最賢明的弟子，而是因爲她覺得我對於他的性格曾經有過最深的考究，而或許能夠把他描寫得最清楚吧。在談話和通信中她往往使我相信，她家庭生活的許多多半已遺忘的記憶，曾經由於我的《德國社會民主黨史》中的敘述而重新鮮活起來，尤其是在我所發表的《遺文集》中，而由於我的著述，她常聽見她父母說過的許多姓名，都從模糊的存在顯現爲分明的實體了。

不幸，這崇高的女性在她的父親和恩格斯的通信集出版之前早已離世了。在她自願脫離生命之前幾小時，她寄給我一封友好的遺書。她稟賦著她父親的宏偉性格；我要向逝者表達感謝之情，因爲她信託我發表許多他的珍貴遺作，絲毫沒有意圖干預我任何批評的判斷。例如，她把拉薩爾給她父親的信都交給我，雖然她從我的《德國社會民主黨史》上知道我如何用力替拉薩爾反駁馬克思。

當我開始實行寫作馬克思傳的志願時，馬克思主義者陣營中兩位衛道的健將就不能表示一點如這心胸廣大的女性的寬宏氣概。他們竭力吹起義憤的號角，因爲我在《新時代》上敘述馬克思與拉薩爾和與巴枯寧的關係，有一兩處竟敢首先不向黨中流行的傳說叩頭。

最後，考茨基斥責我在大體上「反馬克思主義」，尤其是「辜負了」拉法格女士的委託。當我固執著實行寫下去的時候，他甚至用了《新時代》的六十多頁寶貴篇幅來攻擊我。在這攻擊之中梁贊諾夫曾經竭力證明我犯了最卑劣的背叛馬克思的罪，夾帶著只有發昏才會那樣糊塗的滔滔辱罵。出於禮貌而不願說出他的眞名的那麼一種感情，我曾經任隨這些人去說，但是我應該對我的讀者聲明：我對於他們的精神的恐怖行爲並不曾絲毫讓步，而且我在本書中敘述馬克思與拉薩爾和巴枯寧的關係，是嚴格遵照史實的眞確性來處理的，並不理會黨中流行的傳說。當然，在這樣做的時候我也曾經避免任何爭論。

我的讚美和我的批評——這兩者在任何好傳記中必定有同等地位——都集中在一個偉大人物上，這人論及他自己最愛說的話是「人情的事沒有一件對我而言是生疏的」。當我從事這著作的時候，我規定給自己的任務是表現他的一切崢嶸雄壯的偉大性。

我的目的決定了我達成它的方法。一切歷史的著作同時是藝術和科學，而這尤其適用於寫傳記。我一時不能記起哪個丑角首先發表這奇怪的意見：美學的考究在歷史科學的殿堂中是沒有地位的。而且我必須坦白供認——或許這是我自己應該羞愧的——我厭惡資產階級社會還不如厭惡那些粗暴的思想家們那麼深，他們因爲要誹謗可敬的伏爾泰（Voltaire）①，說只有一本正經的可厭文體才是可以容許的文體。在這一點上馬克思大約是和我一致的。對於他所喜歡的古希臘人，他曾經把克利俄（Clio）算作九個繆斯（Muse）②之一。眞理是：只有輕蔑繆斯的人才是繆斯所輕蔑的。

倘若我可以假定讀者贊同我的著作所採取的形式，那麼我還必須請求稍稍原諒它的內容。才一開始我就面臨一種無可奈何的必要：防止這書發展得太長，同時要把它保持在至少是較爲進步的工人們所能理解的限度之內。現在它已經發展到比我原來的計畫多出一半了，我常常被迫而把一行減縮爲一個字、一頁減縮爲一行、一章減縮爲一頁！當我分析馬克思的科學著作時尤其苦於這種外來的壓迫，而爲預防對於這事的任何疑惑，我刪掉了一個大作家的任何傳記所慣用的副標題中的第二項目：「他的生活和著作」。

---

① 法國大革命前的思想家。

② 希臘神話，司文藝美術之女神。

無疑的，馬克思無比的高度，多半是因爲思想和行動在他是不可分割地聯貫著，兩者是相輔相成的，更無疑的是，鬥士的他往往勝過思想家的他。社會主義的偉大先驅者們全都同意這一點；如拉薩爾所說，只要行動的時機一到，他是何等高興地放下他所知道的一切不寫的！馬克思的終身信徒們，三、四十年以來沉思冥想過他著作的每一逗點的人們，到了他們可以、且必須像馬克思一樣起而行動的歷史時機，卻全然失措了。他們只是搖擺，像在狂風中顫抖的風向標似的。

不過，我並不願裝出自以爲是被請來指示別人馬克思所領有的浩大智識疆域的神氣。例如，因爲要給予讀者明確適當的馬克思《資本論》第二、第三卷的概觀，我曾經請求我的朋友羅莎·盧森堡的幫助，因爲她的慨然應允，馬克思也許會像我一樣感謝她。本書第十二章第三節〈第二卷和第三卷〉就是她寫的。

我很歡喜能夠把她的珍貴作品收編在我的書裡面，而我同樣欣喜我們的朋友蔡特金允許我在她的旗幟之下把我的小船駛入滿潮的海裡。這兩位女士的友誼對於我是一種無上的安慰，當洶湧的狂風已經把那些「男子氣概、堅定不移的社會主義先驅者」像秋風裡的枯葉般掃蕩掉的時候。

梅林（Franz Mehring）

柏林，施泰格利茨鎮，一九一八年三月

費茲傑羅序[1]

本傳記的作者於一八四六年誕生在波美拉尼亞一個富裕的中產階級家庭裡，曾經肄業於柏林大學和萊比錫大學，得到了後一大學的哲學博士學位。他的傾向自始是民主的和自由的，而當他到了必須聽命於普魯士練兵官的愚弄時，他曾離開普魯士去住在當時的「外國領土」萊比錫，這樣居心反叛使他和家族的關係破裂了。遠在青年時代他就積極參加公眾生活和當時的政治鬥爭，二十五歲時，他是維斯（Guido Weiss）和雅各比（Johann Jacoby）所領導的一個民主派小團體的會員：這團體曾有足夠的勇氣在普法戰爭之後公開抗議俾斯麥兼併阿爾薩斯和洛林。

梅林的主要活動是新聞報導和文學，許多年間他是重要的自由派和民主派報紙的撰稿人，後來是編輯。他的一生都有一種熱切的正義感，一感覺到不合理就常挺身而出。他曾經爲普拉滕而反對海涅；爲拉薩爾和巴枯寧而反對馬克思和恩格斯；爲施韋策而反對倍倍

---

[1] 編按：本社編譯參考本之一爲費茲傑羅的英譯本。此篇序概略介紹梅林的地位、成就，有助於讀者理解本書，因此特別收錄。

爾；為伯恩斯坦而反對李卜克內西；以及聯合盧森堡作了攻擊考茨基和梁贊諾夫的一番輝煌論戰。

本書讀者自然會看出他並不是常常站在天使那一方的，但他無論出現在什麼場所，並不是因為他已先為自己研究過後果，而是因為他的正義感以必然的邏輯迫使他如此。

大約三十歲的時候，他成為拉薩爾派的社會主義者，帶著反對歷史家特萊奇克（Treitschke）的一本書出現在競技場上了。在他攻擊社會民主黨和馬克思時，那時期的社會主義是深染著民族主義色彩的。像許多出身於有產階級的善意和自由精神的人們一樣，他懷抱著民主自由的原理和幫助工人的意願來參加工人階級運動，而遭受了參加所必不可免的挫敗與失望。然而，不像別人，他並不由此退卻去休養他受傷的尊嚴和怨嘆無產階級的不感謝，而是被這初期的失敗所激勵，進而解決那問題，成為馬克思主義者了。

一八九〇年他終於和他自己的出身階級決裂了。那時他是民主派的《柏林人民報》（*Berliner Volkszeitung*）的主任編輯，在這報上他堅決反對俾斯麥的政策，並保衛還在反社會主義法令之下受迫害的社會民主主義者們。他攻擊俾斯麥是極其有效的，而後者的回答是威嚇那些股東開除這可惡的批評家，否則勒令停刊。依照著使馬克思和恩格斯對於德國資產階級絕望的那種卑怯的傳統，股東們為維護他們的經濟利益，背棄了他們的民主原則，於是梅林被犧牲了。四十四歲時他採取了合乎邏輯的最後一步，加入社會民主黨。

他最偉大的文學活動時期由此開始。《新時代》，那時在考茨基主編之下，發表過許多他輝煌的文章，其中的名作於一八九三年集印成《萊辛軼事》，古典腓特烈時代的普魯士歷史；這些文章曾使恩格斯從倫敦寫信給考茨基說他難以忍耐地期待著《新時代》的每一號新出版。從這些年直到去世，梅林的筆下產生過無數文章，關於哲學、文學、歷史、軍事及政治，使他在國際社會主義運動中獲得了最首要的地位。他活動的主要場景是寫字檯，但是無論如何他並不是安樂椅上的戰略家，而是隨時都配備著最銳利武器的鬥士，且他竭盡全力用它對抗強大的敵人。

在前世紀末後幾年中，伯恩斯坦之流的修正運動破壞了社會民主組織中革命的馬克思主義，而且用理論的外衣虛榮自賞的時候，梅林站在前線猛烈攻擊那必然招致德國工人階級運動崩潰於一九一四年中的政策。在大戰的那幾年間他仍然忠於社會主義的國際主義的原則；不顧年邁在監牢裡住過好幾個月；聯合著蔡特金和盧森堡這些他樂於稱爲「社會民主運動中的眞實人物」，把無產階級國際主義的旗幟高舉在英勇的斯巴達克同盟之中。他親歷過大戰後的初期階級鬥爭和革命工人們的失敗；死於一九一九年一月，在他的七十三歲生日不久之後，這死當然是由於他的朋友盧森堡和李卜克內西被白色外籍傭兵殺害之前一兩天波及到他的恐怖浪潮所促成的。因爲他的死，德國文學失去了一個輝煌的作家和鋒利的批評家，德國工人階級失去了一個偉大的歷史學家和社會主義理論家，以及社會主義運動迄今產生過的最偉大的文人。

藝術的或其他才能也許是不適宜於歷史研究的，但是歷史的條件卻使那些才能變得適宜於這種研究了，而除了他的歷史著作以外，梅林對於工人階級運動的最大功績是他切實地把馬克思主義的歷史唯物論方法應用在文化和文藝的諸問題上。在這一方面他是個拓荒者，因爲馬克思和恩格斯很少進入這種園地，他們的時間幾乎全部從事於革命運動更爲直接的經濟、哲學和政治的各方面。馬克思到底不曾實行寫作專論巴爾札克及其《人間喜劇》的志願，社會主義者對此將是何等遺憾呀？要敘述梅林在這一方面的重要性，沒有比盧森堡祝他七十歲生日的那一封信更好的了：

這幾十年來你站在我們運動中的一個特殊崗位上，盡了別人所不能盡的任務。你是眞正文化中的一切優點的代表。倘若德國無產階級是德國古典哲學的歷史繼承人，如馬克思和恩格斯所說，那麼你是這遺囑的執行者。你曾經保存了一度燦爛的資產階級文化中還有價值的各樣事物，把它帶到被剝奪了社會繼承權者的陣營裡，傳授給我們。多虧你的著作，德國無產階級不但密切接觸著德國古典哲學，而且也接觸德國古典文學；不但接觸康德和黑格爾，而且也接觸萊辛、席勒和歌德。你的輝煌的筆下的每一行都曾經教導我們工人們：社會主義並不是一個麵包奶油的問題，而是一種文化運動、一種偉大光榮的世界意識形態。當社會主義精神再現於德國無產階級隊伍的時候，後者的第一個舉動將會是捧起你的著作，享用你終身工作的成果……今日，正當資產階級出身的知識分子把我們成群出賣而回到統治階級的筵席上的時候，我們能夠輕蔑地大笑，隨他們去吧：我們已經爭取到資產階級最後具有的精神、才能和德性的最優良者——弗朗茲·梅林了。

現在呈獻於英語讀者面前的這本《馬克思》是梅林著作的巔峰。這書的初版在一九一八年才發行於德國，在軍事審查官可惡的長久耽擱之後，後者想要阻止它全部出版或只許它在閹割的形式之下出版。無論那時期如何艱難，它的成功卻是迅速的，連續再版了六、七次，銷售了好幾萬部。一九三三年，在馬克思逝世五十週年的時候，發行了一次新版，現在擺在讀者面前的這本書就是根據這新版譯出來的。在初版首頁梅林曾經標明「獻給克拉拉·蔡特金——馬克思精神的繼承者」，所以，在美國初次出版的這譯本仍然遵從他的志願，雖然這時她也已經隨著她的老朋友梅林和盧森堡，歸入那些永遠「照耀在工人階級的偉大心胸中」的人們去了。

梅林死後，馬克思主義研究的新時代以莫斯科馬恩學院爲中心開始，並且發現了他所不知道的許多事實。所以五十週年紀念版上就增添了一篇附錄，這是在梅林的老朋友和他的文學受託者富克斯（Eduard Fuchs）指導之下編纂而成的。這附錄，附在本書之後，敘述著關於馬克思和馬克思主義的一切要點的闡明，尤其是關於自從梅林死後，拉薩爾和關於巴枯寧的種種論爭。

本書的注腳是我加的，因爲要使英語讀者更明白典故，但是我盡量減少它們。馬克思的某些著作還不曾翻譯出來，但是已經逐漸少而又少，而且不久之後，一切重要典籍都不會超出英語讀者能讀的範圍之外。

介紹梅林給英語讀者的光榮降臨到我，我希望能被認爲稱職。然而，必須道歉的是我所翻譯的引用的各種詩詞，但在這一點上我是能夠以馬克思和恩格斯自解的，因爲繆斯也不曾把韻文的天賦放在我的搖籃裡面。末了，我要感謝漢斯・格勞鮑夫博士（Dr. Hans Glaubauff）和巴根（Frank Budgen）的各種友誼的幫助。

費茲傑羅（Edward Fitzgerald）[2]
阿姆斯特丹，一九三五年七月四號

---

② 編按：本書收錄費茲傑羅所撰注腳，並已竭盡全力搜尋費茲傑羅的相關資料，惜一無所獲，未能揭露更多生平資訊，謹此致歉。

編譯者序兼導讀

在廿一世紀的今天，再來回顧十九世紀受大規模工業發展引起了人與人關係驟變，所帶來社會科學波瀾壯闊的興盛，雖不如當今資訊、半導體產業風起雲湧，引發人與環境關係至危急關頭那樣的炫麗奪目；但其影響之深遠實不遑多讓。而推動這股風暴的領導人物，正是「譽之者，謂之勞工運動的精神導師」、「毀之者，謂之階級鬥爭的作俑元凶」的馬克思！由於本書對其一生之行事已有足夠的陳述及評論，再加上附錄，補上解密的文件。在此不必贅言，僅想就本書所提供的素材，用中國傳統對知識分子（士）的期許予以對照，俾印證地無分西東，人無分中外，能成就一份志業的人，都符合若干普世的標準。

一、生存的環境：天將降大任於斯人也，必先苦其心志（馬克思從出社會後一直都不順），勞其筋骨（由於居住環境惡劣，常被慢性病折磨），餓其體膚（馬克思曾窮到全家只靠啃麵包渡日），空乏其身（常被家庭瑣事煩心，子死、女死竟要借錢下葬），行拂亂其所爲（推動許多計畫都有意想不到的打擊），所以動心忍性（堅持數十年完成他的《資本論》），曾益其所不能（其畢生著作對後世的影響不可謂小）。

二、對革命的堅持：君子無終食之間違仁（解放無產階級），造次（受通緝）必於是，顛沛

（流寓國外）必於是。

三、對改造社會的策略：盈科（先改進一地之不足）而後進（再擴及全球）。

四、對服務社會的態度：樂則行之（符合其追求目標的任務傾全力以赴），憂則違之（損及其目標的達成雖厚利都不屑爲之）。

五、與恩格斯的盟誼：誠西方之「管鮑之交」，勝於「伯牙子期」之知音（恩格斯長期無怨言金援馬克思至其生命告終，再整理其遺著）卻無介之推的遺憾！

總括一句，微斯人，弱勢族群（的前景）其誰與歸（靠誰指引），故冠以

其懷璧無浮沉感

人在山有進退心

其懷璧（創生產力與生產關係的辯證法）無浮沉感（堅信一定能應驗）；

人在山（不參與一般的社會應酬）有進退心（苟有利革命，不計寵辱）。

是否公允，留待讀者看完全書再細細體會，或許對現今時局有所啟發。

李華夏

二〇二三年十一月十二號

目次

第一章　早年

一、家庭和學校

卡爾・海因里希・馬克思（Karl Heinrich Marx）於一八一八年五月五號誕生於居里（Trier）。因爲十八世紀之末和十九世紀之初萊茵地帶屢遭戰亂，官書戶籍錯落失散，很難確知他的先代。甚至海因里希・海涅（Heinrich Heine）的生年現在也還是爭論的問題。

然而，關於卡爾・馬克思，情況並不太差，因爲他是生於較爲承平的時代的；但是，大約五十年前，當他父親的一個姊妹死的時候留下一張無效的遺囑，爲要確定合法繼承人的一切法律調查，都不能查出她的父母——即卡爾・馬克思的祖父母——的生卒日期。他的祖父是馬克思・利文（Marx Levi），但是後來「利文」被略去了。這人是居里的猶太教教師拉比（Rabbi），據信是死於一七九八年的。無論如何，他並不曾活到一八一〇年，而他的妻子伊娃（Eva Marx, nee Moses）卻活過那時，據信是死於一八二五年的。

這一對夫婦有許多兒女，其中的兩個，賽繆爾（Samuel）和赫斯奇爾（Hirschel），都是獻身於學術事業的。賽繆爾，生於一七八一年，死於一八二九年，繼承他的父親在居里當教師拉比。赫斯奇爾，卡爾・馬克思的父親，生於一七八二年。他研究法律學，在居里當過律師。後來他升爲司法評定官（Justizrat）①，並於一八二四年改信基督教，取名爲海因里

---

① 當時由國家頒給著名律師的一種榮典。

希・馬克思。他死於一八三八年。

海因里希・馬克思娶了一個名叫罕里達・普列斯堡（Henrietta Pressburg）的荷蘭猶太女子，據她的孫女愛琳娜・馬克思（Eleanor Marx）說，她的祖先一世紀以來都承襲著律師業務。罕里達・普列斯堡死於一八六三年。海因里希・馬克思和他的妻子罕里達遺留下一個大家族，但是當考察這些譜系的時候，只有四個兒女還活著：卡爾・馬克思、麥斯特利赫的名叫斯克馬爾霍森的律師之寡婦蘇菲、居里的名叫康拉特的工程師之妻艾米莉，以及卡普城的名叫鳩達的商人之妻路易絲。

感謝他的父母——他們的婚配是極其幸福的——卡爾・馬克思，生於他姊姊蘇菲之次的長男，享受了歡欣和舒適的青年時代。他的「卓越的天賦」在父親心中喚起了將來會有功於人世的希望，而母親卻說他是一個幸運兒，在他的手上百事順利。然而卡爾・馬克思並不像歌德（Goethe）是母親的兒子，也不像萊辛（Lessing）或席勒（Schiller）是父親的兒子。馬克思的母親用了全力愛顧丈夫和子女，是完全盡瘁於家庭事務的。她終身說著破爛的德語，並不曾參與過兒子的思想鬥爭，或許並沒有母親對兒子擔心是否走上正路和會變成什麼樣的那種思慮。後來卡爾・馬克思對荷蘭的母親的親戚顯然有著密切的情誼，尤其對舅父菲利普。他往往用很友好的言詞述說這「好傢伙」，後者後來確是援助過他的貧困。

雖然卡爾・馬克思的父親在兒子二十歲生日之後沒幾天就死了，他也似乎已領會愛子心中的「魔」了。使他不安的並不是父母對兒輩前程的那種輕微的焦躁，而是隱約感覺兒子的品性中有著頑強得像花岡岩般的某物，那是完全和他自己的柔順性質不同的。作爲一個猶太人、一個萊茵人和一個律師，他應該是三重防範著德東厄爾比亞地主貴族（Elbian Junkers）的狡詐的，但其實他卻是一個普魯士愛國者，雖然並不是在這名詞現今的壞意涵上，而是瓦爾狄克（Waldeck）和齊格勒（Ziegler）式的普魯士愛國者，富有資產階級教養而且篤信「老弗里茲」（Old Fritz）[②]的啟蒙——拿破崙很有理由憎惡的一種「空談家」。雖然這位征服者曾經給予萊茵猶太人平等民權並且給予萊茵地帶《拿破崙法典》（*Code Napoleon*）——舊普魯士反動派不斷攻擊的一種珍品——馬克思的父親是仇恨拿破崙的。

他對那普魯士皇帝的「天才」的信仰甚至並未被這事實所動搖：普魯士政府或許曾經強迫他改變他的信仰以保有他的資產階級地位。這種事甚至屢屢被另一些博學的人們徵引來合理化或至少寬恕那並不需要合理化或寬恕的一種行爲。其實，即令以純粹的宗教觀點而論，一個和洛克（Locke）、萊布尼茲（Leibniz）及萊辛一樣承認「純粹信仰上帝」的人，是再也不能立足於猶太教堂裡面的，歸依到普魯士國教倒是較爲理所當然的事，因爲這國教在那時正盛行著一種寬容的理性主義，所謂理性的宗教，那特徵甚至遺留在一八一九年時的普魯士審查法令上。

---

② 對普魯士皇帝腓特烈大帝（Frederick the Great）的暱稱。

在那時放棄猶太主義不但是一種宗教解放的行為，而且也是一種社會解放的行為。猶太主義的團體並不曾在德國思想家和詩人的偉大智慧勞動中占有任何地位。孟德爾頌（Moses Mendelssohn）[③]的溫和努力並不能把他的「民族」導入德國文化生活之內，而且正當海因里希‧馬克思決定改信基督教的時候，柏林一群猶太青年的重振孟德爾頌運動的努力，也遭遇了同前次一樣的失敗，雖然有甘斯（Eduard Gans）和海涅這些人物在他們的隊伍裡面。甘斯，這一次冒險的舵手，首先降旗歸順了基督教。海涅猛烈地咒罵著他——「昨日還是英雄，今日一名奴隸」——但是不久之後海涅自己也被迫而追隨著他，買了「一張歐洲文明社會的門票」。甘斯和海涅對十九世紀德國智慧勞動都曾經盡了他們的歷史的任務，而始終忠於猶太主義文化發展的他們同伴們的姓名，卻早已被遺忘了。

因此，在那幾十年間，改信基督教對精神較為自由的猶太人乃是一種文明進步的行為，所以海因里希‧馬克思在一八二四年中使他自己和他的家族改變宗教，是必須而且只能從這意義上加以理解的。外面的情勢或許決定改信的時期，但並不是改信的原因。在那二十年的農業危機之中，猶太高利貸者所破壞的莊園和農村範圍逐漸擴大，以致萊茵地帶發生猛烈的反猶風潮。在這種情勢之下，像馬克思的父親那樣正直無瑕疵的人，並沒有分擔這種仇恨的

---

③ 孟德爾頌（一七二九－一七八六）：德國猶太哲學家。

任何義務，而且，爲了他的兒女，他也沒有這樣做的權利。恰在那時他的母親死了，這或許免除了符合他性格中孝順之情所應有的種種顧忌；或者，也許是他的長子已經到了入學之年這事實，使這父親終於決定改變宗教吧！

但是，不論是不是如此，無疑的是海因里希・馬克思曾經獲得使他完全解脫一切猶太偏見的那種人道主義的素養，而且把這種解脫傳授給他的兒子卡爾作爲一種有價值的遺產。在海因里希・馬克思寫給他學生似的兒子的許多書信之中，並不曾流露一點猶太人所特有的任何特性，無論好的或壞的。那些書信以一種舊派父親的、感傷和婉轉的格調，屬於十八世紀通信中所流行的當一個眞正的德國人感情奔放和惱怒咆哮時那種作風，而沒有小資產階級心胸狹隘的任何痕跡，這些書信是容易注入兒子的知識趣味裡面的，當他指示堅決而透澈的理由反對兒子渴望成爲一個「通俗詩人」的時候。但是時常喜歡思慮兒子的前途，這「頭髮已白且精神稍衰」的老人完全不能避免一種想法：兒子的心胸或許不如他的頭腦那麼大到足以容納慰藉這苦惱現世的那種平庸卻溫良的感情。

在這一點上他的懷疑或許是對的。對兒子「心之深處」的眞愛並未使他盲目，倒是使他有些先見之明。正如人都不能預見他的行爲的終極結果一樣，海因里希・馬克思並不曾且不能想到，他傳授給兒子卡爾作爲有價值的遺產的資產階級文化的寶藏，恰好助長了他所憂懼的那「魔」——不知道是「聖靈」的或是「浮士德型」的。還生活在雙親的家裡時，卡爾・馬克思就已輕易地克服了使海涅和拉薩爾經過其人生初次偉大鬥爭，徒留永遠不曾完全復元創傷的事物。

學校生活對於這正在發育的少年的長成有過什麼影響，是不容易考察出來的。卡爾．馬克思從來不曾說起他的任何學友，那些學友也不曾傳出有關他的任何事。他不久就學完居里高級中學的功課，他的畢業證書的日期是一八三五年八月二十五號。學校送出這有望的少年，照例祝賀他將來進步，證書上寫著一些關於他各科的評語。然而，那些評語特別強調這事實：卡爾．馬克思常常能夠解釋經典中最困難的章節，尤其是困難不在於語文的特殊而在於意義含混之處。據那證書上說，他的拉丁文作文是思想豐富而深入的，不過往往偏重不相宜的事物。

在畢業考試中宗教問題多有困難，歷史問題也是，而閱卷老師卻在他的德文作文中發現了一個「有趣的」意見，這意見現在我們看來確實是更有意思的。題目是〈青年在選擇職業之前的考慮〉，而評語是思想豐富和結構精良，但是作者又犯了常有的錯誤，如使用過於誇張和奇特的說法云云。現在把馬克思的原文照抄一節如下：「我們往往不能擇取我們覺得適合自己的職業；我們在社會中的各種關係是早在我們能夠決定它們之前就多少固定了的。」這觀念是這樣自然地像夏季閃電初次顯現在這少年心裡，這觀念的發展和完成便是這人的不朽貢獻。

二、燕妮女士

一八三五年秋季，卡爾．馬克思進了波昂大學，留在那裡當了一年的學生，雖然他的法學研習恐怕是既不夠廣也不夠深。

關於這一時期並沒有直接的史料可以考據，但是由他父親的書信看來，那期間似乎有些撒野。當初我們發現他的父親只是埋怨「卡爾的帳單，沒有關聯性也沒有結算」，是的，在馬克思一生之中，這位貨幣權威的理論家從來不曾把自己的帳目弄清楚過，後來我們又發現他的父親很惱怒地責罵「胡鬧」。

在波昂的一年間，十八歲的卡爾．馬克思有著典型學生的膽大妄為的一切現象，而歡樂達到頂點是在他和幼年時代的玩伴訂婚的時候；那女子是他大姊蘇菲的密友，因此這兩顆青春的心靈結合是較為順遂的。這確是這位天生的人類導師的最初和最愜意的勝利，這勝利他的父親覺得「絕對不能理解」，一直到他發現那女子「也有些天才」而且能夠作出平常女子所不能的犧牲的時候。

確實，威斯特法倫男爵家的小姐燕妮女士（Jenny Von Westphalen）不但非常美麗，而且具有非凡的精神和德性。她雖比卡爾．馬克思大四歲，其實也不過二十出頭。青春的美麗正含苞初放，她受到許多讚頌和獻媚求愛，而且作為一位高官的小姐，她是可以聯姻貴族的。燕妮女士卻為了「艱險莫測的將來」犧牲掉一切榮華的前途，如馬克思的父親所說，這父親有時覺得她也懷著使他不安的預感，同時又確信那「仙女」、「美人」，是這樣堅定，以致對兒子預言「縱然是皇太子也不能把她從他手裡搶去」。

將來確是比海因里希・馬克思當時所憂懼的更加艱險莫測的，但是燕妮女士，她的青年肖像今日還煥發著童眞的光彩和魔力，以最堅忍的勇氣扶助她所選定的男人，全不顧可怕的苦患和窮困。這並不是在尋常的意義上，說她減輕他的生活重負，因爲她是幸福家庭的寵兒，並不比慣於辛苦的婦人更能處理生活上的小困難；而是在高尚的意義上，說她理解他的終身事業。

在今日還留存著的她的書信之中全都流露著一種眞純的女性氣息。她的這種氣質是歌德所描寫過的一種天性，以同等的眞實顯現於各種情緒中，不論是反映於幸福時期的笑語之中或因貧困喪失兒女而無力埋葬的悲痛之中。她的美麗常爲她的丈夫所誇耀，在他們的命運聯結了二十年之後，一八六三年他回居里去奔他母親的喪時，他寫信來說：

> 我每天都到威斯特法倫故宅（在羅馬大街）巡禮一次，它對於我是比一切羅馬古蹟還更有趣的，因爲它使我記起青年時代的幸福，因爲它曾經庇護過我的珍寶。每天我被人左問右問從前那位「居里最美的女孩」，那位「舞會的皇后」。一個男子發現他的妻子像「迷人的公主」似地生存在全市的記憶之中眞是超爽的事。

在馬克思將死之際，那是超脫於一切感傷之情的，他還用深深感動的淒涼語氣說他生平最美滿的時代是由燕妮女士實現的。

這一對青年的訂婚並未先請求女方父母的允許，這情形使卡爾・馬克思好心腸的父親懷著不小的疑懼，但不久之後就得到了他們的同意。不論他的頭銜如何，樞密官路德維希・威斯特法倫男爵（Ludwig Von Westphalen）是既不屬於東厄爾比亞土地貴族也不屬於普魯士舊官僚的。他的父親菲利普・威斯特法倫（Philip Westphalen）是軍事歷史上最顯著的人物之一。他是布倫瑞克（Brunswick）的斐迪南（Ferdinand）公爵的民政大臣；公爵曾經在反抗路易十四及其諸侯侵略的七年戰爭中，率領一支英國雇用的多國軍隊保全了西德意志。菲利普・威斯特法倫是這公爵的眞正總參謀，指揮著那些英國和德國的將軍。他的功績如此被重視，以致英王提議任命他作全軍副將，但這榮銜被菲利普拒絕了。然而，他終於被迫克制他的獨立精神到「接受」一份名位的程度，之所以如此的理由正和使赫德及席勒屈從同樣待遇的理由相同：他想娶一位蘇格蘭男爵世家的小姐——她來到斐迪南公爵的軍營中訪問她嫁給統率英國補充軍的將軍的姊姊。

婚後，他們的兒子之一是路德維希・威斯特法倫。他從父親承繼了世襲的榮譽，而在母親方面他的祖先是有過偉大歷史紀錄的：母親的直系曾祖之一在蘇格蘭宗教改革的鬥爭中受了火刑；另一曾祖阿奇博爾德伯爵（Earl Archibald），爲了反叛詹姆士二世被處死於愛丁堡的市場上。有了這樣的家族傳統，路德維希・威斯特法倫是遠高尚於乞丐般自尊的貴族和頑固無恥官僚們的腐朽酸臭偏狹心理之上的。當拿破崙兼併了這大公國和威斯特法利亞（Westphalia）王國的時候，他毫不遲疑地繼續在布倫瑞克執行他的職務，因爲他顯然不大關心那些世襲的教皇黨，倒是留意法蘭西征服者在他自己的祖國內修補日益惡化情勢的改革。然而，他對外國統治的反對仍然強烈，終於一八三一年受到法國統帥達孚斯特（Davoust）的鎮壓。

他的女兒燕妮於一八一四年二月十二號誕生於薩爾斯維狄（Salzwedel），那時他在那裡當執政官，兩年之後他被調到居里來當樞密官。那時初試啼聲正值熱忱的普魯士首相是足夠賢明的，他知道他必須派一個最能幹的人、最沒有貴族習氣的人，來駐在新克復而人心還傾向法蘭西的萊茵地帶。

卡爾．馬克思終生都以最大尊敬和感謝述說威斯特法倫男爵，而當他稱他爲「親愛的父親似的朋友」和申言對於他的敬愛時，那並不只是女婿的禮貌而已。威斯特法倫能夠背誦荷馬的全部詩詞，且熟讀過英文和德文的莎士比亞的許多劇本。在威斯特法倫故宅中馬克思曾經得到在他自己的家中及甚至在學校中所不能給他的許多激勵。自幼以來他便是威斯特法倫家的嘉賓之一；而且以他自己父母的幸福的婚配而論，威斯特法倫是不至於不同意這項婚約的，在世俗看來那也正是男爵世家的貴族小姐下嫁給那時不過一個公職文員的平民呀！

威斯特法倫的精神並未遺傳給他的長子，其子成爲官僚派的鑽營者，而比這更壞的是：在一八五〇年代的反動時期他是普魯士的內務大臣，爲了維護最頑固愚昧的貴族的封建權勢，甚至不惜反對首相曼托菲爾（Manteuffel）——這人至少是一個精明幹練的官僚。這位長子斐迪南・威斯特法倫（Ferdinand Von Westphalen）乃前妻之子，和他的妹妹燕妮之間從來沒有過任何特別親切的關係，後者不過是他的繼母的女兒，而且他比她大十五歲。

燕妮的親手足是艾德加・威斯特法倫（Edgar Von Westphalen），他走向他父親的道路的左側，正如他的前母所生的哥哥走向右側一樣遠。他甚至追加簽名在他的妹夫卡爾・馬克思的共產黨宣言上，但是他並未成爲一個很可靠的支持者。他遠遊海外，經歷過變動不居的命運，回來旋又漂泊，隨時都以一種狂放透頂的性格聞名，但是他常常把他心中溫暖的一角保留給燕妮和卡爾・馬克思，因此他們第一個兒子是繼承他的名字的。

第二章　黑格爾的學徒

一、在柏林的第一年

在卡爾・馬克思和燕妮訂婚之前，他的父親就已決定要他到柏林去繼續求學了；在一八三六年七月一號的一封信裡，海因里希・馬克思不但允許而且說明他希望兒子卡爾進入柏林大學，繼續研習在波昂所開始的法學和政治經濟學。

訂婚這事實或許更增強了這決定，因爲鑒於他們的前途渺茫，那謹慎成性的父親覺得這一對愛人的暫時分離是有益的。使他選擇柏林的原因或許是由於他對普魯士的愛國主義，也或許是由於這事實：柏林大學並不培養「榮華的大學時光」，在謹慎的父母看來，卡爾・馬克思在波昂已經十足地習染那種風氣了。費爾巴哈（Ludwig Feuerbach）對於柏林大學曾經說過，「比起這作業場所來，其他大學簡直是狂歡酒宴」。

這青年學生自己確是不選擇柏林的。卡爾・馬克思喜歡晴朗的萊茵，普魯士的首都對於他始終是可厭可憎的。黑格爾哲學對於他並無吸引力，因爲他對它毫無所悉；雖然自從它的創建者死後，它更加絕對地支配著柏林大學了。況且還要他離開他的愛人。他確實曾經和她約定，滿意於以她同意將來和他結婚，決定暫時放下一切目前的愛慕舉動，但是這樣的愛人的誓言顯然是寫在水上的。後來馬克思告訴他的子女們說，當時他對他們的母親的愛曾經使他變爲一個狂躁的勇男，直到他至少可獲准和燕妮通信，他的青春的熱情才平息下來。

然而，他接到她的第一封信卻是在他到柏林一年之後。多虧找到他給他父母的一封信，這或許比他以前或以後的來信更能使我們明白「在柏林過去那一年間的感想」。這有趣的文件即使是在青年時期寫的，也已經顯示了這人的全體：他追求眞理到了精疲力竭的地步，他無厭地渴求知識；他無窮的工作能力；他無情的自我批評，以及控制心情的那種殘酷的鬥爭精神——只要心情似乎處在迷失之中。

一八三六年十月二十二號，卡爾．馬克思考入柏林大學。他並不很留意於那些學究式的演講，而在九個學期之中他只選修了十二門課，其中大多數是法學的必修，甚至這十二門他或許也很少去聽講。甘斯是這公立大學的課程之中對馬克思的智力發展有些影響的唯一人物。他聽甘斯講授刑法和普魯士民法，而甘斯自己曾經在馬克思的這兩門課的成績上加以「精勤」的評語。然而，比之這種評語——往往受私人關係的影響——更有莫大價值的是馬克思在他的最初寫作中追隨著有哲學頭腦的法學家甘斯，反對法律的歷史學派的無情論爭。甘斯曾經發揮辯才強烈地反對，這學派的偏狹和陳腐對於立法和法律的演進上所形成的有害影響。

據馬克思自己所說，他研究法學不過是作爲研究歷史和哲學的一種旁修。以歷史和哲學而論，他不耐煩去聽什麼演講，頂多掛名在蓋伯勒（Gabler）所授有關邏輯的照例必修的各科目而已。蓋伯勒是黑格爾的正統繼承者，但是在黑格爾的碌碌門徒之中他算是最平庸的。卡爾．馬克思根本是一個思想家，甚至在大學裡面他就已獨立習作了，而且他在一年之內自修所得的知識，是常例慢慢用羹匙餵食似的演講十年也不能給他的。

初到柏林的時候「戀愛的新世界」吸引著他。他把充滿愛慕而空遺想望的情緒傾注在滿是詩篇的三本筆記裡面，那些詩全獻給「我親愛的永遠戀慕著的燕妮」。它們在一八三六年十二月中才到達燕妮的手裡，受了「悲喜交集的淚」的歡迎，這是他的姊姊蘇菲寫信到柏林告知的。一年後，在寫給他雙親的一封長信中，詩人自己對他的繆斯的產物加以一種很不愛惜的責備：「在情緒上全是平庸和雜亂無文；毫不自然；一切都虛無飄渺；完全陷於現實與理想的矛盾之中；修辭的思維代替了詩意。」在這些罪狀的結尾上青年詩人才賦予「或許有些溫柔之情和詩般熱情」作爲緩頰，但即使如此，這些評語甚至也可同樣適用於席勒的《勞拉里德》（*Laura Lieder*）。

大體而論，這些年輕的詩詞透露一種平凡的浪漫主義氣息，很少有眞實的音律；而那韻文的技巧更是拙劣及毫無感染力，不配與海涅和普拉滕（Platen）所曾經吟唱的相比。因此馬克思所具有的創作才能——後來表現在他的科學著作裡的——開始沿著特殊的旁道發展下去了。馬克思的散文的表現力曾經達到德國文學最偉大作家的水準，且他很注重作品的美術和諧性，不像把枯燥無味的作風當作成爲學者首要條件的那些可憐人。然而繆斯①放在他搖籃裡的種種才能之中，並沒有韻文的天賦。

---

① 希臘神話，司文藝美術之女神。

正如他寫給他父母的信上所說，詩對於他不過是一種附帶的興趣。他將透澈研究法學，尤其願意苦攻哲學。他研究了海涅克斯（Heineccius）、蒂博（Thibaut）和其他名家，把羅馬法全書的上兩卷（審按：可能是慣例和判例集）翻譯爲德文，而且想要建立一種法律哲學。他說「這不幸的作品」差不多寫了三百「波根」（Bogen）[②]之多，但是這數字似乎是一種筆誤。最終他看出「全盤虛僞」，於是全心投入哲學的懷抱，起草一種新的形上學系統，但又發覺了他的徒勞。在研究中他有給他所讀的書做摘要的習慣，例如，他讀萊辛（Lessing）的《拉奧孔》（*Laocoon*）、梭爾格（Solger）的《伊爾文》（*Ervin*）、溫克爾曼（Winckelmann）的《藝術史》（*History of Art*）和魯登（Luden）的《德國史》（*German History*）等等，都是這樣做的，同時他記下自己的感想。他也翻譯了塔西佗（Tacitus）的《日耳曼尼亞志》（*Germania*）和奧維德（Ovid）的《哀歌》（*Elegies*），並且開始自修英文和義大利文，也就是從文法入手，但進步很少。他讀了克萊因（Klein）的《刑法》和《編年記》（*Annals*），以及一切新的文學作品，但只在順便和餘暇之時。在學期的末尾他又專心於「繆斯的舞蹈和薩堤爾（Satyrs）[③]的音樂」，恍然覺得眞的詩境

---

② 十六頁。

③ 希臘神話，半人半羊之神，好色者。

像遙遠的仙宮展開在他的眼前，而他的創作全都化爲烏有了。

第一個學期的結果是「許多不眠之夜，許多爭鬥之場，許多內心和外界的刺激」，但是並無所得；自然、藝術和人間都被疏忽了，朋友都喪失了，還因用功過度而損壞了健康。他遵照醫生的囑咐遷居於斯圖拉洛（Stralau），這地方當時還是一個平靜的小漁村。在那裡他的健康剛一恢復，他又從事於思想的鬥爭。

第二個學期裡他也通曉了許多門類的學識，而且逐漸明瞭黑格爾哲學在變動不息的事物之中是一個穩固的支點。馬克思初次認識它是頗爲零碎的，而它「怪誕及粗放的旋律」使他全然不喜，但在第二次養病時他把它從頭至尾研究了一遍，不久之後就加入一個青年黑格爾派的團體，在這裡的意見紛歧之中他愈漸傾向於「當今世界哲學」，但並不緘默他心中明朗的每一句話，以致「連串否定引起了全然瘋狂反諷」。

卡爾．馬克思對他的父母解釋這一切，結論是要求他們允許他立刻回家，而不必等到他父親所允許的第二年復活節時。他說他要和父親討論「這許多變遷」——他性格構成過程之中所發生的——而且只有在父母的「慈顏」之前他才能擺脫「那些不安的幽靈」。這一封信對於今日的我們很寶貴，因爲它是使我們能夠看清少年馬克思的一面鏡子，但卻是他父母所不歡迎的。他的父親，已經病了，又看見了他曾經害怕而現在加倍惶恐著的「魔」——自從他的兒子愛戀著被這老人看作親生女似的「特定人」以來，自從說服顯赫家族同意世俗都認爲會斷送愛女於危險黯淡之中的聯姻以來。馬克思的父親並未非要指定一種生活道路給兒子，倘若還有另一種道路更能使兒子完成「神聖的任務」，但老人現在所瞻望到的卻是並無任何安全停泊之所的一片風暴。

於是，儘管軟弱——他比任何人都更清楚——他決意要「強硬一回」，而在回信中嚴厲了起來，以無限的誇張代替了悲哀的嘆息。他訊問兒子如何完成他的工作，而且替他解答道：

上帝保佑！你毫無條理，若有所思的徘徊在科學的各領域周圍，鬱悶寡歡的雌伏在陰暗的油燈之下。算是從拿著啤酒杯的頹廢轉變到穿著學者的晨袍頂著一頭亂髮的頹廢了。你那可厭的冷僻傲慢，輕視一切禮儀，連對待你自己的父親也放在一旁。把社交的藝術都局限於一個骯髒的房間裡，其中亂散著燕妮的情書和父親言深意重的訓勉——或許是含淚寫成的——都用作點菸斗的材料了，這或許比更出格的將之失落在第三者手裡好些吧！

那時他被憂鬱壓倒了，爲了要保持無情，他用醫生給他的丸藥武裝自己。卡爾理財的不善受了嚴厲的譴責：「我霸氣的兒子在一年之內花了七百塔勒（Thaler），好像我們是印鈔機。撇開一切說教和慣例吧，縱然是最富有的學生也不過需要五百塔勒呀。」他承認卡爾既不是敗家子也不是廢人，但怎能夠希望一個每週都在發明新學說而下週又撕掉它的人，去理會這般瑣碎小事呢？每個人都掏卡爾的錢包，每個人都這樣那樣詐取他。

這封信就沿著這種風格寫下去，父親終於斷然地拒絕兒子回家：「現在回家是愚蠢的事。我知道你不在乎上課聽講——或許已經繳過學費——至少我要你遵守禮節。我並不是別人意見的奴隸，但我不喜歡惹人非議。」卡爾要到復活節才能回家，或可以提前十天，因爲他的父親並不刻板。在這一切牢騷之中我們可以看出他責備兒子沒有感情，這樣的責備後來也屢次對準卡爾·馬克思，像第一次一樣或許有些道理，但並沒有引起什麼辯解。

俗語所謂「有權盡量享受生活」，這是嬌慣縱容的文明爲掩飾卑怯的利己主義所發明的，而古諺所謂「天才的權利」，自命高出於常人之上；兩者都是無法忍受的。不息地追求最高眞理是發源於馬克思內心深處的特性。正如他曾經坦白地說過，他皮膚的厚度不足以使他漠視「人間苦患」，或者如胡登（Hutten）所說，上帝讓他負擔著感受人間共同的憂患比別人更爲深刻的一顆心。從來沒有誰像卡爾·馬克思做過這樣多的剷除「人間苦患」根源的工作。他的船在敵人不斷的砲火之下直衝過風狂浪湧的生活怒海。他的旗幟總是豎在桅梢之上，但那船上的生活對於船長或水手都是不舒服的。馬克思對最親近的人們的確並不缺乏感情。他的戰鬥精神能夠克制心中必須克制的種種情感，但並不能使它們完全熄滅，所以他壯年時代屢屢哀痛地訴說，在他不如意的人生中，他最親近的人們比他自己受苦更多。

這青年學生爽快地表示他並非對他父親的悲傷無動於衷。他拋棄了即刻回家的意願，甚至復活節的歸省，他的母親大爲失望，他的父親卻很滿意，旋即心平氣和。他仍然繼續抱怨，但已除去了誇飾，寫信來說，在抽象思維的藝術上他確實比不上他的兒子，他已經太老，而不能在投入「至聖所」（Holy of Holies）④之前習得必需的術語；但是在某一事上空泛的議論助益不多，且正在此事上他的兒子聰明地保持著莊嚴的沉默，也就是關於金錢這微不足道的問題，兒子顯然還不明白此物對於一家之主的父親的重要性。然而疲勞迫使他棄械投降。

不幸的是這最後一句話比在這封信裡所表示的戲謔式幽默有著更嚴肅的意義。寫這信的時間是一八三八年二月十號，海因里希·馬克思剛從臥病了五週的床上爬起來。容許他起來的痊癒狀態並未保持住，肝病再度發作並且加重，恰恰三個月之後，一八三八年五月十號他去世了。死在此時，免除了將令他的心逐漸破碎的各種失望。

卡爾·馬克思常常以感恩之情念著他的父親對他所做的一切，正如他的父親把他珍藏在內心的深處，兒子亦把父親的照片置於心旁一直帶到墳墓裡。

二、青年黑格爾派

自一八三八年春季失去了父親以後，卡爾·馬克思在柏林度過了三年，而在青年黑格爾

---

④ 猶太聖殿之內殿，即容納約櫃之所。

派圈子裡的知性生活已經啟示他黑格爾哲學的奧祕。

那時黑格爾的哲學被認爲是普魯士的國家哲學，正在文化大臣阿爾騰斯坦（Altenstien）和他的樞密官舒爾茨（Schulze）的特別保護之下。黑格爾把國家尊爲道德觀念的實體，尊爲絕對理性和絕對目的，因而對於以克盡國民義務爲天職的個人有著最高權威。這種學說當然是普魯士官僚所歡迎的，因爲它把「捕殺群眾煽動者（Demagogue Hunt）」[5]的罪惡也變得高尚光榮。

黑格爾的哲學並不是僞善的，而他的政治演進解釋著爲什麼他把君主專制——包括全體官吏的最佳努力——看作最理想的政府形式。充其量他不過是承認統治階級必須享有一部分間接的政權，而即使是這一部分也必須限定在一種合作方式之內。他願意考慮給普魯士君主或其代表神諭的梅特涅（Metternich）[6]的，和現代憲法意義上的普通人民代表一樣。

然而，黑格爾獨立編制出來的體系和作爲哲學家的他所採用的辯證法處在不能協調的對立。由於存在（實有）的概念得出不存在（非實有）的概念，又由這兩者的對立產生更高的

---

⑤激進派指梅特涅時代的改良主義者和自由主義者。一八一九年的卡爾斯巴德決議案嚴禁一切民主政治的煽動，他們成爲非法存在，受到殘酷的虐殺。

⑥梅特涅（一七七三—一八五九）：奧國政治家，專制主義者，自命爲神的代言人。

概念：成爲。各樣事物在同時爲是和不是，因爲各樣事物都在一種流動狀態，在一種永續的變化、永續的發展和衰落之中。所以歷史是一種演進的過程，由低級向高級的不斷轉化。黑格爾，以他最爲淵博的歷史學不同流派知識，開展證明這一點，雖然只在適合於他自己的唯心論的那種形式之中——絕對的觀念自行表現於一切歷史的事變之中。黑格爾說絕對的觀念是整個世界的激活力（vitalizing spirit），卻不加以詳細的闡明。

所以黑格爾的哲學和腓特烈·威廉（Frederick-Williams）的國家的聯盟不過是一種權宜的聯姻，只能維持在彼此可以各得其利的期間內。這種作用於卡爾斯巴德決議案（Karlsbader Beschlüsse）和「捕殺群眾煽動者」的時期運行極佳，但是一八三〇年的七月革命給予歐洲的發展一種強烈的推動力，以致一般人以爲，黑格爾的方法遠比他的體系更爲可靠。當七月革命的影響被遏止，就德國而言尤其如是，而墓園的平靜再降臨於詩人和思想家的園地裡的時候，普魯士的土地貴族群就趕快掘出中古浪漫主義的老朽廢物來抵擋近代哲學。這種情形後來由於開明的官僚們比貴族群更尊崇黑格爾致更易達成，也因爲黑格爾盡力推崇官僚式的國家，並不維持民間的宗教——這是一切封建勢力以至一切剝削階級始終努力著的任務。

因此在宗教方面首先發生衝突。黑格爾說《聖經》的故事必須和世俗的故事同樣看待，因爲信仰和一般眞實事物的知識並無關係；後來史瓦比的青年史特勞斯（Strauss）死心塌地信從了這位大師的話。他主張對於《聖經》的故事必須加以正常的歷史的考據，而且在他的《耶穌傳》（Life of Jesus）裡實行了他的主張。這本書出版於一八三五年，曾經轟動一時。在書中史特勞斯拾起了十八世紀資產階級啟蒙運動的餘緒，而這運動是黑格爾歷來極度輕蔑爲「僞啟蒙」的。史特勞斯的辯證思維使他比在他之前的利瑪魯斯（Reimarus）更爲透澈深入問題。史特勞斯並不把基督教看作騙術或把使徒們看作一群流氓，但是把福音故事的神祕成分解釋爲初期基督教徒們無意識的捏造。他把《新約》的大部分都看作有關耶穌生活的一種歷史記載，把耶穌本人看作歷史的人物，同時他假定《聖經》上所記載的一切重要事件有著歷史的根據。

從政治方面而論史特勞斯是完全無害的，他終生都是如此。政治議論較爲響亮尖銳的是《霍里年鑑》（*Hallische Jahrbücher*）[7]。這年鑑於一八三八年由盧格（Arnold Ruge）和埃希特米爾（Theodor Echtermeyer）創立爲青年黑格爾派的機關報，此刊物也討論文學和哲學，而最初它不過想對抗《柏林年鑑》——老黑格爾派的守舊刊物。盧格曾經參加過「博愛」（Burschenschaft）[8]運動，而且作了瘋狂「捕殺群眾煽動者」的犧牲品，他在科

⑦ 當時德國盛行各種年鑑，其實都是些論文集，因爲審查吏特別注重短期簿本刊物，對於三百二十頁以上的長期刊物並不大理會。

⑧ 一種資產階級民主政治的學生組織，對抗守舊的貴族學生團體，於一八一五年成立於耶拿（Jena），該組織

佩尼克（Köpenick）和科爾堡（Kolberg）坐了六年的監獄。他很快地和早死的埃希特米爾聯合取得了領導地位。盧格並不理會早年悲劇的命運，後來一樁幸運的婚姻使他得到霍里大學的講席，他過著舒服的生活，忘掉過去的辛苦，甚至頌揚普魯士國家政體的自由和公正。他本想要澄清普魯士大老爺們對他的惡言——要升官發財沒有比變節的群眾煽動者來得更快的了——但這正是問題之所在。

盧格並不是獨立的思想家，更少點革命精神，但他有足夠成爲一個學術刊物好編輯的有教養、勤奮和苦幹的氣魄，而有一次他曾經自稱爲知識製造品的批發商人，這並不是沒有根據的。在他領導之下，《霍里年鑑》發展爲一切敢作敢爲的志士們的會合所，因爲這些人比其他任何人都更能使這刊物有朝氣——也正是官方所不樂見的。例如，撰稿者史特勞斯就比一切全力維護《聖經》絕對確實性的正統神學家們的聯手更能贏得讀者的注意。盧格向當局們保證這刊物宣傳「黑格爾的基督教和黑格爾的普魯士」，但是文化大臣阿爾騰斯坦曾經受浪漫主義反動的壓迫，並不相信他的保證，並拒絕盧格申請官方任命他作爲認可其貢獻的迫切要求。結果是使《霍里年鑑》開始認識到應該做些事情打破那拘束普魯士的自由和公正的

深受自由與鬥爭精神的影響。一八一九年被卡爾斯巴德決議案所禁止。現在還存在，但早已喪失它的原旨趣了。

種種鐐銬了。

卡爾・馬克思在柏林青年黑格爾派中過了三年，差不多全都投稿給盧格的《霍里年鑑》。這團體的成員大半是由大學講師、中學教師和作家們組織而成的。魯騰伯格（Rutenberg），在馬克思給他父親的一封信裡被稱爲其柏林朋友中的「最親密者」，他當過柏林軍官學校的地理教員，但是被開除了，據說是因爲有天早晨他被發現醉倒在排水溝裡，其實是因爲他被懷疑在漢堡和萊比錫的報紙上寫過「惡意的文章」。邁恩（Eduard Meyen）和唯一幸運被發表過馬克思兩首詩的短命刊物有關係。施蒂納（Max Stirner）那時正在柏林一所女學校裡當教員，但無法確認他是否和馬克思同時是這團體的會員，也無法證明他倆見過面。無論如何，這都沒有多要緊，因爲他們之間並沒有智力上的聯繫。在另一方面，這團體裡的兩個最傑出的會員，柏林大學講師布魯諾・鮑爾（Bruno Bauer）和多洛亭（Dorotheen）市立中學近代學科教師科本（Karl Friedrich Köppen），卻是對馬克思影響深遠的。

卡爾・馬克思加入青年黑格爾派的時候，不過二十歲，但市立中學如他後來加入的那些新團體常發生的那樣，他旋即就成爲這一派的核心了。鮑爾和科本，都比馬克思大十歲以上，立刻查覺了他的卓越才智，覺得這還在向他們學習且學了許多的少年人，是最好不過的同志。在一八四〇年普魯士腓特烈大帝即位⑨百年紀念日，科本發表的鏗鏘有力的論證法就獻給「我的朋友居里的卡爾．馬克思」。

科本具有很大的歷史才能，他投稿給《霍里年鑑》的那些論文更證明了這事實。我們感謝科本的是他首先把法國大革命時代的恐怖政治作了一番眞正的歷史研究。他把當時撰寫歷史的代表人物里俄（Leo）、朗克（Ranke）、洛麥（Raumer）和斯古洛塞（Schlosser）的著作加以最生動和最尖銳的批判，他自己曾經涉足歷史的不同領域：自有關北歐神話的一篇文獻導讀在格林（Jakob Grimm）和烏蘭德（Ludwig Uhland）的著作占有分量，至有關佛教的一部長篇著作，此文甚至得到叔本華（Schopenhauer）的認可，否則叔本華不會對老黑格爾派有好感。像科本這樣的人竟嚮往普魯士歷史上最壞的專制君主的「精神復活」，爲要「用火和劍殲滅一切反對我們進入應許之地的人們」，這事實足以使我們明瞭那些柏林青年黑格爾派所處的特殊環境。

然而，我們必定不可忽略兩種因素：第一是浪漫主義者的反動和一切與它相連的各種致力抹黑「老弗里茲」事蹟的勢力，科本自己把這些企圖稱爲「可怕的貓叫春聲：《新約》、《舊約》的喇叭，猶太道德的豎琴，勵志和掌故的風笛，以及其他可怕的樂器，這其

⑨ 德文原本誤爲其生日。

間一切自由的頌歌卻以條頓式啤酒的低音部迸發出來」。第二，當時對於這位普魯士君主的生活和行事還沒有近於公正的批評和科學的檢驗，且這種檢驗也不可能進行，因爲必需的決定性材料還沒有公開。腓特烈大帝享有「開明」的名聲，而這足以使他被一方所憎恨和被另一方所讚頌。

科本著書的目的也在於拾起十八世紀資產階級啟蒙運動的餘緒，而盧格曾經說過鮑爾、科本和馬克思的主要共同特點是，他們全是從這運動出發的；他們代表一種哲學的山嶽黨[10]，在德國風暴過後的地平線上，寫下「Mene Mene Tekel Upharsin」[11]。科本駁斥了這反對十八世紀的哲學的「膚淺的雄辯」。不論那些議論怎樣冗長可厭，我們都很感謝這些德國資產階級啟蒙運動的先驅者。他們的缺點之一是他們還不夠開明，科本在這駁斥中主要抨擊的是無思想的黑格爾模仿者，「觀念的孤獨告解者」，「舊式邏輯的婆羅門」，疊腳而坐永遠單調地一再重複唸誦著《吠陀三經》（*Holy Three Vedas*），只有不時向舞姬們的俗世投下

---

[10] 一七八九年法國革命時代激進民主主義者的組織，也稱「雅各賓黨（Jacobin Party）」。

[11] 巴比倫國王伯沙撒正在大宴群臣之際，忽有怪手寫了這幾個字在牆上，誰也不懂，國王召哲人但以理來解釋，其意爲「你的國運到此完結，你被稱在天秤上顯出你的虧欠，你的國家分裂，歸於瑪代人和波斯人」（見《舊約》《但以理書》第五章第二十五節）。

貪淫的一瞥時才偶一間斷。

反攻來了，瓦恩哈根（Varnhagen）在老黑格爾派的機關報上咒罵這本書爲「討人厭的」和「作嘔的」，或許他自己特別受創於科本的坦白之詞：「沼地癩蝦蟆」，這種可憐的爬蟲類生物沒有宗教，沒有祖國，沒有信仰，沒有良心，沒有感情，不覺冷熱，無喜無憂，無愛無憎，沒有上帝也沒有魔鬼，蹲踞在地獄周圍的門道上，就算要進地獄也還被嫌太壞。

科本只尊崇「這偉大君主」是「一位大哲學家」，但他說得太過，甚至遠過於腓特烈的知識程度之上了。他說：

> 不像康德，腓特烈大帝並不贊同理性的兩種形式：一種是理論的，正直而無所顧忌地提出懷疑、反駁和否定；一種是實踐的，在職責之下和受酬之內，改正別人做壞了的事，掩飾一切兒戲的胡鬧。只有最淺薄的人才會主張哲學理論性理性顯然比極好的實踐性理性優越，才會以爲「老弗里茲」常在心智上放棄了那無憂無慮的隱者⑫。恰相反，這位君主是從來不曾落在哲學家後面的。

⑫ 指康德。

現在倘若有誰複述科本的議論，那就連普魯士的歷史學派也要罵他淺薄無識的；即使是在一八四〇年，也不能把像康德這樣的哲學家所終身從事的啟蒙工作，和普魯士君主率領法國精英樂於作爲其朝廷弄臣所排演的假啟蒙鬧劇相提並論。

科本受困於所有青年黑格爾派對柏林生活有著錐心之痛的特有貧乏及空虛，雖然他自己比別人更能防備它，卻也比別人感受更多。在這一次論爭中他所表現的都是由衷之言。柏林欠缺萊茵地帶高度發展的工業所給予資產階級意識的那種有力的支持。結果，當那些問題實際呈現的時候，這普魯士首都落在了科隆（Cologne）之後，甚至落在萊比錫和柯尼斯堡（Königsberg）之後了。東普魯士人瓦里斯洛得（Walesrode）描寫當時的柏林人士道：當他們安坐在咖啡館裡，用習以爲常的粗俗口吻，笑談著舍弗（Cerf）和哈根（Hagen）⑬、君主和時事的時候，他們自以爲是十分自由而且敢於挑戰的。其實柏林一無所有，除了軍事要塞和住宅以外，小資產階級的民眾就用惡意和輕中傷以抵償其對朝廷卑躬屈膝的一切安排。這類反對黨的一個經常集會所，是瓦恩哈根所主持的說醜聞的沙龍，同時這主持者正是只要一想到科本所理解的那種腓特烈的開明就要誠惶誠恐地在自己身上畫十字的。

毋庸置疑，青年馬克思經由分享這本書表達的觀點，使他的名字初次在公眾之前亮相。

---

⑬ 都是德國神話中的人物。

他和科本的交往是密切的，且他在某種程度上很讚賞科本的作風。雖然不久就分道揚鑣，他倆還是保持著良好友誼。二十年之後當馬克思回到柏林訪尋他，發現他「就和從前一樣」，於是鄭重祝賀他們的重逢，在彼此的朋友之中度過了許多歡娛的時光，此後不久，在一八六三年中科本去世。

三、自我意識哲學

柏林青年黑格爾派的真正首領並不是科本，而是布魯諾．鮑爾。他是被官方承認爲那位大哲學家的正統派門徒的，尤其因爲他攻擊史特勞斯的《耶穌傳》那篇文章所表現出來的純理論強大氣勢，遭遇對方的猛烈圍攻。鮑爾得到文化大臣阿爾騰斯坦的庇護，這大臣把他看作極有希望和才能的青年。

然而，鮑爾並不是一個事業心重的人，因此史特勞斯的預言落了空：他說鮑爾終將困在正統派首領亨斯伯格的「僵化的經院主義」之中。恰相反，一八三九年夏天鮑爾終於攻擊亨斯伯格，因爲後者要把《舊約》中憤怒和報復的上帝，呈現爲基督教的上帝。由之而來的筆墨交鋒始終在一種學院式爭論的限度內，但那尖銳卻足以使衰老和憂心忡忡的阿爾騰斯坦把他庇護的人調離開那群，像真正聖徒彼得般善於報復的正統派猜疑的瞪視。一八三九年秋季他派鮑爾到波昂大學當講師，打算在年終前任命他當教授。

但布魯諾·鮑爾，如在他給馬克思的書信中所表示，已經處在使他遠超過史特勞斯的智力進步的時期。他開始批評《福音書》，並終於摧毀了史特勞斯仍保留的最後殘餘。他認爲《福音書》中的故事毫無歷史眞實，其中一切全是幻想；基督教並非是被強加在古希臘羅馬的世界之上作爲一種世界宗教的，而是那世界的自然產物。因此他採取了使基督教的起源可能加以科學研究的道路。那時朝廷和沙龍一致歡迎的時髦神學家哈納克（Harnack）⑭，盡力迎合統治階級的利益來修飾《福音書》，會嚴厲羞辱想要沿著鮑爾開拓的道路前進的一切企圖，並不是沒有理由的。

當這些觀念在鮑爾的腦中開始成熟的時候，卡爾·馬克思是他不可分離的同伴，而鮑爾承認這比他年輕九歲的朋友是一個最能幹的戰友。他才定居在波昂就勸馬克思來跟隨他，說波昂的教授們的一個學會，比起柏林的黑格爾學會「簡直是鄙陋庸俗」，柏林的學會至少總是一個智力取向的中心。在波昂也有許多娛樂——那裡的人所謂的娛樂——不過他在柏林和馬克思走在街上比之他在波昂笑得更多。馬克思應該趕快了結那「無聊的考試」——只要遵奉亞里斯多德、史賓諾沙和萊布尼茲就夠了——不必把這種滑稽的胡鬧看得太認眞，他覺得對付波昂的哲學家們易如反掌。最要緊的是他們將聯合出版一份激進的刊物，因爲《霍里年

---

⑭ 死於一九三〇年。

鑑》上柏林來的閒言閒語是如此難以忍受。他替盧格難過，但究竟這傢伙爲什麼不把那些害蟲逐出他的刊物之外呢？

鮑爾的書信在當日是足具革命聲調的，但那不過是他心裡所想著的哲學革命，而且他信賴國家的支持更勝於國家的敵意。一八三九年十二月他才剛寫信給馬克思說普魯士似乎注定是要進步的，就單以耶拿（Jena）這地方而論，雖然並非必須經過屍橫遍野的戰爭，沒幾個月之後——他的庇護者阿爾騰斯坦和老君主接連死去——他就誓言遵從「我們國家生活的最高理念」，即曾經大公無私竭盡四百年努力調停教會與國家關係的霍亨索倫（Hohenzollern）皇族精神。同時鮑爾聲明科學將毫不躊躇地維護國家概念，反對教會的僭越；國家或許會有錯誤，國家或許會懷疑科學而使用威嚇的武器，但是理性天生屬於國家而不至於長久出錯。新君主對於這種臣服的答覆是任命反動的正統派艾希霍恩（Eichhorn）作阿爾騰斯坦的後繼者，而艾希霍恩立刻就犧牲科學的自由，在與國家概念有關的範圍之內，也就是使學院教授的自由被教會所篡奪。

以政治而論，鮑爾遠不如科本可靠。科本或許會誤解那突然崛起於一般家族之上的霍亨索倫一族，但不至於誤解那「皇族的精神」。科本並不像鮑爾那樣精通黑格爾派的意識形態，但不可忽略的是鮑爾政治上的短見正和他哲學的深入背道而馳。他曾經在那些《福音書》中發現它們原創時代的智力底蘊。他以爲——以純粹意識形態的觀點這並非不合邏輯——即使夾雜著希臘羅馬哲學混濁的酵素的基督教，已經壓倒古代世界文化，近代辯證法的明朗而自由的批評主義，還是更容易掃除那基督教日耳曼文化的壓迫物。

使他勇於自信的是自我意識哲學。由於希臘國民生活的解體而發展起來並大多成就了基督教的各派希臘哲學，懷疑派（Sceptics）、伊比鳩魯派（Epicureans）和斯多噶派（Stoics），已經統一於「自我意識」這名詞之下。這些學派在玄想的深度上不能和柏拉圖相比，在知識的廣博上也不能和亞里斯多德相比，所以它們是被黑格爾所輕蔑的。它們的共同目的是要使個人——由於一種可怕的劇變使他離開曾經駐守和保障他的一切事物——獨立於他自己之外的任何事物；把他引回他的內在生活，尋求精神平靜中的眞幸福，那種平靜是縱然全世界崩於眼前也不動搖的。

然而，鮑爾聲明，在這殘破的世界廢墟上瘦弱的自我，害怕著唯一權力的自己，它把自身一般權力當作自身以外的權力而疏離異化了自己的意識。福音故事中的「君」和「主」，吹一口氣就克服自然法則、征服敵人，甚至在世間自稱爲世界之主和萬事裁判者。它創造了一個敵對的兄弟，但仍然是兄弟，掌握一切權力且一言定生死的羅馬統治者。在基督教的奴役之下，人性才被訓練得可以更透澈準備和更周密地護衛它將要爭得的自由。永存的自我意識——實現自己、了解自己和理解自己的本質——曾經控制著它自己異化的產物。

倘若我們撇開流行於當時哲學語言中的典型用語，我們可以用更簡單易懂的語彙來表明何以鮑爾、科本和馬克思傾心於希臘的自我意識哲學。實際上他們也想重振資產階級啟蒙運動的餘緒。古代希臘各派自我意識哲學從未產生過能比擬古代自然哲學家德謨克利特（Democritus）和赫拉克利特（Heraclitus），或抽象哲學家柏拉圖和亞里斯多德的天才，但這各派卻擔負著一種重大的歷史任務。它們給人類智力開拓了新而更廣的境界，且破除了希臘文化國家的界限和奴隸制度的社會界限，這些界限是柏拉圖和亞里斯多德都不曾夢想過超越的。它們曾大大成就了原始基督教——那時是屬於被壓迫者和受難者的宗教，直到變爲壓迫者和剝削者的宗教之後，它才歸附於柏拉圖和亞里斯多德。雖然黑格爾以一種隨便的態度論述自我意識的哲學，卻也明白指出——在羅馬帝國以橫暴方法抹殺一切個人精神的高貴和美好的絕對大災禍之中，個人內在自由的重要性。十八世紀的資產階級啟蒙運動復興了希臘的自我意識哲學：懷疑派的懷疑、伊比鳩魯派的仇視宗教和斯多噶派的共和情操。

在科本論腓特烈大帝——他把他視爲啟蒙運動的英雄之一——的書中，他說：

> 伊比鳩魯主義、斯多噶主義和懷疑主義可說是古代有機體的神經、肌肉和腸胃系統。它們自然和直接的和諧統一形成了古典的美與善，當這美與善破滅時，那和諧統一也就崩潰了。腓特烈大帝兼取三者之長且以超常的能力支配它們。它們成爲他的世界觀、性格和一生的主要元素。

馬克思至少承認科本所說的這三派哲學與希臘生活的關係具有「一種較深的意義」。

吸引著他老朋友們的問題同樣吸引著馬克思，但他以不同的方式處理它。他所追求的「作爲至上神的人類自我意識」容不下別的神在它前面，既不在宗教的扭曲鏡子裡面，也不在一個專制君主的哲學式附庸風雅裡面。他追溯到這些哲學宗派的歷史源頭，其體系對他來說也是希臘精神眞實歷史的關鍵。

四、博士論文

當布魯諾．鮑爾催促馬克思儘快了結他「無聊的考試」時，他的不耐煩是有些理由的，因爲到了一八三九年秋季，馬克思已經修過八個學期了。鮑爾不認爲馬克思也患了尋常在學期考試中會遇到討厭的興奮，也不是不相信馬克思能夠一交鋒就戰勝波昂的哲學教授們。

馬克思一直到死都保持著一種特性：他無饜的求知慾使他敏捷地處理著困難問題，同時他無情的自我批評卻阻礙他同樣敏捷地結束問題。按照他務求明澈的習慣，馬克思必定鑽入希臘哲學最幽暗的深處去，所以自我意識哲學的三宗派是無論如何不能僅用一些名詞就足以說明的。鮑爾寫作得很快，以作品的恆久性而論則實在過快了，難以了解這種特性，遠不如後來的恩格斯（Friedrich Engels）。甚至恩格斯有時也不耐煩於馬克思不能限縮和停止他的自我批評。

然而，那「無聊的考試」出現了另一些困難，對於鮑爾或許不是問題，而對馬克思卻是爲難的。當父親還活著時，馬克思就已決定從事一種不致完全違反務實本心的學術專業生涯規劃；但阿爾騰斯坦一死，教授職務最吸引人的特色就開始不見了，連同其他難以計數的不利，像失去了曾許給各大學哲學講座的較大自由。鮑爾自己便曾不斷地指出學士院的長袍沒有其他用處。

而其實鮑爾不久就發現，普魯士的教授們要作各種科學的研究也不能完全不受操縱或阻礙。阿爾騰斯坦死於一八四〇年五月，樞密大臣萊登貝格（Ladenberg）暫代文化大臣，後者表示尊崇前任長官，想要履行任命鮑爾爲波昂大學教授的許諾。然而艾希霍恩立刻接任了文化大臣，而波昂大學神學院反對任命鮑爾爲教授，理由是這將擾亂該院的和諧一致。在艾希霍恩之下喚起了德國教授們當確信其上司會暗中支持，就會顯出少有的英雄氣概之風氣。

鮑爾在柏林度過了他的秋季休假，正要回波昂時才得到這些消息。在他的朋友中立刻發生一種爭論：宗教的學派和科學的學派之間是否已有一種無可挽回的分歧，擁護科學的人能否調和科學的良心和神學院的教籍。鮑爾自己仍然保持對於普魯士國家的樂觀態度，而且拒絕了半官方向他提出的建議：他自己從事於文學著作，期間由國家支給津貼。他滿懷戰鬥精神回到波昂，希望聯合跟隨他的馬克思闖過困難關頭。

他倆都沒有放棄合辦一份激進刊物的想法，但馬克思在萊茵河大學從事學術生涯的希望顯然很渺茫。作爲鮑爾的朋友和助手，他必須處理波昂學閥的敵視，他更不想如鮑爾勸告他那樣逢迎艾希霍恩或萊登貝格，要能如此，在波昂每樣事情就會「妥當」。對於這種事馬克思的觀念向來很嚴謹，況且縱然他自信可以立足於這種泥滑的路上，也清楚遲早要失其平衡的，因爲艾希霍恩不久就顯出他的眞面目。爲要一舉打敗柏林大學裡那些僵化的黑格爾派老暴徒，他任命已經老而昏瞶到相信神的啟示的謝林（Schelling）當校長，且訓誡那些曾經上書給作爲霍里大學校長的國王，請求任命史特勞斯當教授的霍里大學學生們。

在這種情形之下，青年黑格爾派的馬克思決定不在普魯士考試。他不願給艾希霍恩的狂熱黨徒們一個折磨他的機會，雖然並非有意規避鬥爭。事實正相反，他決定在一個較小的大學裡取得博士學位、發表博士論文並附上一篇挑戰性的序言作爲他知識和能力的證明，然後定居於波昂和鮑爾發行擬議中的刊物。在這辦法之中波昂大學就不至於完全阻擋他，因爲，作爲一個「外邦大學」的新進博士，他只要遵守一兩種規定就可以在大學裡得到獨立講師的自由。

這是馬克思切實進行的計畫。四月十五日耶拿大學頒給他哲學博士學位，他並未到場親領。論文在討論德謨克利特和伊比鳩魯的自然哲學間的差異，這論文是馬克思準備要寫的一部較大著作的預定部分，在著作中他想論述伊比鳩魯、斯多噶和懷疑派的整個世代與希臘思辨哲學整體間的關係。此刻他只是舉一例來表明這種關係，而且只說到那些較早的思辨哲學。

在較早的希臘自然哲學家之中，德謨克利特是最接近唯物論的。從「無」不能產生任何物，凡物皆不能化爲「無」。一切變化都不過是物體局部的結合和分離，沒有忽然而生之物。凡存在之物皆出自理性和必然性，除了原子和空間，就沒有存在，此外一切都不過是臆想而已。原子的數量是無窮的、形式更是無盡的。永遠降落於無限的空間之中，愈大的落得愈快，衝撞著較小的原子，這種物質的運動和由此而生的輪流交替就是世界的形成開端，萬千世界同時並存及相繼地生成和消滅著。

伊比鳩魯從德謨克利特承接了這種自然觀，但加以某些變更，其中最著名的是所謂「原子的偏斜」。伊比鳩魯以爲在原子的降落中它們「偏斜」了，也就是並非垂直地降落，而是呈一種偏離直線狀態。自西塞羅（Cicero）和普魯塔克（Plutarch）以至萊布尼茲和康德，都譏笑他提出這種物理上的不可能情況，他既被點爲仿效德謨克利特而又只是笨拙修改了源自其宗師的模型。然而，與此譴責的同時有一種趨勢，將伊比鳩魯的哲學視爲古代最高度發展的唯物論系統，這大半是由於盧克萊修（Lucretius）⑮在教誨般的詩篇中反覆傳誦這種哲學，而德謨克利特之哲學卻只有零碎部分殘存於數百年狂風暴雨之後。康德駁斥原子傾斜爲「狂妄的發明」，但他承認伊比鳩魯是和最重知性的哲學家柏拉圖相反的最重感性的哲學家。

⑮ 盧克萊修（西元前九十九年－西元前五十五年）：羅馬詩人。

馬克思並不否認伊比鳩魯哲學的不合乎物理，而且斥責「伊比鳩魯在解釋物理現象中的疏忽不負責任」，但也指出其眞理的標準不過是他感覺的明證：伊比鳩魯相信太陽的直徑是兩尺，因爲他的肉眼所見如此。然而，馬克思並不以用一兩句話駁斥這些顯然的謬誤爲滿足，卻要在這物理非理性之中追求哲理。他配得上他在博士論文的一個注解中稱頌其宗師黑格爾的美詞。他指出當哲學宗派的宗師犯了隨便附會的毛病時，他的學徒們不應該只是責備，而應該從它所根據原理的不適當之處解釋這錯誤的根源，這樣才能從自覺上的進步轉爲科學上的進步。

德謨克利特認爲的目的，對伊比鳩魯卻不過是達到目的之手段。伊比鳩魯的目的不在於理解自然，而在於可以支持他哲學系統的一種對於自然的見解。古代號稱自我意識的哲學分爲三派，據黑格爾說，伊比鳩魯派代表抽象的個別自我意識，斯多噶派代表抽象的普遍自我意識，而懷疑派直接根據它自己的片面性反對前兩派片面性的武斷。這種關係正如後來一位希臘哲學史家所說：在斯多噶主義和伊比鳩魯主義之中，主觀精神的個別和普遍面向，即個人原子性的孤立和泛神論的讓渡於全體，兩者以同等的主張互相敵對而不能妥協，而這種對立在懷疑主義中得以中和。

不論他們的共同目的如何，伊比鳩魯派和斯多噶派從不同的出發點上愈趨愈遠。「讓渡於全體」使斯多噶派在哲學上成爲決定論者，以爲凡事皆有其必然性是自然之理；在政治上成爲堅決的共和主義者；在宗教上則不能擺脫迷信和神祕主義的束縛。他們曾經乞援於赫拉克利特的學說——於他「讓渡於全體」是最不妥協的自我意識的形式——雖然他們對待他少有禮貌，正如伊比鳩魯對待德謨克利特一樣。另一方面，孤立個性的原則使伊比鳩魯在哲學上成爲非決定論者，主張各個體的意志自由，在政治上成爲被動的受難者——聖經式的訓誡：臣服上位者的權勢是伊比鳩魯的傳統。同時這種態度使他們解脫了一切宗教的束縛。

馬克思以一系列的深度調研表明如何解釋德謨克利特和伊比鳩魯自然哲學之間的差異。德謨克利特僅注重原子的物質性存在；伊比鳩魯更進一步把原子當作一個觀念，同時注重它的形式和實質、它的本質和存在，伊比鳩魯不只把原子看作現象世界的物質基礎，同時也是孤立個體的象徵，抽象個人的自我意識的形成原理。德謨克利特從原子垂直降落得到凡事皆屬必然的結論；伊比鳩魯卻歸因原子偏離直線而降落，否則——如伊比鳩魯哲學的最佳詮釋者盧克萊修在他教誨式詩篇中所質問——哪裡還有意志自由？哪裡還能從冷酷無情的命運中爭取生機勃勃的人類意志呢？作爲現象的原子與作爲觀念的原子之間的矛盾，顯然貫穿於伊比鳩魯的全部哲學之中，迫使其採用甚至在古代也被嘲笑的十分牽強的物理現象解說。伊比鳩魯自然哲學種種矛盾只靠那些天體的運動來調解，然而，天體普遍而永久的存在摧毀了抽象的個人自我意識的原則。因此伊比鳩魯的自然哲學拋棄了一切物質性虛禮，而「最偉大的希臘的啟蒙者」——馬克思稱呼他——伊比鳩魯對抗著從天堂高處狠惡一瞥以恫嚇人類的宗教暴政。

即使有人質疑馬克思對伊比鳩魯哲學解釋的細節，可發現在他的第一部著作中就已揭示他是一個建設性思想家了。當時反對他的人也只能說馬克思發展伊比鳩魯主義的基本原則所得的結論，倒比伊比鳩魯自己所得到的還更清楚，這更明白彰顯了他的獨到思想。黑格爾曾經說伊比鳩魯的哲學原則上是考慮欠周的，這哲學的創始者是一個自學而成的人，很重視普通民眾的語言，確實不曾把他的思想裝飾在馬克思用以解釋的那種黑格爾哲學的玄妙語彙之中。藉由論文，這位黑格爾的學徒作出了他自己的成熟證書。他以純熟的方式應用辯證方法，而他的文風顯出他的先師黑格爾所特有的用語，及他的同輩戰友所缺乏的那種表達的活力。

然而，在著作裡馬克思還是完全根據黑格爾派哲學的觀念論，而對今日的讀者最爲驚奇的是馬克思對德謨克利特的非善意評判。馬克思說德謨克利特的成就不過是提出一種說明經驗結果的假設，而不是一種有活力的原理；所以這種假設並不滿足於自然現象的實際調研也絕不會對其有實際影響。在另一方面，他推崇伊比鳩魯爲原子論科學的建立者，姑且不論後者怎樣牽強地解釋物理現象，也不論他怎樣宣傳抽象的個人自我意識。馬克思承認，這自我意識抵消了一切眞正及確實的科學，因爲事物的本質比個體占優勢。

這種問題在今日是無須討論的。以現代任何原子論的科學及基本粒子的理論而言，一切現象的發展爲粒子皆爲基本的運動結果，已成爲現代調研自然現象的基礎解釋聲、光、熱以及物體中化學和物理的變化——那先驅者是德謨克利特而不是伊比鳩魯。然而，在那時代的馬克思看來哲學——更正確地說，抽象的哲學——完全是科學，以致他得到一個今日我們幾乎不能理解的結論，除非把這事實解釋爲這顯示了他性格的眞正本質。

以馬克思看來，生活就是工作，而工作就是戰鬥。所以馬克思反對德謨克利特的，是後者缺乏一種「有活力的原理」，就是如他後來所說「一切前代唯物論的主要弱點」：只在客體或觀念的形式中領悟事物、現實及感官，而不從主觀、實踐或人的感性活動形式中加以領悟。另一方面，使他傾向伊比鳩魯的，是這位哲學家用以反抗及蔑視宗教壓倒性重荷的「有活力原理」。

> 既不怕閃電，也不怕神威，
> 更不怕天庭的驚雷……⑯

那博士論文的序言——馬克思打算與論文一起發表並獻給他的岳父——透露著一種不能抑制和殘酷的鬥爭精神。

> 只要一滴血還流動在哲學那征服世界和不受拘束的胸襟裡，總是要用伊比鳩魯的話

---

⑯「Weder Von Blitzen geschreckt, noch durch das Geraune Von Göttern, Oder des Himmels murrenden Groll...」

蔑視它的敵人：侮辱群眾的神祇的人並非不信神者，接受群眾對於神祇的看法的人才是。

哲學並不放棄普羅米修斯（Prometheus）⑰的誓言：

簡單直說吧，我仇恨一切神祇。⑱

而對於那些抱怨著他們明顯惡化的狀態的人們，哲學將要像普羅米修斯回答神祇的僕役赫爾墨斯（Hermes）似地回答道：

為了你們的卑劣的奴役，無疑的，

⑰ 希臘神話之半人半神，曾盜天火授其用法於人類，因而獲罪，被宙斯下令縛於高加索山上，每日命一鷲啄食其內臟以苦之。

⑱ 「Mit Schlichtem Wort, den Gottern allen heg'ich Hass.」

> 我絕不願改變我自己的不幸命運。⑲

在哲學歷程表上普羅米修斯是最崇高的聖人和殉道者。這是馬克思挑釁的序言的結語，甚至他的朋友鮑爾都吃了一驚，但鮑爾認爲的這「不必要的蠻勇」，其實僅僅是注定要作普羅米修斯第二——在鬥爭中和受難中——的人的樸素誓言。

五、《逸話》和《萊茵報》

馬克思才把新贏得尊嚴的博士文憑放入口袋裡，卻由於浪漫主義者進一步的反動重錘，他爲他將來所建立的全盤計畫就崩潰了。

一八四一年夏季，艾希霍恩動員可恥的陣營中一切的神學家們圍攻布魯諾・鮑爾，因爲他批評《福音書》。除了霍里（Halle）和柯尼斯堡以外的大學全都一致違反基督新教的學術自由原則，鮑爾必須讓步。因此馬克思立足於波昂大學的希望全消失了。

同時，出版一份激進哲學刊物的計畫也崩塌了。新即位的君主自詡爲支持出版言論自

---

⑲「für deinen Frondienst gäb'ich mein unselig Los, Das sei versichert, nimmermehr zum Tausche dar.」

由而頒發了一道溫和的審查令。在一八四一年尾這道命令確是顯露了一點光明的，但那時的言論自由顯然只限於浪漫派的心血來潮。這位新君主的所謂言論自由也表明於一八四一年夏季：一道緊急勒令命盧格把他的雜誌——在萊比錫由魏根（Wigand）發行——交付普魯士出版審查，或自行決定在普魯士停發。這使盧格充分認識了他的「自由和公道的普魯士」，導致他遷移到德勒斯登（Dresolen）去，於一八四一年七月一號在那發行他的雜誌《德意志年鑑》。同時，出於他自己的主動，他重拾鮑爾和馬克思都懷念、他從前文章裡那種較爲尖銳的語調，於是他們決定投稿在他的刊物上，而不建立自己的刊物。

馬克思最終不曾發表他的博士論文。它的直接目的已經不是急迫的事，據它的作者後來表示，它是被晾在一邊等待將來再成爲一部較大的著作——整體論伊比鳩魯、斯多噶和懷疑派的哲學——的一部分。然而，「另一種政治和哲學的事業」不許馬克思實行他的原來計畫。

這些事業最重要的其中之一是要證明不僅伊比鳩魯，連黑格爾也是澈底的無神論者。一八四一年十一月魏根發表了一篇「最後通牒」，題名爲〈對無神論者和反基督者黑格爾末日裁判的警號〉。在正教徒的假面具之下，那匿名小冊子的作者以《聖經》預言的腔調悲嘆黑格爾的無神論，並以最令人信服的形式從黑格爾自己的著作中證明他的意見。這小冊子大爲轟動，尤其是那正教徒的假面具確實瞞過了公眾，連盧格也被它所騙了。其實作者是布魯諾·鮑爾，因爲他打算與馬克思繼續合作，根據黑格爾的美學、法律哲學等，證明這位大師眞正精神的繼承者是青年黑格爾派而不是老黑格爾派。

然而，〈末日裁判〉被禁了，魏根也阻止發行。而馬克思患病，同時他的岳父臥病了三個月，於一八四二年三月三號死去。在這種情況之下馬克思覺得「要做什麼有價值的事是不可能的」，但是他仍然於二月十號送去「一篇小稿子」，並且和盧格約定自己要盡力於出版事業。所謂「小稿子」是一篇討論國王新近頒布審查指令如何確保愼重施行審查的文章，這是馬克思政治生涯的開端。他尖銳的批評一點一點暴露了隱藏在曖昧浪漫主義外衣之下的邏輯謬誤。他的態度是堅決反對那些「僞自由的」沒教養的人，以及某些青年黑格爾派的歡欣——這些人還以爲他們看見「光天化日」了，因爲那指令中充滿「皇家精神」。

在附帶的一封信裡馬克思要求趕快印出這文章，「除非審查吏審查了我的苛評」。他的預感並未失準，二月二十五號盧格寫信通知他《德意志年鑑》與審查作業產生大困境，「你的投稿變成不可能的了」。盧格也通知馬克思他已經從審查所拒絕的材料之中選出「一本辛辣而優質的精華」打算在瑞士出版爲《哲學逸話》（*Anekdota Philosophica*），三月五號馬克思寫信表示對於這計畫的熱忱。由於審查在薩克森（Saxony）忽然復活，馬克思預備作爲〈末日裁判〉第二部有關基督教的藝術的文章不能出版了。馬克思再加以修改，把它送給盧格去編《哲學逸話》，還連帶送去一篇批評黑格爾派自然法則有關精神憲法的理論。這一篇批評對於君主立憲政體採取攻勢，表明這政體是一種自相矛盾和自相抵消的混雜物。盧格答應接受這兩篇稿子，但是，除了論審查令的那一篇，他並未接到其他。

三月二十號，馬克思表示他想要使他有關基督教藝術的文章脫離〈末日裁判〉的那種文風、解除黑格爾派語彙的冗贅限制，使它更流暢和透澈。他約定於四月中完成這工作。四月二十七號它「差不多完成了」，請求盧格再「寬限幾天」，說是盧格只能收到這文章的總論，因爲在寫作中它已經發展成一部書了。但是七月九號馬克思已放棄找藉口的嘗試，除了以「不愉快的外務」作爲延宕的理由。同時他約定非寫完《逸話》的稿子絕不做其他事。十月二十一號盧格說《逸話》已經準備好了，要交由蘇黎世的文藝書店出版，他還留著空位等待馬克思的稿件，一直到所約定的時限，後者都是承諾多於實踐，盧格很知道馬克思是一旦專心一致就盡力去做的。

盧格比馬克思大十六歲，但像布魯諾・鮑爾和科本一樣，他是很敬重這年輕人的才能的，雖然馬克思使這位編輯等得十分不耐煩。馬克思對於合作者或發行者，都不是一個與人方便的作者，但他們之中沒有一個把這歸咎於疏忽或怠惰，而是由於想法過於豐富和永不滿意的自我批評所致。

至於這一次，在盧格看來，還有其他緣故可以原諒馬克思，因爲比哲學更強烈的一種興趣吸引了他的注意：由於評論審查令的那一篇文章，他已經走進政治競技場了。他在《萊茵報》（*Rheinische Zeitung*）的專欄上繼續這項活動，代替了在《逸話》上紡織哲學的絲縷。

《萊茵報》於一八四二年一月一號成立於科隆，原本並不是一家反對派的報紙，而是頗爲接近政府的。自從三〇年代科隆主教的混亂以來，《科隆日報》（*Kölnische Zeitung*）擁有八千訂戶，早已成爲教皇全權黨的喉舌，在萊茵地帶握有無可爭議的勢力，使政府的高壓政策遭逢許多困難。《科隆日報》的這種態度與其說是發自於擁護天主教教義宗旨的眞正熱忱，不如說是出於商業的打算，因爲它的讀者顯然遠不喜歡歌頌柏林體制。《科隆日報》的壟斷如此強大，以致它的擁有者常常買斷和它競爭的任何報紙，甚至在後者得到柏林支持的時候。

一八三九年十二月政府對《萊茵綜合報》（*Rheinische Allgemeine Zeitung*）給予了發行上必要的讓步，希望它能打破《科隆日報》的壟斷，但不久《萊茵綜合報》也受到它的前輩所遭遇的命運威脅。然而，在最後時刻，一群有資產的市民終於出來聚集籌募新股本，把它安置在新的基礎上。政府贊同這計畫，臨時許給這改組的報紙——就是著名的《萊茵報》——享有前身《萊茵綜合報》所獲得的那種讓步。

科隆的資產階級對還被萊茵群眾仇視爲外來權力的普魯士政權並無爲難的意思。營業順利進行，萊茵地帶的資產階級已經放棄親法的傾向了，其實，在創立關稅同盟（Zollverein）⑳之後它就已要求普魯士稱霸全德了。萊茵地帶資產階級的政治要求是極其

---

⑳ 成立於一八三四年。

溫和的，還不如經濟要求那樣廣泛——其目的在於推廣資本主義的生產方式，這在萊茵地帶已經有了很大的進展。他們提出的經濟要求如下：設立國家財政經濟機關、擴張鐵道服務、減低訟費及印花稅、關稅同盟有共同的旗幟和領事，總之，一切資產階級盼望清單所常出現的項目。

但是負責改組編輯部的兩個青年，法庭律師格奧爾格·榮格（Georg Jung）和陪審推事達戈伯特·奧本海默（Dagobert Oppenheim）是熱忱的青年黑格爾派，極受赫斯（Moses Hess）的影響——赫斯，和他們一樣，是萊茵商人的兒子，不但研究黑格爾哲學，而且熟悉法國的社會主義。他倆從自己的智力圈中、柏林的青年黑格爾派之中，徵求撰稿人，並由於馬克思的推薦，魯騰伯格（Rutenberg）甚至當了德文版的編輯，雖然這一推薦，如後來所證明，並不是馬克思最喜歡的想法。

馬克思自己當然是自始就和這冒險有密切關係的。他曾經打算在三月底從居里搬到科隆，但是他發現科隆市的生活太喧鬧，於是暫時住在波昂，這時鮑爾已經離開那裡了。他說，「倘若沒有人留在這裡使正統派不快，那是可惜的事」。在波昂他開始投了幾篇稿子給《萊茵報》，這些稿子把他抬舉到所有其他撰稿人之上。

雖然榮格和奧本海默的私人關係，是把這報紙變爲青年黑格爾派會合所的第一步，然而這項報風的改變未得實際股東們的承認或贊同是做不到的。股東們的敏銳或許足夠意識到，在德國別處他們無法找出更能幹的知識分子。青年黑格爾派是傾向普魯士的，甚至有過之，無論他們做出什麼令科隆的善良資產階級不能理解或懷疑時，大都被視之爲一些無害的特異反應。無論怎麼解釋都可以，股東們確實不曾干涉過，雖然在最初幾個星期中柏林方面斥責這報紙的「顚覆傾向」，甚至威脅說要在第一季末尾全然禁止發行。主要讓柏林的權勢者震驚的是委任魯騰伯格一事，這人早已被視爲可怕的革命家且處於政治嚴密監視之下，甚至在一八四八年三月間，腓特烈．威廉四世在這人面前會發抖——相信他是革命的眞實煽動者。不論柏林方面如何不滿，那致命的突發事件終究沒有爆發，這大半是由於文化大臣艾希霍恩，他雖然是澈底反動的，但覺得必須設法對抗《科隆日報》的教皇絕對全權傾向。雖然《萊茵報》的傾向「差不多是更危險的」，然而它所發表的思想或許不能吸引當時社會的中堅及可靠分子。

這確實不是馬克思所投稿子的錯，馬克思的稿件實事求是地討論時事，比鮑爾和施蒂納（Stirner）的稿件更能調和那些股東與青年黑格爾派，因此他才投稿幾個月之後（一八四二年十月）就成爲了那份報紙的編輯。

現在馬克思第一次得到機會顯示了他無比的才能引導事情向該有的方向進行，切實地使僵硬的舞蹈按照節奏跳起來了。

六、萊茵議會

去年萊茵省議會在杜塞道夫（Düsseldorf）開過九個星期的會議，馬克思寫了五篇長文分析它的活動。各省議會都是無用的、虛僞的代議機構，由普魯士王室設立，來掩飾背棄一八一五年許可立憲的承諾。它們開了許多次閉門會議，最多只允許稍爲議論一些無關緊要的「公事」。然而，自從一八三七年與科隆和波森（Posen）的天主教會發生衝突以來，這些議會就完全沒有召開過了。若論反對政府，只有萊茵和波森的議會可能如此，但那也不過是教皇集權派的議員們而已。

這些「非凡的」機構是被嚴密防範出現自由主義的脫序，因爲按照法令，領有地產是議員的一個必要條件。照例，議員的半數是鄉紳；三分之一是城市地主；六分之一是農村地主。然而，這種訓政原則並非通行無阻，例如，在新獲得的萊茵地帶就必須對現代主義精神退讓幾步。但是鄉紳總是占議員人數三分之一以上，而又因爲一切決議必須以三分之二的多數通過，所以不得鄉紳同意就什麼也做不成。城市地主則受到更多限制，他們必須持續領有土地十年以上才有參選的榮寵。作爲進一步的預防措施，政府有權否決任何城市官吏的當選。

雖然這些議會都是公眾輕視的東西，腓特烈．威廉四世登基以後又召開了一次（一八四一年），他甚至把它的權力擴張了一點，但那不過是要玩弄王室於一八二〇年曾經承諾國家的債權，非得到將來的德國聯合議會的同意和保證，不再募新債的詭計。約翰．雅各比（Johnann Jacoby）曾經發表過一本小冊子，籲請議會要求王室履行諾言，但是他的規勸都落在聾子的耳裡了。

甚至連萊茵議會也可恥地讓步了，對於政府所最畏忌的有關教會的政治問題也確實讓步了。是以三分之二的多數否決了這要求：非法逮捕的科隆主教必須送交法庭、要不復職；雖然這要求的正當性是無論從自由派或教皇全權派的觀點上都不容爭辯的。它甚至不提憲法問題，而且它以最懦弱的方式處理科隆數千市民聯署的下列請願：容許公眾到議會裡旁聽，發表議會每天未經刪減的會議紀錄，報紙有權討論議會事務和其他一切省務，頒布明確的出版法以代替審查令。議會所做的不過是請求國王准許發表會議紀錄中的發言人姓名而已，並不敢要求一種出版法，只不過請求立法防止濫用審查令而已。它懦弱應得的結果是王室對於這些最溫和的請求也峻拒。

議會彰顯活力就只在它奮起捍衛地主利益的時候。恢復舊封建勢力的榮光是不可能的。連東普魯士派到萊茵地帶的官吏都這樣報告柏林了。凡是這種企圖都必定引起萊茵人民的猛烈反對，他們不樂意挑起這一類情事。他們尤其不願容忍那妨礙無論爲鄉紳或小農階級的利益而施行的任意劃分地產的權利，雖然無限度的地產分割已經使地權完全碎化，正如政府稍帶公正所指出的。政府提議對於劃分地產應加某種限制「以維護強大小農階級的利益」，因此被議會以四十九票對八票所否決，因爲這一點是全省所同意的。自此以後議會更依其心意投入立法了，並通過了政府所提出的許多法令，禁止在私家領地和森林中撿柴、侵入、偷捕魚和偷獵鳥。議會裡的地主們無恥地、蠻橫地糟踏他們的立法權爲他們自己謀私利。

馬克思曾經透澈地責難議會。他寫了六篇長論述；在第一篇裡他批評議會有關出版自由和發表會議紀錄的種種辯論。國王曾經准許發表紀錄——不揭露發言人姓名——這算是國王企圖鼓勵議會的一種改革，但遭到議會自身強烈反對。萊茵議會並不像波美安尼亞（Pomeranian）和布蘭登堡（Brandenburg）議會那樣斷然拒絕發表任何紀錄；但是它也表現了被選代表超然於選舉人批評之上的那種愚蠢傲慢。

> 議會承受不住陽光的照耀，把它自己隱蔽起來是較舒適自在的。倘若全省人民十分信賴其所託以代表權利的人物團體，那麼這些人物應該屈尊來接受這榮寵，這是當然的事，至於要求他們投桃報李，並要把他們的生活方式和品性交付給予這種信賴的人民來評斷，那倒眞是太超過了。

馬克思以優美的詞令譏諷了他後來稱之爲「議院矮呆症」的最初現象，這症是他終生所厭惡的。

對於出版自由的問題，他的利劍從未揮動出類似的光芒和銳利。盧格毫無妒忌地承認：

> 對於擁護出版自由，再沒有比這說得更深刻或更透澈的了。我們的報紙能夠首先發表這樣成熟、素質，這樣善於清除低俗思想混亂的權威作品，確是可以自豪的。

在某一節中馬克思提到他家鄉自由而舒適的天氣；在這些文章之中，即使是在今日吧，也還存著照耀萊茵河岸葡萄園上的夏日明亮及溫煦。黑格爾曾經說過「縱然是一份壞報紙，它的卑下的主觀性也能洗滌一切」，而馬克思卻訴之於往昔資產階級的啟蒙運動，而在《萊茵報》上他承認康德是法國革命的德國理論家，但他以黑格爾的歷史辯證法爲他打開的所有政治和社會視野廣度追溯這運動。只要把雅各比的《四個問題》和馬克思在《萊茵報》上的文章一比較，就可明白後者是怎樣的進步。雅各比一再訴之於國王立憲的承諾，把它作爲整個問題的始終，而馬克思卻不屑於提及它。

盡力頌揚自由的報紙爲人民的耳目，來反對審查報紙所附帶的根本弊害——由於僞善而產生一切其他缺陷，甚至以美學的觀點而論那種被動性也是令人厭惡的——馬克思並未忽略這種自由會被誤用的危險。有一個代表城市產業擁有者的議員曾經要求出版自由爲營業自由的一部分，馬克思質問道：

> 自身墮落到成爲一種商業的報紙是自由的嗎？一個作家因爲要生存和寫作確實是必須賺錢的，但是他不應該爲賺錢而生存和寫作……報紙的第一種自由必須是從商業解放

出來。使報紙墮落到僅是維持物質生活的一種工具，那作家就該受內心束縛的懲罰——外在的束縛叫作審查——或者他的生存原本就是他的懲罰。

馬克思終身奉行著這種原則，和他要求別人同一標準：人的寫作必須以作品自身爲目的。對於他自己和別人都不是一種工具，倘若必要，他就必須爲他的作品而犧牲他自己的生存。

關於萊茵議會的第二篇論述所討論的是「大主教事件」，如他寫信給榮格所說。這論述被審查吏刪除了，永遠不曾發表，雖然盧格提議把它登在他的《逸話》裡面。一八四二年七月九號馬克思寫信給盧格說：

> 不要以爲我們生存的萊茵是政治理想鄉。堅忍地支持著像《萊茵報》這樣一種報紙是必要的。我批評議會活動的第二篇論述已經被審查吏所拒絕。在那論述裡我指出國家擁護者一直支持宗教的立場，而宗教擁護者卻一直支持政治的立場。比拒絕我的論述更糟的是科隆的愚蠢天主教徒將要墜入圈套，而捍衛大主教是可以吸引新訂户的。你難以想像這些暴君對待那些正教蠢材是多麼可惡同時又多麼愚蠢。但是這事件結果圓滿。普魯士在全世界的眼前親了教皇的腳趾，而我們政府的自動機器人在大眾之前還是毫無羞愧之色。

後一節是指這事實：帶著浪漫主義傾向的腓特烈．威廉四世曾冒險和教皇古利亞（Papal Curia）談判，同時教皇以教廷的最佳傳統，伸手自右及左澆過前者的頭，表示謝意。

馬克思寫給盧格的這封信，並不是表示馬克思因爲要使科隆的糊塗教徒墜入圈套而同意捍衛大主教。相反的，他絕對忠實於他的原則而且完全合於邏輯，當他宣示下面的話時：大主教因爲履行宗教職務而被非法逮捕，天主教徒要求這非法被捕的人必須交付法庭裁判，這其間國家擁護者支持了宗教的態度而教會擁護者支持了政治的態度。這確實是《萊茵報》必須決定的問題：在這混亂顚倒的世界中採取一種正確的態度，正如馬克思在給盧格的同一封信裡所說的理由，就是，教皇全權黨（這報紙所傾力反對的）是萊茵地帶最危險的勢力，而政府的反對派又茁壯到太慣於在教會範圍之內專事鬥爭。

第三篇論述由五個長篇組成，批評議會反對盜竊林木法案的訴訟。馬克思被迫「下凡」了，如他在其他事情中所表示，他對必須談論實際利益感到困窘，因爲黑格爾意識形態系統中沒這項規定。他掌握這法案所引起的問題並沒有他後幾年所表現來得尖銳。問題的爭點是正在發展的資本家時代與土地共同所有權的最後殘餘之間的鬥爭，一種剝削大眾的殘酷爭鬥。一八三六年中普魯士所有的二十萬零七千四百七十八件刑罰訴訟中，有十五萬件以上，差不多四分之三，是關於私伐林木、盜捕魚鳥罪行、侵入等等。

在議會的討論中，地主的剝削利益無恥地強制通過了，甚至超過政府所草擬的規定之上，於是馬克思以尖銳的批評，代表「沒有政治和社會權利的無產大眾」投入戰鬥。然而，他的理由還是據於正義的伸張，並不是經濟學的考量。他主張貧民的習俗權利不應被破壞，他說明這些權利的基礎在於財產的某種曖昧形式：既不是明確的私產也不是明確的公產，而顯然是中古一切遺制中所顯示的兩者混合物。財產的這種混淆不清的形式，是由於應用源自羅馬法中抽象民法的範疇而廢除了的，但是一種本能的正義感具體地體現在貧窮階級的這些習俗權利之中，而這些權利的本質是積極和合法的。

雖然該文的歷史認識具有「某種游移的性質」，可是這論述因此或更切實的揭露出到底是什麼東西激起了這「貧苦階級」的偉大辯護人。他描寫地主們所犯的惡行和他們怎樣踐踏邏輯、理性、正義和法律，最後是國家利益，以犧牲貧乏者來滿足他們的私利——對於觸動他的不公不義流露了酷烈的憤怒。「為了毀滅偷獵者和侵門小偷，議會不但折斷法律的肢體，而且刺穿法律的心臟。」根據這一點，馬克思舉此一例表明私利的階級議會一旦開始嚴肅立法時可以預期做出怎樣的事。

同時他仍然依從黑格爾的法律哲學和國家哲學，雖然他並不沿襲黑格爾正統派門徒的風氣去頌揚普魯士為理想的國家。相反的，他比較普魯士國和黑格爾哲學所假設的理想國家。馬克思認為國家應該是一個偉大的機構，在其中法律的、道德的和政治的自由必須得以實現，同時各個國民服從國家法律正如服從他自己的理性、人類的理性之自然法則一樣。馬克思從這種觀點圓滿地處理了議會中禁止盜採林木的種種辯論。第四篇論述討論禁止私擅漁獵及入侵法案，也或許是根據同一觀點來圓滿處理的，但是第五篇卻不同，它企圖終結全部文章——討論「生活實情中的世俗問題」，即土地分配問題。

和萊茵地帶的資產階級一致，馬克思主張劃分地產的完全自由。他認爲拒絕農民有權隨意劃分土地，是加添法律的貧乏於物質的貧乏之上。然而，這種法律的考量並不足以提供這問題的解決方案。法國社會主義者曾經指出無限制的分割地產會產生一種無助的無產者，且使他與原子般孤立的手工匠處於同等地位。倘若馬克思要處理這問題，那麼他必須首先與社會主義搏鬥。

很確定馬克思認知了這種必要，當他總結這系列論述時，也同樣確定沒打算逃避它。其實不須這麼久，在他的第三篇論述發表在他所主編的《萊茵報》上時，他就已發現自己必須在解決社會主義之謎前去面對它。

七、鬥爭的五個月

在夏季中《萊茵報》曾有一或兩次稍爲旁及社會領域。極有可能是由赫斯主持的。一次是轉載魏特林（Weitling）有關柏林居住狀況的一篇文章，題名爲〈對於一個現代重要問題的一點貢獻〉。另一次是在史特拉斯堡（Strassburg）舉行博學之士會議的報告，也是接觸社會主義問題的，而且加上一段溫和的點評說明其成果，大意是：倘若無產階級敵視中產階級的富裕，就如同一七八九年中產階級反對封建貴族的鬥爭，不同之處在於這一次的問題是可以和平解決的。

這雖然是小事，卻足以使奧格斯堡（Augsburg）的《綜合報》（*Allgemeine Zeitung*）譴責《萊茵報》鼓吹共產主義。其實在這一點上《綜合報》居心並不清白，因爲它曾經發表過海涅論法國社會主義及共產主義的更尖銳文章。那時它是唯一的德文報，具有全國甚至國際的重要性，而又感覺它的地位被《萊茵報》所威脅了。雖然《綜合報》所施行的猛攻並沒帶有很啟迪式的動機，但並非沒有惡意的巧詐。對那些富裕的商人子弟——頭腦簡單地玩弄著社會主義思想，卻不願把財產分給碼頭工人或在科隆大教堂工作的人們——加以種種諷刺，《綜合報》耍寶式地說這是多麼孩子氣：以一七八九年法國封建貴族的命運，恐嚇像德國這樣經濟落後國家的中產階級，尤其是鑒於德國中產階級並無自由呼吸的餘地。

馬克思的編輯第一任務是抵擋這種毒辣的攻擊，他覺得很不舒服。他不願意護衛他認爲業餘水準淺薄的事物，但他所處的地位不便明白說出他所想像的共產主義。所以他盡力把論戰推到埃及，責備傾向共產主義的敵人，但同時他承認《萊茵報》無權用三言兩語處理一個兩大民族正在努力解決的問題。《萊茵報》將在「深長研究之後」才對共產主義加以透澈的批評，因爲像勒魯（Leroux）和康西德朗（Considérant）的著作，尤其重要的是普魯東（Proudhon）的精湛著作，都不是一時的浮言淺說所能論斷的。然而，以這些著作的現有形式而論，《萊茵報》並不願承認這些觀念有理論的現實性，更不希望它們實現，或認爲有實現的可能。

後來馬克思聲明這種論爭曾損害他對《萊茵報》工作的熱情，所以他急於一得機會就引退去研究學問。然而當人回顧往事時，因與果是難於分解的。馬克思曾經全心全力地爲《萊茵報》工作，爲了它甚至不惜冒著與柏林故友們分裂的危險。他已經很少和他們往來了，那一道溫和的審查令已經把「至少總是以知識趣味爲中心的」黑格爾學會變爲所謂「自由人」的團體了，其中幾乎包括了這普魯士首都一切前進的文學大師。現在他們集合起來，像一群失措的俗眾，扮演社會和政治的革命黨。在夏季中，連馬克思也爲這種發展情形心憂，宣稱昭告個人的解放是一回事——無愧於心——而汲汲於自我誇耀、自我廣告又完全是另一回事。而他以爲那時在柏林的鮑爾是不至於「庸儒無能」的。

不幸的是，馬克思的假設是錯誤的。據可靠的情報，科本遠離那些「自由人」的鬧劇，鮑爾卻並非如此，事實上他甚至是那些鬧劇的提倡者。在街上結隊胡鬧、妓院酒館的不堪入目及在史特納（Stirner）婚禮上對毫無防備的牧師進行可嘆的嘲弄：鮑爾從他攜帶的針織包中取出銅戒指交給主持婚禮的牧師說這很適合作爲結婚戒，使他們成爲馴善的俗眾們半是欽佩、半是害怕的對象，但他們也不留餘地地損及他們所理應代表的宗旨。

自然，那些下流的鬧劇對這些「自由人」的智力作品有極壞的影響，因此馬克思難應付他們投到《萊茵報》上的稿件。他們的許多稿件都被審查員刪除了，但如馬克思後來給盧格的信裡所說：

邁恩和他的徒弟們寄給我們成堆世界正趨滅絕的塗鴉，用懶散的筆調寫些空洞的思想，全都沾染著一小點無神論和共產主義（這是那些先生們從來不耐煩研究的）。由於魯騰伯格完全沒有批評的技能、獨立性或能力，他們已慣於視《萊茵報》爲稱手的工具，但我不願意讓這種情形繼續下去。

這是馬克思所謂「柏林地平線變得陰暗」的第一個原因。

一八四二年十一月，當赫維格（Herwegh）和盧格訪問柏林時，破裂來臨了。那時赫維格在德國正得意。他在科隆很快地和馬克思成爲朋友，在德勒斯登（Dresden）他會見盧格，並同去柏林。在柏林他們當然不能從那些「自由人」的鬧劇之中發現什麼美德。盧格和他的合作者鮑爾終於扭鬥了起來，因爲如他指出後者要他同意「最荒謬的事」，例如國家、私有財產和家庭等概念必須消除，完全不考慮這些問題的實踐面。赫維格也同樣強烈反對這些「自由人」，於是他們對他的輕蔑，以他們慣用的方式鋪天蓋地壓他，扯到他進謁國王、和富家女子訂婚等事來報復。

雙方都訴之於《萊茵報》。得到盧格的同意，赫維格請求發表一份聲明，大意是：雖然「自由人」諸君作爲個人而言全是十分優秀的人物，但他們政治的浪漫主義、誇大妄想狂，以及酷愛自我廣告，辱沒了自由的宗旨和團體——這是盧格和赫維格曾經坦白地對他們說過的。馬克思發表了這聲明，因此自命爲「自由人」之代言人的邁恩就向他擲來連番炸彈般的無禮信件。

最初馬克思冷靜地回答那些信件，客觀地努力試圖獲得這些「自由人」的合作：

我主張少發空洞的抱怨、少用好聽的字句、少自我誇耀，而要更具體、更切實地對待現實條件，闡明處理那些問題的更大實際知識。我告訴他們我認爲這是不對、甚至不道德的：偷渡共產主義和社會主義的信條——一種全新的世界觀——爲隨意嬉戲的批評主義等等；倘若眞要討論共產主義，那就必須澈底更換另一種方法。我也請求他們經由批評政治情況來批評宗教，而非反之，這較適合報紙的性質和教育大眾的需要，因爲宗教——本身是頗虛空的——產生於人間，並不是從天而降，它自身只要一旦翻轉的現實，使它所代表的理論瓦解就消失無蹤。最後，我告訴他們倘若他們想討論哲學，應該少賣弄些無神論的觀念（這使人憶起故意高聲大嚷著不怕妖怪來通知想聽的人的那些孩子們），而多多使人認識無神論的意義。

這些話足以讓我們對馬克思編輯《萊茵報》所遵守的原則有一清楚印象。

然而，在這忠告未傳到想要傳達的人之前，馬克思接到邁恩的「一封傲慢的信」，要求《萊茵報》停止「兩面討好」而「竭盡全力」，換言之，就是爲了「自由人」的緣故《萊茵報》必須挑戰壓迫。馬克思對這事不耐煩了，寫信給盧格說：

這一切都虛榮得可怕。他們完全不能理解我們為了保存一個政治機關報，才願意放棄某些除了自己黨派關心以外毫無用處的柏林廢話連篇……我們每天都必須熬住審查吏的耍詐、大臣們的信件、省長的牢騷、議會的悲嘆、股東的抗議等等，而我必須堅守我的立場，僅是因為我覺得盡可能打退那些暴君們的意圖是我的義務。你大概可以想像到那封信激怒了我；我也發了一封十分尖銳的回信給邁恩。

這切實說明了馬克思與「自由人」們的最後決裂；「自由人」們幾乎全都落到或多或少悲慘的政治結局：自鮑爾效力於《十字報》和《郵報》到邁恩死在《但斯格（Danziger）報》的編輯任上。邁恩的荒廢一生就特顯在這陰沉的笑柄中：他現在敢嘲笑的不過是新教的正統「公牛」而已，因為他的報紙的自由派業主怕得罪天主教的讀者，不准他批評教皇的教書要目。這團體的另一些人退而求庇於半官方甚至官方的報紙。譬如，魯騰伯格後來幾十年擔任《普魯士國家公報》的編輯一直到死。

然而那時（一八四二年秋季），魯騰伯格卻算是一位「很可怕」的人，政府要求他離開《萊茵報》。在夏季裡政府曾經用盡方法為難這家報紙，但也不加害，希望它會自取滅亡。八月八號萊茵省長沙珀爵士（Von Schaper）向柏林報告，這報紙只有八百八十五個訂戶；但是十月十五號馬克思接任編輯，到十一月十號，沙珀不得不報告訂戶數量穩定擴增到一千八百二十個，而且這報紙的傾向變得更加放肆和敵對起來了。

使事情更加惡化的是《萊茵報》得到一份性質極其反動的結婚法案的抄本，而且在當局未許可以前就發表了它。這使國王很不愉快，因爲那法案的目的在於使離婚更加困難，而且是人民大眾所激烈反對的。國王要求那報紙披露提供該草案人的姓名，否則立刻加以封禁。然而國王的大臣們不願把殉道者的冠冕加在《萊茵報》的頭上，因爲他們知道這種有損威信的提議是會遭遇直接拒絕的，於是他們只好要求發行人雷納爾（Renard）辭退魯騰伯格，並另聘一個責任編輯。同時一個名叫威索斯（Wiethaus）的陪審推事被任爲審查吏，接替了多里沙爾（Dolleschall）的職務，後者的澈底糊塗是聲名狼藉的。

十一月三十號馬克思寫信給盧格：

由於我國權勢者特殊的愚昧，魯騰伯格——早已被剝奪寫德文文章的權利（他的主要工作是改正標點符號），只是在我的干預之下才寫些法文文章——被看作危險分子了，其實他對於任何物和任何人都毫無危險，除了對《萊茵報》和他自己以外。然而他們非開除他不可。普魯士的權勢者屬普魯士，專制政府、最大的僞君子、最大的騙子，並不曾給保證人雷納爾難堪。同時這位新的殉道者——現在已經對他新角色的言行舉止駕輕就熟——正在盡力開拓機會。他到處，包括在柏林寫文章宣告說他爲了代表《萊茵報》的原則而被開除，《萊茵報》正在改變它對政府的態度。

馬克思敘述這件事是因為它曾經使他和柏林「自由人」們的爭吵加重，但在表面上他嘲弄那可憐人魯騰伯格「殉道者」似乎稍微過分了一點。

馬克思所謂政府「非開除魯騰伯格不可」，以及「不曾給保證人雷納爾難堪」只能說《萊茵報》對政府壓迫的讓步，而無意留下魯騰伯格。無論如何，要留人是無望的，況且當時有各種理由使發行人不受「難堪」——由警察加以審問和起草聲明書，這種痛苦體驗完全不是非政治人士所宜忍受的。然而，他署名在一篇反對壓迫報紙的書面抗議上，這文件的原稿，現保存在科隆市文獻處，確是馬克思的手筆。

這文件申述《萊茵報》「迫不得已」同意魯騰伯格暫時去職和另派責任編輯。它也使當權者相信《萊茵報》將逐漸使各種事在不損及報紙的獨立性之際力求妥協，以免於壓迫；它願意盡其可能地使文章的內容以和緩形式出現。這文件所有的那種審慎的外交詞令，是它的作者生平僅有的一次。但是對它字字計較是不公平的，雖然他言及這報紙傾向普魯士的態度。說青年馬克思顯然違背他的信仰也是不公的，除了反駁奧格斯堡《綜合報》的反德傾向和鼓吹擴張關稅聯盟到日耳曼西北部以外，《萊茵報》屢次表示同情普魯士，援引北德的科學以對抗法國和南德理論的膚淺。在這文件中馬克思也指出《萊茵報》是第一份「萊茵和南德」的報紙，把北德的精神輸入南方，因而有貢獻於日耳曼民族各分支的知性統一。

萊茵省長沙珀對這聲明的答覆毫不客氣：即使立刻辭退魯騰伯格另聘完全適合的編輯，也還要看該報將來的經營如何，才能決定可否給予該報一定的權限。該報被寬限到十二月十二號才派來一個責任編輯，但情形並未有所改善，因爲在十二月中新的糾紛又發生了。有關摩澤爾（Mosel）農民貧困境遇的兩篇來自伯恩卡斯特（Berncastel）的通訊員文章引起沙珀送來兩次更正，都是內容空洞而文筆拙劣。那時《萊茵報》充分利用了這壞差事，稱讚沙珀的更正「平和高尚」，說這使祕密警察的代理人羞愧，可以算是「以釋誤會而正視聽」；但當該報蒐集了充分資料時，就於一月中開始發表五篇文章，用大量眞憑實據表明政府以殘酷的方法壓制摩澤爾農民的怨憤。萊茵地帶的最高長官因此陷於大眾譏笑的境地，但令他安慰的是，他知道一八四三年一月二十一號內閣御前會議已經決定封禁這報紙了。

一八四二年底有許多事情曾使國王惱怒：赫維格從柯尼斯堡寫了一封傲慢不恭的信給他，而萊比錫的《公報》不經作者同意就發表了它；最高法院赦免了約翰・雅各比的大逆叛國重罪；《德意志年鑑》新年宣言擁護「帶有一切實施上問題的民主政治」。《德意志年鑑》立刻被封禁，《公報》也不許在普魯士境內發行，而這「萊茵的娼妓」是遭全面肅清了，尤其它發表了反對封禁那兩家報紙的嚴正抗議更進一步惹惱當局。

《萊茵報》被禁售的正式藉口是未經官方許可——「好像它未經官方批准也能夠在普魯士存在一天似的，沒有政府許可，可是連一隻狗都不能存在」，一如馬克思感嘆所說的。附帶的「客觀」理由是照例嘮叨它的邪惡傾向——「有惡意呀、空談理論呀、欺世謊言的陳腔濫調和胡說八道」，如馬克思所嘲諷的。因爲股東的緣故，該報被允許出版到那一季的末尾。馬克思寫信給盧格說：

在我們絞刑前的喘息期間，我們是在雙重審查之下的。我們眞正的審查吏，一個很端正的人，他自己是在省長格拉赫這盲目服從的蠢材監視之下的。預備付印的時候必須送到警察的眼皮底下，倘若他們認爲嗅出什麼非基督教或非普魯士的氣味，那麼報紙就不能出版。

陪審推事威索斯顯出的正直精神竟至拋棄審查吏的地位，因此得到科隆唱詩班社團享以小夜曲。柏林委派部級祕書聖保羅（Saint-Paul）來接替他的職務，而這人澈底執行絞刑，以致雙重壓迫於二月十八號撤消了。

萊茵地帶的全體居民覺得這報紙的禁售是一種切身侮辱，訂戶的數目一躍而爲三千兩百份，同時有幾千人聯署向柏林請願，想要躲開那最後一擊。股東們派了一個代表到柏林去謁見國王，但是被拒絕了；人民的請願書流轉到官廳的廢紙簍裡，在上面簽署的官吏都受了嚴厲的處罰。然而，更糟的是股東們傾向緩和報紙方針的主張以期挽回他們的失敗請求。這是使馬克思於三月十七號辭去編輯職務的主要原因，雖然這並未阻止他盡可能地攪擾審查作業到最後一分鐘。

新審查吏聖保羅是一個年輕的豪放者。在柏林他曾經和那些「自由人」們邊喝邊鬧，到科隆不久他就和娼寮門外的更夫們廝鬧鬥毆。然而，他是個伶俐的傢伙，立刻發現了《萊茵報》的「理論中心」和它論說的「源泉」。在他寫給柏林的報告裡他無意中稱讚了馬克思，後者的個性和智力顯然給他留下深刻印象，雖然他以爲他在馬克思的意見中發現「巨大的純理論錯誤」。三月二號他就能夠報告柏林「在現狀之下」馬克思已經決定脫離《萊茵報》，且離開普魯士。這報告使柏林那些自作聰明的人們在他們的議事紀錄中對這後果註明，倘若馬克思移民是毫無損失，因爲他的「極端民主的意見是和普魯士的國家原則完全牴觸的」這是一項難以反駁的陳述。三月十八號這位可敬的聖保羅向柏林送出勝利的報告：

這全盤事業的精神指導馬克思博士昨日確定退休，無足輕重而溫和的奧本海默已經接替編輯事務，我對此很高興，今天我用不到平常四分之一的時間就審查完畢了。

這位審查吏爲離去的馬克思向柏林賀喜並諂媚提議：因爲馬克思的去職，現在可以容許《萊茵報》繼續發行了。然而，他的主子們比他更懦弱，教他賄賂《科隆日報》的編輯，這無疑是位善辯者，並恫嚇它的發行人此事是有可能，這些人是早已把《萊茵報》當作危險的競爭者了，而這種卑劣手段成功了。

一月二十五號，就是科隆人民知道議決禁售《萊茵報》的日子，馬克思寫信給盧格說：

我並不驚訝。你知道我自始就把審查令當作怎麼一回事的，現在的遭遇我認爲不過是合邏輯的結果。我把禁售《萊茵報》看作政治意識進步的一種表徵，所以我辭職了。

總而言之，環境對於我是太過鬱悶的。縱然是爲了自由的緣故，在奴役狀態之中工作，戰鬥不能用刀劍而只是用針刺，這是一件壞事。我厭倦當權者的僞善、愚蠢、蠻橫，以及我們的恭順、馴服、逃避責任和拘泥細節，現在政府已還我自由……在德國我所能做的不過如此了。人在此地是墮落的。

八、費爾巴哈（Ludwig Feuerbach）

在同一封信裡馬克思說他已經接到收錄他初次政治論述的合集。這合集分爲兩卷，名爲《新德哲學及政治逸話》（*Anekdota zur neuesten deutschen Philosophie und Publizistik*），於一八四三年三月初出版於瑞士的蘇黎世，發行者是弗勒貝爾（Julius Fröbel）替被迫逃避德國審查的作家們成立避難所的文藝書店（Literarisches Kontor）。

在合集裡這青年黑格爾派的老衛士再上戰場，但它的陣線已在動搖。在最前線的是費爾巴哈，這大膽的思想家早已廢棄黑格爾的全部哲學，曾宣稱「絕對觀念」不過是神學的死靈魂，因此是對純粹幻境的一種信仰；並發現哲學的一切玄祕歸於深思明辨人道和自然之中。他在《逸話》中所發表的《哲學改造芻議》對於馬克思是一種啟示。

幾年之後，恩格斯曾經追述費爾巴哈最有名的著作《基督教的本質》（一八四一）對馬克思知性發展的重大影響。恩格斯說因爲要認識這書的「解放的功效」，人們必須讀它：「那熱情是如此奔放並使我們立刻都成爲費爾巴哈的信徒。」然而馬克思在《萊茵報》上所寫的文章卻顯不出一點費爾巴哈影響的痕跡，雖然馬克思確是「熱誠歡迎」那些新觀念的，不過有一兩點批評的保留；一直到一八四四年二月《德法年鑑》出版的時候，他才在那論題上表示對費爾巴哈的觀念有某種關聯。

《芻議》裡的思想早已在《基督教的本質》中萌芽，所以恩格斯的記憶所開的玩笑似乎不甚緊要，其實並非無關緊要，因爲這可能錯誤陳述費爾巴哈與馬克思之間知性的關係。費爾巴哈只是舒適隱居於鄉村之中，但仍然是一名鬥士。和伽利略（Galileo）一樣，他把城市看作玄妙的心靈監獄，而在鄉村生活的自由自在之中，大自然之書卻對智力足以讀它的任何人開放。費爾巴哈總是用這種話來駁斥責備他隱居於布魯克堡（Bruckberg）的一切言論。他愛鄉居的幽靜，並不是如古諺所謂隱遁者是幸運的，而是因爲在幽靜中他獲得了進行戰鬥所必需的力量。這思想家必須在平靜之中組織他的思想，遠離城市的喧囂擾攘，以探究他認爲是生活之源及生活之祕的自然。

雖然隱居在鄉村裡，費爾巴哈是在當時偉大鬥爭的前線的。他的投稿使盧格的刊物有觀點及銳利的批判。在他《基督教的本質》裡他指出人創造宗教而不是宗教創造人，人的幻想所創造的更高存在不過是他自身存在的想像反射。正當這本書出版的時候，馬克思的注意力已經轉移到政治鬥爭方面，把他引入公職生活的紛擾之中——當時德國是可能有這種情事——而費爾巴哈在他的著作中所思索出的武器並不適合這種環境。當《哲學改造芻議》出版，而給予那作爲神學最後避難所和最後合理支柱的黑格爾哲學以致命的一擊時，黑格爾的哲學已經自行證明它自身並不能解決馬克思在《萊茵報》上所提出的實質性問題。這《芻議》對於馬克思有深切的影響，雖然他立刻做了批判性保留。

三月十三號馬克思寫信給盧格說：

費爾巴哈的警句只有一點是我不喜歡的，就是太過注重自然而太少注重政治。雖然與政治結合是近代哲學能夠變爲現實的唯一道路；但是我以爲這種結合早已發生於十六世紀，當自然狂熱者遇見國家狂熱者的時候。

馬克思的駁詰是理由充足的，因爲在《芻議》中費爾巴哈僅有一次談到政治，而且他的態度毋寧是由黑格爾退化，並非由黑格爾而前進的。結果是馬克思決定像費爾巴哈審檢黑格爾的自然哲學和宗教哲學那樣，澈底審檢黑格爾的法律哲學和國家哲學。

給盧格的這一封信的另一段揭露了馬克思那時如何處於費爾巴哈的強烈影響之下。他一認清自己不能在普魯士審查作業之下寫作、普魯士的空氣又太過壓抑，就決定離開德國，但是並未離開他未來的妻子。一月二十五號他寫信去問盧格是否可以替他，在赫維格擬在蘇黎世發行的《德國信使》（*Deutscher Bote*）那找點事情做。然而，因爲赫維格被逐出蘇黎世，已不能實行他的計畫。盧格於是提出其他建議，包括一起聯合編輯那改名的年鑑，想要馬克思結束在科隆「編輯煉獄」之後到萊比錫去討論「我們復興的場所」。

在三月十三號的信裡馬克思原則上贊成盧格的意見，但表達他「對於我們的計畫的臨時意見」如下：

> 巴黎失陷以後有人提議擁護拿破崙的兒子，有人提議伯納多特（Bernadotte）做法國統治者，還有人擁護路易．菲利普（Louis Philippe），但是塔列朗（Talleyrand）回答道：非路易十八即拿破崙。這可以說是原則的事，其他一切都是陰謀。而我要說除了史特拉斯堡（或者瑞士）以外一切都是陰謀，不是原則。巨大的書冊並非一般人所需，我們所能做的最好是發行一種月刊。即使《德意志年鑑》准許復刊，我們充其量不過是重操舊業而已，這在今日是不夠的。另自發行一種《德法年鑑》——卻是原則的事、有影響的事，足以挑起熱情的舉措。

在這一封信裡可以聽見費爾巴哈的《芻議》的回聲：與生活及人性相諧和的眞正哲學必定是屬於「德法」源頭的。必須是法國的心態，德國的頭腦。頭腦必須改造，而心態必須革命化。只有在有行動、情緒、熱忱、血性和感覺的地方，才有精神的存在。只有萊布尼茲的精神及其嗜血的「唯物的唯心主義」才能把德國人從賣弄學問和墨守傳統學說中拯救出來。

盧格在三月十九號回答馬克思的信上說他自己完全贊同「德法原則」，但業務的處理多花了好幾個月的時間。

九、婚姻和放逐

在初次從事社會鬥爭而活躍的那幾年間，馬克思也曾經遭遇一些家庭困難。他總不願意提起它們，除非在迫不得已的時候。正和那些爲了私人的小糾紛就能忘記上帝和世界的俗眾相反，馬克思爲了「人類大事」而使自己超脫於他最苦的困難之上。不幸的是，他的生活讓他使用這種能力的機會太多了。

在他初次提及他「微不足道的私事」的談論中，可以看出他對這些事情所表達的一種很特別的態度。在一八四二年七月九號寫給盧格的信裡，他自責不曾投應允的稿給《逸話》，敘述了諸多困難之後說道：

餘下的時間都被最不愉快的家庭糾紛所耗去、攪亂。雖然應付過去了，我的家庭所加於我的困難已經使我處於極其尷尬的境況之中。我不能敘述這些瑣屑的私事來打擾你；幸而我們的公事使一切有品格的人不至於爲私人糾紛所激怒。

這種非常性格往往激怒俗眾──以他們的「私人意氣」──反對「無情的」馬克思。有關於那些「最不愉快的家庭糾紛」的詳情已經無從明瞭，而馬克思也只在當《德法年鑑》將要推展的時候再提過一次，而且說得很概括。他寫信給盧格說只等他們的計畫更具體確定，他就要到克羅伊茨納赫（Kreuznach）──他未來妻子的母親在丈夫死後遷居到這裡──去結婚，並且要在岳母家裡住一段時間：

因為我們在開始工作之前必須先準備一定數量的素材……並無任何空想意味，我可以使你相信我是從頭頂到腳跟都十分認眞處於愛情之中。我們已經訂婚七年了，我的未婚妻曾經為我的緣故做過許多苦鬥，一半是反抗對「在天之父」和柏林政府同樣崇敬的她虔誠的貴族親戚們，一半是反抗常受一批教區神職人員和敵視我的人們把持的我自己的家庭，而這些鬥爭幾乎摧毀了她的健康。所以多年以來我的未婚妻和我都被迫忙於不必要和耗盡精神的衝突，比那些年長我們三倍的人們所常談「生活經驗」要多。

除了這些頗為含糊的表示以外，關於訂婚時期中所有的困難我們就毫無所知了。並非沒有遭遇麻煩，但是相對迅速，那新刊物的籌備事務已經完成，無須馬克思到萊比錫去。有錢的盧格聲明準備投資六千塔勒[21]來當文藝書店的股東之後，弗勒貝爾就願意負責發行。馬克思當編輯的薪水定爲五百塔勒。有了這些前景，他才在一八四三年六月十九號與燕妮結婚。

還留待決定的是《德法年鑑》要在什麼地方出版，巴黎、布魯塞爾或是史特拉斯堡。新婚夫婦看中了阿爾薩斯的首都，但當盧格和弗勒貝爾到巴黎和布魯塞爾經過多方調查之後，最終決定在巴黎。在布魯塞爾出版刊物比在巴黎有更大的活動空間，且有安全和「九月法令」的保障，但法國首都對於德國生活的接觸更爲密切，盧格得意地寫信來說三千法郎或再多一些，馬克思就能在巴黎住得十分舒服了。

馬克思依照他的計畫在岳母家裡度過了新婚的幾個月，然後在十一月中把他草創的家室遷移到巴黎。可以印證他在德國早年生活的最後文獻，是他在一八四三年十月二十三號寫給費爾巴哈的一封信，請他投稿給《德法年鑑》的創刊號批評謝林：

> 看了你的《基督教的本質》的第二版序言，我差不多可以合理假設你對於那饒舌者是準備做點事情的。這將成爲初次上演的好戲，是不是？謝林先生是如何靈敏地欺矇了

---

[21] 每塔勒爲三馬克。

> 法國人：最初是懦弱折衷的古辛（Cousin），後來連明智的勒魯也被騙了。勒魯及其伙伴還把謝林看作這樣的人：以合理的現實主義代替先驗唯心論，以有血有肉的觀念代替抽象觀念，以世界哲學代替形式哲學……倘若你給我們的創刊號寫一篇專論謝林的文章，那麼你將使我們的刊物大放光彩，而且爲眞理的宗旨盡了更大的服務。你正是適合這工作的人，因爲你是恰和謝林相反的。他爲了要實現他青年時代的誠實的觀念——我們有權相信我們對立者最好的優點——除了想像之外沒有別的方法，除了虛榮以外沒有別的才幹，除了鴉片以外沒有別的動力，除了陰柔敏銳感受的易怒之外沒有別的器官。在他，這些觀念總還是青年時的幻夢，但是在你，它們卻變爲眞理、眞實和陽剛的引力……所以我把你看作受自然和歷史的雙重權力所任命，謝林的自然和必然的反對者。

這一封信的筆調何等親厚，同時這信的作者是何等欣喜於一番偉大鬥爭的到來！

但是費爾巴哈遲疑了。他曾經對盧格稱讚過這種大膽的嘗試，但是現在卻不肯加以協助。甚至訴之於他的「德法原則」也不曾感動他。況且，正是因爲他的著作，那些權勢者才一怒而硬把還殘留著的哲學自由在德國消滅，壓迫著哲學的反對派離開國家否則非乞降不可。

費爾巴哈自己並不是投降的人，但是同時他也不能提起足夠的勇氣投身湧向德國死亡之地的浪潮裡面。費爾巴哈對於馬克思想要說服他的熾熱言詞的回覆是友好和有趣的，然而終究不過是一種拒絕。那是他生命中的一個黑暗日子，從此以後他的獨居也就逐漸變爲知性上的孤立了。

第三章　流寓巴黎

一、《德法年鑑》

這新刊物並不是誕生於幸運之中的。一八四四年二月底發行了特大號刊，它是最初一號也是最後一號。

這證明要實現「德法原則」，或如盧格所說「德法知性聯盟」，是不可能的。「法蘭西政治原則」顯然無意接受德國的貢獻——即黑格爾哲學的「邏輯的明澈」——盧格以爲這可以提供給在形上學領域隨波逐流的法國人一種正確的指南。

盧格當初想要拉攏拉馬丁（Lamartine）、拉梅內（La Mennais）、路易・布朗（Louis Blanc）、勒魯和普魯東，但即使是這份初始名單在意識上也夠混雜的了。只有勒魯和普魯東對德國哲學是有些認識的，而這兩個人之中一個住在外省，另一個已經暫時放棄寫作，絞盡腦汁在發明一種排字機器。其他人們，連路易・布朗在內，都把政治的無政府主義看作哲學的無神論的發展，全都拒絕合作，提出種種宗教性異議。

然而，在另一方面，這新刊物集結了德國投稿人的堂皇陣容：除了編輯人們以外，有海涅、赫維格和約翰・雅各比，都是第一流的名家，還有第二流的赫斯和一位來自巴拉丁納（Palatinate）名叫伯內斯（Bernays）的青年律師也是重要人物，更不用說那最年輕的撰稿人恩格斯了——他涉獵各種著作起源的領域後，初次全副武裝掀開面罩現身戰場。但即便如是這班德國人也是倉促集合的，有些不大懂得黑格爾哲學，更不懂那「邏輯的明澈」，尤其是兩個編輯之間的不和立刻就使繼續合作變得不可能了。

這唯一的特大號刊開始於馬克思、盧格、費爾巴哈和巴枯寧（Bakunin）——一個年輕的俄國人，在德勒斯登結交盧格，寫過一篇議論很多的文章給《德意志年鑑》——之間的「通信」。這「通信」是由八封信組成的，每一封信上簽署著作者姓名字首，由此我們知道馬克思和盧格各寫了三封，巴枯寧和費爾巴哈各寫了一封。後來盧格宣稱這「通信」是他的作品，雖然他曾經摘引「這封那封的詞句」。這些信都收在盧格的文集裡，但值得注意的是都有嚴重刪改過，而且未發表最後一封——簽著馬克思姓名字首而且總結了全部通信眞實論點。以這些信的內容而論，無疑它們確是簽著姓名字首的作者們的作品，而以展現同一基調組曲而論，馬克思在這合奏中是首席提琴手。然而，也不必否認盧格或許曾笨拙修改過他自己、巴枯寧和費爾巴哈的信。

馬克思開始並結束這通信。他的導言像一曲簡短而激昂的喇叭聲：浪漫主義的反動正是革命的前導。國家政治墮落到滑稽劇等級是非常嚴肅的事。滿載愚人的船在無事之時可以順風駛一陣子，但是它終究難免覆滅，就只因爲愚人們不肯相信會有這樣的事。因此盧格，對德國俗眾如羊一樣的無窮忍耐，報以冗長的哀嘆。他的信是「悲涼無望」的，正如他自己後來所說，或者如馬克思立即在回信中較爲客氣地說：「你的信是一首良好的哀歌，一首令人窒息的輓詩，但是沒有政治意義。」

倘若這世界是屬於俗眾的，那就值得研究這些現世的主人，雖然俗眾成爲世界之主只因爲——像屍體裡的蛆似的——他們的社會充塞了這世界。當俗眾是君主專制的實際基礎時，君主自身，絕不能夠超過俗眾之王。普魯士的新君主，比他的父親更爲清醒活潑，曾經想就本身的立場消滅這庸俗狀況，但是當俗眾依然是俗眾的時候，他就無法使他自己或他的臣民成爲眞正的自由人。所以僵化卑屈及奴隸的狀況又恢復了，但是即使在這種困頓局勢之中，也還有著新希望。馬克思指出那些統治者的無能和他們僕役和臣民的惰性——遇事聽天由命。這兩種事情加起來就足以造成一次大災難。他指向庸俗主義的敵人，一切有思想和受苦的人們，都已達到一種理解；他甚至指向那舊式卑屈體制的永續，每日也在新人道的宗旨下徵集戰士。同時商貿利潤、財產制度和人道的剝削正更急劇地引起社會內部的分裂；舊制度是不能修補這種分裂的，因爲它並不曾治療和創造，只是維持生存和享受而已。所以我們的任務是把這舊世界牽引到晴光白日下，以積極的作風發展新世界。

巴枯寧和費爾巴哈都以各自的方式高興地寫信給盧格，以致後者宣告他已經被「這些新的安那卡西斯（Anacharsis）①和新的哲學家們」所轉變了。費爾巴哈把《德意志年鑑》的結局比作波蘭的結局，宣稱在一個朽爛社會的普遍泥沼裡，少數人的努力是必然無效的，而盧格也寫信給馬克思道：

---

① 普魯士人克洛斯（A. Clootz）的假名，他轉入法國籍，在巴黎主張極端革命和無神論，於一七九四年被判處死刑。

正如天主教信仰和貴族式自由不能拯救波蘭一樣，神學性的哲學和可敬的科學並不能拯救我們。我們要和它們決裂才能繼續我們的事業。那「年鑑」已經死了，而黑格爾哲學是屬於過去的。讓我們努力在巴黎建立一份機關刊物，使我們能夠以完全的自由和無情的正直批評我們自己和整個德國。

馬克思說了最初，也說了最後的話：顯然，必須爲有思想和獨立頭腦的人們創立一個新的據點。雖然關於過去可以無疑，但對於將來卻很混亂。

在改革家之中已經爆發一種普遍的無政府狀態，他們全都被迫承認對於將來沒有明確的構想。然而，這確是這新運動的大優點：我們並不教條式尋求預期的新世界，而是要在批評舊世界中發現新世界。到現在爲止，哲學家們總是把謎底安放在他們的寫字桌，而愚昧的俗界所要做的不過是閉著眼睛張著嘴接受那絕對科學烤好的餅乾而已。哲學已經自我世俗化了，最明顯的證據是哲學意識本身已被捲入騷亂的熱鬧之中，不只是表面的，還是深層的。我們的任務並不是預先建立一種未來，或隨時解決一切問題，而只是無情地批評現世。所謂無情，是指我們必須不怕自己的結論，也不怕抵觸當道的權力。

馬克思並不打算傳播任何教條式規範，而且他把卡貝（Étienne Cabet）[②]、德薩米（Dézamy）和魏特林所宣傳的共產主義視為一種教條式的摘要。無論誰喜歡或不喜歡，當時德國人的興趣首先是宗教，其次才是政治。向他們提出一種現成的體制，如《伊加利亞遊記》（*The Voyage to Icaria*）[③]所述，是無用的；必須和他們以他們所在之處開始。馬克思斥責那些「愚鈍的社會主義者」的態度：他們覺得政治問題是配不上他們身分的。從政治狀況的矛盾中、從政治理想與實際假設間的衝突中都可以得到社會的眞理：

所以沒有什麼阻礙我們以批評政治開始我們的批評、參與政治，也就是參與實際鬥爭。因此我們必須避免以說教的方式，提著新原理宣稱：眞理在這裡，都來鞠躬崇拜吧。我們必須為世界從舊原理中發展新原理。我們不必對世人說：停止你們的爭吵，那些都是愚蠢的事，來聽我們的，因我們把握著眞實的眞理。相反的，我們必須向世界展示它為何爭鬥，而不論它是否喜歡都必須獲得這種覺悟。

② 卡貝（一七八八—一八五六）：法國社會主義者，出身工人家庭，博學多才。
③ 卡貝所寫的理想國。

馬克思把新機關刊物的綱領綜述如下：協助這個時代實現（批判性哲學）它的爭鬥和它的願望。

馬克思成就這項實現，而盧格卻不，甚至那「通信」就已表明馬克思是推動者而盧格是被動者。一個附帶的原因是盧格抵達巴黎後就患病，不能多參加編輯工作，所以他不能充分行使他主要的職能，就這目的而言他覺得馬克思「太過附隨」。盧格並不能給予這刊物他所認爲最合宜的形式和態度，甚至不能在上面投稿。然而，他並非完全不喜歡那創刊號，他發現「其中有十分出色的東西將在德國引起一種轟動」，雖然埋怨「許多粗雜的東西」是倉促湊成的，倘若由他來處理是會有所改善。這刊物或許能繼續出版，但是許多外來的妨礙阻止了它。

首先是文藝書店的資金用盡了，弗勒貝爾宣稱沒有更多的錢他是幹不下去的，接著是普魯士在《德法年鑑》初次公布面世之後就立刻採取行動。然而那行動並未獲得梅特涅的同情，也沒有獲得基佐（Guizot）的贊同，於是不得不暫時停止，只通知普魯士各省長那年鑑犯了叛逆之罪，這是一八四四年四月十八號的事。同時省長們接到訓令，指使警察拘捕盧格、馬克思和伯內斯，務須力避紛擾，倘有該項年鑑入境應即沒收。要烹野兔必須先捉住牠，所以這訓令是比較無傷的，但是普魯士國王的內心不安變得更加險惡了，他終於通令其部屬加緊國境警戒。他們沒收了在萊茵汽船上的一百本《德法年鑑》，和在貝格察伯恩（Bergzabern）附近的法國、巴拉丁邊界上的兩百多本。出版者鑒於流通量過小，乃視此爲很嚴重的打擊。

內部原有的不合由於外在的困難更形悲慘及惡化。據盧格說，這些情形加速了他和馬克思的分裂，甚至是分裂的原因。馬克思常對錢財事項極度淡泊，盧格卻恰相反，表現出雜貨商人似的多疑式貪婪。他毫不猶疑採用以物易物方式，在該付給馬克思薪資的時候，就送了許多《年鑑》去抵償。他在聽到傳聞說他毫無書市貿易的知識，他應以他的錢去冒險繼續出版時確實惱怒了。馬克思在相似的情境確是以自己的錢來冒險的，但好像並不曾要求盧格也這麼做。或許他曾經勸告盧格不要因爲初次失敗就全盤放棄吧，或許盧格——已經惱怒於再出一些法郎使魏特林的著作得以出版的建議——懷疑這勸告是對他錢包危險的攻擊。

此外，盧格自己指出分裂的眞正原因，他承認直接的事故是有關赫維格的一場爭吵：他說這人是「流氓」，雖然「或許說得太過」，而馬克思卻注重赫維格的「偉大前途」。其實，就赫維格而論，盧格是對的；這人並沒有「偉大前途」，而他在巴黎的生活方式確是足以引起反感的。甚至海涅也嚴詞非難他，同時盧格承認馬克思也不很喜歡這人。總之，馬克思對這人「苛刻」而有「惡意」寬容的錯誤，比之盧格對這人「正直無瑕」的乖張本能，倒是更爲高貴的，因爲馬克思是關懷革命詩人，而盧格卻留意小資產階級的道德。

因此，使這兩個人永遠分離的這偶然細故具有較爲深遠的意義。和盧格的分裂並沒有後來和布魯諾．鮑爾及和普魯東論爭的那種政治意義。作爲一個革命者，馬克思或許在爲赫維格而爭吵引起壞脾氣上升前早已討厭盧格了，即使一切經過情形確如盧格所描寫。

倘若有人想知道盧格最好的一面，那就必須閱讀二十年後他所發表的回憶錄。四卷書裡敘述他的生活一直到《德法年鑑》停刊爲止，就是說，在這時期之中盧格是代表經營小商業而懷抱大幻想的資產階級發言的、教師們和學生們的一個文學先鋒無懈可擊的模範人物。這書裡藏著盧格童年——徜徉於呂根（Rügen）和波美拉尼亞（Pomerania）低地——的一等美妙風俗畫財富，記述著大學生政治結社和追捕群眾煽動者的激動時代——這在德文中是唯一的文獻。盧格的不幸，是他的回憶錄出版於德國資產階級拋棄了大幻想而傾向大企業的時候，所以他的回憶錄幾乎引不起注意；而路透（Reuter）的《要塞囚徒》（*Festungstid*），在文學和史學上都遜色得多的一本書，卻得到狂飆似的喝采。盧格確是青年會社的活躍分子，而路透不過是隨遇而安混進他們裡面。然而，德國資產階級已經和普魯士的刺刀打情罵俏，所以特別偏愛路透的「繁榮幽默」和他敘述「追捕」時代無恥嘲弄正義的那種戲謔態度，遠甚於盧格描寫獄卒如何不能破壞他的精神，和他怎樣在囚禁中獲得內在自由的那種「無畏幽默」——這是弗萊里格拉特（Freiligrath）的適當評語。

但是即使在盧格如畫的描寫之中，人們也敏銳的感受到「三月革命以前」的自由主義無論文辭多麼漂亮，終究不過是庸俗主義，而它的發言人們都是些鄙夫俗漢，終歸是這麼一套。盧格在他們之中是最激昂的，他曾經在他的意識限度之內勇敢地戰鬥過了，但是那同樣的強烈個性使他在巴黎遇到近代生活的種種大矛盾時更容易變節背信。

因爲愛好哲學的博愛主義，他曾接受社會主義，但是巴黎工匠的共產主義與其說對他個人安全，不如說對他錢包造成更大的驚恐失措。在《德法年鑑》之中他曾經得意揚揚地宣誓死守黑格爾派哲學；但是不到一年他就迎接該哲學最詭異的繼承者，施蒂納的哲學，作爲反對共產主義的鬥士。他把共產主義看作一切蠢行中之最愚蠢、看作頭腦簡單者所宣傳的新基督教、看作一旦實現就會使人類社會退化爲農場的一種體制。

盧格與馬克思的分裂變得無可挽回了。

二、哲學的展望

《德法年鑑》因此是一個夭折的嬰兒。一旦明白了編輯們不能長久合作之後，何時及如何分開是無關緊要的，其實早分裂倒比晚分裂好。這可以使馬克思自己朝清澈視野的道路向前大邁一步。

他在《德法年鑑》上發表了兩篇文章：一篇是《黑格爾法律哲學批判導言》，另一篇是評點布魯諾·鮑爾論猶太問題的兩本書。雖然這兩篇文章所討論的題材不同，它們的意識形態內容卻是很密切地關連的。後來馬克思把他對黑格爾法律哲學的批評總結如下：了解歷史發展的鑰匙必須求之於黑格爾所輕視的社會之中，而不在他所頌揚的國家之中。在第二篇文章中他發揮這種觀點比在第一篇中更爲詳盡。

從另一方面而論，這兩篇文章的相互關係正如方法與目的的關係。第一篇寫出無產階級鬥爭的一種哲學概要，而第二篇寫出社會主義社會的一種哲學概要。而兩篇都不是靈光一閃之作，兩篇都顯示它們作者的知性是在一種嚴整的邏輯秩序之中發展。第一篇一開始就討論費爾巴哈——他完成了對宗教的批評，一切批評的假設，其本質是：人創造宗教，並非宗教創造人。

馬克思起頭說，人並不是生存於世界之外的一種抽象存在。人是人群、國家、社會的世界，這世界曾經產生宗教作爲一種倒置的世界意識，因爲它是一個倒置的世界；所以反對宗教的鬥爭是間接地反對以宗教爲精神上的芳香世界的鬥爭。因此眞理的超然性消失後，建立當代現實的眞理就變爲歷史的任務了。批評天國變爲批評地上，批評宗教變爲批評法律，批評神學變爲批評政治。

然而在德國，這種歷史的任務只能由哲學來完成。倘若拒不接受一八四三年的德國狀況，按照法國歷史來估算，就難以理解一七八九年革命，更難理解當代問題焦點所應走的路。倘若以近代政治社會的現實作爲批評的對象，批評自身就處在德國現實之外，不能觸及它的眞正對象。直到那時爲止的德國歷史，好像新徵來的笨兵，任務只同樣是完成古板無聊的訓練而已；馬克思舉出「近代主要問題之一」——即一般產業界財富世界與政治界的關係——來作爲這事實的一個例證。

這問題在德國形成了保護關稅、寓禁稅、國民經濟體制度等問題。德國正在從英、法行將完結之處開始做起，後者在理論上是要予以反抗的陳腐狀況，在德國只當作是枷鎖般予以容忍，被視爲前途遠大的初升旭日受到歡迎；英、法的問題是政治經濟體的問題或社會支配財產的問題，而德國的問題卻是國民經濟體的問題或私有財產支配國家行政的問題；一方是正在解開糾結的問題，另一方卻是剛打結的問題。

雖然德國並未達到英、法的同期歷史階段，但在哲學上卻是並駕齊驅的。德國對法律哲學與國家哲學——在黑格爾手中已經具備最合邏輯的形式——的批評已經直指當日爭辯最激烈的那些問題的中心。馬克思早已明白確定他的態度：對《萊茵報》中曾經並存的兩種趨勢，和對費爾巴哈。費爾巴哈已經把哲學抛到廢紙堆裡，馬克思指出，要討論切實的重要事項就必不可忘記，當時德國人民眞正有活力的生活只在頭腦裡盛開。對「那些棉花男爵和鋼鐵鉅子」，他說道：你們要求清算哲學是很對的，但是非先實現它，否則不能清算它；對他的老朋友布魯諾．鮑爾及其追隨者，他卻反過來說道：你們要求實現哲學是很對的，但是非先清算它，否則不能實現它。

法律哲學的批評自行變成任務的唯一解決方法——實踐。德國如何能使它自己上升到一種實踐的水準，達到原則的高度（à la hauteur de principes），也就是一種革命——使它不但達到近代人民的水準，而且達到近代人民即將到來的人類水準——呢？德國如何能夠翻一個筋斗就不但越過它自己的限制，還同時越過近代人民的限制呢？其實它必定覺得後一種限制乃是一種超脫它自己限制的解放，且是它自己所必須設法獲得的。

批判的武器確實不能取代武器的批判。須有實力才能推翻實力，但是當理論控制了群眾的時候，它自身就變爲一種實力，而一旦如此它立刻就變得激進。然而一種激進的革命必須有一種被動的要素、一種實質的基礎。理論被實現於一種人民之中，只實現在那種人民的需求。思想必須推向實現是不夠的，現實也必須督促自身跟上思想。在德國似乎沒有這種情形，德國社會各方面的關係並不是戲劇性的，而是敘事詩式的；甚至中產階級的道德自信心也只根據於這種意識：它是其他一切階級庸俗性平凡的總代表；有產者社會的各個階層在慶祝勝利之前必定要遭受挫折，在有機會表示寬大之前必定要顯示狹隘；所以各階級在它能夠對上一層階級鬥爭之前都陷於對下一層階級的鬥爭之中。

這並不證明澈底的革命、人類的總解放，在德國是不可能的。這只是說單純的政治革命——舊社會的支柱依然保留不動的革命——是不可能的。德國並沒有這種政治革命的先決條件：一方面，某一階級從它自己的特殊地位上來實行全社會的解放，但只是以全社會都處於這一階級所處的同一情況爲論據，也就是，這一階級占有錢財或教育之類，或能夠任意取得它們；另一方面，某一階級集一切社會缺陷於其中，犯下全社會惡名昭彰罪行的一個特殊社會階層，所以這一階級得到解放便成爲社會自身的總解放。全盤否定法國貴族和聖職的意義，形成了全盤肯定那延續卻相反的階級——資產階級——的意義。

由於半革命的不可能，馬克思得出澈底革命的可能性的結論。這種可能性存在於什麼地方呢？他回答道：

在於從基本枷鎖中形成的階級，這一階級處在有產社會中卻不屬於有產社會，這一階級是一切階級的崩潰；一種因普遍的苦難而具有普遍一致性質的社會階層，不要求特殊權利，因爲它所遭受的並不是特殊的委屈，而是如此的委屈；它已經不能再訴求一種歷史的權利，而只能訴求人的權利；它不是和德國國家制度的結果產生片面矛盾，而是和德國國家的根本假定產生全面矛盾；最後：非同時把它自己從社會的一切其他階層解放出來，從而解放其他社會階層，否則完全不能解放它自己。一言以蔽之，它本身代表了人性的完全喪失，而只有通過完全重獲人性才能贏得自己。社會這種解體，就是無產階級。

由於工業革命風靡德國，這一階級已在德國國內開始發展了，它的形成並不是由於自然產生的貧窮而是人爲的貧窮；並不是來自被社會的重荷機械性壓迫的大眾，而是來自因社會急劇崩潰而產生的大眾，主要來自中產階級的崩潰；那些生而貧窮的和基督教德國的農奴也逐漸加入這些群眾的行列裡面是當然的事。……

正如哲學在無產階級之中找到它的物質武器一樣，無產階級也在哲學之中找到了它智力的武器，而思想的閃電一旦照入平民大眾的深處，德國民眾就將解放爲人。德國人的解放就是人類的解放。沒有無產階級的清算，哲學就不能實現，沒有哲學的實現，無產階級就不能清算它自己。當一切內在的條件具備的時候，德國復興的日子就要由法蘭西雄雞報曉了。

就這一篇文章的內容和形式而論，它高居於保存至今的一切馬克思青年作品的前列。其中所蘊含基本觀念的概述，並不能表明甚至跡近都談不上馬克思在如此精練和諷刺詩般形式之中，所鍛造的充沛流暢思想；那些覺得它文風詭異和駭人趣味的德國教授們曾爲此自證其陋。然而，甚至盧格也覺得它的「諷刺得太過造作」，他批評它的「無範性和超規範」，但是發現其中有「一種發展爲辯證的批判天分，不過偶然降格爲自傲」。這並非是不公道的批評，因爲青年的馬克思有時是一聽見他的劍在空中揮舞的咻咻聲就會歡騰起來的，雖然在行動上他是機警而持重的。自傲是一切有天分的青年的才資。

然而，這文章所開拓的對於將來哲學的展望還是很遙遠。誰也不曾比後來的馬克思更能確切證明，任何國家都不能靠翻筋斗跳過它歷史發展的各個必然階段，但是在這文章中他所描繪的模糊遠景，卻不是錯誤的。從細節來看許多事情的發生都有些差異，在大體上卻並未出乎他的預言之外。德國資產階級的歷史和德國無產階級的歷史便是他的明證。

三、〈論猶太問題〉

這是馬克思在《德法年鑑》中所發表的第二篇文章，在形式上不那麼引人注意，但在批判性分析能力上卻幾乎比前一篇更優越。在這一篇裡他根據布魯諾・鮑爾所寫的兩篇有關猶太問題的文章，檢視政治解放與人類解放的差異。

當時這問題還沒有那麼深陷於反猶太和親猶太困擾的泥沼裡。以最善於經商和貸款著稱，使權力增進興起的一個社會階級，除了由放高利貸而享有的那些特權以外，因爲它的宗教緣故，被剝奪了一切國民權利。「開明專制」的最著名代表，那忘憂宮的哲學家，腓特烈大帝，曾給予世人一個啟發性實務教訓：他把「基督徒銀行家的自由」許給那些幫助他鑄造假錢及其他可疑財政運作的猶太富豪；同時，他容許哲學家莫斯．孟德爾頌留在他的國土之內，並不因後者是一個哲學家而且努力指導他的「民族」進入德意志的知性生活，而是因爲他擔任一個有特權的猶太富豪的記帳員職務。他一旦被他的主人辭退，他的一切權利就會被剝奪。

除了一兩個例外，甚至那些資產階級啟蒙運動的先驅者，也並不特別反對僅爲了宗教的緣故，就將人口之中的整個區塊剝奪公權。他們憎惡以色列的宗教是因爲它是排斥異端的原型——基督教由此而學會「人類的吹毛求疵」，而且另一方面猶太人對於資產階級啟蒙運動表示毫無興趣。當啟蒙運動的批評責備基督教的時候，猶太人是高興的，因爲他們自己也常常詛咒它；但同樣的批評轉向責備猶太教的時候，他們就大聲咆哮得好像人性被背叛了似的。猶太人爲猶太教要求政治解放，但是無意於全體平權和放棄他們自己的特殊地位，反而只想鞏固那特殊地位；他們隨時願意放棄種種自由原則，當這些原則和任何猶太利益有衝突的時候。

那些青年黑格爾派所指揮的宗教批評當然延展到猶太教，他們把它看作基督教的初級階段。費爾巴哈曾經把猶太教分析爲利己主義的宗教：

猶太人把他們種種與眾不同的特性一直維持到現在。他們的原則、他們的上帝，是世界的實用原則——以宗教形式出現的利己主義。利己主義使人集中於自己，以自己爲中心，同時它限制著他理論的眼界，因爲他漠視與自己的福利沒有直接關係的各樣事物。

布魯諾．鮑爾發表了相同意見，說猶太人爬進資產階級社會的裂縫和角落裡來剝削不確定的元素，像伊比鳩魯所說的眾神住在世界的空隙裡，在那裡得免於一定的勞動。猶太人的宗教是獸性的奸詐和詭計，藉以滿足他們的官能性需求，他們常常反對歷史的進步，而他們在憎惡其他一切民族中已使自己和世界斷絕，生活在最自大和設限的生活之中。

費爾巴哈從猶太人的性質解釋猶太教的性質，而鮑爾在他論猶太問題的兩篇文章之中，除了馬克思所稱頌的透澈、大膽和銳利以外，是專以神學的眼光來看這問題的。他說，像基督徒一樣，猶太人只有克服他們的宗教才能贏得自由。基督教國家由於它自身的宗教特質不能解放猶太人，同時猶太人由於他們自己的宗教特質也不能被解放。倘若基督教徒和猶太人想要獲得自由就必須不當基督教徒和猶太教徒。但是自從作爲一種宗教的猶太主義被基督教取代以來，猶太人在獲得自由之前得經過比基督教徒更爲長遠艱難的道路。據鮑爾的意見，在猶太人期望自身解放之前必須先學習基督教理和黑格爾哲學。

對於這一點，馬克思說道，討論誰來解放和誰被解放是不夠的，批評必須再進一步，質問所談的解放是哪一類，政治的解放或是人的解放；在某些國家中基督徒和猶太人是同樣得到完全的政治解放的，雖然並沒有得到人的解放，因此政治解放與人的解放之間必然有某種差異。

政治解放的本意是成為高度發展的近代國家，也就是充分發展的基督教國家；因為基督教德意志國家、特權的國家，只能算是不完備的，仍是未發展到政治一切清明的神學國家。然而，政治發展到最高階段的國家並不要求猶太人放棄猶太教或凡人作為一體放棄一般宗教。這種國家曾經解放了猶太人，而且它的眞正特質迫使它這樣做。即使是在憲法上明白規定一切政治權利的享用完全與宗教信仰無關的國家裡，該國公民也不肯相信沒有宗教的人能夠是好人和好公民，所以，宗教的存在無論如何並不是和國家的充分發展相矛盾的。猶太人、基督徒，以及一般有信仰者的政治解放，是使國家從猶太教、基督教和一般宗教解放出來，由此國家能夠擺脫一種束縛，國內的人民卻沒眞正擺脫了它，因而使政治解放受到限制。

馬克思把這觀念再發揮下去。這樣的國家否定了私有財產的權利。一旦人取消了以財產的多少為取得積極和消極的公民權資格之規定，如北美許多州所實行的那樣，人就已以政治方式否定私有財產了。當國家宣布身分、地位、教養和職業的差別屬非政治性差別時，當國家不顧這些差別，宣布每個人民都平等享受民權的時候，國家就已以它自己的方式否定身分、地位、教養和職業的差別了。然而，國家容許私有財產、教養和職業以它們各自的方式運作，並使其有發揮各自專有特質的感覺。國家的存在絕非廢除這些實際的差別，反以這些差別的存在爲前提。它把它自己看作純粹政治性國家，使它的一致性顯然和它的這些選民成分正相反。

充分發展的政治性國家本質上，是在凡人相對於物質生活方面的社會生活方面。在資產階級社會中，所有自私生活的假設始終超然於國家範圍之外，而成爲資產階級社會的基本屬性。政治性國家與它自己所假設的關係，不論是私有財產之類的物質要素或宗教之類的精神要素，都具有公眾利益與私人利益之間的對立。信奉某一宗教的人發現他自己與他的公民資格，和同一社會中其他人們的衝突，化約爲政治性國家與資產階級社會之間的分裂。

資產階級社會是近代國家的基礎，正如古代奴隸制是古代國家的基礎一樣。近代國家承認它起源於「普遍人權宣言」，該權利是使猶太人公開享有政治權利的運作。「普遍人權」承認了利己的有產者個人及組成他的生活內容，和當代有產者生活內容的精神、物質的不受拘束活動。「人權」並不使人從宗教中解放出來，而只是給了人宗教自由；它並不使人從財產中解放，而只是給人財產自由；它並不使人擺脫買賣交易的侮辱，而只是給人買賣的自由。政治革命藉由摧毀封建主義的雜湊補綴的制度——一切法人、同業公會、協會許多都是人民從國家中分離出來的表現——創造了資產階級社會。它創造了統攝全體的政治性國家，眞實的國家。

然後馬克思總結道：

政治的解放是使人一方面變爲資產階級社會的一分子，獨立利己的個人；而另一方面卻變爲國家的公民，一個道德的實體。只有到了眞實的個人取回抽象的國家公民，且成爲一個社會的實體（以個人在經驗生活中、在他個人的工作中和他的個人狀況之下）的時候；只有到了認可而且組織他進步力爲社會的勢力，因而不再以政治勢力的形式使他自己和社會勢力分割的時候——人性的解放才算完成。

至於基督徒以其本身比猶太人更能夠得到解放，如鮑爾想從猶太教加以證明的這主張，仍然是必須予以檢測的。馬克思循著費爾巴哈——從猶太人解釋猶太教，而不是從猶太教解釋猶太人——但是他比費爾巴哈更進一步，說明了反映在猶太教之中的特殊社會因素。什麼是猶太教的現世基礎呢？實際的需要、自利；什麼是猶太人的現世崇拜？買和賣；什麼是他的現世上帝呢？錢。

那好吧：從買賣、從錢解放出來，也就是說，從商業、從眞正猶太教解放出來，這便是我們當代的自我解放。廢除買賣的必要條件，即廢除買賣的可能性，這樣一種社會組織才能使猶太人當不成猶太人。他的宗教意識才能在社會清爽活潑的氛圍之中化為烏有。另一方面，到猶太人承認他的這種現實特質無益而致力於將其廢絕的時候，他就已根據自己的往日發展而致力於人性自身的解放，反對人類自我異化的最高實際表現。

馬克思把猶太教視為由於歷史發展和猶太人狂熱的圈內合作，導致現在高度的一種盛行於當代的反社會元素，達到了這高度它自身就必然要瓦解了。

馬克思在這文章裡的成功是雙重的。他深入到社會與國家之間關聯的根柢。國家，並非黑格爾所想像的，並不是道德觀念的實體、絕對理性和自身具備絕對目的，而是必須樂於執行無比謙遜馴服的任務，以監督資產階級社會的無政府狀況，這社會已經把它徵募來作守衛者了。這種無政府狀況是人反對人、個體反對個體的普遍鬥爭，一切個人只為個性不同而互相分離來對抗全體的戰爭，從封建枷鎖中釋放出來的各種所有基本勢力的無從阻擾的運動。這是眞正的奴隸制，雖然個人自己似乎覺得自由和獨立，把他所有的異化要素如財產、實業和宗教之類無從阻擾的運動誤認為他自己的自由，而其實那卻表現了他被全然奴役而遠離人性。

然後馬克思看出當日的宗教問題僅有社會意義。他指出猶太教的發展不在於宗教理論之中，而在於華麗反映在猶太宗教的工商業務之中。實際的猶太教不過是充分發展了的基督教世界。當資產階級社會是一種完全商業的猶太特質，猶太人當然隸屬於它而且能夠要求政治解放，正如他能夠要求「普遍人權」一樣。然而，人性的解放是社會各勢力的一種新組織，使人成爲他賴以生存的物資的主人。由此，我們看見一種社會主義社會的概要正在開始形成其模糊輪廓。

在《德法年鑑》之中馬克思還在耕耘著哲學的園地，但在他批評的鋤犁所翻成的畦溝裡，唯物史觀的初芽已經開始萌發，而且在法蘭西文明的暖日之下，不久就要開花了。

四、法蘭西文明

以馬克思平常寫作的方法而論，投到《德法年鑑》上的這兩篇文章或許是早已寫好的，或至少已經定了調，當他還在德國時，極可能是在快樂的新婚頭幾個月。兩篇文章中所有的觀念都轉向於法國大革命，所以一到巴黎，有機會探究它的源頭，以及它的先驅者法國唯物論者和它的繼承者法國社會主義者的源頭後，他投身於大革命的歷史研究是再自然不過。

那時巴黎是配稱爲資產階級文明的前鋒。經過了一些幻想和大災難之後，法國資產階級終於在一八三〇年七月革命之中，終於獲得了一七八九年大革命所已開始的東西。它的力量現在是鬆懈的，雖然舊勢力的抵抗絕未完全被擊潰，新勢力才開始抬頭。結果是無休止的知性鬥爭在盛行——此起彼落在各處翻滾——這是無法出現於歐洲其他地方的，而且確實不曾出現於毫不動彈地躺在知性死寂之中的德意志。

馬克思現在投身於這場再現活力的潮流裡面。盧格在一八四四年寫信給費爾巴哈說馬克思讀了巨量書籍而且異常勤奮地寫作著。然而他並不曾完成什麼，經常突然中止他的工作，一再投入無垠的書海裡面。他是暴燥而且粗暴的，尤其是當他工作到患病而且連續三、四夜不睡的時候。他已經擱置黑格爾哲學的批評主義，因爲要利用留駐巴黎期間寫一部議會史，已經蒐集了必要的資料且採納了一些很有益的意見了。這封信格外有價值，因爲它寫得並無讚揚的意思。

馬克思不曾寫作議會史，但是這事實並未否定盧格的彙報，恰相反，這使它更爲可信了。馬克思對於一七八九年的革命鑽研愈深，他就愈容易拋棄黑格爾哲學的批評主義，不把它當作達到明瞭當代的鬥爭和要求的方法。然而單是議會史並不能滿足他，因爲雖然它可以代表一大部分政治能量、政治權力和政治理解，它面對社會的無政府狀況已顯然無能爲力了。

除了盧格這一點稀少的徵候以外，不幸並沒有佐證可以幫助我們追循馬克思在一八四四年春夏間從事研究路線的任何詳情，然而，他的研究所發展的一般方法是可以看出來的。法國大革命的研究把他引到「第三階級」（平民）的歷史文獻，這種文獻起源於波旁（Bourbon）皇室復興之下由於具有偉大歷史才能的人們所發展：他們追溯他們的階級歷史的存在到十一世紀，把法國歷史看作一部階級鬥爭的不斷系列。馬克思對階級及其鬥爭的歷史性質之認識是得力於這些歷史家的——他特別指出基佐和蒂埃里（Thierry）——然後他進而從資產階級經濟學家，尤其是李嘉圖（Ricardo），研究階級的經濟解剖。馬克思常常否認他自己首倡階級鬥爭的理論，他認爲他所貢獻的是證明：各階級的存在是和生產發展中界限分明的歷史鬥爭連接的，階級鬥爭必然導至無產階級專政，而這專政不過是通往完全廢除階級而建立無階級社會的過渡時期。這一系列觀念是在他流寓巴黎期間發展起來的。

十八世紀「第三階級」抵抗統治階級所使用的最輝煌及最尖銳的武器是唯物論哲學。在流寓巴黎期間，馬克思熱衷研究這種哲學，但是比起笛卡兒（Descartes）所代表而發展爲自然科學的一派，更注重於洛克（Locke）所創導而發展爲社會科學的一派。在青年馬克思的巴黎書齋中閃耀著的另一些明星是愛爾維修（Helvétius）和霍爾巴赫（Holbach），他們把唯物論應用到社會生活裡面，主張人類知性的自然均等、理性進步與產業進步的根本一貫、人類性善，以及教育萬能是他們體系的主要論點。馬克思稱讚他們的學說爲「眞正人道主義」，正如他稱讚費爾巴哈的哲學一樣，不同的是愛爾維修和霍爾巴赫的唯物論已經成爲「共產主義的社會基礎」。

巴黎現在提供給他研究共產主義和社會主義所必需的一切機會，這種研究是他在《萊茵報》時早已約定了的。他所進入的巴黎知性世界是令人眼花瞭亂的，其在觀念和形式上的豐富幾乎混淆不清。巴黎的知性氛圍中孕育著社會主義的幼芽，甚至每年接受政府巨額津貼的當權金融寡頭政治老牌機關報《政論日報》（*Journal des Débats*）也無法完全遠離時代精神，雖然它不過在它的連載小說欄裡發表尤金・蘇（Eugene Sue）社會主義的驚悚故事。反對派陣營裡有著像勒魯（Leroux）那樣卓越的思想家，現在無產階級也正在產生這樣的人物了。敵對的陣營之間有聖西門派（Saint-Simonists）的殘餘、孔西德朗（Considérant）（他的機關報是《和平的民主政治》*Démocratie Pacifique*）所領導的活躍的傅立葉派（Fourierist）、天主教士拉梅內（Lamennais）和前炭夫黨（Carbonari）布切斯的基督教社會主義、小資產階級社會主義者如西斯蒙第（Sismondi）、布里地、貝魁爾和維達爾等，同時，甚至在文學中也有像貝朗瑞（Béranger）的澎湃詩歌和喬治．桑（George Sand）的小說等，出色地反映了社會主義的思想與問題。

這一切社會主義派別的共同特點是他們全都寄託在有產階級的善意和理性上，他們希望透過和平宣傳社會改良或革命的必要而說服有產者們。他們全都是從大革命的失望之中產生出來的，且他們輕蔑曾造成那些失望的政治途徑。他們想要幫助受苦群眾是因爲後者不能自助。三〇年代的工人暴動已經失敗了，甚至他們最堅決的領袖，如巴貝斯（Barbès）和布朗基（Blanqui）等，也毫不知道社會主義的理論或達成社會革命的確切實際方法。

然而，工人階級運動因爲這個原因格外迅速進展；詩人海涅曾經以先知的眼光把問題略述如下：

> 共產黨是法國唯一值得尊敬的政黨。我或許也尊重聖西門派的殘餘——還存在於奇異的旗幟之下——或仍活著及積極的傅立葉派，但是這些好人們只是被言詞感動，把社

會問題當作傳統觀念的問題，並非出自任何惡魔般必然性。他們都不是被上界聖靈預定來實行祂驚人決定的僕役。遲早聖西門派的散兵游勇和傅立葉派的全體幹部都將轉為共產主義的生力軍，來扮演教堂神父的角色，賦予這獨創性字眼以嚴酷的必然性。

這是海涅在一八四三年六月十五號寫的，而來扮演海涅以為聖西門派和傅立葉派可扮演的角色這人，就在同一年內到了巴黎；他賦予那獨創性字眼以嚴酷的必然性。

大概當馬克思還在德國，仍以哲學為重的時候，他曾經宣稱自己反對一成不變的未來體系、反對一舉而解決一切問題的任何企圖、反對揭櫫任何教條式準則、反對不屑討論政治問題的「愚鈍的社會主義者」的觀念。他曾經說過，觀念應向現實推進是不夠的，現實也必須成為觀念，現在這種種事例就明擺在他眼前。自從一八三九年的工人暴動以來，工人運動與社會主義已經在三種情況之中開始互相接近了。

第一是已經有了社會民主黨。這黨的社會主義並不很重要，因為它是由中下階層和無產階級組織而成的，也因為它所標榜的勞工組織化和工作權利不過是中下階層空想的社會體制，在資本主義社會中沒有實現的可能。資本主義社會組織勞工成其必須組成的工資勞動，而這是以資本的存在為先決條件，只能由資本制度的廢除才能廢除，而工作權方面的情況也不例外。這種權利只有在生產工具公有的時候才能實現，也就是，廢除資產階級社會；但是這一黨的領袖們：路易．布朗（Louis Blanc）、勒杜．羅蘭（Ledru-Rollin）和斐迪南・弗洛孔（Ferdinand Flocon），都鄭重拒絕把斧頭砍在資產階級社會的根基上，聲明他們並不是共產主義者也不是社會主義者。

然而，雖然這一黨的社會目的完全是烏托邦式的，它畢竟代表了一大進步，因爲它爲實現那些目的而採取了政治的途徑。它宣稱沒有政治改革就不會有社會改革，因此奪取政權是勞苦大眾能夠自救的唯一方法，所以它要求普及參政權；這要求立刻得到無產階級陣營中熱烈的響應，這階級已經疲倦於騷亂和謀叛，正在尋求貫徹階級鬥爭的更有效武器。

還有大部分工人集結在卡貝（Cabet）所倡導的共產主義的旗幟之下；卡貝原本是一個雅各賓黨人，後來由於閱讀，尤其是讀了湯瑪斯・摩爾的《烏托邦》，遂轉向共產主義。卡貝承認共產主義正如社會民主黨駁斥它那樣的開放；但他同意後者所主張的民主政治是一個必然的過渡階段。所以，卡貝描寫未來社會的《伊加利亞遊記》，成爲傅立葉的綺麗幻想著作所不能比擬的暢銷書，雖然卡貝的書之狹隘眼界是遠遠遜色於前者的天才的。

最後，無產階級陣營中開始發出了響亮和清楚的聲音，無疑地表示它願意擺脫原有的束縛。在《萊茵報》時代馬克思就已認識了曾當過印刷工及勞動階級成員的勒魯和普魯東，而他早已預定要澈底研究他們的著作。他注意他們的著作是因爲他倆都想套用德國哲學的成績來達到他們的目的，雖然他倆都犯了嚴重的誤解。馬克思曾經告訴我們他費了許多時間，往往通宵不眠，盡力爲普魯東解釋黑格爾哲學。這兩人的結合是暫時的，不久就分離了，但是普魯東死後馬克思慨然證明普魯東的出現給予勞動階級運動的偉大推動力，這一動力確已影響了馬克思。馬克思把普魯東的第一部著作（在其中作者拋棄一切烏托邦主義，且澈底無情地批評私有財產爲一切社會罪惡的根源）視爲近代無產階級的首部科學宣言。

上述這些傾向都有助於進行勞動階級運動與社會主義之間的一體化，但它們全是互相矛盾的，才走了幾步之後彼此又陷於種種新的矛盾之中。馬克思已經研究過社會主義，現在才開始研究無產階級。一八四四年七月盧格寫信給德國的一個朋友說：

馬克思已經投入這裡的德國共產黨——社交上的，我的意思是，因爲他幾乎不會考慮任何有重大政治意義的可怖事件。德國能夠承受得住那些工匠們（尤其是這裡的十三個轉向者）可能造成的小損壞，並且無須過多修補。

盧格不久就發現馬克思爲什麼認眞注重「十三個」工匠及其行爲的理由了。

五、《前進報》和馬克思被逐

關於馬克思流寓巴黎的私下生活，沒有很詳細的記載。他的妻子生下他們的第一個孩子，一個女兒，然後得意地回到德國告知他們的親戚。馬克思和他科隆的朋友們依然很好，而他們一千塔勒的禮金對於在巴黎那一年的成就大有幫助。

他和海因里希・海涅很親密，而且協助許多事使一八四四年成爲那詩人生平中可紀念的一年，幫助他寫出了《冬天的童話》、《織工的歌》以及諷刺德國專制君主的不朽詩篇。他們在一起的時間並不長，但馬克思始終忠於海涅，即使庸俗者嘲諷他比嘲諷赫維格更猛烈的時候；且當臥病的海涅不實地引用他，來證明詩人收受基佐政府的年俸是無可厚非的時候，他寬大地維持沉默。如我們所知，馬克思在少年時代就自負地渴望著詩人的桂冠，所以他終生對於詩人都保持一種鮮明的同情，始終不變地對於他們的小弱點展現最大寬容。他覺得詩人是特殊人物，應該被寬容自行其是，不必用尋常人甚至非常人的標準去衡量。倘若要他們歌唱就該恭維他們；以嚴厲批評重擊他們是沒有用的。

但他視海涅不只是詩人，也是戰士；在伯恩（Börne）與海涅的爭論——在那時是作爲分別綿羊與山羊的界限的——之中他堅決地支持著海涅，宣稱基督教德國的笨驢把海涅和伯恩的作品視同一律，這在德國文學史上是唯一愚蠢的事，雖然這文學史上任何時候都不缺愚蠢的點綴品。馬克思絕不受有關海涅叛國的叫囂所惑，這叫囂是連恩格斯和拉薩爾（Lassalle）都受影響的，雖然他倆都還極其年輕，是可恕的。有一次海涅寫信請馬克思原諒他的「混雜無章的塗鴉」，說「我倆只需要些微暗示便能互相了解」，這句話比直接點醒更有深意。

當馬克思還是學生時，海涅於一八三四年曾經寫過：「我們的古典文學中所散發的自由精神較少顯現在我們的學者、詩人和文士之中，更多是在工匠及工人大眾之中。」十年之後，當馬克思住在巴黎時，海涅說：「在反抗現狀的鬥爭中無產階級需要進步的精神、最偉大的哲學家，作爲他們的領袖。」這判斷的率性和正確變得更顯然了，當人們體認到海涅傾力譏諷那些流亡的一小撮非國教徒的低級酒店政治學時，伯恩正在其中扮演著屠龍英雄般的大角色。海涅知道馬克思忙於「十三個工匠」，與伯恩的做法之間是大不相同的。

海涅與馬克思的結合是由於德意志哲學和法蘭西社會主義的精神，由於共同深惡基督教德國的怠惰，那種錯誤的條頓主義——想要以激進的言詞來近代化德國的古舊愚昧外表。顯現在海涅的諷刺詩裡的馬斯曼士（Massmanns）和維尼狄斯（Venedys）之流是以沉重的步伐跟隨伯恩的足跡，雖然伯恩在知性和才智上或許是遠勝於他們。伯恩對藝術或哲學都沒有鑑賞力，他說過歌德是押韻的奴隸，而黑格爾是不押韻的奴隸，而當他脫離德國歷史的偉大傳統時，他對西歐文化的新勢力並沒有建立新的知性聯繫。海涅卻不然，他若拋棄歌德和黑格爾就等於拋棄他自己，而他滿懷熱情投入作爲知性生活新泉源的法蘭西社會主義之中。他的作品激起孫輩的憤怒正如它們曾經激起過祖輩的憤怒一樣，而伯恩的著作卻被遺忘了，多半是因爲內容而不全是因爲那「呆板單調」的文風。

伯恩曾經誹謗海涅，甚至當他倆並肩的時候，而後來伯恩的文學指定執行者們竟糊塗到披露那些誹謗的言論，關於這些事，馬克思宣稱他絕想不到這人是這樣荒謬、淺薄而且器量狹小。然而若他眞要寫出他對於這爭論的意見，他是絕不會因此而討論到造謠者的私人品行問題的。在公眾生活中很難找出比那些小心眼和公認的激進者更壞的詭辯家了：他們把自己包裹在他們的道德腐朽外衣裡面，肆無忌憚地對熱心於認識歷史深層關係的更優秀及更自由的那些人物予以指桑罵槐。馬克思常常站在後者這一邊，從來不站在前者那一邊，尤其是當他自己認識了那些有德行的人物的時候。

後來馬克思說到那些在巴黎流寓時期強力支持他的「俄國貴族們」，還補充說這一點都不重要：那些俄國貴族曾在德國大學裡受教育，並在巴黎度過青年時代。他們總是抓住西歐必須嘗試的極端事物，但這並不妨礙他們一回國服務立即就變爲流氓。馬克思似乎是指某一托爾斯泰伯爵：一個俄國官府的祕探或其他類似人物。他確實不是指當日受他思想極大影響的那位俄國貴族，即米哈伊爾．巴枯寧（M. Bakunin）。即使這兩人分道揚鑣之後巴枯寧也承認這影響，而在馬克思與盧格的爭論之中，巴枯寧是站在馬克思方的，雖然到那時盧格一直都是他的擁護者。

那爭論在一八四四年夏季又熾熱起來，而且這次是公開的。巴黎有一個刊物叫作《前進報》，自一八四四年一月一號起每週發行兩次。它的來歷絕不是無可指責的。創辦人是經營戲劇業和大眾廣告業的伯恩斯坦（Börnstein），正藉此設法推廣其業務；供給必需資金的是喜歡住在巴黎的梅耶貝爾（Meyerbeer）。海涅說這位皇家普魯士的指揮家很熱衷於掌握儘可能大的廣告量，或許他需要它。狡猾的商人伯恩斯坦就給這刊物一件愛國的外套，而且聘任伯恩施泰特（Bornstedt）當編輯，後者是前任普魯士軍官，一個梅特涅的「心腹」而同時拿柏林政府錢十足可收買的角色。當《德法年鑑》問世的時候，這《前進報》就迎以一連串的謾罵，至於那謾罵的特色是愚蠢還是粗俗更多，則難說了。

然而，這報紙的營業並不順利。伯恩斯坦，爲了要以最快速度把巴黎最近上演的劇本賣給德國舞臺經理，曾組織一個正規的翻譯工廠，而且他想要取代德國青年戲劇家以爭取德國俗眾——他們經由琅琅上口幾句有關「穩健進步」和斥責左翼右翼「過激派」的言詞現在變得更難以駕馭。編輯伯恩施泰特和他同舟，因爲要和那些德國流亡者自由往來就必須平息他們的懷疑，爲了獲得他的血腥錢這是絕對必要的作爲。然而，普魯士政府是盲目到連自我保護的利益都看不見，以致禁止《前進報》在它的領土內發售，德國其他各邦政府也就依例取締了。

伯恩施泰特在五月初歇手不幹，以爲這把戲是無望的，而伯恩斯坦卻不以爲然，他要做買賣，而做法是毫不拘執的。這狡猾的投機商人在冷血盤算：無論《前進報》爲什麼在普魯士境內禁止發售，它正好戴上殉難的皇冠且趁勢營謀違禁刊物所帶來的利益，因爲德國俗眾會視它爲值得祕密購買的東西。所以當青年的煽動者伯內斯投給《前進報》一篇激烈文章時，是極合乎他的計算的，在經過幾場預備前哨戰之後，伯內斯就被聘爲編輯，接替伯恩施泰特。因爲沒有任何其他中介，巴黎的德國流亡者都開始投稿給《前進報》，文責由各人自負，且獨立於編輯部之外。

第一個這樣做的是盧格，他一來就用自己的名字，甚至辯護馬克思發表在《德法年鑑》上的文章，好像他早已贊同它們一樣。然而幾個月之後，他用假名在《前進報》上發表了兩篇文章，一篇是略論普魯士政策的短文，而另一篇長文卻除了有關普魯士王朝的閒話以外毫無內容，其中扯到「酒醉國王」和「跛行王后」以及他們的「純然精神的婚姻」等等。這兩篇文章都署名「一個普魯士人」，而在當時情況之下像是馬克思寫的，因爲盧格是德勒斯登（Dresden）的市政委員，而且曾登記在巴黎的撒克遜大使館；伯內斯是來自萊茵蘭威西伐利亞（Rhineland-Westphalia）的巴伐利亞人；而伯恩斯坦是漢堡人，雖然他在奧地利住過很久，但不曾久住過普魯士。

現在要找出盧格用此引人誤會的筆名是何居心乃不可能，但是，由他寫給他親友的信看來，他已經漸漸恨透了馬克思，稱他爲「十足的壞傢伙」和「傲慢的猶太人」，而且不容否認兩年之後，他在遞給普魯士內務大臣的悔過書中，出賣了流亡巴黎的同志們，昧著良心把他自己在《前進報》上所犯的罪過都推到那些「無名」青年頭上。或許他署名「一個普魯士人」，是要增加那兩篇討論普魯士國事的文章重量，但即使如此，他的行爲也是不負責任的輕率，所以馬克思趕忙閃開這號稱「普魯士人」的詭計是完全可以理解的。

馬克思以一種莊嚴語調表達來回應：他僅僅討論盧格對普魯士政策的一兩點客觀觀點，而用一個簡短的注腳屛除了有關普魯士王朝的全部閒話：「有特殊理由使我必須指出上面的文章是我第一次投給《前進報》的稿件。」其實，這也是最後一次了。

爭論之點是一八四四年西里西亞（Silesian）織工的叛亂；盧格把這叛亂當作無關緊要的事，說它沒有政治熱情，而沒有政治熱情就沒有社會革命的可能。馬克思的回應主旨已申述在〈論猶太問題〉文章裡。政治的力量治療不了社會積弊，因爲國家不能廢除自它而產生的各種狀況。他嚴厲地攻擊烏托邦主義，說社會主義不經過一次革命是不可能的，但他也同樣嚴厲攻擊布朗基（Blanqui）之流，說政治的悟性當其想要以無益的小騷亂作爲進步的手段時，欺騙了社會的本能。他用警句式的評語界說革命的性質：「每種革命破壞舊社會，就此而言它是社會的；每種革命推翻舊勢力，就此而言它是政治的。」帶政治熱情的社會革命，如盧格所主張，是無意義的，但帶社會熱情的政治革命是合理的。在大體上，革命——推翻既有勢力和解散舊關係——是一種政治行動。就以社會主義首先需要破壞和解散而論，它是需要這種政治行動的，但當它的組織活動已經開始，當它的固有目的、它的熱情顯現的時候，社會主義就已拋棄了那政治的外衣。

這些觀念是從馬克思自己的〈論猶太問題〉中發展出來的，而西里西亞織工的叛亂很快證實了他有關德國階級鬥爭軟弱性的論點。他的朋友榮格（Jung）從科隆寫信來說，在《科隆日報》上比在從前的《萊茵報》上出現了更多共產主義，而且《科隆日報》爲死難和被拘的織工家屬開了一張認捐單。在餞別地區長官退休的筵席上，那些科隆的高官和富商們爲這份認捐募集了一百塔勒，而且各處對這危險的叛亂都表示同情。「在前幾個月對他們來說會是大膽而全新的態度，現在已經變爲當然的事了。」

馬克思運用人們對於織工的普遍同情來對抗盧格小覷他們叛亂的意義，但是他一刻也沒有被「資產階級對於新的社會傾向和觀念並不表示抵抗」所欺騙。他清楚知道一旦工人階級運動有了任何眞實力量，那結果就會抑制了統治階層陣營內的政治反感和對立，致集中全部敵意來對抗工人。他指出資產階級解放與無產階級解放的深刻差異，同時指出前者是產生於社會的福祉，而後者卻是產生於社會的不幸。資產階級的革命起因於國家與政治共同體的分離，而無產階級的革命起因於人道與眞正人道共同體的分離。後一種分離比前一種分離更爲透澈、更爲不堪、更爲恐怖、更具有內在的矛盾性，所以這種分離的消除，即使是西里西亞織工叛亂所表現的那種暫時的局部現象，也是一件影響深遠的事件，正如作爲一個人比作爲一個國民更有意義，人的生活比政治生活更有意義一樣。

馬克思對於西里西亞織工叛亂的意見是如此根本不同於盧格的意見，馬克思說：

只消一看織工們的歌曲；一看無產階級在其反對私有財產社會所喊出的口號是如此的尖刻有力、直率無情。西里西亞叛亂一開始就有了英、法暴動終結才有的那種無產者作爲一個階級的意識。整個行動都具有這種特性。它不但破壞機器，此乃工人之敵，同時也破壞了商人的簿記，他們的財產契據。至少在開始的時候，其他運動是專一反對工業家、反對那有形的敵人，但是這一次運動卻也指向反對銀行家、那無形的敵人。所以，英國的暴亂沒有一次具有同樣的勇敢、審愼和堅持。

關於這一點馬克思也說到了魏特林的輝煌著作（魏特林常常在理論上勝過普魯東，雖然在實踐上落在他後面）：

資產階級——連它的哲學家和抄寫員在內——有關它自己的解放、政治解放，能夠展示給我們一種著作，可以比得上魏特林的《和諧與自由的保證》嗎？試把德國政治文宣的那種謹小愼微的平庸性，來和德國工人的這堂皇無匹的初次亮相一比較；試把德國資產階級既小號又塌跟的政治鞋子，來和青年無產階級的大皮靴一比較，人就有權爲這被忽視的德國之子預言有一副運動員的骨架。

馬克思說過德國無產階級是歐洲無產階級的理論家，正如英國無產階級是他們的經濟學家，法國無產階級是他們的政治家一樣。

馬克思對於魏特林著作的評判已經由後世加以證實了。當時這些作品是輝煌的成就，那輝煌因以下事實而增強：這德國技術熟練的裁縫爲工人階級運動與社會主義之間相互理解鋪了路，早在路易・布朗、卡貝和普魯東之前且更有效。然而，馬克思對於西里西亞織工叛亂的歷史性評估在今日看來似乎是異乎尋常的，他把當日確未現形的種種傾向滲入在裡面，而盧格的估計似乎更爲正確——他說那不過是飢餓的暴動，並沒有什麼更深的意義。然而正如早前他們有關赫維格的爭吵一樣，我們在此事件也可看出，形式的正確乃是庸夫反對天才的眞惡，而偉大的心胸到底總是勝過狹隘見解的。

爲盧格所輕蔑而爲馬克思所熱忱研究的「十三個工匠」，是在「正義者同盟（League of the Just）」裡面組成的，這同盟發展於三〇年代的法國祕密社團，而在一八三九年的最後失敗中脫離出來。這失敗對於那組織是一件好事情，因爲那些潰散的成員不但重新集合在他們的舊中心巴黎，而且也在英國和瑞士。這些地方的集會及結社自由給他們更多發展機會，所以從老樹上分出去的枝條開始比母樹更茂盛了。巴黎的同盟領導者是但澤（Danzig）的赫爾曼・埃韋貝克（Hermann Ewerbeck），他困守在卡貝講道德的空想社會主義裡面，曾經把卡貝的烏托邦翻譯爲德文；魏特林在瑞士引領著輿論，顯然在知性上比埃韋貝克更爲優越；而倫敦的同盟領導者們，鐘錶匠約瑟夫・莫爾（Joseph Moll）、鞋匠海因里希・鮑爾，和曾經學過農林科而有時當作曲家、有時當語言教師來謀生的卡爾・夏佩爾（Karl Schapper）也顯然是更優越於埃韋貝克的，至少在革命的決心上。

馬克思初次聽見這「三個眞男子漢」或許是從恩格斯，當他路過巴黎於一八四四年九月造訪馬克思，談到這三個人所給他的「深刻印象」的時候。恩格斯留在巴黎的那十天光陰多半都陪馬克思度過，他倆有機會印證他們發表在《德法年鑑》上所揭露觀念的廣泛一致。同時他們的老朋友布魯諾・鮑爾曾反對那些觀念，而且在他所辦的一個文學刊物上發表了一篇批評。他倆正處在一起知道了這項攻擊，且立刻決定予以回應。恩格斯就坐下來把關於這件事他所要說的話全都寫在紙上，但馬克思卻依照他的習性把這件事思考到比他們原來計畫更爲深遠，而在勤苦工作的幾個月之中他寫出了三百多頁的一部著作。一八四五年一月中，完成這著作的時候他流寓巴黎的時間也告終了。

伯內斯接任《前進報》編輯之後，繼續帶勁地攻擊「柏林的基督教德國傻瓜」，而且那刊物上並不乏犯上叛君的材料；同時海涅也對準柏林皇宮中的「新亞歷山大」接連放了幾枝帶刺箭。不久之後德國合法的君主專制政府就請求法國不合法的資產階級君主國使用警棍打擊《前進報》，但是基佐政府顯然不肯聽話，不論他的意見多麼反動，他總是一個有些文化的人，並且不願意充當普魯士專制政府的打手而引來國內反對派的嘲罵和輕蔑；但是，當《前進報》發表了一篇關於市長柴赫（Heinrich Ludwig Tschech）謀刺威廉四世④的「大逆不道的文章」時，基佐對於普魯士政府就轉爲殷勤有禮了。經過內閣會議之後基佐同意採取兩項反對《前進報》的行動：追訴負責之編輯未向當局繳足保證金，及起訴他煽動弑君之罪。

柏林政府贊成第一個辦法，但執行的時候並未發生效果：伯內斯因爲沒有繳足保證金被判處徒刑兩個月，罰金兩百法郎，但《前進報》立刻聲明將改爲月刊，這樣一來就完全規避了保證金的法規；柏林政府不理會第二個辦法，十之八九有理由怕巴黎的陪審員們不會扭曲

④ 普魯士的施托爾科市（Storckow）市長柴赫，民主派及慈善家，於一八四四年七月謀刺腓特烈・威廉四世，不成，同年被處死刑。

他們的良心來代表普魯士國王，但它繼續提出控訴，並終於要求驅逐該報編輯和撰稿人離開法國。長久交涉之後基佐同意了。

據當時的輿論和恩格斯後來在馬克思夫人墓前的演說重提此案看來，基佐的被說服是由於洪保德（Humboldt）的居間鑽營，這人和普魯士外交大臣有姻親關係。後來有人企圖洗清洪保德關於這事的嫌疑，說普魯士檔案保存所中，並沒有關於這項調解的任何文件。然而這不足以洗刷他的清白，因爲首先那檔案是公認不完備的，其次關於這種事情照例是不允記錄的。檔案所證明的不過是這件事的決定性行動是在幕後發生而已。

柏林政府最惱恨海涅，因爲他在《前進報》上發表了關於普魯士情勢，尤其是國王的十一首最尖刻的諷刺詩，但是對於基佐，海涅代表了這全部不愉快之中最棘手的點：他是享有歐洲聲名的詩人，而法國人民幾乎把他看作本國詩人。自然，基佐不能直接向柏林解釋這些困難，所以似乎有消息靈通人士把這件事說明給駐巴黎的普魯士大使了，因爲他突然於十月四號報告柏林，說在《前進報》上不過發表了兩首詩的海涅，是否爲那刊物的編輯成員之一是很可疑的，結果柏林當局也就諒解了。

海涅自己並沒有惹上麻煩，但是一八四五年一月十一號，一批投稿在《前進報》上的人或有這種嫌疑的人都接到了驅逐令，包括馬克思、盧格、巴枯寧、伯恩斯坦和伯內斯。其中的幾個各有自救的辦法，伯恩斯坦提出允諾停止發行《前進報》，盧格曾經奔走於撒克遜大使和法國議員之間，向每個人保證他是多麼守法的市民。自然，馬克思完全沒採取任何這類行動，因此他準備遷移到布魯塞爾。

他流寓巴黎不過一年多些，而在他的流浪和見習的全部歲月之中卻是一個最重要的時期，其中充滿經驗和刺激，而使它更加豐富的是獲得了一個助他良多且合作到底的出色戰友。

第四章 恩格斯

一、辦公室和軍營

弗里德里希·恩格斯於一八二〇年十一月二十八號生於巴爾門（Barmen）。和馬克思一樣，他不曾在雙親的家庭裡獲得革命思想，他走入革命道路並不是迫於本身窮困，而是由於卓越的智慧。他的父親是一個思想保守而信奉正教的富裕工業家，恩格斯在宗教上比馬克思有更多困難要克服。

他肄業於埃爾伯費爾德（Elberfeld）學院，但是在畢業之前一年就從商，像弗萊里格拉特（Freiligrath）一樣，他成爲一個很能幹的商人卻又無意於「這混帳行業」——如他所說。我們對於他的最初認識是經由他在萊奧波德（Leupold）駐布萊梅（Bremen）領事的辦公室裡當十八歲練習生時，寫給格拉貝（Gräber）兄弟的幾封信，這兩兄弟是他在神學院時的學友。這些信裡並沒有多少關於業務的話，除了像下面的說法以外：「我們一不高興，就離開我們辦公室的椅子。」青年的恩格斯和後來的恩格斯都是微醺的酒徒，而且，雖然他從不曾讓自己像豪夫（Hauf）似的空想或像海涅似的高歌，他曾經以粗獷的幽默告訴我們他在布萊梅由來已久的酒櫃牆的暢飲歡宴。

和馬克思一樣，他當初是學作詩，但也像馬克思不久就覺得詩人的月桂冠並不長在他韻文的花園裡。在一八三八年九月十七號他寫的一封信裡——還未滿十八歲——他宣稱歌德「給青年詩人」的忠告矯正了他對於詩的天職的一切信念。他引了這德國大詩人的兩段短論，表明德國語文已經發展到任何人都不難以音律和韻語適切地表達他自己的高度，所以任何人都不應該把這種才能自許得很高。歌德用韻文結束了他的忠告：

> 青年寫作者，可留心呀，
> 當心魂歡躍時，
> 繆斯或許陪著你，
> 做你的嚮導人卻永不能。

青年恩格斯恍然覺得他是在歌德所忠告之列的，且他認爲他的韻文或許不會產生有詩心的價值之物，然而他還是把作詩當作「一種愜意的副業」，如歌德所說，而且不時把他的詩送去發表，「因爲和我一樣大的甚或比我更大的蠢材們都曾經這樣做，而且我並不會因此而提高或降低德國文藝水準」。即使是在青年恩格斯所常有的這種戲謔的語調裡絲毫不見他性格的輕浮，在同一封信裡我們發現他要他的朋友從科隆寄一些流行的經典給他：《齊格菲》（*Siegfried*）、《搗蛋鬼提爾》（*Eulenspiegel*）、《海倫娜》（*Helena*）、《屋大維》（*Octavian*）、《席爾達公民》（*Schildbürger*）、《艾蒙四子》（*Hecmonskinder*）以及《浮士德博士》（*Doktor Faust*），且揚言他正在研究雅各・波墨（Jakob Böhme）。「他的靈魂是憂鬱，但深邃。他的大多數作品都必須透徹研究才能有所領悟。」

所以，恩格斯不久就進入深奧之境，對於「青年德國」派（Das Junge Deutschland）①的淺薄文學完全失去興趣。稍後在一八三九年一月十號寫的一封信裡，我們發現他攻擊這些「好傢伙」的主要原因是，他們把許多東西都送進其實並不存在的世界裡面：

孟迪特（Mundt）這傢伙對用舞蹈來解釋歌德的詩的塔里奧尼（Taalioni）亂寫了一大堆廢話。他用從歌德、海涅、拉海爾（Rahel）和施蒂格利茨（Stieglitz）借來的華麗羽毛裝飾他自己，而且關於貝蒂娜（Bettina）寫了極其糊塗的話，但這一切是這麼時髦，時髦得讓愛搬弄碎嘴或虛榮心強及淫蕩的年輕女士以讀它爲一種享受玩藝或無聊的……還有海因里希・勞貝這傢伙亂捏造一些不存在的人物、不是遊記的遊記，最胡說的胡說。眞可怕。

恩格斯發現文學上有一種「新精神」始自七月革命的「霹靂」——他說，這是「自獨立戰爭以來人民意志的最好表現」。這種新精神最重要的代表是貝克、格林、勒瑙、伊梅爾曼、普拉滕、伯恩、海涅和古茨科夫（Karl Gutskov），而古茨科夫確是應該列於「青年德國」諸明星之上的。據五月一號的一封信，恩格斯曾經投給《電訊報》（*Telegraph*）一篇

---

① 一八三〇年法國七月革命之後，在伯恩和海涅影響之下的一群青年作家的團體。

文章，這報就是由「這十分優秀的人」②發行的，但是他請求編者嚴格審查，否則他怕自己會陷於「一種討厭的窘境」。

青年德國派所發表有關自由的長篇大論，並不曾使恩格斯看不見他們的作品在美學上的低劣，但他不願因此而容忍舊派對於它的反動攻擊。他無條件地聯合著這受迫害的黨派，或許還簽名加入過「青年德國」，而在一封信裡我們發現他警告他的一個朋友：「而且我要告訴你一件事，弗里茨（Fritz），倘若你要當一個牧師，那麼隨你便去作正教徒吧，但是倘若你要變為一個虔信派，那麼你就要對付我了。」他特別喜歡伯恩或許是因為這類似反應，而且在少年恩格斯看來伯恩攻擊那告密者孟采爾（Menzel）的文章，以風格而論，是最好的德文作品，而海涅卻不得不接受諸如「卑賤人物」這偶然之詞了。當時反對海涅的情緒正在高漲，甚至少年拉薩爾在他的日記裡寫道：「這人已經放棄了自由的宗旨！這人已經從他的頭上掀掉激進革命家的自由小帽，而把一頂金編高冠壓在他尊貴的鬈髮上！」

然而，把恩格斯引入他終身行之的生活道路的並不是伯恩或海涅或任何詩人，只有命運才把他鑄造為他所成為的人。他生於德國虔信派的堡壘巴爾門，長於虔信派的另一堡壘布萊梅。解脫這些束縛就是他終身從事的那偉大解放鬥爭的開始。在他異常溫和寫下的話裡，我

② 指古茨科夫。

們發現他還在和他童年的信仰鬥爭：

我每天爲眞理而祈禱，確是幾乎終日的，自我開始懷疑以來我就這樣做了，但是我還是不能回復到你的信仰……我寫信時淚眼模糊。我深深感動，但是我覺得我並未迷路，我一定要發現我達到我全心渴望的上帝的路。而這也正是一種聖靈的表現，我以此爲生，即使《聖經》說過一萬次相反的話。

在這些精神的鬥爭之中，恩格斯從當時正教派的領袖亨斯伯格（Hengstenberg）和克魯馬赫（Krummacher）發展到史特勞斯，中間暫時歸屬史萊馬赫（Schleiermacher），但是只把他當作臨時的支柱而不是永久的基礎。然後他坦白告訴他的神學的朋友們說他不能有後路。右派的理性主義者或許能夠拋棄對奇蹟的自然解釋和淺俗的道德論，以求爬回正教派的束身外套，但是哲學的思索卻不能從「洋溢著朝陽光輝的積雪峰頂」下降到正教派的「迷霧的幽谷」中。

我正在達到變爲黑格爾派的界點。我還眞不知道我要變或不變，但是史特勞斯已經爲我闡明了黑格爾，而那一切都顯得很可取。這人的歷史哲學無論如何是澈底合我心意的。

恩格斯脫離教會之後就直接傾向於政治的異端。一個牧師讚頌那追捕群眾煽動家的負責人普魯士國王的演說，引得這急性青年人怒吼：「我對國王唯一好的期望，是他的頭被人民痛打和他的皇宮窗戶被革命的石塊打碎。」

有著這樣思想的恩格斯自然是要越過古茨科夫的《電訊報》而走上《德意志年鑑》和《萊茵報》的路線的。他偶然投稿到這兩種刊物上，那時他正在柏林服兵役於砲兵旅（自一八四一年十月至一八四二年十月），這砲隊就駐紮在離黑格爾住過且死在裡面的住宅不遠的庫普斐格拉賓（Kupfergraben）軍營裡。或許是顧慮到他的保守和正教的家庭吧，他曾經用過弗里德里希・奧斯瓦爾德（Oswald）這筆名，而且穿著「國王的制服」時他更有理由被迫保持這筆名。一八四二年十二月六號古茨科夫寫了一封慰問信給被恩格斯在《德意志年鑑》上嚴厲批評過的一位作家：

> 把奧斯瓦爾德引進文壇這過失不幸是我的錯。幾年前一個名叫恩格斯的青年商人從布萊梅寄了幾封信來談論烏帕塔（Wuppertal）事件。我改正了他的原稿，刪去太過刺眼的對人批評，然後付印。後來他又送一些稿件來，但我常常必須重新改寫，後來他忽然不許我修改，而且開始研究黑格爾，轉到其他刊物上去了。在他發表對你的批評前不久，我曾經寄了十五個塔勒到柏林去給他。這些青年人們往往是這樣的：他們受我們教導去思想和寫作，然後他們的第一個獨立行動就是知性上的弒親。這種惡行是不會滋長

的，只要《萊茵報》和盧格的報紙不曾迎合它。

這不是老摩爾人在飢餓之塔裡的呻吟，而是老母雞看見她所孵出的小鴨欣然游水離去的惶恐咯咯叫聲。

恩格斯在辦公室裡是一個能幹的商業從業員，而在軍營裡是一個能幹的軍人。自從服役以後他終身都喜歡研究軍事科學，密切地繼續接觸著實際的日常生活，補償了他的哲學意識所缺乏的思索深度。在柏林服役時他和那些「自由人」們精力充沛邊飲邊鬧，對於他們的爭論投了一兩篇稿子，雖然那時他們的行爲還沒墮落。一八四二年四月恩格斯所寫的一本五十五頁的小冊子用假名出版於萊比錫，它的題名是《謝林與啟示》，批評「最近對於自由哲學的反動攻擊」，或批評謝林想用他自己的信仰啟示把黑格爾哲學驅逐出柏林大學之外的企圖。盧格以爲這是巴枯寧寫的，奉承說：「這有爲的青年正在超過柏林的一切老蠢材咧。」是的，這著作代表哲學的青年黑格爾派是極有影響力的，但是另一些批評說這著作的特色是洋溢著詩意的哲理甚過深刻的批評，也不是沒有道理。

差不多同時，在布魯諾・鮑爾被辭退的新刺激之下，恩格斯發表了由四篇組成的一首基督史詩，譏刺所謂「信仰戰勝惡魔魁首」以致魔黨大起恐慌的說法。這詩發表於蘇黎世附近的新明斯特（Neumünster），在其中恩格斯充分應用青年的特權蔑視吹毛求疵的批評。他用韻文描寫了他自己和與他還沒有私人接觸的馬克思，由這詩我們可以約略知道他的風格：

長腳大步跳舞著的，
是奧斯瓦爾德，穿著灰的外套和胡椒色馬褲；
胡椒外表和辛辣內涵，奧斯瓦爾德這山居之人。
從頭頂到腳尖全是最激進的，
他敲著一種樂器，那是斷頭臺，
而在它的鍵上他彈著一支短曲，
高唱著凶惡的歌，吼叫著反覆句：
組織你們的軍隊！（Formez Vos bataillons!）
武裝起來！市民們！（Aux armes, citoyens!）③
踩著怒氣沖天的足跡而來的是誰呀？
一個居里來的黑眉毛小鬼，十分放肆的浪子。
不走也不跳，只是踮起腳跟、

③ 這兩句是法國革命歌曲。

伸長雙臂向空中，
好像他的狂怒就要抓住天堂的偉大蓬帳，
同時把它撕破在地上。
他握拳恫嚇怒不停，
像有一萬個魔鬼在他的胸中飛舞。

一八四二年九月他的兵役期滿，恩格斯回家住了兩個月，然後動身到英格蘭去擔任埃爾曼—恩格斯公司（Ermen & Engels）這大紡織廠的事務員，因爲他父親是這公司的一個股東。在中途他經過科隆，在《萊茵報》的編輯部裡會見馬克思。然而這次初會是冷淡的，因爲馬克思差不多已經和「自由人」們脫離關係，而且他把恩格斯看作和他們是同流，同時恩格斯因爲鮑爾弟兄們的書信，對馬克思也帶著一種反感的偏見。

二、英國文明

在英國的二十一個月對於恩格斯，是和在巴黎的那一年對於馬克思同樣重要的。他倆都精通德國哲學，而且在國外時都達到同樣結論，但是馬克思理解當代的鬥爭和要求是基於法國大革命，而恩格斯卻是基於英國工業。

英國也已經過了它的資產階級革命，其實比法國更早一百年，但是正因如此，英國資產階級革命是在條件很不充分的情況之下發生的，最終變爲貴族與資產階級之間的一種妥協，落得建立了一種聯合君主政體。英國的「中產階級」並未被迫去進行法國「第三階級」君主及貴族如此艱苦和長期的鬥爭，但是「第三階級」鬥爭的階級性質只在事後才被法國歷史家所追認，而英國無產階級在《一八三二年改革法令》（*Reform Act 1832*）中提出反抗統治階級時，也可說是從一個全新來源，就自然產生了階級鬥爭的觀念。

這差別可由這事實來說明：大規模的工業在英國比在法國有更深的根基，在現成的發展進程之中英國工業已經摧毀了舊的階級而創造了新的階級，近代資產階級社會的內部結構在英國比在法國明顯得多。在研究英國工業的歷史和特性之中，恩格斯發現經濟現實——雖然在那時的歷史研究中沒有地位，或只有很小的地位——是一種決定歷史的動力，至少在近代是如此的，而且經濟現實構成了現存階級對立的發展基礎。在這些由於大規模工業發展而完全形成階級對立的地方，它們就成爲政治派別和政治鬥爭的發展基礎，因而成爲全部政治的歷史的基礎。

恩格斯注重經濟面多半是由於他職業的緣故。他投給《德法年鑑》的文章是批評國民經濟體，而馬克思的卻是批評法律哲學。恩格斯的文章是以青年熱情寫成的，卻也顯示了他異常成熟的判斷力。德國飽學的庸材們自然有權抹煞它爲「十分混亂的作品」，而馬克思卻稱它爲「輝煌的小品文」。其實那眞不過是小品文而已，因爲恩格斯就有關李嘉圖和亞當・史密斯的議論是不完備也不盡正確的，且他所提出的反對意見是英、法社會主義者早已說過的。然而，他把私有財產作爲解釋資產階級社會一切經濟矛盾的眞實根源，卻是高明的見解，這使他遠超過普魯東，後者除了攻擊私有財產本身以外並無所闡明。關於資本主義競爭的無人性效應、馬爾薩斯的人口論、資本主義生產一直增長的動力、商業危機、工資制度、科學的進步（他說科學在私有財產法則之下已經墮落爲鞏固奴役人性的一種工具，而不是解放人類的工具）等等，恩格斯的觀察都具有科學的共產主義的有益種子（在經濟領域），因此在這一領域，恩格斯確是先驅者。

說到自己的種種貢獻他實在太過謙遜。有一次他說馬克思曾經給予他的經濟著述「最終形式」，又有一次他說，「馬克思比我們全體都更偉大，看得更遠、更多而且更敏銳」，第三次他又說他所發現的，馬克思或許都已發現了。然而事實是這樣：恩格斯開其端，而馬克思承接那最終必須予以澈底解決且正在解決的決定性鬥爭。

以哲學方面而論，馬克思確實比恩格斯更偉大，學養也更高。倘若有人願意弄些「如果」及「當」這種孩子玩意來尋開心，而無關於嚴肅的歷史研究，那麼儘管設想這樣的問題吧：恩格斯能夠單獨解決他倆所共同解決的問題嗎？他能夠像馬克思一樣以較爲複雜的法國形式來解決它嗎？然而，恩格斯以較爲簡單的英國形式來適切解決這問題，這事實曾經被不正當地忽略了。倘若有人以爲他專從經濟觀點批評政治經濟體是易受質疑的，但賦予政治經濟體的基本特性而使它在經濟知識上眞實進步的，正是由於那作者應用了黑格爾派的辯證法。

在恩格斯投給《德法年鑑》的第二篇文章裡更顯出那哲學的出發點。他敘述英國的狀況是以卡萊爾（Carlyle）的一本書爲根據；他說，比起法國文學的豐富，英國文學是貧瘠的，而在英國文學這一整年的收穫中，只有這本書是值得讀的。他又加注說明英國貴族和資產階級的知性枯竭。他說英國知識分子——歐陸人士認爲是英國國民特性的表率——是天底下最可鄙的奴隸，被種種成見所拘束，尤其是宗教的成見：

英國社會唯一端正的階級，並不爲歐陸所知，是工人，英國的賤民，貧民——無論他們怎樣粗鄙無文及道德敗壞，英國得救的希望就在於他們。他們是沒有受過教育的，但是沒有成見，是可造的良材；他們還具有充分的生命力足以擔負一種偉大的國民運動，他們還有前途。

然後恩格斯指出，用馬克思的話，哲學正在開始沉入「素樸的人民大眾」之中。高尚的英國翻譯家都不敢把史特勞斯的《耶穌傳》翻爲英文，有聲望的出版家也不敢發行它，但是一位社會主義的宣傳者翻譯了它，而且作爲一分錢的小冊子在倫敦、伯明罕和曼徹斯特的工人中心發售。

恩格斯翻譯了卡萊爾的「最美的，常令人驚艷的」幾節，這其中卡萊爾濃墨描寫了英國的局勢。然而，他引用布魯諾・鮑爾和費爾巴哈的話來反對卡萊爾的改善建議：一種宗教性泛神的英雄崇拜。恩格斯對剩下的指出一切宗教的可能性都已經枯竭了，連泛神論在內，這是費爾巴哈在《逸話》的文章中已經論斷明白的。

> 直到現在仍常常發生這問題：神是什麼？德國哲學給我們的答案是：神是人。人不能不實現他自己，評判不利於他自己的一切生活境遇，依照他自己的特性來判斷它們，依照他天性的要求來創造一種完全合於人的方式的世界，於是他就已解決了我們當代的難題。

馬克思直接詮釋費爾巴哈的「人」爲人的特性、國家、社會，而恩格斯則解釋人的特性爲人的歷史，即「我們的一與全」：必須「由我們」高舉起來，比前代任何哲學派別舉得更高，比黑格爾舉得更高——黑格爾終究不過把人看作人自己的邏輯結論的一個檢測而已。仔細研究《德法年鑑》上馬克思和恩格斯的文章中，相同的思想如何發展，一方沾染了法國革命的色彩，另一方沾染了英國工業的色彩（近代資產階級社會發端的兩個歷史的大轉變），而又根本相同，這是極有趣的。馬克思是由「人權」而領悟資產階級社會的無政府特性；恩格斯則申明競爭是「經濟學家的主要範疇，他的愛女」：「我們用什麼唯一法則才能說明商業危機的週期循環呢？那僅是根據相關各方的無意識心理的一種自然法則而已。」

馬克思下結論：只有到了經由人的固有權力被組織成社會權力，而使人成爲一種社會存在時，人性的解放才能成功；恩格斯則宣言：有意識把人當作人，而不當作沒有社會意識的各自孤立個體，才能克服一切人爲和無法維持的矛盾。

可以看出馬克思和恩格斯的結論之間的符合，是連文字都相似的。

三、《神聖家族》

馬克思和恩格斯合作的第一部著作是他們的哲學良心的仔細檢討，採取一種論爭的形式，反對布魯諾．鮑爾及其兄弟（艾德加、艾格貝特）於一八四三年十二月在柏林—夏洛滕堡（Charlottenburg）發刊的《綜合文學報》（*Allgemeine Literatur-Zeitung*）。

柏林「自由人」們企圖在這刊物上合理化他們的世界觀或他們之如此是何所本。布魯諾．鮑爾曾受弗勒貝爾（Fröbel）之邀爲《德法年鑑》寫稿，但遲疑之後終於不寫。他的個人虛榮心曾經被盧格和馬克思所重傷，雖然這並不是他固執於他陳舊的自我意識哲學的眞實原因。爲了他們的苦難，他譏刺「已故的《萊茵報》」、「激進派」和「紀元一八四二年的聰明指揮棒」等是有事實根據的。《德意志年鑑》和《萊茵報》才一從哲學轉到政治，就被浪漫主義的反動勢力摧毀得既迅速又澈底，加上「大眾」對於這「知性大屠殺」的完全無感，已經使鮑爾相信順著這些路線下去是不能有所進展的。他以爲他的得救只能回到純粹哲學、純粹理論和純粹批判，當然，一旦退入意識形態的雲霧裡，要從那些材料之中創造一個萬能的世界主宰是沒有多大困難的。

《綜合文學報》的綱領，在盡可能掌握的程度以內，曾經由布魯諾・鮑爾綜述如下：

直到現在爲止歷史上的一切偉大運動都被導入歧途，才剛開始就已注定失敗，因爲它們激發群眾的利慾和熱情，也就是它們得到不幸的結果是因爲它們的中心理念不過是想獲得一種膚淺的理解和在乎群眾的喝采。

這種「知性」與「群眾」的對立確是《綜合文學報》全部樂曲的主題，要說知性到底是在什麼地方遇見它唯一敵人的，就是在群眾的自欺和無脊骨之中。

因此，鮑爾的刊物輕蔑一切「群眾」運動：基督教和猶太教、貧民和社會主義、法國革命和英國工業。恩格斯批評它的話幾乎是太過客氣了：「它的腐朽及無用的黑格爾哲學就好像一個老巫，形體已經枯槁至不復其原有樣貌，還要濃妝豔抹、賣弄風騷以企尋得追求者。」因此在這《綜合文學報》上黑格爾哲學已經化爲荒謬。當黑格爾說作爲創造性宇宙精神的絕對觀念，成爲哲學家的意識不過是隨之而來時，他不過是說絕對觀念顯然在想像中製造歷史，而且他分明事先預防這種誤解：哲學者個人自身便是絕對觀念。然而，鮑爾和他的徒眾卻把他們自己，當作批判主義的化身，以他們所意識的絕對觀念作爲宇宙精神，反對其餘的人類。這種虛誇是必然要迅速地消散在德國的哲學氛圍之中的，其實這《綜合文學報》即使在「自由人」們之中也只得到一種微溫的歡迎。科本持保留態度而施蒂納都不來合作，且施蒂納正在暗中準備對其攻擊。邁恩和魯騰伯格也自居於超然地位，除了福歇（Faucher）以外，鮑爾兄弟就只好甘居於「自由人」們的第三等角色之列：一個榮格尼茨（Jungnitz），和一個筆名叫作賽利加的普魯士中尉齊克林斯基（Zychlinski）——這人活得夠久，直到一九〇〇年以步兵將軍身分過世。不到一年這整個喧囂就銷聲匿跡，到馬克思和恩格斯攻擊《綜合文學報》時，它不但消亡且也被遺忘了。

馬克思和恩格斯初次合作撰寫的《批判性批評之批評》——他們如此稱呼它，他們的出版者提議稱爲《神聖家族》——實際上是不順利的。反對者立刻嘲笑他們鞭打死驢，而當恩格斯接到這書的初印本時，他說這雖然是一部好著作，但用這麼多的篇幅（三百多頁）來展示對批判性批評之極度輕蔑，確是可悲的矛盾。他認爲這書的很大一部分將不被一般大眾理解，它不符合一般人的興趣。這推斷適用於今日更甚於當時，但另一方面，在今日它卻具有當時所無的一種吸引力，或至少與當時不同種類。後來有一位批評家說：除了它的吹毛求疵、語帶雙關和觀念過度扭曲以外，它顯示了作者們最輝煌的天才，而且，以結構的精良和文字的緊湊而論，它屬於馬克思所有著作中最優等的。

在這位批評家所徵引的那幾節裡面，馬克思表現出自己是個建設性批評家：以實證的事實推倒意識上的幻想，一面摧毀一面創造，一面破壞一面建立。他以輝煌之筆敘述那些歷史現象來回答布魯諾．鮑爾對於法國唯物論和法國革命的批判性觀察。擱置了鮑爾所謂「知性」與「群眾」及「觀念」與「利益」之間的矛盾之後，馬克思冷峻地說道：「觀念當它和利益分離時終歸失敗。」凡成爲歷史的表現而作爲一種觀念深入世間的各種群眾利益，必然演進到它的實際限度之外，而使其自身與全人類的利益相符合。傅立葉誤解它爲歷史上各時代的基調。

> 遠非被「誤導」，資產階級已經在一七八九年的革命中獲得了各種利益而且達到「眞實的成功」，雖然「悲情」已經消失而裝飾它搖籃的「熱情」榮冠已經枯萎。這些利益在事實上是如此強大有力：致成功征服了馬拉（Marat）的筆、恐怖分子的斷頭臺、拿破崙的劍、教會的十字架和藍血的波旁貴族。

資產階級於一八三〇年完成了它一七八九年的願望，然而它的政治開明也從此告終。它不再企圖建立理想國，不再致力於世界福祉和人類的普遍利益。它把它立憲的代議政體的國家當作它獨攬大權的正式表現、當作它特殊利益的政治表現。單就群眾方面而論，這次革命是失敗的，因爲他們的政治觀念並不合於他們的實際利益，他們的原則並不和這次革命的重要原則一致，而他們得以解放的現實條件，和資產階級藉以解放自身與社會的現實條件，是根本不同的。

鮑爾主張國家團結著資產階級社會的各原子，對此馬克思回答，團結它們的事實是：只有在想像中，在他們幻想的天堂中它們才是原子，而在現實中它們是和原子大不相同的，也就是，並不是神明的自我，而只是自私的人類。「在今日只有全然的政治無知者才會想像資產階級生活必須由國家來維繫，實情是國家乃由資產階級生活維繫著的。」鮑爾輕蔑自然和工業在歷史認識上的重要性，馬克思反問批判性的批評能夠說是已經達到歷史認識的初步了嗎？當它仍然把人類應付自然的理論與實踐——自然科學與工業——排除於歷史的運動之外時：

> 像它把思維和感覺分開、把靈魂和肉體分開一樣，它也把歷史和自然科學及工業分開，而把歷史的產生地，看作是在天空的雲層霧陣裡，而不在人世的原始、物資生產之中。

正如馬克思爲法國革命辯護而反對批判性的批評一樣，恩格斯曾經爲英國歷史辯護。格外反對他的是青年福歇，這人比《綜合文學報》的其他撰稿人更注意現世實情，現在提恩格斯如何確切地評論資本主義的工資法則是有點離題——二十年之後，當拉薩爾採取這法則時，恩格斯把它稱爲「腐朽的李嘉圖法則」而送入地獄深處。恩格斯曾經指出福歇的許多明顯的過錯——這人在一八四四年還不知道英國的反聯合法案（anti-combination laws）已經在一八二五年廢止了——但是他自己的議論也往往近於吹毛求疵，而且在一個要點上他是錯的，雖然見解和福歇不同。福歇嘲笑阿什萊（Ashley）爵士的《十小時勞動法案》（*Ten Hour Bill*）是並未切中問題根源的「膚淺草率措施」，而恩格斯卻說：雖然是最爲溫和的，它（通行於全英）確實是一種十分激進的原則的變現——因爲它不但切中對外貿易及工廠制度的根基，而且深深地砍進去了。那時恩格斯連同馬克思，把阿什萊爵士的法案看作把反動枷鎖套在大規模工業上的一種企圖，雖然他們覺得資本主義的現實條件將會一再打破這樣的枷鎖。

在《神聖家族》中馬克思或恩格斯都不曾完全克服哲學的舊習。在序論的開端他們就引用費爾巴哈的「眞正人道主義」以反對布魯諾·鮑爾的不切實際的唯心論。他們無條件地承認費爾巴哈的輝煌進步和偉大功績，提供了批評一切形而上學的重大和巧妙原理，以「人」來替代那陳舊的廢物、那陳舊的哲學的永恆不變自我意識。但是他們一再超過費爾巴哈的人道主義而邁向社會主義——從抽象的人到歷史的人——而且在眾說紛紜的社會主義之中，他們以異常的敏銳努力往前。他們揭發了飽足的資產階級所引以自豪的那種社會主義式附庸風雅的祕密。人的不幸——必須接受施捨以維生的極度恥辱——都成爲財富貴族和教育貴族的一種娛樂、一種滿足虛榮的方法、一種擺架子的方法。德國的各種福利會、法國的慈善團體、英國的各種狂熱幻想作爲、慈善音樂會、舞會和演出、布施會，以及爲勞動及勤奮的受難者向公眾募捐之類，都是除此以外並無深意的。

傅立葉是對於《神聖家族》的意識內容最有貢獻的那些偉大烏托邦主義者之一，但是恩格斯把傅立葉與傅立葉主義分別開，說明《和平的民主政治》（*Démocratie Pacifique*）④所鼓吹的被閹割的傅立葉主義，不過是博愛型資產階級某一派的社會說教而已。恩格斯像馬克思般一再強調歷史發展和工人階級獨立運動的重要，這是連那些最偉大的烏托邦主義者都不能了解的。作爲對艾德加．鮑爾的回答，恩格斯說道：「批判性的批評並未創造任何事物，而工人卻已創造了各種東西，致其知性創造多得使全部批判主義慚愧。這是英、法的工人能予以證明的。」

對於所謂「知性」與「群眾」之間互不相容的矛盾，馬克思指出烏托邦主義者們所運用的共產主義式批評，其實都是適合於廣大的群眾運動的。因爲要認識這運動的高尚性，人必須明白英、法工人對於知識及道德能量的無饜渴望和不屈不撓地求進步。馬克思用了那麼大的氣力攻擊艾德加．鮑爾翻譯普魯東的譯文拙劣和在《綜合文學報》上胡亂批評普魯東，是不難理解的。倘若不喜歡馬克思在《神聖家族》中頌揚普魯東，而沒幾年之後卻加以猛烈的攻擊，那是淺薄且重形式的詭計。在《神聖家族》中馬克思捍衛著普魯東的眞正貢獻不被艾德加．鮑爾的空泛言詞所抹煞和曲解。馬克思承認普魯東在經濟方面有一種首創者的成

④孔西德朗（Victor Considérant）在巴黎所主編的一份刊物。

就，正如布魯諾·鮑爾在神學方面一樣，但馬克思攻擊鮑爾神學的局限性，也正如他攻擊普魯東經濟的局限性一樣。

普魯東把財產判定爲資產階級經濟制度根本上的一種內部矛盾，但是馬克思說：

> 這樣的私產、這樣的財富不能不維持它自身的存在，同時維持它的對立者——無產階級——的存在。這是私有財產自身充分表現出來的那種矛盾的積極面。另一方面，這樣的無產階級不能不揚棄它自身，同時揚棄它受約束的對立物——使它成爲無產階級的東西。這是該矛盾的消極面、崩解面，顯現私有財產已經消失和正在消失。所以在這種對立之中，有產者是保守的，而無產者是破壞的。一方的行動是要維持該矛盾，另一方的行動是要破壞它。私有財產在它的經濟活動中促進它自身的分解，有違其本意和無意地分解在獨立於它自身之外並爲這問題的性質所制約的一種發展之中，也就是在這種情況下：它產生無產階級爲無產階級，由知性和身體的災害而察覺到它的災害，由非人道而察覺到它的非人道，因此要廢除它自身。無產階級執行著私有財產藉由創造無產階級而對私有財產自身所宣布的判決，正如它執行著工資勞動藉由爲別人生產財富並爲自己製造不幸而對工資勞動自身所宣布的判決一樣。當無產階級勝利時，它並不因此而變爲社會的絕對面，因爲只有藉由消除它自身和它的對立物，它才能夠勝利。所以，不僅無產階級，還有它受約束的對立物，私有財產，都要消失。

馬克思明白指出當他把這種歷史的任務託付給無產階級時，他並不是把他們當作神：

其實是相反的：因爲在充分發展的無產階級之中，一切人的抽象屬性，甚至人的形體都是具備的，因爲無產階級的生活狀況是當代社會一切非人狀況的焦點，因爲人淪落於無產階級之中，而對於這淪落已獲得一種理論性察覺，被無可避免及絕對必要（必然性的實際表現）所逼迫來反抗這種非人道——這一切便是無產階級能夠而且必須解放它自己的理由。然而，它不消除它賴以存活的狀況便不能解放它自己，而要消除這些狀況，就非消除概括在它自己所處的社會生活上一切非人道的狀況不可。

它經歷這種勞動的艱苦且無情的訓練並非枉然。問題並不在於這或那個無產階級甚或全世界的無產階級，當下所能想像的存在目的。問題是無產階級究竟是什麼以及作爲這種存在而在歷史上將被迫做什麼。無產階級的目的和歷史性行動是早已無法變更和顯然地預先鋪設在它自己的生活情況中和在近代資產階級社會的整個組織中了。

馬克思一再強調這事實：大部分的英、法無產階級已經意識到無產階級的歷史使命，而且不停地努力把這種意識發展到完全清楚的地步。在《神聖家族》中，灌溉田園的清泉潺潺流過不毛的荒野，而尤其是討論可敬的賽利加（Szeliga）不可信的智慧的那兩章，使讀者的耐性受到嚴厲的試煉。這本書最公平的評價是把它看作一種即興的隨筆，它顯然是如此。正當馬克思和恩格斯開始私下互相了解時，《綜合文學報》第八期到了巴黎。它裡面登載著布魯諾‧鮑爾用隱晦然而尖刻的形式攻擊他倆在《德法年鑑》上所得結論的文章，或許他倆偶然想要用一種愉快的嘲弄方式答覆他們的老朋友，就趕快作出一本簡短的小冊子來的吧。總之，恩格斯立刻坐下就寫，大約寫到十六頁多一點；當他聽說馬克思的回答長達三百多頁時，他大為驚奇。他也覺得「好奇」和「特別」的是這本書的產生他只承擔了一小部分，而他的名字卻列在封面上，甚至在馬克思的名字之前。

或許馬克思一開始是依照他常用的周全方式來寫作的，而後來、正如老格言般眞實的，又覺得沒有時間來精簡它，或他也許故意延展它，以便利用超過三百二十頁的書籍得免於審查的規定。

這書的作者們聲明它不過是一個開端，他們將繼續發表他們的獨立著作，來討論他們各人對於最新哲學和社會學理論的態度。他們這種企圖的極度嚴肅是可以由此事實證明的：當恩格斯接到第一本印好的《神聖家族》時，他已經完成這些獨立著作的第一份手稿了。

四、一部社會主義的基本著作

恩格斯所完成的稿子是一八四四年《英國工人階級狀況》，在一八四五年夏季出版於萊比錫；發行人魏根曾經發行過《德意志年鑑》，而在幾個月以前也曾發行過施蒂納的《自我及其所有物》。作爲黑格爾哲學支流的施蒂納不知覺陷入了資本主義競爭的膚淺知識裡面，而恩格斯在他的書裡卻給這些德國理論家（他們藉著費爾巴哈使黑格爾的思辯哲學解體的結果而發展成共產主義和社會主義，而且代表著大多數人）奠定基礎，他描寫了英國工人階級生活狀況的可怕實情，那實情便是資產階級統治的眞實典型。

差不多二十年之後，當恩格斯再版這書時，他稱它爲近代國際社會主義在胚胎發育中的一種形態，且附注說：「正如人在胚胎初期還現出遠祖的鰓形（魚類）一樣，這本書也處處洩露近代社會主義原始的跡象，即來自其遠祖德國古典哲學的跡象。」這是眞的，但是稍作修正，這些跡象比之在《德法年鑑》中所顯現的是稀少得多了。這一次並未提起布魯諾・鮑爾或費爾巴哈，也只偶然提到「朋友施蒂納」，而這一提及不過是要開他一個小玩笑而已。德國哲學對於這本書的影響必須被認爲是確實進步而不再是倒退的。

這書的眞正價值，並不盡在於它敘述英國資本主義生產方式發展所形成的無產階級不幸，因爲這一方面在恩格斯以前已經有過許多先驅者，布雷（Buret）和蓋斯凱爾（Gaskell）等，他可以自由援引；而這書的價值甚至並不在於反對使工人群眾蒙受如此悽苦的一種社會制度所表現那熾熱的憤慨，或這些刻畫動人的描寫和對於受難者的深摯由衷同情，雖然這些都是本書的特色；這書最可讚美而又最爲顯著的歷史特徵，是這二十四歲的作者對資本主義生產方式的精髓那種透澈的理解：他不但說明了資產階級的興起，還說明了它的沒落；不但說明了無產階級的不幸，還說明了它的得救。這書的目的是要表明大規模的工業如何使近代工人階級成爲一種喪失人性的、形體殘破的族類，在知性和道德上淪落到獸性的地步，及如何詳細揭示以歷史的辯證法則作用到工人階級的發展，必然要到推翻它的創造者的地步。本書宣稱，工人階級運動與社會主義併合的結果，英國將要出現無產階級的統治。

本書所表現的這些成績是只有熟悉黑格爾的辯證法以致成爲第二天性，且正確應用不誤的人才能夠達到的。所以本書成爲社會主義的基石之一，正如它的作者所規劃。然而，在出版時它所引起的最大興趣並不因這一點，反而是由於它所討論的事件。有一位學院大老帶著可笑的虛榮說這本書使社會主義可以「入得大學教室了」，但這意思不過是說這位或那位教授要對它投來鏽爛的戈矛了。而最使那些有學問的批評家們神氣十足的，是恩格斯所預言的英國革命並未實現。但五十年後恩格斯泰然自若地說，意外的事並不是「青年熱忱」的哪項預言未曾實現，而是已經實現了那麼多，雖然在那時他未免言之「過早」。

以今日而論，那「過早」就預見了那麼多事情的「青年熱忱」，不少是這本有先驅性書籍動人之處。從現時遙望將來形勢的天才之眼所見即將來臨的事，比常識的眼睛看得更清楚，所以也就覺得更近了；常識是難以習慣當吃晚飯時熱騰騰的湯不一定會出現在餐桌上的觀念。然而除了恩格斯以外，在英國還有些人看見了革命的來臨，甚至連英國資產階級的主要喉舌《泰晤士報》（*The Times*）也在內，但是他們不安的良心只看見革命中的蹂躪和殺戮，而恩格斯的社會眼光卻看見從灰燼中冒出來的新生命。

除了這本書以外，恩格斯也曾表現過他的「青年熱忱」。在一八四四至四五年的冬季，當這書還在審議中時，他已經又燒紅了另一些鐵塊。除了繼續寫成這本書只作爲較大的有關英國社會史著作的第一部以外，他打算聯合赫斯（Hess）發行一種社會主義月刊，作爲外國社會主義作家們的文庫，來批評李斯特（Friedrich List）之類。他的計畫是常和馬克思的計畫相符合的，而且他不倦地催促後者：

> 最終結束你的經濟著作吧，即使你不完全滿意它。不要緊的，現在人的心智成熟了，我們必須趁熱打鐵……時機迫切，所以要你在四月中完結它。像我一樣做吧：限定一個必須確實完成的日期，然後儘快付印。倘若你那裡不能印，那向曼海姆（Mannheim）或達姆斯塔特（Darmstadt）或別處試試看，但要緊的是必須儘快面世。

對於《神聖家族》的「驚人」的長度，恩格斯甚至安慰他自己說這到底不是壞事：「這樣一來許多東西都已得見天日，否則天知道它們要擱在你的書桌裡多久。」在後來的歲月中他也同樣大聲勸勉過馬克思不知多少回！

當他催促馬克思完成其著作時是不耐的，但他卻也是最耐心的援助者，當那位天才和自身苦鬥而同時受著實際生活的小小不幸無情壓迫時。馬克思被逐出巴黎的消息才一傳到巴爾門，恩格斯就開始募捐，寫信給馬克思說，「把你因此而造成的一切意外開支都共產主義地分派在我們之中吧」。報告了「募捐情形良好」之後，他加寫道：

我不知道你覺得這數目夠不夠把你自己安頓在布魯塞爾，但我想指出，我就快要得到在英國所作的第一件事的酬金，至少其中一部分，是很高興地留給你支用的。無論如何，我自己此刻並不需要它，因爲我家的老紳士倘有必要一定會借給我任何我所需要的東西。至少不讓那些「痞子」感到由於他們的劣行而使你財務困窘的那種快意。

此後恩格斯曾經終身不倦地努力掠奪那些「痞子」的這種快意。

爽朗如青年時代的書信中顯現的那樣，恩格斯是絕無浮誇之氣的。他隨便提到的「在英國所作的第一件事」後來證明是在七十年之後仍然有其價值。它便是那劃時代的著作，科學的社會主義的第一部偉大文獻。寫作它時恩格斯才二十四歲，而它本身已足夠引起學院大老們的隔空議論，但他的才能並不是在溫室的潮熱之中迅速早熟，而在露天迅速凋謝的花木。他的「青年熱忱」是從一種偉大信念的無窮盡之火中生發出來的，這火溫熱了他的衰老之年正如它曾經鼓舞過他的青春時代。

他在他雙親的家裡過著「在一切虔誠及體面之中的一種和平寧靜的生活」，這生活是最愛挑剔的俗人也必然滿意的。但是他不久就厭惡了它，而單是他父母的「憂愁面孔」已經使他再在商業上找出路。在春季中他計畫離開家庭，直奔布魯塞爾。他的「家庭糾紛」由於共產主義在埃爾伯費爾德（Elberfeld）和巴爾門的宣傳而大爲激烈起來，他曾經熱烈地參加了這宣傳。在寫給馬克思的一封信裡，他說共產主義的集會第一次是四十人，第二次一百三十人，第三次兩百人：「這事是一大轟動。人們除了共產主義以外不談別的，我們每天都得到新的贊助者。共產主義在烏帕塔（Wuppertal）是一種實際狀況，眞的，它已經成爲一種勢力。」這勢力後來降伏於一道簡單的警察命令之前，這情形眞是夠奇特的。恩格斯自己的信上也說過只有無產階級仍舊漠然於這共產主義運動，而最愚蠢、最懶惰、最庸俗的人們，向來只顧個人事務的人們，卻開始對它變得幾乎狂熱。

這一切都是很不吻合恩格斯在同時所論述的英國無產階級的前景的，但是那正是這人的特徵：一個從頭頂到腳尖光芒四射的人物，總是那麼機警、清純、目光銳利、不倦不怠，且還是免不了帶點符合熱忱毅勇的青年那種可愛的傻氣。

第五章　亡命布魯塞爾

一、《德意志意識形態》

被逐出法國後，馬克思帶著他的家屬到了布魯塞爾。恩格斯怕比利時當局也終要爲難馬克思，其實爲難立刻就來了。

在寫給海涅的一封信裡，馬克思說他才一到布魯塞爾，就立刻被傳到公安局去簽訂絕不印行有關比利時現行政治的任何文件的聲明書。他欣然同意了，因爲他既沒有這種企圖也沒有幹這種事的可能，但因爲普魯士政府屢次強求比利時當局驅逐馬克思，他就在同年（一八四五）十二月一號正式放棄普魯士國籍。

從此以後他始終不想取得任何國籍，雖然一八四八年春季，法蘭西共和國臨時政府曾經以榮典的形式提供給他法國公民身分。像海涅一樣，馬克思無法下決心這樣作，雖然弗萊里格拉特（Freiligrath）（他是常常被人稱爲純粹的德國人用來作爲這兩個「沒有祖國的流浪者」的核心明顯對照）完全不反對他在流亡英國期間取得歸化文書。

一八四五年春季，恩格斯到了布魯塞爾，然後兩人一同到英國去研究，在那裡居留了六個星期。在巴黎時馬克思就已開始專心研究麥克・庫洛赫（MacCulloch）和李嘉圖，在這一次訪問英國期間他更深入地閱讀了這島國的經濟書籍，雖然所看的不過是「在曼徹斯特能夠得到的那些書」和恩格斯所有的抄本及摘錄。恩格斯在第一次留英期間曾經投稿於歐文（Owen）的刊物《新道德世界》（*The New Moral World*）和大憲章運動者的刊物《北極星》（*The Northern Star*），現在他又恢復了那些舊交誼，而且兩人一同和大憲章運動者及社會主義者建立了許多新連繫。

旅行回來時他們開始一種新的合作。後來馬克思簡明地說道：

> 我們決定規劃出我們自己與德國哲學見解和意識形態相反的共同立場，其實就是整頓我們以往的哲學意識。我們是以批判後期黑格爾哲學的形式來做這件事的。兩大部八開紙的原稿交到西伐利亞（Westphalian）的出版家手裡時，我們得到通知說情勢變化不可能出版了，於是只好把原稿委棄給老鼠去咬嚼批評。我們並不懊惱，因爲我們的主要目的已經達到了——我們自己已得到一種相互理解。

是的，老鼠得到那原稿，但它的殘餘部分足以說明爲什麼它的作者們並不太沮喪於這種不幸。

他們那樣詳盡地，甚至太過詳盡地清算布魯諾·鮑爾，這對於讀者確是硬殼胡桃，而且篇幅多到八百多頁的兩大本原稿使胡桃殼更硬了。書名是《德意志意識形態：對晚近德國哲學及其代表人費爾巴哈、布魯諾·鮑爾和施蒂納與德國社會主義及其各種預言家之批評》。恩格斯後來在回憶中說道對施蒂納的批評並不比施蒂納自己的書篇幅更少，以他發表過的那些文章而論，恩格斯的記憶是完全可靠的。這部書甚至比《神聖家族》中最枯燥的那幾章還要更枝節散漫，超出論爭之外；沙漠中並非全無綠洲，然而終究比較稀少，即使當辯證法的鋒芒顯現時，也立刻墮入吹毛求疵和狡辯之中，有些近於孩子氣的性質。

在今日，我們對這類事情的品味確是更挑剔的，但單靠這一點並不足以解釋爲何，尤其馬克思和恩格斯以前和以後，甚至在當時，都顯示了他們是能夠寫出諷刺性尖刻的批評的，且他們的文風並沒有繁冗的毛病。主要原因是這些知性鬥爭發生於極小的範圍之內，而爭論者多數又都是很年輕的人們。文學史上也有過同樣現象，莎士比亞和其同時的劇作家們都有一種傾向，把臺詞的斷句轉折到終結，透過字面解釋或曲解，使他們對手的語意盡可能愚昧——一種在表現上誇張和隨便的傾向。這一切的用意並不是針對一般觀眾而是針對同業專家的心領神會。莎士比亞許多現今無法理解的幽默詞令是可以用這來解釋的：他在寫作時有意無意地顧慮著格林、馬羅、班・強生、博蒙特和弗萊徹的意見。

這種情形或許可以解釋當馬克思和恩格斯以純粹知性訓練的技藝對付布魯諾・鮑爾和施蒂納及其他老朋友時，爲何有意無意採取那種格調。關於費爾巴哈他們必須說的話應該是更有趣得多的，因爲這已經不是純然消極的批評，然而不幸這本書的這一部分無法完成。他們對於費爾巴哈的態度明白表現於一兩句警句之中，這些警句在一八四五年被馬克思摘要下來，而於幾十年後由恩格斯發表出來。馬克思最不滿意費爾巴哈唯物論的缺乏「能動原理」，正如他在學生時代不滿意德謨克利特（Democritus）一樣。他說，這是「前代一切唯物論的主要缺點」，認識事物、現實、肉欲都只在客觀或觀念的形式之中，而非主觀，不在實踐之中、不在人類肉欲的活動之中。結果，能動方面卻被唯心論發揮以反對唯物論，但只是抽象的，因爲唯心論當然不知道眞實的肉欲活動。換句話說，當費爾巴哈揚棄黑格爾的全部時，他揚棄過多。其實也就是，必須把黑格爾的革命的辯證法從思想的王國轉移到現實的王國。

還在巴爾門時恩格斯就已大膽地寫信給費爾巴哈，請他贊成共產主義，後者的答覆語調是友好的，但至少在當時，意思卻是否定的。費爾巴哈打算在夏季到萊茵去，於是恩格斯想要去「對他強迫灌輸」，因爲他到布魯塞爾必須路過萊茵。同時他介紹費爾巴哈的門徒赫爾曼・克里基（H. Kriege）去見馬克思，說這門徒是「一位出色的煽動家」。

然而，費爾巴哈並不會到萊茵，而且他後來的著作證明他要脫去他的「舊殼」已經太遲了。他的門徒克里基也擔當不起那稱號，他曾經渡過大西洋去進行共產主義宣傳，但在紐約造成無可挽回的災害，使馬克思在布魯塞爾開始集結他周圍流亡的共產主義集團，受了毀滅性影響。

二、「眞正社會主義」

馬克思和恩格斯曾經計畫在這本書的第二部分裡，討論德國社會主義及其各種預言家，並且批判性清除「德國社會主義的一切陳腐無味的文獻」。

攻擊開始於反對赫斯、格林（Karl Grün）、盧寧（Otto Lüning）、佩特曼（Hermann Püttmann）之流，他們都曾有過很可敬的著作，尤其是在期刊方面。那些期刊是《社會之鏡》（*Gesellschaftsspiegel*）月刊（於一八四五年夏季出版至一八四六年夏季）、《萊茵年鑑》和《德意志國民鑑》（皆出版於一八四五年及一八四六年）、《西伐利亞汽船》月刊（一八四五年出版至德國革命時期），以及《特里舍報》（*Triersche Zeitung*）等幾種日報。

這異常的現象——格林有一次稱之爲「眞正社會主義」（True Socialism），而馬克思和恩格斯採用它卻是意存諷刺的——是短命的。到一八四八年這現象實際上已經沒有了，即使有所殘存也在革命的第一聲槍響之後立刻消失了。它對於馬克思的知性發展上並沒有任何影響，他自始是它的老練的批評者，但後來他在《共產黨宣言》中所加於它的嚴酷評語卻不曾包括他對於它的全部態度，而有一個時期他認爲它是一種混合物，無論多麼荒唐它總算產生過一些有價值的東西，且恩格斯甚至更堅持這意見。

恩格斯曾經和赫斯共同發行《社會之鏡》，甚至馬克思也投了一篇稿子，在布魯塞爾時期，馬克思和恩格斯與赫斯對於許多事是一致合作的，赫斯有一陣子幾乎完全採納他們的意見；馬克思屢次勸勉海涅投稿給《萊茵年鑑》，同時這《年鑑》和《德意志國民鑑》，都是佩特曼主辦的，曾發表過恩格斯的幾篇文章；馬克思和恩格斯都投稿給《西伐利亞汽船》，它發表過沒有公開的《德意志意識形態》第二部的唯一部分（這不見得對，見文獻目錄）；關於法國和比利時社會運動，格林曾經發表過一本批評深銳的書。

「眞正社會主義」是從黑格爾哲學的崩潰中發展出來的，這事實使人以爲：馬克思和恩格斯早期都曾信奉該哲學，因此後來他們對於它批評得格外嚴厲，但這是不正確的。馬克思和恩格斯與「眞正社會主義」擁護者之間的區別是：儘管雙方都從黑格爾和費爾巴哈達到社會主義，馬克思和恩格斯從法國革命和英國工業研究過社會主義的特性，而「眞正社會主義」擁護者卻以把社會主義的公式和口號翻成「陳腐的黑格爾式德文」爲滿足。馬克思和恩格斯盡力要使「眞正社會主義」超過這水準之上，且公平地認可這整個傾向是德國歷史的產物。這認可對於格林和他的朋友們可算是恭維，因爲他們把社會主義解釋爲企圖實現人性的一種惰性空論，比之爲康德把法國大革命的意志表現，看作眞實的人類意志的法則。

在指導「眞正社會主義」改進的努力之中，馬克思和恩格斯是任勞任怨的。和赫斯合辦《社會之鏡》，恩格斯雖然討厭仍對赫斯的許多事情都不計較，但到一九四六年他就在《德意志國民鑑》中拚命攻擊「眞正社會主義」者了。

> 如他們開始所號召的，一點點人道、「實現」這一點點人道，或毋寧是邪道，也稍微談論財產，並輾轉聽説稍微談論無產階級慘狀、成立工人組織、組織可憐的協會來振奮下層階級，再加上完全不懂經濟學和社會的眞實性質——不過如此而已，即使如此又因爲要求理論的不偏不倚和「思想的絕對寧靜」以致失去最後一點血性和最後殘存能量及

活力。他們竟想用這種無聊的題材來革命化德國、推動無產階級、使群眾思想和行動！

馬克思和恩格斯對於「眞正社會主義」之所以決定採取這種態度正是爲了無產階級和群眾的緣故。他們攻擊格林比其任何代表性人物都更爲猛烈，不但因爲他在事實上給予他們最多機會，也因爲他住在巴黎，使那裡的工人產生絕望的困惑，以致普魯東受到很壞的影響。所以，他們在《共產黨宣言》中明快斷絕和「眞正社會主義」者的關係，甚至明指他們的老朋友赫斯，之所以如此是因爲要在國際無產階級方面開通實際煽動的道路。

同時他們或許願意原諒「眞正社會主義」的「學究或天眞」：「把它愚笨的初級作業看得那麼認眞和嚴肅，並以如此喧嘩的方式向世人吹噓」，但無可寬恕的是它想要擁護政府的企圖。據說「眞正社會主義」想要趁著資產階級反抗三月革命以前的專制主義和封建主義的鬥爭「大好機會」，從背面打擊自由主義的反政府派。

它使服務於德國各專制政府的牧師、學校教師、粗魯的鄉紳和官僚，作爲放在路邊嚇人的東西來抵擋資產階級的洶湧前進。它成爲補充那同樣政府鎭壓德國工人叛亂的皮鞭和槍彈不足之糖衣。

這是言過其實，對於那些與此相關的人們是很不公道的。

在《德法年鑑》上馬克思自己曾經指出德國情況的特殊性，使資產階級不能起而反抗政府，除非它自身被無產階級背後攻擊。他曾經說過社會主義對於自由主義的任務，是在後者還是革命時支持它，而在後者已經反動時反對它，可是這項任務在細節上很難執行，甚至馬克思和恩格斯曾偶而在自由主義實際上已是反動時，仍為其辯解具革命性；但「眞正社會主義」者卻在另一方面犯了錯誤，完全排斥自由主義，這種作法自然是德國各政府所樂見的。在這一點上格林是最大罪人，而赫斯也並非沒有錯誤，編輯《西伐利亞汽船》的盧寧或許是過失最小的。無論如何他們在這方面所犯的錯誤都是由於愚昧和缺乏判斷力，而不是由於想要擁護那些政府。在宣布他們的一切幻想死刑的那一次革命中，他們都無例外地站在資產階級的左翼，更不用說赫斯是德國社會民主黨的戰鬥員。在「眞正社會主義」者之中並沒有一個投降敵人，在這一點上，當時曾經被資產階級性社會主義暗影所蒙蔽的「眞正社會主義」者是有著最好紀錄的。

況且他們都很尊敬馬克思和恩格斯，誠意地把他們的刊物交給這兩位朋友處理，即使在「眞正社會主義」遭受那一番痛打時。這顯然不是暗藏惡意，而是缺乏理解，以致不能改掉他們的老脾氣。不幸，他們全心相信這庸俗的舊觀念：事情總會無風無雨地圓滑過去的。他們覺得一個青年政黨不應該嚴格立異，即使必須爭論也要極其禮貌且高雅的進行。他們尤其覺得像鮑爾、盧格和施蒂納這些有名望的人是必須敬重的。他們當然碰了馬克思的釘子，有一次他說：「那是老婆子們的特性，總要設法掩飾和洗刷一切眞實的黨內爭論。」然而，馬克思對於這問題的堅強主張是得到各方甚至「眞正社會主義」者陣營的理解，例如魏德邁（Weydemeyer）——和盧寧有姻親關係且共同編輯《西伐利亞汽船》，就成爲馬克思和恩格斯最忠實的擁護者。

魏德邁曾經當過普魯士砲兵中尉，但爲了政治信仰辭去軍職，而當了在格林影響之下的《特里舍報》的副編輯：追隨著「眞正社會主義」者。一八四六年春季他來到布魯塞爾，他是否專程去會見馬克思和恩格斯，我們不得而知，但無論如何，他立刻成爲他們的朋友，且強烈反對由馬克思和恩格斯的無情批評所引起的「眞正社會主義」者陣營中的一致抗議，即使他的姻親盧寧也加入這抗議。魏德邁生於西伐利亞，有些沉靜甚至遲鈍，但具有他鄉下那種忠實而堅韌的個性。他始終沒有成爲一個才思卓著的作家，當他回到德國時當了科隆—明登（Minden）鐵路的工程測量員，只在業餘的時間才助理編輯《西伐利亞汽船》。他現在正在切實設法幫忙馬克思和恩格斯解決那日益嚴重的問題：找到出版商的困難。

因爲盧格的懷恨，蘇黎世的文藝書店已經對他們關上門。盧格很清楚馬克思不論寫什麼都不會隨便，但他確實用搶抵著他的股東弗勒貝爾不要和馬克思有業務關係；在萊比錫的魏根，青年黑格爾派的主要出版者，也曾經拒絕發表批評鮑爾、費爾巴哈和施蒂納的文章。於是魏德邁開拓了一個可喜的途徑，他遊說西伐利亞的兩個富裕的共產主義者，尤利烏斯．邁爾（J. Meyer）和雷佩爾（Rempel），來擔負建立一家出版社所必需的資金，開始印行三種以上的書籍：《德意志意識形態》、社會主義作家的叢書，和由馬克思、恩格斯和赫斯合編的季刊。

然而，到了交付資金時，那兩位資本家收回了承諾，雖然他們在那個時候也曾向赫斯確認過此事。「營業困難」突然恰恰在那時候麻痺了他們共產主義的自我犧牲精神。結果是馬克思和恩格斯的劇烈失望，而更糟的是魏德邁實在無處安置《德意志意識形態》的原稿。現在它就眞只能永遠被委棄給老鼠去咬嚼批評了。

三、魏特林與普魯東

發生在馬克思與對他早期的發展有著重大影響的兩個卓越無產階級理論家之間所展開的討論，比起馬克思對後期黑格爾派哲學家和「眞正社會主義」者的批評是無可比擬更爲動人、更具有政治意義。

魏特林和普魯東都生長於無產階級之中。他倆都稟賦著健全和強毅的個性，都有多樣的才能，而且都是這樣受外部環境的青睞，以致可以列入少數例外的人物之中，使滿足俗眾的公理：工人階級的人只要眞有才能，都可以升入有產階級。他倆都不屑於採取這條路，而自願安於貧困，獻身爲他們的階級和受苦的同志而戰鬥。

他倆都是體格健壯的人，孔武有力，本有利於享受生活中的美好事物的，但爲了追求他們的目標卻樂於承受最難堪的苦厄。「一張最簡單的床，一個小房間裡常常住著三個人，一塊木板當寫字檯，時不時有一杯黑咖啡」——這就是魏特林，在他的聲名震動世俗的大人物時的生活。普魯東在巴黎一間閣樓裡也是過著同樣的生活，在他已享有歐洲名聲時「穿著一件毛織外套，拖著咔噠作響的木屐」。

法蘭西和德意志的文化體現在這兩人的育成過程。魏特林是一個法國軍官遺留在德國的兒子，才一長成就跑到巴黎去研究法國社會主義的根源；普魯東出身於原是德國屬地而爲路易十四兼併入法國的自由領地勃艮第（Burgundy），他的朋友們常說他有德國的頭腦，也偶而是德國的笨蛋。但不管怎樣，當普魯東注重知性活動時，他覺得他是傾心於德國哲學的，而魏特林卻把這哲學家的代表人物看作不過是混沌不明的「思維錯亂者」而已，另一方面普魯東則極其嚴厲地斥責魏特林所重視的那些偉大的烏托邦主義者。

這兩個人有同樣聲名和同樣命運。他倆是近代無產階級的最早成員，證明無產階級的知性和活力，證明它能夠自我解脫，而且他倆首先打破工人運動與社會主義交替不已的惡性循環。在這方面他倆開拓了一個新時代，而他們的著作和活動具模範性，對科學的社會主義的發展產生有利的影響。關於魏特林和普魯東的開創工作，沒有誰比馬克思稱讚得更慷慨了。主要藉由魏特林和普魯東，他才在現實生活中看清了黑格爾哲學的批評性解構，所給予他的乃是不切實際思維的結果。

然而，無論他倆如何明辨和遠見，魏特林的發展不曾超出德國手工匠之外，而普魯東不曾超過法國小資產階級之外：因此他倆都和出色完成他們所卓越地開啟的事業的這人分道揚鑣。這分手並不是因爲私人的虛榮或頑固的教條主義，雖然或許他倆愈覺得自己被歷史發展的潮流遺棄，該兩種因素就愈有分量。他們和馬克思的爭論證明他們僅是不理解他正在追求著的東西。他們都成了一種狹隘的階級意識的受害者，因爲這意識影響他們是不自覺的，所以那影響格外深遠。

一八四六年初魏特林到了布魯塞爾。他在瑞士的煽動工作已經完結，一半由於內部的傾軋，一半由於當局使用暴力，然後他前往倫敦，然而他在那裡不能和正義者同盟的成員合作。他藉著預言者的傲慢來尋求庇護，以努力挽救自己脫出殘酷的命運，這把事情弄得更糟。雖然大憲章運動的風潮正高漲於英國，他並未投身於工人運動之中，卻轉而注意於草創一種思維和語言的系統，想要創立一種世界語言，從此以後這就愈漸變爲他的癖好了。他魯莽地投入與他的才具和學識極不配的事業，結果是陷於知性的孤立，使他愈漸遠離他力量的眞實泉源，他的階級的生活。

移居布魯塞爾確是魏特林所能做的最好的事，因爲倘若說有誰能夠在知性上救助他的話，那就只有馬克思。馬克思殷勤接待他，這事實不僅爲恩格斯所證實，也是魏特林自己證實的。然而，他們之間的知性終究是格格不入，而在一八四六年三月三十號布魯塞爾的一次共產黨集會上，這兩個人終於猛烈地衝突。魏特林極度激怒馬克思，那情形可以由前者寫給赫斯的一封信裡看出來。事情是關於進行籌備開辦一個出版社，而魏特林暗諷馬克思和他的朋友們打算截斷他的「財源」，只圖他們好作「報酬優厚的翻譯」。但馬克思甚至在衝突之後還是盡力幫助魏特林。赫斯根據魏特林給他的信，曾於五月六號從韋爾維耶（Verviers）寫信給馬克思說：「希望你對他的敵意不至於緊縮你的錢包，只要它裡面還有點東西時。」其實它裡面已經很少了。

幾天之後魏特林硬把事情推到無可挽回的決裂地步。克里基在美國進行的宣傳並不合於馬克思和恩格斯的期望，他在紐約發行《民聲》（*Volkstribun*）週報，以一種既幼稚而又自負的方式進行著浮誇及煽情的宣傳。這種宣傳與共產主義原則毫無關係，倒是會讓工人的士氣極度消沉。然而更糟的是克里基寫了一些措詞奇特的信給美國富人，請求他們資助那週報。當他在美國自稱為德國共產黨文宣代表時，那真正的代表們就以各種理由抗議這種妥協性的團體。

五月十六號，馬克思和恩格斯聯合同志決定發表一篇列舉式抗議，分送給《民聲》去發表並在一切同情者間傳遞。只有魏特林拒絕支持這抗議，而且以各種空洞的托辭來合理化他的態度：《民聲》到底是共產黨的機關報，它是適合美國環境的；共產黨在歐洲就有許多強大的敵人，毋須美國的糾紛，況且是反對自己的同志。然而，他並不滿足於他獨自拒絕，還寫信給克里基痛罵署名在抗議書上的那些人是「狡詐的陰謀家」。

> 這一聯盟，正在籌錢，大約十多或二十個人沒有比攻擊我更好的事可做，這些反動派。我首先被擊敗，然後是別人，最後是他們的朋友，然後以他們割斷他們自己的咽喉

收場……因爲要幹這種事，大批錢財現正在源源而來，而我甚至不能找到一個出版商。在這一方面我和赫斯是完全孤立的，而赫斯也被排擠了。

克里基發表了布魯塞爾共產黨的抗議書，而魏德邁也在《西伐利亞汽船》上發表了它。然而克里基也發表了魏特林的信——至少是最惡劣的部分——作爲某種反制，而且說服社會改造聯合會（一個留美的德國工人組織，曾經承認克里基的週報爲他們的機關報）聘請魏特林爲編輯，並匯錢給他作旅費。魏特林接了錢之後就不再現蹤於歐洲。

此後赫斯也就棄絕了這受困惑的人。

在同一月中，馬克思與普魯東也將近決裂了。因爲要彌補自己沒有機關報的缺陷，馬克思和他的朋友們發行了一種平版印刷或鉛印的如同在克里基事件所作的那樣傳閱函件，同時設法在有共產黨團體的各大城市之間建立經常的通信聯絡。布魯塞爾和倫敦已經有這種被稱爲「通信局」的機構，並且打算在巴黎也設立一個，於是馬克思寫信給普魯東邀請他合作。一八四六年五月十七號普魯東從里昂寄信來贊成，但聲明他不能常寫也不能多寫。同時他利用這機會對馬克思發表了一番道德講話，向後者透露和他們之間有著怎樣寬廣的鴻溝。

在經濟事務方面普魯東正標榜「一種幾乎絕對的反教條主義」，並且勸告馬克思不要陷入他的同鄉路德（Luther）的錯誤，在推翻舊教神學之後立刻就開始建立新教神學，當作逐出宗門及教門偉大財富的附屬品。

我們不應藉由製造新混亂而給予人類新工作，我們寧願給予世人一種賢明和遠見的寬容模範。我們不應擔負一種新宗教使徒的任務，即使那宗教是邏輯和理性的宗教。

換言之，像「眞正社會主義」者一樣，普魯東希望保持馬克思認爲一切眞正共產主義宣傳，所必須首先禁絕的那種和稀泥態度。

普魯東也放棄了他信奉已久的革命：「我寧願用慢火燒毀財產，也不願在財產所有者的聖巴托羅繆（St. Bartholomew）之夜①給予它一種新力量。」他聲稱已經在一本書裡詳細解釋如何解決這問題，這書已經印出一半，而且樂於承受預期馬克思爲報復而施評判式的撻伐。「順便說明我對於時局的意見：法國無產者對於知識有著這樣大的渴望，倘若我們獻給他們飲用的只有血，那麼我們必定受到不好的待遇。」然後普魯東對馬克思警告他格林曲解黑格爾哲學提出辯解。因爲不懂德文，普魯東全靠格林和埃韋貝克（Ewerbeck）來研究黑格爾和費爾巴哈以及馬克思和恩格斯。他通知馬克思說格林想要翻譯他的最近著作爲德

① 一五七二年八月二十四號，聖巴托羅繆節之夜，巴黎大屠殺耶穌新教徒。

文，並且問馬克思是否願意幫助分發，且追說這對於相關各人都是榮幸的。

普魯東的信的結尾幾乎像開玩笑，雖然或許是出於無心。但無論如何，馬克思不能忍受他的教誨在普魯東的誇飾胡說中被描述爲嗜血者，結果格林的行爲引起了更大疑慮。這就是恩格斯於一八四六年八月決定到巴黎一陣子去接管那裡的通訊的理由之一，因爲巴黎還是共產主義宣傳的最重要中心。必須搶先向巴黎共產黨員說明關於和魏特林的決裂、關於西伐利亞出版的慘敗、關於其他曾經惹起糾紛的事項，尤其是當埃韋貝克完全的靠不住，和伯內斯更不可靠之時。

最初，恩格斯從巴黎寄來的報告、布魯塞爾通信局所接到的其他報告，以及馬克思得到的私人通訊，都是很樂觀的，但馬克思逐漸得到這結論：格林已經澈底「搞砸」了全盤事情。普魯東在他的信裡所說的那一本書出版於同年秋季，而正如他的信裡所說眞是陷入困境。然後馬克思就依普魯東所曾邀請的揮舞澈底批評的鞭子，而普魯東的報復卻完全是一連串謾罵。

四、歷史唯物論

普魯東的書叫作《經濟矛盾之體系》，副標題是《貧困的哲學》（*The System of*

Economic Contradictions, or The Philosophy of Poverty）②，所以馬克思的回答就叫作《哲學的貧困》，爲了更確實地打擊他的對手，它是用法文寫的。但馬克思並未成功，因爲普魯東對於法國工人階級和拉丁諸國的無產階級的影響普遍提高而非下降，所以後來幾十年間馬克思還必須和普魯東主義爭鬥。

然而，他的回答的直觀價值或它的歷史重要性並未因此而遜色。它在它作者的生涯中和社會科學的歷史中都是一座里程碑。在這本書裡歷史唯物論的決定性因素才初次得到科學的展開，在他的早年著作中這些概念像孤立的彗星似的閃現，而在後來的著作中他把它們匯集爲警句，但在回答普魯東時他是以令人信服論爭取勝的清晰使它們系統地展開。馬克思最偉大的科學成就是他的歷史唯物論的發展；對歷史科學他做了達爾文學說對自然科學所做的工作。

恩格斯在這功業中是有貢獻的，而且有著比他所謙遜承認的更大的貢獻，但他把那基本觀念的經典表述完全歸功於他的朋友。他敘述當一八四五年春季他到布魯塞爾時，馬克思怎樣指示他歷史唯物論的基本觀念的最後發展形式：各個歷史時代的經濟生產，以及由此而必然發生的社會結構，形成了那時代的政治、知性的歷史基礎；所以整個歷史都是階級鬥爭的

② 法文書名《*Système des contradictions économiques ou Philosophie de la misère*》，巴黎，一八四六出版。

歷史，在社會發展的不同階段上被剝削者與剝削者之間的鬥爭，和被統治階級與統治階級之間的鬥爭；這些鬥爭現在已經達到一個階段，在這階段中被剝削和被壓迫的階級，無產階級，不再能使它自外於剝削和壓迫的階級——資產階級——除非同時使整個社會永遠免於剝削和壓迫。

這是在回答普魯東的書裡所表達的基本觀念，由這焦點煥發出多元光芒。書的風格是異常清晰而銳利的，和在布魯諾·鮑爾及施蒂納的論爭中有時使讀者厭倦的那種漫無章法形成強烈對比。這一次行船並不是拖拖拉拉地駛過泥塘沼澤，而是在清風徐來之中快速航向空闊海域。

這書分爲兩部分。在第一部中，如拉薩爾（Lassalle）所說，馬克思表達他自己如何由李嘉圖轉向社會主義者，在第二部中表達他如何由黑格爾派轉爲經濟學家。李嘉圖曾經證明資本主義社會中商品交換的行爲，是以那些商品所含的勞動時間爲根據的。普魯東主張商品的這種「價值」必定是這樣「構成」的：一個生產者的生產品，必須和含有同樣勞動時間的其他生產者的生產品互相交換。社會的改革是藉由把社會的一切成員都轉爲交換同量勞動的工人。英國社會主義者也曾經從李嘉圖的學說得出這種「均等」的結論，而且企圖見諸實行，但他們的「交換銀行」不久就破產了。

現在馬克思指出普魯東以爲已發現解放無產階級的這種「革命理論」其實不過是近代工人階級奴隸狀況的公式。李嘉圖根據他的價值法則邏輯地展開他的工資法則：一種商品的勞動價值，取決於工人爲獲得維持生活和綿延後代必需的生產品所必要的勞動時間。那是一種有產者的幻想，想像出沒有階級矛盾的個人交換，虛擬出在資產階級社會中有不許以別人爲犧牲而使自己致富的一種和諧和永久公平狀態的可能性。

馬克思把事情的眞實發展敘述如下：

當文明一開始，生產就建立在職業、社會地位和階級的對立上，最後建立在積累的勞動和直接勞動的對立。沒有對立就沒有進步：文明曾經遵行這法則直到現在。到目前爲止，生產力的發展都是以這種階級矛盾盛行爲基礎的。

普魯東想用他的「構成價值」的理論，來爲工人獲得來自社會勞動進步而增進不已的每日勞動生產品；但馬克思指出使英國工人在一八四〇年的產出比在一七七〇年增加二十七倍的那種生產力的發展，是依存於以階級矛盾爲基礎的那些歷史條件的：私人資本的積累、近代的分工、無政府的競爭和工資制度。至於剩餘勞動的生產則必爲一階級所得利，而爲一階級所損失。

普魯東首先推舉金和銀作爲他的「構成價值」的例證，說由於它們在君主手上得到至高的神聖化就已變爲錢幣。馬克思答道，並沒有這回事。錢幣本身不是一件事物，不過是代表一種社會關係，而且，和個人的交換一樣，它反映某種特殊的生產方式。

必須完全忽略歷史才會不知道在各時代中君主都必然服從各種經濟條件，從來不能指揮它們。公法和私法的制定都不過是承認和記錄各種經濟條件的意向而已……法律不過是事實的認可而已。

錢幣上的君主印章所給予它的，是它的重量而不是它的價值。金和銀符合於「構成價值」，就好像貼膏藥的穩妥。以它們作爲價值證物的作用而論，它們確是一切商品中唯一不受生產成本決定的商品，而且在流通上能夠被紙幣所代替，這是李嘉圖早已說明的。

馬克思暗示了共產主義的最後目的，指出普魯東所尋求的「供給與需求之間的正當平衡」曾經是可能的，只有在生產工具有限時、在交換實施於很窄小的疆界之內時、在需求支配供給和消費支配生產時。自從大規模的工業發展以來這就已成爲不可能了，因爲工業單獨受它的工具所驅使，不間斷地提高產量，毋待需求，於是必然不斷相繼經歷繁榮和蕭條、危機和停滯、新的繁榮等等。

在現今社會中，在以個人的交換爲基礎的工業中，生產的無政府狀況是許多災禍的根源，同時也是一切進步的原因。所以必須擇一而行的兩種辦法是：致力於以我們現有的生產工具來獲得前數世紀的正當比例，這是反動和空想的；否則就必須致力於免除無政府狀態的進步，也就是必須爲維護生產力而廢棄個人的交換。

馬克思回答普魯東的書的第二章，甚至比第一章更重要。第一章中他討論李嘉圖還不曾十分澈底地完成科學的客觀性——例如，他還毫無保留地接受李嘉圖的工資法則。但在第二章中他討論黑格爾就勝任愉快了。普魯東粗率地誤解了黑格爾的辯證法。他固執在已經變得反動的諸面向——例如，現實世界是從觀念世界中演繹出來的——而拋棄了它革命的面向：觀念的自主性，觀念在「正」和「反」的衝突中，發展到藉由消解它們的矛盾形式以保持兩面向眞實內涵的更高統一的自主性。普魯東在各個經濟範疇中劃出好的和壞的方面，然後尋求一種綜合體，尋求一種可以保持好的方面和消滅壞的方面的科學公式。他以爲好的方面爲資產階級經濟學者所強調，而壞的方面爲社會主義者所非難。他以爲有了他的公式和綜合，他便使他自己超出資產階級經濟學者和社會主義者之上了。

馬克思對於這種要求答覆如下：

> 普魯東先生自誇他已經批評了經濟學和共產主義，其實他還遠在兩者中的任何一者之下：在經濟學者之下，因爲他自以爲是一位有魔術公式裝在袋裡的哲學家，用不著去研究經濟的具體實情；而且在社會主義者之下，因爲他既沒有充分的洞見也沒有充分的勇氣足以使他自己——即使是思辨的——超出資產階級的地平線。他志在成爲一種綜合體，而其實不過是一種複合錯誤。他想要成爲一位翱翔於資產階級和無產階級之上的科學家，而其實他不過是搖擺於資本與勞動之間、經濟學與社會主義之間的小資產階級分

子而已。

然而，我們必不可以把這裡的小資產階級分子和俗眾混為一談，因為馬克思常常把普魯東看作有才能的人，可惜不能超出小資產階級社會的境界。

要揭露普魯東所用方法的失當，對馬克思並無困難：倘若把辯證的過程分為好的方面和壞的方面，又提出一個範疇以對抗另一範疇，那麼全部生活都離開了觀念；它不再發生作用，不再演變成「正」和「反」了。作為黑格爾的眞正學徒，馬克思很清楚普魯東所急於消除的壞的方面，正是藉由產生鬥爭而造成歷史的這一面。倘若要維持封建主義較好的面向，如城市中的家父長制的生活、農村家庭工業的繁榮和都市手工業的發展等等，而同時又要消滅投射暗影在這好景之上的各種事物，如農奴制度、特權制度和無政府狀態等等，那麼產生鬥爭的各種事物都已一掃而空，資產階級才一誕生就要被絞死了。因此，這種人所擔負的是閹割歷史的奇怪任務。

馬克思把這問題的正確表述敘述如下：

倘若要正確地評價封建的生產，就必須把它看作以矛盾為基礎的一種生產方式。必須表明在這矛盾之內財富是怎樣產生的、生產力的發展與階級鬥爭怎樣同時並進、這些階級之一——即壞的方面，社會罪惡——怎樣不斷發展，直至它解放的物質條件已經成熟爲止。

然後他說明在資產階級社會之中同樣發展著這歷史過程。在這歷史過程中所運行著的各種生產關係並沒有單純且一致的特性，而是一種雙面特性：在同一情況之下同樣產生貧窮與富裕；資產階級發展到什麼程度，無產階級就發展到同樣程度，結果是這兩個階級的鬥爭。經濟學者是資產階級的理論家，而共產主義者和社會主義者是無產階級的理論家。當無產階級的發展還不足以構成一個階級時，當資產階級社會的生產力發展還不足以提供無產階級解放和新社會建立所必需的物質條件時，擬定種種制度和探求科學的救濟方法以符合被壓迫階級的需求的，是烏托邦的社會主義者們。

但當歷史進展到那一階段時，無產階級的鬥爭就不再需要他們在頭腦裡面探求科學。他們所必須做的不過是記述眼前正在進行的事實和使他們自己成爲鬥爭的工具而已。當他們還在頭腦裡擬定種種制度時，當他們不過是在鬥爭的開端時，他們僅看見貧窮中的貧窮，並不能體認貧窮的革命方面將推翻舊社會。科學到了此刻遂成爲歷史運動的有意識產物，它不再是空論而已成爲革命性。

馬克思把經濟的各種範疇看作不過是理論的表現、社會關係的抽象。

社會關係是和生產力密切關聯著的。因爲新生產力的獲得，人類改變生產方式：依照獲得生計的方法，人類改變一切社會關係……但依照他們物質的生產關係而構成他們社會關係的人們，也同樣依照著他們的社會關係而構成他們的原則、他們的觀念和他們的範疇。

馬克思把稱頌資產階級社會爲「永久和自然的制度」的資產階級經濟學者，比擬爲正教派的神學家，自以爲他們自己的宗教是上帝所啟示的，其他一切宗教都是人所捏造的。

馬克思依據普魯東所試著解決的那些經濟範疇來揭示後者方法的缺失：分工與機器、競爭與壟斷、土地所有權與地租、罷工與工人組織。分工並不是如普魯東所說的一種經濟範疇，而是一種歷史的範疇，在歷史的各時代中具有各種形式。依照資產階級的經濟學說，工廠是分工存在的條件，但工廠並不如普魯東所假設起源於工人之間友誼合作的結果，甚至並不產生於往昔行會的羽翼之下。近代工廠的主人是商人而不是往昔行會的頭領。

同樣的，競爭與獨占並不是自然的範疇，而是社會的範疇。競爭不是工業的，而是商業的狂熱。它所注重的不是產品而是利潤。它不是人類靈魂的必然性，如普魯東所假設那樣，而是起源於十八世紀歷史必然性之結果，或許在十九世紀之中因爲歷史的理由而消失。

普魯東以爲地產沒有歷史的起源，而是根據心理和道德的考慮，和財富的生產只有一種很遙遠的關係，地租必定使人和自然聯繫得更密切等等，這全是錯誤的：

> 在各時代中財產的發展各不相同，且在完全不同的社會關係之下。所以解釋資產階級的財產不過是解釋資產階級生產的全部社會關係。解釋財產爲一種孤立的關係不過是形而上學或法理學的幻想而已。

地租——在農產品生產成本（包括資本的現行利潤率和資本利息在內）以上的價格盈餘③——起源於特定的社會關係之下，而且只能起源於某些特定的社會關係之下。地租是具有資本主義形式的土地所有權，隸屬於資產階級生產條件的封建財產。

最後，馬克思說明罷工和工會的歷史重要性，這都是普魯東所否定的。雖然資產階級經濟學者和社會主義者都可警告工人——縱使是爲了相反的理由，反對使用這些武器，罷工和工會還是要和大規模的工業發展並行發展下去。由於競爭而使工人們的利害不一致，然而維持工資到底是他們的共同利益。抵抗的思想，爲他們所共有，把他們團結在包含即將到來鬥爭一切要素的工會之中，正如資產者開始以地域性組合反對封建諸侯，然後使它自身構成一

③這不是近代的定義，參看亨利・喬治等著作。——譯者

個階級，而且作為構成的階級，把封建社會轉變為資產階級社會一樣。

無產者與資產者之間的對立，是一種階級對階級的鬥爭，這種鬥爭的最高表現便是完全革命。社會運動並不排除政治運動：因為沒有一種政治運動同時不是一種社會運動的。只有在一種沒有階級的社會中，社會進化才不是政治革命，但直到那時為止，在一切社會大轉型的前夜，社會科學的結語總必是：「勝利否則死亡！血戰否則一事無成！這是該問題的冷酷陳述。」馬克思引用喬治．桑的這幾句話來結束他對普魯東的答辯。

在這書裡馬克思從一系列最重要角度展開了歷史唯物論，同時他終於清理了他和德國哲學的關係。他越過費爾巴哈而回到黑格爾。公認的黑格爾學派確已破產了。它已經使它宗師的辯證法墮落為，僅適用於各種事和各種人，又總是最難用的一種公式。對於那些黑格爾派，人們可以說，而且已經說過：他們什麼也不懂而又什麼都寫。

他們的喪鐘早已響過，當費爾巴哈打擊那思辯的概念時；科學的實證性內容再度壓倒它的形式面。但費爾巴哈的唯物論缺少一種「能動的原理」，它留滯於純粹自然科學而排除了歷史的過程。馬克思認為這是不夠的，而他是何等正確，得後來當這種唯物論的巡迴傳道者如布希納（Büchner）和福格特（Vogt）出現時。他們的偏狹庸俗的思維方法甚至使費爾巴哈也感嘆說，雖然他可以從背面贊同這種唯物論，但絕不能從正面贊同它。或者引用恩格斯的一個比喻來說明吧：

> 資產階級常識的僵直駄馬自然會怯於區分本質與現象、原因與結果的溝壑，而倘若要狩獵於抽象思維的崎嶇之鄉，就必不可騎著一匹駄馬。

然而，黑格爾學派並不是黑格爾。他們盡可炫耀他們的無知，但黑格爾本身卻一直是位居頭腦最優秀之列的。遠超於其他一切哲學家，他的思維方法有著使他達到一種宏大歷史觀的歷史重要性，雖然這歷史觀是純粹觀念論的，好像是在一面凹鏡裡看事物一樣，把世界歷史看作不過是一種思維發展的實踐例證。費爾巴哈在對抗黑格爾哲學的這眞實內容上並未成功，而正統的黑格爾學派卻已放棄了。

馬克思重新開始研究它，但把它翻轉過來：他不再從「純粹思維」出發，而從現實的冷酷事實出發，因此給予唯物論這種歷史的辯證法，和一種不但可以解釋社會而且可以轉變社會的「能動原理」。

五、《德文布魯塞爾報》

馬克思在巴黎和布魯塞爾都已替他答覆普魯東的書找到了出版商，雖然文章並不很長，他必須自己支付印刷費。一八四七年仲夏這本書出版時，他也在《德文布魯塞爾報》（*Deutsche-Brüsseler-Zeitung*）上有了出版機構，使他的意見得以發表於公眾之前。

這報紙自那一年春初以來每週發行兩次，發行人是從前在巴黎編輯伯恩斯坦的《前進報》（*Vorwärts*）的伯恩施泰特，那時他接受奧地利和普魯士政府的薪水，這事實是由柏林和維也納的檔案文件確切證明的，而唯一疑點是伯恩施泰特在布魯塞爾是否繼續他的間諜工作。他很有嫌疑，但嫌疑都被這事實所消散：駐在布魯塞爾的普魯士大使向比利時當局率直告發他的報紙。當然，那痛斥也許是故意撒灰塵在集聚布魯塞爾的那些革命分子的眼睛裡，想使伯恩施泰特得到他們的信任，因爲這些王座與祭壇的守護者爲達到他們的高尚目的是不擇任何手段的。

馬克思無論如何不相信伯恩施泰特是一個猶大。姑不論《德文布魯塞爾報》有許多缺點，它確實是在做著好工作，馬克思說，那些以爲它不夠好的人們應該使它更好，而不該退避在伯恩施泰特這名字附有嫌疑的膚淺藉口之後。八月八號馬克思寫了一封辛辣的信給赫維格：

> 或許這人是不好的，或許他的女人不好，或許傾向不好，或許作風不好，或許形式不好，或許發行及規模上有某些危險……我們德國人總是暗自準備著一千句格言來證明他們爲什麼一再放過機會不利用。一個做點事的機會對於他們只不過是一種尷尬的根源。

然後他嘆息他的手稿遭受了《德文布魯塞爾報》的同樣命運；這封信的結尾是咒罵那些責備他寧願用法文寫作也不願放下筆桿的蠢材們。

縱然我們因此覺得馬克思不願「放過機會不利用」而對伯恩施泰特的嫌疑有些輕忽，那也不能責怪他，因爲這機會確實是好的，僅僅爲嫌疑的緣故就放過它是愚蠢的事。一八四七年春季，財政困難迫使普魯士國王召集聯邦議會，一種早前各省議會的集會，也就是一個封建的聯合陣線，和一七八九年春季法國路易十六在外力壓迫之下所召集的相似。普魯士時局的發展並不如以前法國那樣急劇，但聯邦議會握緊錢包且悍然通知政府，它將拒絕通過任何財政議案，除非擴大議會權利，尤其是保證按期召集。因此事情開始推動，因爲政府的財政困難確是很急迫的。舞步遲早要更新，且音樂的起奏愈快愈好。

這是馬克思和恩格斯投稿於《德文布魯塞爾報》的一貫觀念。有一篇文章是用假名發表的，但以作風和內容而論，可以斷定它是出於恩格斯的手筆；它涉及聯邦議會中有關自由貿易與保護關稅的辯論。那時恩格斯深信德國資產階級需要保護關稅，以免它自身被外國工業所壓倒，且使它有機會發展到足夠推翻封建主義和專制主義的勢力。爲了這理由，而且只爲這理由，恩格斯勸告無產階級支持宣傳保護關稅。他認爲保護關稅的權威李斯特（List）已經推出最好的資產階級的德國經濟文獻，雖然他說李斯特的最好著作是出自歐陸派的法國理論家費里爾（Ferrier）的。他也警告工人們不要被「勞工階級福利」之類的言詞所欺騙，那些話都是自由貿易派和保護關稅派共同用以遮掩他們的自我標榜的華美詞藻。他說工人的工資在自由貿易派之下和在保護關稅派之下將是同樣不變的。他支持保護關稅派僅僅只是當作「一種進步的資產階級措施」，而馬克思的觀點也是如此。

發表在《德文布魯塞爾報》上，以駁回對基督教封建社會主義的攻擊的一篇長文，是馬克思和恩格斯合作的。那攻擊發動於《萊茵觀察者》（*Rheinischer Beobachter*），這是政府新近開辦於科隆以挑撥工人與資產階級對立的一種機關報。在該報的專欄上青年赫爾曼．瓦格納（Hermann Wagener）立功揚名了，如後來他在他的回憶錄中所說。馬克思和恩格斯對於科隆向來維持著密切聯繫，他們是很清楚瓦格納的活動的，因爲「體面的教會審議會委員」這一句嘲弄之詞往往作爲他們評語的反覆句，而那時瓦格納正是馬德格堡（Magdeburg）的教會陪審推事。

《萊茵觀察者》正利用政府不能從聯邦議會獲得想要東西的失敗而企圖煽惑工人，說資產階級拒絕通過必要的財政方案已經證明它只顧爭取權力以謀私利。它毫不關心人民福利，而只是把群眾推向前去威脅政府。群眾被視爲無物，不過是攻擊政府的砲灰而已。馬克思和恩格斯的回答在我們今日看來顯是這樣的：無產階級對於資產階級並不比對於政府有更多幻想，而它所關心的不過是資產階級的統治或政府的統治哪一種更合於它的目的。對於這問題的回答是可藉由比較德國工人狀況與英法工人狀況而得到的。

「幸福的人民呀！」《萊茵觀察者》反諷地說：「你們已經在基本原則的戰場上得勝了，倘若你不知道那是什麼東西，就請你們的代表們解釋給你們聽吧，或許在他們的冗長演說中你可以忘記你們的飢餓。」這些煽動性的話語得到馬克思和恩格斯辛辣嘲笑的回覆：這樣煽動的言詞並不受罰，可見在德國眞是言論自由的。馬克思和恩格斯說明德國無產階級在事實上已經澈底明瞭爭論中的基本原則，所以它非難聯邦議會的，不是曾經爭取那些原則，而是曾經喪失掉它們。倘若聯邦議會不以僅僅要求擴大自身權力為滿足，進而要求陪審制度、法律平等、廢止強迫勞動、言論自由、結社自由、召集眞正代表民意的議會，那麼它就一定可以得到無產階級的竭誠擁護。

《萊茵觀察者》所嘮叨的使共產主義成爲不必要的基督教社會原則被透澈地批駁了：

基督教社會原則已經發揮了一千八百年，並不需要在普魯士教會審議委員的手裡再加以發揮。基督教社會原則合理化古代奴隸制度、讚美中世紀農奴制度，而倘若必要它也很願意維護對無產階級的壓制，縱然它暫時必須裝出垂頭喪氣的樣子。它宣揚統治階級和被壓迫階級的必然性，而所能提供給後者的是虔誠期待前者可能的慈悲。基督教社會原則把一切不仁不義的救贖都交託給天國，因而合理化塵世種種不仁不義的存續。它說明壓迫者所加於被壓迫者的一切惡行是「原罪」的正當處罰，或是上帝以高深莫測的智慧使贖罪者經歷的其他罪行或考驗。基督教社會原則倡導怯懦、自卑、認命順從及謙讓，簡言之，一切愚民的種種特性，而無產階級並不願被視作愚民，它需要勇敢、自信、獨立及自尊甚至比需要每日的麵包更甚。基督教社會原則是卑鄙和僞善的，而無產階級卻是革命的。

馬克思和恩格斯引導來反抗這種專制君王社會改良把戲的，就是這革命的無產階級。願意含淚感謝君王踢來的一腳，接著就被賞賜一枚銅幣，只存在於君王的想像。眞實的人們，無產階級，如霍布斯（Hobbes）所說，是好勇鬥狠的青年，他們對付虐待他們的君王，可由英國查理一世和法國路易十六的命運而具體明瞭。

這回答像一陣夾帶冰雹的暴風雨一樣摧毀了封建社會主義的農作物，雖然有些冰雹落在目標之外。馬克思和恩格斯贊成聯邦議會拒絕撥款給反動及怠惰的政府，這是對的，但他們以同樣態度贊成議會否決政府徵收所得稅的提案，這就太過抬舉那議會了。這提案其實是政府爲資產階級設置的一種陷阱。廢除大城市工人負擔最重的磨粉稅和屠宰稅，而以徵收有產階級的所得稅來補足財政赤字，這種要求首先是由萊茵州資產階級提出的，那動機正和英國資產階級爲廢除穀物關稅法而鬥爭的相同。政府自身就很反對這種提議，因爲它打擊富裕的地主們，他們不能期望因廢止那些賦稅，而減低他們雇用的工人的工資，因爲那些賦稅只在大城市裡徵收。然而政府終究提出了那議案，因爲它確信像聯邦議會這種封建的合作實體，絕不會贊成有利於勞工階級、即使僅是暫時以資產階級爲犧牲的一種稅制改革，它希望藉此籠絡民心而使議會失去人望。政府的算計是如此的正確，當這議案提到議會時，差不多全體王公、地主階級貴族及官僚一致投票反對。此外，政府的計畫很幸運，當到了適當時刻，甚至一部分資產階級也急忙轉向。

於是否決所得稅提案就被政府津貼的報紙盡情揭發爲資產階級施展僞善及欺騙手段的明證，《萊茵觀察者》尤其喋喋不休到討厭的地步。馬克思和恩格斯通知那「教會的審議委員」說他是「對經濟事物最大膽無恥的不學無術者」，因爲他斷言所得稅的建立可以間不容髮改革現今社會的貧困，這完全是對的，但他們以爲資產階級否決所得稅法案，是給予政府一個正當的打擊，這卻是不對的。其實資產階級的行爲對於政府完全不是一種打擊，而且否決那法案反而增強了政府的財政地位，因爲它維持已有成效的磨粉稅和屠宰稅，而不必實驗新的所得稅，新稅的徵收確是要遭遇無數困難的，已爲所有這種稅類的歷史所證明。所以，就這一點而論，馬克思和恩格斯把其實已經反動的資產階級仍視爲革命。

另一方面，「眞正社會主義」者卻常常造成相反的錯誤，所以當資產階級磨拳擦掌準備鬥爭時，馬克思和恩格斯對他們發起另一種攻擊，是可以理解的。馬克思在《德文布魯塞爾報》上發表了他的〈在散文和韻文中反對德國社會主義〉，這是由幾篇散文投稿所組成的，另一篇未曾發表的是恩格斯手寫的，但或許是兩人的合作成果。「眞正社會主義」這一次被攻擊主要是在它的美術文藝，那是它最弱的面向，或者根據不同口味，是它最強的面向。在攻擊這種文藝的曲解中，馬克思和恩格斯並未充分尊重文學和藝術的權利，例如，在上述未發表的那一篇中，弗萊里格拉特的傑作《往前去》（*Ça ira*）是受了不當苛待的，貝克（Karl Beck）的《窮人之歌》（*Songs of the Poor*）也被馬克思在《德文布魯塞爾報》

上加以虐評，鄙薄其中的「小資產階級幻想」，但同時馬克思預言了後五十年虛矯的自然主義的發展悲運：「貝克褒揚這種懦弱的小資產階級的困苦，他的英雄是懷著虔敬的、瑣碎的和不切題的渴望的『窮人』，即落魄之人，而不是自信的、具威脅性的和革命的無產階級。」不幸的格林因此受了嚴厲的斥責，因爲在他久已被人遺忘的那一本書裡他從「人的立場」曲解歌德，苦心把這大詩人所描寫的猥瑣煩人的庸俗面貌拼揍成他所謂「眞人」的圖像。

比這小衝突更重要的是一篇較長的文章，在其中馬克思以前此批評政府的虛僞社會主義言詞同樣的嚴厲，來批評資產階級的一般激進言詞。海因岑（Karl Heinzen）在反對恩格斯的論爭中設法說明財產分配的不公是由於國家權力的結果，說凡是攻擊資產階級積累財富而忽視君主平時積累權力的人都是懦夫和愚人。海因岑這人是一個很平庸的舞文弄墨者，並不值得特別注意，但他下述的議論很合「開明的」俗眾的心意：專制的存在是由於前幾世紀人民缺乏常識和尊嚴，而現在人民卻再度具有這些有價值的品性，一切社會問題在「專制或共和」這大問題之前都顯得無關緊要了。這種妙論很適合補充那些王公們所謂，革命純是由群眾煽動者惡意製造出來的。

馬克思主要根據德國歷史，證明歷史造成那些王公，而不是王公造成歷史。他赤裸指出絕對專制的經濟原因，點出它是當舊的封建階級正在衰落，而新的近代資產階級還在構成過程中的過渡時期發展起來。德國的絕對專制發展較遲且時間較長，是因爲德國資產階級發展的殘缺不全。所以那些王公所扮演的劇烈的反動角色是由於經濟理由。從前絕對專制曾經鼓勵工商業和資產階級的興起作爲國富兵強的必要條件，而現在卻每每設法阻撓它們，因爲資產階級手中的武器已經壯大到逐漸增加危險了。絕對專制現在把它的呆滯焦慮的眼光從它藉以掌權的城市轉移到鄉村去了，而鄉村的田地是以其頑強的封建對手的屍體作肥料的。

這文章包含著許多有益的觀念，但俗眾相當的「常識」是經得起它的考驗。馬克思據以代表恩格斯反駁海因岑的同一理論，在三十年之後又必須由恩格斯據以代表馬克思反駁杜林（Dühring）。

六、共產主義者同盟

在一八四七年中，僑居布魯塞爾的共產主義者爲數頗多，雖然這一群人中沒有一個可以與馬克思和恩格斯相提並論。有時赫斯和沃爾夫（Wilhelm Wolff）——都投稿於《德文布魯塞爾報》——似乎可以居於這一夥中的第三位，但最終都不曾做到。赫斯總不能掃開他早期哲學的陳腐，終於因爲《共產黨宣言》嚴峻批評他的著作而引起他和馬克思及恩格斯的完全決裂。

馬克思及恩格斯和威廉·沃爾夫的交誼是新近的事，沃爾夫在一八四六年春季才到布魯塞爾，但這交誼顯然是堅固的，一直到沃爾夫不幸早死才完結。他並不是獨立的思想家，但作爲一個作家他則有「通俗的風格」。他出身於西里西亞的世襲佃農階層，受盡艱苦才進了大學，在大學裡他用希臘古典時代大思想家和詩人的典籍，激起一種對他階層的壓迫者抗衡的狂熱仇恨。作爲一個群眾煽動者，有好幾年間，他在西里西亞被拖到各個要塞，後來曾當家庭教師謀生，同時卻不斷實行反對官僚政治和審查制度的游擊戰爭，直到又被起訴他才不得不逃亡國外，以免困死在普魯士的監牢裡。

自流寓貝羅茨瓦夫（Breslau）以來他就和拉薩爾友好，後者和馬克思及恩格斯共同把不朽的月桂冠放在他的墓上。沃爾夫具有高貴性格，正如詩人所謂一本眞誠付出生活理想的代價。他堅定的性格、無瑕的忠貞、一絲不苟的良心、始終不變的無我精神和表裡如一的謙遜使他成爲模範的革命鬥士，使他得到朋友和敵人的敬重，不論他們是支持或討厭他的政治意見。

圍繞著馬克思和恩格斯的這群人中的另一成員，雖然和他們並不十分親密，有斐迪南・沃爾夫、恩斯特・德龍克（Ernst Dronke），曾經寫過關於三月革命以前的柏林的一本好書，而且因爲涉嫌叛逆被判處徒刑兩年，最近才從韋塞爾（Wesel）獄中逃出來到這群人之中；這中心團體的另一成員是格奧爾格・維爾特（Georg Weerth），在曼徹斯特和恩格斯相識，住在布拉福（Bradford）當另一德國公司的職員。維爾特是眞正的詩人，且完全不帶末流詩人的裝腔作勢。他也不幸早死，還不曾有虔敬的手來收集他爲歌頌無產階級革命精神而隨意散置的那些詩歌。這知識分子的圈子由於幾個有才能的工匠加入而增強了，如卡爾・瓦蘭（Karl Wallan）和施特凡・波恩（Stephen Born）——《德文布魯塞爾報》的兩位排字工人——等。

布魯塞爾，這號稱模範的資產階級君主國的首都，是最適宜建立國際聯絡的地方，當仍被認爲是革命中心的巴黎被惡名昭彰的九月法令所鎮壓時。馬克思及恩格斯已經和比利時一八三〇年革命的參與者建立了良好關係。在德國尤其是在科隆，他們都有些故交和新友，最重要的是格奧爾格・榮格（Georg Jung）和兩個內科醫生，狄斯特（d'Ester）和丹尼爾斯（Daniels）。在巴黎，恩格斯已經和社會民主黨建立了關係，尤其是和該黨的理論家路易・布朗和弗洛孔（Flocon）——黨機關報《改造》（*Reforme*）的編輯；關係更爲密切的是大憲章運動中的革命的一翼，《北極星》（*Northern Star*）的編輯哈尼（Julian Harney）和在德國受過教育的瓊斯（Ernest Jones）。博愛民主協會（Fraternal Democrats）這個國際組織，其中有正義者同盟的代表夏佩爾和莫爾等人，都強烈受到這些大憲章運動領袖的知性影響。

一八四七年一月正義者同盟採取了重要的一步。作爲倫敦「共產主義者通信委員會」，和布魯塞爾的「通信委員會」保持著聯繫，但相互聯繫間是有些冷淡的。一方不信賴「知識分子」——不太能確知工人的咬腳鞋的痛處；另一方不信賴「粗魯漢」（Straubinger）——不信賴那時還盛行於德國工人之間的手工業行會的偏狹性。恩格斯曾經盡力使巴黎的「粗魯漢」遠離普魯東和魏特林的影響，但他覺得倫敦的「粗魯漢」是本質較好的，雖然他把正義者同盟於一八四六年秋季爲什列斯維格－荷爾斯坦（Schleswig-Holstein）問題所發表的宣言稱爲「全然胡說」，並聲稱英國的「粗魯漢」除了愚昧地無視一切具體情況和不能把握歷史發展的進程以外，並不曾從英國學到什麼。

十多年之後馬克思說到他從前對正義者同盟的態度：

> 我們發表了一系列小冊子，有的是鉛印的，有的是石印的，無情地批評了代表那同盟祕密教義的英、法社會主義或共產主義與德國哲學的混合物。我們提議科學地洞察資產階級社會經濟結構爲唯一可守的基礎，並且以通俗的形式解說並指出：要緊的並不是完成一種烏托邦的體系，而是自覺地參與在眼前發生的社會變革的歷史進程之中。

一八四七年一月這同盟的中央委員會派了一個委員，鐘錶匠莫爾，到布魯塞爾來邀請馬克思和恩格斯加入該組織，因爲它想要採納他們的意見，因此馬克思將此歸功於那些小冊子發揮的效果。

不幸，馬克思所說的那些小冊子一冊也沒有保存，除了駁斥克里基的傳閱信件，其中嘲罵他爲艾賽尼（Essene）④——指「正義者同盟」——的密使和先知，同時被責難的是他神

---

④ 猶太教派之一，創始於西元前二世紀，以持戒與禁慾著稱。

祕化了全世界共產主義的眞正歷史發展，把它的起源和進步歸功於該組織一些傳奇及詭異的陰謀，關於這完全虛構的神祕力量，他傳播了最荒唐及難以置信的故事。

傳閱信件影響了正義者同盟的某些成員，這事實證明他們不僅僅是「粗魯漢」，他們從英國歷史學到的比恩格斯想像得要多。雖然他們的團體被稱爲「艾賽尼」，受到一兩句很不友善的評語，他們卻擇善而從，那態度比起朝克里基方向去且沒人提及的魏特林好得多了。的確，倫敦正義者同盟比起蘇黎世甚至巴黎的同樣團體，在倫敦市生氣勃勃又視野寬廣的氛圍中始終保持著更多的生機和活力。因爲首先要在德國工人中進行宣傳，它在倫敦已經採取了一種國際屬性，和各國政治亡命者保持密切關係，且借鑑先前大憲章運動的迅速掌權及行動，它的領袖們都擴大眼界，超越了他們手工業者的舊觀念之上。除了較老的領袖夏佩爾、鮑爾和莫爾以外，幾個較年輕的，如細工畫匠卡爾・普凡德（Karl Pfänder）和圖倫嘉（Thuringia）裁縫格奧爾格・艾卡里爾斯（Georg Eccarius），都顯出了他們在理論上的才能。

莫爾帶給布魯塞爾的馬克思和巴黎的恩格斯的授權書是夏佩爾寫的，日期是一八四七年一月二十號。它寫得很審慎，授權遞送者報告同盟的狀況和詳細說明一切要點，但在交談時莫爾就甚少保留。他邀請馬克思加入同盟，且消除了他原有的反對，通知馬克思說：同盟要在倫敦召集大會，以便接受馬克思和恩格斯所表達的批評，且要把他們的意見列入一篇宣言作爲同盟的綱領。然而，他說，馬克思和恩格斯必須加入同盟，並且協助它克服那些落伍的不情願分子。

馬克思和恩格斯決定接受邀請，都加入了同盟，然而，在一八四七年夏季所舉行的同盟大會的結果，不過是使組織民主化以適應被迫而祕密工作的宣傳團體之需，而且要避免一切猜疑氣氛。同盟成員三人以上十人以下為一組，由組而聯成區，區有指導機關，各區之上是中央執行機關，以至全體代表大會。該同盟宣言它的目的是推翻資產階級，建立無產階級統治，廢止以階級矛盾為基礎的舊社會，並建立無階級和無私產的新社會。

按照該同盟——現在改名為共產主義者同盟（Communist League）——的民主屬性，這新規約首先要提交各組去討論，最後決定則留待同年年終之前召集的第二次大會，屆時大會也要討論該同盟的新綱領。馬克思並未出席第一次大會，但恩格斯代表巴黎共產主義者，威廉·沃爾夫代表布魯塞爾團體，都出席了。

七、布魯塞爾的宣傳

共產主義者同盟認為它的首要任務是組建德國工人教育協會⑤，使它有公開宣傳的機

⑤日譯本為「德意志勞動者教育協會」。

會，並由此吸收同級人士以謀它本身的擴張及強化。這些協會的作業程序是各處一致的：規定每週的一天開討論會，另一天開社交會（唱歌、背誦等等），在各地建立與協會有關的圖書館，可能時就開班講授工人共產主義基本原則。

依照這計畫，德國工人協會（Deutscher Arbeiterverein）在八月底成立於布魯塞爾。協會的主席是赫斯和瓦勞（Wallaw），而祕書是威廉・沃爾夫。協會會員很快就達到一百多人，在每星期三和星期六晚間集會。星期三晚討論有關無產階級利益的重要問題，而星期六晚先由沃爾夫作本週政治報告——他旋即表現高度出色——然後是社交活動，有婦女出席。

九月二十七號德國工人協會開了一次國際宴會，表示各國工人對別國工人友愛的情誼。那時常以宴會的形式來作政治宣傳以避免警察干涉。然而，這一次特殊的宴會中暗藏著一種特別的企圖；這宴會是由伯恩施泰特和德國流亡者的不滿分子安排出來的，正如碰巧來到布魯塞爾參加的恩格斯寫信給碰巧缺席的馬克思所說：「他們想要把我們推出來擔任反對比利時民主主義者的二等角色，並且想要成立比我們的小小工人協會更堂皇及廣大得多的組織。」恩格斯在適當的時期挫敗了這陰謀，但無論他怎樣推辭，因爲他「看來非常年輕」這事實最後被選爲兩位副主席之一，另一個是法國人安伯特（Imbert）；同時梅利內特（Mellinet）將軍被選爲名譽主席，卓特朗（Jottrand）律師爲代理主席。這兩人都是一八三〇年比利時革命中的活躍鬥士。

出席宴會的一百二十個賓客，有比利時人、德國人、法國人、瑞士人、波蘭人、義大利人和一個俄國人。經過幾番演說之後就決定沿著博愛民主協會的路線，在比利時成立一個「改革之友協會」（Association of the Friends of Reform）。恩格斯被選爲籌備委員，但他一被迫離開布魯塞爾就寫信給卓特朗推薦馬克思，指出倘若馬克思出席九月二十七號的宴會，是必定會被選出的：「這並不是要馬克思代理我的委員職務，恰相反，我原本是代表他出席宴會的。」其實，當「萬國統一民主協會」（Democratic Association for the Unification of all Countries）在十一月七號和十五號組織成立時，安伯特和馬克思是被選爲副主席的，同時梅利內特被確認爲名譽主席，卓特朗爲代理主席。協會規約由比、德、法、波各國民主主義者簽署了，約有六十個人署名。德國人中有馬克思、赫斯、格奧爾格·維爾特、兩個沃爾夫、施特凡·波恩和伯恩施泰特。

新協會於十一月二十九號舉行第一次大會，紀念波蘭革命週年。施特凡·波恩代表德國發表演說，大受喝采。馬克思並未在場，因正在倫敦代表萬國統一民主協會出席同日舉行的同樣目的集會。他在這集會中的演說措詞含著澈底的無產階級及革命的聲調：

> 舊波蘭已經消失了，而希望它的復活該是過去的事。然而，不只舊波蘭，連舊德國、舊英國、舊法國，其實舊社會的全部都在破滅之中。在舊社會的破滅中，對於並沒

有東西可失去的人們是無所損失的，而今日大多數各國人民都在這種情況之下。

在馬克思看來，無產階級戰勝資產階級就可以使一切被壓迫民族得到解放，正如英國無產階級戰勝英國資產階級就可以使一切被壓迫者戰勝一切壓迫者。波蘭的解放不但在於波蘭國內，也在於英國國內。倘若大憲章運動者擊敗了他們國內的敵人，他們也就打破了整個舊社會。

在回答馬克思代表萬國統一民主協會交給他們的宣言中，博愛民主協會採取了同樣聲調：

你們的代表，我們的朋友和兄弟馬克思，將要告訴你們我們是以怎樣的熱忱歡迎他的來臨和閱讀你們的宣言。所有的眼睛都閃爍出喜悅的光輝，所有的聲音都叫喊歡迎，所有的手都友愛地伸向你們的代表……我們以最真誠的滿足之情，接受你們呈獻給我們的聯盟。兩年以來我們協會都奉行這句座右銘：所有人都是兄弟。在我們上次的週年紀念會中我們提議成立萬國民主議會，所以聽見你們也公開提出同樣意見是很欣慰的。各國君主的陰謀必須回以人民的陰謀……我們相信我們必須獻身於真正的人民、無產階級，以及每日在現行社會制度壓迫之下流血流汗的人們……我們不久將要看見，其實已經能夠看見，實行博愛的人們，人道的純良騎士，正在從農舍、閣樓、耕地、鐵砧和工廠走上同一大道。

然後博愛民主協會提議於一八四八年九月在布魯塞爾召開民主議會，以反擊一八四七年九月所舉行的自由貿易議會。

然而，馬克思去倫敦，除了對博愛民主協會發表演說以外還有其他理由。在這協會舉行的波蘭革命週年紀念會之後，而且就在同一房間裡——夏佩爾、鮑爾和莫爾於一八四〇年所成立的「共產主義工人教育協會」總部——「共產主義者同盟」舉行了第二次代表大會來通過新規約和討論新綱領。恩格斯也出席了這次大會，他於十一月二十七號離開巴黎，在奧斯坦德（Ostende）會晤馬克思後一同前往英國。經過了大約十天的討論，馬克思和恩格斯受託起草一篇宣言闡明共產主義的基本原則。

在十二月中旬，馬克思回到布魯塞爾，恩格斯由布魯塞爾轉回巴黎。他們似乎並不急於執行被委託的任務，以致共產主義者同盟中央委員會於一八四八年一月二十一號嚴厲警告布魯塞爾區委員會懲戒會員馬克思，除非他所承諾起草的《共產黨宣言》於二月一號交到中央委員會。那延遲的原因現在已不可考，或許因爲馬克思不論做什麼都習於深思熟慮的周延作風，或許因爲恩格斯的離去，或許那些倫敦人聽見馬克思繼續狂熱於布魯塞爾的宣傳，顯得不耐煩了。

一八四八年一月九號，馬克思對萬國統一民主協會演講自由貿易問題。他本來想在布魯塞爾自由貿易議會席上發表這演說，但得不到發言的機會。那演講澈底揭穿「工人福利」爲其宣揚主要動機的自由貿易論者的欺騙，但雖然自由貿易以工人爲犧牲而有利於資本家，他承認這是符合資產階級政治經濟體的基本原則的。他說，貿易的自由是資本的自由，旨在摧毀仍然妨礙資本充分施展的國家限制。自由貿易使某些國家解體，且加深資產階級與無產階級之間的矛盾，因而促進了社會革命，所以在這革命的意義上馬克思是贊成自由貿易制度的。

同時他爲自己辯白他傾向保護關稅論的嫌疑，並且聲明，他主張自由貿易而又支持德國保護關稅論者的措施爲「進步的資產階級措施」之間並無矛盾。正如恩格斯一樣，馬克思純然是從革命的立場來看待自由貿易與保護關稅的各種問題。德國資產階級需要保護關稅作爲反對封建制度和絕對專制的一種武器，作爲集中它的力量的一種方法，以建立國內市場上的自由貿易和發展大規模的工業，此舉遲早要變得依賴世界市場，也就是依賴自由貿易。他的演講得到民主主義協會會員的熱情歡呼，決議自費把它印成法文和法蘭德斯文（Flemish）[6]分發各地。

然而比這演講更重要得多的，是他對德國工人協會有關工資勞動與資本的講習，他以假

---

⑥ 比利時北部法蘭德斯（Flanders）人所用的一種方言，與荷蘭語很相近。

定工資不是工人從他所生產的商品中所應得的一份，而是資本家用以購買一定數量具生產性勞動生產力的那既存商品中的一份作爲起點。他說，勞動力的價格，像任何其他商品的價格一樣，是取決於它的生產成本的。單純勞動力的生產成本是供應工人使其能夠維生和綿延後代的種種花費。這些花費的價格表現爲工資，而且，像一切其他商品的價格一樣，這種價格依據競爭的波動，有時高、有時低於生產成本，但在這些波動的範圍內，這種價格是接近於工資的最低額的。

然後，他檢視資本。在回應資產階級經濟學者所主張資本是積累的勞動，他質問：

> 一個黑人奴隸是什麼呢？一個有色人種的人類。這並未說明了什麼。一個黑人就是一個黑人，但在某些條件之下才會成爲一個奴隸。一部紡紗機是一部紡紗的機器，只有在某些條件之下它才成爲資本。離開這些條件它就不再是資本，正如金子並不是貨幣，或糖並不是糖的價格一樣。

資本是一種社會的生產關係，一種資產階級社會的生產關係。

許多商品——許多交換價值——的總和變爲資本，是當它顯現爲一種獨立的社會權力，也就是，當它作爲社會的一部分人的權力，藉由直接和活勞動力的交換而增加其自身之時。

除了勞動能力以外一無所有的階級之存在，是資本的存在之必要條件。使積累勞動得以成爲資本的，首先是以過去所積累的外部化勞動支配活勞動力的權力。資本並不存在積累勞動作爲擴大生產的一種工具服務活的勞動力，它是存在活的勞動力作爲維持並增加它的交換價值的一種工具服務積累勞動。

資本與勞動力彼此互爲條件：它們彼此互相生成。

當資產階級經濟學者由此斷定資本家的利益與工人的利益是一致的時，那眞正的意義只不過是說：除非資本家雇用工人，否則工人必定餓死；且資本必定消滅，除非它剝削工人。具生產力的資本愈迅速增加，也就是工業愈繁榮，資本家就需要更多的工人，而工人得以更高價出賣勞動力。所以，使工人階級的生活狀況可以過得去的不可或缺條件，是具生產力的資本盡可能地迅速成長。

馬克思指出在此情況下工資的任何大幅增加都以具生產力的資本更迅速地增加爲前提。資本增加時工資也可以增加，但無論如何資本的利潤增加得更爲迅速。工人的物質狀況因此而改善了，但以他的社會地位爲代價：他和資本家之間的社會裂痕更加寬了。所以，說對於工資勞動的最有利條件是資本盡可能的迅速成長，不過是指工人階級更迅速地增強敵對的勢力（統制它的異化財富），那麼，准許它工作以重新增加資本權力的條件就會更有利，使它滿足於鑄造把它拖到資產階級腳下的黃金鎖鏈。

然而，馬克思繼續說，資本的成長與工資的增加，並不是如同資產階級經濟學者所主張那樣不可分割的聯結著的。說資本長得更肥胖它的奴隸就被餵養得更好，是不正確的。具生產力的資本的成長包含著資本的累積和集中，它的集中不免更仔細的分工和更多地使用機器。分工的增加破壞了工人的特殊技能，當這特殊技能被一種任何人都能執行的勞動形式所代替時，工人們之間的競爭就增強了。

分工愈使一個人能做以前要三個人來做的工作，這種競爭就愈加劇。機器使這結果發展到更高的程度。具生產力資本的成長迫使工業資本家使用不斷翻新的手段，因此毀滅較小實業家，把他們拋入無產階級的隊伍裡。甚者，又因爲利率隨著資本的累積而降低，更小的股東不能再依賴他們的利息維生，而被迫受雇於工業，因而增加了無產階級隊伍。

最後，具生產力資本愈增加，它就愈不得不爲那些它不了解需求的市場來工作，生產急速遠離需求，供給竭力強迫需求，結果是出現危機：這些產業上的地震，愈來愈頻繁也愈來愈猛烈，在這災禍中商業界爲保持自身，只好把其財富的一部分，其生產品的一部分，甚或生產力自身的一部分犧牲給地獄裡的黑暗神祇。資本不但依勞動維生，而且像高貴的蠻族酋長，把他的奴隸也拉到他的墳墓裡殉葬那樣，將困在這危機中的全體工人滅頂。馬克思總結道：倘若資本迅速成長，工人之間的競爭就更加劇烈，也就是工人們的維生手段和就業方式更爲短絀。但資本的迅速成長是工資勞動的最有利狀況。

不幸，馬克思對布魯塞爾德國工人的全部演講就只遺留下這一片段，但這也足夠展現他執行他的宣傳是如何的認眞和透澈了。巴枯寧對於這卻有另一種意見。他在波蘭革命週年紀念會中發表演說，被法國驅逐之後，到了布魯塞爾。一八四七年十二月八號他寫信給一個俄國朋友說：

> 馬克思還在進行和從前一樣徒有其表的活動，使工人們深受這些活動所說服，致被寵壞。那正是跟從前一樣的瘋狂論述和永不知足的自我滿足。

而在給赫維格論馬克思和恩格斯的一封信裡他說得還要更加狂妄：

> 總而言之，謊言和愚昧，愚昧和謊言。和他們在一塊就不能自由呼吸。我遠離他們，而且我曾經很明白地告訴他們我不願加入他們共產黨的工匠團體，我拒絕和它有任何關係。

巴枯寧的這些話是值得注意的，並不因爲它們洩露了他的私怨（從前巴枯寧屢次評論馬克思都和這一次完全不同），而是因爲它們揭示了引起兩個革命者之間猛烈鬥爭的一種對立。

八、《共產黨宣言》

與此同時，後來被稱爲《共產黨宣言》的原稿也已寄到倫敦去了。第一次大會——把綱領的討論留待第二次大會——甫一結束就有許多籌備工作要做。自然，這是由從事該運動的理論家們去做的，而各種文稿則由馬克思、恩格斯和赫斯擬定。這些預備文稿流傳至今的，就只有恩格斯於一八四七年十一月二十四號，也就是在第二次大會開會之前不久，寫信給馬克思所討論的這文件：

> 把這信仰的告白想了一想。我認爲最好是刪除問答形式，並把它叫作共產黨宣言。因爲要插入一些歷史的敘述，我認爲目前的形式是不適宜的。我現正沿此提出我在此地所寫成的部分。它是一種簡單的論述體，但可惜編校得太過匆促。

然後恩格斯說到他還不曾把他的草案交給巴黎支部，但除了一兩個小細節以外，他希望它可以通過。

這草案原本完全是問答體，比起別種體裁或許更能提高一般大眾的理解；比之後來的意識形態內容與形式完全和諧的宣言，或許更符合直接煽動的目的。恩格斯卻立刻犧牲他的二十五個問答以支持歷史敘述，這樣做是他忠於良心的明證，因爲他明瞭把共產主義向世界表白的宣言，以希臘歷史家的話來說，必須是一件有永久意義的作品，而不是爲一時讀者而作的論爭。

爲《共產黨宣言》在世界文學中取得永久地位的，確實是那古典的形式，雖然這種說法並非爲了向那些跳梁小丑作絲毫的讓步——他們熱衷於以斷章取義的方式證明宣言的作者們曾經剽竊卡萊爾（Carlyle）或吉朋（Gibbon）或西斯蒙第（Sismondi）或另有別人。這全是胡說；這宣言確實和往昔的那些作品一樣是獨立的創作。不過其中所有的觀念無一不是馬克思和恩格斯曾在他們從前的文章中論述過的。所以，它不是一種新啟示，而是作者們的世界觀呈現在一面不能更清晰，也不能更小的鏡子裡面。以文章的風格而論，在構成它的最後文體上馬克思似乎施力更多，但比照他自己的草案看來，在理解爭論中的問題上恩格斯是並不亞於馬克思的，因此他和馬克思比肩並立同是宣言的作者。

自宣言首發以來，已過了一世紀的三分之二，而在這已經展開的六七十年間所有重大的政治和經濟變革，沒有一件是那宣言所不曾提及的。歷史發展在某些方面的進程與所提及的不同，尤其是那進程較宣言作者們預料的遲緩。他們的眼光透入未來愈深遠，未來就顯得愈近，可以說沒有影子也就不可能有光了。這是萊辛曾介紹的那些「正確地洞察將來」的人們的一種心理現象：「自然需要醞釀幾千年的事物，必須在他們生存的短時間內成熟。」馬克思和恩格斯確實是沒考慮到幾千年，但他們誤算了幾十年。當他們起草《共產黨宣言》時，他們以爲資本主義已經達到在我們今日都還難以達到的高度。在恩格斯的草稿中他把這一點說得比宣言的最終形式還要更明顯；他說在一切文明國家之中差不多一切生產部門都在工廠進行，手工業幾乎全都被大規模的工業排除於一切生產部門之外。

在宣言中所略述的工人階級各政黨的興起情形，尤其顯現他們的這種誤算。甚至當日最重要的工人階級運動——大憲章運動，也曾深受小資產階級分子的影響，更不用說法國社會民主黨了。瑞士的激進派和那些把農民解放看作民族自由的先決條件的波蘭革命黨，都不過是牆上的影子。後來宣言的作者們自己也曾說明當日無產階級運動所占有的範圍何等狹窄，而他們特別注重俄國和美國的缺席：

> 在這時代中，俄國算是歐洲反動最後的大後備軍，而遷往美國的移民，吸收了歐洲無產階級的過剩人力。這兩個國家都供給歐洲原料，而且同時都是歐洲工業生產的市場。兩者因此不管怎樣都是歐洲社會秩序的防護堤。

一個世代之後這情況改變了多少呢？時至今日情況又改變了多少呢？

當我們承認宣言賦予資本主義生產方式的「高度革命任務」比宣言作者們預期想像要久的時間才有所感覺時，就眞駁倒了宣言了嗎？第一節中輝煌而有力地描寫的資產階級與無產階級之間的鬥爭，一直到今日在根本上並沒有變動，雖然敘述這階級鬥爭的過程太過概括了一點。在今日誰也不會以同樣概括的形式宣稱：

> 近代工人——和從前被壓迫階級的分子不同，那些分子至少是相信他們能夠繼續他們奴隸式生存的種種條件的——日益深陷於他本身階級的種種條件之下，而不是在工業進步下提升他自己。

確實資本主義生產方式有這種普遍趨勢，但工人階級的廣大階層已經成功爲他們自己在資本主義社會的基礎上，獲得了甚至使他們超過某些小資產階層生活水準以上的一種生存了。

自然，要留心不致陷入資產階級批評家們對於這宣言所犯的錯誤，據他們說它所提出的「日漸悽慘說」是錯誤的。這學說——主張資本主義生產方式在它盛行時導致群眾貧窮化——是早在《共產黨宣言》未發表之前已經提出的，甚至還在馬克思或恩格斯用筆寫作之前。那是由社會主義思想家和激進派政客——其實首先是由資產階級經濟學者提出的。馬爾薩斯的《人口論》就是想要精製「日漸悽慘說」且把它變爲一種永恆的自然法則。它陳述了統治階級立法者經常犯錯的一種事態。「濟貧法」通過了，監獄也爲貧民建造了，貧窮化被認爲是貧民之過和應得之罰。馬克思和恩格斯並未發明這「日漸悽慘說」，而且自始就反對它；並不是說他們想要否定大眾悽慘這無可辯駁的公認事實，他們證明它並不是一種永恆的自然法則，而是一種能夠用造成它的同樣生產方式的功效予以剷除的歷史現象。

倘若要從這一角度對《共產黨宣言》予以任何的攻擊，那就只好說它的作者們還不曾完全擺脫這資產階級「日漸悽慘說」的影響。宣言採取了李嘉圖根據馬爾薩斯《人口論》所發展出來的工資理論，因此它過度低估工人工資鬥爭和工會組織的重要性——它根本只把工會看作讓工人準備政治階級鬥爭的訓練學校。那時馬克思和恩格斯並不把英國的《十小時勞動法案》視爲「一種原則的勝利」，而只是視爲在資本主義條件下給大規模工業一種反動的束縛。宣言並未承認《工廠法令》和工會組織是無產階級解放鬥爭中的階段——這鬥爭必須把資本主義社會變爲社會主義社會，除非初次苦戰而得的成功再度失去，就必須一直奮戰到底。

所以《宣言》過於片面地從政治革命的觀點，來審視無產階級對資本主義生產方式貧窮化傾向的反應。它根據法國革命和英國革命而得到它的結論，期望在那幾十年間的內戰與民族戰爭狂熱的氛圍中，無產階級將迅速達到政治上的成熟度。這種意見明白表現於《宣言》中論述德國共產黨的任務的那幾節裡。它贊成無產階級與資產階級合作，當後者在反對絕對專制、反對封建大地主和反對小資產階級性時採取革命態度，但它明白指出共產黨必不可疏於讓工人們澈底了解資產階級與無產階級之間的根本對立。然後它宣稱：

> 共產黨人把自己的主要注意力集中在德國，因爲德國正處於資產階級革命前夜，和十七世紀的英國和十八世紀的法國相比，它將要在歐洲文明發展更高和無產階級發展更多的情形之下經歷這種革命，因而德國資產階級革命只能是無產階級革命的當前序幕。

在宣言中所說的資產階級革命不久就發生了，但發生於結果相反的條件之下：使資產階級革命遲疑地半途而廢，直到幾個月之後的巴黎六月之戰才糾正了一般資產階級——尤其是德國——的革命憧憬。

因此我們看見莊嚴鐫刻的《宣言》終究不能免於時過境遷的磨損。在一八七二年的新版序言上，作者們自己指出此處彼處已經過時，但他們能夠以同樣的眞誠補充說：以整體而論，《宣言》中闡述的原則是已經證明正確的，其論述的有效性可以持續到資產階級與無產階級之間的世界歷史鬥爭完結時。

《宣言》第一章以無比的熟練略述這鬥爭的基本原理；而第二章則以同等的效力申敘近代科學共產主義的主要觀念；雖然批評社會主義和共產主義文獻的第三章只說到一八四七年爲止，它的批評是如此透澈，以致此後興起的社會主義或共產主義沒有一個傾向不曾預先在這一章裡面被批評；甚至第四章和最後一節中關於德國發展的預言也已經實現了，雖然是在另一意義上而不在作者們所企求的意義上：德國的革命，僅進行一半就頓遭中止，只成爲無產階級鬥爭的強大發展的序幕。

縱然有些錯誤，其基本眞理和指導是難以反駁的；《共產黨宣言》已經成爲具世界意義的歷史文獻，而那結尾的吶喊依舊在歷史中迴旋不已：「全世界的工人聯合起來！」

第六章　革命與反革命

一、二月和三月

一八四八年二月二十四號法國資產階級帝制政府被革命推翻了。這運動在布魯塞爾並不是沒有回響，但國王利奧波德（Leopold）這狡猾的老狐狸居然脫困成功，比他巴黎的岳丈聰明得多。他通知他的自由主義大臣們、議員們和市長們說，倘若國家需要，他可以立即退位，而這慷慨的神氣觸動了那些感情用事的資產階級政治人物的心，以致他們立刻壓抑住一切反叛激憤。

但從此之後這國王就唆使他的軍隊驅散一切公共集會，派遣他的警察獵捕外國流亡者。馬克思受到特別粗暴的待遇。警察不但拘捕他，還拘捕他的妻子，把她和一群妓女共同監禁了一夜。對於該起無恥劣行理應負責的警官隨後被撤職了，拘捕令也立即撤消，但依然要執行驅逐出境令——雖然那完全是不必要的詭計，因爲馬克思無論如何都要離開布魯塞爾到巴黎去。

法國革命爆發之後，倫敦共產主義者同盟的中央委員會立刻把執行權移交給布魯塞爾區支部，但因爲布魯塞爾實際在戒嚴令之下，支部就把這權力委託給馬克思並且訓令他在巴黎組織新的中央領導機關；那訓令曾經由弗洛孔代表臨時政府簽署的一封信加以追認，這對於他是一件偶然得到的大榮譽。

三月六號當他在巴黎的德國流亡者大會上猛烈反對一項以武力入侵德國使其革命化的冒

險計畫時。他又得到一個機會表達他對當時政治環境的卓越見識，這計畫是由可疑的伯恩施泰特策動的，不幸的是赫維格贊同它，巴枯寧也贊成了，雖然後來他懊悔不該加以支持。臨時政府也準備支持這計畫，但較少出於眞正革命熱情而多半出於「隱藏的意圖」（Arrière-pensée），鑒於當時失業盛行，設法移除許多外來工人或許是一件好事。臨時政府把幾個軍營分配給這些革命黨，並且允許每天給每人五十生丁（Centime，譯注：一百生丁爲一法郎）作爲開到前線去的行軍費。赫維格對於促使臨時政府支持這冒險的緣故並無幻想，他自己也曾說過那是出於「利己的動機」，想要「移除和法國工人競爭的幾千外來工匠」，但他的缺乏政治遠見，致把這冒險推行到尼德多森巴赫（Niederdossenbach）附近以悽慘告終。

馬克思一方面猛烈反對這種革命的愚蠢——三月十三號維也納的革命勝利和三月十八號柏林的革命勝利已使其失去任何可能的合理化——一方面盡力鑄造種種武器以有效推動德國革命（德國革命是共產黨所注重的主要任務）。他依照他得的訓令，在巴黎組織了新的中央領導機關，其中包含從布魯塞爾來的他自己、恩格斯和沃爾夫，以及從倫敦來的鮑爾、莫爾和夏佩爾。這新團體發表了一項呼籲，「爲了德國無產階級、小資產階級和農民的利益」提出十七個要求，其中之一是德國必須成爲整個不可分割的共和國，並進而主張：武裝人民、將王公和其他封建產業以及礦場和交通系統一概收歸國有、建立國家工廠、以國家經費實行的強迫普及教育制度等等。自然，這些要求只是想強調共產主義宣傳的一般方針，因爲馬克思比誰都更明白它們並不是一天兩天可以做到的事，而只是革命發展長久過程的結果。

共產主義者同盟太弱小了，並不能單獨加速革命運動，而且它不久就看清它在歐陸的重組，還只是在嬰兒時期。然而，這已經不那麼重要，因爲工人階級現在已經獲得公開宣傳的可能和方法，所以同盟存在的主要理由已不存在了。在這種情況之下馬克思與恩格斯在巴黎建立了德國共產黨俱樂部，而且力勸它的會員們離開赫維格的游擊隊從而徒手單身到德國去進行革命運動。他們終於派遣了幾百個工人到德國，而感謝弗洛孔的斡旋，他們得到了臨時政府允許給予赫維格和他的義勇軍的同樣幫助。

作爲這些努力的結果，共產主義者同盟的大多數會員都回到了德國，而且他們在那裡的活動，證明同盟確是訓練革命黨員的優良學校。不論德國的革命運動出現任何蓬勃發展的跡象，就可以發現同盟的會員是後面的驅動力：夏佩爾在拿梭（Nassau），沃爾夫在樂斯拉夫（Breslau），施特凡・波恩在柏林以及其他分子在各處。波恩寫信給馬克思曾一針見血指出：「同盟是被解散了——但它存在於各處。」作爲一個組織它已經停止存在，但凡有無產階級爲自由而鬥爭的狀況存在之處均有其宣傳，雖然這只是指德國的較小區域而言。

馬克思和他最親近的朋友們回到萊茵地帶，這是德國最進步的地區，而比起《普魯士民法》在柏林，在這裡《拿破崙法典》給運動提供更大自由，所以他們獲得了民主派正在科隆進行籌備工作的領導地位，且由共產主義分子辦了一份報紙。

然而，事情並不是一帆風順的，恩格斯尤其對烏帕塔（Wuppertal）的共產主義無法落實，在當地沒有勢力，而自革命開始顯露生命跡象以來，烏帕塔的共產主義只不過是以往的一抹暗影而失望。四月二十五號他從巴爾門（Barmen）寫信給在科隆的馬克思說：

想在這裡募集股本，是沒有一點用處的……他們全都避免討論任何社會問題，像害怕瘟疫似的，他們稱它爲煽動……我不曾從我家的老紳士得到任何東西，他把《科隆日報》總結爲煽動，他寧願用一千顆子彈了結我們也不願用一千塔勒幫助我們。

然而，恩格斯終於募得十四股，《新萊茵報》（*Neue Rheinische Zeitung*）第一號就在一八四八年六月一號出版了。馬克思作了主筆，而恩格斯、德龍克、維爾特和兩個沃爾夫是編輯部的成員。

二、六月

《新萊茵報》自稱爲「民主的機關報」，但並不意指左翼議會的民主。它並未懷抱這種野心；它認爲當務之急是嚴密監視官僚的民主派。它宣稱，它的理想絕不是黑、紅、金①共

① 德國革命的國旗。

和國，而其實它的眞正反對派的工作只有在這共和國成立以後才能開始。

完全依照著《共產黨宣言》的精神，它設法在現存條件的基礎上推進革命運動。這事業變得更加緊急是由於在三月中所爭得的革命地盤，到六月又失去了一半。在維也納，階級對立尚未開展，盛行著一種隨意而安的無政府主義，而在柏林資產階級卻已取得權力，但過於擔心一不留神這權力又落回三月革命中失勢者的手裡。在德國各小邦中，自由黨的大臣們在王座之前裝腔作勢，卻並不比其封建前輩，突顯出更具氣概的自尊，反倒顯得脊椎更軟了。尤有進者，依靠其自身主權權威以創造德意志統一的，於五月十八號在法蘭克福舉行的第一次國民大會，已證明它本身不過是一個不抱希望的閒聊場所而已。

《新萊茵報》第一號就把這種虛浮不實批評得如此淋漓盡致，以致原來便不多的股東半數立刻退卻了。這報紙對那些議會英雄的政治見解和勇氣並沒有任何過分要求。它批評法蘭克福議會的左翼的聯邦共和主義，說道：由立憲君主國、小公國和小共和國所組成聯邦的共和政府，並不能被承認爲統一德國的最後國體，但它緊接著說：

> 我們對即刻建立一個不可分割的德意志共和國，並未提出任何不切實際的要求，但我們要求所謂激進民主黨不要把鬥爭和革命運動的初步階段與最後目的混爲一談。德國

統一和德國國體只能藉由強行解決內部紛爭和向東②戰伐的運動有一結果來完成。最後的國體並不能聽天由命，它將以我們必須經歷的運動的成果出現。所以問題不是實現哪種政治理想或堅持哪種意見，而是把握時局發展的總體趨勢。國民議會必須採取的只是目前可能實行的步驟。

然而，國民議會做了某些按照一切邏輯法則，都幾乎離題的事：它選舉奧地利大公爲帝國攝政，因此使這運動操縱在諸侯們的手裡。

柏林的事件比法蘭克福的事件更爲重要。普魯士邦是德國國內革命的最危險敵人。三月十八號的革命推翻了普魯士政府，但在特定的歷史情況中那勝利的成果首先落入資產階級的懷抱，而且它急忙背叛革命。因爲要保證「法律關係的持續性」，換言之，就是要否定資產階級自身的革命本意，資產階級的坎普豪森－漢斯曼（Camphausen-Hansemann）內閣召集了聯合議會，把起草資產階級憲法委託給該封建法人。四月六號和八號通過了兩條法令：一是確立各種資產階級的權利爲新憲法的基礎，一是引進以普遍、祕密的間接投票法選舉新議會來起草國王所同意的憲法。

②對東普魯士。——譯者

制定了這「國王同意」的亮麗原則，三月十八號柏林無產階級反抗普魯士近衛軍所爭得的勝利結果就化爲烏有了，因爲倘若擬議中新議會的議決案須經過國王同意，那國王顯然又處於強勢地位，又能恣意獨斷專行了，除非被第二次革命所馴服，這種可能是坎普豪森——漢斯曼內閣要全力阻止的。它使這議會——於五月二十二號集會——接受最卑鄙的奸計，把議會作爲王朝的「一面盾牌」，且爲給群龍無首的反革命派一個頭領，召回那普魯士王子——這徹底反動的王位繼承者因爲逃避三月十八的群眾憤怒曾經出逃到英國。

柏林議會確實不是很有精神的革命團體，但它至少不像法蘭克福議會那樣一成不變的在空想。它讓步於「國王同意」這吸食議會精髓的原則，但在柏林群眾於六月十四號以猛烈襲取柏林軍械庫（Zeughaus）③再度發出脅迫的語句之後，議會又重新聚會，對國王採取了多少總算是堅決的態度。結果是坎普豪森辭職，雖然漢斯曼仍然戀棧權位。這兩人的不同是：當坎普豪森還受困於進步的資產階級意識形態的殘餘時，漢斯曼透過腐化議會及壓迫群眾到前所未有的程度，全然毫無羞恥或顧忌地委身於資產階級的赤裸裸利益取向，不惜比前更順從於國王和普魯士貴族士官以期最有效推動這項謀利舉措。在這時候反革命派爲自己打算是願意讓他保有頭銜的。

③ 在林登大道的一個軍事建築物，現在只是軍事遺跡博物院。

《新萊茵報》竭力防止這種毀滅性的發展。它指出坎普豪森爲資產階級的利益而散播反動種子，卻是封建黨派的利益在收穫。這報紙盡力強化柏林議會的抗拒，尤其聲援它的左翼，奮勇駁斥因許多舊武器和舊旗幟被毀於柏林軍械庫的襲擊而引起的憤懣，聲稱人民已經表現正確的直覺，不但要攻擊其壓迫者，也要摧毀其過去的光鮮幻想。最重要的是它警告左翼不要以議會的表面勝利假象自滿，指出反動派是樂於給予它這種虛榮的，只要眞實的支配地位仍然把持在舊權勢者的手裡。

這報紙預言了漢斯曼內閣的悽慘結局，那內閣原是想藉著與舊封建和警察國家的妥協創立資產階級統治基礎的。

在這種曖昧而矛盾的任務之中它看著它自己和它的目的——建立資產階級統治——在每一轉折點上都被專制主義和封建的勢力所矇騙，而它將是失敗者。資產階級是無法建立它的統治的，除非爭取全體民眾作爲暫時盟友，除非採取或多或少的民主姿態。

針對資產階級想要把農民解放——資產階級革命的正當任務——變爲障眼法的企圖予以刻薄的輕蔑：

一八四八年德國資產階級正在背叛農民，毫不掩飾也毫無羞恥，儘管農民是它天然

> 的盟友，它的血中之血和肉中之肉，沒有農民的支持，它是無法反抗貴族的。

這報紙聲稱，一八四八年的德國革命不過是模仿一七八九年的法國革命而已。它還有另一意義上的諷刺模仿，因爲德國革命的勝利並不是它自己力量的結果，而是曾經給予無產階級一部分政權的法國革命的結果。這並未提供藉口或合理化德國資產階級對革命的背叛，但至少解釋了它。當漢斯曼內閣正展開掘墓行徑時，資產階級所畏懼的幽靈是幾乎被禁除了的。在堅持了四天的一場慘烈巷戰中，巴黎無產階級被打敗了，多虧一切資產階級和黨派爲資本服務的聯合貢獻。

在德國「勝利的失敗者」④的旗幟由《新萊茵報》從塵埃裡舉了起來，而在一篇振聾發聵的文章中，馬克思指出民主在資產階級與無產階級的鬥爭中必須站在哪一方：

> 人們將問我們是否對那些死於民眾暴怒之前的國民軍、機動護衛隊、共和護衛軍及常備軍團毫無流淚、嘆息和歉意。國家將撫恤他們的寡婦孤兒，浮誇法令將褒揚他們，莊嚴行列將送他們下葬，官方報紙將宣傳他們的不朽，從東到西的歐洲反動派將極盡歌

---

④指上述巴黎工人。

頌他們。另一方面，民主派的報紙有權利和恩榮把桂冠戴在平民緊蹙的眉頭上——他們被飢餓的苦悶所折磨，被官方報紙所侮蔑，被醫師所遺棄，被一切可敬的市民辱罵為竊賊、搶匪和苦役囚奴，而他們的妻兒深陷在更大的慘況中，其倖存者能夠被放逐到外國算是最幸運的了。

這出色的文章——甚至在今日也仍散發出革命熱情的火焰——付出的代價是《新萊茵報》失去了大量原本剩下的那些股東。

三、對俄戰爭

在外交政策中對俄戰爭是《新萊茵報》的活動的軸心。它視俄國爲革命具眞實危險的敵人，認爲一旦革命運動現出歐洲的特性，那這國家就必然加入鬥爭。

在這一點上它十分正確，因爲當它號召反俄的革命戰爭時，沙皇正在獻策給普魯士王子用俄國軍隊重建普魯士專制政體。當時《新萊茵報》並不知道，但後來文件證明確有其事，而一年之後俄國熊以不雅之姿摧毀匈牙利革命而拯救了奧地利的專制政體。《新萊茵報》宣稱，不推翻普魯士和奧地利的專制政府，德國革命是不能得到最後勝利的，且在沙皇權力完整無缺時這也仍是不可能的。

《新萊茵報》希望透過這樣一次反俄戰爭而爆發龐大革命勢力，正如由於反封建德國的戰爭而發生一七八九年法國革命那樣。它用維爾特批評德國民族的「卑賤」（en canaille），以痛斥德國七十年來爲反對美、法、義、波、荷、希等國的獨立和自由所提供的扈從協助：

> 現在德國人要擺脫他們自己的束縛就必須改變他們的整個對外政策；否則他們將發現他們爲別國所鑄造的枷鎖將絆住他們自己仍在半途尚屬青澀的自由。德國將贏得自己的自由，只要它讓別國得以自由。

這報紙抨擊馬基維利式唯權謀是尚的政策，雖然這政策在德國國內正搖搖欲墜，它不顧德國人世界主義的性格，立意煽動一種敵視外來事物的狹隘仇恨，爲求痲痺民主的動能，正搖搖欲墜，把革命的熔岩導入歧途，鑄造一種對內壓迫的武器。

儘管德國報紙幾乎全體一致地嘶喊和鼓吹愛國，《新萊茵報》自始同情於波森（Posen）的波蘭人、義大利的義大利人和匈牙利的匈牙利人，而嘲笑那「聯合之深」和「歷史的弔詭」：一方面引導德國人參與反對波蘭、匈牙利和義大利爭自由的十字軍，同時同樣的德國人又爲反對主持此事的政府而戰。

對於德國只有反俄的戰爭才是革命的戰爭。在這樣一場戰爭中它才能夠洗清過去的罪惡，證明它自己的雄風，打倒它自己的暴君，為擺脫長期忍受及行屍走肉的奴隸制度枷鎖，不惜犧牲其相當數量的子弟以促進文明的運動，藉由在國外解放自己來爭取國內的自由。

正因此一態度《新萊茵報》支持波蘭的自由運動比支持其他被壓迫民族的自由運動更為熱烈。一八四八年波蘭境內的革命運動只限於普屬波森省，因為俄屬波蘭還在為一八三〇年的革命而疲敝不堪，奧屬波蘭也為一八四六年的暴動而無力再起。波森運動在態度上是夠溫和的了，它不過要求實行一八一五年條約所應允的：以在地軍隊代替占領軍隊，和由在地人民擔任一切職位。但從未得到許可。在三月十八號事變所引起恐慌的那一剎那，柏林政府曾答應「民族的改組」，自然，它從未有意執行它。波蘭人卻真相信它的好意，但它設法煽動波森省的德國人和猶太人，而且有系統地挑起一場內戰，其中的暴行幾乎完全是普魯士的罪惡且應負完全責任。在被迫採取武裝抵抗中，波蘭人英勇作戰，曾幾度打敗人數更多、武器更好的敵人，例如，四月三十號米洛斯拉夫（Miloslav）附近的戰役，但長久之下波蘭的鐮刀是無法對抗普魯士的榴霰彈的。

在波蘭問題上，德國資產階級也表現了背信不義和驚惶失措的習性。在三月革命以前它分明知道波蘭運動和德國運動有著何等密切的關係，在三月十八號以後它的發言人也曾在法蘭克福的所謂預備議會中，宣稱爲重建波蘭國家統一而工作是德國民族的莊嚴義務。但宣言並未妨礙坎普豪森也在這問題上扮演普魯士貴族士官的扈從。他以可恥的形式實踐「民族改組」的諾言，把波森省一片又一片地奪取超過全部三分之二的土地，使聯邦議會把它併入德意志聯邦。這卑劣手段是那內閣的最後喘息，它就在德國人民普遍輕蔑之中結束了它可憐的生存。法蘭克福的國民議會現在面對著這問題：它該不該承認波森兼併區內選出的代表爲它的議員？經過爲期三天的辯論它決定了，如之前所意料，這革命的墮落後裔向反革命派的劣行祝福。

《新萊茵報》對這問題的重視從以下的事實可以看出：它把法蘭克福的辯論記載得很詳細，而且對此主題發表了八、九篇文章，其中有幾篇很長，顯然和其一向不理這議會玩弄美麗詞句的輕蔑節略成爲明顯的對比。這些文章算是這報紙所發表過最長的著作，且以內容和風格而論，大概是馬克思和恩格斯合作的。無論如何，恩格斯是著力最多，在這工作中清楚顯出他的風格和態度。

這些文章中引人注目的第一件事——也是使這報紙享有聲譽的特別報道——是鮮活重現柏林玩弄波蘭的種種可鄙把戲的明朗直率。然而，馬克思和恩格斯所能有的道德的憤慨——遠超過庸俗市儈所能想像之上——絕不同於例如法國布魯姆（Robert Blum）之流對被虐待的波蘭人所表示的感傷性同情。他們評判這一類可敬的左翼領袖的努力爲「空虛的雄辯，但我們也樂於承認，這雄辯是規模廣大且出於好意的」，而他們的評判是理由充足的，因爲布魯姆不懂得背棄波蘭同時就是背棄德國革命，後者因此失去對抗它的死敵——沙皇——所不可或缺的武器。

馬克思和恩格斯對「各民族普遍友好」的要求也予以類似不敬的評判，因爲這項對博愛含糊的抱負全不顧及各民族的歷史情況和社會發展。在他們看來所謂「正義」、「人道」、「自由」、「平等」、「博愛」和「獨立」只不過是說著好聽而在歷史和政治問題上毫無作用的道德語詞而已。凡是他們稱爲「近代神話」的東西都是他們所憎惡的，而在狂熱的革命時代他們只承認一個標準：「贊成或反對？」

《新萊茵報》上有關波蘭問題的文章洋溢著一種眞正革命熱情的精神，使它們高於平常民主派的一般縱情於親波的論調，即使到今日也仍是其作者敏銳及透澈政治洞見的深刻明證。然而，他們對於波蘭歷史並非完全沒有錯誤。指出波蘭獨立鬥爭只能在農民民主戰勝封建父長制的專制主義中同時獲得成功，這確實很重要，但作者們假設自一七九一年憲法運動以來波蘭人自己就已實現這一點是不對的。他們說貴族民主派的舊波蘭已經死了、埋了，不過遺留下一個有活力的兒子——農民民主派的波蘭——這也是錯的。在西歐重重障礙下以無比英勇爲解放其人民不受東面列強束縛而戰的波蘭地主貴族，都被馬克思和恩格斯視爲波蘭貴族的代表人物，其實列列維爾斯（Lelewels）和梅洛斯拉夫斯基（Meiroslavskis）之輩都是在鬥爭的烈焰中精粹成鋼且自我提升至超越其自身的階級，正如胡滕（Hutten）和西金根（Sickingen）曾經自我超越於德國封建階級之上，或者在不遠的過去，如克勞塞維茨

（Clausewitz）和格奈瑟瑙（Gneisenau）超越於普魯士地主貴族之上一樣。

馬克思和恩格斯不久就拋棄這種錯誤，但恩格斯常常透過《新萊茵報》對南方斯拉夫各族及部落的民族解放鬥爭固執地予以輕蔑的評判。在一八八二年他還維持著一八四八年他和巴枯寧論爭中所採取的態度。一八四八年七月巴枯寧正涉嫌爲俄國政府的間諜，《新萊茵報》上發表了其巴黎通訊員埃韋貝克（Ewerbeck）發來的這消息，與此同時哈瓦斯社也發表了同樣報告。然而，這項嫌疑幾乎立即就被證明毫無根據，《新萊茵報》大方聲明道歉了。在八月底和九月初馬克思旅行到柏林和維也納，在柏林和巴枯寧恢復了故交的情誼，十月中巴枯寧被普魯士驅逐時，馬克思曾經出來痛斥當局。當恩格斯發表文章反對巴枯寧有關對斯拉夫民族的呼籲時，一開始就表明巴枯寧是「我們的朋友」，雖然他說得十分認眞，但接著就攻擊巴枯寧的泛斯拉夫（Pan-Slavism）傾向。

關於斯拉夫問題，馬克思和恩格斯的態度也是以革命利益至上。奧屬斯拉夫族——波蘭人除外——已經站在反動立場，袒護維也納政府對革命的日耳曼人和匈牙利人鎮壓。他們曾經襲擊革命的維也納，把它交由「皇室和帝權」當局的無情報復。當恩格斯正在反駁巴枯寧時，他們又在攻擊反叛的匈牙利——這革命戰爭的消息曾經由恩格斯以非常專業的知識披露在《新萊茵報》專欄上；但同時因如此激烈的同志情使他過於高估馬札爾人（Magyar）⑤

⑤ 匈牙利的主要民族。

的歷史發展進程，正如他從前高估波蘭人一樣。巴枯寧主張奧屬斯拉夫族應該獲得獨立的保證，恩格斯回答：

休想！對代表歐洲最反革命的民族所獻給我們種種親睦的情緒用語，我們的答覆是：仇俄曾是德國人的第一革命激情，現在也還是。自革命以來，反俄的仇恨由於仇恨捷克人和克羅埃西亞人而強化了，因此，我們和波蘭人及馬札爾人一起，只有用旺盛的暴力反對這些斯拉夫人才能保證革命的勝利。現在我們知道革命的敵人集中的所在：俄國和奧屬斯拉夫諸國，所以，不論爲這些國家空泛民主前途的訴求和詞語有多少，並不能阻止我們視敵人爲敵。

於是恩格斯宣言要和「反革命的斯拉夫主義」無情鬥爭到死。

這些話並不單是因爲憤恨奧屬斯拉夫族服務於歐洲反動派而激發出來的。除了波蘭人、俄羅斯人和或許土耳其的斯拉夫人以外，恩格斯不看好斯拉夫民族有任何歷史的前途：「就爲這簡單理由：其他一切斯拉夫民族對於獨立和民族生活都沒有歷史的、地緣的、政治的和工業的條件。」他們爲民族獨立的鬥爭使他們願意作沙皇主義的工具，而民主泛斯拉夫的善意自欺絕不能改變這事實。偉大文化的民族追求革命發展的歷史權利是比那些弱小、麻痹和無能民族及部落的獨立鬥爭更重要，即使各處柔弱的民族花苞將被摧折於花莖之上。這些弱小民族將獲得參與歷史發展進程中的特殊地位作爲更廣大的鬥爭結果——倘若它們只顧自己，它們就完全與這進程無關。而在一八八二年中他又重申同樣意見：倘若巴爾幹斯拉夫族的獨立鬥爭違反西歐無產階級的利益，那麼讓那些沙皇的扈從見鬼去吧；詩意的同情在政治鬥爭中是沒有地位的。

當恩格斯不看好弱小的斯拉夫各族有任何歷史的前途時他是錯了，但主宰他態度的根本觀念是正確的，即使在它吻合於俗眾的「詩意同情」的情況下，《新萊茵報》依然忠實堅持著這觀念。

四、九月

事件是三月十八號以後普魯士政府遵照德意志聯盟的訓令，爲什列斯維格—荷爾斯坦（Schleswig-Holstein）問題而反對丹麥的戰爭。

荷爾斯坦是屬於德意志聯盟的一個日耳曼人區域。什列斯維格卻不是聯盟的成員，且至少它的北部是傾向於丹麥的。這兩個公國是透過一個聯合執政議會和丹麥聯繫起來，雖然什列斯維格—荷爾斯坦嚴格遵守男性繼承統治的原則，而在領域較大及人口較多的丹麥，則男性和女性繼承統治都是容許的。什列斯維格和荷爾斯坦在行政上是聯合的，享有獨立國家的權利。

丹麥和這兩個公國的關係至少在形式上是依照國際條約的，而在實際上一直到將近十九世紀之初，德意志精神都統治著哥本哈根，德語是這王國的官方語言，而什列斯維格—荷爾斯坦的貴族對丹麥政界是有決定性影響的。在拿破崙的戰爭中民族敵意開始發展。按照維也納條約，丹麥必須效忠法國大革命的後嗣而失去挪威的邦交，在生存鬥爭中它不能不兼併什列斯維格—荷爾斯坦，因爲它執政議會的男性傳承將近終止立刻就會發生那兩個公國完全脫離丹麥的危機，在這種情形之下它們會落入旁系的手中。丹麥開始盡力擺脫德國的勢力，而又因爲國力太小不足以發揚眞正民族精神，它開始懷抱一種人爲的斯堪地那維亞主義，想要把它自己和瑞典及挪威統一成一種聯合文化集團。

丹麥政府想要完全控制這兩個厄爾比亞（Elbia）公國的企圖，遭遇後者內部的頑強抵抗，且那衝突旋即發展爲德國民族問題。尤其是關稅同盟（Zollverein）形成以後，德國開始體認什列斯維格—荷爾斯坦地峽對其正趨繁榮的貿易聯繫和海上交通的重要性，於是積極贊同什列斯維格—荷爾斯坦境內對丹麥的宣傳進行抵抗。自一八四四年以來〈大海圍繞著什列斯維格—荷爾斯坦〉（*Schleswig-Holstein meerumschlungen*）這歌曲如國歌似的盛行著。這運動確實並未高出三月騷動以前的一般催眠無聊節奏，但德國各邦政府都不能完全免於它的影響。在一八四七年中，丹麥國王克里斯蒂安八世（Christian VIII）在這爭鬥中採取了斷然行動，下詔宣布什列斯維格公國甚至部分的荷爾斯坦公國爲丹麥王國的完整領土，以致德意志聯邦議會這回也振奮精神提出了蹩腳的抗議，並不像往常那樣一遇到必須反抗諸侯暴行以保衛德國人民利益時就自認無能。

《新萊茵報》自然毫不同情這被海圍繞的資產階級的巨幅狂熱——它把這視爲斯堪地那維亞主義的反面——「狂熱於殘忍、汙穢、海盜的古代北方民族性，不能用言語表現它根深蒂固的野心，但能夠表現在行爲上，就是，淩辱婦女、慣性爛醉、動輒感傷流淚和暴怒逞凶交替。」局勢變得極端，因爲在斯堪地那維亞主義旗幟之下戰鬥的是丹麥資產階級的在野黨，所謂艾德丹麥人（Eider-Danes）的黨，它想要使什列斯維格公國屬於丹麥，以擴張丹麥的經濟活動，使丹麥國藉由實行近代憲政而鞏固起來。而另一方面，這兩個公國爲既得權利的鬥爭愈漸發展爲維護封建傳統和王朝特權的鬥爭。

一八四八年一月腓特烈七世（Frederick VII）作爲男系傳襲的最後一位坐上丹麥王位；按照他父親臨終的遺囑他立即開始籌備丹麥及那兩個公國的自由憲法。一個月以後哥本哈根的二月革命引起一種強而有力的人民運動，使艾德丹麥人取得政權，後者立即以不顧一切的魄力開始實行他們的政治綱領，目的在於兼併什列斯維格公國以至艾德河流域。於是那兩個公國宣告獨立，脫離丹麥皇室議會，在基爾（Kiel）成立臨時政府，組織了七千人的一支軍隊。這臨時政府是由貴族領導的，並未動員兩個公國內頗足以對抗丹麥的人力資源，卻求援於德意志聯邦議會和普魯士政府，因爲它沒有理由害怕這兩方之一會企圖干涉貴族的封建特權。

它得到了這兩方的自願援助；這兩方都樂意把「保衛德意志」作爲治療受革命重創的一

種得宜機會。普魯士國王的近衛軍在三月十八號大敗於柏林阻礙鬥士之手後，他急於以一種容易取勝的軍事行動來重建他們的威望，而兵力弱小的丹麥似乎提供了得償所願的機會。普魯士國王既仇恨艾德丹麥人黨成爲革命的成果之一，而同時又把什列斯維格－荷爾斯坦人視爲反抗天賜權威的叛逆者，於是他訓令他的將軍們盡可能地延緩完成他們「爲革命而服的賤役」。同時他祕密派遣維爾登布魯赫（Wildenbruch）市長到哥本哈根去通知丹麥政府：他首先希望維持什列斯維格－荷爾斯坦的公爵統治，而他的出兵干涉僅是要先發制止激進的共和黨人。

然而，丹麥並不受這密使的欺騙。於是它求援於鄰近的強國，而英國和俄國都很樂意幫助。它們的幫忙准許小丹麥像學童似連續地衝撞大德國。丹麥軍艦盡全力給德國的海上貿易予重重突擊，但在普魯士將軍弗朗吉爾（Wrangel）統率之下的德國聯軍已經侵入那兩個公國，且儘管統率多拙劣，總算打退了脆弱的丹麥軍隊，不過它的軍事成功被各大強國外交干涉所勾銷。五月底弗朗吉爾奉柏林命令從日德蘭（Jütland）撤退，於是國民議會於六月九號宣告兩公國的問題是德國民族問題，因此議會爲維護德國榮譽有職責處理此問題。

其實這戰爭是以德意志聯盟的名義進行，那領導權應該是屬於國民議會和它所選出的德國攝政哈布斯堡（Habsburg）大公的，但普魯士政府忽視這些事實，竟於八月二十八號，在英俄壓迫之下，締結馬爾默（Malmoe）七個月的休戰，同時不理會德國攝政所提出的條件及全然忽視其代表。這休戰條款對於德國是屈辱的：解散什列斯維格－荷爾斯坦臨時政府，在休戰期間最高控制權交給一個丹麥的支持者，臨時政府的法令作廢，什列斯維格和荷爾斯坦的軍隊各自分開。德國也蒙受軍事的明顯失策，因為休戰中所包含的整個冬季，正是丹麥艦隊不能動彈以封鎖德國海岸的時間，而德國陸軍是可以利用結冰越過小貝爾特海峽（Little Belt）而征服費恩（Fyen），把丹麥迫退到西蘭島（Zealand）去的。

停戰簽字的消息於九月初間傳來，像一枚炸彈在法蘭克福國民議會裡炸開，那時議員們正「以中古派形式主義式洗衣婦的嘮叨」無休止討論著將來德國憲法的「基本權利」。在首輪驚惶失措中，議員們在九月五號果然制止此項停戰，這促使德國內閣辭職。

這項決定很受《新萊茵報》歡迎，但毫無幻想，它要求貫徹對丹麥的戰爭除開一切條約權利，是視作歷史發展的一種結果：

丹麥人無條件地依靠著德國，在商業上、工業上、政治上以至文學上。丹麥的首都是漢堡而不是哥本哈根，這是眾所周知的事實；丹麥從德國輸入文學正如輸入物資一樣。除了郝爾拜（Holberg）以外，丹麥文學不過是德國文學的一種模糊的複製本而已……德國必須占領什列斯維格，正和法國已經占領法蘭德斯、阿爾薩斯和洛林，且遲早要占領比利時一樣。這是以文明反野蠻，以進步反停滯的權利……我們在什列斯維格—荷爾斯坦所進行的戰爭是眞正的國民戰爭。誰是自始就站在丹麥方面的呢？那就是歐洲最反革命的三大強權：俄國、英國和普魯士政府。普魯士政府儘可能表面執行這戰爭。試看維爾登布魯赫的通牒，普魯士軍應英、俄之請而自願撤離日德蘭，以及現在締結的這休戰協定吧。普魯士和英、俄是最害怕德國革命及其第一成果——德意志的統一的三大強權：普魯士是因爲它將由此而失其存在，英國是因爲它將由此而喪失其對德國市場的剝削，俄國是因爲民主政治將由此而不僅推進到維斯瓦河（Vistula），甚至到德維娜河（Dvina）和第聶伯河（Dnieper）。這三大強權已經合謀反對什列斯維格—荷爾斯坦，反對德意志，反對革命。由法蘭克福的決議可能引起的戰爭將是德國反對普、英、俄的戰爭。德國革命運動需要這樣一場戰爭來把它從昏睡中喚起，這場對抗三大反革命強權的戰爭將使普魯士終於成爲德意志的一部分，將使德國與波蘭聯盟成爲必不可免的迫切需要，將立刻使義大利得到自由，將直接打擊一七九二至一八一五年的德國反革命舊同盟；這戰爭將「危及祖國」而又拯救它，正因爲德國的勝利是要依靠民主的勝利的。

《新萊茵報》這些清楚且尖銳的論段反映了當時革命群眾的本能直覺，周圍五十公里的數千群眾湧入法蘭克福，準備及渴望新的革命鬥爭，但《新萊茵報》指出，這樣的鬥爭將廢止國民議會自身，而後者是寧願懦弱地自殺而不肯英雄地自裁的。九月十六號它竟同意馬爾默休戰，同時，除了一兩人以外，左翼的議員們全都拒絕議會應該成爲革命議會的要求。唯一發生的戰鬥是在法蘭克福市內的一場小規模阻礙戰，而且連這場小戰鬥也是由那可敬的德國攝政故意操縱出來的，因爲他想以此爲藉口從鄰近的美茵茲（Mayence）聯邦衛戍區調來具壓倒性的軍隊，以刺刀威懾這最高議會。

同時柏林的漢斯曼內閣被倒閣，應了《新萊茵報》曾替它預言的悲慘命運。它曾增強「國家權力」以壓制「無政府的勢力」，因此扶助著舊普魯士的軍閥警察官僚型國家在三月十八號被打倒之後再站起來，但它甚至不曾增進它不惜背叛革命來換取的資產階級赤裸裸利益。總之，正如柏林議會的一個議員所悲嘆：「不論三月間怎樣攻破，舊的軍閥制度依然完整和我們並存。」這是眞的，而且自從巴黎六月起義以後它幾乎自動地恢復其炫耀武力的威嚇。這是公開的祕密：普魯士政府之所以如此容易地同意對丹麥休戰的理由之一，是它想要召回弗朗吉爾的軍隊到柏林附近，來準備一場反革命的政變。因此柏林議會在九月七號鼓起勇氣要求陸軍大臣下令提醒所有軍官抵制反革命活動，並要求凡政治信仰違反現存憲法形勢的一切軍官視辭職爲光榮的事。

這要求實在不很重要，尤其因爲同樣的籲求早已頒布給官僚成員，並未產生任何效果。而官僚準備遠離資產階級內閣更甚於軍國主義者。漢斯曼內閣倒了，起而代之的是普弗爾（Pfuel）將軍的純粹官僚內閣，普弗爾冷漠地頒布了議會所要求的命令給軍官團，向世人證明軍國主義者不再害怕資產階級，且現處於愚弄它的地位。

在這種情況之下那「傲慢的，過分聰明而又軟弱無能的」議會充分體驗了《新萊茵報》的預言：它的左翼總有一天會醒來領悟到它議場的勝利恰是它實際的失敗。反革命的報紙宣稱左翼是在柏林群眾的壓迫之下取得勝利的，《新萊茵報》爲回答這種喧囂，對自由主義報紙無說服力的否認嗤之以鼻，坦率地說道：

> 民主的人民大眾有權透過參與對制憲議會的行動給以道德的影響，乃是一種舊有的革命權利，自英、法革命以來從不曾廢棄過。歷史必須感謝這種權利，因爲有了它議會才能採取幾乎所有強有力的步驟。

這暗示針對著一八四八年九月法蘭克福議會的「議院矮呆症」，也同樣針對著柏林議會。

五、科隆的民主

柏林和法蘭克福的九月危機在科隆有強烈的回響。萊茵地帶是反革命派最憂慮的地方，已經布滿了從東部各省徵調來的軍隊。差不多普魯士軍的三分之一都屯駐在萊茵地帶和西伐利亞，在這種情勢之下小叛亂是完全無用的。此刻所需要的是實行一種透澈和有紀律的民主組織，才可能有朝一日把半吊子的革命變爲全心全意的革命。

六月間八十八個民主協會曾在法蘭克福舉行代表大會，決定建立一個民主組織。然而只有在科隆這組織才略具堅定及穩固的形式，在德國其他地方它仍然是很散漫的。科隆的民主由三大協會組成，各有幾千會員：民主協會由馬克思和施奈德（Schneider）律師領導，工人協會由莫爾和夏佩爾領導，雇主雇員協會則由青年辯護律師赫爾曼・貝克（Hermann Becker）領導。當法蘭克福大會決定以科隆爲萊茵地帶和西伐利亞的中心時，這些協會就組織了一個聯合中央委員會，並且召集萊茵地帶和西伐利亞的一切民主組織於八月中在科隆舉行了一次大會。十七個協會的四十個代表都出席大會，確認科隆三大協會聯合組織的中央委員會爲萊茵地帶和西伐利亞的區委員會。

馬克思是這組織的思想領袖，正如他是《新萊茵報》的思想領袖一樣。他的領導天才達到一種高度，而那些庸俗的民主人士不願容忍他這點。卡爾・舒爾茨（Karl Schurz），那時是一個十九歲的學生，初次在科隆大會裡看見馬克思，後來在回憶錄中描寫道：

> 那時馬克思才三十歲，已經是社會主義思想學派的公認領袖。這前額寬闊，閃亮的黑眼睛，漆黑頭髮，滿臉鬍鬚的粗短男子，立刻引起大眾的注意。他在其領域負有學識淵博的聲名，確實，他的言語是沉重有力、條理分明的，但我生平不曾遇過態度如此傷人且傲慢到難以容忍的人。

舒爾茨，後來成爲資產階級的英雄之一，特別記住馬克思一說到「資產階級」這詞就使用尖酸和輕蔑的聲調——好像從其舌尖吐出某種可厭的東西似的。

兩年之後泰修（Techow）中尉追述他和馬克思的會晤，也唱著同樣的調子：

馬克思令我印象深刻的不只是他極不尋常的傲慢，也有他非常出眾的人格。倘若他的心像他的腦一樣寬大，他的愛像他的恨一樣廣泛，我是願意為他赴湯蹈火的，姑不論他在某些場合暗示看不起我且終究很直白說出。我認為他是我們之中第一個且唯一一個有領袖素質的人，有才能支配大局而不拘泥於無關緊要的枝節問題。

這之後接著就是照例的唱衰：馬克思危險的個人野心已經吞噬這一切了。

一八四八年夏季傅立葉派的美國使徒布里斯班（Albert Brisbane）在科隆擔任《紐約每日論壇報》（*New York Tribune*）的撰稿人，偕同它的發行人達納（Charles Dana），對馬克思卻有另一種批評：

我看見馬克思，這人民運動的領袖。那時他的星運正在上升。他是一個大約三十歲的人，體格矮壯，有一副端正的面孔和濃密的黑髮。他的形貌顯示龐大的精力，而在他的穩健和矜持後面，人們能夠查覺一種大無畏精神的熱情之火。

這是眞的——那些日子馬克思正以冷靜而大膽的氣魄領導著科隆的民主運動。

雖然九月的危機已經在民主陣營內引起廣大的激動，法蘭克福國民議會並不能提起足夠的勇氣來組織一次革命，同時在另一方面，普弗爾內閣也未準備好組織一次反革命。反正一次局部的叛亂並無任何成功的希望，所以政府當局很想要挑起一次能輕易壓制在血泊之中的叛亂。各項針對民主派的區委員會成員和《新萊茵報》的編輯們採取的法律訴訟和警務措施已開展，甚至由當局提出這些人很快被遺棄的藉口是如此的薄弱。馬克思對當局靠不住的奸計提出警告：此刻並沒有激發全國人民的大問題促使他們起而鬥爭，所以任何騷亂的企圖必然失敗。在此刻暴動不僅無益而且有害，因爲不久的將來就會有大事件發生，民主人士不應該在戰鬥的日子到來之前就自行讓人解除武裝。倘若皇帝敢組織一次反革命，那麼在人民方面一場新革命的時刻就已經啟動。

然而，當七月二十五號貝克、莫爾、夏佩爾和威廉・沃爾夫被捕時，一些小騷亂確實發生了。軍隊正在挺進來衝散公眾集會的消息，甚至引起群眾在街上建造防禦工事，但其實軍隊並未開動，直到又完全歸於平靜之後，軍司令官才鼓起足夠的勇氣在科隆頒布戒嚴令。在戒嚴令之下《新萊茵報》被禁止發售，且於九月二十七號停止出版。這或許是那無意義的軍事政變的唯一目的，而且沒幾天之後普弗爾內閣就解除了圍城狀態。《新萊茵報》實際上受了很沉重的打擊，這是在它再出版的十月十二號以前的事。

編輯部被解散了，因爲大多數職員都已越出國境以躲避拘捕：德龍克（Dronke）和恩格斯到了比利時，威廉．沃爾夫到了巴拉丁（Palatinate），而且一時都不能回來。一八四九年一月初，恩格斯繞道法國到了伯恩（Berne），幾乎全是步行。最重要的是這報紙的財務正陷悲慘狀態，股東們都背棄它之後，這報紙依靠增加發行量設法存續了一段時期，但它晚近受了打擊之後能免於滅頂只因馬克思把它接收過來作爲他的「私產」，也就是說，他犧牲了承繼自他父親的一點遺產，或他預支他未來能繼承的一點遺產。關於這件事馬克思從來一字不提，但從他妻子的書信中和他朋友的言談中得悉，他犧牲了大約七千塔勒以促進騷動和維持該報的生命，這數字是否正確自然是無關宏旨的，要緊的是他爲了維持那旗幟的飄揚犧牲了他的全部所有。

在另一方面馬克思的處境也是很不安全的。革命爆發之後，聯邦議會於三月三十號決定德國流亡者應被賦予在德國國民議會享有選舉和被選舉的權利，只要他們回到德國聲明願意恢復他們以前市民的權利。這決定是由普魯士政府公開承認的，所以馬克思，履行了承諾他國家市民權利的一切條件，當然有權要求恢復他的普魯士市民權利。在事實上，一八四八年四月當他提出申請時，科隆市市民代表會立刻就批准了；而當他向科隆警務局長穆勒（Müller）說明，在這事還未確定以前他不便把家眷從居里接到科隆來時，穆勒說按照普魯士舊律，必須追認市民代表會決議的地方當局一定可以准許他恢復國籍。然而，在《新萊茵報》初出版時，馬克思於八月三號接到代理警務局長蓋格（Geiger）的正式通知說：在現狀之下皇家政府已經決定「暫」不給予他普魯士市民權，所以他必須繼續將自己視爲外僑。八月二十二號他憤而申訴於內務大臣，但他的申訴被拒絕了。

因爲他是忠誠的丈夫和父親，馬克思就在這時候不顧情況未明把他的家眷接到科隆來了。這時他家人口數已經增加了：誕生於一八四四年五月，繼承母親的名字，叫作燕妮（Jenny）的大女兒，之後接著來了二女兒勞拉（Laura），她是生於一八四五年九月的，之後沒多久又生了一個男孩艾德加（Edgar）。在馬克思的兒女之中只有艾德加的確實生日是不可知的。而自流寓巴黎起，這家庭就已由倫希恩・德穆斯（Lenchen Demuth）陪伴，一個忠誠的女僕和朋友。

馬克思並不是把每個新相識都立刻當作朋友和兄弟的，但他對朋友的忠誠是無可批評的，他的友情是篤實的。就在據說他令人難容的傲慢推拒了樂意和他接近的人們的同次大會中，他贏得了居里律師席利（Schily）和克里菲教師伊曼特（Imandt）的終身友誼；而且，雖然指導他一生的嚴肅目標單純性，使半革命的泰科夫和舒爾茨之流覺得邪惡，同時也把眞革命的弗萊里格拉特和拉薩爾之流無可抵抗地吸入他的知性和品性的軌道之內。

六、弗萊里格拉特和拉薩爾

弗萊里格拉特比馬克思年長八歲，在青年時代曾經飽受正教派純奶的哺餵。有一次他因作詩譏笑赫維格被普魯士驅逐的不成功巡旅，受到老《萊茵報》的責難。然而不久之後，三月革命以前的反動使他從國王變使徒，而當流亡在布魯塞爾時他認識了馬克思。他們相識之初是平淡無奇但友好的。「好人一個，他的態度是有趣而謙和的。」他如是論馬克思。弗萊里格拉特自己完全沒有任何個人的虛榮心，或許正因爲這理由，他對別人覺得傲慢的事物有好感。

兩人的相識於一八四八年夏季和秋季以堅固的友誼收成，而把他倆聯結起來的，是感覺彼此在萊茵運動中對對方所代表其聯合革命原則中展現的不妥協和勇氣風範的互相敬重。馬克思在寫給魏德邁的信裡提到弗萊里格拉特：「他是一個眞革命和十分正直的人，這是我很少給予人的讚詞。」同時馬克思勸魏德邁給這詩人一點奉承，說道一切詩人都需要奉承式鼓勵，倘若要他們獻出他們的佳作。馬克思並不是輕易吐露衷情的人，但有一次兩人關係緊張時，他寫信給弗萊里格拉特說：「我坦白告訴你，我並不打算僅僅因爲無關緊要的誤會，就失去我少數認爲眞夠朋友的人。」除了恩格斯以外，馬克思在最艱難時沒有比弗萊里格拉特更好的朋友了。

因爲這友誼是如此單純和眞摯，它就常常成爲庸俗者的煩惱根源了。有時他們說詩人熱情的幻想引他入壞人群扮演一場下流惡作劇，有時他們說一個惡魔似的群眾煽動家已經毒害了一個無辜的詩人且萎縮了他的歌聲，對於這種胡說是不值得浪費一個字的。但有些人曾獻出一種錯誤的解毒劑來消除這種胡說。他們想使弗萊里格拉特成爲現代社會民主人士，這是錯放他的位置。弗萊里格拉特成爲革命者是由於熱情的本能和詩才，並非由於任何科學的深思。他把馬克思視為革命的先驅者，把共產主義者同盟視為革命的前衛，而《共產黨宣言》的歷史性論辯對他卻仍然多少是外行的，最重要的是，他熾熱的幻想並不能從日常煽動工作總是悲慘和黯淡瑣碎的細節中，創造出什麼東西。

拉薩爾（Lassalle），差不多同時加入馬克思的圈子，是完全不同的另一種型態。他比馬克思小七歲；那時候他的聲名完全建於他曾代表受丈夫虐待且被其自身階級遺棄的哈茨菲爾特（Hatzfeldt）伯爵夫人做過熱烈的鬥爭。一八四八年二月他曾經被捕，罪名是教唆盜竊文件箱⑥，但八月十一號進行了一輪出色的抗辯之後，由科隆法官宣告無罪釋放；此後他就得以獻身於革命鬥爭。以他「對於一切真實才智的無止境的同情」他自然不能不深深感佩革命鬥爭的領袖，馬克思。

拉薩爾也曾研究過黑格爾學派且完全掌握它的方法，那時他從不懷疑該方法的絕對確實性，也不受黑格爾後繼者們的頹廢影響。在遊歷巴黎時他認識了法國社會主義，且從海涅（Heine）預言式的視野中感受了偉大未來的褒獎。然而，這青年人所激發的宏偉預期在發展中就在某種程度上，受限於他不能完全清除掉一個被壓迫族群所承襲的落伍氣息的曖昧性。波蘭猶太教的陳腐氛圍絕對支配著他雙親的家庭。他在替哈茨菲爾特伯爵夫人的護航

---

⑥ 據說箱內藏著有關哈茨菲爾特案證據的有價值文件。

中，所表現的公平精神也不足以辨識他主張中的眞理，這可從他自己的觀點得到證實：在這私人事件中他所對抗的乃是現已跡近入土的整個時代的社會災禍。甚至沒有特別喜歡他的弗萊里格拉特也輕蔑地說道：在拉薩爾看來世界歷史似乎是環繞著「悲慘的家庭細故」而進行的。

七年之後馬克思自己發表了大致相同的意見：拉薩爾因爲他曾無情地識破一種私人奸計就自以爲是世界征服者，好像凡是具有眞性情的人都要準備犧牲十年光陰在如此瑣事上似的。幾十年之後恩格斯說馬克思對拉薩爾自始就懷抱反感，又說《新萊茵報》故意盡其可能地少發表哈茨菲爾特案件，以避免造成它在這事上和拉薩爾有共同之處的印象。然而，關於這方面恩格斯的記憶是錯的，因爲直到九月二十七號《新萊茵報》被禁止發售，它還發表了拉薩爾在所謂教唆盜竊文件訴訟案中受審的詳細報告，雖然這報告自然並不掩藏全部事件中令人難以同意的各方面。馬克思自己，如他在一封信裡告知弗萊里格拉特說，曾從他自己的微薄收入中支援哈茨菲爾特伯爵夫人的窘迫困境，而在科隆期間，當他自己遭遇嚴重困難時，他曾在這他有許多朋友的城市裡選擇拉薩爾還有弗萊里格拉特作爲他的心腹。

但恩格斯確實是對的，他說馬克思對拉薩爾懷著反感，而且他和弗萊里格拉特也是如此。那是沒有多大道理的一種反感。我們有充分證據表明馬克思不讓這反感使他看不見哈茨菲爾特案的更深意義，更別說拉薩爾對革命運動所表現的火一般的狂熱、傑出的才能以及這更年輕的戰友向他表示的誠摯友誼。

這兩個人的關係發展是必須仔細地從頭加以審視的，並不是爲拉薩爾——他的歷史地位是早已判定了的——而是爲使馬克思自己免於被誤解，因爲他對拉薩爾的態度可以說是他生平最困難的心理學的問題。

七、十月與十一月

十月十二號《新萊茵報》又開始出刊，並宣聲弗萊里格拉特已加入其幹部行列。它能立即迎來新的革命眞是幸運的事，因爲十月六號維也納無產階級明顯的揮舞其拳頭攪亂了哈布斯堡皇室反革命的陰險計畫——待拉德茨基（Radetzky）在義大利勝利之後，靠斯拉夫人的協助首先鎭壓叛亂的匈牙利人，然後鎭壓叛亂的德國人。

自八月二十九號至九月七號馬克思自己曾在維也納指導當地的群眾，但以當地報紙偶然記載的情形來判斷，他沒有特別的成功，這是不足怪的，因爲維也納工人發展的水準還比較低。他們以革命的本能反對調遣軍團到匈牙利去鎭壓革命，光此就很値得稱讚。他們的行動引起反革命派首先向他們開槍，而匈牙利的貴族顯然是不値得這高貴的犧牲的。匈牙利貴族急於根據歷來的特權以爭取匈牙利的獨立，而匈牙利軍隊僅在敷衍，這卻增加而不是減少維也納叛亂的困難度。

德國民主派的態度並沒有比較好。它的確承認它自己有多依賴維也納叛亂的成功，因爲倘若反革命派在奧國首都得勝，那麼必然也對普魯士首都施以它期待已久的致命打擊。然而，德國民主派安於自憐自哀、無益的同情表示，以及徒然乞援於無能爲力的德國攝政。十月底民主派在柏林開第二次代表大會，由盧格起草代表被圍的維也納發出呼籲。《新萊茵報》適切地指出該呼籲努力以布道式及含淚的哀愁補足革命能量的欠缺，而且通篇不見革命熱情或觀念的痕跡。另一方面，馬克思以強勁散文和弗萊里格拉特以宏麗韻文發出推翻國內反革命派，才足以給被圍的維也納人唯一可能的有效援助的激情呼籲，卻像在沙漠中迴蕩的吶喊。

維也納革命的命運就這樣注定。被資產階級和被農民所背叛，僅由學生和一部分小資產階級支持著，維也納工人英勇地戰鬥了，但十月三十一號晚間圍城的軍隊成功進入市區，至十一月一號，反革命的黑黃色大旗飄揚在聖史蒂芬大教堂的尖塔上。

維也納的感人悲劇之後緊接著來的是柏林的荒唐悲喜劇。普弗爾內閣辭職讓位於布蘭登堡（Brandenburg）內閣，後者立刻命令議會撤退到布蘭登堡邦省會，而且使弗朗吉爾將軍率領近衛軍團進軍柏林以武力維持命令。布蘭登堡，霍亨索倫皇室（Hohenzoller）的庶子，過分得意地自比爲可以踐踏革命的巨象，但《新萊茵報》更眞實地說布蘭登堡和他共謀犯弗朗吉爾是兩名「無頭腦、無心肝、無原則，不過擁有威武的腮鬚而已」，但這樣的貨色正成了那懦弱議會的恰當對手。

弗朗吉爾的雄糾糾腮鬚確是足夠威嚇那議會的。後者曾經拒絕退出憲法規定給它的所在地柏林，但當打擊和暴行接連而來時——解散市民兵、宣布戒嚴令等等——議會才聲斥大臣們爲叛逆，向檢察官告發他們。它不顧柏林工人的要求：必須以武力保障民權，卻以宣告「消極抵抗」替代，或換言之，就是以崇高的決議忍受敵人打擊而不反擊。它被弗朗吉爾的軍隊一再逐出會議廳，然後在弗朗吉爾再現刺刀所引起的突發情緒中，它鄭重宣告：在議會不能在柏林自由開會期間，布蘭登堡內閣無權處理國家貨幣或收納賦稅。然而，在議會快要解散之前，它的議長翁魯（Von Unruh）唯恐危及他的寶貴人身安全，急忙召集議會祕書處在會議紀錄記下這項反對內閣的決議由於技術上的程序不合是無效的，雖然他曾讓這決議公布且未予阻撓。

以可敬的方法反抗政府野蠻政變的只有《新萊茵報》。它宣布以第二次革命對付反革命的時機已經到來，它號召群眾以一切反暴行的可能形式反抗當局的暴行。它說消極的抵抗必須以積極的反抗爲基礎，否則那不過是綿羊反對屠夫的無效掙扎而已。同時它無情地駁斥所謂國王同意理論的法律狡辯，這是資產階級想要藉以掩飾它自己的懦弱。《新萊茵報》說：

> 普魯士國王以絕對權威君臨議會絕對是其權力範圍之事，而議會不能以主權至上的議會應對國王卻是錯誤。……舊官僚不願成爲一直以其專橫教師自居的資產階級的僕役，封建的黨派也不願把它們的特權和利益作爲資產階級神壇上的犧牲品。最後，國王

終於看見其眞實而自然的社會基礎就在於舊封建社會成員之中，王權是這種社會的最高表現，同時它把資產階級視爲外來和人爲的基礎，只在以它的衰落爲條件之下才肯支持它。「藉由上帝恩典而奮起」變爲資產階級嚴肅的法定資格，王家血統的權利變爲紙上的權利，王室的太陽變爲資產階級微不足道的一抹。於是國王不聽資產階級的遊說，並以全力反革命來回應後者的半革命。當其叫喊：「在布蘭登堡集會，議會在布蘭登堡手裡！」時，遂將資產階級推往革命的力量、推往人民的力量了。

《新萊茵報》適當地把那口號諧仿爲「在衛兵室裡集會，議會在衛兵室手裡！」希望人民在這口號之下獲得勝利，且把那口號變爲布蘭登堡議會的墓誌銘。

柏林議會褫奪了政府的收稅權之後，科隆的民主協會區委員會於十一月十八號發表聲明，由馬克思、夏佩爾和施奈德簽名，要求萊茵地帶的民主協會立即採行下列策略：凡當局意圖強徵稅收，必須以各種可能方法加以抵抗；各處必須組織市民兵以便立即抵抗敵人；以市政收入和自願捐助供給貧民武器及彈藥；倘若政府拒絕承認並尊重議會的決議，那麼各地必須選舉公安委員會，倘若可能則爭取市鎭當局的同意，凡對抗議會的市鎭當局必須由人民另行投票改選。

這民主協會做了柏林議會早應該而且必須做的事，倘若它認眞看待它的抗稅決議。然而，柏林議會的那些豪傑們一想到他們自己的英勇決斷就戰慄不已，趕快跑到選舉區去阻止他們決議案的實行，然後他們就偷偷地鑽到布蘭登堡去繼續開會。因此連最後一點尊嚴和影響力都消失無蹤，以致十二月五號政府輕易就解散議會且頒布一種新憲法和新選舉法。

柏林議會的變節，癱瘓了萊茵區委員會的行動，萊茵遍布軍隊。十一月二十二號，曾經熱烈歡迎那聲明的拉薩爾，在杜塞道夫被捕，同時科隆檢察官控告聲明的簽署者，雖然他並不敢拘捕他們。二月八號聲明簽署者在科隆法庭受審，罪狀是煽動人民武裝反抗政府當局和皇家軍隊。檢察官想用四月六號和八號的法律——這已被政府以其政變予以踐踏——以對付議會和對付被告的企圖，遭馬克思鏗鏘有力的演說所粉碎：

> 實行革命成功的人們可以合理的以絞刑處置其對手，而不審判之；他們可以掃除其所擊敗的仇敵，而不將之當作罪犯。採用成功的革命或反革命所剛推翻的法律來對付曾經認同那法律的人們，那是懦弱的僞善。議會對不對或國王對不對的問題，是一個歷史的問題，只能由歷史來決定，而不能由法官決定。

但馬克思還更進一步，根本不認可四月六號和八號的法律，聲稱該法律是聯邦議會爲使國王免於承認在三月鬥爭中的失敗而製造出來的。代表近代資產階級社會的議會，不能按照一個封建團體的法律加以審判。社會的基礎在於法律，這項原則是法律家捏造出來的。正相反，其實是法律的基礎在於社會：

在我手裡的是《拿破崙法典》。它並未產生資產階級社會，正相反，它是由資產階級社會產生的，興起於十八世紀而繼續發展於十九世紀的這社會，不過把這《法典》認作其法律的表現而已。當這《法典》不能忠實地反映社會關係時，它不過是一疊廢紙而已。你不能讓舊法律成爲新社會的基礎，多過舊法律以舊社會爲基礎。

柏林議會並不曾理解由三月革命爲它發展起來的歷史任務，檢察官斥責議會拒絕一切調解是無根據的，因爲那議會的不幸和錯誤就在於它自身已經由革命的議會，墮落爲安撫各方的曖昧團體：

我們所親歷的並不是在同一社會基礎上的兩派之間的政治鬥爭，而是兩種社會的衝突，在一種政治形式之中的社會衝突。這是舊的封建官僚社會反對近代資產階級社會的鬥爭，自由競爭的社會與行幫公會的社會之間的鬥爭，地主的社會與工業的社會之間的鬥爭，篤信權威的社會與尊崇知識的社會之間的鬥爭。

這兩種社會之間是沒有和平的，只有其中一方必須倒下的鬥爭。抗稅並不像那位檢察官可笑的辯稱會動搖社會基礎。就社會而言正是一種反對政府威脅到它基礎的自衛行動。關於抗稅案，議會的行動並未違法，而有關宣布消極抵抗它的行動卻不合法：「倘若收稅被宣布爲非法，那麼我的義務是如有必要不惜以武力反對任何遂行非法行動的企圖。」雖然宣告抗稅的人們已因其自身安全考量，而拒絕採取革命的道路，人民大眾卻爲實行這宣告而不得不如此。議會對人民的態度是不堅決的：

議會本身並沒有自己的權利，人民僅是把維護其權利的任務轉給議會。當議會不能執行這項任務時，它的權利就失效，所以人民親自現身競賽場行使其自身的權利。當國王組織反革命時，人民理當以新革命回應。

馬克思以一項聲明結束他的演說：上演的不過是戲劇的第一幕而已。最後結局將是反革命的完全勝利，或是新的和勝利的革命，雖然後者或許只有在反革命完全勝利之後才可能。

在這一番澎湃的革命演說之後，陪審宣告全體被告無罪，而陪審團主席感謝了馬克思極有啟發性的詮釋。

八、背信的法令

由於柏林和維也納的反革命的勝利，可以說德國的大局已定了。革命的成果僅僅只剩下法蘭克福議會，而它久已失去一切政治威信，卻把它的精力都耗費在有關紙上憲法滔滔不絕的討論。其實唯一還未解決的問題是，這議會是否在普魯士或奧地利的刺刀尖上被解散。

《新萊茵報》在十二月中發表一系列出色的文章，敘述普魯士的革命與反革命的發展，然後把希望的眼睛轉向法國工人階級的興起，預期由此引起一場世界戰爭。

> 英國——已經把各個民族變爲它的無產者，把全世界掌握在它巨大的觸角之中，曾付過一次歐洲復興的代價，在它自己支配的範圍內，階級矛盾已經發展到最分明、最無恥的形式——顯然是革命潮流所要衝破的岩石。英國在新社會未誕生前將其餓死。英國支配著世界市場，歐洲大陸各國經濟關係的轉型缺少英國，不過是茶壺裡的風暴而已。各國國內的工商業關係是決定於它們與別國的關係，決定於它們和世界市場的關係。但英國支配著世界市場，而英國是由資產階級支配著的。

所以，法國任何社會的變革都會被英國資產階級所撲滅，被大不列顛的工商業世界霸權所碾壓。法國或歐洲大陸其他各國任何局部的社會改革，當其意欲一鍵定音，終究是不能實現的空希望。古老的英國只有由一次世界戰爭才能被推倒，唯有世界戰爭才能提供大憲章派——英國無產階級有組織的黨——反叛其權勢浩大的壓迫者所必需之勝利條件。只有當大憲章派執掌英國政權時，社會革命才能由烏托邦的世界邁進到現實的世界。

這未來希望的先決條件並未實現。法國工人階級還未從六月所受的成千傷患中療癒，無力再起。反革命在六月中從巴黎開始蔓延歐洲，推進到法蘭克福、維也納和柏林，於十二月十號，以做作的拿破崙被選爲法蘭西共和國總統暫時結束。革命只殘存於匈牙利，得到當時已回到科隆的恩格斯作它雄辯而專業的鼓吹者。《新萊茵報》被迫而把它的活動限於一種游擊戰，以反攻正在前進中的反革命，而它發起的鬥爭是和去年的大鬥爭同樣勇敢及堅決的。德國政府所加於它的一大堆出版法令把它視爲壞報紙中之最，它就以嘲笑之詞稱德國的強權是一切滑稽強權中之最；而始自柏林政變東厄爾比亞地主貴族所採用的「普魯士主義」誇耀式表現也得到應得的諷刺回應：

> 我們萊茵居民幸而從維也納的大重組中恭迎一位下萊茵的大公，而這人並未滿足他成爲「大公」的條件。普魯士國王只有經由柏林議會對於我們才算是存在的；如今我們的「下萊茵大公」並沒有議會，那麼普魯士國王對我們也就不存在了。我們落在「下萊茵大公」的手裡，是由於人民受騙的結果，一旦我們站在拒絕這騙局的立場，我們就要向「大公」要其到任國書。

這些話發表於反革命最猖狂的時節。

乍看《新萊茵報》的專欄，會覺得少了人們期望能找到的一樁事，就是那時德國工人運動的詳細情形。這運動絕非不重要，它甚至已經擴張到東厄爾比亞地主貴族自己的區域之內。它有它的代表大會、它的組織、它的報紙，和一位能幹的領袖施特凡・波恩——在巴黎和布魯塞爾時代他就已和馬克思、恩格斯友好，且還從柏林和萊比錫投稿給《新萊茵報》。波恩很明瞭《共產黨宣言》，但他在應用它的原則於階級意識尚未發展的德國大部分無產階級上，不甚成功。後來恩格斯超乎嚴厲地責備波恩的活動，但波恩在他的回憶錄中說，革命的幾年間馬克思或恩格斯對他的活動從未說過一句不滿意的話，雖然難免有一兩項細節令他們不滿意。這話極可能是對的。無論如何，在一八四九年春季，馬克思和恩格斯最早離開德國工人階級運動，該運動當時早已獨立於他們的影響之外而發展的。

當初《新萊茵報》不很注重該運動，這可以由兩方面加以解釋，一方面是因為科隆工人聯合會有它自己的機關報，由莫爾和夏佩爾編輯，每週出版兩次，一方面是因為——事實更為主要——《新萊茵報》「是民主的機關報」，也就是說，其旨在代表資產階級和無產階級的共同利益，以反對專制主義和封建主義。那時這任務是最重要的，因為它有助於建立無產階級開始與資產階級談判的基礎。然而，民主主義的資產階級這支墮落得很快，每到稍微有些嚴重的關頭，他們就慘然潰退了。一八四八年六月第一次民主大會所選出的五個委員之中有著邁恩（Meyen）和克里基（Kriege）（已經從美國回來）這些人物。在如此的領導之下這組織開始迅速衰落；普魯士政變的前夕開第二次大會時，情形變為更加慘澹。當新委員會成立時，馬克思的私交和其政見支持者狄斯特被選為委員，但這無異於未來提取的支票。柏林議會的左翼議員在十一月危機中失敗了，法蘭克福議會的左派愈漸深陷在卑賤妥協的困境之中。

在這種情況之下馬克思、威廉・沃爾夫、夏佩爾和赫爾曼於四月十五號宣告退出民主區委員會，他們的理由是：

我們認爲民主協會的現行組織包容太多異質成員，使推進其主義目的之任何有益活動成爲不可能。我們認爲由工人團體組織一個更爲嚴格的協會將會更有用，因爲這些團體的成員是更爲同質。

同時科隆工人聯合會退出萊茵地帶民主協會，並且邀請工人階級和一切擁護社會民主原則的團體派代表出席五月六號的省級大會。這省級大會是召集來決定萊茵—西伐利亞工人聯合會的組織結構，並且討論是否要派代表於六月中到萊比錫出席波恩的組織—萊比錫工人兄弟會—所召集的所有工人團體大會。

在這些步驟還未採行之前，《新萊茵報》於三月二十號開始發表威廉・沃爾夫論西里西亞富豪如何刺激農村無產階級的文章，並於四月五號開始發表馬克思對布魯塞爾工人協會論工資勞動與資本的演講稿。在報紙介紹一八四八年的龐大群眾鬥爭的基礎，並且指出當工人階級不曾勝利時，各種革命叛亂必然歸於失敗，姑不論它的目的在表面上似乎遠離階級鬥爭之後；報紙轉而注意經濟關係的問題——資產階級的存在和工人階級的奴隸狀況都以這種關係爲基礎。

然而，此項有希望的進展被另一鬥爭所中斷，該鬥爭現在環繞著法蘭克福議會粗製濫造出來的紙上憲法而發生。這寶貝憲法的自身並不値得流一滴血，而它所想要戴在普魯士國王頭上的世襲帝國皇冠，對全世界都像是一頂小丑帽。普魯士國王並不接受，但也不一定拒絕。他想要和德國王公們商討德國憲法問題，暗中希望他們承認普魯士的霸權，以報答普魯士軍隊摧毀各小邦中所殘留革命成果的功勞。

這種掘墓盜屍的明目張膽舉措又煽起了革命的遼原火焰，引起許多叛亂——倘若其內容並非源自德國憲法，就當得起叛亂的名稱。那憲法儘管有其缺點仍是主權在民的具體表現，當局爲求再度建立王權而將其毀了。擁護德國憲法的武裝暴動發生於撒克遜王國、巴登大公國和巴伐利亞的巴拉丁。在各處普魯士國王都扮演絞刑者的任務，雖然後來其他君主們抵賴他絞刑者的酬金。萊茵地帶也發生了數起被孤立的暴動，但立刻就被政府早已調到該極之憂慮的省分裡的絕對優勢兵力粉碎了。

於是當局們鼓起足夠的勇氣給予《新萊茵報》致命的打擊。因爲各處都顯出革命再起的徵象，這報紙在專欄上的革命激情火焰燃得日益高漲，而四、五月間它所發行的那些特刊，其實無非是呼籲人民準備這行將來臨的叛亂。反動的《十字報》（*Kreuz Zeitung*）對其傲慢致上永垂不朽的敬意，並稱一七九三年的《箴言報》（*Moniteur*）的作爲與之相比是黯然失色的。政府蠢蠢欲動地想打擊該報紙，卻不敢。多虧萊茵地帶幾位法官的精神，馬克思被控兩次都不過是給他贏得新名聲，而柏林主張科隆必須再宣布戒嚴的指示，也被神經緊張的衛戍司令所規避，他代以咨請警察以「危險人物」驅逐馬克思。

這咨請困惱了警察，它把這件事轉呈省長。省長又把這令人厭煩的責任推給內務大臣曼托菲爾（Manteuffel）。三月十號省政府呈報柏林說：馬克思雖未得警廳許可，仍在科隆停留，他所編輯的報紙仍致力於其破壞性的目標，煽動反對現行憲法、要求建立社會共和制，同時漠視和譏笑人性所敬重和珍惜的各種事物。且該報因言論放肆及激昂使得讀者人數持續增加這事實，令該報日益變得危險。那呈報又說，警廳對衛戍司令驅逐馬克思之咨請深表疑慮，而省政府不得不支持警廳，因為此種驅逐，除了他所編輯的報紙有危險傾向以外並無其他任何特殊理由，或許會引起民主黨方面的示威。

接到這呈報之後，曼托菲爾就去徵求萊茵省長艾希曼（Eichmann）的意見。三月二十九號艾希曼宣稱驅逐馬克思是正當的，但會招致麻煩，除非馬克思有更進一步罪行。四月七號曼托菲爾於是通知省政府他並不反對驅逐馬克思，但他必須把時機留給省政府去決定，而且他覺得最好是驅逐令連同某種特殊罪狀一起頒發。然而，結果是驅逐令的理由僅提及馬克思所編報紙的「危險傾向」，並未提出任何特殊罪狀。驅逐令是五月十一號頒發的，這時政府顯然覺得它自己足夠強到可以發揮出三月二十九或四月七號其所怯於揮出的打擊。

最近一位普魯士教授才在國家檔案保存所中蒐集出這案件的文書紀錄，他很佩服弗萊里格拉特富有詩意和預言式的遠見，後者在這驅逐的直覺印象之下寫道：

在正直的戰鬥中卻沒有正直的襲擊——
卑賤的西卡爾梅克人⑦
其怨恨和狡詐的惡毒，
鬼祟陰險的劣行打趴我。

九、又一懦弱的詭計

當驅逐令來到時，馬克思並不在科隆。雖然《新萊茵報》的流通量激增，現在大約有六千訂戶，它的財務困難卻沒有盡頭。由於銷量增加，直接支出也就增加，而收入的增加是緩不濟急的，所以馬克思到哈姆（Hamm）去和雷佩爾（Rempel）商議，後者就是

---

⑦（Western Kalmuck）屬於西伯利亞西部的蒙古人種。

一八四六年宣稱願意集資設立共產黨出版社的兩個資本家之一。然而，這慷慨傢伙仍然緊扣他的錢包，把馬克思介紹給一個名叫亨茨（Henze）的卸職中尉，這人其實已先借三百塔勒給該報，那是馬克思個人承擔責任。雖然亨茨後來被檢舉爲故意煽動肇事的破壞分子，那時他也是被警察迫害的。他陪同馬克思回到科隆，後者才發現驅逐令正在等著他。

這判定了《新萊茵報》的命運。有幾位編輯和馬克思處於同樣地位，隨時都可以被當作「外國人」驅逐出境，而其他幾位也全部遭受迫害。五月十九號出版的以紅色印刷的終刊號中，有弗萊里格拉特的著名告別詞和馬克思的挑釁性道別文章，後者猛烈地重擊政府：

> 爲何在乎你那些愚蠢的謊言和官方說詞呢？我們自己是殘忍的，並不請求你的體諒。一旦我們的時機到了，我們對自己的恐怖行爲並不致歉。而今皇家的恐怖分子，有上帝保佑和法律權限的恐怖分子，卻在做法上是殘忍卑鄙和下流的，在理論上是隱密和兩副面孔的，在理論和做法上毫無廉恥。

《新萊茵報》提醒工人別騷動，在軍事形勢下任何類似企圖都是徒然，然後編輯們謝謝讀者的同情和支持，聲明他們最終的誓言隨時隨地總是：「工人階級的解放！」

同時馬克思履行了一艘沉船的船長所應盡的義務。亨茨借他的三百塔勒、報紙訂戶的訂閱費、營業所得等的一千五百塔勒，以及他的私款，全部資財其實都已用來支付印刷廠、紙商、營業員、撰稿人、編輯人員等等報紙的債務了。馬克思爲他自己和他的家屬僅僅保留著他妻子的銀器，而這也不得不送進法蘭克福的當鋪。他所當得的幾百基爾德（Guilder）⑧，便是他和他的家屬賴以生活的全部資金。

他和恩格斯從法蘭克福到巴登和巴拉丁的叛亂地區，先到卡爾斯魯爾（Karlsruhe）然後到凱撒斯勞滕（Kaiserslautern）會晤當地臨時政府推動人物狄斯特。馬克思從狄斯特接受了民主中央委員會的委任，代表巴黎的德國革命黨出席國民議會中的山嶽黨（Montagne）會議，山嶽黨是當日的社會民主陣營，屬小資產階級和無產階級分子的一種混合組織，正準備大舉攻擊「法律與秩序」的各黨派及其代表人做作的拿破崙。在回來的路上他們因爲參加叛亂的嫌疑被黑森（Hessian）的軍隊所拘捕，押解至達姆斯塔特（Darmstadt），再到法蘭克福，他們終於獲釋。然後馬克思回到巴黎，而恩格斯則回到凱撒斯勞滕，去擔任一個名叫維利希（Willich）的前任普魯士中尉所召集的一支志願軍的副官。

六月七號馬克思從巴黎寫信來說皇黨的反動正在當權，那是比在基佐（Guizot）治下更加惡劣的，但革命火山的猛烈爆發從未如此之近。然而他的期待是失望的，因爲山嶽黨所計

⑧ 荷蘭銀幣單位，一基爾德爲英幣一先令八便士。

畫的攻擊失敗，且失敗於一種不甚具教化的方式中。一個月之後勝利者的報復也就降臨到馬克思，七月十九號巴黎市警察局長傳達內政部長的命令給馬克思：他必須固定居住在莫爾比昂（Morbihan）縣。這是一種儒弱的打擊，如弗萊里格拉特在接到這消息後寫信給馬克思所說，「劣行中的劣行」。「丹尼爾斯說莫爾比昂是法國最不衛生的地方，低濕且瘴氣肆虐，好像布列塔尼（Bretagne）的蓬廷（Pontine）沼澤一樣。」馬克思並未屈服於這「隱藏的謀殺企圖」，但藉由申訴於內政部長而得到延緩執行。

這時馬克思深陷財務窘迫之中，他曾求助於弗萊里格拉特和拉薩爾。他倆都盡了最大的努力，但弗萊里格拉特埋怨拉薩爾在籌措這筆必需款時有欠考慮，以致這事成爲酒館的談資。馬克思因此極爲困窘，在七月三十號的回信中說：「無論財務怎樣困難也不能公開乞求呀，何況我曾經告訴過他。這事使我甚爲煩惱。」然而，拉薩爾用一封洋溢著好意的信消解了馬克思的苦惱，雖然他保證他以後將「以最大審愼」處理事務仍是可疑。

八月二十三號馬克思寫信給恩格斯說他正離開法國，九月五號又寫信給弗萊里格拉特說他的妻子將於十五號來和他住在一起，雖然他還不知道到哪裡去找她的旅費和安家所必需的費用。窮神陪伴著他的第三次流亡，而祂還要一直當其極之堅定的同伴。

第七章　流寓倫敦

一、《新萊茵報．政治經濟評論》

馬克思從巴黎最後寫給恩格斯的一封信裡，說在倫敦有創設一份德文報紙的種種可能，而且辦報所必需的一部分資金業已就緒。同時他邀約恩格斯——巴登和巴拉丁叛亂失敗之後以政治流亡者住在瑞士——立刻到倫敦來，於是恩格斯從熱那亞（Genoa）坐船來了。

他們從何處找到這筆創業所需的資金已不可考。那數目並不多，無論如何他們也不曾將這報紙會很長命列入考慮，而馬克思希望三、四個月之內或許會發生世界戰爭。馬克思編輯的《新萊茵報．政治經濟評論》（*Neue Rheinische Zeitung, Politisch Ökonomische Revue*）的招股說明書於一八五〇年一月一號發表於倫敦，並且由施拉姆（Konrad Schramm）署名為保證人。說明書宣稱：去年夏季在德國南部和巴黎參加革命運動之後，《新萊茵報》的編輯同志們又已會集於倫敦，決定繼續出版他們的報紙。在開辦之初它將作為每期八十頁的月刊出現，但當資金容許時，它將以同樣版式的半月刊發行，或依照英美大型週刊成為週報。同時一旦情況許可，回到德國它就再度以日報現身。最後，說明書邀請讀者認股，每股五十法郎。

募得的股數似乎不多。這雜誌由漢堡的一個書商包辦印刷，每二十五銀格羅申（Groschen）抽取百分之五十的佣金，即每本淨售價的四分之一。這書店對於發行並不願擔負太多麻煩，尤其是在屯駐漢堡的普魯士軍隊阻礙它的活動，所以即使它真熱心於這件事，情形也很難改善。拉薩爾在杜塞道夫僅僅得到五十個訂戶，而負責在法蘭克福推銷一百份的魏德邁，經過六個月的努力才收到五十一個基爾德：「我對人們用盡壓力，但沒有一個人急著付款。」馬克思夫人有感而發沉痛地寫信給他說，這項創業已經完全被草率管理所摧毀，也不能說何事或誰該負最大責任：書商的拖延或科隆的經理和朋友們，或百姓的態度。

無論如何，一部分責任是應該歸之於第一期編輯準備的不充分，而馬克思和恩格斯對此負著主要責任。一月號的稿件於二月六號才寄到漢堡。然而，我們有各種理由滿足於這計畫到底實行了，因爲再遲幾個月就會由於革命浪濤的急劇退潮而使這計畫變得完全不可能。確實，這評論所出過的六期，提供我們一件可貴的事例：馬克思是如何以他妻子所說的「全付心力、性格中沉著十足鎮定」的力量使他自己超脫於每日甚至每時「以可憎的形式」圍繞著他的生活細瑣麻煩之上。

在青年時代，馬克思和恩格斯，後者更甚於前者，都把將要來臨的事看得比其實際處境更近，而且他們往往在還未開花時就希望摘取成熟的果實。他們因此常被斥責爲錯誤的預言者呀！而被視爲錯誤的預言者並不提高政治家的聲譽。然而，我們必須分辨那錯誤是出於清楚且深刻的思想，或是出於對無實現可能的願望執著自我反射的結果。由後者所得的失望使人因爲幻想的消滅而喪失活力，而前者的失望則是有益的，因爲思想者可以循此尋出其錯誤的原因進而獲得新的知識。

在自我批評上或許沒有人像馬克思和恩格斯那樣嚴峻無情的了。他倆都完全沒有那種即使在最痛苦的失望之前也還要設法掩飾，還說只要情形稍微有點不同它就會是對的、令人生厭的教條主義。他們也同樣沒有廉價的失敗主義和無謂的悲觀主義。他們從失敗中學習因而獲得新的力量以準備行將到來的勝利。

由於六月十三號巴黎工人的敗北、德國憲法運動的失敗以及匈牙利革命被俄國沙皇所摧毀，革命運動的偉大階段已經結束，倘若再有任何革命的復甦，那就只能發生於法國，無論如何，法國的局勢還沒有底定。馬克思堅持著這種復甦的希望，但這並不曾阻止他無情批評法國革命前次的過程，嘲笑那一切幻想。恰相反，那希望驅迫著他這樣做了；而在這些批評裡面，革命鬥爭中的無序混亂——這對理想主義的政治家顯然是無從解釋的——是以從這些鬥爭中衝擊出來的經濟對立觀點予以檢視的。

這些批評發表於《新萊茵報．政治經濟評論》前三期，馬克思在這批評中往往以少數警句解決了當日最複雜的問題。資產階級最傑出的代表們甚至純理論的社會主義者，都曾經用過浩繁的文字衍論「工作權」，而馬克思只用幾句話就把這口號的歷史意義和荒唐概括得何等圓滿！

六月以前所起草的憲法初稿中包括工作權的要求，那是無產階級革命意志首次最拙劣的陳述。它後來變形為公養權，而近代國家不是以這種或那種形式來贍養它的貧民嗎？以資產階級的觀點而論工作權是荒唐的，是一種可憐和無實現希望的祈求，要有工作權必須先有支配資本的權力，要有支配資本的權力必須先侵呑生產工具，使其隸屬於聯合的工人階級，也就是，廢除工資勞動和資本及它們的相互關係。

馬克思根據法國歷史首先認識階級鬥爭爲歷史發展的原動力——在這歷史裡階級鬥爭是自中古時代以來就自行以一種特別分明和古典的形式顯現的——而且這可以說明他特別偏愛法國歷史的緣故。這一篇和後來論路易・拿破崙・波拿巴的政變（Bonapartist Coup d'état）一篇，以及更後來論巴黎公社（Paris Commune）的一篇，都是他短篇歷史著作的皇冠上最燦爛的寶石。

《新萊茵報・政治經濟評論》的前三期也包含著和這成爲有趣對比的文章，但總不出悲劇結局，那便是恩格斯在敘述德國憲法運動中所描寫的小資產階級革命的概略。時事評論由馬克思和恩格斯合作，主要是討論經濟事件的演變。在二月號裡他們說美國加利福尼亞金礦的發現「甚至比二月革命的意義更爲重大」，其影響的廣大及深遠也超過美洲的發現：

離赤道三十緯度的海濱地帶，世界最美麗和豐饒地區之一，至今還是沒有人煙，現正在我們的眼前轉變爲富足的文明之邦，密集著各色人種，從洋基（Yankee）①到中國人，從非洲黑人到印度人和馬來人，從克里歐人（Creole）和混血兒（Mestizo）到歐洲人。加利福尼亞的黃金蜂擁流向美洲以及太平洋亞洲沿岸，把那些不情願的野蠻民族席捲入世界貿易軌道之中，進入文明之都。世界貿易第二次承受新的……多虧加利福尼亞金礦和洋基用不完的精力，太平洋東、西兩岸就快要人口密集、高度工業化和貿易開放像現在從波士頓到紐奧良沿岸一樣了。太平洋將擔負現在大西洋所擔負的任務，以及地中海在希臘羅馬古典時代和中世紀所擔負的任務——世界交通的水路大道——而大西洋將降爲內海，如同今日的地中海。歐洲文明國家要避免落到義大利、西班牙和葡萄牙那樣工商業及政治的依賴狀態，就在於趁時機未晚之時實行社會革命。這種革命將依照由於近代生產力的性質而增進的生產需要以轉變生產和通商的方式，因而使新的生產力能夠發展而維持歐洲工業的優勢，抵消地理位置的不利。

必須附注在這輝煌遠景上的只有一點，就是當時任何革命的機會，都因加利福尼亞金礦的發現而消失了，這是評論的作者們不久就發覺的。

---

① 美國人的別稱。

馬克思和恩格斯也聯合批評了三月革命以前知識領袖們盡力闡明革命問題的一些書籍，包括德國哲學家杜默（Daumer）、法國歷史家基佐和英國天才卡萊爾的著作。杜默是由黑格爾派發展起來的，而基佐深深影響馬克思，卡萊爾則影響恩格斯，但三位都得到了這判決：拿到革命天秤上去稱就發現重量不足。他們把杜默鼓吹「新世紀宗教」不可置信的陳腔濫調總結爲「感人的畫」：德國哲學正在緊搓著手在其經濟祖先——德國的庸俗主義——臨終床前悲泣。他們批評基佐，指出即使「舊政權」（ancien régime）②時代最能幹的腦袋，即使其很有歷史天分，都被二月的重大變故拋入澈底困惑之中，以致失去一切歷史的理解，甚至對於他們自己先前的行動都不明白了。最終他們宣稱基佐的書表明了資產階級偉大領導者們的智力衰落，而卡萊爾的那些小冊子顯示了文學天才衰落於他想要予以誤解、指導、預言啟示的尖銳歷史鬥爭之前。

雖然在這些精闢批評中馬克思和恩格斯指出了革命鬥爭所加於三月革命以前資產階級文藝大師的災害性影響，他們並不相信那革命有什麼神祕的力量——雖然他們往往是如此被指責的。那革命並不曾創作出震撼杜默、基佐和卡萊爾的景象，它不過是撕開隱藏景象的布幕而已。在這幾次革命中歷史的發展並未改變它的方向，只不過加速它的腳步，因此馬克思曾

② 一七八九年法國大革命前的政府。

經把這幾次革命叫作「歷史的火車頭」。「和平而合法的改革」勝過一切革命暴動這種庸愚的信念，當然是爲馬克思和恩格斯這樣的人們所不取的，他們把暴力視爲經濟的威力，視爲一切新社會的助產士。

二、金克爾事件

一八五〇年四月出版了第四期之後，《新萊茵報・政治經濟評論》就不按期出版了，一個附隨性因素無疑是發表在這一期上的一篇短評。它的作者們預言它將引起「情緒化的騙子和民主派群眾煽動家的普遍憤慨」。它簡短卻澈底地評判了被俘的義勇軍軍官金克爾（Gottfried Kinkel）在拉施塔特（Rastatt）軍事法庭上的辯護詞。金克爾於一八四九年八月七號受審，到一八五〇年四月初他才把辯護詞發表在柏林報紙上。

客觀地研究，這短評是絕對有其正當性，因爲金克爾不但放棄了革命而且背叛了他的戰友。在那曾經判決於軍營廣場槍斃他二十六名慷慨就義同志的軍事法庭之前，金克爾頌揚了「霰彈親王」和「霍亨索倫（Hohenzollern）皇國」；但當馬克思和恩格斯攻擊他時他正在獄中，且一般人以爲他已經被皇家選爲報復的特殊對象，因爲軍事法庭判決他拘禁在要塞的徒刑，已經被詔令改爲在普通監牢裡做卑賤的苦工。在這情況下指責金克爾是會引起許多人心神不寧的，而這些人確定不是「情緒化的騙子」或「民主派群眾煽動家」。

到檔案公開之後才知道金克爾案是參雜誤會的悲喜劇。金克爾原是一個神學家，而且是正教派的神學家，但他被逐出教會，或許加上娶了一個離過婚的天主教徒，使他對正教懷著不能妥協的仇恨，也使他得到遠超過他眞正應得的「自由英雄」的名聲。金克爾不知不覺變成和馬克思及恩格斯同一派，除了由於「誤會」以外並無其他原因。在政治上他並不曾超出德國民主主義例常一向的口號之上，然而從他任神職之日起就一直擁有的「要命的雄辯」，套弗萊里格拉特用詞，偶然使他不由自主急滑到左翼，正如在拉施塔特軍事法庭之前滑到右翼去一樣遠，同時適度的詩才使他比和他同一流的民主派人士更爲出名。

在德國憲法運動中，金克爾加入維利希所發動的義勇軍團，和恩格斯及莫爾共同服役。他勇敢地戰鬥過了；這軍團在穆爾格（Murg）的最後一戰中，莫爾殞命，而金克爾傷了頭部並且被俘。審他的軍事法庭判決他終身監禁在一座要塞裡，但「霰彈親王」，或者如金克爾在辯護中更有禮貌的稱呼，「當今太子殿下」，並不滿意這判決，於是柏林軍法當局請求國王取消判決，再以死罪審判金克爾。

然而，總檢察官遇到內閣的聯合抵抗，雖然後者願意承認如此處置叛逆太過仁慈，但宣稱那判決必須由國王批准「以示寬大」而順輿情。同時內閣宣稱它認爲金克爾應該在「民事機關」服刑較爲「妥當」，因爲倘若拘禁在要塞裡是會引起「大轟動」的。國王接受了內閣的提議，但恰好引起了內閣所急於避免的「大轟動」，因爲「輿論」以爲國王把軍事法庭僅僅判決拘禁在要塞裡的人送去普通監獄裡做苦工「以示寬大」是促狹的嘲弄。

然而，因爲不能辨識普魯士刑法的精髓，輿論是誤解的。金克爾並不是被判處拘禁在要塞裡，而是在要塞裡服懲役，這完全不同而且確實比在普通監獄裡做苦工更吃力和可憎得多。在要塞裡服懲役的囚徒們，一、二十個人擁塞在一個牢房裡，只有一條硬板凳可以睡眠，食物品質惡劣而分量不足。他們必須完成一切低賤勞役，如洗刷茅廁和清掃街道之類，倘若稍有不服就要挨皮鞭。因爲顧忌「輿論」，內閣才急於要免除金克爾受這不人道的苦刑，而當「輿論」誤解這情形時，內閣又因爲顧忌「霰彈親王」而不敢承認它自己的「人道的動機」。於是使國王在所有出自好意的人們眼前受質疑此舉會毀損其聲名，且事實上也確實如此。

在這不幸失敗的影響之下內閣急於要避免再有「轟動」，而它的膽量只夠下令不許加體罰於金克爾。這也像是說可以免除他的強迫勞動，並且暗示最初拘禁金克爾的諾加德（Naugard）典獄長應主動實行。但這老官僚不理會那暗示，下指示叫金克爾去搖紡車。這又引起一次大轟動，《紡車歌》應運而出且響徹全國，同時這詩人搖紡車的圖畫也行銷各地。金克爾寫信給他的妻子說：「黨派的鬥爭和命運的戲劇正在接近瘋狂，當曾經給予德國民族《保護者奧托》（Otto der Schütz）的手現在搖著紡車時。」然而俗眾的「義憤」往往完結在荒謬之中，這老經驗不久又驗證了。斯德丁（Stettin）的地方當局震於眾怒而又比內閣更有勇氣，下令從此以後金克爾只須做文書工作，而金克爾卻提出抗議，說他寧願搖紡車，因爲輕易的體力工作可以自由奔馳他的心思，而終日伏案抄寫卻爲害胸部，及有損健康。

所以，金克爾在監獄裡受特殊虐待是由於國王的訓令，這流行的意見是不對的，雖然他自然足以熬得住。典獄長施努切爾（Schnuchel）是一個嚴酷的官僚，但並非沒有人情味。他常用暱稱「Du」③稱呼金克爾，卻盡可能地容許金克爾住在空氣流通的地方，對於金克爾夫人不斷努力營救丈夫也表示同情的理解。當一八五〇年五月金克爾被轉移到斯潘道（Spandau）監獄時，他是被稱爲正式的「Sie」④的，但他被迫剃去頭髮鬍子，而且那典獄長，一個名叫耶瑟里希（Jeserich）的僞善反動派，想用交談來折磨他且立刻開始了最惱人的小爭執。然而這僞善者，當內閣要他作一篇關於金克爾夫人請求釋放她丈夫的報告時；她提出的條件是他移居美洲，誓言不再從事任何政治活動，並且不回歐洲，找麻煩也並不很難；耶瑟里希甚至說他相信金克爾的靈魂在美洲可以得到最好的治療，然而，他還是必須禁閉在獄裡一年以求公平之劍不被過度的鈍化和刻蝕，一年之後，也得看他的健康是否因長期監禁而損壞，倘若並無此跡象，他才可能被准許移居。

這報告呈交給國王，從而證明國王比他的內閣和典獄長更存心報復，這「至尊無上」決

③朋友間的稱呼，或上官對下級的稱呼，表示熟悉。

④和英文you同。

定一年之後不得釋放金克爾，因爲他還沒有受夠羞辱和懲罰。

只要一留意當時關於金克爾事件所發展的個人崇拜，就很容易明白這必然引起馬克思和恩格斯這樣人們的厭煩，因爲俗眾這種關心枝節的看熱鬧心態往往是他倆所憎惡的。恩格斯在論德國憲法運動的那些文章中，也曾痛斥對五月暴動中「有學問的」受難者的小題大作，卻沒人關心幾百甚至幾千質樸的工人曾經在戰爭中喪失生命、在拉施塔特的地牢中困死或被迫飽嘗流亡之苦直至窮困貧乏的深淵。即使不說這些吧，在「有學問的受難者」之中也曾有許多人受了比金克爾更苦的虐待，也有比金克爾更有男子氣概而忍耐著，但並沒有誰爲他們的命運憤憤不平。譬如羅克爾（August Röckel），學識絕不在金克爾之下，他在瓦爾德海姆（Waldheim）獄中受了殘酷的虐待甚至體罰，如此獻身十二年之後他的施刑者甚至不能迫使他眨一下眼示弱求饒，面對如此不屈不撓及剛強的自尊顯得束手無策，終於被迫把他逐出——可以這樣說——監獄。羅克爾絕不是顯示如此剛強堅貞的唯一人物。其實，在所有囚犯中金克爾才是公開悔過的唯一人物，在並非不能忍受的拘禁幾個月之後，他就讓他在拉施塔特的辯護詞發表。所以，馬克思和恩格斯對那辯護詞加以難堪和無情的批評完全是正當的，且當他們據實而言，格外使他們的攻擊不只無損且有益於他的境遇。

這事件的進一步發展證明他們都是對的。對於金克爾的英雄崇拜使資產階級鬆開了它的錢袋，很可能是賄賂了斯潘道監獄其中一名官員，金克爾才於一八五〇年十一月被舒爾茨非法營救。這是國王陛下復仇居心的報應。倘若他允許金克爾移居美洲並且接受他不再從事政治的誓言，那麼金克爾不久就會被人忘卻了，這是連那典獄長耶瑟里希也明白的。多虧他的越獄成功，金克爾現在是備受讚譽的煽動者了，而國王不但得隱忍損失且要咽下由此造成的嘲弄。

然而，國王決定以一種莊嚴的方式來報仇雪恥。金克爾逃亡的報告使國王覺得縱使他誠實面對也是「不名譽」的，他於是命令曼托菲爾任用「那有價值的名人」施蒂伯（Stieber）去調查這種陰謀並懲治主謀者。施蒂伯是早已爲眾人所輕蔑的，甚至柏林警察廳長辛克爾代（Hinckeldey）——他自己的良心當遇到迫害國家政治犯的問題時眞是具有足夠彈性——也抗議這人又來擔任警察職務，但完全沒有用，施蒂伯是被授權便宜行事以發揮他的能力的。結果是發生了以盜竊和僞證爲背景的科隆共產黨審理案。

官方的這起罪行比金克爾事件更惡劣卑鄙十倍，但在史書中查不到傑出的德國小資產階級市民曾經爲此表露過任何特別的義憤。或許這群舒適的人物急於要證明馬克思和恩格斯自始就如何澈底看透了其僞善吧。

三、共產主義者同盟的分裂

以整體而論，金克爾事件的意義是象徵重於事實的。當時馬克思及恩格斯與倫敦的流亡者之間所發生的爭論之本質，在有關這事件上顯現得最清楚，雖然這事件並不是爭論的最重要因素，也確實不是它的原因。

在一八五〇年中馬克思和恩格斯的兩項主要活動——除了發行《新萊茵報・政治經濟評論》以外——表現了這兩個朋友爲什麼接近其他移居者和爲什麼跟他們分離。一方面他們和鮑爾、普凡德和維利希成立流亡者援助委員會，協助趁瑞士當局開始放鬆注意就格外自發地湧入倫敦的政治亡命者，另一方面他們重建了共產主義者同盟，這是愈漸必須的，因爲勝利的反革命派殘酷地剝奪了工人階級的出版自由和集會自由，其實是一切公開宣傳手段到極致。我們可以把當時情形綜合起來說，馬克思和恩格斯宣稱他們自己和流亡者在私交上團結一致，但不在政治上；他們分擔流亡者的苦惱，但不理會他們的幻想；他們犧牲最後一分錢以支持流亡者，但不犧牲其政治自信上最小的份額。

德國人，尤其是國際移居者，代表著成分最爲分歧的一個混亂集合體，但他們全都希望革命復甦使他們可以回家，而且他們一致爲這目的工作，似乎可以作爲聯合行動的基礎了；然而，一到實踐各種具體方案時終歸不行。成就最大的不過是採納一些紙上的議決案而已，而議決案愈堂皇，在實際上就愈少意義，只要一開始行動立刻就發生最不名譽的爭吵。爭吵並不起因於從事爭吵的人們，頂多是由於參加者自身所遭遇的逆境而尖銳起來。爭吵的眞正根源，在於那曾經決定革命趨勢的階級鬥爭，仍然繼續存在移居者之中，無論怎樣善意地企圖袪除它。馬克思和恩格斯自始就認清這種努力的徒然，從不參與其間，而這種情形倒使各黨各派的聯合至少有了一點基礎，也就是馬克思和恩格斯才是眞正的積習難改麻煩製造者。

馬克思和恩格斯繼續著在三月革命以前早已開始的無產階級鬥爭的策略。一八四九年秋天起共產主義者同盟的老會員，差不多全體又聚集在倫敦，除了喪生在穆爾格戰役中的莫爾、一八五〇年夏季才到倫敦的夏佩爾和一年之後才從瑞士來到倫敦的威廉·沃爾夫以外，再加上一些新進成員。其中之一是維利希，前任普魯士軍官，曾經在巴登和巴拉丁戰役中證明他自己是義勇軍團的一個能幹領袖。他是由他的副官恩格斯爭取進來的，是很有用的人，但在理論上是含糊的。還有幾個更年輕的人：商人施拉姆（Konrad Schramm）、教員皮柏（Wilhelm Pieper），而最重要的是威廉·李卜克內西（Wilhelm Liebknecht），他曾經肄業於德國各大學而在巴登的叛亂中畢業後流亡瑞士。後來這些人全都和馬克思有密切關係，情誼最篤的或許是李卜克內西。馬克思不常稱許另外那兩個人，他們曾使他遇到一些麻煩，但我們不必重視出自惱怒中每一個字的表面價值。施拉姆患癆病早死，馬克思說過他是黨的「急性子珀西」（Percy Hotspur）⑤，對於皮柏則說道「總算是一個好青年」（bon garçon）。多虧皮柏，那哥廷根（Göttingen）的律師米克爾（Johannes von Miquel）曾經和馬克思通信並且加入共產主義者同盟，而馬克思顯然把這律師視爲有些智力的人。米克爾

⑤ 亨利·珀西（一三六四—一四〇三）：英國軍人，以急性子著稱。

繼續忠於這旗幟好些年，但終於和他的朋友皮柏一樣，掉轉方向回到自由主義的陣營裡去了。

一八五〇年三月共產主義者同盟中央委員會發出由馬克思和恩格斯擬稿的一份傳閱信函，並且任海因里希・鮑爾（Heinrich Bauer）爲負責改組德國支部的密使把它攜帶到德國去。該傳閱信函根據於這信念：「或許由於法國無產階級獨立奮起的結果，或許由於神聖同盟武力侵入革命的巴別塔（Babel）的結果」，一次新的革命正在來臨。正如三月革命曾經把資產階級推至勝利一樣，即將來臨的革命也要把小資產階級推至勝利，且後者又會出賣無產階級。

革命工人黨對於小資產階級民主派的態度曾經被總結如下：「革命工人黨將與小資產階級民主派合作，以反對雙方有意推翻的黨派，但它將站在它自身利益的一切據點上反對小資產階級。」小資產階級將利用革命成功以改造資本家的社會，使生活更易過，使它自身更舒適，使工人也得到某種程度的好處。然而，無產階級不能以此爲滿足。在民主派小資產階級自己的有限要求得到成功之後，它就要設法趕快結束革命，而在另一方面工人的任務卻是要使革命持久「直至所有或多或少支配階級被迫放棄權利，由無產階級奪取國家政權，而且工人的聯合——不僅在一國之中且在全世界最主要國家之中——將推進到這些國家的工人之間沒有競爭，並且至少把最重要的生產工具都拿在他們的手裡」。

於是傳閱信函警告工人不可被小資產階級民主派安撫的布道所欺騙或使自己淪落到資產

階級民主主義扈從者的地位。相反的，工人必須把自己組織得盡可能的堅強和澈底：以求在工人的力量和勇敢一如既往獲得的革命勝利之後，工人就能支配小資產階級到如此的情況，使資產階級民主的統治中，埋入使它自身衰亡的種子，因而大大減輕將來以無產階級的統治取代其統治的困難。

> 在鬥爭當中及以後，工人必須盡可能地反對資產階級的一切綏靖企圖，並且強迫民主派實行他們的恐怖言詞。……毫不反對所謂過火，倘若人民報復他們所仇恨的個人，或者群眾攻擊引起痛恨記憶的建築物，我們不但容許且甚至領導他們。

在國民議會的選舉中工人必須在各處提出他們自己的候選人，即使是在沒有當選的機會時亦然，而且不理會一切民主派的言詞。在運動初期，工人們當然不能提出任何確切的共產黨方案，但他們能夠迫使民主派以各種可能方法妨礙舊社會秩序的機構到最大可能範圍，妨礙其有序的運行而致使該派殃及自身，把盡可能多的生產工具，如交通、工廠、鐵道等等收歸國家掌管。

此外，當革命廢除了封建制時，工人們必不容許將大封建主的土地分割給農民作爲私產，像法國大革命以後所做過的那樣，因爲這將使農村無產者永續不絕，而且產生農民地主的小資產階級，如法國農民所經歷的循環於貧窮和負債的相同反覆之中。相反的，工人必須要求把沒收的封建主土地留作國家財產而成爲工人的領域，聯合的土地由無產者依照大規模農業生產線來經營管理。因此公有的原則將成爲在搖搖欲墜資產階級財產關係非常核心的堅定基礎。

帶著這傳閱信函到德國去的鮑爾，在他的使命上取得了重大成功。他恢復了已斷的聯繫且建立了一些新聯繫，而他的最大成功，是對那些不顧反革命的恐怖主義，仍然繼續留存著的工人們、農人們、按日計酬的工人們和體育的協會產生可觀的影響。施特凡・波恩所創立的工人兄弟會的最有影響力成員，都已加入共產主義者同盟，而代表瑞士流亡者協會奔走於德國的舒爾茨也有報告到蘇黎世說那同盟正在網羅「一切最有用的分子」。在一八五〇年六月所發表的一個文件中，中央委員會已經能夠報告同盟在德國一些市鎮獲得穩固的根據地，在各地成立了指導委員會：什列斯維格─荷爾斯坦的在漢堡，梅克倫堡的在施威林，西里西亞的在弗羅茨瓦夫，撒克遜和柏林的在萊比錫，巴伐利亞的在紐倫堡，萊茵地帶和西伐利亞的在科隆。

同一文件中也說明倫敦是同盟最強的地區，幾乎供應著同盟的全部經費，指導著德國工人教育協會（Deutscher Arbeiterbildungsverein）的工作和最重要移居者團體的工作；同盟和英、法、匈革命黨派維持著密切關係。然而，從另一角度看來，倫敦區也是同盟的最弱之處，因爲同盟在這裡日益糾纏在移居者們劇烈且絕望的鬥爭之中。

在一八五〇年夏季，革命快要再起的希望顯然消失了。在法國普遍選舉制被摧毀，而在工人方面並未造成任何騷動，成敗之數決定於王位要求者的路易．拿破崙．波拿巴，和帝制派反動的國民議會之間。在德國，民主派的小資產階級已經退出政治競技場，而自由主義的資產階級則加入了普魯士緊急展開的以革命為犧牲的掘墓盜屍活動。然而，普魯士被德國各邦所騙，各邦全都追隨著奧地利的舞步，同時沙皇用力揮舞俄國皮鞭威脅整個德國。革命的退潮愈明顯，流亡者就愈強化其努力以創造一種人為的革命。移居者們故意忽視一切足資警戒的徵象，而把希望寄託在奇蹟之中，想單靠決心和意志力來完成奇蹟。同時在同一程度之內他們不信賴陣營內的任何自我批評，結果是認清局勢的馬克思和恩格斯進入了與其他移居者之間深而又深的衝突之中。邏輯和理性的呼聲如何能夠期望控制住那些日益孤注一擲的人們心中日益揚起的狂熱風暴呢？那是絕望的，而且這種普遍著迷確已深透入同盟陣營之內，使它的中央委員會士氣沮喪了。

在一八五〇年九月十五號的中央委員會會議中發生了公開的破裂，六個委員對抗四個委員。馬克思、恩格斯、鮑爾、艾卡里爾斯和普凡德這幾個老夥伴站在後輩施拉姆這一方來反對維利希、夏佩爾、弗蘭克爾（Frankel）和勒曼（Lehmann）——其中只有夏佩爾是老夥伴。夏佩爾，如恩格斯所說，是「一個成癮的革命者」，已經被這一年來親歷反革命派的野蠻殘酷所挑起的革命怒火沖得立場不穩，且他又才剛來到英國。

在這場決定性會議中的爭論曾經由馬克思綜述如下：

少數派以教條主義代替精確的觀察，以唯心論者的態度代替唯物者的態度。它把它自己的願望視爲革命的原動力而不顧局勢的現實事態。我們告訴工人們說不僅是爲了改變現狀甚至是讓自己勝任接掌政權，他們必須經過十五、二十甚或五十年的戰爭和內戰；而你們卻相反，告訴工人們說他們必須立刻奪取政權否則放棄一切希望。我們指出德國無產階級還仍然發展不足，而你們以最粗糙的方式阿諛逢迎德國技工的民族主義和行業偏見，而這自然是更受歡迎的囉。正如民主派從「平民」這個字中製造出一種神聖的實體一樣，你們對「無產階級」這字也幹了同樣的事。

激烈的討論發生了，施拉姆甚至要和維利希決鬥，雖然馬克思不贊成他的行動。決鬥果然在安特衛普（Antwerpen）附近進行，施拉姆受了輕傷。結果證明這兩派的調和是不可能的。

多數派想把中央領導權轉移到科隆以挽救同盟。打算由科隆區選舉新中央委員會，把倫敦區分爲兩個各自獨立的區分部，只與科隆中委會聯繫。科隆區贊同這提議，並且選出了新中央委員會，但少數派拒絕承認它。少數派在倫敦區占有優勢，尤其是在德國工人教育協會裡面，所以馬克思和他最親近的伙伴都退出了那協會。維利希和夏佩爾進而成立了自己的組織，但它不久就全然墮落到冒險主義和僞裝革命主義。

馬克思和恩格斯把他們的觀點解釋在《新萊茵報．政治經濟評論》的第五號和第六號裡面，這兩號是在一八五〇年中合併出版的，結束了這刊物的全部生命。他們的立場在這兩號裡，甚至比在那發生分裂的會議中解釋得還要詳盡。其中也登載著恩格斯以歷史唯物論的觀點評論一五二五年農民戰爭的一篇長文，和艾卡里爾斯的有關倫敦裁縫業的文章。這文章大爲馬克思所激賞，說道：「在無產階級決戰於壕塹之前，它以一系列智力勝利宣告它的統治的來臨。」

艾卡里爾斯正在一家倫敦裁縫工廠裡做工，也曾體認大規模工業淘汰手工業是一個歷史的前進步驟。同時他觀察到大規模工業的效果和成績創造並日益更新著無產階級革命的條件。他採取純粹唯物論的立場並反對資產階級社會及其勢力，不帶通常的感傷之氣，因此他的文章被馬克思稱讚爲一大進步，超越了魏特林和其他工人階級作家們所擅長的對於現狀進行情緒、道德和心理的批評。它也代表了馬克思自己不倦的啟蒙工作的成果之一，而這是很受歡迎的果實。

然而，最後一期的最重要貢獻是關於自五月至十月這時期中的政治經濟評論。馬克思和恩格斯澈底分析政治革命和反革命的經濟原因，指出前者發生於經濟危機，而後者它的根基在生產的新晉級之中。他們得到的結論是：

> 鑒於現行的普遍繁榮，且容許資產階級社會的生產力在資產階級社會的架構裡盡量迅速發展，這就不曾有發生眞正革命的問題。這種革命只有在那兩種因素互相衝突時才

有可能，也就是當近代的生產力衝撞著資產階級的生產方式時。歐洲大陸秩序各派別代表人物自身的各式吵嚷並不能引發任何新的革命。相反的，這些吵嚷的發生正是因爲現行關係的經濟基礎是如此安穩、如此資產階級化，到了反抗顯得無知的程度。想要阻止資產階級發展的一切反抗企圖，都要像民主派的道德憤慨和激烈宣言一樣絕望地崩潰。新的革命只能作爲新的危機的結果才可以造成，但它將到來正如危機自身將到來同樣確實。

這對於現狀明白和具說服力的敘述，正對比著當時由馬志尼（Mazzini）、勒德魯－羅林（Ledru-Rollin）、達拉斯（Darasz）和盧格簽署，而由一個歐洲中央委員會發表出來的一篇呼籲。該呼籲可以說是匯集小得不能再小的政治移居客的一切幻想，把革命的失敗解釋爲各別領袖們野心嫉妒和人民不同派別的代表自相矛盾教誨的結果，而結論是聲明信仰自由、平等和博愛、家庭、社會、國家和祖國，總之，信仰上帝及其永恒法則在頂點、而人民在底層的一種社會制度。

這政治經濟評論脫稿於一八五〇年十一月一號，自此之後它作者們的直接和緊密合作停止了二十多年，因爲恩格斯又到曼徹斯特去服務於埃爾曼－恩格斯公司，而馬克思一直留在倫敦專心致力於科學的研究。

四、流放中的生活

一八五〇年十一月的日子差不多恰恰降臨在馬克思一生的中央，不僅是外在的也可以說是他終身事業中的一個重要轉捩點。馬克思自己深切知道，而恩格斯甚至知道得更清楚。一八五一年二月恩格斯寫信給馬克思說：

人會愈漸覺得流放是一種機制，使其中的每個人必須變為傻子、驢子和卑賤僕役，除非他完全脫離它而自足成為一個獨立的作家，至少甚至毫不煩惱所謂革命黨的事。

馬克思回信說：

我很喜歡我倆現在所處的這種離群獨居。這完全和我們的態度和原則一致。為了表面的緣故而容忍互相折衷讓步的系統，以及在公眾眼前要和所有這些蠢材共同負責的必要，現在都告一段落了。

恩格斯又說：

在長時間之中，首次我們又有一個機會表示我們並不需要人望，並不需要任何國家的任何黨派的支持，而我們的地位是完全獨立於這些瑣事之外的。從現在起我們只對我們負責……順帶一提，我們就不會埋怨那些無關重要的大人物（Petits grands hommes）避開我們了。幾年以來我們似乎把張三李四當作我們的黨，雖然我們並沒有黨，而且那些我們認爲至少官方上屬於我們一黨的人們也不理解我們主義的基本原則。

倘若把「傻子」、「驢子」和「僕役」這些話看得太認眞那就錯了，這些大膽用詞是應該打折扣的，但，這仍指出馬克思和恩格斯確實認爲決意切斷流亡者們無結果的爭吵是他們的自救之道。如恩格斯所說，他們退入「某種孤立狀態」是因爲他們要繼續科學的研究直到人們更能理解他們的主義之時。

然而，這切斷在回顧的觀察者眼裡並非那樣澈底、那樣迅速和那樣深刻。在往後幾年間他倆的通信裡，我們發現流亡者之間的內部鬥爭占有很可觀的角色，而這都是因爲共產主義者同盟分裂爲兩派之後所發生的不斷磨擦，如果沒有其他理由。再者，雖然馬克思和恩格斯已經決定不再參加移居時期喧囂的吵鬧，這並不能說是全部放棄當時的政治鬥爭。他們繼續投稿於大憲章運動的報紙，而且他們並不把《新萊茵報．政治經濟評論》的停刊作爲結局。

巴塞爾（Basel）的一個名叫沙貝利茨的出版家提議繼續印行這《評論》，但終究毫無結果。然後馬克思和赫爾曼・貝克開始談判，後者曾經在科隆讓他《西德意志報》（*Westdeutsche Zeitung*）編輯的地位維持了一段時期，在該報被禁之後接管一家小出版社。馬克思想要發表他的文章在著作集中並且在列日（Liege）發行一份季刊。然而，這計畫因爲一八五一年五月貝克被捕而告吹，雖然確實曾出版過「著作集」的一冊。著作集分爲兩卷出版，每卷四百頁，凡在五月十五號以前預訂的人只須付每卷價八個銀格羅申，十冊一卷，過了這時期以後每卷的售價是一塔勒十五格羅申。第一冊立刻賣完，但魏德邁所謂賣了一萬五千份或許是錯的，因爲在那時只要能賣掉這數目的十分之一，就算是頂成功的了。

當草擬這些計畫時馬克思正在「急於謀生」。他和他的家屬生活於極度貧困之中。一八四九年十一月誕生了第四個孩子，名叫圭多（Guido）的男孩，其母親寫道：「這可憐的小天使哺乳於如此的照顧和憂心之中，以致常常害病而且日夜劇痛。自他出世以來就沒有好好地睡過一夜，而每次睡覺從不超過兩三小時。」這孩子大約活了一年就死了。

這家庭初次落腳在切爾西（Chelsea），卻遭最蠻橫和無情的逐出，因爲雖然租金已經繳付二房東，而後者並未交給地主。經過許多困難他們才找到一個暫時棲身之所，在萊斯特街（Leicester Street）的萊斯特廣場附近一家德國旅館裡面，不久之後又遷移到蘇荷（Soho）廣場迪恩街（Dean Street）二十八號裡。往後六年間迪恩街的這兩個房間就是這家庭的長久住所。然而，這並未解決他們的財務困難，那是日益加劇的。將近一八五〇年十月底時，馬克思寫信給在法蘭克福的魏德邁請他贖出當鋪裡的家用銀器，盡可能地求善價賣掉它，不過要保留屬於小燕妮的小調羹之類。「此刻我的情況是必須在一切環境下想盡方法籌錢以使我的工作能夠繼續進行。」同時恩格斯啟程到曼徹斯特專心從事「討厭的業務」，確是企求能在財務上援助他的朋友。

除了恩格斯以外，可靠的朋友確實很少；在一八五〇年中馬克思夫人寫信給魏德邁說：

最痛擊我和最令我心頭淌血的是我的丈夫被如此多的瑣事所煩擾。他得到的幫助是如此之少，但常常隨時助人的他卻落得孤立無援。魏德邁先生，請不要以爲我們會向任何人要求任何事物，但至少我的丈夫可以正當的要求那些在觀念上和事實上得過他的援助的人們對他的《評論》表示更多一點事業動能和興趣。他們應該報答他這一點，且我毫不羞愧地這樣說——總之，關於這些事是瞞不過人的。這使我傷心，但我的丈夫卻不以爲然。他對於將來從未失去自信，即使是在最惡劣時刻，而他常常保持著他的好精神，倘若他看見我的幽默和我們親愛的孩子們對我調皮時他都很高興。

當朋友們漠然冷落時她照顧他，正如當敵人的攻擊太喧嚷時他照顧她一樣。

一八五一年八月馬克思又寫信給魏德邁說：

你可以想像我的景況的淒涼了。倘若再繼續下去我的妻子將撐不住。接連而來的困難和日復一日爲瑣事量入爲出的掙扎正耗盡她。加上我的反對者們的劣行，他們甚至不客觀的攻擊我，而且他們無能到只會對我妄加揣測，和散布有關我最模糊的陋行……至於我，對於這一套只應該感到好笑，至少我不容許它妨礙我的工作，但你可以想像這對於我的妻子是不能釋然的，她生病，神經衰弱，而又被迫從早到晚和悲慘的貧窮鬥爭，同時那些兩面討好的蠢材們從民主派的陰溝裡帶了最近的臭氣來給她。在這一點上某些人的笨拙常令人作嘔。

幾個月以前（在三月中）馬克思夫人生了一個女孩，弗蘭齊絲卡（Franziska），即使分娩過程順利她卻病得很重，「心理的原因勝過生理的原因」。家裡沒有一分錢，「而同時我們剝削工人們和爲一種專政而工作」，如馬克思以悽苦語氣寫信給恩格斯所說。

馬克思的科學研究是安慰他不竭的泉源，他從早晨九點鐘到晚間七點鐘都坐在大英博物館（British Museum）裡。關於金克爾和維利希空虛的誇張言詞，他曾經說過：

自然，民主派的笨蛋們其靈感是「從天而降」的，不必做這類研究的任何事情，不學的無知者爲何要絞盡腦汁於經濟學和歷史呢？那可敬的維利希常對我說，各種事都是很簡單的。各種事都是很簡單的！或許在他們的糊塗頭腦裡是如此，因爲他們眞是大笨蛋！

那時馬克思想在幾個星期之內完成他的《政治經濟體批評》（*Critique of Political Economy*），已經開始尋找出版社，但在尋求過程中一次又一次地使他失望了。

一八五一年五月馬克思的一個絕對可靠的朋友，弗萊里格拉特，來到倫敦——在往後幾年間他倆維持著密切來往——但壞消息也很快接踵而來。五月十號當裁縫諾特榮（Nothjung）代表共產主義者同盟進行煽動之旅時，在萊比錫被捕，他所攜帶的文件洩露了同盟的存在給警察，因此科隆的幾個中央委員立刻被捕。弗萊里格拉特僅以身免逃脫，那時他甚至還不知道自己在危險之中。當他到倫敦時，德國流亡各派立刻拚命地爭取這位名詩人效忠的恩典，但他藉由通知它們說他是站在馬克思及其圈子那方來停息了這爭端，並且拒絕出席另一企圖調和流亡者各派歧見的七月十四號會議。這企圖像以前一切企圖一樣流於失敗，只產生了新的糾紛。七月二十號成立了盧格作爲精神領導的「煽動俱樂部」（Agitation Club），七月二十七號又成立金克爾作爲精神領導的「移民俱樂部」（Emigration Club），而且這兩個團體旋即互相猛烈爭鬥，尤其是在德美通訊的欄位上。

自然，馬克思對於這種「蛙鼠之戰」只有輕蔑，不過那些領導者的思想立場都使他多少有些憎惡。盧格要「編纂事件之理」的企圖曾經在一八四八年的《新萊茵報》上受過輕微抨擊，而後來也曾有重砲出來反對這位「波美拉尼亞（Pomeranian）⑥思想家」——他的著作都是「排水溝」，「泛流著德國民主主義一切廢棄的用語和矛盾」。然而，以政治的混淆而論，盧格的口徑不同於金克爾，後者自從斯潘道監獄逃出以後就不斷努力要扮演倫敦的社交之獅那種有趣角色，正如弗萊里格拉特所嘲笑的「一會兒在酒店裡，一會兒在俱樂部」。再者，馬克思此刻更注意金克爾，因爲維利希已成爲金克爾的盟友以期組織一場大騙局，一種負債有限的革命。一八五一年九月十四號金克爾到了紐約，他的使命是爭取負有時譽的流亡者來作一種德國公債的保證人——公債「總額兩百萬美元，用以推進即將到來的共和革命」——並募集初期基金兩萬塔勒。科蘇特（Kossuth）首先懷著這妙計，帶了收款箱子過海去了，但金克爾把事情小規模化進行得絕不狂熱和魯莽，且老師和學生分頭活動，在北方各州宣傳反對黑奴制度，而在南方各州則宣傳贊成這制度。

當這鬧劇正在進行時，馬克思和新大陸建立了確實的關係。在他燃眉的財務窘迫之中——「像這樣幾乎是無法活下去」，他於七月三十一號寫信給恩格斯說——他打算對美國報紙發行一種石板印刷通信，而不久之後他接到北方最廣爲流傳的報紙《紐約每日論壇報》的邀約，請他作爲經常撰稿員。提出這邀請的是該報發行人達納（Dana），他旅居科

---

⑥波羅的海邊普魯士之一州，盧格的家鄉；但這個字的另一解釋爲博美犬；此處係雙關。

隆時和馬克思相識。那時馬克思還不十分擅長英文，所以恩格斯代他寫了一系列有關德國革命和反革命的文章，而不久之後馬克思終能夠使他的一本德文書在美國出版。

五、霧月十八號（The Eighteenth Brumaire）⑦

在革命的那幾年間，馬克思來自布魯塞爾的老朋友魏德邁一直作為美茵（Main）河畔法蘭克福的民主報編輯勇敢奮鬥。當反革命派愈漸猖狂時，這報紙也被禁了，而破獲共產主義者同盟之後，作為同盟活動分子的魏德邁之行蹤也旋即被警廳間諜所掌握。當初他避難在「薩克森豪森（Sachsenhausen）的一個安靜的小客棧裡」，專心寫作有關政治經濟體的一本通俗的書，同時等待風暴過去。然而，氛圍卻變得愈漸壓迫。魏德邁總算掙脫了那「躲藏在四周一直糾纏不放的魔鬼」。他是一名丈夫和兩個小孩的父親，當他意識到在瑞士或倫敦無法謀生時，他決定移居到美洲。

馬克思和恩格斯都很不願意失去這樣一個忠誠的朋友，所以馬克思絞盡腦汁替他謀求一個工程師、鐵道測量員或這一類就業機會，但無結果。

⑦ 霧月：法國共和曆第二月，即陽曆十月二十三號至十一月二十一號。

> 你到了那邊，又有什麼保障使你不至於迷失在遠西呢？我們擁有的眞正好人是如此稀少，所以我們必須節省我們的力量。

然而當魏德邁的離去成爲必不可免時，他們覺得有個共產主義宗旨的能幹代表駐在新大陸並不是一件壞事。恩格斯說過：「我們需要一個像魏德邁一樣可靠的人在紐約。總之紐約並非遙不可及，而且我們知道倘若我們需要，魏德邁是靠得住的。」於是，他倆對他祝福，他終於九月二十九號從哈佛（Havre）上船，經歷了幾乎四十天的風浪之後才安抵紐約。

十月三十一號馬克思就寫信給他，勸他在紐約自立爲書商和出版家，然後選擇《新萊茵報》和《新萊茵報・政治經濟評論》的精華分別出版。當接到魏德邁來信說他希望能夠在一月初出版一份《革命》（*Die Revolution*）週刊，請他們盡快寄稿子去時，馬克思是歡喜的；在來信中魏德邁還隨筆大肆痛斥書商的心態，說在新大陸沒有比這更無修飾和可惡的了。馬克思立刻熱烈推動一切共產主義者的筆，尤其是恩格斯的筆。他也得到了魏德邁所要求的弗萊里格拉特的詩，以及艾卡里爾斯、維爾特和兩個沃爾夫的文章。在回覆魏德邁的信裡，馬克思責備後者在爲週刊徵稿的信中不曾提到威廉・沃爾夫：「我們之中誰也沒有他的通俗風格，而他又很謙虛，所以我們越發有責任避免視他的合作爲多餘。」至於他自己的部分，馬克思宣稱除了討論普魯東新著作的一篇長文以外，他還要寫《路易・波拿巴的霧月十八號》，即十二月二號路易・拿破崙・波拿巴軍事政變，這是當日歐洲政治中的最重大事件，也引起許多討論。

關於這主題別人曾經寫過兩部書，都很有名，而且作者們得到了豐富的報酬。後來馬克思說明他自己的著作和那兩部書的差別如下：

雨果（Victor Hugo）的《小拿破崙》（*Napoléon le Petit*）只限於辛辣和堂正地嚴厲譴責爲這政變負責的人。在他看來政變自身好像是晴天霹靂，且不過是個人暴行的結果，但他未能看出他藉由賦予這個人擁有世界史上無此先例的創意能力，因此使這個人變得偉大而非渺小了。另一方面，普魯東的《政變所展示的社會革命》（*La Révolution sociale démontrée par le coup d'état*）想要說明這政變是過往歷史發展的一貫結果，但在他寫來這政變的歷史構成卻發展爲替政變英雄的歷史辯解書。因此他墮入我們所謂客觀歷史家們的錯誤之中。而在我處理這主題時，我表明法國的階級鬥爭如何創造了使一個平庸和拙劣的個人，能夠扮演英雄角色的種種條件和環境。

馬克思的書在其兩本更幸運的姊妹文學面前像是仙杜瑞拉（Cinderella）⑧，但當後者

⑧《灰姑娘》童話中的美少女，被繼母和繼姊妹所虐待。

久已化爲灰塵時，他的著作在今日卻還閃爍著不朽的光輝。

在這煥發著機智和幽默的著作中，馬克思成功了，多虧唯物史觀，把當代的歷史事件分析到核心。這著作的形式和它的內容同樣出色。第一章由壯麗的對照開始：

> 資產階級革命，如十八世紀的那幾次，風暴式推進，接連取得成功，他們的戲劇效果一次勝過一次，人與事似乎都穿插在烈焰的光輝中開展，得意忘形成爲日常的時代精神；但它們是短命的，一下就達到頂點，在社會學會冷靜吸收消化其狂躁和緊張交替時期的結果之前，就有一股長期的消沉降落在社會上。另一方面，無產階級革命，如十九世紀的那幾次，卻不斷地自我批判，在其自身路程中時常自行中斷。它們爲了要重新開始而又回到顯然已完成的事上，且十足無情地嘲笑它們前幾次嘗試的不認真、缺點和悲慘性。它們把敵人推倒在地上似乎只是要使敵人從地上重獲力量再站起來以更加有力地面對它們。它們一而再從它們自身目標的不確定和其宏偉性質退卻，直到不能再退的局勢已成，遂大聲嚷嚷：「這裡有玫瑰花，就在這裡跳舞吧！（Hic Rhodus, hic salta!）」⑨

⑨ 拉丁文。原出於伊索寓言，後被黑格爾改寫，此處馬克思借用之。

一直到這預言式結論的自信之詞：

倘若皇袍終究披在路易・波拿巴的肩上，那麼拿破崙的銅像就會從旺多姆（Vendôme）的圓柱上傾倒下來。

這出色的著作是在什麼情況之下寫成的！下面的事實並不算嚴重，魏德邁的週刊才出了一期就因爲資金缺乏被迫停刊：

自秋初以來這裡普及的空前失業狀況使人很難開創任何新事業。而且近來工人們已經遭受各式剝削，先是金克爾，然後是科蘇特。不幸，他們大多數都寧願捐一元錢給敵對他們的宣傳而不肯捐一分錢來捍衛他們自己的權益。美國的狀況有一種異常腐蝕的影響，同時反覆陳述那傲慢的觀念：美國人比他們舊大陸的同志更好。

然而魏德邁並未拋棄使週刊復活的希望，打算改爲月刊，而他所缺少的不過是可憐的兩百元這個數目而已。

較爲嚴重的是自一月初以來馬克思就患病，要十分勉強才能工作：「幾年以來沒有什麼事比這討厭的痔瘡把我拖累得更厲害的了，甚至最不幸的法國失敗也不能相比。」而尤其嚴重的是他不斷地被「臭錢」所煩擾，也就是缺少它，使他不得安寧。二月二十七號他寫道：「我的狀況現在已經到了這種宜人的地步：我不能再出門，因爲衣服都在當鋪裡，我不能再吃肉，因爲沒有人肯賒帳了。」三月二十五號，他終於能把最後一包原稿寄給魏德邁，連帶慶賀魏德邁又生了一個小革命家，魏德邁就此事曾通知馬克思說：

要選擇出世的時期沒有比現在更好的了。在七天之內就可以從倫敦到加爾各答的那時代，我們已必須改換我們的頭腦，否則它們就會因衰老而不可靠。澳大利亞，加利福尼亞，太平洋！將來新世界的居民將不能明白我們的舊世界是怎樣狹小。

甚至處於那種最難堪的切身憂患之中，馬克思也不曾失去他對人類發展絕妙遠景的樂觀主義。而在他眼前的卻都是悲苦的日子。

在三月三十號的一封信裡，魏德邁必定已經奪去馬克思著作出版的一切希望。這封信並未保存下來，但它所產生的反響卻還存在，那就是威廉．沃爾夫在馬克思的一個孩子下葬那一天——四月十六號——所寫下激憤的信。沃爾夫寫道：「差不多我們的朋友全都被這巨大不幸所苦，且在可怕的困窘之下。」這封信裡充滿了責備魏德邁的言詞，其實後者的生活也並不是稱心如意，而且他總是常常盡力援助。

馬克思和他的家屬過了一個可怕的復活節。死去的孩子是他們最小的女兒，一年前生的；馬克思夫人的日記裡有過這樣動人的描寫：

一八五二年復活節，我們可憐的小弗蘭齊絲卡患了嚴重支氣管炎。三天以來這可憐的孩子與死亡掙扎，受了許多苦痛。她失去生命的小身體停在我們後面的小房間裡，我們全都走進前面的房間，夜來時我們把床鋪在地板上。還活著的三個孩子同我們睡在一處，我們都爲那現在已冰冷地停在鄰室裡的可憐小天使嚎啕大哭。這可憐的孩子死於最窮苦的時候。我去拜訪不久前曾來訪過我們的近鄰法國流亡者。他以友善和同情接待了我，給我兩鎊錢，我的孩子能夠安息的棺材就是用這錢買來的。她一生下來就沒有搖籃，而連這最後的小棺槨也還不夠長。當那小棺材抬出去到她的永遠安息地時，那對於我們是慘不忍睹的。

在這種黑暗的日子，魏德邁附帶著壞消息的信到了，而馬克思痛心於他的妻子親見他兩年以來所致力的事每一件都失敗了。

然而，在那些不幸的時光之中，已經有一封新的信正在渡海而來。那是四月九號寫的，說道：

意外的援助終於消除了阻礙小冊子出版的種種困難。我發了前一封信之後，遇見我們從法蘭克福來的一名工人，一位裁縫，也是去年夏季才到這裡的，而且他立刻把他所積累的四十美元全部交由我處置。

沒有這工人，《路易．波拿巴的霧月十八號》或許是不能出版的——而魏德邁甚至沒提那工人的名字！但他叫什麼名字有何要緊呢？感動他的是那無產者的階級意識，無產者為了其解放是永遠不吝於獻出高貴犧牲的。

《路易．波拿巴的霧月十八號》構成了魏德邁現在開始發行的《革命》月刊的第一號。第二號也就是最後一號裡有弗萊里格拉特的兩首詩，那形式是以書信體寫給魏德邁的，以出色的機智和幽默譴責金克爾在美國的乞丐遊歷。而這便是這月刊創業的結局。恩格斯寄去的幾篇稿子都在中途遺失了。

魏德邁印了一千本《路易．波拿巴的霧月十八號》，三分之一都寄到歐洲，但並未經過書商之手。它們是由英國和萊茵地帶的朋友們和同情者分派的，因為甚至「激進的」書商也堅持不肯承售這如此「不合時宜的」勞作，而由皮柏執筆和經過恩格斯潤飾的一個英文譯本也找不到任何一個出版商。增加馬克思在尋找出版商的困難的毋寧是這局勢所造成：法國波拿巴政變之後接著就是德國科隆的共產黨審理案。

六、科隆共產黨審理案

自一八五一年五月科隆大學搜捕以來，馬克思就已密切注意那些初審程序，但程序屢次推延，因爲缺乏任何「起訴的客觀根據」，這是連官方的檢察長也不能不承認的，也是無可奈何。所能夠證明的事不過是被告等確實爲一種祕密宣傳組織的成員而已，按照刑律這是不受懲罰的。

然而，國王一定要使其所任命的施蒂伯藉此機會顯示他的能耐，且使普魯士公眾看到破獲陰謀和懲治謀叛者有大快人心的圓滿結局，而施蒂伯自己正是太愛國了並不執行世襲統治者和國王的意志。他的任務始於巧妙地教唆一宗搶劫。他將一個曾擔任維利希組織的祕書，名叫迪茨（Dietz）的寫字桌敲開並搜劫一空。作爲一個狡黠的特工挑釁者，施蒂伯發覺這一組織的魯莽所給他教化任務的成功前景是「馬克思派」所不能提供的。

由於這些盜來的文件，再加上路易．拿破崙．波拿巴政變前夕法國當局所給予他的協助，施蒂伯製造了所謂在巴黎的「法德陰謀」，以致一八五二年二月一些不幸的德國工人被巴黎法庭定罪，判處他們各種刑期。然而，施蒂伯並未成功建立他的巴黎陰謀與科隆被告們之間的任何聯繫。無論怎樣奸狡，這「法德陰謀」連提供他作爲科隆的證據的影子都稱不上。

那時「馬克思派」和「維利希—夏佩爾派」之間的差異仍日愈尖銳，維利希還在和金克爾通力合作，而後者從美國回來又重新煽起流亡者之中的一切爭吵，以致一八五二年春季和夏季這兩派之間的緊張更劇烈起來。金克爾並未募得打算作爲國民革命貸款骨幹的兩萬塔勒，但已經得到將近一半。而用這錢做什麼的問題，現在不但使民主派的流亡者們絞盡腦汁而且開始互相打破頭顱。結果是把一千英鎊存入西敏銀行（Westminister Bank）作爲首任臨時政府的保證，餘款則都已作爲旅費和行政費用支出。這存款從未使用於它的原定目的，但十五年之後那愚行得到一個頗爲滿意的結果：資助德國社會民主黨的報紙克服開創的困難。

關於環繞著這尼貝龍根（Nibelungen）[10]寶藏所激起的喧囂及叫嚷，馬克思和恩格斯曾描寫過這場戰爭的英雄們，不幸那些手稿都不曾保存。說服他們做這種描寫的是一個名叫班亞（Banya）的匈牙利上校，這人親自把科蘇特委任他爲匈牙利移民警察總監的親筆文件出示他們，而其實這人是一個公有的間諜，常常替出價最高的人服務。他終於被馬克思和恩格斯所揭破了，因爲班亞不把手稿交給指定的柏林出版商而把它交給普魯士警察。馬克思立刻發表署名啟事在紐約《刑事新聞》（*Kriminal Zeitung*）上，揭破那流氓的惡行，但他已無法取回手稿，此後也不曾發現過。倘若普魯士政府曾想利用它作科隆案訴訟程序的材料，那

[10] 據德國神話，爲侏儒及魔鬼之一種族，乃齊格菲（Siegfried）所獲寶藏及戒指之原主。

必然是失望的。

窮於不利被告們的證據，政府一再延期公開審判，因而提升了心急公眾的懸疑往更高點，直到一八五二年十月才不得不揭幕上演。警探們所決意的一切僞證並不足以建立被告們與「法德陰謀」之間的任何關係，也就是，被告們在獄中時警探所杜撰的「陰謀」，他們不只不是該組織的成員，甚至還是反對者。於是，施蒂伯拚命製造出「馬克思派原始會議紀錄」，據說這本聲名狼藉的「紀錄本」爲按年記載著馬克思和他的同志們討論世界革命的邪惡計畫的系列會議紀錄，是由特工挑釁者弗勒里（Charles Fleury）和赫希（Wilhelm Hirsch）在名叫格萊夫（Greif）的警官指示之下所粗製濫造編成的僞造品。這珍貴的文獻一看就顯出僞造的痕跡，且其內容簡直有夠白痴，但施蒂伯仗恃的是他仔細篩選的資產階級陪審員們的愚蠢，且嚴密檢察郵件以阻止倫敦方面傳來的解釋和啟示。

然而，施蒂伯的卑劣計畫由於馬克思還擊的能量和愼重以失敗告終，雖然後者對於這長期和費力鬥爭的準備是不足的。九月十八號他寫信給恩格斯說：

我的妻子正在病中，小燕妮也正在病中，倫希恩害著神經性的熱病，而我不能請醫生，因爲我沒有錢給他。八或十天以來我們全都只靠麵包和馬鈴薯維生，而現在可慮的是我們此後是否還能夠得到這些東西……我並未寫稿寄給達納，因爲我沒有錢買報紙。現在所能發生最好的一件事是那房東太太把我們趕出去，因爲這樣一來我就可以放下壓在我心裡二十二鎊未繳房租的重負，但我懷疑她能否如此體恤。同時我拖欠著麵包店、牛奶店、雜貨店、蔬菜店和肉店。我在這世上如何逃出這窮凶惡極的困窘呢？過去一星期以來我曾經向工人們借過幾先令，甚至幾便士（Penny）⑪。眞是可怕，但那是絕對必要的，否則我們就要挨餓。

在這種窘迫的情形中馬克思還不能不和有權勢的敵人們爭鬥，但在爭鬥中馬克思和他的妻子忘記了他們的家計艱難。

當勝負待決時，馬克思夫人寫信給一個美國的朋友說：

一切證明僞造的文件都必須從這裡提供，所以我的丈夫必須整日工作以至深夜。然後我們也必須把每件東西抄寫六、七份，用各種方法，越過法蘭克福、巴黎等處，寄到德國去，因爲我的丈夫寄去德國的或別人寄來給他的一切信件都被拆開和沒收。全部事件已化爲我的丈夫和警察之間的鬥爭，而我的丈夫擔負著每件事情的責任，甚至審訊的指引。你必須原諒我的錯亂，但我也參與這錯綜情節的某部分，我不斷抄寫直到我的手

⑪ 英國銅幣，爲一先令之十二分之一。

指疼痛。只要作爲安全掩護從維爾特和恩格斯裝作商業函件的文書和一長串商業地址名單一寄到，我的家就變爲正規的辦公室，兩三個人擬稿，其他幾個傳遞消息，其餘的人去募集一堆零錢來延續我們的生存，和搜羅官方不斷捏造的最可恥誣陷的證據。我的三個活潑的孩子隨時歌唱和吹口哨，有時受到他們父親的嚴厲斥責。這是什麼生活呀！

馬克思得到了勝利，施蒂伯的僞證還未到審判之前就被揭破了，以致檢察官不得不拋棄那「卑劣的會議紀錄」。然而，輿論的勝利卻注定了被告們的惡運。五個星期的訴訟程序披露了如此之多由普魯士最高當局犯下的醜行，以致無罪釋放被告將在世人眼前意謂國家有罪。爲避免國家的恥辱，陪審員們願意玷汙他們自己的榮譽和違背他們的良心，判了十一個被告中的七個圖謀高級叛逆罪。雪茄工人勒塞（Röser）、作家比格斯（Bürgers）和熟練的裁縫諾特榮都各被判處在要塞服刑六年；工人雷夫、藥劑師奧托和前任律師貝克各處在要塞服刑五年；熟練的裁縫萊斯納（Lessner）被處徒刑三年；店員艾爾哈特和三個醫師丹尼爾斯、雅各比和克萊因（Klein）全都無罪開釋。然而，幾年之後丹尼爾斯死於在獄中候審十八個月染上的肺癆病。在一封動人的信裡他的妻子轉達他的最後敬意給馬克思，後者爲其辭世深表哀悼。

這可恥的訴訟案除了丹尼爾斯以外的其他受難者都還多活好幾年，而其中的幾個甚至退回去服務於資產階級，例如，比格斯作爲進步黨人而被選入德國國會，貝克後來成爲科隆市長、普魯士上議院議員，他的高度愛國態度無時不得到政府和朝廷的榮寵。在這些被判刑的犯人中仍然盡忠於無產階級旗幟的是諾特榮和勒塞，他倆在重振工人階級運動的初期都擔負了積極的任務，還有萊斯納，一直活到馬克思和恩格斯死後，成為流亡中最忠實的同志之一。

科隆共產黨審理案之後，共產主義者同盟瓦解了，而維利希的組織也立刻步其後塵。維利希移居美國，在美國內戰中他當了北軍的將軍，贏得好名聲，而夏佩爾則悔悟回到老同志方。然而，馬克思不容許普魯士政府享受科隆審判的悲慘勝利，他決定在世人的眼前使其公開受辱。為了這目的，他準備在瑞士發表這審判所揭露的眞相，如有可能也在美國發表。十二月七號他寫信給一個美國朋友說：

我想，你會更欣賞這小冊子的幽默，當我告訴你它的作者其實也形同拘押犯，因為他的腳和臀缺乏適當的覆蓋物，再來他的家族還在受眞正可怕的貧困之威脅。這也有部分是那訴訟程序的結果，因為五個星期以來我被迫竭盡全力來替同黨辯護以對抗政府的圖謀，並不能謀生。不但如此，那審判使得德國書商全都背棄了我，我曾希望和他們接洽出版我討論政治經濟體的書。

然而，十二月十一號接手父親事業的沙貝利茨（Schabelitz）從瑞士寫信通知馬克思，說他已經看過這書的初次校樣：「我相信這書將產生無比轟動，因爲它是一部傑作。」沙貝利茨提議印兩千部，每部定價十個銀格羅申，因爲他判斷至少一部分可能被沒收。不幸當這一版從存放了近六週的巴登一個邊境小村輸送進內陸時，它們全部被沒收了。

三月十號恩格斯接到這壞消息，嘆息道：「如此的不幸奪去人們再寫作的勇氣。總是替普魯士國王工作呀！」要查出這洩露如何發生顯然是不可能的，而馬克思當初對於書商的懷疑終於證實是無根據的。沙貝利茨甚至提議分配他先前留在瑞士的五百部，雖然這似乎助益很少。這事對馬克思有一個苦澀的結局：三個月之後要求他賠償印製費四百二十四法郎的，不是沙貝利茨而是他的合夥人阿姆貝格（Amberger）。

然而，瑞士的失敗幸有美國的成功得到部分補償，雖說在美國揭露科隆審理案的效力，並不如在歐洲那樣困擾普魯士政府。波士頓發行的《新英格蘭報》（*Neu-England Zeitung*）印了這些揭露的文章，而且恩格斯還自費特別印了四百四十部；得到了拉薩爾的援助，他打算把它們散播在萊茵地帶。關於這一點馬克思夫人曾經和拉薩爾通信，而且後者表示十分熱心，但可惜的是那通信中並未顯示這計畫是否成功實行。

這些揭露文章得到了德文的美國報紙的熱烈回響，而維利希尤其出來反對這本著作。這使馬克思寫了一篇短文回答他，題名爲〈高尚良心的騎士〉，但在今日是不值得揭開那久已落下的遺忘之幕的。在這種爭論中，往往雙方都有錯誤，而勝利者馬克思欣然抑制著戰勝被征服者的凱歌。關於移居時代的初期，馬克思於一八六〇年說道：這時期最輝煌的洗刷嫌疑是它的歷史和同時並行著的資產階級政府及資產階級社會的歷史之間的對比。除了很少數例外，流亡者們被指責的莫過於懷抱著多少可以由當時環境加以合理化的一些幻想，和犯了亡命客突然處於非常境遇之中所必然出現的愚行。

一八七五年馬克思準備再版那些揭露文章時，當初他遲疑於是否應該刪去批評維利希－夏佩爾派的那幾段，但他終於將其保留，覺得大肆刪改文本，就好像竄改一種歷史文獻似的，不過他補充說：

一次革命的種種劇烈事件在參與其中的人們心裡，尤其是在被迫離家逃亡的人們心裡留下某種困擾的傳承。這種心理的困擾影響那些即使是有才能的人們一個或長或短的時期，使他們變得可說是無責任感。他們不能理解那些事件的意義，也不肯看清運動的形式已經改變了。結果，他們耽迷於謀叛和浪漫的革命主義，損害了他們自己的名聲和他們所信仰的宗旨。這是維利希和夏佩爾所犯錯誤的說明。在美國內戰中維利希顯示了他不僅僅是一個奇想計畫的編織者，同時夏佩爾，終身作爲工人階級運動的先驅，在科隆審理案不久之後就認清和承認了他暫時性的錯誤。許多年之後，夏佩爾在臨死之前，對移民時代初期的愚行進行苛刻的反諷。另一方面，原本發表這些揭露文章的當時環境說明了那時用以攻擊無意間援助著公敵的人們的那種悲痛。在危難關頭失去理智是一種反黨的罪行，必須公開贖罪的。

這是至理名言，當人們仍然以為維持「好語氣」比在原則上劃清界限更為重要時。戰已打過而且得了勝利，馬克思是最不念舊惡的人。在回答一八五〇年弗萊里格拉特某些唐突評論鑽進同盟裡來的「可疑和墮落的成員」言詞，馬克思承認了遠超他必須承擔的事，他說：

暴風常常揚起一定程度的塵垢，而且革命時期並不散發玫瑰花油的香氣。顯然，人偶而也被濺上各類汙穢。在這種時刻要成為特例是不可能的；

但他正確地補充說：

然而，倘若有誰考量官方對抗我們的驚人努力、刑法羅織追究我們的罪狀，和「愚蠢的民主主義」——它永遠不能原諒我們，因為我們表現了比它自己所表現的人格更具智慧和更具力量——誹謗的毒舌，還有其他一切黨派的歷史，就必定會得到這結論：在這十九世紀中我們的黨尤其是以其純潔度著稱。

當共產主義者同盟失其存在時，馬克思與在德國公開活動的最後聯繫被切斷了，從此流放，「好人的家」，也就變為他的家了。

第八章　馬克思與恩格斯

一、天才與社會

馬克思在英格蘭找到了第二個家，但這個字的意義不可以延伸得太遠。他在英國從來不曾因爲他的革命煽動而受干涉，雖然那煽動自然也是反對英國的。「貪婪而嫉妒的老闆們」的政府比起歐陸各國的政府——它們良心的不安使其用盡各種警察鎮壓方法來獵捕它們的敵人，即使後者的罪過不過是討論和宣傳——展現更大程度的自尊和高尙。

在另一層更深的意義上，自從他的銳利眼光看透了資產階級社會的僞善之後，馬克思就不曾找到一個家。要討論天才在資產階級社會中的命運，是可以寫滿龐大的一章的，關於這問題曾經有過各種意見，從庸俗者預言最後勝利屬於各個天才的天眞信念，到浮士德的憂鬱之詞：

那些少數人，
看清了也明白了，然後
傻氣地完全放開心胸，
將他們的情感表達給烏合之民，
究竟都死在火刑柱或十字架上。

馬克思所宏揚的歷史方法使我們也能夠更深切地認識這問題中的事物關聯。預言者正因爲自己是庸俗者，才預言最後勝利屬於各個天才，而，倘若天才終於逃出了當時的十字架或火刑柱，那是因爲他足夠謙遜到維持自己是庸俗者。若沒有塗粉的髮辮①懸在背後，歌德或黑格爾就都不會被資產階級社會承認爲天才。

資產階級社會，在這一點上不過是一切階級社會中階級形式最分明的社會，對於天才或許會有其他許多便利吧，但它從來不是殷勤待客的主人。其實那是不可能的，因爲天才的最基本要素必然在於經常以釋放人性的創造衝動來面對一切傳統的障礙，和在於震撼階級社會賴以生存的那些壁壘。在敘爾特島（Sylt Island）上埋葬漂流海中的無名死者的寂靜公墓入口處，刻著這值得讚賞的碑銘：「此處是各各他山（Golgotha）②的十字架，無家者的家。」這碑銘無意間卻適切地總結了天才在階級社會中的命運。在階級社會中沒有家，天才只有在各各他山的十字架之下才可找到安息之地。

然而，倘若天才願意容忍階級社會，那又不同了。當天才委身服務於資產階級以推翻封建社會時，他顯然會取得莫大權力，但他一旦企圖自行其是，那權力就立刻消失，且天才就

① 指當時高官闊人的一種頭髮的裝束。

② 基督被釘死在此地的十字架上。

只好終老於聖海倫娜島（St. Helena）的岩礁③上。或則，天才同意穿起庸俗者正經的燕尾服，那就獲高升爲威瑪（Weimar）大公的國務大臣④或柏林大學的欽賜和普魯士教授⑤。但災禍降於那廉潔的天才，他昂然獨立於資產階級社會之中，他根據這社會自身內部運作所提供的材料，預言這社會的趨向滅亡，並且鍛鍊著給這社會致命一擊的種種武器，對於這種天才，資產階級社會只給予比上古酷刑或中古火刑更爲殘暴的憂患和災禍，雖然表面上或許較不嚴酷。

十九世紀的許多天才之中，沒有一個在這種命運之下受苦更多於其中最大的天才卡爾·馬克思了。在才開始社會活動的最初十年間他就被迫與貧窮搏鬥，到了移居倫敦時他擔負著亡命者的一切重擔。然而，使他的命運成爲普羅米修斯的種種災患卻正降臨在他的盛年；當他勤奮致力於推進人道宗旨時，同時他不得不每天和生活的細瑣麻煩相爭鬥，鬱悶地在資產階級社會體制之內爲他自己和他的家庭爭取生存的最低手段。

而他所過的生活，並不類似於俗眾所常無知地認爲天才應有的生活，他驚人的勤勞和他

③ 一八二一年拿破崙死於此地。

④ 指歌德。

⑤ 指黑格爾。

驚人的能力相匹配，而日日夜夜的過度工作不久就開始毀損那原本像鐵似的體格。到了十分嚴重時，他曾說失去工作能力，對於不純然是一隻動物的任何人類乃是一種死刑宣告。有一次他生了幾個星期的病，他寫信給恩格斯說：

> 雖然我現在完全不能工作，我已經讀過卡本特（Carpenter）的《生理學》（*Physiology*）、科立克（Kölliker）的《組織學》（*Gewebelehre*）、斯普爾茨海姆（Spurzheim）的《腦及神經系統的解剖學》（*Anatomie des Hirns und Nervensystems*），和施旺（Schwann）及施萊登（Schleiden）的《論細胞體》（*Ueber die Zellenschmiere*）。

在他不知足的從事科學研究之激勵中，他從來不曾忘記他青年時代所說過的話：一個作家因爲要生活和寫作確實必須賺錢，但他切不可爲了賺錢而生活和寫作；他也常承認「謀生的絕對必要」。

但他自己在這一方面的努力，總是不斷地敗在敵對世界的猜疑或仇恨，或在最好情況下僅是畏懼之前，甚至常常以其獨立精神自豪的那些德國出版家也在這聲名狼藉群眾煽動家的名字前畏縮。德國的一切黨派都同樣誹謗他；當他的巨人形象的清楚輪廓能夠透過人造的雲霧區別出來時，一致緘默的狡計就發揮了它的醜陋作用。沒有哪一個民族曾把它的最偉大思想家，從國民生活中放逐出去，如德國放逐馬克思這樣完全、這樣長久。

只有一次他總算爲他自己獲得了一個中途的安穩根基，那便是他受聘於《紐約每日論壇報》，這工作自一八五一年起持續了美好的十年。那時《紐約每日論壇報》有二十萬讀者，是美國最有力和最普及的報紙，而且由於鼓吹一種美國式的傅立葉主義（Fourierism），它至少超越了純粹資本家企業專事逐利的活動。馬克思爲這報紙工作的條件在形式上並不算不好。他每週必須寫兩篇文章，每篇受酬兩英鎊。可以說每年有兩百多英鎊，能夠維持他的頭在水面上了吧。弗萊里格拉特的商業活動帶來的收入也不過是這數目，且至少在開始時候弗萊里格拉特總誇口說他從未缺少過「流放中的美味牛排」。

當然，這並不是要研究那美國報紙付給馬克思的酬金是否相當於他撰稿的文藝與科學價值，因爲一個資本家報紙所注重計算的是市場價格，而在資產階級社會中這樣的作法是完全合理的。馬克思並不要求比這更好的待遇，但即使在資產階級社會中，他也有權要求契約必須信守，他著作的文責自負也必須受尊重。然而，《紐約每日論壇報》的發行人是既不守信也無尊重的。在理論上達納是一個傅立葉主義者，而在實踐上他卻是一個冷酷的紐約商人。有一次，恩格斯在惱怒中說道，達納的社會主義已經變質爲最齷齪的小資產階級的欺騙，是的，雖然達納深知馬克思文稿的價值且從不吝於向其讀者推銷那價值，他卻對馬克思表示了剝削的資本家自覺有權對於靠他維生的被剝削勞動力所顯示的各種形式的無情。而最惡劣不過的，是他屢屢剽竊馬克思寄去的文稿，改頭換面作爲他的社論發表，雖然明知道這是會引起那眞正作者所厭惡的舉措。

況且，達納不但一見滯銷便只付給馬克思當初議定價格的一半，且只付給確已作爲馬克思著作而印出的那些文章的稿酬，他毫不猶豫地拋棄只因不適合他的目的的整篇文章。曾發生過爲時三個星期，甚至六個星期，馬克思寄去的一切稿件全都落在廢紙簍裡；同時他能夠投稿的那些德文報紙，例如維也納的《新聞報》（*Die Presse*），也並沒有比較寬大。所以，馬克思痛苦地訴說過，他爲報紙的工作並不比一便士一行的投稿者好到哪裡，確是實情。

在一八五三年中，我們發現他渴望得到幾個月的平靜以不受干擾地繼續他的科學研究：

> 現在我顯然得不到它。這種不斷艱苦地替報紙湊材料的工作使我厭煩了。獨立是可以獨立，但到底被報紙和它的讀者所限制，尤其是像我這樣以現款支付爲基礎時。純粹科學工作就完全不同了。

在達納的專制支配之下工作了幾年之後，他的語氣變得更苦澀：

> 對於那樣一家破報紙所肯給的一點救急必須表示感激，是非常噁心的，替這種報紙所做的政治工作，總像是濟貧院裡的窮人用研碎骨頭熬湯，雖然我不能不盡力去做。

馬克思與近代無產者同其命運，不僅在維生手段的不足，也在那完全沒保障的情形上。世人常知其境遇的梗概，他寫給恩格斯的那些信則得悉可怖而感人的細節。有一次，他被迫而蟄居屋內，因爲他沒有外套也沒有鞋子外出；又有一次，他沒有錢買稿紙或報紙；還有一次他到處奔走向相識者借錢買郵票來寄他的手稿給出版商。時常和雜貨店和其他小商販爭吵，因爲他不能即時支付最低限度生活必需品的貨款，更不用說與那時常威脅要揖客介入的房東之不斷糾纏。經常出入當鋪，那高利甚至生吞活剝了勉強把飢餓暗影留在門外的一點小錢。

那暗影常常不但籠罩門檻而且降落在餐桌之上。他的高尚的妻子，自孩提以來就過慣了無憂無慮的生活，有時也畏縮於這眞正暴虐的宿命箭矢之下，以致她寧願她自己和她的兒女去躺在墳墓裡。馬克思一些的書信中有顯示家庭的景象，而有一次他表示了這種意見：致力於人道的普及目標的人們所犯的愚行，莫過於結婚了，因爲他們由此使他們自已原形畢露在私生活的瑣屑憂慮之圈套中。然而，雖然他妻子的怨言有時使他不耐煩，他常常原諒她且替她辯護，說道：她必須承受比常人所應體驗更多的、難以名狀的羞辱、困惱和憂慮，尤其因爲她拒絕退避和養息於一再解救他的科學殿堂之內。而看著兒女們孩童純眞的快樂如此殘忍地縮短，是同樣沉重地壓在雙親心上的。

他的天才的命運確實是夠苦的，而使它達到悲劇式頂點的是這事實：他情願背負幾十年的折磨和受苦，堅定地拒絕安身於某些凡俗生涯的平安港口之各種引誘，雖然這樣做並無損於他的榮譽。他解釋他自己的態度並不誇張，簡單地說：「我必須不屈不撓地追隨我的標的，所以我不容許資產階級社會把我變成一個賺錢的機器。」因此，令他的路徑以指南針的確定性，堅定不移地朝向人性最大福祉的並不是縛住普羅米修斯的赫菲斯托斯的鎖鏈⑥，而是他自己不屈服的意志，他的性格像柔韌的鋼鐵。在同一封信裡，我們才剛覺得他顯然被細瑣悲慘的重量壓碎，而他忽然又轉成絕不爲日常物質生計皺眉的一位學者，正在以冷靜的明智討論著最複雜的問題。

然而，馬克思確實感覺了資產階級社會所給他的種種打擊，而且感受很深。一個無論如何都注重後世對其認可的天才，這類的憂慮有何重要呢？這是愚昧的禁欲主義的問題。自滿的文學雄心如果可能，想在每天的報上都看見自己的名字，那是蠢透了的，但一切創造力都必須有其發展的活動餘地，而且必須從其創造物所引起的反響中獲得新的力量。馬克思並不是像在壞劇本或壞小說中可以找到的那種有奇效和拘泥的饒舌者，而是一個人，像萊辛一樣，喜歡享受生活和世界的；而他也不是不知道萊辛臨終前寫給一個最老的朋友的信中所說的那種心情：「我相信你不會把我視爲熱衷聲名的人，但世俗慣於對待那些無一是處的人們那種冷漠卻暗示，倘若不將之殺死，至少也要將之失能。」馬克思以同樣心情在他五十生辰

⑥普羅米修斯盜天火給人類，天神宙斯命其子赫菲斯托斯以鎖鏈縛之於高加索山下。

的前夕寫過：「辜負了半世紀，依然是一個貧民！」有一次他說他寧願沉沒在海的百丈深處也不肯無所事事地活著，又有一次他毫無顧忌的爆發說，他甚至不願他最壞的敵人經歷他曾經經歷因爲他的思維和工作的能力被日常瑣事所摧毀、使他心中充滿悲憤的八個星期。但，無論如何，馬克思絕未變成「一頭討厭的可憫的狗」——這是馬克思有一次嘲笑式形容他自己的用語，就此意義而言，恩格斯說過他的朋友從未灰心喪志，這是正確的。馬克思原就具有一種頑強性格，而在不幸的鐵砧上他所受的如雨灑般的打擊使他變得又更堅強。曾經突出在他少年時代的藍天逐漸布滿厚重的暴風雨，這其間他的觀念像雷電似的破空閃現。他對敵人的評判，也常對朋友十足的評判，顯出一種灼熱的尖刻，甚至刺傷了那些並非過度敏感的人們。那些因此而咒罵他爲冰冷的群眾煽動者的人們的錯誤，不多不少恰和把偉大鬥士和偉大人物視爲不過是練兵場上的塡充傀儡⑦的那些下級靈魂同樣荒謬。

二、無比的盟誼

馬克思在他生活中的勝利必須感謝他自己的驚人能力。照一般人的評判，他必然已經敗

---

⑦ 練習射擊所用的靶子。

亡於各種鬥爭之中，更要感謝有恩格斯這朋友——後者自我犧牲的忠誠，只有到這兩人的通信已經發表的現在我們才開始明瞭。

他們的友誼在歷史上是無可匹配的，許多有名的友誼都曾名垂青史：朋友間的終身事業如此密切聯結以致不能再分你、我，德國史上也有這樣一些事例，然而那其間總不免有故意或固執的痕跡，甚至不過是完全拋棄個性——詩人所謂「世間兒女的最高珍品」的暗中反對。歸根究柢，路德（Luther）把梅蘭希通（Melanchthon）視爲情意薄弱的學者，而梅蘭希通把路德視爲粗魯的農夫；而必須是自安愚鈍的人才察覺不出歌德與席勒的通信中所暗藏的大臣與小議員之間貌合神離的語氣。結合著馬克思與恩格斯的友誼卻毫無這種人類器量狹小的痕跡。他們的思想和他們的發展愈合一，他們各自保持獨立的本質和個人也就愈分明。

在外貌上他們是很不相同的。恩格斯是碧眼金髮白皮膚的頎長的德國人，而如某觀察家所說，有著英國人的風度，因爲在軍營和辦公室中受過訓練的結果，隨時都是衣冠整潔和儀態挺直的。他說，他只用六個書記比起用六十個樞密院顧問——他們甚至不能寫出易懂的文章，而且會把書籍搞砸到後來鬼也分不出頭尾的程度——就能夠組織一個非常簡單和有效的內閣。他是曼徹斯特股票交易所（Manchester Stock Exchange）很受尊重的職員，擅長於英國資產階級的業務和娛樂，譬如獵狐和聖誕節派對之類，但這思想領導者和鬥士有一珍寶在這城市另外一邊的一座小家宅裡，一個愛爾蘭的女子，在她的懷抱中他得以恢復精神，當他厭倦了被迫生活於其中的資產階級人群時。

另一方面，馬克思的體格卻是粗短而強健的，有著閃爍的黑眼睛和獅鬃似的漆黑頭髮，顯示著他猶太族的本源。他的態度是漫不經心的，作爲一家受盡折磨的父親，卻完全不涉足那大都會的商業活動。他把他自己消耗在智力勞動上，幾乎廢寢忘食，損壞了他的體質。他是一個不倦的思想者，思想對他是最高娛樂。他常常欣然複述他所承繼的康德、費希特，尤其是黑格爾的言詞：「即使是流氓的犯罪思想也比天國的美好事物高尙和更出色。」不過馬克思的思想是不斷地注重實現在行動上的；在小事情上他是不實際的，但在大事情上他就不只是實際而已；對於處理家務眞是太過馬虎，而對於發動一支大軍和指揮它去改變世間面貌他卻是無比的天才。

若以作風顯示人品而論，他們作爲作者的風格也是不同的。各自以各自的方法精通言語文字，而且都是擅長多種語文甚至方言的傑出語文學者。在這一方面，恩格斯的成就甚至比馬克思更多，尤其當他使用他的母語；且不說他的著作吧，就以書信而論，他也拉緊韁繩，操縱自如，不允偏左偏右絆倒在外文的陷阱中，同時留心避開條頓清教徒和語文改革者的坑洞。他下筆從容文筆輕快，他的散文是如此明晰和清楚，無論何時，人都能夠看出他的文章流暢到底。

另一方面，馬克思卻寫得更費力而且較爲隨興。在他前期的書信中，像在海涅的書信中一樣，人們覺得他在勉力求工；而在他後期的書信中，尤其是到英國以後，他運用著德語、英語和法語表達的一種可怕混雜物。他的文章中也包含著一些並非絕對必要的外國字詞，甚至他的德文也富有英語和法語的語法，然而，縱然如此吧，他是德文的這樣一位巨匠，他的著作是無法翻譯的，否則將有嚴重的損失。恩格斯讀了馬克思著作之一的法文譯本的一章之後說，雖然馬克思自己曾經很仔細地修飾過這譯本，原文的威力、精力和生命力卻已見鬼去了。歌德曾經寫信給施泰因（Stein）男爵夫人說：「在直喻法上我正在和桑丘・潘薩（Sancho Panza）⑧的寓言競賽。」而在馬克思文字的鮮活的比喻法上他是可以和德文的最大巨匠萊辛、歌德和黑格爾競賽的。他精通了萊辛的原理：內容和形式必須諧合得像在幸福婚姻中的夫婦一樣，正因此點他被大學裡目空一切的人們重擊，從老資格羅雪爾（Wilhelm Roscher）到最年輕的講師，他們以毀滅性譴責壓制他，說他的成功不過是用「直喻法的補綴」使他自己含糊不明。馬克思處理問題常常應用一種方法，把豐碩思想的果實留待讀者去咀嚼，而他的文詞就像海浪在海洋極深處的運動。

恩格斯常常讚賞馬克思的優越天才，且除了作爲他人所領導的第二提琴手以外，他從未企望有所表演。然而，恩格斯絕不僅僅是馬克思的詮釋者或助手，而時常是一個獨立的合作者，智力不同卻是有價值的夥伴。在他們相交之初，他們活動的一個非常重要領域裡，恩格

---

⑧《唐吉訶德》中主角唐吉訶德的侍從及信徒。

斯所給予的比所接受的多，而二十年之後馬克思寫信給他說：「你知道，首先，我做事很慢，其次，我總是追隨你的腳步。」恩格斯穿戴著較輕的甲冑，所以行動更敏捷些。他眼光的銳利足以立刻看見任何問題或任何局勢的關鍵處，但並不足以深到一次就將事物的一切正反面看明白。對於一個行動的人這種能力是一大優點，所以馬克思不先諮詢恩格斯就不做任何政治決定，而後者常常是一針見血。

所以，按照這兩個人的關係，在理論的問題上，馬克思徵求和接受恩格斯的建議，其受益不如在政治事項上，因爲在理論問題上馬克思總是領先他的朋友，而且對於某種意見馬克思尤其不肯聽取。那就是恩格斯勸他趕快結束他的科學著作的建議：

> 對於你的著作不必如此愼重。無論如何，對於一般大眾那已經太好了。要緊的是寫完它，使它出版。你可以看出來的弱點無論如何是不會被傻子們發現的。

這種勸告是恩格斯的特色，正如不肯聽從它是馬克思的特色一樣。

從這一切看來，我們可以清楚知道恩格斯是比馬克思更適合日報政治評論家的工作，後者曾經稱他的朋友爲「一部現成的百科全書，日間或夜間隨時都可以工作，全面又嚴謹，寫得又快，活躍得像惡魔一樣」。一八五〇年秋季《新萊茵報．政治經濟評論》停刊以後，這兩個朋友曾經考慮在倫敦進行一種新的聯合計畫。至少，一八五三年十二月馬克思曾經寫信給恩格斯：「倘若我們曾經趁著好時機在倫敦開辦英文通信社事業，你現在就不會在曼徹斯特，被商業煩心所困擾，而我也不至於受債務的折磨了。」當時恩格斯寧願在他父親的公司裡任職而不仰賴那「通信社事業」，或許是因為馬克思自己當時正處困境，和希望情勢會有所改善，而絕不是因為有意永遠獻身於那「混帳商業」。一八五四年春季恩格斯又一次——但此乃最後一次——打算拋棄商業，到倫敦來從事寫作；然而大概那時他必定又已決定長期忍受那可恨的束縛以援助他的朋友，同時也保護黨的最大智力，只有在這種情況之下恩格斯才能做此犧牲且也為馬克思所接受。這奉獻和接受是以同等高尚的無我精神為前提。

在適當時機，恩格斯升為公司的股東，但直到那時為止，他身為公司的一般職員，自己的財務狀況也並不很好。況且，從他居住在曼徹斯特的第一天起他就已竭盡所能幫助馬克思，從未厭倦。五鎊、十鎊，後來甚至百鎊的鈔票持續不斷地從曼徹斯特寄到倫敦。他從來沒有不耐煩過，儘管他的耐心有時受到了馬克思夫婦的考驗，後者們處理家務的意見似乎是不很適當的。有一次馬克思完全忘記了他欠債的一張匯票到了償付期，就極不愉快而十分張皇，而恩格斯對於朋友不切實際的天性並未表示任何失望。又有一次，他又已把這家庭的財務設定於一個新基礎上，而馬克思夫人，出於刻意體諒他，隱藏了一整筆債務預算，期望從節省家用中由她自己來償還，但結果是舊有的種種窮困和難題又重新開始。恩格斯一聲不響，讓他的朋友去享受那近於獨善的滿足，埋怨著「婦人的愚昧」，說「顯然隨時都需要指導著她」，並滿足於縱容式規勸「留心不要再發生這樣的事了」。

當時恩格斯不但爲他的朋友在辦公室和股票交易所裡辛勤工作，而且也爲他犧牲了晚間閒暇的大部分時間，往往工作到深夜。當初他這樣做是爲了起草或翻譯寄給《紐約每日論壇報》的稿件，因爲那時馬克思還不十分隨心所欲駕馭英文，但當這理由已經不存在時，他還是繼續著他默默的合作。

但比起那最大的犧牲，這一切都顯得不重要了，他自願拋棄了他驚人的工作能力和豐富的天分所能獲得科學成就方法的一切希望。關於這一點，我們也可以從兩人的通信中首次得到實情的眞實概念，單以恩格斯鑽研軍事和語言而論，那一半固然是「由於志趣」，而一半卻也是因爲無產階級解放鬥爭的實際急務。雖然他厭惡「自造訓條——這總是無聊的」，他輕蔑地寫過——雖然他科學工作的方法是周延的，比起馬克思來他更不僅是坐而論道的學者，且每項新知識都是有雙重價值的，倘若它能夠直接應用在鬥爭之中以破除無產階級的束縛。

爲了這理由他開始學習斯拉夫語，說當政治行動的時機再到來時「至少我們之中的一個」必須明瞭直接處在衝突中的各民族的語言、歷史、文藝和社會制度。而遠東的糾紛也同樣引發他學習東方語文。阿拉伯文的四千字根嚇退了他，但他覺得波斯文「不過是孩子的玩意」，他希望在三個星期之內學會。然後他轉而注意到日耳曼族的各種語文：

現在我正在看烏爾菲拉（Ulnhilas）⑨的書。我眞是早就應該學完這討厭的哥德文，但我沒有恆心。怪的是我發覺我知道的遠比我想像的更多，有一本好字典我應該可以在半月之內把它學完，然後我就要繼續學古諾斯語和古撒克遜語，對於這兩種文字我總算有過點頭之交。到現在爲止，我一直沒有字典，只有文本和格林的著作，老傢伙可眞是不簡單。

在六○年代，當什列斯維格—荷爾斯坦問題變嚴重時，他曾經從事於「一點菲士蘭語—英語—日德蘭語—斯堪地那維亞語⑩的語言學和考古學」，而當愛爾蘭問題再度爆發之時，他又注意到「一點蓋爾語（Gaelic）和愛爾蘭語」，類似情況一再發生。他擅長多種語文後來使他在國際大會中立於優良地位，有人說過「恩格斯結結巴巴說著二十種語言」，因爲當激動時他有些微口吃。

因爲他更熱心於軍事科學的詳細研究，他得到了「將軍」的綽號。這一種「老癖好」也是由革命政治學的實際必要所鼓勵起來的。他估計「在即將到來的運動中軍事部分必定無比

---

⑨ 哥德族的主教，曾譯聖經爲哥德文。

⑩ Frisian-English-Jutish-Scandinavian。

重要」。在革命的那幾年間轉到人民方的那些軍官顯然不曾使人完全滿意。「這些烏合的軍人具有一種令人難以相信的討厭的行伍心理」，有一次他曾經說過：「他們互相仇恨得像毒藥似的，而又像小學生般爲微不足道的榮譽互相嫉妒，但他們全都一致反對『平民』。」他的目的是要充分掌握軍事科學，使他在理論上能夠批評軍事而不致淪爲笑柄。

一旦在曼徹斯特落腳，不待安頓他就已開始「苦攻軍事學」了，最初是研究「那些最單調和平常的事宜，諸如考士官生和少尉所要求的事項，一般被認爲精通的事項」。他研究過軍事組織所有的技術細節：基本戰術，從沃邦（Vauban）⑪的防禦工事以至最近代的自給自足要塞工程、架橋和掘壕、軍械使用法、各式砲架和砲座、補給系統、醫療系統和無數的其他細節。最後他注意軍事通史，熱心研究英國的納皮爾（Napier）、法國的若米尼（Jomini）和德國的克勞塞維茨。

恩格斯絕不浪費讀者的時間以陳腔濫調來啟迪戰爭的道德不合理性，而只是揭露戰爭的歷史理由，而這種努力使民主派的群眾煽動者不只一次把怒火噴到他的頭上。拜倫曾經痛罵在滑鐵盧作戰的兩方軍事領袖爲封建歐洲的標準支持者，對法蘭西革命的後裔加以致命的打擊；一個偶然幸遇也使恩格斯在給馬克思的一封信裡寫出了威靈頓（Willington）和布呂歐

⑪ 沃邦（一六三八—一七〇七）：法國的元帥。

爾（Blücher）的歷史概略，雖然爲篇幅所限，但概略是如此清楚和明確，致以今日最進步的軍事科學來評量它，也沒有更改一行的必要。

恩格斯也很熱忱地工作於第三種領域，自然科學的領域，但注定不能完成他的調研，在數十年的漫長期間中，他執行的任務是替一個更偉大的人物的智力勞動掃清道路。

這是一種悲劇的命運，但恩格斯從不曾發過怨言，因爲多愁善感對於他正如對於他的朋友同樣無緣。他認爲他的生平大幸是能夠和馬克思並肩工作四十年，甚至不惜被那更大的人物的影子所掩蔽。當他的朋友死去十多年之後，在國際工人階級運動中他居於領袖地位，他的權威是不容爭辯的，這對於他似乎並不以爲是遲暮的滿足。恰相反，他常常說他被給予了比他所應得的更大信任。

兩個人都獻身於共同的主義，都爲那主義的利益做了不相同卻相等的偉大犧牲，並無絲毫不滿的怨嘆或誇耀的痕跡，正因這種種理由，他們的友誼是歷史不再出現第二例的無比的盟誼。

第九章　克里米亞戰爭和危機

一、歐洲政治

一八五三年末尾，正是馬克思結束了因反對「民主派移居者的幻想和業餘的革命」而與維利希論戰之時，歐洲政局的一個新時代由於克里米亞戰爭而展開了，這戰爭成爲隨後幾年間他注意的主要對象。

他自己對這課題的觀點大半都發表在投給《紐約每日論壇報》的稿件裡面。雖然該報的編輯們盡力把他壓抑到普通報社撰稿人的水準，他卻能肯定地說「只有在幾件例外的事上」他們得到成功。他始終忠於他的原則，即使是爲了生計被迫進行的工作，也經由他的手筆而高尚起來，並且因其出於苦心的研究而具有永恆價值。

他所寫的這些珍品的大多數還是埋沒著，這是要費一番功夫才會使它們再次面世的。因爲《紐約每日論壇報》把他的稿件多少當作一種原始資料，隨意把它們拋棄在廢紙簍裡，或打著自己的旗號發表，而且常常如馬克思苦澀的抱怨，以他的名義發表「劣作」，所以要使他爲這報紙所寫的文章全部還原是不可能的，而且必須十分仔細考證才能夠確定其範圍具某種程度的準確性。

關於這一點，到最近《馬克思恩格斯通信集》出版以後，才有了必不可少的助力。例如，通信中明示我們：論德國革命和反革命的系列文章，多年來都認爲是馬克思的作品，其實主要是由恩格斯執筆。恩格斯不僅撰寫有關軍事問題的稿件，這是久已周知的事，而且在馬克思替該報工作的其他許多方面他也廣泛地合作。除了論德國革命和反革命的系列文章以外，《紐約每日論壇報》上出現有關東方問題的文章也被收集，雖然這兩類文章在有關誰是執筆人的問題上，後一類比前一類更難認定，終究只是冠錯作者名字。

但甚至這種精確的考證馬克思爲《紐約每日論壇報》所寫的著作，也只能算是種種必須勞務的一小部分，因爲，縱然是馬克思，雖然他確實大幅提高了報紙投稿人的水準，也不能完全超出當時寫作的環境和條件。世界的最大思想家並不可能每週有兩次新發現或產生新觀念，剛好趕上星期二和星期五開行的定期蒸汽郵船。如恩格斯曾指出，在那種情形之下不可能避免「純粹即興創作和光憑記憶」。況且，日報工作依賴每日新聞和每日情緒，且不能擺脫上述限制卻免於造成枯燥和惹人厭的危險。例如，四大卷《馬克思恩格斯通信集》中有多少，得以免於從他們的思想和鬥爭的總綱所發展出的許多矛盾呢？

即使沒有現在還待復甦的《紐約每日論壇報》上的大批材料，馬克思和恩格斯對克里米亞戰爭所採取的歐洲政策的主要路線，即使在今日也是十分明瞭的。在某一程度上，這政策的採取可以說是在他們的行動上劃出了一個轉捩點。《共產黨宣言》的作者們和《新萊茵報》的編者們都集中注意於德國。《新萊茵報》熱情地先後支持過波蘭人、義大利人和匈牙利人的民族獨立鬥爭，結局是要求戰爭以對抗歐洲反革命最強堡壘的俄羅斯。但後來這要求逐漸變爲要求一次世界大戰以對抗英國，因爲只有在英國世界霸權崩潰之後，社會革命才可能從烏托邦的世界出現於現實的世界。

這種「英、俄的奴役政策」是馬克思在克里米亞戰爭期間發展出歐洲政策的根據。他歡迎這戰爭，因爲它勢必打破因歐洲反革命勝利的結果，即沙皇所贏得的歐洲霸權，但他確實不同意西歐列強從事戰爭的那種方式。恩格斯採取同樣態度，說道：整個克里米亞戰爭是一場特殊的錯誤喜劇，幾乎使人難以瞬間說出誰是騙子和誰是被騙者，儘管這戰爭損耗了百萬生命和百萬金錢，馬克思和恩格斯都認爲以法國、或尤其以英國而論，只算是一場虛僞的戰爭。

法國做作的拿破崙或英國外交大臣帕默斯頓（Palmerston）爵士，都不想在任何致命的場合傷害俄國熊，以這一點而論，馬克思和恩格斯的意見是對的。英、法剛一確信奧地利可以把俄軍主力牽制在西部前線時，它們就把交戰場景移到克里米亞，在這裡它們不斷衝撞賽瓦斯托波爾（Sebastopol）的要塞，在一場持久戰鬥之後才攻取了它的一半。結果英、法只能自滿於一頂頗爲殘破的勝利月桂冠，而請求「戰敗的俄國」在不進一步干涉下允許它們撤退軍隊。

做作的拿破崙爲什麼不願對沙皇挑起一次生死鬥爭是容易說明的，而帕默斯頓的動機卻較爲隱晦，歐陸各國政府害怕他是一個革命的「點火人」，而歐陸上的自由主義者卻稱讚他是憲政自由的模範大臣。馬克思爲解決這謎，曾經勤勉檢視過上半世紀的藍皮官方文書和國會議事錄①以及存放在大英博物館的若干外交報告。他獲得自彼得大帝時代以至克里米亞開戰期間，倫敦和聖彼得堡內閣之間一直有著祕密合作的，而帕默斯頓尤其是沙皇政策容易收買的工具之證明。馬克思的主張並不是沒有矛盾的，直到今天都還在爭辯之中，尤其是有關帕默斯頓角色的問題。無疑的，他評判帕默斯頓的無恥的勢利政策——短見和自相矛盾——比起評判歐陸各國政府或歐陸自由主義各派更爲清楚得多，但不必因此而得出帕默斯頓曾經被俄國所收買。然而，比馬克思是否言過其實的問題更重要得多的是這事實：從那時起爲求反制各國政府的外交陰謀或——倘若無法如此——揭露和抨擊它們。他認爲探究國際外交的祕密，是勞工階級最不可或缺的任務之一。

總之，他投入到從事一種不妥協的鬥爭，來抗衡那以聖彼得堡爲根據地而伸手至歐洲各個內閣裡面的野蠻勢力。他認爲沙皇主義不但是歐洲反動的最強堡壘，其消極的存在就已是永續的危險和威脅；而且也是主要的敵人，它不斷干涉西歐事務，妨礙和干擾著正常的發展途徑，目的是要獲得足以統制歐洲的地理位置，從而使歐洲無產階級的解放成爲不可能。他所強調的這種觀點大大影響了自克里米亞戰爭以來的他的策略，比起在革命的那幾年間更甚。

① Hansard's Debates of the British Parliament。

關於這一點他不過是發展其初次發表於《新萊茵報》上的一種觀念，但從此以後馬克思和恩格斯在那報紙上曾經熱情擁護的那些民族獨立鬥爭的宗旨開始退居配樂。並不是他們停止主張波蘭、義大利和匈牙利的獨立是這些民族的權利，和德國及歐洲的利益；而是一如早在一八五一年恩格斯給他老同志的前進命令中所說：「必須明白告訴義大利人、波蘭人和匈牙利人，當討論現代問題時他們必須閉嘴。」而且幾個月之後，他曾告知那些波蘭人說，作爲一個民族他們已經精疲力竭了，其功效只在於作爲達到目的的一種手段，直到俄國自身被牽入革命漩渦爲止。波蘭人在歷史上從不曾有所成就，但是愛現和好爭吵而已。即以反俄來說，他們也沒有做出什麼有歷史價值的事，而俄國至少是向東方步步進逼。帶著其卑鄙和斯拉夫式道德淪喪的俄國統制，對黑海和裏海地帶，對中亞細亞、巴什基里亞（Bashkiria）和韃靼周遭，總算是一種文明媒介；而俄國也比波蘭吸收了更多的文化元素，尤其是工業方面，波蘭人的天性本質上是遊俠和怠惰的。這些評語確實是被流亡者之間所進行的鬥爭激情強烈渲染，所以往後幾年間，恩格斯對波蘭的評斷就溫和得多，而在他的晚年他曾說過波蘭至少有兩件事拯救了歐洲文明：一七九二至九三年的叛亂和一八三〇至三一年的革命。

關於那大受褒揚的義大利革命英雄，馬克思說過：

> 馬志尼只知道那些城市和它們的自由貴族及開明市民。義大利農業大眾——像愛爾蘭人一樣被剝削、被習慣性閹割和被困在愚昧之中——的物質需求對他的視野廣大的、

新天主教的（neo-Catholic）、意識形態宣言論的用語天國來說，自然是太低下了。然而，要告訴資產階級和貴族說，義大利獨立的第一步是完全解放農民和把半租佃制度轉型為自由資產階級財產，這是需要勇氣的。

而在寫給他的朋友瓊斯——大憲章派領袖——的一封公開信裡，馬克思提醒當時的倫敦之獅科蘇特說：

歐洲的革命是勞動反資本的十字軍，並不能壓低到像馬札爾人那樣半野蠻和不起眼的民族之社會和智力水準，這種民族還滯留在十六世紀的半文明之中，卻幻想指揮德、法的啟蒙和騙取易於輕信的英國的喝采。

然而，馬克思從《新萊茵報》的傳統發展到了極致，以致不再光是集中注意力於德國，而實際上幾乎把它完全擱置在他的政治興趣範圍之外了。確實，那時德國在歐洲政治上居於一個非常可憐的地位，看起來不比俄國的一省大，但雖然這多少可以解釋馬克思的態度，他和恩格斯後來終究付了高昂代價：多年以來他們完全失去和德國發展的接觸。不幸，自居為被兼併的萊茵地帶領袖和市民的他倆，對普魯士邦的輕蔑在曼托菲爾—威斯特法倫時期增強到如此程度，以致配合不上他們平常對政治局勢的敏銳判斷。

那時馬克思曾注意到普魯士狀況的一個例外就深刻證明這一點。那是在一八五六年底，普魯士和瑞士爲了納沙泰爾（Neufchâtel）事件衝突起來時。這事件引發馬克思——如一八五六年十二月二號他寫信給恩格斯所說——去補充他「非常不夠的普魯士歷史的知識」，而他總結研究的結果，說道世界史上不曾產生過比這更齷齪的事。隨後的通信和幾天之後發表在大憲章派機關報《民報》（*The People's Paper*）上的一篇文章，更詳細討論這同一事件，揭露出他遠離了他平常對歷史事件的高度水準。確實，他近乎掉到謾罵小資產階級民主主義的低度水準，雖然把歷史著作提高到遠超出這水準是他自己的特殊貢獻之一。

普魯士邦確實可以算是任何人都難以下咽的一口食物，但無論如何並不可能用辛辣的嘲笑「上天恩賜的霍亨索倫氏」來使其變得可口；重複出現的三個「身分面具」：虔誠派教徒、士官和丑角；比起奧地利歷史的「魔鬼史詩」，視普魯士歷史是「不潔的家譜」來使其變得可口，且相似的評語，充其量只能解釋理由，而把何以致此完全置於暗處。

二、厄克特、哈尼和瓊斯

馬克思一方面投稿給《紐約每日論壇報》，一方面也同樣替厄克特派和大憲章派的報紙工作。

厄克特（David Urquhart）是一個英國外交家。由於他對俄國主宰世界計畫的熟悉和他不斷反對這些計畫的鬥爭，曾經做過許多有價值的貢獻。然而，那價值被減損在他發狂地仇恨俄國和同樣發狂地熱愛土耳其的一切。馬克思常被稱爲厄克特派，但這是完全沒有道理的，實際上倒不如說，像恩格斯一樣，他是太過厭憎這人的愚昧誇張而致不能充分評鑑他的眞實貢獻。在馬克思和恩格斯的通信中第一次說到厄克特，是在一八五三年三月恩格斯所寫的一封信裡：

> 此刻我正在讀厄克特的書。他認爲帕默斯頓是被俄國收買的。那解釋很簡單；這傢伙是凱爾特族的蘇格蘭人，受過撒克遜族蘇格蘭的薰陶，具有浪漫主義的傾向，受教爲自由貿易派。作爲希臘文化研究者他曾到過希臘，且在與土耳其人爭執了三年之後，前往土耳其，並立刻熱愛土耳其了。他是熱情洋溢的伊斯蘭主義者，常說倘若他不是喀爾文教（Calvinism）②信徒就只能是一個穆斯林。

總之，恩格斯覺得厄克特的書不過是高度解悶的。

馬克思與厄克特的接觸點是他們共同反對帕默斯頓的鬥爭。馬克思替《紐約每日論壇

② 法國神學家喀爾文（Jean Calvin，一五〇九－一五六四）創的教派。

報》寫的一篇反對帕默斯頓的文章轉載在格拉斯哥的報紙上，因此引起厄克特的注意。一八五四年二月這兩個人會晤時，厄克特稱頌馬克思說那篇文章正是土耳其人所要寫的。然而當馬克思告知他說帕是一個「革命者」時，厄克特十分失望，因爲厄克特的迷信之一是：歐洲的革命黨全是沙皇主義有意識或無意識的工具，用以困擾歐洲各國政府的。「這人完全是一個偏執狂」，馬克思在會晤之後寫信給恩格斯說，又說除了反對帕默斯頓以外，他和對方並無共同點，即以反對帕默斯頓而論，這人此後對他也無所裨益。

自然，對恩格斯所說的這些心腹話，是不可以看得太認眞的。儘管所有他精準的保留態度，馬克思屢次且公開承認厄克特的貢獻，且並不隱瞞這事實：雖然他並未被厄克特所說服，他到底是被他所刺激了，也因此他毫不猶豫地偶而投稿給厄克特的報紙，尤其是《倫敦自由報》（*The Free Press*），他也應允厄克特翻印《紐約每日論壇報》中他的一些文章爲折疊式印刷品。這種反對帕默斯頓的小印刷品以大發行量散布，一次印行一萬五千至三萬本，曾經轟動一時，但馬克思從這蘇格蘭人厄克特所得的物質利益並不優於從美國人達納所得到的。

這兩個人的眞正密切聯繫是完全不可能的，因爲馬克思支持大憲章運動，這是作爲自由貿易派和仇俄派的厄克特所加倍痛恨的事——他認爲他能夠偵察出俄國盧布周轉於每種革命運動之中。大憲章派自從受了一八四八年四月十號的重大挫敗之後就不曾恢復過來，但在它的殘餘分子畢生奮鬥中，是得到馬克思和恩格斯的忠勇支持的，常常無償地投稿於哈尼和瓊斯在五十年代所發行的報紙。哈尼連續發行過《紅色共和》(*The Red Republican*)、《人民之友》(*The Friend of the People*)和《民主評論》(*The Democratic Review*),同時瓊斯發行過《人民筆記》(*The Notes to the People*)和《民報》。《民報》的壽命最長,一直按期出版到一八五八年爲止。

哈尼和瓊斯屬於大憲章運動的革命派,而在這一派中他們算是最少島民的偏狹之見的,他們也被認爲是博愛民主國際協會的領導人物。哈尼是一個水手的兒子,長成於無產階級的環境之中。他的革命知識是他自己從法國革命文學中獲得的,而馬拉(Marat)是他的模範。他比馬克思長一歲,當後者主編《萊茵報》時,他正在大憲章派主要機關報《北極星》的編輯部裡。一八四三年恩格斯去拜訪他,哈尼形容他是「一個瘦長的青年。年輕得幾乎像一個孩子,然而已經會說異常正確的英語了」。一八四七年哈尼會晤馬克思且熱忱地加入了他的團體。

他在《紅色共和》上發表過一篇英譯《共產黨宣言》,附注說其效果是歷來所曾發表的最具革命性的文獻,且曾在他的《民主評論》上發表翻成英文的《新萊茵報》評述法國革命的文章,稱頌它們爲法國事件的「眞正批評」。在移民者的鬥爭中他回到他的故交一方,和瓊斯起了激烈衝突,與馬克思、恩格斯也不遑多讓。不久之後他去住在澤西島上,短暫停留後,又去美國,一八八八年恩格斯曾到那裡去拜訪他。在這會訪不久他回到英國,年高壽終,或許可以作爲一個偉大歷史時期的最長久的活見證吧。

瓊斯是諾曼人（Norman）的後裔，但誕生和受教育於德國，因爲他的父親是後來成爲漢諾威（Hannover）國王奧古斯特（Ernst August）的坎伯蘭公爵（Duke of Cumberland）的軍事顧問。這超級反動的荒唐大公——英國報紙上都詳細記載著除了自殺外他的各種罪惡——是瓊斯洗禮盆的教父，但這榮寵和其雙親與宮廷的關係卻並未給這少年留下印象。甚至在孩童年代他就對自由宗旨表示強烈的認同，在成年期間他堅定地拒絕了布置在他前程上的一切誘惑，和想用黃金鎖鏈束縛他自由精神的一切企圖。當他的家庭回到英國時，他大約二十歲，開始研究法律，後來取得了律師資格。他犧牲了他的高尚天資和貴族家世所開拓給他的一切榮華前景，只求獻身於大憲章宗旨，爲此投下熾烈的熱忱，致一八四八年被判處兩年徒刑。爲加深侮辱他反叛其原階級，他在牢裡被作爲一個普通刑事犯看待。但一八五〇年他出了監獄仍然是一個積習難改的革命者，而且自從那年夏季以後，他和馬克思、恩格斯（約是他們一半的年紀）維持密切關係約有二十年之久。

這友誼並不是完全晴朗無雲的，而且發生過許多麻煩，如對於和瓊斯共同有著詩歌天賦的弗萊利格拉特，以及如對於拉薩爾的批評，馬克思對他與後者相似但更爲嚴厲。在一八五五年的一封信裡馬克思提到他說：「具有足以使人信服的一切能量、毅力和行動力，而這一切優點都毀於他的滔滔雄辯、他亂抓宣傳口實的鲁莽、他經常性的煩躁和急於衝在時代的前面。」後來他們之間甚至有著更嚴重的分歧，尤其是當大憲章煽動更加衰頹，瓊斯開始勾結資產階級激進派時。

然而，在根本上他們的友誼仍然是堅定和忠誠的。他在其生命的最後幾年居住在曼徹斯特，一八六九年意外死去，當時還是盛年。恩格斯急忙把這噩耗傳到倫敦：「又有一個老夥伴回家去了！」馬克思回信說：「這消息使我們全都受到深深震撼，因爲他是我們所僅有的少數老朋友之一。」幾天之後恩格斯傳達說，一個盛大行列把棺木送到那還長眠著另一老夥伴威廉．沃爾夫的墓地裡。這是個眞正的損失，恩格斯說。終究，瓊斯的資產階級言論不過是一種矯飾而已，他到底是眞正站在他們這一邊的政治家之中唯一有教養的英國人。

三、家庭和朋友

在這幾年中馬克思依舊離開一切政治團體，實際上已經沒有社會生活。他完全退隱在研究室中，而離開研究室也只和他的家庭相處，這家庭由於女兒愛琳娜（Eleanor）的誕生（一八五五）而擴大了。

馬克思，像恩格斯一樣，是兒童們的大情人，當他離開研究室一兩小時就會和兒女們玩在一起，孩子們都崇拜他，或許正是因爲，他從來無意堅持父權。他們把他當作玩伴，稱他爲「摩爾」（the Moor），這是來自他漆黑頭髮和黑面孔而得的綽號。「孩子們必定會教育他們的父母」，他常常說，而他的孩子們確實照應著他，因爲他們嚴禁他在星期日做任何工作，在這一天他得完全屬於他們。而在星期日到鄉間的遠足，全家停在路邊的小店裡喝薑汁汽水和吃麵包與起司——乃是難得照射穿透經常籠罩著這一家厚重雲層的陽光。

他們常喜歡去漢普斯特德荒野（Hampstead Heath），這是李卜克內西曾動人的描寫過的。漢普斯特德荒野現在和從前完全不同了，但從馬克思曾經常坐在傑克・斯特勞古堡（Jack Straw's Castle）裡面的桌上仍然可以看見石南灌叢的壯觀和山谷起伏的畫般全景，而在星期日，常有成群的幸福的人們。南面是那巨大都市和龐大房屋群落以及著名的景物，聖保羅大教堂的圓頂和西敏（Westminister）的塔樓，再過去就是遠方朦朧中的薩里（Surrey）宜人高地。北面的郊野現在已經蓋滿了房屋，西面是馬克思最後安息地海格特（Highgate）山的姊妹峰。

後來，像閃電似的，悲劇忽然打擊了這小而簡單的家庭幸福。在一八五五年的聖週五（Good Friday）③，馬克思的唯一兒子，九歲的艾德加——他愛被叫做穆希（Musch）——死了。這孩子，已經顯示極有天分，是這一家人的最愛。「如此一個可悲可怖的損失，以致我無法形容它令我感傷得多深」，弗萊里格拉特寫在寄到德國去的一封信裡。

馬克思寫給恩格斯敘述他的兒子病和死的幾封信是令人心碎的。三月三十號他寫道：

---

③ 耶穌受難日，復活節前之星期五，約在三月二十一號至四月中。

我的妻子因爲全然的掛念已經病了一個星期，比以前任何時候都更爲嚴重，我也可怕的心煩。我的心陰沉沉的，我的頭是昏眩的，但我當然要勇敢地支持著。這孩子甚至在病中也依舊是好性情，和獨立不羈。

四月六號他又寫道：

這可憐的小傢伙走了。今天五、六點鐘之間他在我的懷抱中睡去（不誇張的說）。我將永遠不忘你的友情如何減輕我們這些悲慘日子的重負。你是能夠理解我對我兒子死亡的愁苦的。

四月十二號他寫道：

自從那孩子死後這家裡似乎空虛而荒涼。他是它的生命和靈魂。要描寫我們多麼無時無刻懷念他是不可能的。我已經受過一切不幸，但現在我才知道什麼才是眞正的不幸……在我所經歷的一切不安和患難之中，使我支持下去的是由於想著你和你的友誼，由於希望我們還要在世間共同做一些有價值的事情。

創傷開始癒合前，經過了一段漫長期間。在七月二十八號回覆拉薩爾的慰問信中，馬克思寫道：

> 培根（Bacon）④說眞正偉大的人們對自然和世間有著那麼多興趣，有那麼多事物占住他們的注意，所以任何損失對他們都不會很重。我恐怕自己並不是這樣偉大的人們之一。我孩子的死亡深深震撼了我，我分明覺得那損失的刺痛好像還不過是昨天的事。我可憐的妻子已經完全潰敗於這打擊之下。

十月六號弗萊里格拉特寫信給馬克思說：

> 我很難受，你的巨大損失仍使你深陷如此悲傷。不幸的是，沒有朋友能做或能說的事。我理解且尊重你的悲傷，但你必須努力控制住它以免它控制住你。這並不有違於紀念你親愛的孩子。

---

④ 原文寫作Bace，德國學生對培根的俗稱。培根（一五六一—一六五六）：英國哲學家。

馬克思的兒子艾德加的死，是那幾年以來降臨這家人的一系列疾病的頂點。在去年春季馬克思自己也生了病，其實自此以後他就不曾恢復健康。他患的是肝病，他相信那是由他的父親遺傳給他的，但無疑的，這病的加重是由於貧困的居家條件和這家庭所處住所的不衛生。一八五四年夏季霍亂特別猖獗流行於這一區。據說是新挖的排水溝穿過一六六五年大瘟疫受害者的墓地所造成。醫生勸告馬克思離開蘇荷廣場的鄰里，這裡的空氣是他不間斷呼吸了多年的。這家庭的一個新機運使他們的遷移成爲可能，一八五五年夏季馬克思夫人帶著她的三個女兒到居里去探視她病重的母親，她到時恰恰趕上她的母親閉上就只病了十一天的疲倦眼睛。

這位老太太並未遺留很多，但有幾百個塔勒是留給馬克思夫人的，而似乎同時她也得到她的蘇格蘭親戚的一小筆遺產。無論如何，這些錢夠允許這家庭於一八五六年秋遷入哈弗斯托克山，梅特蘭公園附近的格拉弗頓坊（Grafton Terrace, Maitland park, Haverstock Hill）的第九號小房子裡。這裡是靠近馬克思所愛的漢普斯特德荒野的。這房子的租金是每年三十六鎊，「比起我們以前所住過的那些窯洞這眞是一座氣派的住家了」，馬克思夫人寫信給一個朋友說：

> 雖然我們所有的東西不過值四十鎊（多半是舊貨攤上的廢物），我覺得在我們的新起居室開用之初夠堂皇了。昔日榮華的一切亞麻布類衣服和其他用具都從「叔叔」手裡

贖出來了，我又能欣喜使用我從前所擁有的蘇格蘭錦緞餐巾了。然而，好景不長，它們一件又一件都回到「噹噹店」（因爲孩子們看見那鋪子門前有三個神祕的黃銅球就這樣稱呼它）去。不過，我們在我們適意的資產階級般舒適之中暫時總算是很幸福的。

不幸的是，事後證實這眞是一個很短的喘息瞬間。死神也在這家庭的朋友之中刈取了它的收穫，丹尼爾斯死於一八五五年秋季，維爾特在一八五六年一月死於海地（Haiti），施拉姆在一八五八年初死於澤西島上；馬克思和恩格斯竭力想發表一個簡短訃告在報紙上，但並未成功。他們常常慨嘆老夥伴陣營的急劇凋謝而並無生力軍的加入。雖然當初他們樂於「公開隔離」，雖然他們最後勝利的信念是不可動搖的且支持著他們的政治鬥爭——他們自信地執行著這一鬥爭好像他們是代表一個歐洲強國似的——他們的政治性是熱情到在長時間內不感覺一個政黨的缺乏。如馬克思自己所承認，他們的支持者並不能算是一個黨，而在那些人之中並沒有一個人的觀念足以接近他們自己的水準，除了他們不能完全克服他們所不信任的那人⑤以外。

李卜克內西是馬克思倫敦寓所的每日訪客，至少是和在迪恩街一樣，但在他自己的小房

⑤ 指拉薩爾。

間裡，他必須奮力處理生活中的物質困難，而且共產主義者同盟時代的老同志們全都在同樣狀況之下；萊斯納、木匠洛克納（Lochner）、艾卡里爾斯和「悔罪者」夏佩爾。另一些人則分散在各處：德龍克在利物浦作生意，後來移居格拉斯哥，伊曼特在丹地（Dundee）當教授，席利在巴黎當律師，而萊因哈特（Reinhardt）在巴黎當詩人海涅晚年的祕書，是較爲密切的一個。

然而，即使在這些忠實同志之中吧，政治積極性也開始低落了。威廉．沃爾夫在曼徹斯特教學維持生活，總算十分成功，而且「還是老樣」，如馬克思夫人所說：「還是同樣英勇、能幹、平民本色」，但後幾年間，他開始發展一種老光棍的怪癖。他的「主要鬥爭」是爲糖、茶、煤，這些事與房東太太爭執。而在思想上他對他流亡的老朋友們已經沒有多大感情。弗萊里格拉特也始終是忠實的朋友，一八五六年夏季當上一個瑞士銀行的倫敦分行經理之後，他比以前更有助於馬克思，尤其是能夠阻止《紐約每日論壇報》匯款的延期兌現，因爲這報紙的另一缺點是經常拖延支付。弗萊里格拉特也依然忠實於他的革命信仰，但他逐漸遠離了黨派鬥爭。雖然他信誓旦旦說過在這世界上，一個革命者的埋骨之所，沒有什麼比流放地更爲光榮的了，詩人自己在流放地卻是不快活的。他摯愛妻子的思鄉病，以及他的孩子們年復一年在外國的土地點燃聖誕樹蠟燭的光景，使他的詩意泉源枯竭了，他因此深受其苦。當他的國家逐漸開始又記起其著名詩人時，那對他是一大安慰。

此外就是一長串「活死人」的名單，馬克思曾經偶然遇見過許多他早年研究哲學時代的同伴：邁恩還是那樣一隻有毒的癩蛤蟆，福歇（Faucher）已經當了科布登（Cobden）⑥的祕書且自以爲在制止自由貿易運動中「創造了歷史」，還有艾德加・鮑爾，擔任著共產主義宣傳家的角色，而馬克思總是稱他爲「小丑」。馬克思也見過他的老朋友布魯諾・鮑爾好幾次，當後者來倫敦看他的兄弟時。因爲布魯諾・鮑爾十分佩服俄羅斯的「原始力量」，而且把無產階級視爲不過是「一種暴民」——必須一面用武力壓制，一面用狡計對付，一面在必要時也讓給它幾便士——當然他們之間並無任何共同的基礎。馬克思覺得他顯得格外老，他的眉毛格外粗大，而且已經養成一種賣弄學問的教授舉止，但馬克思曾經把他和這位「興致勃勃的老紳士」的對話詳細地報告給恩格斯。

然而，就以較近的過去而論，「活死人」的名單也是長的，而且一年會比一年長。例如，在萊茵地帶的那些老朋友們：格奧爾格・榮格、比格斯、貝克等，他們之中的一些人，如貝克和後來的名人米克爾（Miguel）之流，努力辯解他們的態度是「科學的」，說在無產階級能夠夢想勝利之前，必須使資產階級完全戰勝封建地主貴族。貝克說：

> 下等人的實際利益將穿透土地貴族的腐朽結構，而使它化爲灰塵，然後在世界精神

---

⑥ 科布登（一八〇四—一八六五）：英國經濟學家。

初現時歷史就要掃除這全部結構，無所顧忌地進行到議程中的下一項目。

這是很漂亮的理論，就在今日也還大有助於許多狡猾的規避者，但當貝克成爲科隆市長而米克爾成爲普魯士財政大臣時，他們就覺得自己太過注重「下等人的實際利益」，以致他們拚命反對世界精神方面的任何冒進，反對「無所顧忌地進行議程中的下一項目」的一切企圖。

因此，貝克和米克爾之流的一個可疑的代替者出現了：一八五六年春季一個名叫勒維（Gustav Lewy）的商人從杜塞道夫來到倫敦，獻給馬克思一個可以說是井然有序及十分完備的伊瑟隆（Iserlohn）和索林根（Solingen）等處工廠工人的騷動計畫。馬克思痛斥這冒險的無用愚蠢和危險，並且要勒維通知他所代表或冒充爲代表的工人們，以後必須再和他接觸，且不先徵得他的同意不可有所行動。不幸，馬克思不曾採取同樣態度應付勒維的第二次使命，這第二次據他說是獲得杜塞道夫的工人授權來預告馬克思反對拉薩爾的。勒維說拉薩爾是一個靠不住的傢伙，自從哈茨菲爾特伯爵夫人案成功之後，他就生活在她可恥的約束之下，作爲她藏著的男人，而且打算和她到柏林去建立一個知識分子的沙龍（Salon）⑦；他

⑦源自義大利語salone，意爲待客廳；文人學士雅集之所。

把工人們像破手套似的摔掉，以求投奔資產階級去了——以及許多這一類的話。人們有理由懷疑萊茵地帶的工人們竟會傳達這樣訊息給馬克思，因爲沒幾年之後，同樣這些工人鄭重稱頌拉薩爾，熱情地說在五〇年代的白色恐怖統治之下，他的住宅是「黨的無畏和有力幫助的強固堡壘」。這很像是勒維故意捏造這類訊息來發洩他對拉薩爾的怨恨，因爲後者拒絕借給他兩千塔勒同時願先給不超過五百塔勒。

倘若馬克思知道這一點，他就一定會以最大審愼對待勒維的，但這報告本身可以說已輕易喚醒其對拉薩爾的最大猜疑。馬克思曾經和拉薩爾繼續通信，雖然不很頻繁，而他常覺得他是一個政治上和私交上的可靠朋友，一個忠實同志。在共產主義者同盟時代，馬克思甚至反對萊茵地帶工人們因爲拉薩爾參與哈茨菲爾特事件，引起對他的不信任，且在不到一年以前，當拉薩爾從巴黎寫信來時，他也曾有一封很友好的回信：

> 我自然是吃驚的，知道你現在離倫敦這麼近而連過來住幾天也不想，我希望你再考慮這事，想想從巴黎到倫敦旅行眞是何等的近和便宜呀。不幸法國是拒絕我的，否則我眞要過來巴黎使你吃驚。

所以，我們難以理解爲什麼馬克思全盤接受勒維的泛泛之言，而且立刻（一八五六年三月五號）寫信告訴恩格斯，還說：「這不過是告訴你這事件的大概情形，這整件事對弗萊里格拉特和我自己已有一種確定的影響，正如我從前偏向拉薩爾而不喜歡工人們的閒話那樣。」他曾經告訴勒維不能單憑一面之詞得到任何一定結論，但無論如何懷疑總是有用的。必須監視拉薩爾，但此刻應該避免任何公開的中傷。恩格斯回應這種辦法而且加上一些觀察事項，這是不足怪的，因爲他認識拉薩爾並不如馬克思那樣深切。恩格斯說，眞可惜，因爲那傢伙確實是很有天分的。他像魔鬼似的必須時常監視，但這回他的步伐跨得太快了一點。作爲一個從斯拉夫國境出來的眞正猶太人，他常常在尋找可以假公濟私來剝削任何人的機會。

於是馬克思斷絕了和那人的通信，那人在幾年之後曾經誠懇地寫信給他說：「我是你在德國擁有的唯一朋友。」

四、一八五七的危機

一八五〇年秋季馬克思和恩格斯退出流亡者的公開爭吵時，他們說過：「一場新革命只有以新危機的結果才可能造成，但它要來正如危機自身要來一樣確實。」從那時起他們就細心注視新危機的任何徵候，一年一年過去他們愈發不耐煩了。李卜克內西的回憶錄告訴我們說馬克思曾有一兩次錯誤預言危機的到來，結果被他的朋友們所嘲笑，而當一八五七年的危機終於到來時，馬克思確曾透過恩格斯告訴威廉．沃爾夫說，他將證明以常理而論，這危機應該是早在兩年前就來的。

危機開始於美國：它透過《紐約每日論壇報》立刻通知他稿酬減半的手段，給予馬克思一個私人通知。這打擊是嚴重的，因爲從前的窮困——其實比之更甚——自此又出現在那新家裡。在格拉弗頓坊裡馬克思不能再「像在迪恩街一樣度過僅夠餬口的生活」了。他沒有前景，而他的家用不斷增多。一八五七年一月二十號他寫信給恩格斯說：「我眞不知道下一步怎樣走，我的境況其實是比五年前更窘迫了。」恩格斯接到這一封信「好像晴天霹靂」，立刻急著幫助他的朋友，但埋怨道爲什麼不早點告訴他呢。他似乎剛以他父親給他的聖誕贈款買了一匹馬：「我感覺眞糟，我養了一匹馬，而你和你的家庭在倫敦是如此困窘。」幾個月之後，當達納接觸馬克思提議他應與恩格斯合作籌編一本百科全書時，恩格斯大爲高興。尤其是達納需要軍事主題的條目，恩格斯「歡喜極了」，因爲這「正好」解決馬克思金錢上的永恆困難。馬克思將承接他們預備給他的許多條目，然後逐漸組織一個工作室。

應組工作室的擬議並無結果，主要原因是找不到足夠適當的合作者，而且前景也遠不如恩格斯期望的那樣光明，因爲稿費定價甚至還不到一便士一行，而且，雖然大部分的工作只不過是補綴，恩格斯太盡忠職守絕不許粗製濫造。由他們有關這工作的通信看來，後來恩格斯對馬克思和他本人所作的那些文章所傳達的貶評，無論如何是不合理的：「僅是爲餬口而寫的東西。永不再讀也不要緊。」工作也逐漸到了尾聲，而這倆位朋友籌編百科全書的正式合作似乎並未超過C字母。

這工作才一開始就大受阻礙：一八五七年夏季恩格斯患腺體疾病，不得不長期住在海邊。馬克思自己的境況也是夠倒楣的，他的肝病又發作得如此猛烈，以致他只能夠做這必要工作的很小一部分，甚至連做這麼一點也十分困難。七月間他的妻子流產了一個死嬰，情況的悲慘留給馬克思一個恐怖印象且令他回憶這項不幸備感痛心。受驚的恩格斯在回信中說道：「當你那樣寫著時你必定深受打擊」，但馬克思說一切問題都等到他們見面再談，因爲他不能寫這樣的事。

然而，一切私人的困難全都被忘卻了，當危機在秋季中來到英國而且迅速擴散到歐洲大陸時。十一月十三號馬克思寫信給恩格斯說：「雖然我自己正處嚴重的財務困難，但自從一八四九年以來，我就不曾感受過像今天面臨這危機爆發那樣地愉快了。」在第二天的回信中恩格斯唯恐事情發展得太快：

我認爲更好是危機「好轉」成慢性，在決定性打擊隨後而來之前爆發。暫時慢性的壓力是有必要的，因爲要使人民暖身。然後無產階級就會戰鬥得更好、更看清時勢，也更同調，正如騎兵的襲擊在抵達敵人射程內之前五百步必須先快步，才能有更大衝力（élan）一樣。我不喜歡在整個歐洲並未完全捲入之前，一切事情發生得太快，因爲那會使往後的鬥爭更加嚴酷、更加沉悶、更加起伏不定，就在明年五、六月間也還太早。在長期景氣之後群眾必定非常懶散……順帶一提，我感覺的正如你感覺的一樣。那騙局一旦崩潰於紐約，我在澤西（Jersey）就不再平靜了，而在這普遍危機之中我現在覺得精神煥發。過去幾年間資產階級的汙泥畢竟已黏染了我到某種程度，但現在我將洗清它，我覺得我是一個新人了。危機有益於我的健康正如在海邊渡假一樣好，我已經能夠感覺出來了。一八四八年我們以爲我們的時機正在到來，在某一特定意義上確是如此的，但這一回它眞的來了，事情都正在成敗關頭。

當然，恩格斯錯了，因爲每件事情並未到成敗關頭。危機自身固然有革命的效果，但都不是這兩位朋友所期待的效果。他們確實未浪費時間來編織烏托邦和樂觀的希望，而是每天在悉心研究危機的進程。十二月十八號馬克思寫道：

> 我正在做著巨量的工作，大多到早晨四點鐘。我的工作是雙重的：一、草擬政治經濟體的基本原理（這對於公眾去探究事情的根柢是絕對必要的，而且我必須卸除積壓在胸中的塊壘）；二、研究目前的危機。除了替《紐約每日論壇報》寫文章以外我只是隨時記錄，但這已經占去我很多的時間。我想明年春季我和你或許必須合寫一本關於這事件的小冊子，算是提醒德國公眾我們都還活著而且還是和從前一樣。

這提議並沒有結果，因爲那危機其實不曾激起群眾，然而這至少使馬克思有充分閒暇來實行他計畫的理論部分了。

十天之前馬克思夫人曾經寫信給在澤西的將死的施拉姆說：

我們覺得美國的危機影響了我們自己的錢包，因爲卡爾現每週只寫一篇文章而不寫兩篇給《紐約每日論壇報》了——該報已經開除其歐洲的一切通信員，除了泰勒（Bayard Taylor）和卡爾以外——但你能夠想像摩爾是何等歡喜呀！他的工作能量和才能已經完全恢復了，伴隨著那清新和愉快的神情是他這幾年來未曾有過的。那是自我們失去我們小孩之後給我們帶來的大悲傷，一個常使我傷心的損失。卡爾在白天爲我們的每日麵包工作，夜裡則爲完成他的政治經濟體著作而工作。現在這樣一本書的確是必要的，我們總可以爲它找到一個難得的出版商的吧。

多虧拉薩爾的努力，確實找到一個出版商了。

一八五七年四月拉薩爾又以老朋友的口氣寫一封信來，但表示驚訝爲什麼這麼長久不曾收到馬克思的信，雖然他自然不知道那理由。馬克思並未回覆這一封信，即使恩格斯勸他如此做。同年十二月拉薩爾又寫信來，這一次是有關一件具體事務。他的表弟弗里德蘭德（Max Friedländer）請他聯繫馬克思說服後者投稿給維也納《新聞報》；因爲弗里德蘭德是這報紙的一個編輯。這一次馬克思回覆了，拒絕了弗里德蘭德的提議，聲明他雖然「反法」，也同樣「反英」，的確不願爲帕默斯頓寫文章。拉薩爾埋怨道，雖然多愁善感並不是他的缺點之一，而馬克思不回覆他四月的信卻使他傷心了。於是馬克思「簡短而冷淡地」回道他不回信是爲了難以寫出的種種理由，雖然這封信是短的，他曾通知拉薩爾他要出版一部政治經濟體著作。

一八五八年一月間拉薩爾的《赫拉克利特》（*Heraclitus*）⑧寄到倫敦，附著這本書在柏林知識界中所得到的一些熱烈歡迎的評論。在十二月的那一封信裡拉薩爾就已說過要寄這一本書來。單郵費就是兩先令，「就證明這書的不受歡迎」，但馬克思對於內容也沒有好評。那學識「淵博的表現」並未感動他，他承認倘若有充足的時間和金錢，又能夠從波昂大學圖書館借到一切必要的書籍，旁徵博引是容易的事。拉薩爾自鳴得意於這一切哲學的璀燦金屬織物，像初次穿著高貴衣服的人似的。馬克思輕視拉薩爾眞正的學識是不公平的，但他的態度可以由這事實解釋：他不喜歡這本書的理由正是那些以炫學爲職業的教授們喜歡它的理由，也就是，一個有大革命家聲名的青年展示了如此多的老式智慧。無論如何，這書的大

---

⑧ 希臘哲學發源於小亞細亞的愛奧尼亞（Ionia），創始者是米利都（Miletus）的泰勒斯（Thales），大約生於西元前六二四年，號稱爲自然哲學派。這一派的重要分子有阿那克西曼德（Anaximander）、那克西美尼（Anaximenes）和赫拉克利特。

部分是在出版之前十多年寫成的。

拉薩爾還不明白馬克思的「簡短而冷淡」回覆他抱怨的信中所提有些事嚴重不對的意思，他誤解了——顯然是誠實的，雖然馬克思懷疑那是故意裝的——兩人之間必須面談的表示，以爲馬克思有一兩件並不緊急的事要到有機會時才告訴他。一八五八年二月他又寫信來，並未顯露絲毫尷尬，且盡力描寫柏林資產階級對普魯士太子與英國公主結婚所迸發的狂歡。同時他自願替馬克思接洽一個出版商發行後者的政治經濟體著作。馬克思接受了他的援助，三月底拉薩爾和他自己的出版商鄧克（Franz Duncker）已經起好契約，且得到比馬克思所要求的更好的條件。馬克思要求這著作分部出版，而且很願意放棄第一部的任何報酬，但拉薩爾獲得了每全張印刷紙⑨三個腓特烈金幣（Friedrichs d'or）⑩的稿費，雖然當時通常的專業酬金不過是每張印刷紙兩個腓特烈金幣，然而，那出版商保留了若第一部銷路不好，則中止發行的權利。

九個月之後馬克思才完成了他的第一部手稿，因爲肝病復發和家計困難阻礙著他的工作。一八五八年聖誕節，馬克思的家庭狀況顯得「比以前更黑暗和更無望」。一八五九年一

---

⑨ 十六頁。

⑩ 普魯士的金幣，約值五個塔勒。

月二十一號，「那多災多難的手稿」是完成了，但家裡「沒有一分錢」來買郵票和掛號。「我想沒有人曾寫作『錢』的題材而他自己如此缺乏它的了。寫過這種主題的絕大多數作家們，都和他們所調研的對象維持著最好關係。」這是馬克思寫信給恩格斯要求後者寄夠郵費來所說的話。

五、《政治經濟體批判》

寫一部關於政治經濟體的透澈著作，以探究資本主義生產方式的基本原理，馬克思的這計畫在執行之前已醞釀了大約十五年之久了，甚至在三月革命以前他就已考慮過，而對普魯東的答覆正是一種兌現。當革命鬥爭的那幾年過去之後，他立刻又致力於那想法，一八五一年四月二號他寫信給恩格斯說：

> 到目前爲止我完成了經濟學的一切辛勞之作。我將在家裡寫作我的書並到博物館去狼呑虎嚥別的科學。這是麻煩的開始。從亞當・史密斯和李嘉圖以來，政治經濟體的科學並沒有根本的進步，雖然在個人調研的方法上曾經有過很多成績，其中有些眞是超級精緻。

恩格斯高興地回信道：「我很高興你終於結束你的政治經濟體的研究，這事眞是拖延得太久了，」但作爲一個世故的人，他補充說：「在還有你認爲重要而不曾讀過的一本書放在你面前時，你總是不肯動筆的。」恩格斯時常傾向於相信除了其他一切困難以外「延遲的主要原因」總是落在他的朋友的「本身顧忌」之中。這種「顧忌」絕不是膚淺的，且恩格斯從不認爲那是膚淺的。在一八五一年中馬克思並未完成他的著作，而是完全從新開始寫作，在《政治經濟體批判》第一部的導言中他說明過那理由：

大英博物院裡儲藏的適合政治經濟史的材料多得驚人，特別是倫敦提供了檢驗資產階級社會有益的優勢地位，且由於澳洲和加利福尼亞金礦的發現，爲資產階級社會的發展開啟了一個新的階段。

他也指出他替《紐約每日論壇報》工作的八年使他的研究屢次中斷，而他或也可以補充說這著作在某種程度上領他回到政治鬥爭——這對他一直是頭等重要的。最後，使他伏在書桌上，把多年以來不停縈繞在心中的那些事情黑白分明地寫下來的動機，是工人階級革命運動復甦的前景。

對於這一點，他和恩格斯的通信提供了生動的證據，因爲他們從未停止過經濟問題的討論，而偶然發展爲正規的論文——人們也可形容這些論文「超級精緻」。其中偶然有幾節表現了這兩位朋友之間如何交換意見。有一次恩格斯寫他自己是「出名的懶於從事理論工作」（en fait de théorie），這種惰性是他良知所大聲抗議的，然而那抗議聲不夠大到使他澈底改正；又有一次馬克思嘆息說：「但願人們知道有關這事情的一切我所了解的是多麼少呀！」⑪這話是因爲一個製造商所引出來的，他說馬克思本身從前某段時間必定是一個製造商。

倘若把這些幽默的誇飾打一些折扣，那麼剩下的就表明恩格斯比馬克思更熟識資本主義社會的內部運作機制，而後者的敏銳推理能力更能夠求出其發展的法則。當馬克思把他著作的第一部計畫概略寫給恩格斯時，後者回覆說：

> 你的概略眞是很抽象，我認爲這是爲求簡潔勢不可免的。有關辯證的轉換過程我追得有點困難，因爲一切抽象思維對於我，現在都變得非常生疏了。

另一方面，馬克思時常覺得難以理解恩格斯給他問題的解答：關於工商業者估計用在其

⑪ 這句話有兩種意思：一是說人們並不知道他知道的很少，一是說幸而他知道的並不少。——譯者

身上收入部分的方法，或關於機械損耗的問題，或關於預支流動資本的估算法。馬克思也埋怨說：在政治經濟體中，實際利益和理論的必然性是分離著的。

直到一八五七至五八年間，馬克思並未眞正開始給予他的著作定稿，這可以由那計畫的歷經改變卻幾乎查覺不出這事實看出來。一八五八年四月他還想要在第一部中討論「一般資本」，但第一部雖然比起他原來的計畫成長了兩三倍，仍然沒有論到資本，不過有兩章討論商品和貨幣而已。馬克思認爲這樣做法的優點是使批評者不能夠只是憑傾向開罵，但他忽略了他因此授予批評者一致緘默的有效武器這事實。

在導言中他概述其科學研究發展的過程，其中綜述歷史唯物論的著名一節是值得引出來的：

我的檢驗（有關黑格爾的法律哲學）使我達到這結論：法律的關係正像國家的形式一樣，既不能從它們本身來理解，也不能從所謂人類智力的一般發展上得到理解。相反的，它們的根源在於生活的物質條件——黑格爾依照十八世紀英、法學者的例子，把這些條件的全體總結爲「社會資產階級」這個詞——而對資產階級社會的解剖必須求之於政治經濟體……我所達到及過去所曾達到的一般結果，構成我隨後研究的指導路線，可以綜述如下：

在社會生產之中人們彼此進入完全獨立於他們的意志之外的特定和必然的關係，即依從物質生產力發展階段而定的生產關係。這些生產關係的全體形成了社會的經濟結構，即法律和政治的上層建築所依序的物質基礎，而且種種特定的社會意識形態都相應於這基礎。

物質生活的生產方式通常決定了社會、政治和智力的生活過程，不是人類的意識決定了他們的存在，正好相反，決定他們的意識的是他們的社會存在。人類發展到某一階段時，社會的物質生產力與歷來運行其中的現存生產關係或現存的財產關係——這是同一事物的唯一的法律表現——出現矛盾。然後這些關係就從生產力發展的形式變爲生產力的桎梏，於是一種社會革命的時代就此開始。因由社會的經濟基礎上的這種改變，整個龐大的上層建築也就或急或緩地改變了。當觀察這些改變時，人必須時常分辨出生產的經濟條件的特質性改變——這是必須以科學的精確性記錄下來——與法律、政治、宗教、藝術和哲學等形態的改變，總之，人類認識這衝突和破除這衝突的種種意識形態。正如評判個人時不能以他自以爲他是什麼爲準一樣，評判這樣一個變化的時代也不能以它自身的意識爲準，倒是必須從物質生活的矛盾，從現存的社會生產力和生產條件之間的衝突來解釋這種意識。

某種社會形式並不會在它還未曾發展符合它自身發展階段的一切生產力之前衰敗，且新的和更高的生產關係，在它們存在的物質條件在舊社會自身的硬殼中未曾發展之前，絕不能取代舊有的生產關係。所以人類絕不致力於他自身所不能執行的任務，因爲倘若更嚴密地檢驗這事，就必然會發現一種任務絕不會自行出現執行之道，除非如此執行的物質條件已經發展，或至少正在發展過程之中。

概括地說來，亞洲的、古代的、封建的和現代資產階級的生產方式，都可以稱爲經濟的社會形式的進步階段。資產階級的生產關係代表社會生產過程的最終對立形式，那對立不是個人的對立，而是從多數人的社會生活條件中發展起來的一種對立。然而，在資產階級社會框架之內正在發展的生產力，同時創造著清算這種對立的物質條件。所以，人類社會的初級歷史將以這種社會形式告終。

在馬克思題名爲《政治經濟體批判》的這著作中，他走了決定性的一步，越過由亞當．史密斯和李嘉圖所發展起來的資產階級政治經濟體的界限。這種政治經濟體的最高成就，是指出一種商品的價值以生產該商品的必需勞動時數而定，但它把資產階級生產方式視爲社會生產的永久和自然的形式，因而假定價值的創造乃是人類勞動力的天然特性——如個人的個別和具體的勞動力所賦予——於是在這種假定上它把它自身纏在無法解決的一系列矛盾之中。馬克思卻不把資產階級生產方式視爲社會生產的永久和自然的形式，而只是視爲繼承前代各種形式整個系列而來的一種社會生產的特定歷史形式。站在這觀點上他澈底檢驗勞動力這種產生價值的特性。他檢驗了產生價值的是何種勞動力，爲什麼產生和怎樣產生，以及爲什麼價值不過是這種勞動力的具體化。

由此他達到了理解政治經濟體所依據的「要點」：在資產階級社會中勞動力的雙重性質。個人的具體勞動力創造使用價值，而無差別的社會勞動力則創造交換價值。以勞動力創造價值，那是在一切社會形式中皆如此的。作爲在某一形式中利用天然資源的一種有益活動，勞動力的使用是人類生存的一種自然狀況，存在於人類與自然之間的代謝作用（metabolism）⑫的一種狀況，完全和一切社會形式無關。勞動力必須有它能夠加工的物質作爲工作的先決條件，所以勞動力並不是它所生產的特質財物的唯一源頭。在不同使用價值的生產之中，不論勞動力及其原物料的關係如何，使用價值總含有一種自然基質。

交換價值就不同了。它並不含有自然的元素，而勞動力是它的唯一源頭，也就是含有交換價值的一切財物的唯一源頭。以作爲一種交換價值而論，一種東西的使用價值與其他任何東西的使用價值確是相同的，倘若它是以正確的比例出現。「一座皇宮的交換價值是可以用某特定數量的鞋油罐來表明的。另一方面，倫敦鞋油製造商也可用多少座皇宮來表明多少倍數鞋油罐的交換價值。」因爲商品與商品互相交換並不計及它們存在的自然條件，並不計及它們可以滿足什麼需要，它們代表同一單位，不論它們的外形怎樣不同，它們都是那同一標準的、無差別的勞動力的成果，「而這勞動力無論是出現在金、鐵、麥或絲的形式中都是無差

---

⑫ 營養物在有機體內的變化。

別的，正如氧不論是出現在鐵鏽中、空氣中、葡萄汁中或人類血液中都是無差別的一樣」。

種種使用價值都由於產生它們的勞動力不同而有異，但產生交換價值的勞動力卻不因爲產生使用價值的特殊材料而有所區別，也不因爲勞動力自身的特殊形式而有所區別。它是同一標準的、無差別的、抽象的普通勞動，所以它的差別不在品類上，而只在數量上，只在它集結於容積千變萬化的使用價值中的不同總量上。抽象的普通勞動的不同數量只能用時間來計算，而時間自身通常和習慣性被分爲時、日、星期等等週期。勞動時間是勞動的鮮活實存（living existence），與它的形式、它的內容或它的個體性無關。作爲交換價值，一切商品都不過是集結的勞動時間的特定數量。所以集結於使用價值中的勞動時間，是令使用價值成爲交換價值和商品的本質，同時也是計算其所含價值的特殊容積的標準。

這種雙重性是商品生產所特有的一種勞動的社會形式。在原始共產主義之下——這種社會形式可以在所有近代民族的歷史起源找到——個別勞動是直接融合在社會組織裡面的。在中世紀所盛行的勞役和以物支付之中，形成社會契約的是勞動的特殊性而不是它的普遍性。在女紡男織專供家用的農村家父長制家庭之中，棉線和麻紗是社會的生產品，而紡織則代表家庭範圍內的社會勞動。家庭與它的自然勞力分工的契約給予了勞動力生產品它的特性。棉線和麻紗並不作爲那同樣普遍的勞動時間的一致有效呈現而實行交換。只有在商品生產之下個別勞動才變爲社會勞動，因爲它具有它的當前對照物的形式、抽象普遍性的形式。

現在一個商品是使用價值與交換價值的直接組合體，而同時它只在和別的商品有關係時才是商品。商品與商品相互的眞正關係是在交換過程中。各自獨立的個人進入這種過程中時，商品同時代表使用價值和交換價值，特殊勞動可滿足特殊需要，普遍勞動可以與其他一切等量的普遍勞動互相交換。商品交換的過程必然顯露和清理這矛盾：集結在特殊商品中的個別勞動力必須具有直接的普遍性質。

作爲交換價值，每種單獨的商品變爲計算一切其他商品價值的標準。另一方面，每一個別商品——一切別的商品以此計算它們的價值——都成爲交換價值的適當憑據，於是交換價值變爲一種特殊和專用的商品，這商品藉由把一切其他商品轉化爲貨幣，而直接具體化了普遍勞動時間。因此，商品所含的矛盾就解決在一種商品之中：雖然有特殊的使用價值，但也是一種普遍的等價物，因此是普遍性使用價值——共通的使用價值。這一種商品就是——貨幣。

商品的交換價值使它自身結晶在作爲一種特殊商品的貨幣上，這種貨幣的結晶作用是交換過程的必然產物——在那過程中勞動力的各種產物彼此都實際上被製成同一標準，因而實際上變爲商品了。交換過程是由本能發生，而沿著歷史的路線發展下來的。簡單的交換，交換過程的原始形式，代表使用價值開始發展爲商品，而不是代表商品發展爲貨幣。交換價值愈發展，則使用價值就愈發展爲商品，這也就是，交換價值愈發展爲一種獨立形式，且不再受制於特殊使用價值，則貨幣發展的必然性就愈大。當初擔任貨幣任務的是一種特殊的商品或是具有普遍使用價值的某些商品，譬如牲畜、穀類和奴隸等等。隨著時代的演進，多多少少不同的不適合的商品都曾執行過貨幣的各種功能。最終，這些功能全都歸結到貴重金屬上，因爲它們具有可以使一切商品的貨幣性結晶於其中的特殊商品所必需的種種物質性——這些物質性都直接出自交換價值自身的本性，就是：其使用價值的經久性、其無限分割性、其成分的同一性，以及這樣一種商品所有樣本的同一性。

在貴重金屬之中黃金逐漸成爲獨家的貨幣商品。它成爲價值的尺度、價格的衡量以及一切其他商品的流通手段。多虧這商品的致命一躍變爲黃金，集結在黃金中的特殊勞動力才被作爲社會的勞動，保留爲抽象的普遍勞動力。倘若這種商品不能完成這種實體變質，那麼它就失去它存在的目的，不但不能作爲一種商品，也不能作爲一種產品，因爲它之所以是一種商品不過是因爲它對其擁有者並沒有使用價值。

於是馬克思表明：由於商品的內在價值性的緣故，商品與商品交換爲什麼，和如何必然產生商品與貨幣的對比。在貨幣——它自身是具有特殊性質的一種天然物——之中，他承認有一種社會生產關係，而且他說明了近代資產階級經濟學家們對於貨幣的種種混亂解釋，是由於他們剛確定爲一種物的東西，忽然成爲一種社會關係，而他們勉強確定爲一種社會關係的東西，忽然開玩笑似地成爲一種物。

當初，這本批判性檢驗所煥發的大量光芒，連作者的朋友們也覺得眩目甚於啟示。李卜克內西說他對於一部著作從來沒有這麼大失所望過，而米克爾覺得其中「只有極少部分確實是新的」。拉薩爾稱讚這著作的形式，毫無妒意地認爲在他自己的《赫拉克利特》之上，但拉薩爾的「空言」使馬克思猜疑他對經濟事務缺少理解，這一次他是猜對了的，因爲不久前拉薩爾就表明他並不理解這本書的「要點」：產生使用價值的勞動力與產生交換價值的勞動力之間的區別。

倘若馬克思的著作在那些可以被期望理解的人們手中得到這樣待遇，那對其他人們還能有什麼期望呢？一八八五年中，恩格斯說馬克思已經提出了頭等高明的貨幣理論，而且這理論已經默默地被採納，但七年之後德文《政治經濟體大辭典》（*Handwörterbuch der Staatswissenschaften*），這資產階級政治經濟體的標準著作，發表了一篇論貨幣的五十行論文，複述了早已陳腐的一切理論，而連馬克思的名字都不提，結論是說貨幣是不可解之謎。

確實，已經把錢崇奉爲上帝的世界怎麼會渴望去理解它呢？

第十章　王朝的興替

一、義大利戰爭

一八五七年的危機並未發展爲馬克思和恩格斯所期望的無產階級革命，但它並非沒有革命的效果，縱然這些效果只以王朝興替的形式出現。義大利聯合王國興起了，不久之後德意志聯合帝國也興起了，而舊法蘭西帝國卻消滅了。

事件的這種演變來自資產階級的表裡不一；它一直不從事自己的革命戰鬥，且自一八四八年革命以來，它已經逐漸不容許無產階級替它作戰。而在這革命中，尤其是在巴黎的六月鬥爭之中，無產階級業已摒棄任由資產階級僅僅把它作爲炮灰利用的舊習，要求分享那用它自己的血肉和英勇所獲得的勝利成果。

結果，在革命的那幾年間，資產階級萌生狡猾的念頭去遊說別種勢力，取代日益不可信和不可靠的無產階級替它從火中取栗。在德國和義大利尤其如此，也就是在這些國家之中，當時歷史發展的主要任務是創立民族國家，一如資本主義生產力得以充分發展所要求的那樣。問題的明顯解決方法是把君臨全國的權位奉獻給諸侯之一，而以給予資產階級充分發展資本主義剝削所需的地盤爲交換條件。然而這計畫迫使資產階級放棄它自己的政治理想，而只能安於滿足純粹利潤：因爲要獲得諸侯的援助須自願臣服於諸侯的統治。

革命的那幾年間，資產階級就已開始獻媚於各邦諸侯，包括其中最反動者。在義大利得到這種奉承的是薩丁尼亞（Sardinia）王國，在這「武裝的耶穌會員」的小邦之中，如德國詩人所申訴，「教士和爲利是圖者吸盡了人民的膏血」；而在德國得到這種奉承的是普魯士王國，那時正受制於愚民主義者東厄爾比亞土地貴族。當初資產階級在義大利和德國沒有成功。薩丁尼亞國王阿爾伯特（Albert）確贊同使自己成爲「義大利之劍」，這是眞的，然而他在戰場上被奧地利軍隊擊敗而逃亡，死在外國。而普魯士國王腓特烈·威廉四世（Frederick William IV）則拒絕德國資產階級獻給他的德意志帝國皇冠，因爲他認爲它是純然虛榮的，用爛泥和黏土烤成的皇冠。他卻喜歡以革命爲代價而掘墓盜屍，雖然他慘敗了——這與其說是由於奧國的劍，不如說是由於奧爾米茨①的奧國的鞭。

然而，工業的繁榮——曾經逐漸削弱了一八四八年的革命力量——在義大利和德國變成了推進資產階級利益的有力槓桿，而且使這兩個國家的國內統一成爲比以前更急迫和必要的事情。一八五七年，危機爆發，提醒資產階級所有資本主義的光榮會逐漸消散，然而事情終於開始變動——首先是在義大利。這不能被認爲是義大利資本主義發展超過德國的表徵，正好相反，義大利那時完全沒有大規模的工業，因此資產階級和無產階級之間的對立也還未發展到引起互不信任的程度。更不能忽視的是這事實：義大利的不統一是外國統治的結果，而推翻這統治是全社會各階層的共同目的。奧國直接統治著倫巴底（Lombardy）和威尼斯

①一八五〇年普魯士擴張派的氣勢被奧國奧爾米茨（Olmütz）的外交政策所挫辱。

（Venice）省，間接統治著中央義大利各邦，那些小朝廷是聽命於維也納的哈布斯堡皇室的。反對外國束縛的鬥爭曾在義大利不斷地進行了二十年，且曾經引起一方的野蠻鎮壓和另一方的拚命報復。義大利的雙劍是奧國的皮鞭免不了的回答。

然而，一切恐怖行爲、暴動和謀叛對於哈布斯堡氏的超級強權，被證明是無用的，甚至在革命的那幾年間義大利的一切暴動也全都失敗了。義大利應能贏得自己的獨立（Italia farà da se）這承諾被證明是一種錯覺。義大利必需外援以擺脫奧國的束縛，所以它轉而求助於它的姊妹邦，法蘭西。維持義大利和德意志的國內分離是法國外交政策的傳統原則，但坐在法國帝位上的那冒險家是準備談判這宗交易的。當法國被局限於第一帝國被推翻後由歐洲列強所劃定的疆界之內時，第二帝國乃是一齣鬧劇。法國必須征服領土，但做作的拿破崙並沒能力做像眞拿破崙所曾做過的事。做作的拿破崙必須安於以假借他的所謂叔父的「民族性原則」，把自己裝扮成被壓迫民族的救世主，他的友誼援助自然總是以土地人民的報酬爲條件。

同時整個局面不允許他採取多方冒險。他並不能發動一場歐洲大戰，更不必說革命戰爭，他所能做的充其量不過是在其他列強縱容之下痛擊歐洲的替罪羊而已。在五〇年代之初這替罪羊是俄羅斯，而在五〇年代之末卻是奧地利。奧國侵略者在義大利內所維持的可恥政權已經引起歐洲的公憤，同時哈布斯堡皇室已經和神聖同盟的老伙伴們失和，爲奧爾米茨而和普魯士爭鬥，爲克里米亞戰爭而和俄羅斯爭鬥。其實，以企圖攻擊奧地利而論，做作的拿破崙確實是俄羅斯的助手。

法蘭西國內的局勢正急需對外的政治行動以撐住拿破崙派的威望。一八五七年的商業危機已經麻痺了法國工業，而又因爲政府竭力阻止其爆發的策略，災害已經變爲慢性，使法國貿易陷於停頓好幾年。結果，資產階級和無產階級都變得反叛，甚至農民，這暴力政變政權的主要支柱，也開始抱怨。一八五七至五九年間的穀價暴跌，使農民大聲說道：因爲他們農產品價格的低賤和農業課稅的苛重，耕種就快要成爲不可能了。

在這種情勢之中，拿破崙被薩丁尼亞王國總理大臣加富爾（Cavour）的獻殷勤打動。加富爾執行著阿爾伯特王的傳統政策，但是異常巧妙。然而，單靠無力的外交手腕運用，他並未能使事情有所進展，因爲拿破崙三世溫吞和遲疑不決的性格難以使他採取任何果斷決定。然而，義大利行動黨插手在賭局裡面，迫使這「自由擁護者」趕快下決定。一八五八年一月十四號奧爾西尼（Orsini）和他的同黨丟了幾個炸彈在法國皇帝御用馬車旁，馬車被不少於七十六片碎片所打中。車裡的人們並未受傷，但做作的拿破崙照例用恐怖統治回應了這等人物。然而，他歷來的狂暴正表明他已經延續了七年的政權，其實是建立在很不穩固的基礎上，同時奧爾西尼在獄中寫給他的信，使他感到一種新的不安衝擊。奧爾西尼說：「記住，只要義大利未達到它自己的獨立，歐洲的和平和你內心的和平始終不過是一種幻想。」據說，奧爾西尼在第二封信裡說得更爲直白。在其愛冒險生活的漂泊流浪中，拿破崙三世一度曾同意義大利謀叛者，他覺得他們的報復不是一件可以忽視的事。

所以，一八五八年夏季，他邀請加富爾到普隆比耶爾（Plombières）來會面，在那裡他倆安排了一場對奧國的小戰爭。薩丁尼亞將收復倫巴底和威尼斯省，組織北義大利王國，而將薩伏依（Savoy）和尼斯（Nice）讓給法國作爲報酬。這一筆外交買賣根本談不上義大利的獨立和自由，也不曾論及中義大利和南義大利，雖然雙方無疑對此議題各有各的盤算。拿破崙三世不願放棄法國傳統外交政策而推進義大利的統一。相反的，他想要維持教皇的世俗權力和創造一種可以施行挑撥離間義大利諸侯王的聯盟，以保障法國的霸權，且進一步他蓄意要爲他的堂弟杰羅姆（Jerome）創立一個中義大利王國。另一方面，加富爾卻估算一旦北義大利鍛造成爲一個強國，隨著強有力民族運動的發展，他就可以制止一切諸侯和分治的傾向。

一八五九年元旦，拿破崙三世召見奧國大使，通知他法國的意向，幾天之後薩丁尼亞國王也昭告世界他不是聽不到義大利人民的悲痛呼籲。這些威嚇是維也納所充分明瞭的，交戰的爆發迅速迫近，同時奧國政府笨拙到被調動爲攻擊者了。已經半破產，而又爲法國所攻擊、爲俄國所威脅，奧國處於困境，英國保守黨的冷淡友情並沒有多大幫助，於是它設法爭取日耳曼聯盟的支持。在盟約上聯盟並不受防禦其會員占有任何非日耳曼領地的約束，但奧國政府企圖騙使它來做這樣的事，提出了一個政治軍事口號：保衛萊茵必須布防於波河

（Po）②沿岸。或換句話說，它要說服聯盟，維持奧國在義大利的鎮壓對德國是生存攸關的大事。

自一八五七年危機爆發以來德國也曾發展民族運動，但這和義大利的民族運動不同，而那不同並不足爲德國之榮。德國的民族運動並不是由於憤恨外國統治而驅使的，而且，自一八四八年以來，德國資產階級就已懷著懼怕無產階級的心理，雖然後來事實證明後者不是那麼具危險性。然而巴黎六月的日子卻是一個凶險的警告。一直到一八四八年爲止，法蘭西的帝制算是德國資產階級的理想，但此後它受了刺激就轉向英國，看到英國的資產階級和無產階級似乎能夠和平調解他們的分歧。普魯士皇太子和英國公主的婚姻曾經在所有善良的資產者群中引起欣喜的狂歡，而當患精神病的普魯士國王於一八五八年秋季把政權交給他的兄弟時，後者就任命一個馴善的自由主義內閣——但絕不是爲了自由主義的理由——於是就爆發了拉薩爾惡毒的稱爲「牛族登位慶典」。因爲不敢惹惱攝政王，這高貴的資產階級就否定了一八四八年本階級的英雄們，而且當新內閣實際上和舊內閣一樣時，它並不抗議，卻提出了這有名的口號：「溫和地工作呀！」因爲怕引起那新統治者的不高興，他一不高興就會掃掉「新紀元」的，這「新紀元」不過像是牆上影子般在他心血來潮時存在。

② 在義大利西北部，義法邊境。

當戰雲密布時，德國愛國的浪潮開始高漲。加富爾為義大利統一工作的方法對德國資產階級是極具誘惑力的，後者早已選定普魯士來擔任薩丁尼亞的角色，但德國世仇的法國攻擊德意志聯盟的奧國，引起德國資產階級滿懷的疑慮，且喚醒了不愉快的記憶。或許做作的拿破崙想要恢復真拿破崙的種種傳統？或許奧斯特里茨（Austerlitz）[3]和耶拿[4]的日子又要重來，而且外國統治的鎖鏈又要威脅著德國？受奧國政府津貼的《日報》（*Journaille*）就竭盡所能的胡謅使德國資產階級相信其恐懼的真實性，而同時描繪出一幅「中歐霸權」的童話圖像：在奧國領導之下，包括日耳曼聯盟、匈牙利、斯拉夫、羅馬尼亞多瑙河地帶、阿爾薩斯和洛林、荷蘭，天曉得還有些什麼地方。另一方面，做作的拿破崙當然也放任他的鬻文為生者指天畫地，誓言他們的雇主絕無奪取萊茵沿岸的惡意，而他攻擊奧國全然是出於教化的考慮，即是說，為了歐洲文明的利益。

當然，善良的德國俗眾在這矛盾宣傳的紛紜之中很難形成他們自己的意見，但他們逐漸開始傾聽哈布斯堡有魅力的人的聲音，有些相信對手拿破崙的災害了。哈布斯堡派的議論投合他們藉酒壯膽的愛國心，而要人相信做作的拿破崙的文明使命卻是太過奢望。然而無論如

---

③ 屬捷克斯洛伐克，一八〇五年十二月二號拿破崙一世在此大破德奧聯軍。

④ 屬德國薩克森威瑪邦，一八〇六年拿破崙一世在此大破德軍。

何，局勢如此複雜，以致那些慣於處理政治糾紛與革命鬥爭的人們，在一切根本問題上意見絕對相同的人們，關於德國對義大利戰爭應該採取何種實際政策，都不能達成一致的意見。

二、和拉薩爾的爭論

在馬克思同意之下，恩格斯首先以他的小冊子《波河與萊茵河》加入爭論舞臺，而它的出版是經由拉薩爾向鄧克接洽的。恩格斯的目的是駁斥哈布斯堡派的論點：保衛萊茵必須防波河。他指出德國不需一手掌大的義國土地以保衛它自己，且說倘若軍事理由是決定因素，那麼法國對萊茵兩岸比起德國對波河更有爭取的理由。以純粹軍事觀點而論，奧國統治北義大利對德國或許不可或缺，但以政治而論，卻是很有害的，因爲奧國壓迫者所施於義國愛國者的畸形鎭壓，將使全義大利對德國也極具敵意和仇恨。

然而，他說，占領倫巴底的問題是德國與義國之間的事，而不是拿破崙三世與奧國的事。把拿破崙三世作爲第三者而論——他完全只圖私利和存心反德——德國的態度只能是占領該省而在逼迫之下才讓出，維持其軍事據點一直到無法保有才撤退。說到拿破崙派的威脅，哈布斯堡派的口號是理由充足的。倘若拿破崙三世以波河爲藉口，那麼他的眞正目的確是在萊茵，因爲只有奪取萊茵邊境，就有了在法國國內鞏固那政變政權的一切基礎。這是適用一句古諺的典型事例：拿破崙三世痛打革囊而意在驢子。義大利可以被誘而充當革囊，但德國卻沒有任何理由定要當驢子。倘若這終究不過是誰必須奪取萊茵左岸的問題，那麼德國就不能夢想不戰而放棄波河和它的最強固陣地之一，即使不是它最強固的陣地。在戰爭之前和在戰爭之中一樣，要占據每個可攻可守的據點，首先毋須囿於道德反省，像研究如此行動是否圓滿符合恆久的正義和民族的原則。在吃緊的關頭，人就要用能夠拿到的任何武器防衛自己。

馬克思完全贊同這種觀點，讀了手稿之後他寫信給作者說：「異常能接受：甚至以這件事最爲困難的政治方面而論。這小冊子將是一大成功。」另一方面，拉薩爾卻說他完全不能了解恩格斯的態度，而且差不多立刻就發表了他自己論這件事的一本小冊子，題爲《義大利戰爭與普魯士任務》，也是由鄧克出版的。拉薩爾從完全不同的前提出發，因此達到完全不同的結論——據馬克思說是「離奇的錯誤」。

拉薩爾說在戰爭威脅之下興起於德國的民族運動「純然對法仇恨，全然反法主義（以反拿破崙爲口實，而其實是仇視法國革命的發展）」。在他看來，歐陸兩大民族彼此搶奪僅僅只爲民族主義的幻覺，並非基於民族生存攸關而只是病態挑起的民族主義、浮泛的愛國主義和孩子氣的反法主義釀成的一場眞正全民抗法的德法戰爭，對歐洲文化和眞正民族及革命的利益是極其危險的，而這將成爲自一八四八年三月以來反動原則最可怕和數不盡的勝利。他認爲民主派的主要任務是用盡一切可能方法反對這樣一種戰爭。

他更詳細地指出義大利戰爭對德國不是一種嚴重的威脅，而且德國的民族統一是深深繫於義大利獨立鬥爭成功的登頂。一種正當的理由不會只因爲一個壞人實行，它就變成壞的。拿破崙三世或許希望經由義大利戰爭而獲得少許民心，但使他不能利用這些事以擴張他的私利，即是民主派的任務。現在只因爲一個拿破崙三世，人怎麼能夠反對自己歷來渴望的事呢？在一方有一個好理由和一個壞人，另一方卻有一個壞理由和一個「什麼人」？拉薩爾提醒讀者們布魯姆（Blum）暗殺事件、奧爾米茨（Olmutz）、荷爾斯坦和布朗澤爾（Bronzell），一切言明反對德國的罪行不是出於拿破崙三世而是出於哈布斯堡專制政權。他說，德國人民是毫不在乎奧國勢力的維持，恰相反，奧國的澈底崩潰乃是德國統一的先決條件。義大利和匈牙利取得獨立時，一千兩百萬奧籍日耳曼人才會返回德國。只有在那時他們才會感覺自己是德國人，只有在那時，德國的統一才有可能。

拉薩爾分析拿破崙三世的地位，指出這被人極度高估的怯儒者是不會認眞打算對外侵略的，即使是對義大利，更不用說對德國了。即使這怪人眞懷抱著征服的幻夢，德國方面有任何理由要表現那樣丟臉的恐懼嗎？拉薩爾嘲罵那些愛國儒夫，把耶拿之役視爲德國國力的正常標準且又被他們自己的恐懼驅向絕望。他譏笑那些勇敢人物，因爲害怕那很不可能的法國進攻而喧嚷由德國進攻。他指出這是十分明顯的事；倘若德國被迫而抵抗法國入侵，那會比它去攻擊法國能夠徵召更大得多的力量，倘若它去攻擊法國，就會使法國人民集結在拿破崙三世周圍且只會強化他的地位。

反法戰爭是要實行的，只要拿破崙三世企圖保有他從奧國贏來的戰利品，甚或他不過是想爲他的堂弟杰羅姆創立中義大利王國。倘若並沒有這些事故發生而普魯士政府還要煽動民眾反法戰爭，那麼民主派必須竭力阻遏這種煽動。然而，中立是不夠的，在德國民族的利益上普魯士的歷史任務是進軍丹麥，並聲明：「倘若拿破崙三世藉民族原則之名變更南歐地圖，那麼我們就要在北歐做同樣的事。倘若拿破崙三世解放義大利，我們就要解放什列斯維格—荷爾斯坦。」倘若普魯士繼續無所作爲，那就證明德國帝制不再有能力處理國家大事。

作爲這項計畫的結果，拉薩爾被譽爲國家前途的預言者，預見後來俾斯麥的政策，但一八六四年俾斯麥所實行的兼併什列斯維格—荷爾斯坦的帝王征略其實並無關於一八五九年拉薩爾所力陳的解放什列斯維格—荷爾斯坦的革命民族戰爭。拉薩爾很清楚那攝政王並不會接受其規劃給後者的任務，不過藉此他就有權提出一種符合德國民族利益的建議，即使這建議立刻會變爲對政府的攻擊。他有充分理由指示激動的群眾正確道路，而使他們脫離錯誤道路。

然而，除了他在那小冊子裡所提出的這些議論以外，他還有「隱密的動機」，如他寫給馬克思和恩格斯的信中所解說。他知道那攝政王將加入奧國方參與義大利戰爭，對於這一點他不覺得很不安，因爲他認爲這戰爭或許會被誤導而且可能從那必不可免的變動局勢中製出革命資本，但只有一個條件：應該使民族運動自始就把攝政王的戰爭視爲朝廷的事，並沒有任何民族的合理性。在拉薩爾看來，反法的不受歡迎的戰爭將是革命的「大好機遇」，而一場在朝廷領導下的受歡迎戰爭或得出反革命的結果——這是他在那小冊子裡如此雄辯地描述的。

所以，從他的觀點看來，恩格斯在其小冊子裡所提出的戰略多多少少是不可理解的。以軍事觀點而論恩格斯已經輝煌地證明了德國並不需要波河防衛它自己，而他隨後主張如有戰事波河必須無論如何被掌握——也就是，德國民族有義務援奧抗法——卻使拉薩爾大不以爲然了，因爲站在奧國方面成功擊退拿破崙的攻擊，顯然只能有反革命的後果。倘若奧國由於日耳曼聯盟的援助而成功，那麼就很清楚沒有什麼可以阻止奧國控制北義大利的了，這正是恩格斯所痛惡的事，而哈布斯堡在德國的霸權將因此增強，那無聊的日耳曼聯盟政治將迎來新生。即使勝利的奧國推翻了法國的僭越者，這也不過是要使波旁⑤舊政權來取代他，這對法國或德國的民族都無所裨益，更不用說革命的利益了。

要理解馬克思和恩格斯所提出的觀點，必須了解他們也像拉薩爾一樣有他們「隱密的動機」，而且雙方都爲了同樣理由，如恩格斯寫信給馬克思所說：「我們的黨的利益，政治的或論爭的，在德國是絕對不能公開提出的。」然而，在倫敦的這兩位朋友的「隱密的動

⑤法國皇室。

機」是不如拉薩爾的那些清楚，雖然他給他們的信現在還存在，他們給他的信卻散失了，然而他們的那些動機還大致可以從當時他們的一般政治評論活動上認出來。大約一年之後恩格斯發表了第二本小冊子，題名爲《薩伏依、尼斯和萊茵》，反對拿破崙三世兼併薩伏依和尼斯；在這一冊裡他明白描述他第一冊所寫的觀點。

第一，馬克思和恩格斯都相信德國的民族運動是眞正的民族運動。他們相信它已經「自然地、本能地和直接地」發展起來了，而且承諾掃除那違反民意的政府。奧國統治北義大利，和義大利的獨立運動暫時之間對這民族運動都是無足輕重的事。人民要求戰爭反對拿破崙三世作爲法蘭西第一帝國傳統代表的直覺是正確的。

第二，他們以爲德國確是受到俄法同盟的嚴重威脅的。在《紐約每日論壇報》上馬克思指出法蘭西第二帝國的財政狀況和國內政局都已到了緊要關頭，只有對外戰爭才能延長法國政變政權的生命，同時延長歐洲反革命的生命。他擔憂拿破崙派不過是藉解放義大利爲口實以束縛法國，以控制義大利於政變政權之下，以推進法國「天然疆界」於德國境內，以轉變奧國爲俄國的工具，以代表合法和不合法的反革命派欺騙歐洲人民加入戰爭。如恩格斯在第二本小冊子裡所指出，他把日耳曼聯盟極力辯護奧國的行動，看作俄國助法國奪取萊茵左岸以換取其在土耳其橫行的決定契機。

最後，馬克思和恩格斯認爲德國政府，尤其是柏林那些自作聰明的人們——曾經欣然歡迎把萊茵左岸讓給法國的巴塞爾（Basle）和約，而且曾經暗中慶幸奧國敗於烏爾姆

（Ulm）和奧斯特里茨（Austerlitz）——將奧國棄於危難之中。在他們看來德國各邦政府必然被這民族運動所激動，到那時他們所期待的是恩格斯寫給拉薩爾的信後被後者在回信全文引用說：「我們將同時被法國和俄國所攻擊，戰爭萬歲！因爲在那樣困難的環境之中，面臨災難立即的威脅之下，一切黨派，從現在執政的以至策茨（Zitz）和布魯姆，都將倉皇失措，而民族爲拯救它自己終必轉向最具能量的黨派。」⑥拉薩爾回覆說他完全贊同這一點，而且他在柏林精疲力竭一直設法證明倘若普魯士宣戰，它就要落在革命的手裡，但唯一的條件是自始人民就把這戰爭視爲神聖同盟的反革命計畫。倘若事情眞如恩格斯所預料，那麼日耳曼同盟的體系、奧國對於北義大利的統治和法國的政變政權，全都會毀滅；只有從這觀點他才能夠完全理解恩格斯的戰略。

這一切都表明爭論的雙方並沒有根本的差異，不過如馬克思在一年後所說「對已知情況的相反判斷」。他們之間並沒有意見的差異，無論是關於民族的或關於革命的。他們的最後目的都是無產階級的解放，而要達到這目的的絕對必要條件是大民族國家的形成。作爲德國人，他們全心投入在保障德國民族的統一，而統一的絕對必要條件是廢除德國之內的多個小朝廷。正因爲全都注重民族利益，沒有一個是支持那些德國政府的，他們全都希望它們的失

⑥ 原信失散，但此節還完整保存在拉薩爾的回信中。

敗。在各國政府之間的戰爭中，工人階級就必須放棄它自己的獨立政策而把它的命運交託給統治階級之手，這種出色的觀念不會出自他們任何一位，因爲他們的民族精神太道地而且根深蒂固，是不可能被朝廷的口號所欺騙的。

然而，時局複雜起來了，革命歲月的遺產開始被清算於朝代更迭的時期，而且在革命與反革命的目的混淆不清之中，要採取正確態度多半不是原則的問題而是事實問題。應該在實踐上加以考驗的不是觀點，而是阻礙這觀點實踐的嚴峻局勢，因此，以大體而論，拉薩爾的「對已知情況」的判斷顯然是比馬克思和恩格斯更爲正確的。這兩位朋友不得不償付對德國實情長久失去接觸的代價。他們也高估，如果不是沙皇的侵略欲望，至少也是隨心所欲滿足這欲望的實際可能性。拉薩爾聲稱德國的民族運動不過是由於傳統的對法仇恨，或許是誇張了些，但無論如何，這運動確實不是革命的，如後來它分娩的可憐結果所表明——所謂德國國家俱樂部的流產。

或許拉薩爾也過於低估俄國的威脅。在他的小冊子裡他只把它當作次要的項目，但無論如何，這威脅並不是急迫的，而且正如拉薩爾所預言，只有當普魯士攝政王動員普魯士軍隊和號召日耳曼聯盟動員各小邦軍隊時，這軍事示威才使做作的拿破崙三世和沙皇加緊和解。由於派遣到法軍司令部的一個俄國將軍的盡力慫恿，拿破崙三世才對戰敗的奧皇提出和平條件，並且放棄正式要求的一半，以占領倫巴底爲滿足，而威尼斯省則仍然在奧國統治之下。他並不能憑一己之力發動歐洲戰爭，而俄國則受制於波蘭的擾亂、農奴解放的困難以及在克里米亞戰爭中所受的創傷，那是一時無法痊癒的。

與此同時，維拉弗朗卡（Villa Franca）協定結束了有關義大利戰爭中的革命策略的爭論，但拉薩爾還一再寫信給馬克思和恩格斯重提這件事，而且堅持他是對的，說事件的演變已經證明他的觀點正確。現在找不到他們的回信，也因爲他們並不曾如他們所企圖的發表宣言說明他們自己的意見，要評判誰是誰非是不可能的。拉薩爾合理地指出事件的過程：義大利統一運動的實際發展，中義大利各朝廷被其受虐待「子民」的暴動所廢除，西西里和那不勒斯被加里波底的義勇軍所征服；而且這大人物說過這一切都曾經阻擋拿破崙三世的車輪，摧毀他的全部計畫，而坐享其成的卻是薩伏依王朝。

不幸的是那爭論被這情況所惡化：馬克思不能克服他對拉薩爾的不信任，雖然他眞誠急切想把他完全爭取過來，宣稱他是不會迎合資產階級政黨的「精力十足傢伙」。雖然他的《赫拉克利特》有些淺薄，到底勝過那些民主黨人所誇耀的任何著作。然而，即使拉薩爾心胸伸手向他時，馬克思也覺得對待這人是需要外交手腕的。他說，「聰明的對付」是必要的，因爲要使拉薩爾不背矚望；所以最微小的事故也足以引起他的一切舊猜疑。

例如，弗里德蘭德又重新請求馬克思投稿於維也納《新聞報》。這請求也是經由拉薩爾轉達的，這一回並不附帶任何條件，但弗里德蘭德終究把這件事擱下了，而馬克思立刻懷疑拉薩爾有意破壞他的前景。還有，當馬克思的《政治經濟體批判》的印刷由二月初延遲到三月底時，他就確信那是拉薩爾「詭計」之一，並聲稱他不會忘掉它。其實這延遲純粹是由於那因循的出版商，而當時甚至這出版商也有良好的藉口，指出這延遲是因爲趕印恩格斯和拉薩爾的小冊子，它們是討論時事而更爲緊急。

三、流亡者之間的新鬥爭

義大利戰爭的不明確性質在流亡者群中重啟了舊的對立並引起了新的混亂。當法國和義國的流亡者們反對義大利獨立運動和法蘭西政變政權混同時，許多德國流亡者們卻急於重複曾使他們遭受十年流放的愚行。然而，他們離拉薩爾的觀點很遠，甚至熱情洋溢偏袒「新紀元」——他們相信這已由那攝政王的恩典在德國展開而他們希望能分享。正如弗萊里格拉特輕蔑地說過，他們想要得到寬恕而歡鬧著，急於要做出任何愛國行動，只要「攝政王殿下」願意實行金克爾在拉施塔特軍事法庭之上的預言，和抽出劍來建立德國統一。

金克爾又在這不和中一舉成名且使他自己成爲這趨勢的代言人，於一八五九年一月一號他開始發行《赫爾曼⑦週刊》，這古舊的名稱立刻背離了它鼓吹的觀念。再引弗萊里格拉特

⑦ 赫爾曼（Hermann, or Arminius）：德國戰士，曾於西元九年擊潰伐留斯（Varus）所統率之羅馬大軍。

的話來說吧，它一下就成為一切「思鄉的英雄們」所寵愛的機關報，他們都顫抖著焦急地接受允許投入當時德國流行的「軍營廣場的自由主義」，正因為這理由它變得非常流行，以致實際上扼殺了《新時代》（*Die Neue Zeit*）——這是艾德加．鮑爾代表工人教育協會所發行的工人階級小刊物。《新時代》的生存主要是靠印刷者肯賒賬，而當金克爾提供印刷者更多利潤和更多可靠訂單來印製《赫爾曼週刊》時，賒賬就不成功了。然而，金克爾的卑鄙詭計甚至在資產階級流亡者中都非一致認同，連自由貿易主義者福歇（Faucher）也組織了一個財務委員會來拯救《新時代》。這些努力是成功的，《新時代》在《人民報》（*Das Volk*）這新名稱之下生存下去了，而且由比斯坎普（Elard Biskamp）擔任編輯。比斯坎普是從黑森（Hesse）選區逃來的流亡者，曾經從那些省區投稿給《新時代》，而現在是放棄教師職業來全力獻身於這刊物。

不久之後，他伴隨李卜克內西來訪馬克思，打算遊說他投稿給這刊物。自一八五〇年爭論之後馬克思就已和工人教育協會沒有關係，甚至當李卜克內西和協會恢復關係時，他也還表示不贊成，雖然李卜克內西主張沒有工人的工人的黨是一種矛盾名詞，曾得到十分首肯。然而不難理解：馬克思未曾立刻克服他的不愉快記憶。而他使這協會的代表「吃驚」了，藉由告知他說馬克思和恩格斯接受無產階級政黨代表的任命是出自他們自己而不是任何人，因此更加強了舊世界一切黨派對他們的廣泛而專屬的仇恨。

當初馬克思很不同意投稿給《人民報》的請求，但當他覺得不能讓金克爾橫行無忌時，他就贊成李卜克內西幫助比斯坎普的編輯工作了，雖然他自己仍然拒絕投稿給這小刊物，或者投稿給不由他自己和恩格斯編輯的任何專用的黨刊物。但他答應幫助這刊物的分發，選擇《紐約每日論壇報》的文章轉載在它上頭，並用書面及口頭和暗示提供編輯意見。他寫信給恩格斯說：他把《人民報》視爲「街頭報紙」，像巴黎的《前進報》和《布魯塞爾德文報》（*Deutsche Brusseler Zeitceng*）一樣，可是，在倫敦有一份報紙供他們支配，有一天或許用得上，而且比斯坎普是值得援助的，因爲他究竟是無所求而工作的。

當這「街頭報紙」開始惹惱金克爾時，作爲鬥士的馬克思是不會不傾全力來支持它的。他付出許多精力和時間使這報紙能夠勉強自存，他並不多投稿，根據他自己估計不會超過少許的短評，經由他努力提供的方法至少能使該報勉強糊口，出版四頁全開版。他動員少數能夠出一點錢的同志和同情者，尤其是恩格斯，後者也曾辛勤執筆支持該報寫過關於義大利戰爭的軍事技術文章和一些對他朋友新近出版的科學著作的有價值批評，雖然這類評論的第三篇和第四篇從未發表，因爲八月底這報紙就不能再出刊了。馬克思維持這報紙的各種努力，最難堪的實際結果是一個印刷商叫荷林格（Hollinger）要他負責未付清的印刷費。這是很不合理的要求，但「鑒於金克爾之流正在等待時機公開詆毀，也因爲和這報紙有關係的許多人都不宜出席法庭」，馬克思付出五鎊部分債款來和解債務。

《人民報》留給他的另一遺產使他遭受了更大的犧牲和困難。一八五九年四月一號，住在日內瓦的福格特（Karl Vogt）郵寄一份德國民主派對於義大利戰爭的政治綱領給倫敦的各派流亡者，連弗萊里格拉特在內，同時籲請他們合作在瑞士出版一種發揚這綱領精神的新週刊。福格特是在兄弟會運動中的傑出成員福倫（Follen）兄弟的侄子，也曾經是法蘭克福議會中和布魯姆一派的左翼領袖之一；而且那垂死的議會最後法案之一是委任他爲五個國家執政官之一。當他寄出這綱領時他是地質學教授，而且和日內瓦激進派領袖法茨（Fazy）聯合，他代表日內瓦出席瑞士議會。福格特仍然和在德國時一樣熱心鼓吹一種以自然科學爲基礎的唯物論，一種很偏狹的唯物論——當涉及歷史領域立刻就錯誤百出。他的宣傳作風正如盧格頗算公正的稱之爲「粗野的學童氣」，而且他以一些憤世嫉俗的詞彙來捕捉俗眾色情的幻想。他最受歡迎的詞句之一是「觀念對大腦的關係正如膽汁對肝或尿對腎一樣」，這連一向最堅實擁護他的布希納也覺得說得太過火了，後來就斷絕和這類啟蒙工作的關係。

當弗萊里格拉特接近馬克思藉以探得後者對福格特政治綱領的評斷時，得到了這簡潔的回答：「滔滔不絕的雄辯」。但馬克思在寫給恩格斯的信裡把這綱領說得較爲詳細：

> 德意志放棄非德國的占領。不支援奧國。法國的專制是暫時的，奧國的專制是永久的。兩種專制都應該流血而死（這顯然是袒護拿破崙三世的某種傾向）。德國武裝中立。在我們生存期間就不要想德國有一場革命運動，這是福格特從最可靠的消息來源獲悉的。一旦奧國被拿破崙三世所毀滅，一種溫和的自由主義式民族主義，立即就會在祖國之內，攝政王的領導之下開始發展起來，那時福格特甚至會變爲朝廷的小丑。

在這封信裡馬克思懷疑福格特同情拿破崙三世，後來被證實了：雖然後者並未發行所提議的週刊，卻寫了一些研究歐洲時局的文章，無誤解之虞展示了他和拿破崙三世口號的精神聯繫。

福格特也把他的政治綱領寄給從巴登逃來的流亡者，布林德（Blind），後者從革命的那幾年間和馬克思有些交情，也曾投稿《新萊茵報》，但從不屬於馬克思的朋友和政治支持者的內部圈子。其實，布林德是把他們的小「巴登郡」視爲宇宙中心的異常地方愛國者或共和黨人之一。這種人常受恩格斯的譏刺，他覺得這些「政治家」往往爲了他們一切高尚尊嚴將其意見濃縮爲只圖眷顧自己。現在布林德接近馬克思，告訴他福格特是受到拿破崙三世的津貼的，而且他布林德，能夠提供這種種背信行爲的證據：福格特曾經企圖以三萬基爾德收買一位南德的印刷業者，而且也曾想在倫敦行賄；一八五八年夏季法茨和他的朋友們，和拿破崙三世的堂弟杰羅姆親王，曾在日內瓦開會討論義大利戰爭，並且決定擁戴俄國大公康士坦丁爲匈牙利國王。

當比斯坎普爲《人民報》的事來造訪馬克思時，馬克思把這項揭發告訴他，且追說道，添油加醋過甚是南德人的一種缺點。沒有得到馬克思的許可，比斯坎普就把布林德的揭祕寫成一篇諷刺文章發表在《人民報》上，斥責這位「執政官」爲「德國的叛徒」，而且把登載著這文章的那一號寄一份給福格特。後者在《商業實報》（*Bieler Handelskurier*）上回答了這攻擊，「警告」工人們反對「流亡朋黨」，說這一朋黨從前流亡瑞士時就以「流氓」等等不敢恭維的聲名著稱了，現在是由其頭領馬克思聚集在倫敦，企圖在德國工人群中策劃叛亂，而那些叛亂早已被歐陸各國的警察查覺，並把工人們誘入陷阱。馬克思不容許「這骯髒的攻擊」來挫折他，於是他甘願將它揭露在《人民報》上，加以公開的輕蔑。

六月初，馬克思到曼徹斯特在朋友們和同志者之中為《人民報》募集基金。在他離開倫敦期間李卜克內西發現一本攻擊福格特的小冊子的校樣，內容有布林德所說的那些揭祕。排字工人福格勒（Vögele）告訴他說手稿是布林德親自交給他的，而且校樣上的改正字句是布林德的手筆。幾天之後李卜克內西從印刷商荷林格接到一本印好的小冊子，他把它寄給奧格斯堡的《綜合報》，因為他多年以來都是該報的通訊員。他給編輯的說明書上通知這小冊子是一個有名的德國流亡者的著作，而它的指控全是可證實的。

《綜合報》發表了這材料，後來福格特向法庭控訴它誹謗，因此那報紙轉向李卜克內西要求承諾的證據。李卜克內西轉而詢問布林德，但後者聲稱《綜合報》所引起的麻煩和他毫無關係，甚至否認他是那小冊子的作者，雖然他被迫承認他曾把它的內容通知馬克思，且他自己也曾把其中的一部分發表在厄克特的《倫敦自由報》上。當然馬克思在這件事上完全沒有責任，李卜克內西也認為馬克思一定要否定他了，但後者卻認為用各種方法揭露福格特是他的義務，尤其因為福格特無緣無故把他扯進這事件裡。但他想要使布林德承認那小冊子的作者身分的種種努力，也由於後者的頑固而失敗了，於是他不得不以排字工人福格勒手寫的聲明來造成效果，大意是說：原手稿是布林德的筆跡，那是他所十分熟悉的，而那小冊子是在荷林格的印刷廠裡排印的。當然，這並不能證明得以對抗福格特的任何事實。

當這訟案在奧格斯堡開審之前，籌備在一八五九年十一月十號舉行的大詩人席勒誕生百年紀念慶典引起了倫敦流亡者群中一種新爭議。引用拉薩爾的話來說，這紀念日是要由國內國外的德國人一致舉行以表現德意志人民的「文化統一」和「民族復興的喜慶」。在倫敦也籌備了各種典禮，要在水晶宮舉行大會，議程專注在建立席勒紀念學院和圖書館，並且從此以後在每年詩人誕辰舉行一系列演講。然而不幸金克爾派取得了籌備大權，且以最可惡、最小氣的方式來獲取其狹隘的利益。這一派邀請了倫敦普國大使館的一位官員來光臨紀念會，雖然這人在科隆共產黨審理案時期曾得到很不值得羨慕的聲名，這一派同時用盡方法使流亡者之中的無產階級分子不能參加集會。有一個慣用筆名貝塔（Beta）的貝齊赫（Bettziech），是金克爾搬弄文墨的主要助手，以最令人作嘔的方式在《園亭報》（*Die Gartenlaube*）上歌頌他的功德，同時譏誚想要參加慶典的工人教育協會會員。

在這種情形之下，馬克思和恩格斯都很詫異弗萊里格拉特竟會同意出席這種慶典，而且在金克爾發表當晚主題演說後朗誦了一首詩。馬克思曾經警告他的朋友不要和這「金克爾示威」發生任何關係，而且弗萊里格拉特承認他也有自己的疑慮，或許這慶典是被用以滿足金克爾的虛榮，但無論如何他認爲作爲一個德國詩人他不太好缺席這慶典，縱然金克爾之流盡力誤用這事達到他們的私人目的，但那不是紀念會的目的。然而，在籌備期間就發生了一些「特別事故」，使弗萊里格拉特覺得（他的天性只願看見人和物的最好方面，而且從最好的角度去看）：雖然他決定去參與，因爲他以爲他出席比起缺席更能設法反對「某種企圖」，馬克思或許終究是對的。

馬克思不贊成這意見，恩格斯則更甚，以怒罵弗萊里格拉特的「詩人的誇張自負和好出風頭，再加上趨炎附勢」來洩憤，雖然這當然是過甚之詞。當席勒紀念會終於舉行時，它顯然並不僅僅是德國俗眾向來紀念已經高飛如鶴了的大思想家和大詩人的照例表面祝典，而甚至在極左翼方面也有回響。

當馬克思對拉薩爾抱怨弗萊里格拉特時，拉薩爾回答道：「倘若他遠離那集會或許是更好的事，但無論如何，他所譜成的清唱劇非常好。那遠勝於這慶典中所有最好的事物。」在蘇黎世赫維格爲這慶典作了一首歌，在巴黎則由席利發表百年紀念演說。倫敦工人教育協會因爲在前一天的布魯姆的紀念會中，李卜克內西的演說已經安慰了它的道義的意識，也參加了水晶宮的祝典。曼徹斯特的紀念會是由青年詩人希伯（Siebel）所組織的；希伯來自烏帕塔（Wuppertal），是恩格斯的遠親，後者對於前者的活動並無非議。恩格斯寫信給馬克思說：他完全和這紀念會無關，而希伯打算發表演說，「當然是一般的朗讀之類，但都十分端莊。這年輕人也正在組織《華倫斯坦營地》（*Wallenstein's Camp*）⑧的上演，我參觀過兩

⑧席勒所作名劇之一。

次預演，倘若他們能夠提起足夠膽識，應該會進行得很好。」後來恩格斯成爲席勒紀念學院的院長，這學院是由這一次慶典而建立在曼徹斯特的，威廉・沃爾夫在遺囑中曾經捐贈給它一大筆款項。

當這一切正進行時，馬克思和弗萊里格拉特之間的緊張逐漸顯明，奧格斯堡法庭也在開審福格特控告《綜合報》的訟案。法庭決定不受理，訟費由原告負擔，但原告在法庭上的失敗發展爲一種道德上的勝利。被告們，即《綜合報》的編輯和發行者，並不能再提出任何證據來支持他們對福格特的控訴，於是他們只好以馬克思描述爲太過溫和的「政治的乏味門面話」的抗辯聊以自慰。其實，他們的這種態度是應該受最嚴厲的譴責的，不僅在政治上，也在道德上，因爲其王牌正是那政治對手的個人榮譽是一場公平賽局。從質詢抗辯中，巴伐利亞的法官對於一個曾猛烈攻擊巴伐利亞政府和因爲政治活動而流亡國外的人，怎麼會有偏袒此人的判決呢？倘若法庭反對被告，那麼德國社會民主派——十餘年來曾經在拉圖（Latour）將軍、加格恩（Gagern）將軍、奧爾斯瓦德（Auerswald）將軍和利赫諾夫斯基（Lichnovsky）王子的謀殺之下設法實現他們的自由夢——就會突然大聲叫喊贊成。倘若福格特勝訴，那麼克拉普卡（Klapka）、科蘇特、普爾斯基（Pulski）、泰萊基（Teleki）和馬志尼就毫無理由不出席法庭，以同樣理由和要求來對抗他們的政敵。

不論這抗辯如何狡猾，或許正因爲這樣，法官印象深刻。然而他們的勇氣不足以公平對待一個巴伐利亞政府和巴伐利亞人民所怨恨的人，但他們的法律良知的彈性也很不能容許他們對完全不能證實其指控的被告們下判決。正在爲難之際檢察官提出了一種辦法，法官們就趁機解脫了。在正當藉口下，他們把這案子移交陪審審理，這樣一來福格特是一定要失敗的，因爲這樣審理並不必證實對其指控爲眞的證據，而且陪審官的決議不必提出任何理由。

福格特並不接受這絕無勝算的挑戰，且他不因此而負什麼罪責。總之他的情況是不會不利的，因爲他現在能夠取暖於雙重殉道的陽光之中：不但被非難且非難者並不能證實對他的指控，但法庭不肯替他主持公道。還有一兩件相伴而來的事件甚至更抬高了他的勝利。例如，當法庭宣讀比斯坎普給《綜合報》的一封信，它使輿論得到最尷尬的印象。比斯坎普原是福格特的眞正主要非難者，但在這封信裡他承認他並沒有眞實證據，不過提出一些含混的假定，而結尾是問《綜合報》鑒於是否像李卜克內西那樣，聘他爲該報駐倫敦的第二通訊員，因爲《人民報》已經停刊。更糟的是在審判之後，《綜合報》繼續對福格特施行一些曖昧的攻擊，說他曾經被他自己那一夥人，被馬克思和弗萊里格拉特所譴責，而人人都知道馬克思是比福格特更銳利及更淵博的思想家，至於弗萊里格拉特的政治道德更是遠高出於福格特之上云云。

在《綜合報》編輯科爾布（Kolb）所寫的抗辯裡面，弗萊里格拉特是被稱爲《人民報》的撰稿人和福格特非難者之一的。科爾布的誤會出自李卜克內西的一封說得不很明白的信。當《綜合報》的訴狀寄到倫敦時，弗萊里格拉特立刻發表了一個簡短的聲明，意思是：他從來不是《人民報》的撰稿人，而且他並未知情和允許，他的名字就被用來反對福格特了。因爲福格特和法茨是親密的朋友，而弗萊里格拉特被瑞士銀行聘用是得力於法茨，此舉引起種種不愉快的結論，甚至好像只有弗萊里格拉特有義務挺身出來公開反對福格特才能合理化那些結論似的。其實弗萊里格拉特和這件事並無任何關係，且有充分理由抗議科爾布在事情開始變調時候隱身在他名後的企圖。然而弗萊里格拉特的聲明措詞簡潔和乾脆，可以使人把它注釋爲連馬克思也在否定之列，而後者也驚訝於那聲明毫無更正它有意和他決裂及公開否定黨這種印象的一丁點表示。弗萊里格拉特的措詞很可能是由於懷恨這事：馬克思曾經以黨的名義要求他不要發表那一首讚美席勒的無傷大雅的詩，同時在這不必要的爭吵之後馬克思方面以爲弗萊里格拉特立刻就會和他決裂。

事情更糟了：布林德在《綜合報》上發表聲明，盡情譴責福格特的策略，但同時宣稱有人說反對福格特的小冊子是他作的乃是故意說謊。他又加上兩個證人的聲明：印刷商荷林格聲明排字工福格勒（Vogele）所謂那小冊子由布林德寫稿，交由荷林格印刷，乃是「惡意的造謠」，同時名叫維希（Wiehe）的另一排字工人發的聲明確認荷林格的證明。

馬克思與弗萊里格拉特之間的隔閡也由於一種不幸的偶然事件而更加惡化。金克爾的雇傭文丐貝塔在《園亭報》上發表了一篇文章，讚頌詩人弗萊里格拉特其高如天，而以下流地攻擊馬克思作結，說他是怨毒的蓄意傳播者，已經侵蝕了弗萊里格拉特的歌才、自由和德性。自從他和馬克思的灼熱之氣接觸以來，詩人就很少歌唱了。

然而，馬克思和弗萊里格拉特之間交換了幾封動人的信之後，一切似乎都明白了，誤會似乎都隨著一八五九年而消逝，當他們被福格特強捲進新年度時——後者似乎急於要證明古諺的眞實：驢子太得意時就硬要到薄冰上去冒險。

四、幾段插曲

在一八六〇年的新年，福格特發表了一本書，題名爲《我對綜合報的訴訟》。關於這案子所有的法庭審問速記紀錄和一切文字供訴及其他與此案有關所公開的訴訟程序文件，全都編印在這書裡面。所有文件都是全部抄錄且十分正確的。

然而除此以外，這書裡更爲詳細的，是福格特又重新改寫曾在《商業實報》上發表過有關「流氓」的所有老舊胡說。馬克思被稱爲這一幫以敲詐爲生的匪黨首領，「恐嚇祖國內如此息事寧人的人們」，使人們被迫而出錢收買他們的沉默。「不只一封信，而是幾百封信寄給德國國內的人們，恐嚇說除非把指定總數的錢在特定時日匯至指示地址，否則就要揭發他們參加過哪些革命行動。」福格特宣稱。這是福格特誹謗馬克思最惡劣的話，但絕不是唯一的。雖然福格特的故事是澈底的謊言，但其中混雜著半眞半假流亡者生活中的各種細節，所以要立刻看出它的欺詐必須確切認識那些細節，當然德國俗眾是世界上最不容易擁有那種認識的人們。

於是這本書在德國造成一大轟動，並被自由主義的報紙熱烈歡迎。《國民報》（*Die National Zeitung*）根據福格特的敘述發表了兩篇長篇社論，當趨近一月底，這報紙的一份寄到倫敦時，它震撼了馬克思的家庭，馬克思夫人尤其深受刺激。因爲在倫敦得不到那一本書，馬克思就匆匆跑去問弗萊里格拉特是否接到他的「朋友」福格特寄來的一本。弗萊里格拉特大爲惱怒，答道福格特並不是他的朋友，他也不曾收到那一本書。

雖然馬克思常常不耐煩回應對他自己的種種下流攻擊，無論它們多麼惡毒，這回他覺得絕對有必要回應，甚至在倫敦還未找到福格特的書之前，他就決定控告《國民報》誹謗。這報紙在公眾之前列舉許多他不名譽的罪行，而公眾由於政治成見是傾向於相信任何對他不利的事，不論事情多麼荒謬；雖然因爲他離開德國已經十一年，並無任何事實可據以評判他的品性。他覺得除開政治考量以外，他出於照顧妻兒必須將《國民報》對他的誹謗向警察備案，同時他保留對回應福格特的損害賠償。

馬克思首先設法要布林德出來作證，認爲這傢伙確有不利福格特的眞憑實據，不過囿於庸俗的民主黨人彼此間的私人考量不願宣布。馬克思顯然錯了，而恩格斯或許是近於眞實的：他說布林德捏造福格特企圖賄賂的細節，是爲了要顯示他自己的重要，等到出了問題就會矢口否認一切的，因此愈鬧愈糟，愈使他纏在糾紛裡面。二月四號馬克思在《倫敦自由報》上發表了一則英文啟事，宣示布林德、荷林格和維希所發表指匿名小冊子不是在荷林格的工廠印製的聲明並非事實。啟事也指斥布林德爲不名譽的說謊者，並補充倘若布林德覺得受害，盡可向英國法庭求助。布林德並未傻到接受這挑戰，只藉《綜合報》上發表長篇聲明，努力辯護自己，還猛烈斥責福格特，且再歸咎他賄賂，但否認自己曾經寫過那問題中的小冊子。

馬克思並不以此為滿足，他設法把維希拉到一個判事面前，也就是得到維希一份宣誓口供書，大意是說：他，維希，曾經替《人民報》重排這小冊子，他認識校樣上改正的字句是布林德的筆跡，至於他的第一次聲明乃是受了荷林格和布林德的利誘，前者承諾給他錢而後者將給好處。因此布林德是觸犯英國刑法的；瓊斯向馬克思建議根據維希的宣誓口供書申請拘押布林德，但他指出告發一經成立，事情就無法挽回，倘若此後企圖和解，作為一個律師的他，瓊斯，是要受懲罰的。

為顧恤布林德的家庭，馬克思不願意把事情推行到那麼遠，他把維希的宣誓口供書抄了一份寄給布林德的朋友路易．布朗，附帶一封信說明他——馬克思——為了布林德的家庭非常遺憾不得不提告此人，雖然這人是完全罪有應得。這封信發生效力了，一八六〇年二月十五號《每日電訊》上——當時曾經轉載了《國民報》的下流誹謗——發表了一則啟事，大意是說那匿名小冊子的眞實作者是布林德的親戚斯卡布（Schaible）而不是布林德。這顯然是一種策略，但馬克思不管它，因為他已經達到目的，洗清了他自己對那小冊子的一切責任。

在開始反攻福格特之前他先設法和弗萊里格拉特和解，他把自己反對布林德的聲明和維希的宣誓口供書抄寄給那詩人，但沒有回信。不顧這峻拒，他又設法說服弗萊里格拉特有關福格特的案子對黨的歷史主張和它往後在德國的地位之重要性。他盡力排解弗萊里格拉特可能對他的怨憤，並且聲明：「倘若我曾經有所開罪於你，我願意隨時加以改正。人情事故對我沒有一件是生疏的。」他說，他能夠完全理解全部事件對於現時狀況中的弗萊里格拉特必定是極不愉快的，但他，弗萊里格拉特，至少要明瞭要使他的名字完全脫離這件事是不可能的。

> 我們倆都明瞭這些年以來我們各自在各自的路上，以最無我的動機及輕視一切私利，高舉著爲最勤奮的階級和最貧苦人們的旗幟在俗眾之上，所以倘若我們現在因爲出於誤會的一些小事而分離，那是對於歷史的一種小罪過。

這一封信在結尾對弗萊里格拉特展露著最溫暖的友情。

弗萊里格拉特接受了向他伸來的友愛之手，但並不像「無情的」馬克思的那般溫熱。他說在未來，正如在過去一樣，他仍然忠於「最勤奮的階級和最貧苦的人們」，他樂意維持對馬克思作爲朋友和同志的舊關係，但他補充說：

> 我和黨沒有關係到現在已經七年了（自從共產主義者同盟解散之後）。我從未出席

它的會議，而且它的決議和行動是沒有我參與於其間的。所以，實際上我和黨的關係是久已破裂的，對於這一點我們都無所懷疑。我們之間曾有過一種默契，因此我只能說我還覺得我是對的。我的性格，和一切詩人的性格一樣，需要自由。黨也是一個籠子，在它外面歌唱比在它裡面歌唱更容易些，即使是爲了黨。在我成爲共產主義者同盟會員和《新萊茵報》編輯之前，我是無產階級和革命的一個詩人。在將來我也要保持獨立，僅僅只屬於我自己，採取我認爲適宜的行動。

弗萊里格拉特從前對政治宣傳的例行厭煩又表現在這封信裡，甚至使他看見其實並不存在的事。他從未出席的會議和他從未參與的黨的決議及行動，其實是不曾舉行過的。馬克思在回信中指出了這一點。在他又想盡方法排除一切可能的誤會之後，他援引了弗萊里格拉特喜歡說的一句話：

「俗眾在我們之上」比起「我們在俗眾之中」對我們會是更好的口號。我已經坦白地解釋了我的態度，我希望你是和我一致的。我也曾竭力解釋誤會：我所說的黨不是指已經死去八年的組織，或已經解散了十二年的編輯部。我說到黨時我是想著一種歷史的意義。

馬克思的話是既懷柔又一針見血的，因爲在歷史的意義上這兩人是聯繫著的，儘管存在分歧。馬克思對他的態度是仁至義盡的，因爲，以福格特對他壞極的攻擊，他是很有理由要求弗萊里格拉特必須公開排除他和那誹謗者任何團結的形象的。然而弗萊里格拉特只以恢復他們的關係爲滿足，其餘則維持保留態度，馬克思也就自此盡力避免在這事件中提到弗萊里格拉特的名字。

和拉薩爾討論福格特事件卻有不同的結果。去年十一月馬克思最後寫信給拉薩爾爭論義大利問題，據他自己說那筆調是「很率直的」。拉薩爾並未回覆這封信，馬克思以爲它已經傷了他的感情，但當《國民報》攻擊他時，馬克思自然覺得需要和柏林方面有所聯絡，所以他請求恩格斯去緩頰拉薩爾，後者比起其他人們到底是「頭等角色」呀。這事間接涉及一個名叫菲舍爾（Fischel）的普魯士陪審推事，這人曾以厄克特派自薦於馬克思，願意在德國出版方面有所效勞。馬克思囑咐菲舍爾致意拉薩爾，但拉薩爾拒絕和「這無能兼無知的傢伙」有任何關係，認爲這人，在倫敦不論如何自負，總不過是德國科堡（Coburg）公爵的文筆侍衛，已經有著應得的惡名了。不久之後菲舍爾遭遇了致命的意外事故。

在恩格斯還未能夠執行馬克思的請求之前，拉薩爾自己已來信解釋長久沉默是因爲沒有時間，而且極力主張對「那遺憾的福格特事件」必須有所作爲，他說這事已經在德國引起大轟動了。當然，認識馬克思的人們並不會被福格特的故事所欺騙，但不認識的人們是很受影響的，因爲那故事裡巧妙以半眞實情支持，是很容易使辨別力差一點的人們信以爲全眞的。拉薩爾並不想開脫馬克思在這事件中的一切責任，因爲馬克思只憑那可憐的說謊者布林德的話，就指控福格特那樣嚴重的罪狀。除非眞有不利福格特的證據，馬克思一開始就該撤消譴責福格特行賄的抗辯。當然拉薩爾知道，要持平處理犯有如此荒謬和無稽的誹謗罪行的人，是需要很大的克己工夫的，但馬克思仍然必須提出自身誠信的明證，除非他自始就不想使他的辯護發生效力。然後拉薩爾嚴厲反對李卜克內西代表《綜合報》這種反動報紙的種種活動，使公眾驚愕且責難了黨。

當馬克思接到這封信時，他還不曾看見福格特的書，因此不能充分明瞭局勢，但不難理解的是拉薩爾要他向福格特當眾認罪（amende honorable）來開始他的辯護的建議使他不悅，尤其因爲他對福格特勾結拿破崙三世的陰謀，有著比布林德的曖昧之詞更爲可靠的憑據。他也不能同意拉薩爾苛責李卜克內西和《綜合報》的關係。馬克思的確不是這報紙的朋友，而且在《萊茵報》時代他曾經用力打擊過它，但是在其他方面，它縱然是反革命的，卻至少把它的篇幅開放給有關外國政治的各種意見，在這一點上它在德國報紙中是享有特權地位的。

於是馬克思頗不高興地回信說《綜合報》正如《大眾報》（*Volkszeitung*）一樣好。他要控告《國民報》誹謗，且要撰文回覆福格特，但在引言中他會表明毫不在乎德國輿論。拉薩爾把馬克思的憤懣之詞看得太嚴重，抗議後者把《大眾報》這樣民主派的刊物和「德國最不名譽、最無恥的爛報紙」相提並論。他警告馬克思不要啟動對《國民報》的控告，或至少不要在他自己已回覆福格特之前；結尾是希望馬克思不致因這封信而受到感傷，且希望他把它當作「忠實和熱情友誼」的擔保。

拉薩爾的希望是無根據的。馬克思在給恩格斯的信裡用最嚴厲的話批評了拉薩爾的信，甚至又提起從前勒維送到倫敦來的「正式告發」，雖然這一提及是因爲要表示他對拉薩爾的不信任並不是輕率的，且不論那些「正式告發」，他也未曾因此而改變對拉薩爾的意見。然而鑒於這些「告發」之內涵，拉薩爾無法看出馬克思有忽視它們的任何特別善意，於是洩憤地以堂堂的方式寫下一篇文藻斐然且令人信服的文章，描寫在最惡劣的反動時代他爲萊茵地帶工人們所做的自我犧牲和服務。

馬克思看待拉薩爾並不像看待弗萊里格拉特一樣，而拉薩爾的回應也是不同的。他給了馬克思他所能給的最好意見，且並不因爲他的忠告被漠視而影響其協助的意願。

五、《福格特先生》

拉薩爾反對馬克思向普魯士法庭上訴的警告，不久就證明是很合理的。經由菲舍爾的介紹，馬克思委託韋伯律師啟動控告《國民報》誹謗的訴訟程序，但他還不如福格特成功，後者至少得到法庭對其訴訟的聽證。法庭以「證據不足」爲由拒絕開審此訴訟，因爲所謂誹謗最初根本並不是由《國民報》所造，它「不過是引用別人的話而已」。這荒謬的言行被上訴法院所批駁，卻只代之以更大的荒謬的言行：被稱爲敲詐黨和造假者的「指導和高傲的首領」，對馬克思並不算是一種侮辱。最高上訴法院也發現這古怪判決「沒有法律的錯誤」，馬克思的案子就這樣在別處被否決。

剩下還能做的只有寫下他自己對福格特的答辯，這幾乎占去了他一年時間。因爲要駁斥福格特所一再傳播的流言蜚語，就必須和世界各處的人們作冗長而廣泛的通信。這答辯完成於一八六〇年十一月十七號，僅題名爲《福格特先生》。這是馬克思的獨立著作中唯一永不再版的書⑨，現在或許還殘存著很少數的幾本吧。因爲首先，它是很長的，密密地印成一百九十二頁（馬克思說倘若照平常版式頁數要增加兩倍）；第二，須要詳細注解其中徵引的文句，才能使今日的讀者明瞭全部意義。絕大部分是不值得讀的，因爲馬克思所論述的大部分都是他的反對者所強加於他的，那些故事早已被人忘卻，且應該忘卻。讀這書時，人不禁體驗到一種不舒服的感覺：聽著馬克思辯護他自己，反駁那些風馬牛不及於他的惡毒攻擊。另一方面，這書卻獻給文藝的美食家一席非比尋常的款待，在第一頁上馬克思就以莎士比亞的幽默爲接下來幾頁所貫穿的主題提出：「福格特的祖先是那不朽的約翰．法斯塔夫爵

⑨當然，例外的是在莫斯科，蘇共中央馬恩列研究院出版的選集。

士（Sir John Falstaff）⑩，而且在動物性的復活上他絲毫未喪失這特性。」這樣綿長的話題，在馬克思手裡是絕不會變得單調枯燥的，而且他對於古典和近代文藝的淵博知識，供給他一箭又一箭極精準地射殺那侮慢的誹謗者。

在《福格特先生》裡面我們又遇見了「流氓」，但這回他們是一小群快活的學生，於一八四九至五〇年冬之間在巴拉丁暴亂潰敗之後逃到瑞士，在憂患中陶醉於日內瓦的美景而同時驚嚇到當地的俗眾。當寫《福格特先生》時這一群人早已分散了十年了，但其中之一，柏克海姆（Sigismund Borkheim），在倫敦成爲有身價的商人，把那些流亡學生的頑皮情形給了馬克思一種生動的描述，這發表在《福格特先生》的第一章裡。馬克思贏得了柏克海姆的忠誠友誼，而且使他大爲安慰的是許多流亡者不只在英國，還有在法國和瑞士的，都起來援助他，雖然多數都不大認識他，而有些是完全不認識他的。他尤其感謝的是貝克的慷慨相助——後者是瑞士工人階級運動久經折磨和可靠的老練領袖。

不幸，要詳細敘述馬克思如何毫無遺漏地揭露福格特的陰謀詭計，是不可能的，而其實他對福格特強有力的反擊才是更爲重要，因其指出福格特的宣傳是何等背叛和無知，不過是響應拿破崙三世的號召而已。第二帝國崩潰之後國防軍政府不久公布了杜伊勒利宮

---

⑩ 見莎士比亞劇本《亨利四世》及《溫莎的風流婦人》，其人體型臃腫而耽於情慾，富於機智而輕率無禮。

（Tuileries）裡的這些號召文件，其中有福格特於一八五九年八月簽字表示收到三十個銀幣的一張收據——爲了這種號召，拿破崙三世的祕密基金曾經支出了四萬法郎。福格特接受這筆錢或許是經由匈牙利革命黨的轉介，而無論如何這總算最寬大的解釋了：因爲他和克拉普卡很友好，而又不明瞭德國民主派對拿破崙三世的關係和對匈牙利民主派的關係是不同的，後者可以採取的嘗試，在前者或許是可恥的不忠。

姑不論福格特的實情如何，甚至假定他並未從杜伊勒利收受這筆錢，這事實也依然不變：馬克思確已不容爭辯地證明了福格特的宣傳，在邏輯上是根據拿破崙三世的號召。這幾章透澈地說明了當時歐洲的狀況，可算是這書裡最有價值的部分，甚至在今日也是很有啟發意義的。布赫（Lothar Bucher），那時對馬克思是敵對而非友好的，也說這書是當代史的概略，而拉薩爾也稱讚它「在各方面都是一件傑作」，以他平常的坦白方式說道他現在才了解爲什麼馬克思如此確信福格特的墮落，因爲他已經「用莫大的證據支持了他內心的體驗」。恩格斯甚至認爲《福格特先生》比《路易·波拿巴的霧月十八日》更好，文風更簡潔，必需性和有效性俱足，實在是馬克思所寫過最好的論戰作品。然而，《福格特先生》並未成爲馬克思最重要的論戰著作。正相反，它已經愈漸退爲背景了，而《霧月十八》和對普魯東的論戰，則隨時間的推移而愈益走向前臺。一半是由於題材本身，因爲福格特事件終究是相對不重要的偶然事故，而一半是由於馬克思自己，由於他的大才能和他的小弱點。

他並不能降低論爭的水準到使俗眾被說服所必需的程度，雖然在這事件中所要排除的正是俗眾的種種偏見。理解這書的，只有馬克思夫人有些天眞卻恰當形容的「重要的人們」，換句話說，就是那些用不著對他們解釋馬克思並不是福格特栽贓的那種騙子，而且他們對於這書的文藝性質有著足夠好的品味。「甚至我們的老敵人盧格也認爲這書是詼諧的好作品」，馬克思夫人寫道。然而，這書是遠高出於德國的那些愛國要人的頭腦之上的，它完全不曾滲入他們的圈子，甚至在反社會主義法令之下的時期，善於挑剔的文人如班貝格（Bamberger）和特萊奇克之流要不然就會挖掘福格特的「流氓」用以反對德國社會民主。

此外，馬克思並未免除在一切商務中他時常遇到的災禍，雖然這一次他不是完全沒有錯。恩格斯勸他把這書送到德國去印刷和發行，以當時德國的盛行條件這是可能的。拉薩爾也勸他這樣做，但只說及費用較低的事實，而恩格斯卻提出更重要的論說：

> 關於移民文學我們已經有過數百次同樣經驗。常常無效，常常把錢和作品失落在陰溝裡，再加上那麻煩……倘若沒有人看見，寫書回應福格特有什麼用呢？

然而，馬克思固執地把手稿交給倫敦的德國青年出版商，以共同承受利益和損失爲條件，且他預支了二十五鎊作爲印刷費，其中十二鎊是向柏克海姆借來的，八鎊是向拉薩爾借來的，但這新印刷廠是這樣飄搖，並沒有適當方法送到德國去推銷，且不久就完全停業了。馬克思並未收回一分預付的錢，而且由於訴訟結果，他還必須再付給那出版商的合夥人全部印刷費，因爲馬克思不曾簽訂書面的契約。

當福格特的糾紛開始時，馬克思的朋友伊曼特寫信來說：「我不願你寫這件事，倘若你插手在這樣的糞堆裡面，我是要驚訝的。」而俄羅斯和匈牙利的朋友們也寄來了同樣忠告。在今日人們幾乎寧願他曾採納這些勸告。但這件憾事使他得到一些新朋友，尤其是與工人教育協會恢復了友誼關係，協會立即熱忱地支持著他。另一方面這事情近乎妨礙而不是推進他生平的偉大事業，不管或正因爲其犧牲了可貴的精力和時間卻無任何相應的收益，同時造成他嚴重的家庭困苦。

六、家務和私事

馬克思夫人全付心靈緊附她的丈夫，甚至比馬克思自己更「爲福格特無恥的詆毀而非常心痛」。它使她夜不能眠，雖然她勇敢地勉力謄寫付印的龐大手稿，在還未完成這工作時她就已病倒了。召來的醫生診斷那是天花，屬令小孩們立刻離開家。

之後是可怕的日子。小孩們由李卜克內西照顧，而馬克思和這一家的忠僕倫希恩．德穆斯則看護著馬克思夫人。她受發燒和失眠之苦，且爲一直在她身旁的丈夫焦慮，雖然始終清醒，卻已幾乎完全失去身體機能。一星期之後情勢好轉了，幸虧她曾種過兩次牛痘，醫生說這險症其實倒是一樁幸運。幾個月的精疲力竭使她的身體易於在店鋪裡或街車上受傳染，但沒有這病，她的身體狀況就必然會導致危險的神經燥熱或類似的嚴重病症。

在馬克思夫人還未開始復元時，累積的焦急、擔心和折磨已使馬克思也患病了。他的慢性肝病初次顯出急性的形態，據醫生說原因是其經歷了不斷的憂和令人厭煩的刺激。《福格特先生》並未帶來一分錢，而《紐約每日論壇報》再減半稿酬，以致債主們包圍了家宅。痊癒之後，他決定如他的妻寫信給魏德邁夫人所說「到他的父輩所在地荷蘭去掠奪菸草和起司」，看看是否能夠說服他的叔父分出一點錢來。

這封信寫於一八六一年三月十一號，其陽光式的適當幽默生動地證明燕妮所擁有的「天生活力」並不亞於她的丈夫。在許多年的沉默之後魏德邁夫婦——在美國流亡中也受著世間的苦惱——又寫信來了，馬克思夫人立刻對「這患難中的勇毅及忠實同伴、鬥士和受害者」披肝瀝膽，說出給予她足夠的勇氣走進一切艱苦和悲慘的一件事，「在我們的生存中的一個亮點，我們生活中的一道光明」，是他們孩子們的快樂。十七歲的燕妮很像父親：「有著濃密光滑的黑髮，明亮柔和的黑眼睛以及煥發著典型英格蘭少女微黑的克里奧爾人⑪式的膚色。」十五歲的勞拉更像母親：「有著波浪型栗色鬈髮和閃耀如火綠色貓眼石般的眼睛。兩個女兒都有眞正的美貌，同時都有一點自誇，以致她們的母親暗中吃驚，因爲她自己還在穿緆邊短裙的年齡時都不敢對母親如此說話。」

---

⑪ 法領或西領美洲殖民地的歐羅巴人。

然而，雖然這兩個大女兒是父母的最大喜悅，「全家追捧的寶貝」卻是最小的女孩愛琳娜，她的暱稱叫作杜希（Tussy）。

> 這女孩誕生於我們可憐的小艾德加去世時，於是我們對他全部的愛和溫柔都轉移到他的小妹妹身上了，而兩個大女兒幾乎是母親似地照顧著及撫育著她。真難找到比她更可愛的孩子，畫一般的美麗，甜蜜的氣質。尤其是她那樣歡喜地喃喃自語，這是她從日夜伴隨著的格林兄弟學來的。我們全都得高聲朗讀童話故事給她，直到我們幾乎精疲力竭，但倘若我們還漏了《藍鬍子》或《白雪公主》或《侏儒高蹺》（Rumpelstilzchen）的一個字我們就災禍臨頭了。多虧這些童話故事，這女孩已經學會德語，她說得異常精準且切合文法，至於她學會英語那是自然的事。這女孩是卡爾的最愛，她的笑聲和她愉快的喋喋不休排遣了他的許多憂愁。

然後她稱讚這家的忠實朋友和僕人倫希恩：

> 問你的丈夫就知道，他會告訴你我們是多麼珍惜她。到現在她和我們已經相處十六年，蔑視一切風波和壓迫。

這可愛的信以敘述卡爾的朋友們結尾；她以女性的方式譴責那些顯然對他缺乏忠誠的人們，甚至比他說得更嚴厲。「我不喜歡姑息」，她寫，解釋她爲什麼和弗萊里格拉特家族的女性完全斷絕關係。

那時，在荷蘭「掠奪」已經十分成功，會見了叔父菲利普之後，馬克思去柏林看看是否可能建立一個黨的機關報，這是拉薩爾曾一再提議的。機關報的缺乏是早已深切感受到的，尤其是在危機時期。多虧現在的威廉國王於一八六一年登基後宣布大赦，現在已經有補足這缺陷的可能了。大赦確實夠苛刻，充滿了陷阱和限制，但至少它已容許《新萊茵報》原來的那些編輯返回德國。

在柏林馬克思受到拉薩爾「最大友情」的款待，但他對於「這地方」仍然「私下的不同情」。沒有任何水準的政治運動，只不過和警察爭吵，以及軍人與平民之間的對立：「柏林的氛圍是傲慢和輕浮的。議會都受到輕蔑的看待。」甚至比之一八四八年的議政官——其確非泰坦⑫之流——他覺得有西姆森（Simson）和文克（Vinck）之流的普魯士眾議院也是「官僚和學究的奇異混合場」。這些不澈底的高雅人士——至少在表面上——在這場不足取的聚集中，一方是瓦爾狄克，另一方是瓦格納（Wagener）和唐吉訶德式的布蘭肯堡

---

⑫ 反抗奧林匹亞神族的神，見希臘神話。

（Blankenburg）子爵。然而，他認爲能看出大體的趨勢是朝向開明的，而且一大部分的民眾不滿資產階級的報紙；各階級人民都覺得一場巨變是必不可免的；在秋季舉行的選舉之中從前被國王認爲是赤色共和分子的議政官都已當選了；新的軍事預算會因此時機成熟。於是馬克思認爲拉薩爾建立一份報紙的計畫值得考慮，至少在原則上。

然而，在具體辦法上他不贊同拉薩爾的意見。後者提議報紙的編輯權由馬克思、恩格斯和他自己三人共管，而以馬克思和恩格斯對政策事務只有一票表決權爲條件，否則他自己就會立刻被否決。這異常的提議可以說一開始就有糾紛。或許拉薩爾不過是偶然隨便閒談，但無論如何這都無關緊要，因爲馬克思完全不想給他過問這報紙。他寫信給恩格斯說：眩惑於靠他的《赫拉克利特》而得的一部分知識界的聲譽，和由他的佳餚美酒而得的一部分寄生階層的頌揚，拉薩爾自然不知道他已爲大眾所不信任：

> 所以他武斷地堅持自己總是對的，執著於「空想的概念」（這傢伙甚至夢想倡導一種新的黑格爾哲學系統成爲第二權利，他自己正要提筆呢），他感染著老舊的法蘭西自由主義，再加上他誇大的筆調，他的自擅自專和無謀等等。在嚴格紀律下他是可以成爲一個好編輯的，否則只有損害我們。

這是馬克思寫給恩格斯的有關他和拉薩爾談判的報告，他還補充說因爲不願傷他的東道主，他已經把最後決定推延到和恩格斯及威廉·沃爾夫討論之後。恩格斯懷著馬克思同樣的疑慮，並且也反對拉薩爾的提議。

總而言之，這全盤計畫終究成了拉薩爾所曾預言的，一座空中樓閣。普魯士大赦的狡猾之處是，縱然在不澈底的尚可條件之下，它許可革命歲月的流亡者們回到家鄉，卻並不恢復他們的公民權和國籍，按照普魯士法律，這些是因居留國外十年以上而喪失了。在這種條件之下回來的人們，經過國界時隨時被目空一切壞脾氣的警察所折騰。馬克思自己的處境更壞，因爲在革命前幾年他就已自願放棄他的普魯士國籍了。他之所以這樣做確是被警察的詐騙所迫，但這並不能改變他自願放棄國籍的事實。拉薩爾上窮碧落下黃泉替他設法恢復普魯士公民權，他熱忱地侍奉過柏林警察總監策德利茨（Zedlitz）和內務大臣施韋林（Schwerin）伯爵——「新紀元」的最著名擁護者——但是毫無結果。策德利茨聲稱馬克思再入籍的唯一困難是他的「共和主義，或至少是他非忠君的信念」。當拉薩爾極力勸戒那內務大臣，不要像他曾痛責的前任曼托菲爾和威斯特法倫同樣耽溺在「良心審判和迫害政治信念」時，施韋林乾脆俐落地說道：「此刻至少沒有特殊理由容許該人再入籍。」像普魯士這樣的國家當然不能容納馬克思這種人，在這一點上，愚昧的大臣施韋林及其前輩曼托菲爾和古爾委特（Kühlwetter）是沒錯的。

離開柏林之後馬克思繞道科隆去訪晤他的老朋友們，尤其是探視他行將就木的老母親。五月初回到倫敦，他希望能逃出向來疲憊的生活，設法得到時間和平靜來完成他的著作。

在柏林他儘管早先一再失敗，終和維也納的《新聞報》接洽成功，這報紙承諾每篇文章支付稿費一鎊，每篇報導支付稿費十先令。同時他和《紐約每日論壇報》的關係又有改善的氛圍，該報一再重印他的幾篇文章，而且附加讚揚。「這些美國人有一種褒獎他們自己通訊員的特別習慣」，他說。維也納《新聞報》也採用很多他的稿件，但他的舊債仍然永遠還不清，且他在病中毫無收入，又要支出旅行德國的費用，湊在一起，如他所說的「又把一切舊汙穢言詞翻攪到表面」。在寫給恩格斯祝賀新年的信中，他說倘若新年並不比舊年好，那麼他就倒楣了。

一八六二年不但沒有較好，甚至更壞。雖然《新聞報》大肆宣揚他的文章，它待他的方式卻比美國報紙更爲卑劣。三月他寫信給恩格斯說：

他們不登我最好的文章（雖然我常以它們將會如此的方式來寫作），我並不很在意，但四、五篇只發表一篇而且只付一篇的稿費，這對我的財務是不可行的。這使我落到低於一行一便士的標準。

這一年來和《紐約每日論壇報》的所有關係都破裂了。理由並不十分明確，但主要的原因似乎是由於美國的內戰。

雖然這戰爭給他個人帶來可觀的不幸，馬克思卻以最大同感歡迎它。幾年之後他在他的科學傑作的序言上寫道，「假設這一點不會錯，正如美國獨立戰爭爲十八世紀歐洲中產階級打響了警鐘一樣，美國內戰爲十九世紀歐洲工人階級打響了警鐘」。他寫給恩格斯的信表現出他密切注意那戰爭的進程。他覺得他對軍事是外行，且他喜歡傾聽恩格斯對此的意見，而後者的評語在今日也還是有價值的，不僅在軍事上，也在政治上；例如，他用這句話道破了軍隊與國民軍問題的核心：「只有以共產主義爲基礎而且受這種教育的社會，才能適合民軍制度，而甚至到那時候這制度也不會完全成功。」歌德所謂「大師的功力在阻礙限制中展現最爲分明」⑬是可以援用於此的，雖然詩人的原意另有所指。

恩格斯精通軍事所成就的卓越限制了他的一般視野，而北方軍隊的指揮失當有時使他懷疑它的最後勝利。一八六二年三月他寫道：

> 使我懷疑北軍勝利的，大半不在於軍事情況自身——因爲那只是北方人典型的鬆懈和冷漠的結果——而在於人民之中哪裡有革命能量呢？他們讓自己被毆且誠心以他們所受的拳腳爲榮。在整個北方，能夠在任何方面找出他們認真實幹的一點表現嗎？我從未看過這種情形，甚至在德國最惡劣的日子也沒有過。那些美國人似乎以期待信任他們的

---

⑬「In der Beschränkung zeigt sich erst der Meister.」

人受騙爲樂。

七月間他怕北方已失去戰勝的一切希望，九月間他說南方人——至少知道他們所要求的是什麼——比起鬆懈的北方人來似乎是更英勇的。然而，馬克思堅信北方諸州的最後勝利，在九月中他回覆說：

> 說到那些北方人，我還是十分相信他們終究會勝利的……他們發動戰爭的方式對長期經由詐騙來統治的資產階級共和政治來說是很自然的。南方諸州由寡頭執政者統治是更適宜發動戰爭的，尤其是南方各州的一切生產性勞動都由黑奴負擔，而四百萬白種人卻以海盜爲常業，但無論如何，我願以我的頭顱打賭這種人終究得嘗惡果……

他賭對了，且他對戰爭最終決定於交戰各方的經濟條件的判斷上是正確的。

這對局勢了不起的明瞭是如此顯著，尤其因爲同一封信裡顯示了那時馬克思自己處境的窘迫，已經逼得他決定要去做以前沒做過，以後也不再做的某種事。他通知恩格斯他正盡力謀取某類工作，已經有種種把握可以得到英國一家鐵路公司的雇員位置。結果他失敗了——當時他不能斷定這是幸或不幸——因爲他的字跡並不夠好。這家庭的貧困愈來愈苦，特別糟的是他反覆生病。除了肝病舊疾以外，他生了一種疼痛的腫疱和疔瘡，這新毛病忽發忽癒，纏綿了好幾年。這普遍無望的景況也使他的妻子再次病發。甚至孩子們沒有適當的衣服鞋襪穿到學校去；他們的同學們都去這一年的大博覽會中消遣，而他們卻因爲貧窮害怕造訪。最長的女兒這時已足夠大，明白家境的眞相，深以爲苦，沒有告知父母就去學習當舞臺演員。

事情愈來愈壞，馬克思決定採取他曾屢次考慮而由於他的女兒們的教育問題，又常常放棄的一個舉動。他決定把家具都留給女房東，通知其他一切債主說他已經破產了，透過英國朋友的好職業替他的兩個大女兒尋找家庭教師的職務，要倫希恩・德穆斯另謀他就，同時他和妻子及幼女要搬至符合更窮階級所需的建築區。

然而多虧恩格斯，這絕望的意圖沒有推行。恩格斯的父親死於一八六〇年春季，恩格斯在埃爾曼—恩格斯公司中得到了更高的地位，有升爲公司合夥人的希望，然這種升遷也代表他的生活方式要比以前開銷更多了。況且，美國的經濟危機嚴重打擊著那企業，大大削減了他的收入。在一八六三年之初他個人也遭受了一項重大不幸：和他同居了十年而未經社會認可的愛爾蘭女子，瑪莉・伯恩斯（Mary Burns）死了，這死對他是一種可怕的打擊。他寫信給馬克思：「我簡直不能形容我的感受。這可憐女子是全心愛過我的。」但馬克思回信中的同情並不如恩格斯期待那麼多，單這事實就比其他一切更能彰顯馬克思自己的困苦是何等深重了。他對恩格斯的重大失落只說了幾句頗爲冷淡的話，然後就轉而敘述他自己的困苦絕境，說除非他能夠立刻得到一大筆錢，否則就不能把他的頭維持在水面上一兩星期。他覺得在這種時候以他人的困難來折磨朋友眞是「遭人嫌棄的任性」：

但，我到底能有什麼辦法呢？在整個倫敦就沒有一個我可以開誠談話的人，在家裡我必須扮演沉默的克己者，以預防另一邊的情緒爆發。

然而，恩格斯已傷心於他的不幸受到馬克思的冷漠對待，延遲了幾天才回信，並不隱藏他的感受，但同時他提了許多建議來解除馬克思的困難，雖然他說當時他不能籌集大筆款項。馬克思也延遲了幾天才回信，爲了要給恩格斯一個沉澱的時機，而不是固執於他所犯的缺乏同情的錯誤。他否認「無動於衷」，但坦白承認他未曾表達適當的同情。在這一封信和後一封信裡，他敘說他的處境已使他的頭腦昏眩。他的筆調是圓滑且撫慰的，因爲恩格斯最傷心的或許是這事實：馬克思夫人對於他親愛的女友的死亡，不曾寄來一句同情的話。馬克思寫道：

婦女是奇妙的生物，即使是最知性的。早晨我的妻子爲瑪莉之死和你的失落痛哭，到她完全忘掉我們自身的不幸，在那一天到達了頂點；但到晚間她又覺得世上沒有一個人知道什麼是痛苦，除非法警守在家裡同時孩子們等著要吃。

這頭等的道歉詞令立刻撫慰了恩格斯，他回信說：

人無法和一個女人生活了多年而不覺得她的死亡可怕。我感覺我的青春已經跟她進了墳墓。當我接到你的信時她還沒有下葬。老實說，你的信在我的心裡停留了一星期之久，我無法忘掉它。不要緊的，你的最近來信已經消解了它，而我很高興我並沒有連帶瑪莉一起失去我最好和最久的朋友。

這是這兩人之間曾有過最初和最後的緊張的跡象。

多虧「一種極膽大的手段」，恩格斯籌到了一百鎊，因此馬克思能將頭浮出水面，用不著搬到更廉價的公寓去了。他設法熬過了一八六三年，年終時他的母親去世了，他所繼承的似乎並不多；後作爲威廉・沃爾夫遺產的主要承受人，他收到八、九百鎊，這使他有了暢快呼吸的餘地。

威廉・沃爾夫死於一八六四年，馬克思和恩格斯都深爲痛惜。他死時才五十五歲，但並未死於他從不吝惜自己的那種冒險生活的風暴和壓迫之下——恩格斯甚至埋怨說他固執獻身於教師職責縮短了他的生命。多虧他在曼徹斯特德國人之中的大好人緣，他排除困難達到十分舒服的景況，但他的流亡生活初期是夠困苦的。在他死前不久，他的父親似乎曾經留給他少數遺產。後來馬克思曾經把他的不朽著作的第一卷題名獻給這「不能忘卻的朋友，無產階級的勇敢、忠實和高貴的先驅者」，因爲威廉・沃爾夫臨終的友愛姿態，給了馬克思寫作那書所必需的長期寧靜。

他生活的煩擾和困難並未從此永遠解除，但它們永不再像前些年那樣以心碎的方式重現了，因爲恩格斯在一八六四年九月中和埃爾曼簽訂契約，成爲公司的合夥人，從此以後他就能更慷慨地繼續他無止境的支助了。

七、拉薩爾的煽動

一八六二年七月，馬克思的家境正在最困苦之時刻，拉薩爾到倫敦來回訪他。「因爲要顧面子，我的妻子不得不把還未固定的各樣東西都送進當鋪」，馬克思寫信給恩格斯說。拉薩爾毫不知情那家境窮到什麼程度，他承受了馬克思夫婦顧面子的款待，以致細心的女管家倫希恩永遠忘不了這位訪客的旺盛胃口。「一種難堪的情況」展開了，這也眞不能怪馬克思，尤其當拉薩爾的態度隨時都不至於過謙，因此馬克思完全不能克服使席勒評論歌德的那種感受：「一切事情這人都何等容易地成功了，而我對每樣事情卻必須何等艱苦地戰鬥呀！」

住了幾個星期，臨別之前拉薩爾似乎才明白那境況，然後他自願幫助，說年終時他能夠供給十五鎊，而且馬克思也能開票向他借任何數目，只要恩格斯或別人能夠擔保。得了柏克海姆的幫助，馬克思用這方法借得了四百塔勒，但拉薩爾寫信來說還要恩格斯書面保證至少在票據到期八天以前歸還，「以防萬一」。拉薩爾對馬克思個人的保證表示不信任，自然是可痛心的，但恩格斯力勸馬克思不要爲「這種愚蠢」動怒，且立刻給了對方所要的保證。

這種財務安排後續的發展不是十分明朗。十月二十九號馬克思寫信給恩格斯說拉薩爾「很惱怒」他，已經要求應還的款項必須全數寄交他的私人住址，因爲他沒有往來銀行。十一月四號馬克思的信裡說弗萊里格拉特準備寄四百塔勒給拉薩爾，第二天恩格斯回信說「明天」他要寄六十鎊給拉薩爾，但同時他倆都說或許「要延遲」些許時間。關於這件事總出了點什麼差錯，因爲一八六四年四月二十四號，拉薩爾對某個第三人說他已兩年不曾和馬克思通信了，因爲「財務的理由」他們的關係緊張。其實一八六二年底他曾經寫信給馬克思並寄來一本他的小冊子《接下來如何？》。這封信現在已經不存在，但據馬克思在一八六三年一月二號給恩格斯信上說，那只是要求歸還一本書。在六月十二號給恩格斯的信中，馬克思嚴厲批評拉薩爾在德國的煽動，說道：「自從今年初我就不能勉強我自己寫信給那傢伙了」。那麼，照這封信看來，馬克思不和拉薩爾通信是因爲政治理由的。

然而，兩個版本不必然有任何眞正的矛盾，或許因爲其他事湊合在一起吧。上次兩人會面在極不舒服的環境之中，或許惡化了他們政治上的分歧——保守來說是那種分歧在馬克思訪問柏林之後確實並未減少。

一八六一年秋季拉薩爾曾經造訪瑞士和義大利。在蘇黎世他認識魯斯托（Rüstow），在卡普雷拉島（Caprera）認識加里波底（Garibaldi），而在倫敦他拜訪過馬志尼。他似乎曾投入義大利行動黨有些幻想的計畫：加里波底將率領他的義勇軍到達爾馬提亞（Dalmatia），由此前進到匈牙利舉起反叛的旗幟。這計畫從未執行，拉薩爾也從未在任何文書上提到過它。充其量不過是一種偶然的想法而已，因爲他的腦中正有完全不同的一些事，甚至在造訪倫敦之前，他就已開始執行自己的計畫了。

爭取馬克思爲盟友，在他看來是比一切義大利的想法更爲重要的，但馬克思顯然比前年更少有接近的可能。拉薩爾還想要創建一份報紙，但馬克思說雖然他準備當它報酬優厚的駐英撰稿人，卻不願擔負任何責任，無論是政治或者其他，因爲除了那些遙遠而終極的目的以外，他並不贊同拉薩爾的各種作爲。他也表示自己依舊反對拉薩爾向他提出的煽動工人的計畫，說拉薩爾太受目前環境的直接影響。拉薩爾想要以反對舒爾茨—德里奇（Schulze-Delitzsch）這班不足取的人爲他煽動的中心：主張國家資助，反對自助。基於此他不過是恢復了天主教社會主義者布切斯（Buchez）在四〇年代反對法國眞正工人階級運動所使用的口號。當拉薩爾採用大憲章黨的普遍參政權訴求時，他忽略了英國和德國的情況不同，也忽略了法蘭西第二帝國對參政權問題所給予世界的重要教訓。由於否定和前期德國工人運動的一切自然聯繫，他已經墮入派系主義的錯誤、普魯東的錯誤；並不在階級運動的眞實要素中找出實際基礎，卻想依照一種特定教義妙方來劃定這運動的發展路線。

然而，拉薩爾並不因爲這些批評而氣餒，自一八六三年以來他依然把他的煽動當作純粹工人階級運動繼續下去。他仍希望能使馬克思相信他工作的價值，甚至在他們已經停止通信之後，他也還把他的煽動刊物按期寄給馬克思，雖然馬克思看待它們的態度很難如他所期望。在給恩格斯的信裡，馬克思譴責拉薩爾的活動，有時到了苛刻不公的嚴厲。在這裡不必引述那些不愉快的情節，讀者可以參看馬克思和恩格斯的通信。就這樣說吧：那些曾經給予德國千百工人新希望和新生命的著作，當馬克思全讀時，是被視為學童的抄襲而輕蔑地拋置在一邊的；而當他不讀它們時，它們就被視為連消磨時間也不值得讀的少年作業。

只有淺薄的僞善者才企圖掩飾這些事實，胡說道，作為拉薩爾的老師的馬克思有權這樣看待他。馬克思並不是超人，他也從來不裝作有別於人的神氣，他說過有關人情事故沒有一件對他是生疏的。無思慮地承襲別人的想法是他所厭惡的一件事。要公平地品評他，那麼修正他對別人犯的錯誤恰如修正別人對他犯的錯誤同樣必要。其實公正無成見的批評他和拉薩爾的關係，比起只是跟著他太過正經的信奉者的例子，拎著他的絨毛拖鞋沿著他所踏過的道路蹣跚前行，不左顧右盼——引用萊辛的話來說，將使他的形象更鮮明。

在某種意義上馬克思確是拉薩爾的老師，而在另一意義上卻不是。從某種觀點上看來，馬克思或可以黑格爾臨終時據說論及他的門徒的話：「他們之中只有一個人理解我，而他誤解了我。」來談拉薩爾。拉薩爾是馬克思和恩格斯在世時所得到最有才氣的信奉者，但他不曾充分理解他們新世界觀的全部，歷史唯物論。馬克思說得很對：拉薩爾不能使他自己脫離黑格爾哲學的「空想的概念」。雖然他透澈地了解無產階級鬥爭的巨大歷史重要性，不過他的理解只在資產階級時代所特有的唯心論的思維形式之中，尤其是在哲學和法律的形式之中。

結果，作為一個經濟學者，拉薩爾在高度上並未趕上馬克思，也不能充分理解後者的經濟教學的重要性，甚或完全誤解了它。在這一方面馬克思評判他有時太過寬大，雖然責難太過嚴酷的次數更多。有關拉薩爾申述馬克思的價值論，馬克思溫和地評論過拉薩爾有「許多誤解」，其實直說他完全不能理解是更近於眞實的。拉薩爾只擇取了馬克思價值論中適合他自己的法學與哲學看世界的部分：因為要保證工人獲得他的勞苦的全部生產品，證明一般社會的勞動時間——決定價值——造成共同社會生產乃成為必要。然而對於馬克思，這價值論的提出卻是資本主義生產方式中一切神祕的解方；它是把價值與剩餘價值的構成，作為必然將資本主義社會秩序改為社會主義社會秩序的一種歷史進程。拉薩爾忽略了產生使用價值的勞動力與產生交換價值的勞動力之間的差異，且這勞動的雙重性質包含在商品之中，這在馬克思看來乃是理解政治經濟體的「要點」之所依。這兩個人的眞正分歧就顯現在這關鍵上。這是法律哲學的觀點與經濟唯物論的觀點之間的分歧。

在其他一些經濟問題上，馬克思批判拉薩爾弱點則太過苛刻，尤其是拉薩爾煽動的兩個重要經濟支柱：所謂「工資鐵律」和由國家資助的生產協會作業。馬克思說拉薩爾從英國經濟學家馬爾薩斯和李嘉圖借來一個，另一個是從法國天主教社會主義者布切斯借來，雖然其實兩個都是拉薩爾從《共產黨宣言》上借來的。

根據馬爾薩斯的人口論——人口通常比食物的生產增加得更快——李嘉圖提出他的法則：平均的工資必定只能達到必要的數目，一般說來，只能維持在所在地的勉強生存和綿延後代的可能性。拉薩爾並未接受這工資法則是自然法則，而且他反對馬爾薩斯的人口論正如馬克思和恩格斯一樣激烈。他主張這工資鐵律的「鐵」的性質只存在於資本主義社會，「在現今狀況之下，在供給與需要的規律之下」，而這一點他也不過是效法《共產黨宣言》而已。

拉薩爾去世三年之後，馬克思才證明這工資法則的彈性特質在資本主義社會的高度發展期：由於利用資本的必要性而使工資達到最高水準，在工人只求不致餓死的貧窮深淵，工資才會降到最低水準。在這些限制之中工資移動並不取決於人口的自然波動，而在於工人們對資本盡量從他們的勞動力中榨取無酬勞動的頑固傾向的抵抗力之強弱。從此以後工人階級的工會組織才顯出遠超過拉薩爾曾樂於賦予的重大意義。

所以，在這一方面，拉薩爾在經濟上的洞見只不過是追隨馬克思，而關於他的生產協會，他卻陷入嚴重錯誤。他不是抄自布切斯，也不把生產協會視爲醫治一切社會疾病的萬靈藥，而不過是走向生產社會化的一個步驟。《共產黨宣言》也曾說過集中貸款在國家手中和創建國有工廠，以及許多其他策略，同時聲明這些策略「顯然經濟上不澈底也無法維持，但在運動的過程中它們將凌駕其自身，因而是使生產方式全盤革命化的一種必不可免的手段」。在另一方面，拉薩爾把他的生產協會視爲「有機的種子，從內部萌生而必然一切向前進一步發展」。到這裡當他認爲商品生產的法則是可以在商品生產的基礎上被廢除時，他確是露出「受到法國社會主義的感染」。

他的經濟學說的弱點——這裡只能提出主要之處——確是足以激怒馬克思的，後者注意到他把馬自己已經費力解決的問題又拋入混亂之中。倘若馬克思直接提出有力的或憤怒的抗議，他的態度是可以理解的，但在他正當的惱怒中他看不出拉薩爾的策略根本是他自己的策略，儘管拉薩爾在理論上有著怎樣的誤解。馬克思自己曾常偏重尋找現存運動的極端來作爲推它更往前的槓桿，而且在一八四八年中他曾經這樣做過。所以，拉薩爾並不比馬克思自己在革命的那幾年中更受「目前環境」的影響。拉薩爾被指責爲派系主義，被指責爲否定了和前期德國工人運動的一切自然聯繫，但這只能說是他在他的煽動中從不提及共產主義者同盟或它的宣言，然而，在數百號《新萊茵報》中確實也同樣很少援引那同盟或宣言。

這兩個人都去世之後，恩格斯間接卻又顯明地合理化拉薩爾的策略。在一八八六至八七年間，一項無產階級的群眾運動開始於美國發展，提出了一種很含混的綱領，因此恩格斯寫信給他的朋友佐爾格（Sorge）說：「在新加入這運動的任何國家之中，都必須採取的首要步驟是組織工人們成爲一個獨立的政黨，無論如何，只要它確實是工人們的黨。」而他進而指出倘若這樣的黨所提出的綱領是含混或很不完備的，這是一種必不可免但只是暫時的弊病。他也以相同的語調寫信給美國其他同志，說馬克思的學說並不要求像天主教教堂那樣包辦一切恩寵的手段，它不是信條，而僅是一種發展過程的披露。人不應勉強工人們吞下他們一時不能消化，但稍後會願意接受的各種觀念，使初次動員工人階級力量所不可免的混亂更加劇。

爲支持他的主張，恩格斯指出在德國革命的那幾年間，馬克思和他自己的態度：

一八四八年春季我們回到德國時，我們加入民主黨，作爲獲得工人階級聽從的唯一途徑。我們是這黨最進步的一翼，但我們仍不過是它的一部分。

正如《新萊茵報》曾經盡力避免提及《共產黨宣言》一樣，恩格斯提醒那些美國人不要以那宣言爲他們目前的信條，因爲它差不多和馬克思一切較小的著作一樣，對目前美國工人們是太難了解的。他們初次加入運動，還是頗爲笨拙的，對理論還是十分落後：

我們必須用日常的實際運動作爲一種槓桿，因此我們必需一種全新的文學。一旦美國工人們或多或少走上正道，那宣言是不會不發生效力的，但目前它只能影響很少數的工人。

佐爾格反駁道當他初讀宣言時，它對他就已有了很大影響，雖然那時他不過是一個小孩，恩格斯答道：

在四十年前你們是對理論有著德文能力的德國人，所以那宣言影響了你們，但雖然它已經譯爲英文、法文、法蘭德斯文、丹麥文等等，它對其他民族絕不曾有過什麼效果的。

到一八六三年，鉛般重壓了多年之後，在德國工人中理論的才能留存已很少了，在他們再度開始理解那宣言之前，必須經過多年的教育。以恩格斯所常說的「首要步驟」而論，拉薩爾的煽動是無可非難的。作爲一個經濟學家拉薩爾當然遠不及馬克思，但作爲一個革命家他是和馬克思同等級，除非有人故意責備他，說他對革命行動永不休止的渴望壓倒了科學研習孜孜不倦的耐力。他的一切著作，除了《赫拉克利特》以外，都是著眼於獲得當前的實際效果。

他的煽動據於階級鬥爭的廣大而堅固的基礎，且以工人階級奪取政權爲其堅定不移的目的。馬克思責備他想依照一種特定教義妙方劃出階級鬥爭的發展路線，這是不公道的，因爲拉薩爾正是出自那些在德國工人中已自然產生一種運動的「眞實要素」：要求普遍參政權和生產協會。他把普遍參政權估計爲推進無產階級鬥爭的一種槓桿，是比馬克思和恩格斯的估計更爲正確的，至少以當時情形而論是如此；無論用何種理由來反對國家資助的生產協會，這協會到底是根據一種正確的基本觀念——引用幾年之後馬克思自己的話來說——「因爲要拯救工人，合作勞動必須發展到國家的廣度且邏輯地由國家手段予以支持」。不過或許由於拉薩爾的徒眾大力稱讚且有時過分的結果，拉薩爾在表面上顯成一名「派系主義者」，但至少他是不須負這眞正和原始責任的，且他爲避免「因那些笨蛋顯出這運動具有一人表演的性質」曾惹來足夠的麻煩。他盡力爭取的不只馬克思和恩格斯，還有布切斯和羅德貝圖斯（Rodbertus）。他不曾成功，也找不到和他並肩合作的人。於是，自然而然，工人們的感激之情有時就現出一種不很合適的拉薩爾崇拜。另一方面，這也是眞的：他並不是善藏鋒芒的那種人，也沒有馬克思常常把自己隱沒在主張後面的自我潛隱。

另一關鍵仍待顧及，就是自由主義的資產階級，反抗普魯士政府明顯的猛烈鬥爭。拉薩爾的煽動是從這鬥爭中發展出來的。自一八五九年以來，馬克思和恩格斯又已密切注意德國的事情，但據他們在一八六六年以前的各種通信看來，他們並不常正確掌握時局。姑不論他們在革命的那幾年間經驗如何，他們仍然相信資產階級，甚或軍事革命之可能性，且如同他們高估德國資產階級一樣，他們低估了大普魯士政策。他們並未克服他們青年時代的印象，那時他們的家鄉萊茵地帶，矜誇著它的現代文化，是很輕視古老的普魯士各省的，而且他們愈是集中注意沙皇的稱霸世界計畫，他們就愈把普魯士邦視爲不過是俄羅斯的一省。對俾斯麥，他們也有意把他視爲不過是俄羅斯工具的工具，「法國杜伊勒利宮的神祕人」的傀儡，甚至在一八五九年他們還說他不過隨著俄國外交管絃的音調跳舞而已。大普魯士政策縱然其帶有別的異議色彩，都會導致巴黎和聖彼得堡同樣不愉快的結果，這想法是不曾發生在他們心裡的。他們以爲德國還有資產階級革命的可能，因此他們當然覺得拉薩爾的煽動是完全不合時宜的了。

然而，拉薩爾從近處觀察，所以他的判斷更爲正確。他的政策根據這種假定：進步的資產階級的庸俗運動是不會有任何成就的，「即使我們再等幾世紀，再等地質學上的幾個時代」，他是對的。一旦拋棄資產階級革命的可能性，他正確地認識了德國的統一如有可能只能是王朝變革的結果，而在他看來新的工人的黨應作爲啟動的楔子。於是他和俾斯麥開始談判，企圖引誘後者的大普魯士政策走向薄冰上，但他自己太過冒險，雖然不曾違反他的原則，他確已違反了政治機警的急務，因此引起馬克思和恩格斯的強烈反對且加以證實。

總而言之，在一八六三至六四年間使馬克思、恩格斯與拉薩爾分道揚鑣的終究是「對既定條件的相反判斷」，因此在那幾年間，滲透在馬克思對拉薩爾的苛評之中，私人宿怨的表面現象，是不必重視的。然而馬克思並不能完全克服他對這人的成見——德國社會民主黨史是常常以同樣口氣述說他和恩格斯的——甚至死亡的緩和力量也沒有長久的效力。

他從弗萊里格拉特得到拉薩爾的死訊⑭，而且於一八六四年九月三號用電報告訴恩格斯。第二天恩格斯回信道：

---

⑭ 八月二十八號拉薩爾爲海倫·馮·多尼格斯（Helene von Dönniges）戀愛事件，與羅馬尼亞人在日內瓦決鬥而死。

你能夠想像到這消息是如何驚駭我的。姑不論拉薩爾爲人如何，在科學上和文藝上有何成就，在政治上他確是德國最優秀的人才之一。對我們，他現時是很不穩定的朋友，而將來卻很確定會是一個敵人，但看著德國如何毀滅了激進黨大大小小的能幹人們，總是痛心的事。那些製造業者和進步黨的豬玀們可高興了吧——在德國，拉薩爾到底是他們所怕的唯一人物。

過了幾天之後，馬克思才在九月七號回信道：

拉薩爾的不幸使我憂愁了好幾天。他畢竟是一個老夥伴，並且是我們敵人們的敵人……但無論如何，我惋惜的是我和他的關係在過去幾年間是那樣烏雲瀰漫，雖然那是他的過錯。另一方面我很高興我抗斥了各方的挑撥，未曾在他的「盛年」攻擊過他。眞是可嘆，我們的團體變得愈來愈小，並沒有增援的人們。

在安慰哈茨菲爾特伯爵夫人的信裡他說道：「他青年得意時死去——在戰鬥中——正如阿基里斯（Achilles）⑮。」而不久之後，當那饒舌者布林德盡力消費拉薩爾來塑造他自己

---

⑮ 古希臘英雄，其母預言其命運短促而光榮，否則冗長而無聊。其選擇前者，終戰死於特洛伊（Troy）之役。

的重要性時，馬克思就用輕蔑之詞痛斥他說：

我不願把像拉薩爾這樣一個人的性格和他的煽動的眞正重要性，解釋給一個身後除了自己的影子以外一無所有的怪誕小丑。無論如何，我頗相信布林德先生踢開那死獅子只是出於他自己的天性。

而幾年之後，馬克思在寫給施韋策（Schweitzer）的信中讚揚「拉薩爾的不朽的功績」，縱然他的煽動犯了「大錯誤」，他曾喚起了蟄伏十五年之久的德國工人階級運動。然而，遺憾的是，他評判死去的拉薩爾的日子終於到來，且比起在他活著期間所評的更加嚴酷和不公了。一種不快仍然殘留著，只能消解在這奮發的思想之中：要完全掌握整個近代工人階級運動，對任何一個人的腦袋都是太過驚人，即使是最強而有力的人。

第十一章　國際工人協會的早年

一、國際工人協會的創立

一八六四年九月二十八號，拉薩爾死了幾個星期之後，國際工人協會（The International Working-men's Association）①在倫敦聖馬丁堂（St. Martins Hall）召開成立大會。

協會不是某一個人的工程，也不是所謂「頭大身小」。總之，它既不是微末的投影也不是可怕的威脅，如資本主義的雇傭文士們在設法抹煞事實中所反覆描寫的那樣。「第一國際」是無產階級解放鬥爭的一種過渡形式，而它是必要的，正如它是過渡的一樣。

資本主義生產方式，一種具體化的矛盾，既產生也毀滅近代國家。它加劇所有民族的對立到最高點，同時依照它自己的意象製造一切國度。只要資本主義生產方式存在這些矛盾是不能解決的，因此一切資產階級革命所高唱的人類同胞之誼就屢屢失敗了。大規模的工業一面宣揚國際間的和平及自由，同時也使這世界成爲歷史上未曾有過的一種武裝陣營。

然而，隨著資本主義生產方式的消失，它的矛盾也會消滅。是的，無產階級解放鬥爭必須在一種民族基礎之上發展，因爲資本主義生產過程是在民族界限以內發展的，所以各國無

① 簡稱「國際」。

產階級一開始就面對著它自己的資產階級。然而，縱然如此，無產階級必須不屈服於時常摧毀一切資產階級國際和平自由夢想的那種無情的競爭。工人們一旦認識到倘若要有效抵抗資本的優越力量，就必須避免自己陣營之內的競爭——而這認識是和他們的階級意識的初次覺醒同時發生的——那麼只要再進一步就能夠達到這更深的認識：各國工人階級之間的競爭也必須停止，以致再進而認識倘若要推翻資產階級的國際統治，工人階級就必須有國際的合作。

所以在近代工人階級運動史上，一開始就自然顯出國際主義的傾向。眼光限於其利潤利益的資產階級所謂不愛國、無知和缺乏理解，其實是無產階級解放鬥爭眞正生存的一種必要條件。雖然這鬥爭能夠解除國家主義與國際主義之間的對立——而且資產階級注定終生輾轉於這對立之下——工人們卻沒有魔杖，並不能把艱難的棧道化爲坦途。近代工人階級運動，必須在由歷史發展所造成的狀況之下作戰。它並不能以一種旋風的突擊越過這些狀況，但它只要如黑格爾所謂「理解便是克服」那樣地去理解它們，就能戰勝它們。

使這理解更加困難的是：工人階級運動的開始，和其中國際主義的開始，同時且相互交錯於許多大國的民族運動的開始，這些大國是由資本主義生產方式的結果而建立起來的。《共產黨宣言》聲明一切文明國家的無產階級聯合行動是它解放的必要條件，宣言發表幾個星期後就遇到一八四八年的革命。在英國和法國，這革命造成有產階級與無產階級的互相對立，但在德國和義大利它卻引起了民族獨立鬥爭。然而，以無產階級的登場完全是來自另一種單獨勢力而論，它十分正確地認識了民族獨立鬥爭雖然不能完成它的最終目的，卻是完成其目的的一個階段。無產階級對德國和義大利的民族運動提供了最英勇的戰士，而這些運動的顧問，莫過於《共產黨宣言》的作者所發行的《新萊茵報》。然而，民族鬥爭自然會把國際主義的觀念壓下去的，尤其是當德、義資產階級開始躲在反動的刺刀後面時。在義大利許多工人協會自行組織在馬志尼的旗幟之下，他雖然不是社會主義者，至少是一個共和黨人，而在德國——比義大利發展更高，工人們甚至在魏特林時代，就已認識了他們的主義的國際意涵——卻圍繞著這民族問題打了十年內戰。

當近代無產階級運動開始時，英、法的形勢卻是完全不同的，因爲這兩個國家的統一早已完成，甚至在三月革命以前，國際主義的思想就已很活躍了。巴黎被認爲是歐洲革命的首都，而倫敦是世界市場的大都會，但即使在英、法，無產階級失敗之後，國際主義的觀念也遭受挫折了。

六月的大流血耗盡了法國工人階級的力量，而拿破崙三世的專制鐵腕壓迫著工會和政治組織。結果，法國工人階級運動陷於革命以前的派系主義，從這混亂之中有兩大傾向開始分別發展，可以說是革命的和社會主義的元素。一個傾向集結於布朗基，他並無眞正的社會主義綱領而目的在於以堅決的少數人的大膽政變奪取政權；無比強大的另一傾向，是在普魯東的思想影響之下，想要以外匯銀行提供免息貸款計畫及類似的空想實驗，引導工人離開政治鬥爭。在《霧月十八》裡馬克思曾經指出：這運動放棄了以舊世界所提供的大量手段來變革舊世界的一切努力，而求助於走後門的辦法、私設的手段，且在舊世界所約束的生存條件之內。

大憲章運動瓦解之後，在許多面向的大致相同的一種發展過程也開始於英國。偉大的空想家歐文（Robert Owen）還活著，雖然很老，而他的學派已經衰退爲一種宗教的自由思想團體。和歐文派並存的是金斯利（Kingsley）和墨利斯（Maurice）的基督教社會主義，這主義雖然不一定有像其歐陸的拙劣仿效那樣的缺點，它確實追求著教育的和合作社的各種目的，拒絕和政治鬥爭有任何關係。甚至那些工會——這方面英國更優於法國——仍不關心政治，且限制他們的活動於滿足目前利益之內，這一政策藉由五〇年代英國狂熱的工業活動和英國取得世界市場支配地位而順利地推行下去了。

縱然如此，在英國境內的國際工人運動是很慢才沉入一種蟄伏狀態的，這狀態一直綿延到五〇年代之末。「互助民主黨」勉力支持到克里米亞戰爭，甚至當他們終於消失之後，也還有一個國際委員會（International Committee）的組織，之後又有國際協會（International Association）的組織，這些主要歸功於瓊斯的能量。那些組織並沒有多大重要性，但至少可以表明國際主義的觀念並未完全熄滅，且那火苗仍灼熱或許還能藉由強風煽成熊熊的巨焰。

強風曾經發生於一八五七年的商業危機、一八五九年的戰爭，尤其是一八六〇年的美國內戰。一八五七年的商業危機使拿破崙三世在法國的統治受到第一次嚴重打擊，而他想要用對外政治冒險來抵消危機影響的企圖，也絕不會完全成功。拿破崙三世的把戲很快就不受其控制。義大利的統一運動發展到他不能控制的程度，同時法國資產階級不願受騙於馬眞塔和索爾費里諾戰役（Magenta and Solferino）②的零星勝利。在這種形勢之下，給予工人階級一點較多的活動空間以抑制資產階級日益的傲慢，顯然是一條妙計，實際上第二帝國的眞正存在是依靠拿破崙三世使資產階級與無產階級互相對立，又同時箝制雙方的成功解方。

當然，拿破崙三世對工人階級，不過是經濟的讓步而非政治的讓步。對工人階級運動大有影響的普魯東，是反對第二帝國的，雖然他似是而非的言論或很容易喚起相反的印象，但他也是罷工的反對者。然而，就爲這一點法國工人們不受約束了，因此不顧普魯東的警告，不顧取締聯合的嚴峻法令，自一八五三至一八六六年間有三千九百〇九名工人被判決違反這些法令，牽涉不少於七百四十九個聯合。這凱撒的模仿者接著開始赦免這些罪犯，且他也贊助派送法國工人到倫敦去參觀一八六二年世界博覽會，必須承認他的做法比起德國的國民總協會（Nationalverein）採用同樣獨具觀念的做法更爲有效和透澈。代表團是由同業的工人們自行選舉，在巴黎成立了一百五十種行業的五十個投票處，選了兩百個代表到倫敦去，旅費部分由自願捐助、部分由國庫和市庫津貼，兩庫各捐了兩萬法郎。回來時代表們

---

② 在義大利西北部，一八五九年法軍擊敗奧軍於此兩地。

被允許發表詳細報告，一般說來那些報告都是超出行業業務範圍的。以當時法國的形勢而論，這件事可以算是頭等國家行爲，以致巴黎警察總監以其預感預言似地嘆道：在皇帝執行這項實驗前，倒不如完全廢除那些取締聯合的法令。

其實，法國工人們報答他們專圖己利的贊助者的方法，並不如他所期望，卻是他所應得的。在一八六三年的選舉中，巴黎的政府派候選人只得到八萬兩千票，反對派卻得到十五萬三千票；而在一八五七年的選舉中政府派曾得過十一萬一千票，反對派不過是九千六百票而已。一般人假定這很少是由於資產階級改變態度，主要是由於工人階級改變態度，後者恰在拿破崙三世開始討好時，就已表明它的獨立了，雖然它還是在於資產階級激進主義的旗幟下前進。這假定的證實是由於接下來一八六四年的巴黎補選，那時有六十個工人提出雕板工托萊因（Tolain）爲他們的候選人，並發表宣言聲明社會主義的復活。它宣布，這些社會主義者已經學習了過去的經驗。在一八四八年時工人們並沒有明白的綱領，且採取各種社會理論多由於直覺而不由於研究，但現在他們撇棄了一切夢想家的誇張，尋求社會改造來代替，例如言論自由、集會自由、免費義務教育，廢止《取締聯合法令》和廢除宗教預算。

然而，在選舉中托萊因只得到幾百票。普魯東贊成宣言內容但譴責參加選舉，認爲投空白票是反對第二帝國統治的一種更有效的抗議。拿破崙派覺得這宣言太溫和，而資產階級人士，除了一兩個例外，從自由到激進的色彩都以愚弄和嘲笑來攻擊托萊因，雖然他的政綱並沒有足以使他們焦躁的任何原因。同時同樣的現象也發生於德國。受了這種情形的鼓舞，拿破崙三世就大膽再進一步，於一八六四年五月頒布一項法令：雖然並未撤消工會的禁令（這是在四年之後才做到的），至少，它廢止了工人為改善工作條件而加入聯合就判處的那些刑法項目。

在英國，取締聯合的法令早在一八二五年就廢止了，但工會的存在並不絕對安全，無論在法理上或事實上，同時工會會員大眾並沒有參政權，足以使他們廢除阻礙他們為改善工作條件而鬥爭的法律障礙。歐陸上資本主義的發展摧毀了無數人的生存，且以低工資勞工形式給英國工人製造一種危險的競爭，且每當工人們要求增加工資或縮減工時，英國資本家就揚言要從法、比、德及其他國家輸入廉價外國勞動力來恐嚇。美國的內戰在此情況下擾動了工人們。這內戰所產生的棉花危機給英國紡織工人造成巨大不幸。

因此英國許多工會才從舒服的蟄伏中驚起，而且發展了「新的工會主義」，以舊工會有經驗的領袖們為代表：工程師阿朗（Allan）、木匠阿普爾加斯（Applegarth）、細木工盧克拉夫特（Lucraft）、建築工克里默（Cremer），鞋匠奧哲爾（Odger）等等。這些人都承認有代表工會進行政治鬥爭的必要，且他們轉而注意改革參政權的問題。他們是以激進派領袖布萊特（John Bright）為主席，在聖詹姆士堂所舉行的大集會的主導人物；他們曾發表過猛烈的抗議，反對帕默斯頓贊助南方各州干涉美國內戰的企圖。一八六四年春季加里波底到倫敦時，這些領袖們也為他開了一個盛大的歡迎會。

英、法工人階級的再度政治覺悟也復興了國際主義的觀念。在一八六二年倫敦世界博覽會中，英國工人和法國代表曾經開過一次「懇親會」，而這種聯繫由於一八六三年的波蘭暴動更爲增強。波蘭問題，已是西歐各國革命分子中極其流行的課題。波蘭的被壓迫和被瓜分，已經使東歐三強成爲一道反動的壁壘，而波蘭獨立的恢復，將是俄國歐洲霸權的致命打擊。互助民主派人士常常舉行一八三〇年波蘭革命週年紀念，這些紀念會都是擁護波蘭獨立和統一的熱情流露，且常連同表達這基本觀念：恢復波蘭的自由和民主，是無產階級解放鬥爭的一個必要條件。在一八六三年情形也是這樣，那種同情的共鳴曾經響徹法國工人代表出席的倫敦紀念會之中。社會問題，也是奧哲爾所主導的一個英國工人委員會，致詞感謝法國工人派代表到倫敦參加紀念會的基調，特別指出英國資本家能夠輸入低工資外國勞工以挾制英國工人，只是因爲各國工人階級之間還沒有互相建立密切和互助關係。

這份致詞由對工人有過許多勞績的倫敦大學歷史教授比斯利（Beesly）譯成法文，得到了巴黎工廠裡面有力的響應，法國工人們決定特派代表到倫敦去致答詞。一八六四年九月二十八號在倫敦聖馬丁堂舉行歡迎法國代表大會，由比斯利教授主持。會堂裡擠滿了英國工人，傾聽托萊因宣讀法國工人的答詞，答詞說到波蘭暴動：「波蘭又已浸沒在它最優秀子弟的熱血之中，而我們是無力的旁觀者」，於是進而要求有關政治和社會的重要問題，人民必須有發言權利。資本的專橫權力必須被打破。因爲分工的緣故，工人已經轉成一種機械工具，而且，倘若沒有國際的無產階級團結，自由貿易必然促成一種工業奴隸制度，比之法國大革命所已摧毀的那種農奴制度，更爲殘酷和可怕。因爲要堅決抵抗如此可怕的制度，全世界工人必須聯合一致。

艾卡里爾斯（Ecarius）代表德國工人說了動人的討論之後，大會通過工會運動者惠勒（Wheeler）的提議，推選一個有權選任新委員的委員會並委以起草國際工人協會會規，以待明年布魯塞爾國際代表大會的最後定奪。委員會選出來了，包含許多工會運動者和外國工人的代表，其中有德國工人馬克思，在報紙的報導中他的名字列在最後。

二、《國際工人協會開場白》

在這大會以前馬克思久已不在運動中擔任積極角色，但他被法國人勒．呂貝（Le Lubez）邀請代表德國工人與會和推出一個演說者。馬克思推舉了艾卡里爾斯，而他自己卻留在講臺上做一個沉默的觀察者。

他估計他的科學著作足夠超過膚淺或無望的組織活動的，但他也願意把它放在一旁，當眞可以替無產階級的主張做一些有益的實際工作時，而且這一回他認爲「要緊的事」臨到成敗關頭了。他以同樣口氣寫信給魏德邁和其他朋友們說：

> 最近成立的國際工人委員會不是不重要的。它的英國成員主要都是工會首腦，換言之，倫敦的眞正勞工要人，他們組織了盛大歡迎加里波底接待會，而且在聖詹姆士堂

（由布萊特主持下）開莫大的會阻止帕默斯頓對美國宣戰的企圖。以法國成員而論，他們並不算很重要，但他們是巴黎工人的直接代表。和最近在那不勒斯開代表大會的義大利各協會也已經建立了聯擊。雖然這幾年以來我一律拒絕參加任何「組織」，這回我可接受了，因爲這裡有一種做出眞正好事的可能性。

他寫信給恩格斯說：「現在工人階級的復興顯然發生了」，而且他認爲他的主要責任是引導它走上正路。

幸而環境自動地給了他思想的領導權。委員會增補新委員直到五十多人，半數是英國工人，團體人數次多的是德國人，包括馬克思、艾卡里爾斯、萊斯納、洛克納和普凡德等，全都是從前共產主義者同盟的成員。法國有九個代表，義大利有六個，波蘭和瑞士各有兩個。委員會成立之後就指定一個代理委員會起草綱領和會規。

馬克思也被選入這代理委員會，但因爲生病而且請柬送到太遲，以致他不能出席許多會議。那時馬志尼的私人祕書沃爾夫（Major Wolf）、英國人威斯頓（Westom）和法國人勒．呂貝都枉然用了許多力量來執行代理委員會的任務而無所成就。雖然馬志尼那時在英國工人中很知名，但他對近代工人階級運動懂得太少，他所擬的草案並不能使那些老練的工會運動者贊同。他簡直不理解無產階級鬥爭，因此他仇恨它了。他所擬的綱領中只有少數社會主義的語詞，而且這些語詞都是無產階級在六〇年代早已拋棄的那一類，至於他所擬的會規精神也可以說是過時的，規定權力高度集中的種種條款，像應付緊急性的政治叛亂似的。結果，馬志尼的意見不但完全遠離一般工會運動的情況，而且尤其不合國際工人協會的目的，那目的並不是要創造任何新運動，而僅是要聯起各國已有的工人階級運動。勒・呂貝和威斯頓所提出的草案也不過是比一般用語的彙集更好一點點而已。

所以，那情形是無望的，直到馬克思接手。他毅然決定盡其可能地捨棄先前全部的努力，且因爲要使自己完全擺脫它們，他起草了一份致工人階級的開場白——在聖馬丁堂大會中未提出過的——檢討一八四八年以來工人階級的歷史，作爲這新組織會規的引言。代理委員會立刻接受馬克思的提議，只要求補充一些「權利、義務、眞理、道德和正義」之類的詞句，一如馬克思在給恩格斯的信中所說，他成功地以無損原意的方式把它們加進去了。於是委員會一致熱忱地採取了這《國際工人協會開場白》和《國際工人協會暫行規定》。

後來比斯利說這大概是前所未有以十二頁紙再三強調工人階級反對中產階級的最絕妙和最出色的文獻。它一開始就敘述這顯著事實：一八四八至六四年間工人階級的貧困並未減輕，雖然這一時期工商業的發展是史上空前的；然後它用官方發表的藍皮書中有關英國無產者悲慘現象的可怕統計，來對比財政大臣格拉斯頓（Gladstone）在預算演說中所展示的「財富和勢力令人陶醉的增進」——在同一時期發生卻爲有產階級所獨享。《開場白》根據英國情形揭露了這顯著的矛盾，因爲英國是歐洲工商業首要的國家，但它指出同樣的矛盾也存在於大規模的工業正在開始發展的歐陸各國，只不過範圍較小和有些地方上的差異而已。

在全世界這種「財富和勢力令人陶醉的增進」是完全歸於有產階級的，或許英國的一小部分工人得到略微較高工資可以算是例外，而一般物價的上漲也抵消了這改善。

各處工人階級大眾都已陷入比以前更深的悲慘之中，至少達到與上層階級的興盛同樣廣大程度。在全歐洲有一種無法反駁的事實，為每一位無成見的調查者所不能否認，只有從喚起別人虛假的希望中得利的人們才會否認：機器的完善、農業工業的科學應用、交通的資源和精巧、移民輸入、新殖民地、新市場的征服、貿易的自由，或這些條件全加總起來，都不能剷除工人階級的悲慘。正相反，這種勞動的創造力每有新發展，在現狀的錯誤根基之上，都可以說是加強社會對立和惡化社會衝突。在這種經濟進步的繁榮期間，在英國帝國的首都，飢餓幾乎升至一種社會制度的水準。這一時期在歷史年鑑上的特徵是被稱為工商業危機的社會疫情的加速回轉，其影響一次比一次致命和擴大。

然後《開場白》回顧五〇年代工人階級運動的失敗，達到了結論：縱然是這一時期，其間也有它補償性特色。有兩件事實特別值得強調，首先是由每日工作十小時的法律制定，及其對英國無產階級的良好影響。爭取法律限定工作時間的鬥爭已經直接干涉著這重大衝突，即概述於資產階級政治經濟體中供給與需求法則的盲目勢力，和工人階級所主張為社會福利而生產之間的衝突。「所以《十小時勞動法案》不但是實際上的大成就，而且也是一種原則的勝利；資產階級政治經濟體第一次被工人階級政治經濟體打敗了。」

第二，無產階級政治經濟體還經由合作運動，及根據合作原則建立了幾個工廠，而贏得一項更大的勝利，且只由少數人的不倦努力，並無外界的援助而成為可能。這些偉大的社會實驗的價值是不能被高估。

它們不由推理而由實際，證明了沒有雇用工人階級的雇主階級的存在，依照近代科學法則的大規模生產也是可能的；證明了要產生財富，勞動工具不一定必須被壟斷為剝削性控制工人的手段；證明了工資勞動，像奴隸勞動和農奴一樣，不過是一種下級和暫時的形式，要消失在以自願的手、喜悅的精神和明亮的心態來完成艱難任務的合作勞動之前。

然而，局限在偶然嘗試的合作勞動並不能打破資本的壟斷。

或許正因為這理由，那些理想高尚的貴族們、資產階級慈善的雄辯家們，甚至精明的經濟學家們，都忽然開始對合作勞動制度加以令人作嘔的恭維：他們徒然努力要把它限縮在它的嬰兒期，嘲笑它是夢想者的烏托邦或譴責它爲社會主義者的瘋狂。

只有合作勞動發展到全國的廣度才能夠拯救勞動群眾，但地主和資本家經常動用他們的政治特權，來無限延續他們的經濟壟斷，所以工人階級的重大責任是奪取政治權力。

工人們似乎已經理解這種必要性，正如由英、法、德、義的工人階級運動的同時復興，和由同時努力於工人的政治重組而證明的。「他們占有一個成功的要素——數量。但數量在規模上的分量只顯現於他們團結在一個組織之中，朝一個自覺的目的進行之時。」過去的經驗已經表明忽視各國工人應互助且激勵他們肩並肩爲其解放的一切鬥爭效勞，往往得到使不相聯屬的各種努力全歸失敗的結果。這種理由推動聖馬丁堂大會創立國際工人協會。

推動大會的進一步信念是：工人的解放需要各國工人之間的互助關係，但在各國政府追求罪惡的目的、挑撥民族感情和進行屠殺及浪費人民維生物質於掠奪戰爭裡的外交政策之前，如何能夠達到這高尚目標呢？並非由於統治階級的賢明，而是由於無產階級英勇抵抗那愚妄罪行，才使西歐各國免於從事持續大西洋彼岸奴隸制度的可恥的十字軍。統治階級對沙俄征服高加索山地要塞和屠殺英勇波蘭人民的僞善的同情或愚昧的漠視或無恥的讚頌，都指出工人階級他們的責任是看穿國際政治的祕密、嚴密注意他們政府的外交詭計、用一切可能的方法來反對它，倘若不能阻止它們，就組織大型示威運動，要求約束個人之間關係的正義和道德的簡單法則，也必須成爲約束各國之間關係的最高法則。爲這樣一種外交政策而鬥爭是爲工人階級解放而普遍鬥爭的一部分和包裹部分。於是《開場白》以《共產黨宣言》的結語爲結語：「全世界的工人聯合起來！」

《國際工人協會臨時會規》的開端可以反映綜述如下：工人階級的解放必是工人自身的任務。爲工人階級的解放而鬥爭，並不是爲建立新的階級特權而鬥爭，而是爲一起廢除階級統治而鬥爭。工人的經濟隸屬於那些盜用勞動的工具——生活的源頭——的人們，因而造成各式各樣的奴隸狀態：社會的悲慘、智能的萎縮和政治的依賴。所以工人階級的經濟解放是以一切政治運動作爲必需手段的大目的。一直到現在爲止，實現這偉大目的的一切企圖歸於失敗都是因爲每一國內部不同工人階級團體之間，和各國工人階級之間缺乏協調的緣故。工人的解放並不是一地區或一民族的事業，而是社會的事業。它是包括凡形成近代社會的一切國家的一種事業，只有各國系統性合作才能達成。然後，馬克思勉強安插在其內文裡的正義和眞理、權利和義務的道德陳腔濫調就附著在這些明白及銳利的章節中。

這新協會的首腦是由出席的各國工人代表所組成的一個理事會，但在第一次大會之前，由聖馬丁堂會議選出的委員會執行理事會職權。理事會的任務是：建立各國工人階級團體之間的國際關係、定期通報各國工人有關別國工友的活動情形、蒐集各國工人階級狀況的統計數據、討論與一切工人階級組織一般利益有關的問題、在國際爭端上，取得所屬團體的一致和同時行動、公布協會經常工作報告及其他類似任務。

理事會由每年一次的大會選舉成立，並由大會決定理事會所在地和下次大會的地址和時間。理事會有權補選新理事，倘遇必要，得變更下次集會地點，但不得展延會期。凡屬於「國際」的各國工人團體均得保持其組織的完全獨立，凡獨立的地方團體都可以和理事會直接建立關係，雖然爲效率起見最好是每一國的各種組織，都團結在國家基礎上和中央團體之下。

雖然把這「國際」形容爲「一個偉大頭腦」的傑作是完全錯誤的，它到底在創立時是得到一個偉大頭腦自始就指出正路，使它免於長期和沉悶徘徊在歧途上。馬克思所做的不過如此，而他也並不企圖做任何超出以上的事。

《開場白》所揭示的無比卓越是源於：它以既定的局勢導出，而如李卜克內西所適切地指出，它所含的共產主義的最終意涵並不比《共產黨宣言》少。

然而，《開場白》及《暫時會規》和《共產黨宣言》的不同不只在於形式：「時間是必要的，在復興運動可以抒發從前的大膽言詞之前。此刻所需的，是主張堅決而態度溫和」，如馬克思寫信給恩格斯所說，且它也有一種很不同的任務。這「國際」的目的是聯合歐、美的一切戰鬥的無產階級爲一支偉大軍隊，且給它一種綱領，以恩格斯的話說，開門給英國工會，法、比、義、西的普魯東派和德國的拉薩爾派。馬克思完全信賴由聯合行動而發展起來的精神必能保證《共產黨宣言》所提出的科學的社會主義的最後勝利。

不久之後他的希望就受了一次嚴重的試煉，因爲這「國際」的宣傳工作剛開始，它就和比較能夠理解「國際」原則的歐洲工人階級的一派發生了嚴重衝突。

三、和施韋策的決裂

有人說德國拉薩爾派拒絕加入「國際」，且自始就對它採取敵視態度，這是傳說，而且是既非事實而又不合適的傳說。

第一，要找出可以使他們採取這種態度的任何理由是完全不可能的。他們對堅守他們自己的紀律確是看得很重要的，但「國際」的《暫時會規》並無加以干涉的威脅，總之，他們自始至終贊同《開場白》，尤其滿意於下述章節：只有合作運動發展到全國的廣度，且由國家機構加以推行才能拯救勞苦大眾。

德國拉薩爾派確是自始就對「國際」採取友好態度的，雖然在它成立時他們正深陷於他們自己的困難之中。拉薩爾死後，遵照他在遺囑中的推薦，貝克（Bernhard Becker）被選為全德工人聯合會（Allgemeiner Deutscher Arbeitervereins）會長，但立刻就證明他是如此無能，使會務陷於無望的混亂之中，維持著這組織的不過是它的機關報《社會民主黨人報》（*Der Sozialdemokrat*）而已。這刊物自一八六四年問世以來都在施韋策（J. B. Von Schweitzer）的領導之下；他是一個精悍的人物，曾竭力爭取馬克思和恩格斯的合作。他並未受到任何壓力就聘請李卜克內西為編輯部成員，而且在這刊物的第二和第三號上發表了《開場白》。

這刊物的巴黎撰稿人赫斯（Hess）懷疑托萊因，說他是扮演著赤色煽動家的杰羅姆親王皇宮中的朋友，但施韋策等李卜克內西表示同意之後才發表這通信，當馬克思不以爲然時，他竭力把這件事友好解決了；而且他要求李卜克內西應首先編輯有關「國際」的各種已發表文件。一八六五年二月十五號，施韋策寫信給馬克思，說他打算提議他的組織完全贊同「國際」的原則，並且決定派代表出席它的大會。然而，他的組織在形式上不能加入「國際」，唯一的理由是德意志聯邦法令禁止工人階級組織之間建立任何聯繫。施韋策不曾得到回信，而馬克思和恩格斯卻公開聲明和《社會民主黨人報》脫離一切關係。

這些事實明白顯示這不幸的決裂與不願和「國際」聯絡無關，而眞正原因已經由馬克思和恩格斯在他們的聲明中十分坦白地說明了。他們宣稱，他們並非不曾顧慮到《社會民主黨人報》的處境困難，也從未提出不適於柏林當局權益的任何要求，但他們曾屢次要求該報對政府和封建的專制黨派，至少應該和對進步派同樣無畏。《社會民主黨人報》所推行的策略使他們不再投稿給它。他們還逐字逐句地支持著從前寫過的，論皇家普魯士官辦社會主義和工人階級政黨對如此廉價而華麗的欺騙所持態度的文章。文章曾發表在《德文布魯塞爾報》上，答覆《萊茵觀察者》——後者建議「無產階級與政府聯盟反對自由主義的資產階級」。

其實，《社會民主黨人報》所推行的策略是絲毫與這種聯盟或皇家普魯士官辦社會主義無關。當拉薩爾想使德國工人階級奮力攻擊的初次企圖顯然無效時，有著數千名會員的全德工人聯合會就夾在勢力都足以毀滅它的兩個反對派之間。年輕的工人的黨從資產階級期待的東西，除了愚昧的仇恨以外毫無希望，同時它卻有理由期望狡猾的外交官俾斯麥因為要推行大普魯士政策，而不能不對人民大眾有所讓步。施韋策對這種讓步的價值和目的並未懷抱任何幻想，但當德國工人在實際上已經被剝奪了組織權時、當它並不享有眞實的參政權時及當言論、出版、結社和集會的自由全都繫於官僚的自由定奪時，社會民主黨並不希望以同等能量同時攻擊它的兩個反對派，而只能挑撥雙方以圖自存。當然這政策的絕對必要條件是年輕的工人的黨，對兩派必須完全保持獨立，且在工人群眾中有著這種獨立性的堅定自覺。

施韋策努力推行這項政策且得到成功，同時要在《社會民主黨人報》的欄位上找出任何和政府「聯盟」反對進步派的東西是不可能的。仔細檢視他在當時反對一般政治背景的活動是可以發現有些錯誤——他自己曾經承認過——但以大體而論，他高明而合理的策略是專屬地以工人階級利益為指導的，確實並未受制於俾斯麥或任何其他反動派。

雖然在其他方面施韋策比不上馬克思和恩格斯，他至少有一點是勝過他們的，那就是熟悉普魯士的情況。他們對那情況並沒有第一手的認識，而他們委以彌補這缺失的李卜克內西，卻完全不能勝任。李卜克內西曾於一八六二年回到德國，聯合赤色共和黨人布拉斯（Brass）創辦《北德綜合報》（*Norddeutsche Allgemeine Zeitung*）；但他的編輯工作才剛開始，就發現布拉斯已經把這報紙賣給俾斯麥了。他立刻脫離了它，但這在德國境內初次經驗的不幸不僅使他又憶起流亡時日所處的危急財務窘境——雖這並未使他憂愁，因為他總是把主義放在他的個人利害之上——並且還妨礙他在德國的新環境中獲得無成見的觀點。

當他回去時他根本還是一八四八年代的人，懷抱著《新萊茵報》的精神，那報紙著重社會主義理論甚至階級鬥爭，遠不如它著重抗衡反動統治階級的民族革命鬥爭。雖然精通社會主義理論的基本觀念，李卜克內西卻絕不是一個精深的社會主義理論家，而在流放時代他從馬克思學到的主要事情，是後者在國際政治的廣大領域尋求革命發展的各種徵候的傾向。作爲萊茵地帶的人，馬克思和恩格斯慣於太過輕蔑東厄爾比亞的各種事物，所以他們低估普魯士邦的重要性，而李卜克內西還更糟，因爲他生於南德，而且在這運動的前期他不是在巴登便是在瑞士，這兩個各邦獨立主義的強大根據地。他把普魯士視爲三月革命以前的俄國封臣，視爲一個以貪腐的卑鄙手段打擊歷史進步的反動國家，必然要在德國可能有任何近代階級鬥爭之前潰敗的。他沒能認識到五〇年代的經濟發展已經大大地改變普魯士邦，並造成一種使工人階級與資產階級民主分離的歷史的必然性。

因此李卜克內西與施韋策之間任何永恆的了解是不可能的，當施韋策連續發表了五篇文章，討論俾斯麥內閣的大普魯士政策與無產階級對德國統一問題的革命政策，是並行不悖的；但犯了把俾斯麥政策的危險量能說得如此動人到近於讚美的「錯誤」在李卜克內西看來可是最後一根稻草。另一方面，馬克思於二月十三號寫給施韋策的信裡也犯了這「錯誤」：他說雖然普魯士政府或許會採取生產合作的觀念而試行各種膚淺的實驗，它並不會廢止《取締聯合法令》和約束官僚及警察的自由裁決。然而，馬克思忽略了他自己曾雄辯地反駁過普魯東的理論，就是各種政府並不能控制經濟環境，而它們自身倒是被這環境所控制的。幾年之後俾斯麥內閣不管願不願意就被迫廢止《取締聯合法令》。在施韋策二月十五號的回信裡——他允諾為「國際」在全德工人聯合會中工作，且又通知馬克思說已經委託李卜克內西負責編輯有關「國際」的一切事情——他說他樂於聽取馬克思給他的任何理論上的建議，但關於處理實際問題和決定當前策略，人就必須居於運動的中心和有著現狀的透澈知識。於是馬克思與恩格斯和他斷絕關係了。

要充分理解這些誤會和複雜性，就必須關係到哈茨菲爾特伯爵夫人的不合宜舉措，她為紀念曾把她從汙名中救出來的那人，而犯了嚴重的錯誤。她想把拉薩爾的創作變為一種正統宗派，而以這宗師的言詞為其最高定則，但即使做到這樣，那宗師的言詞也並不如哈茨菲爾特夫人詮釋最高定則的話那麼多。她的胡鬧可以從恩格斯於三月十號寫給魏德邁的信裡看出來，在這信裡略論《社會民主黨人報》的創辦之後就說道：

> 這刊物上發展著不堪的拉薩爾崇拜（老伯爵夫人哈茨菲爾特通知李卜克內西要他同樣崇拜），同時我的確知道拉薩爾和俾斯麥勾結之深是超乎我們所曾想像之上的。他們之間有過一種正式的聯盟，事情已到了這程度：拉薩爾親自到什列斯維格—荷爾斯坦去支持兼併丹麥運動，而交換條件是俾斯麥含糊地答應引進一種普遍參政權，和較為確定地允諾批准組織權、做社會讓步、由國家支持工人組織等等。拉薩爾這傻子完全沒有得到俾斯麥履行諾言的保證，及後者一旦失信就會被送進監牢的把握。《社會民主黨人

報》的編者們都很明瞭這一點，然而他們仍比前更加大力提倡拉薩爾崇拜，同時他們屈服於瓦格納（《十字報》的編輯）的恐嚇，取悅俾斯麥，逢迎他的意旨等等。我們已經發表聲明和它脫離關係，李卜克內西也同樣做了。

難以理解的是深知拉薩爾和常讀《社會民主黨人報》的馬克思和恩格斯，怎麼會被哈茨菲爾特伯爵夫人的捕風捉影故事所騙，但唯有說他們曾經受騙這才能夠合理地解釋他們爲什麼和拉薩爾所創建的運動完全脫離關係。

然而，他們的行動對那運動並沒有實際的效果，甚至共產主義者同盟的老會員們如洛塞（Röser）——曾在科隆法庭之前那樣出色地爲《共產黨宣言》的原則辯護——也宣稱贊成施韋策的策略。

四、倫敦第一次大會

德國拉薩爾派是這樣自始就被排除於「國際」範圍之外了的，而且「國際」在英國工會運動者之中，和在法國普魯東派之中的宣傳也進展得很緩慢。

總之，已體會到政治鬥爭的必要的只有很少數工會領袖，且即使是他們，也把「國際」視爲不過是達到工會目的的另一種方法而已。但至少他們對組織問題是有很多實際經驗的，法國普魯東派卻沒有，且對工人階級運動的歷史性質也毫無洞悉力。所以這新組織自身實在負擔著一種浩瀚的任務，要執行它是必需驚人精力和巨量勤奮的。

雖然馬克思一再被病痛所纏擾，雖然他渴望完成他的科學著作，他爲了「國際」緣故並不吝惜精力和勤奮。有一次他嘆息道：「做這種煽動最壞的是它干擾人的工作」，另一次他說「國際」和與它有關的各種事情「像一個夢魘般」壓在他身上，他將樂意擺脫它。但他認爲執犁在手就不能後顧③，其實，倘若負起這重擔沒有比放下它更愉快更多希望，那也就不是馬克思了。

不久局勢明朗，馬克思是這運動的實際「首腦」。他絕不曾把自己推上前去，因爲他極其輕蔑一切廉價的名聲，並不像那些民主黨人在公眾之前顯示自己的重要而實際上什麼也不幹，他在幕後做了大量工作而同時使自己遠離公眾視線。然而，在組織上並沒有另一個人具有這項偉大任務所必需的非常才能：明確地認識歷史發展的規律、堅持到底的精力、以可能限度爲滿足的忍耐、寬容率直的錯誤及頑強到不顧一切的老練無情。馬克思現在處於以教導和引領來支使人們的地位，這項他無比的天賦發揮得比在科隆時代更爲廣大。

凡是這類運動的初期，必不可免的種種私人爭吵和反目花費了他「龐大的時間」，而且

③ 見《聖經．路加福音》第九章六二節：「執犁在手而後顧者，不能入天國。」

那些義大利人，尤其是法國人，使他遇到一大堆不必要的困難。自革命的那幾年以來巴黎的「用手和用腦的工人們」之間存在一種深沉的反感。無產者們很難忘懷知識分子太多次的變節，而知識分子則貶低不讓他們參與的一切工人階級運動；同時在拿破崙派的軍事專政令人窒息的高壓之下，一切經由報紙或組織的聯絡方法都是不可能的；對拿破崙派的詭計的猜疑，甚至瀰漫在工人階級自己陣營之中。這種「法式焦躁」的囂囂嚷嚷，耗費了理事會的許多寶貴晚上，通過一些冗長的議決案。

對「國際」中的英國區，馬克思的活動是更順利且富成效的。英國工人們曾經激烈地反對他們的政府贊助南方叛軍干涉美國內戰的企圖，而當林肯（Abraham Lincoln）被選爲連任總統時，他們曾寄給他一篇致敬和祝賀的電文。馬克思起草了這份電文，寄給那被賦予領導國家爲解放被奴役的人種而高貴鬥爭任務的「工人之子」。當美國白種工人還不能認知到以人爲奴是共和國的恥辱時，當他們向未經事先同意就被販賣的黑人自誇他們自己有自願出賣和選擇主人的崇高特權時，他們就不能獲得眞正的自由，或支持他們的歐洲兄弟爲自由的鬥爭。然而，在內戰期間所流成的血海已經掃蕩了這種障礙。

雖然像萊辛，馬克思常常以貶損之詞述說他自己的著作，他顯然把他的全部感情放在這電文裡面了。在寫給恩格斯的信裡說，他被指示給這電文一種適當的形式比該爲其內容負責更爲困難，他已完成務使這類文件的套語至少應該有別於常見的庸俗民主派措詞。林肯並非看不出這區別，並且使倫敦報紙大爲驚訝，因爲「這老人」回答資產階級方的所有賀詞總是那麼幾句官腔，而答覆這電文的筆調卻是溫暖而友好。

以內容而論，更重要得多的是馬克思一八六五年六月二十六號對「國際」理事會宣讀的〈價値、價格和利潤〉的一篇演講。目的是要駁斥理事會中一些會員的這種主張：工資的普遍提高對工人們並沒有實質的好處，所以工會是有害的。這是基於這錯誤的假定：工資決定商品的價値，倘若資本家們今天支付工資是五先令而不是四先令，那麼他們明天出賣他們的商品就要五先令而非四先令，因爲需求增加了。他說雖然這是很膚淺的推理，只計算到最表面的現象，而要把其所牽涉的經濟問題解釋給不學無術的人們到底是不容易的事。要把一課政治經濟體壓縮在一小時內講完也是不可能的。然而，其實他把它解說得如此卓越，工會都感謝他的可貴貢獻。

「國際」顯著成功的第一步主要是推動參政權改革運動的勃發，一八六五年五月一號馬克思向恩格斯報告：

改革聯盟（The Reform League）是我們的工作。在聯盟的十二個中央委員（中產階級和工人階級各六個代表）中，工人方面的代表全是我們的理事會會員，連艾卡里爾斯在內。我們已經挫敗了中產階級欺騙工人的一切企圖。……倘若在英國改進工人階級政治運動的計畫得到成功，那麼我們的協會對歐洲工人階級，就可以做出比其他任何方法所能做出的更多事情，且一聲不響地做出來。而且這成功有著各種把握。

五月三號恩格斯回信說：

> 在一個很短的時期中，並沒有遭遇多大麻煩，國際工人協會就已實際爭取到廣大根基。這是一件好事：現在它可以在英國積極從事，不受法式朋黨主義的纏擾了。至少你所損失的時間是得到補償了。

然而，不久就證明即使這項成功也有它不能令人滿意的方面。

馬克思認爲在整體上政治局勢還未成熟到可以召開原安排在一八六五年於布魯塞爾舉行的公開大會，而且他怕它會惡化爲舌戰場所，這並不是沒有充足理由的。經過了重大困難，尤其抗衡法國方面有力的反對派，他終於獲得同意不在布魯塞爾開公開大會，而在倫敦開祕密會議，只由主要委員會派代表出席，僅算是將來大會的籌備會。馬克思提出支持其主張的理由如下：事前的協議和討論的必要性、英國的改革運動、法國的罷工風潮，和最後比利時反對引外人的立法將使在那裡開會成爲不可能。

倫敦會議舉行於一八六五年九月二十五號至二十九號。理事會的代表是它的會長奧哲爾、它的祕書長克里默（Cremer）、幾個英國會員和馬克思及其兩個「國際」事務的主要助手——艾卡里爾斯和倫敦鐘錶匠瑞士人榮格，他住在倫敦及說英語。德國和法國的代表人數相等。法國代表是托萊因、弗里堡（Fribourg）和利穆辛（Limousin），這些人後來全都放棄了「國際」。馬克思一八四八年的老朋友席利和瓦爾蘭，後者後來是巴黎公社的英雄和殉道者之一。瑞士派了兩個代表：裝訂工杜布雷（Dupleix）代表住在法、義的瑞士工人，貝克——從前的製刷匠而現在是不倦的革命煽動家——代表住在德國的瑞士工人。比利時的代表是佩帕（César de Paepe），這人當初以排字工學徒身分開始學醫後來成爲一個醫生。

會議首先處理協會的經費；第一年度的收入總額大約是三十三鎊。關於正式會員的會費沒有達到一致的協議，但一致同意募集宣傳費和與即將來臨的大會有關的開銷一百五十鎊，在英國籌八十鎊，法國四十鎊，比利時和瑞士各十鎊。「國際」從不以預算爲其出色的特徵且金錢從不是其戰役的資力。幾年之後馬克思語帶幽默冷酷地說「國際」的財務常是穩定成長的負數，後來恩格斯寫道：有名的「國際有幾百萬」主要是債務，無論如何，這麼少的錢從來不曾做出那麼多的事。

報告英國情形的是祕書長克里默，他說歐陸人士一般相信英國工會都很富裕，能夠支持它們認爲屬於自己的主義，其實它們已經被小氣的規定將其支出限縮在非常狹小的範圍所約束了。除了很少數例外，英國工會運動者對政治一無所知，且要啟發他們是很困難的。然而，已經有某種進步了。在幾年以前「國際」的代表們甚至不能得到一場聽證會，而今日他們已經得到友好的款待，他們的原則也受到認可。一種與政治有關的組織能夠和工會建立如此的關係當屬首次。

弗里堡和托萊因都報告「國際」在法國很受歡迎。除巴黎以外，羅恩（Rouen）、南特

（Nantes）、埃爾伯夫（Elbeuf）、康城（Caen）等處都已有了會員；會員卡以一點二五法郎售出作爲年費。不幸所有收入全都耗在設立巴黎辦事處和派遣代表出席會議上去了。然而，理事會得以安慰的是，法國方面還可以出售剩下的四百張會員證。法國代表抱怨大會延期妨礙這運動的發展。法國工人們被拿破崙三世的警察政權所恐嚇，使他們不斷遭遇這樣的異議：先表現給我們看看你們能夠幹些什麼，然後我們才加入你們。

貝克和杜布雷報告的瑞士情形是很好的，雖然那裡的宣傳只進行了六個月。日內瓦有四百個會員，洛桑和沃韋（Vevey）各有五十個。規定會員每月繳納會費五十便士，但他們都自願加倍繳費，因爲他們認爲有支持理事會財務的必要。然而，瑞士代表沒帶錢來，但他們向會議提出慰籍性意見說倘若不必支付代表們到英國的旅費，倒是有大筆款項呈交理事會的。

在比利時的宣傳才進行了一個月，佩帕報告已經有六十個會員，而且一致通過會員每年繳納會費至少三法郎，以三分之一呈交理事會。

馬克思用理事會的名義提議：於一八六六年九月或十月在日內瓦舉行大會。大會地點是得到一致贊成的，但法國代表強力堅持日期必須提早到五月的最後一周，也要求凡持有「國際」會員證者都可以出席大會並有投票權，宣稱這是原則的問題，且是普遍參政權的眞實意義。經過一場熱烈爭論之後才通過了克里默和艾卡里爾斯所主張的，只限代表可出席大會。

理事會曾爲大會擬定了一個廣大的議事日程：合作勞動、縮短工時、女工和童工、工會的過去和將來、常備軍對工人階級利益的影響等等；但有兩點產生意見分歧，而其中之一並不是理事會提出的，而是由法國代表提出的。他們要求在議事日程中必須特別提出「宗教觀念及其對社會、政治和文化運動的影響」。

他們爲何提出這建議和馬克思對於它的態度，最好是引用幾個月之後馬克思所撰哀悼普魯東的文章中的幾句話，這文章發表於施韋策的《社會民主黨人報》，附帶一提，這是他對那刊物的唯一投稿：

> 普魯東攻擊宗教和教會等，是大有益於當時當地情形的，那時法國社會主義者們認爲必須證明他們的宗教性優於十八世紀資產階級伏爾泰主義（Voltairism）和十九世紀德國無神論。彼得大帝以野蠻主義擊敗俄國的野蠻主義，而普魯東盡其所長以文詞擊敗法式措詞。

英國代表也警告會議不要理會這「失和的蘋果」（apple of discord）④，但法國代表堅

---

④ 希臘神話，諸女神爲一金蘋果而致失和，鬥爭不息。

持，終於他們的動議以十八票對十三票通過。

關於議事日程所引起爭論的另一點，是理事會提出的處理歐洲政治問題，馬克思認為特別重要，就是「必須依照民族自決權在民主的和社會主義的基礎上，重建波蘭獨立以抵抗俄國日益增長對歐事物的影響力」。法國代表特別反對這一點：為什麼把政治問題和社會問題攪混在一起呢？為什麼當國內有如此多的壓迫要奮鬥時，要心有旁騖呢？為什麼當普、奧、英、法的政府的影響同樣擴大時，要那麼留心俄國政府的影響力呢？比利時代表佩帕的反對特別有勁，說波蘭獨立的恢復只有利於三個階級：高級貴族、低級貴族和牧師。

在這裡分明顯現了普魯東的影響。他一再反對波蘭獨立的恢復，最後一次是在一八六三年與波蘭叛亂有關的場合，正如馬克思在那哀悼辭中所坦白指出的，他對沙皇的得勢耽迷在一種白痴的犬儒主義。當時這叛亂曾喚起馬克思和恩格斯在革命的那幾年間對波蘭的一切原有支持；他們打算發表一篇討論這叛亂的聯合宣言，但這意願終究不曾實行。

他們對波蘭的支持確定不是無批判能力的。一八六三年四月二十一號恩格斯寫信給馬克思說：

> 我必須說明為一七七二年的波蘭人鼓起任何熱情需很厚的臉皮。當時大部分的歐洲貴族體面地延續著甚且帶有才智，雖然他們的一般準則還是認為唯物主義體現在講究吃、睡、賭，或勤勞所獲，但不像波蘭貴族那樣愚蠢地出賣自己給俄國人。

然而，在俄國本身沒有革命可能的期間，恢復波蘭獨立卻是箝制俄國勢力伸入歐洲的唯一方法，所以馬克思把波蘭叛亂所受的凶殘鎮壓和沙皇的同時進兵高加索視爲一八一五年以來歐洲的最重要事件。在《開場白》敘述無產階級的外交政策部分中，他最爲強調波蘭問題，因此托萊因、弗里堡等對這一點的阻撓，使他在許久以後提及他們的反對也還覺得痛苦。然而，由於英國代表的援助他終究破除了那反對，這一項目才得以列入議事日程。

會議在上午召開祕密會，由榮格擔任主席，晚間開半公開的集會，由奧哲爾爲主席。在祕密會議中經過澈底討論和通過的那些問題，到晚間又提到聽眾更多——主要是工人們——的集會中來討論。法國代表回到巴黎之後發表了有關會議擬定大會議事日程的報告，得到了巴黎報紙的熱烈回響。馬克思顯然得意地說：「我們的巴黎人士們業已略爲驚訝地發現，最引起轟動的正是他們想要刪除的有關俄國和波蘭的那幾節了吧。」許多年之後他還洋洋得意地回想法國著名歷史家馬丁（Henri Martin）特爲那幾節和大會議事日程而作的「那些熱情澎湃的評論」。

五、普奧戰爭

馬克思將時間和精力獻給「國際」運動有著討厭的結果：他謀生的力氣受到干擾，他的舊財務困難又再起了。

七月三十一號他不得不寫信給恩格斯說，過去兩個月他的家庭是靠當鋪維生的：

我向你保證我寧願割斷我的手指也不願寫這封信。半生必須過著依賴的生活，眞是一敗塗地。唯一聊以自慰的是你和我的夥伴關係，而我的任務是把時間用在理論和黨務上。現在我怕這住所實在超出我的能力，而這一年來我的生活也比往常稍稍好一點。但這是唯一的方法，使孩子們有機會建立對其未來或可提供某種保障的各種連繫，且不說這算是稍微補償他們所遭受的一切吧。我想你會贊同我的：即使完全以事業觀點而論，一種純然無產者的家庭生活狀況在此地是不適合的，雖然以我的妻子和我而論，或者倘若女兒們是男孩子，這還可以。

恩格斯立刻援助他的朋友，但僅爲勉強生存而有的種種細瑣的煩惱和困難又開始蹂躪馬克思和他的家屬，且一直如此持續了許多年。

幾個月之後，一八六五年十月五號布赫來信，提供馬克思一個賺錢的意外機會，且以最特別的方式。布赫曾以移居者住在倫敦，但這兩人並沒有什麼關係，確實不是朋友。甚至當布赫在流亡者的糾紛之中採取獨自立場，且加入厄克特派作爲後者的熱情支持者時，馬克思仍然對他保持著一種批評態度；但布赫曾對柏克海姆稱讚馬克思給福格特的答覆，且要給《綜合報》寫一篇評論它的文章；但並沒有這樣的評論文章出現，這是因爲布赫不曾寫或《綜合報》不肯發表呢？現在是不可考的。普魯士大赦之後布赫回到德國，而且在柏林和拉薩爾交了朋友。一八六二年他和拉薩爾到倫敦參觀大博覽會，由於後者的介紹才和馬克思熟識；馬克思稱他爲「聰明但有點糊塗的傢伙」，而且覺得他好像不贊成拉薩爾的「外交政策」。拉薩爾死後布赫任職於普魯士政府，所以馬克思在給恩格斯的信裡痛斥他和羅德貝圖斯：「一群可憐的草包，全是從柏林、布蘭登堡和波美拉尼亞來的烏合之眾！」

現在布赫來信說：

> 首先談談事務吧：《政府公報》（*Staatsanzeiger*）想要徵求一份每月報告，論述貨幣市場的變動（自然連帶著商品市場，畢竟兩者不能分離），問我能不能推薦任何人。我回答說據我所知沒有比你更適合這工作的了。所以他們要我和你接洽這件事。每篇的長度並無限制，愈是透澈和完備愈好。關於內容你當然只能遵照你的科學論證的指示。然而，爲了讀者（高等金融）而不是爲了編輯部，最好是讓事情的核心只有專家可看透，以避免一切爭論。

又說了幾句業務上的展望後，就提到他和拉薩爾的旅行，後者的結局對這寫信人始終是「心理上的謎」，然後又說他，馬克思必定知道這寫信人已經回歸到他的初戀，文卷檔。

我從來不贊成拉薩爾的意見，常常覺得他把事情的發展看得太快，超過眞實的情形。進步派在它滅亡之前還要蛻變好幾次，所以凡是想在活著的歲月中在國內工作的人都必須集合在政府周圍。

在問候馬克思夫人及致意年輕小姐，尤其是最年幼的一位後，這才用傳統的華麗詞藻結束：「服從你和尊敬你的僕人」。

馬克思拒絕了這項提案，但現在無法得知他究竟如何回答，和他對布赫的信究竟作何感想。接到那信之後他立刻去了曼徹斯特，無疑地，他和恩格斯在那討論過這件事，但在他們來往的書信中完全一字不提，就已知的信件中，只在馬克思給其他朋友的信中順便提到一下。十四年之後，當霍德爾和諾比林格的恐怖企圖⑤煽起了殘酷的反社會主義戰役時，馬克思才發表布赫的信，那效果像把一顆炸彈投入社會主義誘殺者的陣營中似的。那時布赫是柏林議會的祕書，且據他的半官方的傳記者敘述，在霍德爾和諾比林格暴行之後，最先提出的反社會主義法案就是他起草的，但被帝國議會否決了。

⑤ 一八七八年五月十一號，霍德爾（Max Hödel）謀刺德國皇帝威廉一世未成；同年六月二號諾比林格（Karl Nobiling）第二次謀刺亦未成。

從此以後，有關布赫的信是否出自俾斯麥想要收買馬克思就有許多議論，而至少這是確實的：在一八六五年秋季，加斯坦（Gastein）條約的簽訂並不能彌補與奧正在變壞的不和後，俾斯麥傾向於用他自己的狩獵比喻來說，「把願意吠的狗全都放出去」。俾斯麥自己是太過積重難返的東厄爾比亞土地貴族，不能像迪斯雷利（Disraeli）或甚至拿破崙三世似的結交工人階級，他對見過幾次的拉薩爾的種種可笑的想法就足夠使人明瞭他不能做這種事了。然而，在他身旁的隨從有兩個人是頗擅長處理這種微妙的問題的；這也就是布赫和瓦格納。是的，那時瓦格納正在盡其所長誘出德國工人階級運動，而且由哈茨菲爾特伯爵夫人的話看來他是成功了的。從三月革命前就作爲土地貴族派的思想領導者和俾斯麥的老朋友，瓦格納的地位是遠超過布赫的，後者卻只全靠俾斯麥的善心，因爲官僚派把他視爲一個可疑的闖入者，而國王則因一八四八年的事故不願和他有任何關連。總之，布赫是一個懦弱者，「一條沒有骨頭的魚」，如他的朋友羅德貝圖斯所說。

倘若布赫的信眞是出於收買馬克思的企圖，那確不是未經俾斯麥同意的，但可疑的是，是否確有這種企圖。在一八七八年反社會主義宣傳戰中馬克思使用這封信的方法是無可非難的，且是聰明的行動，但這甚至並未證明馬克思自己把這封信視爲出於收買他的企圖，更未證明這封信確有這企圖。布赫很清楚自從馬克思和施韋策鬧翻以來，德國拉薩爾派對他沒有好評，況且，每月一次的貨幣市場變動報告，登載在全德國最乏味的報紙上，很難作爲一種有效手段來安撫一般人對俾斯麥政策的不滿，更不用說要爭取工人來支持那種政策了。所以，在那種情形之下，從好意方面來解釋，大概可以說布赫推薦他流亡時代的老朋友給《政府公報》的審議官，是沒有任何隱密的政治動機，雖然或許以那審議官曾拒絕過一個曼徹斯特學派的代表爲條件。遭了馬克思的峻拒後，布赫才接洽杜林，後者同意擔任這工作，但不久就放棄了，因爲那《政府公報》的審議官顯然並無布赫向他擔保「尊重科學論證」的意思。

馬克思爲「國際」的積極工作和致力於他自己的科學著作，使他日益加劇的貧困，而更糟的是他的健康開始愈來愈壞了。一八六六年二月十號恩格斯寫信給他說：「你必須切實設法去除這癰疔……暫時停止夜間工作，過一種更有規律的生活。」二月十三號馬克思回信說：「昨天我的背骨又有一個惡瘡，生在左邊鼠蹊上。倘若我有足夠錢養家和完成我的著作，我就絕不介意今天或明天到廢料場，然而，情況如此，我必須在意。」一星期之後恩格斯接到這令人擔憂的通知：

這回眞是九死一生。我的家屬並不知道情況有多嚴重。倘若再照這樣發作三、四次我就是一個死人了。我消瘦得可怕，還覺得非常的虛弱，頭部不像腰部和腿部那麼厲害。醫生們自然是對的，他們說過度的夜間工作是復發的原因，但我不能告訴他們什麼事情逼迫我這樣過度，而縱然我能也於事無補。

然而，恩格斯一定要他給自己休息幾個星期，於是他到馬蓋特（Margate）去了。在馬蓋特他立刻恢復了精神，興高采烈地寫信給他的女兒勞拉說：

我眞高興我住在私人家裡而不住在旅館裡——在旅館裡就免不了當地的政治、本國的誹謗、鄰人的閒話等種種麻煩——但我還是不能唱〈迪河上的磨坊主〉（The Miller of the Dee）：我不管任何人而任何人也不管我。因爲這裡還有我的房東太太，聾得像柱子似的，還有她的女兒，正患著慢性嘶啞症。但她們都是好人，殷勤而不多管閒事。我已經變成一根逍遙的行杖。日間的大部分我都出去到空曠之地，到十點鐘就上床睡了。我什麼也不讀、少寫，逐漸把自己修練到佛家視爲喜樂圓滿的涅槃境界。

在這信上有一條開玩笑的注腳，顯然預示了將來的事：

拉法格（Lafargue）⑥那小魔鬼還在用他的普魯東主義來折磨我，我想除非我把一些見識敲進他的克里歐腦袋裡否則他是不會滿足的。

---

⑥拉法格（一八四二—一九一一）：法國社會主義者，馬克思女兒勞拉的丈夫。

當馬克思還在馬蓋特時，第一道閃電射穿了密布在德國上空的戰雲。四月八號俾斯麥和義大利締結了反奧攻守同盟，第二天他就向聯邦議會提出建議：必須以普遍參政權爲基礎召集德國國會來討論聯邦的改造以提交給德國政府。馬克思和恩格斯對這些事故所採取的態度，顯示了他們對德國情勢十分有隔閡。他們的判斷是游移不定的。關於俾斯麥召集德國國會的建議，恩格斯於四月十號寫道：

這傢伙必定是頭驢子，相信這無論如何總會有助於他的！倘若事情眞達到時機成熟，這是歷史上的首次，未來的發展就交由柏林的態度來定了。倘若柏林人們及時加以打擊，那麼事態的發展是有利的——但誰能夠信賴他們呢？

三天之後他又寫道，但這回具有異常清楚的先見：

德國資產階級似乎在稍稍抗拒之後就要贊同那建議（普選），因爲拿破崙主義到底是資產階級的眞正宗教。我開始更加明白資產階級是不宜於直接統治的，所以凡是沒有寡頭政治（如英國所存在的）願以資產階級利益進行統治，轉以自由爲報酬的國度，拿破崙式的半獨裁乃是資產階級統治的正常形式。這種形式即使反對資產階級，也支持資產階級的巨大物質利益，但拒絕後者在政府分一杯羹。另一方面，這樣的獨裁制，自身

> 被迫違反其意志來推進資產階級物質利益，所以現在我們看見俾斯麥先生採取了國家協會的綱領。自然，執行它又完全是另一回事，但他似乎是不會因爲德國資產階級的緣故而失敗的。

恩格斯認爲俾斯麥將因爲奧國軍隊而失敗。貝內德克（Benedek）無論如何是比卡爾（Frederick Karl）親王更好的統帥。奧國的力量足以強迫普魯士求和，但普魯士的力量並不足以迫使奧國如此，所以普魯士所能得到的成功無非是邀請拿破崙三世出來干涉。

馬克思在給他的新朋友，漢諾威的庫格曼博士（Dr. Kugelmann）的信裡對時局也說了大略相同的話。在一八四八年，庫格曼還是少年時，他就已是馬克思和恩格斯的熱忱擁護者，留心收集他們的著作，直到一八六二年，多虧弗萊里格拉特的介紹，他才認識馬克思，而不久就成爲他的親信之一。

馬克思在所有軍事問題上絕對聽信恩格斯的判斷，且不加批評在他確是異常的事。比起過於高估奧國軍，更令人訝異的是恩格斯對普魯士軍隊狀況的意見。因爲他才剛評論過普魯士的軍隊改革——普國立憲衝突的原因——而且在這文章裡他顯現了比資產階級民主派滔滔不絕的政客更爲高遠的洞見。三月二十五號他寫道：

> 倘若奧國有足夠聰明不採取攻勢，那麼普魯士軍中的變亂確是要爆發的。在這次動

員中兵士們所表現的反叛心理是前所未有的。可惜我們只聽到事故眞相的一小部分，但甚至這一點也足以表明這樣的軍隊是不能進行攻勢戰爭的。

六月十一號他寫道：

在這次戰爭中普魯士後備軍的危險正如波蘭人在一八〇六年一樣：他們占了全軍的三分之一以上而且破壞了各種紀律，唯一不同之處只是這次後備軍並不解散於戰敗之後，而是要叛亂的。

這是在柯尼格雷茲（Königgrätz）⑦決戰之前三星期所寫的。柯尼格雷茲立刻消除了這一切誤解，這一戰之後恩格斯寫道：

你以爲那些普魯士人怎樣呢？他們使用無比的能量乘勝追擊了。在八小時之內打了這樣的決戰眞是無比的成功；在另一種情形之下這是要打到兩天的，但針擊槍是一種致

⑦ 一八六六年七月三號奧軍被普軍擊敗於此。

命武器，所以那些傢伙是以和平時期少有的英勇來戰鬥的。

馬克思和恩格斯也會犯錯，且經常犯錯，但當事實擺在眼前時，他們從不拒絕承認錯誤。普魯士的勝利對他們是一種難以下咽的丸藥，但他們並沒有諱疾忌醫的打算，七月二十五號恩格斯還握著這問題的指導權，把當時的局勢綜述如下：

德國的情形現在我覺得十分明朗了。從俾斯麥以普魯士軍執行他的計畫而帶來如此特殊的成功起，德國的發展在他的領導之下是具有這樣既定的趨勢的：像其他每個人一樣，我們現在必須承認這些既成事實，無論我們喜歡或不喜歡。……這種情形至少有一個好處，就是它使時局更加分明，藉由掃除小資產者的喧鬧而使革命更容易些，這無論如何將加速局勢的發展。總之，德國國會是和普魯士議會完全不同的。整個小邦國的獨立主義將被捲進這運動，最惡劣的地方勢力將被摧毀，而且各政黨將從僅是地方性成爲眞正全國性。

兩天之後馬克思沉著而且乾脆地回答道：「我完全贊同你的意見，我們必須接受目前這團糟。不過，在初戀時期有所距離倒是快活的。」

同時恩格斯寫道：「李卜克內西兄弟奮勇自投於盲信的親奧主義裡面」，他並不意指稱讚。李卜克內西顯然已經引起萊比錫方面的「暴怒」——出現在《法蘭克福報》上。這「弒君」的報紙甚至調整方針到，責備普魯士薄待「黑森的高貴親王」，而且它懷念那可憐的瞎子格爾弗（Guelph）⑧云云。同時柏林的施韋策採取了與馬克思和恩格斯相同的態度，幾乎連字句都相同，而且爲了這「機會主義的政策」這不幸之人，仍對那些矢志相信馬克思和恩格斯卻並不理解他們的食古不化「政治家們」的道德責難，記憶如新。

六、日內瓦大會

無論原來的計畫如何，當柯尼格雷茲之戰決定了德國命運之時，「國際」第一次代表大會並未舉行。大會必須延期到九月，雖然這組織存在的第二年比第一年已有了許多更快的進步。

日內瓦已經開始發展爲這運動在歐陸最重要的中心，而且德籍瑞士支部和法、義籍瑞士支部都已建立了機關刊物。德籍瑞士支部發行的是《先兆》（*Der Vorbote*）月刊，由老革命家貝克編輯，即使在今日其專欄也可以算是有關「第一國際」最重要資料之一。它的第一

⑧ 教皇黨：第十二、三世紀義大利之黨派，爲羅馬教皇之黨羽，反對德意志皇帝者。

號出版於一八六六年一月，自稱爲「德語系的中央機關」，因爲「國際」的德國分子也把日內瓦視爲他們的中心地，這是由於德國法律禁止成立特種的德國派別，而爲了這同一理由在日內瓦的法、義籍瑞士支部其影響也伸進法國。

比利時的「國際」運動也發行了它自己的機關報，叫作《人民論壇報》（*Le Tribune du Peuple*），且馬克思承認它和日內瓦的那兩份報紙同樣是「國際」的正式機關，但不承認巴黎所發行的一兩家代表工人宗旨的報紙，爲「國際」的正式代言機關。「國際」的宗旨在法國也很有進步，但它更像是掃過餘株的閃火而不是穩定的烈焰。因爲完全沒有言論和集會的自由權，要建立這運動的眞正中心是困難的，而且拿破崙派的含糊通融政策只是逐漸削弱工人的能量而非鼓勵它。再來，普魯東主義的支配勢力是不利於工人階級組織力量的任何發展的。

「青年法蘭西」，布魯塞爾和倫敦的法國流亡者這樣自稱，製造了許多吵鬧和麻煩。一八六六年二月設立於倫敦的「國際」的法國支部，激烈反對理事會把波蘭問題列入大會議事日程之中。在普魯東主義影響之下法國代表們質問：當俄國解散農奴而波蘭貴族和教士頑固地拒絕這樣做時，怎麼可能有人想到要藉由恢復波蘭的獨立以反抗俄國勢力呢？而且在普奧戰爭爆發之時「國際」的法國成員以馬克思所謂「普魯東化的施蒂納主義」造成理事會一大麻煩。他們宣稱作爲一種觀念，「民族」是陳腐的。許多民族必須分解爲小「團體」，然後成爲一種「聯合」以代替國家。

而且這種人道的「個體化」和與此相應的「互助主義」向前進展時，一切國家其歷史就會順理成章結束，於是全世界都要等待著那些個體成熟來製造一次社會革命。它們要實行這種實驗，於是世界餘下部分都會被它們的模範力量所席捲，就會起來照做了。

這一番譏諷是針對馬克思的「很好的朋友」拉法格和龍格（Longuet）的，這兩人後來都成爲他的女婿，但那時他們卻是可厭的「普魯東的使徒」。

馬克思很滿意的是「國際」的主力還是在於英國工會，在一八六六年一月十五號寫給庫格曼的信裡，他表示欣喜於這事實：已經能夠把這些唯一眞正工人階級的巨大組織引入運動裡來了。他尤其欣喜於數星期之前在「國際」精神領導之下在聖馬丁堂舉行的擁護參政權改革大會。一八六六年三月格拉斯頓（Gladstone）民權黨內閣提出選舉改革法案，但這法案對格拉斯頓自己的黨某一派顯然太過激進，以致這一派跑到保守黨方而使內閣傾覆，由迪斯雷利（Disraeli）起而代之任首相組織保守黨內閣。當迪斯雷利企圖無限拖延選舉法改革的問題時，修法運動卻愈漸猛烈起來。七月七號馬克思寫信給恩格斯說：

倫敦的工人示威，比之自一八四九年以來我們在英國所看見的任何事物都更爲奇觀，完全是「國際」的業績。例如，特拉法加（Trafalgar）廣場的示威領袖盧克拉夫特（Lucraft）便是我們的理事會會員。

在特拉法加廣場的兩萬人大會中盧克拉夫特提議到白廳（Whitehall）公園去示威，「在那裡我們曾斬掉一個國王的頭顱」，而不久之後海德（Hyde）公園的六萬人大示威幾乎釀成一場叛亂。

工會都自發承認「國際」推動了這風靡全國的運動的貢獻，而且在謝菲爾德（Sheffield）銀行的各大工會代表會議中通過了一個議決案：「本會充分承認國際工人協會增進各國工人之間親愛團結的功勞，並且亟力推薦出席本會的各社團愼重加入該協會，相信這種加入對整個工人階級的福利和進步是具有重要性的。」結果許多工會都加入「國際」，但這種政治和道德的大成功並未產生相應的物質利益。繳多少會費或竟不繳是完全聽任工會自行決定的，而且當它們決定繳費時那數額是極其有限的，例如，五千個鞋匠會員每年繳會費五鎊，九千個木匠會員每年兩鎊，三至四千個製磚工匠會員每年只繳一鎊。

然而，馬克思不久就不得不承認「一切英國的運動中該死的傳統特性」也顯現在這次改革運動裡面。在「國際」成立以前，工會爲了改革運動，曾接近資產階級激進派，而這運動愈有明確的成果，那接近就愈密切。例如，「分期付款」，在從前是憤然拒絕的，現在在這鬥爭中卻好像是可以接受的獎品似的。馬克思緬懷大憲章派的熱烈精神，並深深嘆息英國人沒有同時做兩件事的才能，指出改革運動愈進展，工會領袖對「我們自己的運動」就愈冷淡，而且「在英國我們所發動的改革運動幾乎殺掉我們了」。阻止這種傾向發展的強大防波堤已經被移去，因爲馬克思患病和休養於馬蓋特，不能親自干預。

《工人主張》（*The Workman's Advocate*）週報——經一八六五年會議提升爲「國際」的正式機關報，於一八六六年二月改名爲《共和政治》（*The Commonwealth*）⑨——造成馬克思許多麻煩和苦惱。他是這報紙的經營管理之一員，而它迫於財務困難不能不依賴資產階級選舉法改革派的幫助。他曾經竭力抵消這資產階級的影響，同時必須調解由編輯工作所引起的生怕出錯的爭論。某個時期艾卡里爾斯是這報紙的編輯，曾在它上面發表過他反對約翰・彌爾的有名論辯⑩。在他寫這著作時馬克思給過他許多幫助。然而，馬克思到底不能阻止《共和政治》墮落爲「當時改革運動的純然機關報……一半因爲經濟的緣故，一半因政治的理由」，如他寫信給庫格曼所說。

這情形完全說明了爲什麼他對即將來臨的「國際」大會懷抱種種戰戰兢兢的疑慮，怕它會「使歐洲人笑話我們」。法國會員堅持應遵守理事會五月舉行大會的決定，因此馬克思想到巴黎去說服他們這時期的不可能，但恩格斯說這事情不值得去冒著落在拿破崙三世的警察手裡的危險，在巴黎馬克思是毫無保護的。而且大會能否通過有價值的決定，並不如避免公開誹謗那麼重要，這種誹謗無論如何是可能的。當然，在某種意義上——至少對他們

⑨ 自一六四九年英王查理一世被斬首後，至一六五九年間由克倫威爾執政，號稱共和政府。

⑩ 《一個工人駁斥彌爾》（*A Workingman's Refutation of J. S. Mill*）。

自己——凡是發生這種展露都要算是一種失敗，但這失敗不一定就是讓歐洲人笑話他們的失敗。

這問題終於由日內瓦組織解決了，因爲它還不曾完成大會的各種準備，所以決定延期到九月間，且除了巴黎以外，這決定得到了各地的贊同。馬克思不打算出席大會，因爲他的科學著作再不容許任何大量的干擾，他認爲他正在做的事比他出席大會所能做的任何事對勞工階級都更爲重要，且他已經用盡很多時間爲大會保證最佳可能的後援。他替倫敦代表擬定一個備忘錄，悉心限制在以下各點：「使工人之間直接合作和理解，以致力於階級鬥爭和作爲工人階級組織的當前需要。」這備忘錄是配得上比斯利（Beesly）教授稱頌《開場白》那樣的評語的：在幾頁之內它扼要地綜述了國際無產階級的當前要求，比以前任何文件更透澈和更顯著。

理事會會長奧哲爾和祕書長克里默代表理事會到日內瓦去，同行的是艾卡里爾斯和榮格，後兩人是馬克思所信賴的。

大會在九月三號至八號舉行，在榮格主持之下，出席的代表共有六十人。馬克思認爲大會的進行「比我所期望的更好」，但他惡毒的不滿「從巴黎來的紳士們」，說他們的頭腦裡：

> 充滿了最空虛的普魯東主義的語詞，他們喋喋不休提到科學卻完全無知。他們嘲罵

一切革命行動，也就是說，由階段鬥爭而引起的行動和一切集結中的社會運動，即要用政治手段來實行的運動（例如，由立法限制工作日）。在自由和反統治或反權威的個人主義的藉口之下這些紳士——已經溫順地容忍了最盲目的專制主義十六年之久而且還在容忍著——確實在宣揚一種由普魯東主義稍稍加以理想化的資產階級的庸俗經濟體系。

而且還有比這更酷烈的用語。

馬克思的評判是嚴厲的，但幾年之後貝克——出席大會的最前進的代表之一——說到會議的混亂現象更為苛譴，除了他顧及法國人而不忘記德國人，或因為普魯東主義而支持舒爾茨－德里奇以外：「對這些好人我們耗費過多的恭敬禮儀，周到地避免他們的熱情隨著代表大會一同逃跑。」那時發表在《先兆》上的大會討論紀錄是用另一種情調寫成的，我們必須以所有警覺的批評機能閱讀它們。

法國代表在大會中是相當有力的，他們控制著大約三分之一的委託權。結果他們並沒有多大結論，然而他們毫不吝於雄辯。他們提議只有體力勞動者才能被視為「國際」的會員，其他人們全都應該排出會外，這是被否決了的；他們又提議在大會議程上處理宗教問題，這被峻拒標誌著這失敗的終結。另一方面，他們提議的召集「國際」貸款研究卻通過了，這是完全無害的。研究的目的是準備將來循普魯東路線建立「國際」中央銀行。更為不愉快的是大會通過托萊因和弗里堡提出的決議案：婦女勞動算是一種「敗德之道」，婦女應該待在家庭。然而，這議案甚至被其他法國代表瓦爾蘭等所反對，而它的通過是合併在實足以打消它的由理事會所提的女工童工案裡面的。法國代表們的另一成功是偷渡了一小點普魯東主義在各個決議案裡面，但，雖然這些汙點損傷馬克思的勞心之作而使他懊惱，他並沒不承認這大會總體而言是令人滿意的。

只有一點挫折對他或許是痛苦的事，那就是關於波蘭的問題。鑒於倫敦會議的經驗，他曾小心地把這問題解說在他替倫敦代表起草的備忘錄裡面。他說歐洲工人階級必須注意這問題，因爲統治階級姑不論如何誇張熱心於各類民族性，都壓制著這問題，也因爲貴族和資產階級都把那威脅性的亞洲強權視爲對抗新興工人階級的最後壁壘。只有在民主的基礎上恢復波蘭的獨立才能抑制這種強權。德國是否還要做神聖同盟的前哨或成爲共和法國的盟友都要以這問題的解決而定。當這歐洲大問題未解決時，工人階級運動在它的發展中是要繼續受阻礙、牽制及中斷的。

英國代表竭力支持這提案，但法國代表和一部分法、義籍的瑞士代表卻同樣竭力反對它。結果，貝克——曾支持這提案，但急於避免因此而分裂——提出一種妥協的辦法：該會反對任何形式的暴力統治，因此努力於剷除俄羅斯帝國主義在歐洲的勢力，並將努力於以社會民主爲基礎恢復波蘭獨立。這逃避的解方被通過了。除此之外，英國代表的備忘錄是完全優勝的。《國際工人協會臨時會規》經過一、二處修改也被採取了，而關於《國際工人協會開場白》毫無爭論——從此之後這《開場白》在「國際」的決議和文告中一直被徵引爲一種基本的正式文獻。

大會重新指定理事會的地址在倫敦，負責蒐集全世界工人階級狀況的詳細統計，在資力許可下經常發表一切有關「國際」利益事項的各種報告。因為籌集上述事項的必需基金，大會決議徵收每一會員三十生丁作為明年的經費，並規定在照繳會員費以外，全體會員必須繳納半便士或一便士的經常年費。

大會最重要的政綱公告是有關勞工保護法和工會組織法立法的議決。它通過了爭取勞工保護法的原則，並且指出：「工人階級迫使政府採取這些法律並不是要鞏固統治階級的權力，正好相反，它將把現在用以反對它的那種權力變為它自己的工具。」有了這種一般立法，它就能夠獲得孤立的及個別的努力所不能獲得的權利。大會主張縮短工作時間為必要條件，沒有這種條件，無產階級解放鬥爭的其他一切努力都必然歸於失敗。縮短工作時間是必要的，因為要恢復工人們的體能和健康，且給予他們智力發展和從事交際及社會和政治活動的可能。大會主張以每日八小時為法定最高工作時間，在工作時間內必須規定實際之工作時間及合理的吃飯前後休息。這種每日八小時的最高工作時間必須適用於十八歲以上的成年男女工人。在原則上，夜間工作被指責為危害工人健康，倘有必不可免的例外，則須由法律加以規定。女工必須嚴格免除夜工和一切有損女性體質及有違女性道德的工作。

大會認為近代工業把兒童及年輕兩性引入社會生產過程的趨勢是受歡迎而正當的進步，雖然它指責資本主義社會中所實施的那種引入方式為可憎的。它說在一切合理的社會制度之中，各個兒童自九歲起都將成爲具生產性的工人，同時沒有一個成人可以自外於要吃飯必先工作的自然法則，再者，所有人都必須不但用腦勞動，也必須用手勞動。在現行社會制度之中最好是把兒童和年輕人分爲三級，分別待遇：九至十三歲一級，十三至十五歲一級，十五至十七歲一級。第一級工作時間每日不得超過兩小時，無論在家內或廠內；第二級不得超過四小時；第三級不得超過六小時——並且從中劃出一小時來吃飯和遊戲。兒童和年輕人方面的生產勞動必須只限於與教育訓練相結合的工作：包括體育、智育和技術訓練，使他們獲得一切生產過程中的一般科學原理的指導，同時使他們熟悉簡單工具的實際應用。

大會決議工會活動不但是正當的而且是必要的。工會是無產階級以其數量眾多之唯一社會權力來反對資本主義集中的社會權力，而且當資本主義生產方式存在時，沒有工會就不能有所作爲。反過來說，工會必須建立國際聯繫使其活動普遍化。由於自覺地反對資本主義的無限擴大，工會將不自覺地成爲工人階級的組織中心，正如中古的行會成爲新興的資產階級的組織中心一樣。在執行勞資之間的每日鬥爭的不息游擊戰之中，工會更重要的作用是它將成爲有組織廢除工資勞動的一種槓桿。在過去，工會的活動太過專限於反資本家的直接鬥爭，但在將來工會不應該遠離工人階級的一般性政治和社會運動。工會的勢力將增強到這程度：工人大眾都認識工會的目的不是狹隘自私的，而是要指向確保被踐踏的千萬人的普遍解放。

日內瓦大會結束不久之後，馬克思，依照上述議決案的精神，採取了他希望由此成就大事的一步驟。一八六六年十月十三號他寫信給庫格曼說：「倫敦總工會（它的祕書是我們的會長奧哲爾）正在研究一項提案，要使它自稱爲『國際』的英國支部。倘若它採納了這提案，我們將取得統率工人階級的權力而且能夠把這運動更有效地推向前去。」然而，總工會並未接受這提案，它決定維持其組織的獨立而對「國際」盡力友好；而倘若那些工會運動的歷史家們的話沒錯，它甚至拒絕「國際」派代表出席其會議以儘速報告歐陸上的一切罷工和勞工糾紛。

甚至在初成立的那幾年間，「國際」的領導者們就已看到將來會有大的成功，但也看到這些成功有其一定的限度。然而，那時這運動已經值得慶賀它自己的成功了，而馬克思在他的偉大著作——那時將近完成了——之中快活地滿足敘述著：與日內瓦大會同時舉行的美國工人的巴爾的摩大會，也已宣布每日工作八小時爲工人們的第一要求，說這是在勞動者完全從資本主義枷鎖解放出來的途中必須達成的事。

他說，只要黑人勞動者還烙印著惡名時，白人勞動者是絕不能完成它自身的解放的，廢除奴隸制的美國內戰的初次收成卻煽起了八小時工作制的運動，這運動以近代火車頭的七里格靴（the seven-league boots）⑪從大西洋跑到太平洋，從新英格蘭跑到加利福尼亞了。

⑪ 出自歐洲民間傳說，可賦予穿著之人極快步伐的靴子。

第十二章　《資本論》

一、產前劇痛

因爲完成他的主要著作——直到此刻他認爲他先前做成的不過是些小的事情——似乎比他出席日內瓦大會所能做的任何事對工人運動都更爲重要，所以他拒絕出席，而從事於修改《資本論》第一卷，使它成爲最後定稿。這修改工作開始於一八六六年一月一號，當初進行得很快，因爲「經如此多次劇痛之後我自然是樂於舐淨這小仔的」。

這產前陣痛經歷了自然生產一個人所需月分的大約兩倍年分，且馬克思說得合理：或許從來沒有哪種著作寫成於比這更困難的情境之下。他曾經一再限定完成它的時間。在一八五一年是「五個星期」，在一八五九年是「六個星期」，然而種種限期都被忽視了，因爲他無情的自我批評和極其強大的忠於職責感持續驅策他去作做新的調研，即使他最好的朋友加以最不耐煩的勸戒也不能動搖他。

一八六五年底這著作寫完了，但一大堆草稿除了他自己以外誰也不願付印，甚至恩格斯也不願。自一八六六年一月至一八六七年三月間，馬克思才把《資本論》第一卷修改成今日我們所看見的這種古典形式，從浩瀚的材料中淬鍊成「完整的藝術品」。這是生動見證他卓絕的工作能力的偉績，因爲在修改它的一年又三個月之中，他是被慢性疾病甚或眞正的險症折磨著的，如一八六六年二月的那一次，被債務累積到壓倒他的地步，及籌備「國際」的日內瓦大會所帶給他的不少煩心事。

一八六六年十一月，手稿的第一批寄到漢堡的民主文學出版商邁斯納（Otto Meissner），這人此前發行過恩格斯論普魯士軍事問題的小著作。一八六七年四月馬克思親自把其餘的手稿帶到漢堡去，且發現邁斯納是一個「高雅的人」。簡短的協商就解決了一切安排。馬克思很想留在德國等待看過從出版此書的萊比錫送來的初校校樣，因此他到漢諾威去訪問他的朋友庫格曼，在那裡受了最殷勤的款待。他和庫格曼及其家屬度過了很愉快的幾個星期，後來他提到這時期說是「在人生的荒漠中最幸福和最愜意的綠洲之一」。

他的好心情確是由這事實而提高了的：他受到漢諾威知識界的尊重和同情，這是他不常從這方面的人獲得的待遇；四月二十四號他寫信給恩格斯說：「你知道嗎，在這些『有教養的資產階級』裡面，我倆有著比我們想像中更好得多的聲譽。」四月二十七號恩格斯回信說：

> 我常常覺得花了你那麼長久時間的那部該死的書，是你一切不幸的眞正原因，當你還未擺脫它時你是不能克服那些不幸的。它的未完成拖壞了你的身體、智力和財務，所以我很了解現在你覺得你完全是另一個人了，因爲你終於從它解脫；尤其是當你回到這世界裡來，覺得世界已經完全不像從前那麼鬱悶時。

說到恩格斯，他希望不久就能把自己從「這混帳行業」中解放出來，因爲當他深陷在它裡面時他是不能做任何有價值的事的，且現在他已成爲公司的合夥人，由於其責任加重，情形更加不堪了。

五月七號馬克思寫道：

我懇切期望和堅信今年年底我能夠成爲一個成功者，至少是在這意義上：我希望我能夠澈底改善我的財務狀況並終於自立。沒有你，我是絕不可能完成我的著作，我時常覺得這在我的良心上是一種重負：爲了我的緣故，你不得不把你的卓越才能浪費在商業事務上以至退化，而且在此之上，你還不得不分擔我一切不幸的憂慮。

其實，在那一年年底或任何時候，馬克思都並未成爲「一個成功者」，而恩格斯不得不再操勞幾年，但那地平線究竟開朗了一點了。

在漢諾威時，馬克思終於用一封信償清了一筆積欠已久的債務，債主是他的一個支持者，名叫齊格菲．邁爾的礦業工程師，這人一直住在柏林，但就要移民美國。他的這種做法又提供了一個他「無情」的明例：

你必定很瞧不起我，當我告訴你，你的那幾封信不僅使我很愉快，在我困苦時期收到它們是一種很大安慰時，還要更瞧不起。知道一位高原則的能人確已被我們黨所爭取到，對我是大有安慰的。而你的那幾封信都表達對我個人的溫厚友情，你必定知道長久持續和世界（官方的世界）苦鬥的人並不看輕這種事情。那麼，你將問，我爲什麼不回答你呢？因爲我一直徘徊在墳墓的邊緣上，不得不利用我適於工作的每一分鐘來完成我的書，爲了它我已犧牲了我的健康、我的幸福和我的家族。我希望這種解釋不須再加擴充。我不得不笑那些所謂「實際的」人們和他們的智慧。倘若人有著像公牛似的一層皮革，自然可以轉身背對著人類的苦患而只顧自己，但倘若我未完成我的書，至少是寫完手稿，我就死去，我理應把自己視爲不實際的。

在漢諾威心情舒暢的時日，馬克思十分認眞看待這件事：一個他素不認識的名叫瓦尼鮑爾特（Warnebold）的律師來告訴他傳聞的消息說，俾斯麥想要爲德國人民爭取他和他的大才能。馬克思當然毫不受這提議的誘惑，且他確實贊同恩格斯的話：「這是那傢伙的智力眼界的典型想法，他是以他自己來評判每個人的。」但在冷靜的平時心情，馬克思很難接受瓦尼鮑爾特的表面之詞，因爲北德聯盟還未完成，且爲盧森堡事件對法戰爭是難於防止的。俾斯麥並不會冒昧起用《共產黨宣言》的作者而結怨資產階級，因爲資產階級才剛傾向他這一方，甚至還側目注視著他的僚屬如布赫和瓦格納之流。

在回到倫敦的旅途中，馬克思有過一件逸事，不是關於俾斯麥的，而是關於俾斯麥的一個親屬，而且他用某種興奮之情把這事寫信給庫格曼。在船上有一個德國女子——因爲她筆直近乎軍人的姿態引起他的注意——詢問他關於在倫敦轉接火車的資訊。結果，她必須等待幾小時才能離開，馬克思就殷勤陪伴她度過這一段時間，帶她到海德公園去散步：

她的名字是普提卡默（Von Puttkamer），她是俾斯麥的姪女，曾經在柏林和俾斯麥住過幾個星期。她對整個軍隊事物瞭如指掌，因爲她的家族慷慨供給我們的軍隊那種帶勛章的蜂腰紳士。她是一個快活和很有教養的女子，但貴族氣味和黑白色彩①浸透了骨髓。當她知道她是落在「赤色分子」的手裡時她相當吃驚。

然而，這位小姐並未因此而失去她的好心情，而在一封漂亮的小信札中，她對她的騎士表達了「少女似的尊敬」和「衷心銘感」，因爲他肯擔負「這樣毫無經驗的生物」的一切麻煩。而她的父母也寫感謝信給他告知他們何等欣喜地知道人還能在旅途中遇見好人呀。

到了倫敦，馬克思校正了他的書的校樣，但這時也還免不了撿字工拖延的一些偶然惡習，一八六七年八月十六號早晨兩點鐘他寫信給恩格斯說最後校樣才剛校好：

---

① 普魯士國徽顏色。

> 於是這一卷現在完工了。我必須感謝你，就只因爲有你它才成爲可能。沒有你爲我的犧牲，我絕不能寫成這樣巨大的三卷著作。我以衷心的感謝擁抱你。祝好，我的親愛的朋友。

二、第一卷

馬克思的書的第一章又綜述了一八五九年他寫在《政治經濟體批判》裡的有關商品和貨幣的性質。這並不單是爲求完備的緣故，也因爲即使聰明的讀者也往往不能充分掌握他的那些觀念，以致他認爲關於表達它們的方法，尤其是有關商品性質的分析，他必然有所錯誤。

德國教授級泰斗確實是不能算在他的聰明的讀者之列，而且他們特別詛咒第一章的「複雜的神祕主義」。

> 初看商品似乎是一件容易明白的平常事物。但一經分析就知道它眞是很反常的東西，充滿了形而上的不可思議和神學的祕訣。以它是一種使用價值而論，並無神祕之處……當我們把木頭造成桌子時，木頭的形式改變了；不過桌子仍然還是木頭，一件正

常可以感覺的物。然而它一旦成爲商品，它就成爲雖然可以感覺卻也是超自然的物了。它不但以四隻腳穩立在地上，但相對其他商品，它處於顚倒的立場，而且它的木製頭腦裡發展出比它沒有人力作用卻自動跳起舞來更要古怪的行爲。

這種議論被那些即興推出形而上的不可思議和神學的雙關語，卻絕不會生產如桌子或任何一般實物的蠢材，認爲是失當的。

單就文學觀點而論，《資本論》第一章是馬克思寫過最精美的作品之一。討論了商品之後他進而說明貨幣如何轉成資本。倘若在商品流通中同等價值交換同等價值，那麼有錢人如何能夠照商品的價值買進，又照商品的價值賣出卻收到比其付出更高的賣價呢？他能夠如此是因爲在現行社會關係之下他發現商品市場上有一種特殊性質的商品：它的消費是一種新價值的泉源。這種商品便是勞動力。

它存在於活的工人的形體之中——工人必需一定數量的糧食來維持他的生活和他家屬的生活；維持後者是保證活的勞動力在他死後能永存。生產這數量的糧食等所必需的勞動時間，代表勞動力的價值。然而，這價值——以工資的形式給付——遠低於勞動力購買者所能從勞動力榨取得的價值。超過換取工資所代表的價值所必需的勞動時間之工人的剩餘勞動，便是剩餘價值的泉源，資本不斷成長中累積的泉源。工人的這種無償勞動，分配於社會的一切非勞動的成員之中，我們現在生活於其中的整個社會制度便是奠基在這上面的。

無償勞動自身確實不是近代資產社會專屬的特徵。自有產階級與無產階級存在以來，後者歷來必須執行無償勞動。當社會的一階層擁有生產手段的壟斷時，工人，不論是自由的或不自由的，都必須爲生產資料擁有者工作超過爲他自己維生糧食等所必需的時間。工資勞動不過是無償勞動制度——自從社會劃分階級以來早已存在了——的一種特殊歷史形式，而且倘若要正確地理解它就必須予以這樣的檢驗。

因爲要使他的貨幣轉成資本，有錢人必須在市場上尋求自由的工人們，這自由有雙重意義：第一他們可以自由把他們自己的勞動力當作一件商品來處理，第二他們沒有其他商品要處理，自由的意義在於他們沒擁有獨立運用他們的勞動力所必需的手段。這種關係在大自然法則上是沒有根據的，因爲大自然並不在一方面產生商品和貨幣的擁有者，而在另一方面產生那些除擁有勞動力外一無所有的人。這種關係更非通行於歷史一切時代的一種社會關係，而只是長期的歷史發展的結果，許多經濟變革的產物，和從前一系列各種社會生產形式衰落和消失的產物。

商品生產是資本的起點。商品生產、商品流通和發展起來的商品流通、貿易，構成了資本發展的歷史條件。近代資本的歷史起始於十六世紀的近代世界貿易和近代世界市場的創立。庸俗的經濟學者們妄想從前有一批勤勞的精英積蓄財富，而多數毫無出息的懶人們則終究除出賣體力外無物可賣：這是胡說八道。又有一班資產階級的歷史學家把封建生產方式的衰亡解釋爲工人的解放，但並不同時把這解釋爲封建生產方式發展爲資本主義生產方式；這雖然比較開明一點，也不比那胡說更好。工人固然由此不從屬於像奴隸和農奴般生產手段的範疇，但也由此不能保有生產手段像農民和工匠人一樣爲自己而工作。

人民大眾被剝奪了土地、食物以及生產手段，全是由於一系列野蠻橫暴的方法——馬克思根據英國歷史詳細敘述在〈論原始積累〉一章裡。資本主義生產方式所需要的自由工人是在這種情形之下創造出來的。資本是從每一毛細孔中滲出來的血汗問世，它一旦能夠立足它就不但維持工人離開運用他的勞動力所必需的生產手段，且反覆持續擴大這分離的範圍。

工資勞動和無償勞動的以前各種形式不同，因爲它是生成於這事實：資本的運動是無窮盡的，它對剩餘勞動的貪欲是永不飽足的。在商品的使用價值比它的交換價值更爲重要的社會裡，剩餘勞動被限制於或大或小的需要範圍之內，且這種生產形式的性質並不至於造成對剩餘勞動的無限需求。在商品的交換價值比它的使用價值更爲重要的社會裡，情形就不同了。作爲利用外在勞動力的生產者、作爲剩餘勞動的榨取者和勞動力的剝削者，資本，在能量、無情而又有效之點上，是勝過以前一切立基於直接強迫勞動的生產方式的。對於資本重要的並不是勞動過程，並不是使用價值的生產，而是利用過程，即交換價值的生產——資本可以從其中榨取大於其投入的價值。對於剩餘價值的需求是不會知足的。交換價值的生產，並沒有像由滿足直接需要所劃給使用價值的生產的那種限度。

正如商品是使用價值與交換價值的結合體一樣，商品生產過程也是勞動過程與價值創造過程的結合體。價值創造過程持續到工資所支付的勞動力價值爲同量價值所抵償之點，超過這一點它就發展爲生產剩餘價值過程，即利用過程。作爲勞動過程與利用過程的結合體它就成爲資本主義生產過程，即商品生產的資本主義形式。在勞動過程中勞動力與生產手段是一起工作的。在利用過程中同一資本的構成要素呈現出固定資本和可變資本。固定資本在生產過程中轉成爲生產手段、原材料、副料和生產工具，而並未改變它的價值。可變資本在生產過程中轉爲勞動力，且它的價值改變了：它再生產它自身的價值，然後生產超過這價值以上的剩餘物，即可因環境而變更其數量及大些或小些的剩餘價值。馬克思就此指示了檢驗剩餘價值的方法，它顯現爲兩種形式：相對和絕對的剩餘價值。這兩種剩餘價值在資本主義生產方式的歷史上扮演著各不相同卻具決定性的任務。

絕對剩餘價值，產自資本家使工人工作到超過其勞動力的再生產所需的時間時。倘若資本家有辦法的話，他是願意把每一工作日延長到二十四小時的，因爲工作日愈長它生產的剩餘價值就愈多。在另一方面，工人有充分理由感覺到：他被迫工作到超過再生產其工資所需的每一小時勞動時間，都是不當地榨取他的，且他必須把自己的健康耗損於過度的勞動時間。資本家與工人之間爲工作日的長度而鬥爭，是從歷史上初次有自由工人出現在市場上那一天就開始了，且一直綿延到今日。資本家們爲利潤而戰，姑不論他本人是君子或流氓，他和同行資本家的競爭迫使他用盡各種方法把工作日延長到人類忍耐的限度。在另一方面，工人爲了維持其健康和獲得除了工作、吃飯和睡覺以外的時間以從事於其他人類活動而戰。

馬克思強而有力地敘述了英國工人階級與資本家階級之間五十年來的鬥爭：自大規模工

業成立以來，驅使資本家打破置於剝削無產階級的自然、風俗、性別、年齡和日與夜的各種限制，以至《十小時勞動法案》的通過——工人階級在反資本的鬥爭中所獲得的一種強力的社會障礙，阻止著工人與資本家自由簽訂契約出賣自身及其同類，於死亡和奴隸之境。

相對剩餘價值，產自縮短勞動力再生產所必需的勞動時間，以增加剩餘勞動。在那些產品決定勞動力的價值工業之中，勞動力價值藉由勞動力的生產力的增加而減低了，而爲達到這目的，生產方式和勞動過程的技術及社會條件就必須不斷澈底改革化。馬克思在論及合作、分工與製造及機器和大規模工業各章中所提出的歷史的、經濟的、技術的和社會心理的評語，是連資產階級的代表也承認有充分科學事實。

馬克思不但指出機器和大規模工業造成了以前史上已知任何生產方式都更廣大的不幸，而且也指出在使資本主義社會不斷澈底改革化之中，它們正在給更高級的社會形態開路。工廠立法是社會對它自己的生產過程的不自然形式的初次自覺和有規律的反應。當社會管理工廠和作坊的勞動時，它是以干涉資本的剝削權力而出現的。

而且，這種情形也迫使社會管理家居勞動和干涉親權，且公認大規模工業清算舊家族關係連同舊家庭制度的經濟基礎以及與這基礎相應的家庭勞動。

> 藉由授與婦女、青年、兒童在家居範圍之外取得社會生產過程中決定性任務，舊家庭制度瓦解在資本主義制度之中，那情形無論如何殘酷及可憎，大規模工業確實給更高

級的家庭形式和兩性關係創造了一種新的經濟基礎。理所當然把基督教德國的家庭形式視爲絕對的愚蠢，正如從前把古羅馬或古希臘或東方形式視爲絕對一樣——這些形式都不過是歷史的發展系列。同樣清楚的：由兩性和各種年齡的個人所組成的聯合勞動，在適當的情況之下必然成爲人類進步的一種泉源，雖然是在橫暴及無拘束的資本主義形式之中（在其中工人爲生產過程而存在，並不是生產過程爲工人而存在），這是墮落和奴役的穢惡之源。

使工人降格爲一種附屬物的機器，同時也開創了種種可能性使社會的生產力得以增加到如此程度：社會的一切成員毫無例外地能夠享受同樣人類尊榮發展的可能性——這是先前任何社會所不能達到的一種成就。

檢驗了絕對剩餘價值與相對剩餘價值的生產之後，馬克思進而推出政治經濟體史上最早的合理的工資理論。一件商品的價格是用貨幣表現它的價值，而工資代表勞動力的價格。出現在商品市場上的並不是勞動自身，而是出賣勞動力的活生生的工人，而勞動是出現在勞動力這商品的消費。勞動是各種價值的實體和內在尺度，但勞動自身並無價值。然而，勞動似乎是由工資償付了的，因爲工人只在執行了他的勞動之後才收到他的工資。這種給付工資的形式有效地隱藏了工作日劃分爲有償和無償的勞動時間的一切痕跡。對於奴隸，情形是正好相反的，奴隸似乎隨時都在爲他的主人工作，即使他是爲再生產他自己的生活糧食而工作時，且他的一切勞動全是無償勞動。然而，對工資勞動，一切勞動，連無償勞動在內，似乎全是有給付的。在前項情形之中財產關係隱藏了奴隸部分為他自己而工作的時間這事實，而在後項情形之中貨幣關係隱藏了工資勞動者部分毫無收入的工作時間這事實。因此我們知道——馬克思指出——勞動力的價值與價格，轉變為工資（即為勞動自身的價值與價格）的毫無疑問的重要性。資本家和工人的一切法定的概念，資本主義生產方式的一切祕密，庸俗政治經濟體的一切自由的幻想和一切情有可原的瞎說全是基於這現象，這現象隱藏了事情的眞相且確切顯出相反的面貌。

工資的兩種主要形式是計時工資和論件工資。根據計時工資的法則，馬克思演示了別有私圖的人們所提縮短工作日必致降低工資這主張的無知，指出眞理恰在反面：暫時縮短工作日則降低工資，而永久縮短則提高工資。工作日愈長則工資愈低。

論件工資不過是計時工資的變形，而且是最適宜資本主義生產方式的工資形式。這種工資形式在現行製造業中流行很廣，而且在英國大規模工業的狂飆突進時期它是盡了延長工作日和降低工資的槓桿任務的。論件工資很有利於資本家，因為它使監工幾乎成為不必要，同時提供剋扣工資和施行欺騙的許多機會。在另一方面，這種工資形式對工人是大大不利的：工人因過度勞苦增高工資水準，而致體力消耗（而其實這種勞苦卻傾向降低工資的），工人之間因競爭加強而致削弱團結，工人與資本家之間出現一種寄生的中間人來侵蝕相當一部分工人工資，等等不良現象。

剩餘價值與工資的關係，使資本主義生產方式不僅持續再生產資本家的資本，而且持續再生產了工人的貧困。一方面是擁有一切糧食、一切原材料和一切生產手段的資本家階級，而另一方面是工人階級、人民大眾、被迫出賣勞動力給資本家以換取充其量不過足以維持他們的工作狀況和生養下一代勞苦無產者的食糧。但資本不僅再生產它自身而已，它也繼續增加它的數量，所以馬克思在第一卷的最後部分中致力於「積累過程」的檢驗。

不僅剩餘價值產自資本，資本也產自剩餘價值。每年產生的剩餘價值被分配於有產階級之中，一部分是作爲收入而消費了的，另一部分則被積累爲資本。曾經從工人們榨取而得的無償勞動，現在成爲再榨取他們的無償勞動的一種手段了。在生程過程中原先支出的資本比起直接積累的資本，也就是，比起還原爲資本的那種剩餘價值或剩餘產品，無論它在原來積累者的手上或別人的手上是否仍發揮作用，算是消失的數量。私有財產的法則——立基於商品生產和商品流通——幸有它自己內部的和循例的辯證法使它轉成自己的直接對立面。商品生產的法則似乎肯定個體勞動中的一種財產權。商品擁有者們是以平等權利互相對待的。獲得別種商品的唯一手段是出售自己的商品，且自己的商品只有藉由勞動才能生產出來。在資本家方面，財產表現爲侵占別人的無償勞動或其生產品的權利，而在工人方面，財產則表現爲保有他自己的產品的不可能性。

當近代無產階級了解這意義時，當里昂城市無產者敲響警鐘和英國鄉村無產者燒毀壓迫者的宅邸時，庸俗的政治經濟學者們發明了「節欲說」，按照這學說，資本是由資本家們

「自願節欲」積累起來的。馬克思曾依拉薩爾那樣無情地鞭撻過這學說。眞有貢獻於資本積累的「節欲」的一個實例卻是強制工人們的「節欲」，橫暴地把工資壓低到勞動力價值之下，而使工人們消費必需的資金轉爲資本家們的積累資金，至少是一部分。這便是工人們「奢華」生活的一切悲嘆，某些工人據說在某時或他時買了大鋼琴，種種無休止的哀訴，基督教社會改良家們的一切廉價又難吃的烹飪食譜，以及資本主義的智力磚斗運工所慣用的一切相關詐術和詭計的眞正來源。

資本家的積累的一般法則是這樣的：資本的增長包括它的可變部分的增長，或變爲勞動力那部分的增長。倘若資本的組成依然不變，倘若一定數量的生產手段常常要求同一定數量的勞動力來推動它，那麼對勞動力的需求就顯然會按比例隨資本的增長而增長，工人們的維生資金也要隨之而增長；資本增長愈快這種資金也必定增長得愈快。正如簡單的再生產恆常地複製資本關係自身，所以積累在更大規模上複製資本關係：一方面是更多資本家們或更大的資本家們，另一方面是更多工資工人們。所以資本的積累也就是無產者的增加，而在這種情形之下的增加是假設在對工人最有利的條件之下發生的。工人們自己持續增加中的剩餘生產品——持續變爲資本——的大部分以支付手段的形式回歸給他們，以致他們能夠增加他們的消費，更大方購置衣物和家具等等。然而，他們依賴資本家的關係絲毫未變，正如縱使奴隸穿得好、吃得好他也不失其爲奴隸一樣。他們必須經常提供一定數量的無償勞動，而且，雖然這數量或許可以減低一些，那減低是以不嚴重危及資本主義生產過程的性質爲限度的。倘使工資增加到這限度以上，那麼收益動機就受挫，資本的積累就要轉弱，直至工資再下降到相應於利用資本所需的水準。

然而，只有當資本的積累，發生在它固定與可變的組成之間的關係毫無變化時，工資勞動者自己所鑄造的黃金鎖鏈才會減輕和不太討厭。其實，積累過程是伴隨著馬克思稱之爲資本的有機組成中的一種大革命。固定資本以可變資本爲犧牲而增長起來。勞動生產力的增加，使生產手段的量體增加得比體現在此量體之中的勞動力量體之增加更爲迅速。對勞動力的需求並不隨資本積累比例上升，卻是相對地下降。同樣的結果藉由資本集中而產生於另一形式；這種資本集中，與資本積累完全無關，是由於資本主義的競爭法則，使較大資本家併吞較小資本家而造成的。在積累過程中形成的附加資本所需要的工人在數量上愈來愈少，同時複製於新組成中的老資本處理已雇的工人日嫌其多。在這種情形之下遂演變成工人數量的相對過剩（相對於利用資本所需的而言）；這是一種產業後備軍——在商業不振或平常時期它的工資是在它的勞動力價值之下的，它的被雇用是無規律的，有時它全靠公家賑濟，然而無論何時它都用作削弱雇工們的抵抗和壓低他們的工資水準。

這種產業後備軍是積累過程的必然產物，或以資本主義爲基礎的財富發展的必然產物，而同時它發展爲資本主義生產方式的一種槓桿。由於積累和隨之而來的勞動生產力的發展，資本的突然膨脹力也增進了，並需要大群工人——能夠在新市場上一招即來受雇，或能夠被雇用於新的生產部門而不致妨礙別方面的生產工作。近代工業的這種特色過程，即普通活動、高壓生產、危機和停滯的十年週期循環（只有偶然受較小的波動而間斷）的形式，是基於這產業後備軍的持續形成、吸收多點少點和重組的狀況。社會財富、運轉中資本的總額、資本增長的限度和能量愈大，以及工作人口的絕對規模和這規模的勞動生產力愈大，這種產業後備軍——或相對的人口過剩就愈大。產業後備軍的比較規模是隨著財富的增加而上升的。產業後備軍比現役產業軍大愈多，工人之中其貧窮與其勞動折磨呈反比的部分就愈多。最後，工人階級中的惡疾者愈多和產業後備軍愈多，那麼被官方認為貧民的人數就愈多。這是資本積累的絕對通則。

由這通則就可以推知它的歷史傾向。沿著資本的積累和集中，在穩健增長規模上發展勞動過程的合作形式，和科學技術的自覺應用於生產方面，有組織及聯合土地耕作，生產手段轉為集體才能使用的方式，以及藉由組合的社會勞動集體使用生產手段而使生產手段經濟化。一方面壟斷和強奪這轉變過程一切利益的資本鉅子的數目一直減少，另一方面卻相應地擴大了悽慘、壓迫、奴役、墮落和剝削的數量，但同時也增加了工人階級的憤懣；工人階級在數量上一直增長，且由於資本主義生產過程自身的機制而被訓練、被聯合和被組織了。資本的壟斷變成曾經用它和在它之下發展起來的生產方式的桎梏。生產手段的集中化和勞動的社會化達到了和它們的資本主義硬殼不能相容的地步。資本主義私有財產的喪鐘響了，剝奪者被剝奪了。

依據個人勞動而有的個人財產是被歸還了，但在資本主義時代的各種成就的基礎之上，是作爲自由工人們的合作的，是作爲他們共享土地和由勞動所產生的生產手段的財產。自然，資本家的財產——實際已經基於一種社會生產方式——轉變爲社會財產是絕不像分散的財產（根據個人的勞動）轉變爲資本家的財產那樣麻煩和困難的。後一種情形是由少數強奪者剝奪人民大眾，而前一種情形是由人民大眾剝奪少數強奪者。

三、第二卷和第三卷

《資本論》第二卷、第三卷的命運是和第一卷的命運相似的。馬克思希望在第一卷問世不久之後就能出版它們，但過了許多年，他到底不曾準備到可以付印的程度。一直更新和更深的研究、綿延的疾病終至死亡，使他無法完成他的全部著作。所以從他朋友未完成遺留給他的手稿中整理出第二卷和第三卷的是恩格斯。他所得到的物質財富全是草稿、筆記和作者以科學後進寫給自己看的提要，連帶著東一長篇、西一連接短文。總之，它是自一八六一至一八七八年以來時斷時續的驚人智慧延伸的勞作成果。

在這些情況之下，我們不必期望第二卷和第三卷提供給我們一切經濟問題的最後及完備解答。有時這些問題只是粗具輪廓，連帶著在各處有些關於達到解決它們的方向式指示。以馬克思的整體態度而論，他的《資本論》並不是包羅著不可移易的及最後眞理的《聖經》，而只是促進研究、促進科學的調解、促進爲眞理而奮鬥的無盡泉源。

上述這些情形也說明了爲什麼第二卷和第三卷在形式上並不像第一卷那樣完善，爲什麼它們並不完全閃現同樣的智慧的光輝。然而，正因爲它們提出單純的知識的問題，而不過度拘泥於形式，它們對某些讀者甚至給予了更大欣喜。這兩卷的內容可以說是第一卷的精粹補充和發展，對理解馬克思的整個體系是必不可少的。遺憾的是直到現在，它們並不曾以任何普及化的形式發表，所以甚至較爲開明的工人大眾也還不知道它們。

在第一卷中馬克思處理了政治經濟體的中心問題：什麼是財產的起源？什麼是利潤的泉源？在他調研之前這問題有過兩種不同的答案。

承認我們現存世界爲最好世界的「科學的」辯護者，如舒爾茨—德里奇之流，甚至在工人群眾中也享有聲譽和信任，用一套或多或少的巧辯或狡飾來解釋資本家的財富：說作爲「補償」雇主肯慷慨「給出」資本在生產性採購造成系統性提升商品物價的結果，或補償每個雇主的「冒險」經營，或是獎勵「賢明的管理」商業及類似相同的語氣。這些解釋全都有一個共同目的：表示一人致富致別人貧窮是「公道」的事，所以也就是不能改變的結果。

另一方面，資產階級社會的批評家們，也就是，馬克思以前的一切社會主義學派，都說資本家的財富純粹是利用金錢或生產過程的組織中的缺點來欺騙和盜竊工人們的結果。由這種觀點出發，社會主義者們曾經提出藉由廢棄貨幣以剷除剝削、「勞動組織」和類似計畫的不同烏托邦計畫。

資本家的財富的眞實來源第一次顯示在《資本論》第一卷裡面，它並不浪費時間去合理化資本家或譴責他們的不公。馬克思第一次表明利潤是如何產生的和它如何流入資本家的錢包。他如此表明是根據這兩種毫無疑問的經濟事實：第一，工人群眾包括那些被迫把勞動力當作商品出賣以圖生存的無產者；第二，勞動力這種商品在我們的時代具有這樣高度的生產力，能夠在一定時間之內生產出，比起在那時間內為贍養自己所必需生產，還要更多的產品。這兩種純粹的經濟事實——客觀的歷史發展的結果——使無產者的勞動力的果實自動地落入資本家的懷抱，而且，由於工資制度的永續性，累積為不斷增長的資本量體。

因此不把資本家的財富解釋為資本家不實在的犧牲或讓渡的利益，或在一般接受的字義上的欺騙和盜竊的結果，而是解釋為資本家與工人之間的一種交易，解釋為確切依照那些規定一切其他商品買與賣的法則，而進行的無懈可擊的合法對等的一種交易。因為要澈底說明這項將勞動的黃金果實給予資本家的無異議的交易，馬克思不得不將十八世紀末和十九世紀初英國偉大古典經濟學家亞當．史密斯和李嘉圖所發現的價值法則，即解釋商品交換的內在法則，發展出應用於勞動力商品，且推到邏輯性結論。第一卷主要涉及價值法則，然後由此產出工資和剩餘價值；即，說明工資勞動的產品如何自然地、毫無暴行或欺騙地自行劃分為雇工的少量報酬和資本家不勞而獲的財富。《資本論》第一卷偉大的歷史的要義就在這裡。它展示只有廢除勞動力的出售，即廢除工資制度，才能廢除剝削。

在第一卷裡我們隨時都觸及工廠、礦場或近代農業所進行的生產，且其中所言皆同樣適用於所有資本家的企劃。我們看見了作為整個資本主義生產方式典型的個別例證。當我們讀完這一卷時我們就透澈地認識了每日的利潤創造和整個剝削機制的一切具體詳情了。像到了工廠裡面一樣，在我們的眼前堆集著還沾濡著工人的汗水的各種商品，在這一切商品之中我們能夠分辨出產自工人們的無償勞動及如同整個商品般正當地歸於資本家的那一部分價值。資本主義的剝削的根源都裸現在我們的眼前了。

但資本家的收穫在這一階段絕不能說是已經安然存放在倉庫裡面。剝削的果實出現了，但還在一種不宜挪用的形式之中。當剝削的果實具有商品堆集的形式時，資本家只能從這過程取得少許喜悅。他並不是古代希臘羅馬的奴隸擁有者，或中古的封建領主，後者榨取勞動人們單是爲滿足他們的「奢華」和維持體面的扈從。因爲要維持他自己及其家屬「適合其社會地位的體面」，資本家必須以現金作爲他的財富，而且要持續增加其資本也是必需現金的。所以爲此目的他必須賣掉雇工所生產的商品及其中所含的剩餘價值。商品是必須要離開工廠和倉庫及投入市場的。資本家跟隨他的商品從他的倉庫和辦公室到交易所和商店去了，因此在《資本論》第二卷中我們跟著資本家到那裡去。

資本家生活的第二階段是在商品交易的領域內度過的，而且在這裡他遭遇許多困難。在他自己的工廠之內資本家是不容爭辯的主人，且在那有著嚴格的組織和紀律，但商品市場在自由競爭的名義之下呈完全無政府狀態。在商品市場上誰也不顧鄰人、誰也不顧全體，一直到了這裡資本家才確切感覺他是依賴別人和全社會的。

資本家必須與其競爭者並進。倘若他花費了絕對必需以上的時間才賣掉其商品，倘若他不能籌足現款及時購買原材料及其他一切必需物品以免他的工廠因缺乏補給而陷於停頓，倘若他不能把售出商品所收的現款迅速地投資到有利之處，他就必然要在各種情形之下落後了。落後是要遭殃的，而且不能在工廠與商品市場之間的經常交易中經營業務如同在工廠中同樣有效率的個別資本家，就不能得到正常的利潤率，無論他如何熱衷剝削他的工人們。他「穩得的」利潤的一部分就會在某處迷途而找不著走進其錢袋的路。

然而，單這樣是不夠的。資本家要積累財富就只有生產商品，即實用的物品。再來，他必須生產切合社會需要的那種商品，且他必須按照所需的數量來生產，否則他的商品就賣不掉，且損失其中所含的剩餘價值。個別的資本家如何能控制這一切因素呢？並沒有人告訴他社會需要什麼商品和需要多少，因爲沒有人能知道，就這麼簡單。我們是生存在一種無計畫的、無政府的社會裡面，而每個資本家也是處於同樣情形。然而，從這種雜亂、混淆之中必然產生一種完整體：可以使個別資本家企業發財，同時滿足社會需要且使其作爲一種社會的有機體而繼續存在。

更確切地說，從商品市場的這種無政府的混亂中，必然發展出個別資本不斷流通運動的可能性，出產和買賣原材料等及從事再生產的可能性，因而使資本經常從貨幣的形式變爲商品然後再反過來一遍的形式。這些階段必須確切互相銜接：必須隨時有存款來利用每個市場的好機會購買原材料等，來隨時支付生產的費用，用賣商品所得的回流貨幣必須趕上立即再利用它的機會。顯然完全各自獨立的個別資本家們事實上現在聯在一起，形同兄弟了，而且，多虧信用制度和銀行，他們持續互相預支他們所需的款項且接納閒置的貨幣，因此對個別資本家和對社會全體確保生產過程和商品出售不至中斷。

資產階級經濟學者們對於信用制度除了稱它爲「便利商品交易」的巧妙制度以外從來沒有任何解釋，但在《資本論》第二卷中馬克思十分隨易地展示了：信用制度是資本家生活中的必要部分、在生產中和商品市場上兩方資本之間的聯繫、展示個別資本明顯隨意的調動之間的聯繫。

然後，社會中的生產與消費作爲完整體的永久流通，必須在那些個別資本的糾紛中保持調動，而且這調動必須在資本主義生產的這些必要條件：生產手段的生產、工人階級的維持和資產階級財富的增進，即增加社會一切資本的積累與活動得到保障的方式之下完成。《資本論》第二卷調研從個別資本的無數背離調動中如何發展出一種完整體；這完整體如何在繁榮年的盈餘和危機年的虧損之間波動，一再被轉入正確的比例卻又立刻脫出；和如何從這一切之中發展出比前更強而有力的面向：以維持現社會和推進經濟爲唯一手段及達到增進資本積累的目的。馬克思並未提出最後的解答，但自亞當·史密斯以後近百年來，馬克思第一次呈現這完整體定律的堅實基礎。

但即使如此，資本家也還不曾完全越過他面前充滿荊棘之路，因爲雖然利潤已經正在成爲轉成貨幣的增長中方法，現在發生如何分配這些暴利的大問題了。許多不同的資本家集團提出他們的要求。除了雇主（廠主）以外還有商人、金融資本家和地主。這些人各個都曾盡其本分使剝削工資工人和出售後者所生產之商品成為可能，現在各個都要求他的利潤份額。利潤分配的問題比表面看來複雜得多，因為即使在雇主（廠主）們之中，按照企業的類別在剛從工廠得到的利潤也是大不相同的。

有些生產部門，商品的生產和售出是快速的，資本加上其行業的正常添增回報在短時間內就回來了，在這種情形之下業務與利潤都迅速發展；有些生產部門資本被牽制在生產中許多年，要在長時間之後才產出利潤；另一些生產部門，雇主必須把大部分資本投資在無生命的生產手段上、建築物上、昂貴的機器上等等，即營利所必需卻本身不直接產出利潤的東西；還有一些生產部門，雇主只須投下很少資本在這些東西上，且能夠使用大部分資本去雇用工人們，各個工人都算是替這資本家產下金蛋的勤勞鵝。

所以，在營利過程中個別資本家之間演進出巨大的差異，而在資產階級社會看來這些差異是比資本家與工人之間特有的「交換」更為緊迫的「不公」。問題變成是做某種安排保證分贓的「公正」，使資本家各得「其份額」，還有，這問題是必須解決而又不能有任何故意的和系統性計畫，因為現社會中的分配是和生產同樣呈無政府狀態。其實完全沒有在社會意義的尺度之下的「分配」，所有的僅是交換、商品流通、買與賣。那麼，這種無規律的商品交換如何使各個剝削者和各個剝削範疇，獲得在資本主義社會看來他「應得」的無產階級勞動力所生產財富的份額呢？

馬克思在《資本論》第三卷裡回答了這問題。在第一卷裡他討論了資本的生產和揭露了營利的祕密；在第二卷裡他敘述資本在工廠與市場之間及社會的生產與消費之間的調動；在第三卷裡他討論利潤在全體資產階級之中的分配。且他隨時都從資本主義社會的三個基本原理出發：第一，資本主義社會中所發生的各種事情並不是任意專行的結果，而是明確的及規律性運轉法則的結果，雖然資本家們自己並不知道這些法則；第二，資本主義社會中的經濟關係並不根據於暴力、劫掠和欺騙；第三，並沒有社會理性控制社會整體的運動。他一步一步地分析和系統性表明資本主義經濟體系的一切現象和一切關係，專門立基於資本主義社會交換機制：即價值法則和由此而生的剩餘價值。

以這偉大著作的全部而論，我們可以說第一卷闡明價值法則、工資和剩餘價值的法則，揭露現社會的基礎，而第二卷和第三卷則顯示我們建立在這些基礎上的房子。或者，用另一種不同的對比來說，第一卷顯示我們這社會有機體的心臟，它產生有生命的活力，而第二卷和第三卷則顯示我們身體的血液和營養物從中心點循環到皮膚的細胞。

第二和第三卷的內容把我們引到另一個平面。在第一卷裡我們是在工廠之內，在社會勞動的深坑裡面，從這裡我們可以追出資本家財富的泉源；在第二和第三卷裡我們是在地面上，在社會公認的舞臺上。百貨商店、銀行、證券交易所、金融以及「困苦的」農耕者的騷亂占住了前臺，在這舞臺上工人並不擔任什麼角色，其實他對他被剝削以後所發生的那些事是沒有興趣的。我們看見工人們在汲汲營生的嘈雜人群現身，只有在晨光熹微中結隊奔赴工廠，或在幽暗薄暮中結束一日的工作再度成群地被工廠吐出來匆促回家之時。

所以，乍看似乎不很明白為什麼工人們要關心資本家們的私人煩惱和為分贓而起的爭執。然而，要充分理解現今經濟機制，第二、第三卷和第一卷是同樣必要的。確實，對於近代工人階級運動它們並不像第一卷那樣負有毫無疑問的和基本的歷史角色，但它們確也提供給無產階級在其實際的解放鬥爭中洞察資本主義運作的非常珍貴的智力裝備。這是舉兩例就足以說明的。

在第二卷中，當討論由個別資本的混亂調動而引發的維持社會規律過程時，馬克思自然觸及危機的問題。關於這現象，人必不可期望得到任何系統性和啟發性論述。這裡只不過是偶然評論而已，但這些偶然的評論對所有被啟蒙和會思考的工人是很有應用價值的。例如，有些社會民主人士，尤其是工會領袖的煽動其中主要訴求：發生經濟危機的主要原因是由於資本家們的短視，他們簡直不理解工人群眾是他們的最好顧客，他們只消提高工資以確保工人對其物品的購買力不墮，那就能避免一切恐慌的危險云云。

這種論點是很普遍的，但完全謬誤，馬克思批駁如下：

> 說危機產生於缺乏現款的消費或現金支付的消費者，這完全是自圓其說。資本主義制度只承認現金支付的消費者，那些領受濟貧法賑款或「流氓」是除外的。當商品不能售出時，這只不過就是沒有買主或消費者。倘若要給這自圓其說一種用意較深的外貌，而說工人階級不能充分取得他們自己的產品，倘若這階級獲得更大份額，即提高工資，

危機之魔就可以直接排除了，那也不過是說危機之前必定有過工資普遍上揚和工人階級接受年產消費品相對較大份額的時期。以這些「平庸的常識」的英勇支持者所見而論，這樣的時期應阻止危機的來臨。因此，這就表明資本主義生產之中包括這樣的狀況：獨立於善意或惡意之外，且容許工人階級得到相對富裕的時期，但不過是暫時的，並常常成爲下次危機的前兆。

在《資本論》第二卷和第三卷中，馬克思的種種調研對危機的性質有一種透澈的洞悉力。危機被視爲資本的調動必不可免的結果，它焦急和貪婪地加快積累和成長，很快衝進超出消費的限度，不論這些限度是由於某一社會階層的購買力增加或新市場的開拓而擴大到何種程度。所以，潛存於工會普遍宣導後面的勞資之間利害調和的觀念——這調和不過爲資本家的短視所阻——是要被駁倒的，且對一切彌補資本主義經濟無政府狀態採姑息策略的希望必須予以拋棄。在近代工人階級的思想軍火庫中有助於改善無產階級生活物質條件的鬥爭存在千百種卓越的論述，確實不須藉助上述那種理論難持且實際曖昧的論點。

第二個例子：在《資本論》第三卷中馬克思第一次科學地解釋了自始即困惑著資產階級經濟科學的一種現象，那就是，雖然投資在不同的條件之下，在一切生產部門中的資本照常規只能產生所謂「通常利潤率」。乍看這現象似乎牴觸著馬克思自己的論說：資本家的財富完全出自工資工人的無償勞動。被迫而把大部分資本投資在無生命的生產手段上的資本家，如何能確保獲得那只需把較少資本投資在此方面，因而能雇用較多比例活的勞動力的資本家所獲得的同等利潤呢？

馬克思異常簡明地解了這謎，他指出某種商品在其價值以上售出而另一種商品在其價值以下售出，那其間的利潤的差額是被拉平了的，因爲在一切生產部門之中推展出一種「平均利潤率」。資本家們完全不自覺地和並無任何協意地交換他們的商品在這方式之下：各個資本家都把他榨取工人所得的剩餘價值貢獻到一個綜合大池，然後他們合併剝削所得的總額才友愛地在資本家們之間分配，按照各人資本的大小取其份額。所以，個別資本家並未享有他直接剝削工人所得的利潤，他所享有的不過是他和他的同類資本家們共同剝削工人所得利潤總額中的他的份額。

以利潤而論，不同資本家僅是按照同一百分比分利的一個合股公司中的股東，所以，不同資本家份額的不同，只是以各人投資在這聯合企業中的資本額而定，以在這整個企業中各人參加的比例而定。

藉由這明顯的「平均利潤率」的枯燥法則我們就可以深切洞悉資本家階級團結的眞實和物質基礎了！資本家們在日常活動上雖然是敵對的兄弟，但一旦關係到工人階級他們卻代表一種共濟會式同盟，拚命地和親自地關切由全體盟員執行一切剝削所取得的總結果。雖然資本家們當然絲毫未想到這些客觀的經濟法則，他們作爲統治階級成員的無誤本能，卻自然能在人前表現出識別他們自己的階級利益和他們與無產階級的對立。很不幸的，他們的階級意識經過許多歷史的風波已經持續下來，而且比工人們的階級意識更加堅定——它的科學根據現已揭露在馬克思和恩格斯的著作中。

這兩個隨意舉出的簡短例子必足以使讀者知道資本論第二、第三卷中還有何等未曾開發的寶藏，有待普及化，而它們呈獻給開明的工人們何等寶貴的智力刺激和深度。這兩卷固然不完備，它們卻提供了超過任何眞理最後所能提供的：督促思想、批評和自我批評，且這是馬克思給工人階級的種種訓示的精髓。

四、《資本論》的際遇

恩格斯說過完成第一卷和擺脫這「夢魘」之後，馬克思將感覺「完全是另一個人了」，這期望只實現了一部分。

馬克思健康的改善不幸並不持久，而他的財務狀況仍然羞澀不定。那時他甚至想要移居日內瓦，以爲在那裡的生活費更低廉得多，但環境把他繫留在倫敦和大英博物院的寶藏裡。他想找到一個出版商出版他著作的英譯本，而且他不能也不願放棄「國際」的思想領導地位，在他已經使它循著正軌開始前進以前。

他的二女兒勞拉和他的「學醫的克里奧爾人」——保羅．拉法格——的婚姻是一件愉快的家事。這一對青年在一八六六年八月就已訂婚，但雙方同意拉法格必須醫學院畢業之後才能結婚。因爲出席列日（Liege）的學生代表大會，他被他已經待過兩年的巴黎大學開除了，後來因爲「國際」的關係他來到倫敦。當初他是普魯東的追隨者，和馬克思並無關係，不過爲禮貌的緣故拿著托萊因的名片來造訪他而已，但命運插手在這尋常風氣裡面，不久之後馬克思寫信給恩格斯說：「當初這年輕人是依附著我的，但旋即就覺得那女兒比這父親更具吸引力。他是早期拓荒移民者家庭的獨生子，他的經濟情況相當寬裕。」據馬克思的描寫，拉法格是好看的、聰明、精力充沛、體格健全且善良的，不過有一點被寵壞又有些太過坦率。

拉法格生於古巴島的聖地亞哥，但當他九歲時他的父母就把他帶到法國來了。他的父系祖母是穆拉托（Mulatto）人，因此他的血管裡有著黑人的血液，這事實是他願意提起且解釋他面孔的微黑色和他的大眼白，除此之外他的形貌是很平常的白種人。黑人的血緣或許可以解釋他的某種固執，這有時使馬克思半惱半戲地責罵他的「黑腦殼」。然而，他倆互相帶幽默性嘲笑的聲調是足夠證明他倆相處是何等融洽。對馬克思，拉法格不僅是帶給他女兒勞拉幸福的佳婿，而且也是保衛他精神遺產的一位機敏而能幹的助手。

這時馬克思的主要煩惱是對於他的書的焦慮，一八六七年十一月二號他寫信給恩格斯說：

我的書的命運使我神經過敏了。我什麼也聽不到看不到。德國人是好傢伙！作爲英國人和法國人甚至義大利人的跟班，他們在這一方面的成功無疑讓他們有權忽略我的著作。我在那裡的朋友們並不如道如何宣傳。所以此刻只好遵行俄國式的策略及等待。忍耐是俄國外交及成功的祕訣，但我輩生命只有一次的可憐生物在這當兒是會挨餓的。

字裡行間所顯露的焦躁是可以理解的，但並不十分合理。

這書出版還不到兩個月，在這樣短期之內要人寫出任何眞正透澈的批評是不可能的，但恩格斯和庫格曼都已盡其可能地「使這書轟動一下」了，而且甚至馬克思也以爲這是最必要的，希望在英國也發生一些效果。並不能說恩格斯和庫格曼的努力太過拘泥形式，他們確實得到了部分成功。他們爭取到許多刊物，連資產階級的刊物在內，提前發表這書的介紹，甚至翻印這書的導言。而他們甚至已經準備了一個廣告，這在當時可是非常轟動，要發表一篇傳記式的文章在《園亭報》（*Die Gartenlaube*）上，馬克思要求他們停止這種「胡鬧」：

我認爲這種事情是弊大於利的，總之，這是有損科學家尊嚴的。例如，許久以前邁爾的《美國新百科全書》要我寫傳記，我不但不給他們所要的東西而且連信都不回。人各有所好。

恩格斯為《園亭報》所寫的那文章，如作者所形容的「在匆促中寫成的可以對得起貝塔②的一篇誇大宣傳」，終於發表在雅各比的機關報《將來》（*Die Zukuft*）上，這報紙自一八六七年以來由維斯在柏林發行；然後李卜克內西又把它重印在《民主週報》（*Demokratisches Wochenblatt*）上，但刪節了許多，以致恩格斯不悅地寫信給馬克思說：「李卜克內西現在竟到了不敢說拉薩爾抄襲你的程度，而且做得很惡劣。他完全閹割了那文章，為什麼這樣做之後他還想其值得發表，那只有他自己明白了。」其實李卜克內西是完全同意他所刪去的那幾節的，但他終究把它們刪去是因為避免開罪於剛脫離施韋策且正助建艾森納赫派系的拉薩爾派分子。

後來馬克思的著作得到一些優良的批評，例如，在《民主週報》上恩格斯的一篇，《社會民主黨人報》上施韋策的一篇，前一週報的第二篇評論由約瑟夫．狄慈根（J. Dietzgen）執筆。恩格斯的評論自然顯示對爭論點的透澈了解，除此以外馬克思不得不承認施韋策確是研究過這部書而且明白其重要性的，即使有幾處錯誤。由此馬克思才初次聽見狄慈根之名，因而稱讚他有哲學的智能，但並不高估他。

在一八六七年中第一流的「專家」也來發言了。這便是杜林，他在邁爾的《美國新百科

② 油腔滑調的貝齊赫（Bettziech）撰文過度阿諛他的偶像金克爾（Kinkel）時所用的筆名。

全書》副刊中評論這書。雖然馬克思覺得他未曾把握住這著作中基本的新要素，在大體上並不滿意這評論，卻稱道它「十分高雅」，雖然他疑心杜林的態度或許是出於憎惡羅雪爾（Roscher）及其他大學泰斗，更甚於眞切關注或理解那些爭論點。恩格斯對杜林的論評較不高興，其實他的判斷更爲敏銳，因爲不久杜林就完全反轉來盡力撕毀這書了。

馬克思在其他「專家」們的手裡並沒有較幸運，八年之後這些名人之一，他愼重的隱匿姓名，向世界曉諭馬克思是忽視整個科學進步世代的「自學者」。對「專家」們的如是類似業績馬克思所常常顯示的悲痛是完全合理的，雖然他或許把應該歸咎於他們的無知的，都歸咎於他們的惡意了，因爲他們是根本不懂他的辯證法的。也有些人並不缺乏好意或經濟知識，但仍然覺得這書難以理解，另一方面，有些人對經濟事務絕不熟悉且多少有點敵視共產主義，但研究過黑格爾學派遂很熱心談論它。

例如，馬克思曾情不自禁地斥責朗格（F. A. Lange）《勞工問題》（*Die Arbeiterfrage*）——其中曾詳論《資本論》第一卷——的第二版，說道：「朗格先生高聲讚嘆，但只是要顯出他自己的重要而已。」這是不正確的，因爲朗格對勞工問題的率直關心無可懷疑，雖然馬克思說朗格不懂黑格爾的方法以及他，馬克思，據此所用的批評方法是一點也不錯。而且朗格確實也顚倒事實：他說，以空想而論，拉薩爾對黑格爾比之馬克思對黑格爾更爲自由及獨立，馬克思的空想拘執於哲學的模式，且書中有些部分處理其問題頗爲勉強，例如有關價值理論；朗格評價這理論是沒有永恆的價值。

馬克思曾經把《資本論》第一卷贈送給弗萊里格拉特，後者對它的評判更爲奇特。這兩人的友誼是自一八五九年以來就已存在的，雖然偶然因第三者的錯誤而彼此一時有些隔閡。現在弗萊里格拉特要回德國去了，他的一部詩集可以使他在那裡優遊養老，因爲他所服務的銀行的倫敦支行關閉，已經危及這將近六十歲老人的生活。在寫給他老友的最後一封信——以後就再不通信了——裡他誠懇地祝賀馬克思的女兒與青年拉法格的婚姻，也誠懇地感謝馬克思贈送他的《資本論》第一卷。他說，研究這書使他有許多啟發，是很大快樂的泉源。這書或許不能一舉成功和轟動一時，但它的影響將是深遠且更爲久遠。到此爲止都很好，但他說：「我知道萊茵一帶的許多青年商人和製造業者都熱衷這書，所以在這圈子它將實現其眞目的，此外，它將證明它是學者不可或缺的一種參考著作。」是的，弗萊里格拉特對經濟除了「用直覺」以外並不配說什麼，而且他生平如他所言厭惡「糾纏詰問、黑格爾」，但他到底在那英國大都會度過將近二十年的動盪生活，所以，他還能夠把《資本論》第一卷視爲工商業者的指導書籍以及「此外」頂多是學者的參考書，對他要算是非常的表現了。

另一方面，盧格的批評是完全不同的。雖然敵視共產主義如毒藥而且沒有經濟學知識，他是曾作爲青年黑格爾派英勇戰鬥過來的：

> 這是一部劃時代的著作，發出燦爛有時令人目眩的光輝，照亮了社會各時期的發

展、衰落、生產陣痛和可怕的痛苦弊病。論無償勞動產生剩餘價值、論對為自身工作的工人們的剝削，和論剝奪者將被剝奪，這幾章是經典的。馬克思的學識淵博且具學術性，而且他擁有卓越的辯證天分。這書遠超過許多人和許多新聞從業者的智力眼界，但它一定會傳播開來，無論它的計畫多麼寬廣，或許正因為這理由，它將釋放強大的影響。

費爾巴哈（Feuerbach）也有同樣的判斷，不過因為他自己的發展方向而有所差異。他不很留意作者的辯證法，而著重於這書的「充滿著最有趣但同時又最可怕的無可否認的事實」；他以為這些事實已經證明了他的道德哲學的眞理：沒有生活的必需性的地方也就沒有道德的強制力。

第一卷的譯本首先在俄羅斯出版。一八六八年十月十二號馬克思寫信給庫格曼說：聖彼得堡的一個出版商給他一個驚喜，通知他說譯本已經在印刷中，要求他寄一張相片用作卷頭畫。他不得不把這一點小惠給予他的俄國「好朋友」，且覺得這眞是命運的嘲弄：二十五年來他在德國、法國和英國所攻擊的俄國人竟始終是他的「贊助者」。他對普魯東的答覆《哲學的貧困》和他的《政治經濟學體批判》在任何一個地方都不像在俄國那樣暢銷。不過，他仍然不願因此而過於相信他們，說那是純粹的伊比鳩魯主義（Epicureanism），即對西方世界可能提供的極端派作品的一種渴望。

然而，這是不正確的。那譯本到一八七二年才出版，而且確是一種嚴肅的科學工作，得到很大的成功，馬克思自己說它是「傑作」。譯者是丹尼爾森（Danielson），而以筆名尼古拉昂（Nikolaion）著稱；在翻譯最重要的那幾章時他是得到洛帕廷（Lopatin）的幫助的，後者是一個英勇的青年革命者，「有著很清醒而精確的頭腦，樂天的性格而又刻苦得好像俄國農民似的，身體力行」，這是一八七〇年夏季馬克思和他認識之後所說的話。

俄國審查機關允許這譯本出版是附帶著如下說明的：

> 雖然作者的政治信仰完全是社會主義的，雖然全書都具有鮮明的社會主義性質，它的表現方法確實不是可以使人人懂得的，況且它是在一種嚴格的科學方式之中寫成，所以本委員宣告該書免予追究。

這譯本於三月二十七號發行，五月二十五號就銷售了一千部，即全數的三分之一。同時法文譯本開始出版，德文原本也再版了，兩種都是分爲兩冊的。法文譯者是羅伊（J. Roy），由馬克思自己給他很多幫助。馬克思對法譯本做了「惡魔般的工作」，常埋怨說：比他自己重新全譯還要費工夫和麻煩。然而，他認爲安慰的是他相信這法譯本具有一種原本所無的特殊科學價值。《資本論》第一卷在英國並不如在德國、俄國和法國那樣成功。顯然只有一個短評發表在《週六評論》（*The Saturday Review*）上，但這短評聲稱馬克思具有使甚至最枯燥的經濟問題也富含魅力的天賦。恩格斯投給《雙週評論》（*The Fortnighly Review*）的一篇較長的評論被退回了，理由是「太枯燥」，雖然和這雜誌有密切關係的比斯利教授曾盡力使它接收。馬克思很希望有一個英文譯本，但在他活著時並不曾出現。

第十三章　國際工人協會的極盛時代

一、英國、法國和比利時

《資本論》第一卷出版不久之後，「國際」的第二次大會於洛桑舉行，自一八六七年九月二號至八號。它的水準不及日內瓦第一次大會那樣高。

理事會於七月中發出通告，邀請派遣強大的代表團出席大會，顯然比其在回顧成立三年來的活動及成績乏善可陳。不過瑞士和比利時可以說有穩健的進展，馬爾基安（Marchienne）罷工工人們的被屠殺曾激起無產階級的情緒，至於其他各國，這通告歷訴各種環境所加於宣傳方式的種種障礙。一八四八年之前德國人曾對社會問題表示過深切興趣，而現在卻完全專注在國家統一問題上了。除了盡力支持法國的各種罷工以外，因為法國沒有自由，「國際」在法國並不曾造成預期的進展。通告也說到一八六七年春季巴黎銅匠的大停工，此舉曾經發展為爭取組織權的戰鬥且以工人的勝利結束。

通告對英國也有溫和的責備，指出它過於著重參政權改革運動，以致忽略了經濟問題。然而，在群眾的壓力之下，首相迪斯雷利被迫授予甚至比格拉斯頓原來所願意更為廣泛的參政；現在城市住宅的每戶房客都有投票權，無論房租多少。然後理事會表示希望英國工人已經到了認清「國際」的用處之時了。在結論裡通告說到美國工人已經在好幾州裡爭得八小時工作制。

「國際」的各分部，不論規模大小都有權派遣一個代表出席大會。較大的分部每五百人可以派一個代表，每多五百名則類推。大會的當前任務如下：一，必須以何種實際步驟由「國際」創立一個工人階級解放鬥爭的聯合中心？二，如何把工人階級所給予資產階級和政府的信賴，利用到無產階級解放鬥爭的利益上？

這綱領很概括，而使事情更糟的是並未附帶某種備忘錄提供給它具體的根據。樂器工人杜邦（Dupont）和艾卡里爾斯作爲理事會的代表到洛桑去。杜邦，一個非常能幹的人，是對法國通信的祕書，因爲榮格未出席，杜邦作了七十一個到會代表的主席。德國代表之中有庫格曼、朗格、布希納和拉登道夫（Ladenolorff）——一個優秀的資產階級民主主義者，但激烈地反對共產主義。法、義團體人數遠超過條頓團體人數，而法、義人中除了少數義大利人和比利時人以外多半都是法國人和瑞士的法國人。

這一次普魯東派比理事會準備得更完整、更迅速，而且在理事會發出召集大會的通告之前三個月他們就已擬定一個大會議事程序，包括下列各項：互助性爲社會關係的基礎、社會服務同等報酬、信用銀行和平民銀行、互相保險協會，男女社會地位、集體利益和個人利益、國家乃正義的守衛者和實施者、懲罰權及成打類似問題。結果是可怕的混亂，但在此並無詳述的必要，因爲馬克思和它毫無關係，且總之大會因此而通過的許多互相矛盾的議決案終究不過是紙上文章而已。

大會的實際工作比之它的理論審議是更有成效。它確定理事會總部設在倫敦，決定會員年費爲十生丁，如期交納所有會員年費爲派遣代表出席年會的基本條件。它也決定工人的社會解放不能與政治行動分離，且爭取政治自由是先決和絕對必要的。它十分注重這一項，所以在往後每次大會中鄭重重申這意義。它對資產階級激進分子最近所發起的和平與自由聯盟也採取了一種正確的態度；不久之後這同盟在日內瓦召開它的第一次大會，同盟想要獲得工人援助的一切企圖，得到這樣簡潔的回答：只要我們自己的利益能夠因此而推進，我們必定樂於支持你們。

奇怪的是，這一次不甚重要的「國際」大會，卻比上次大會引起資產階級更多的注意，雖然上次大會舉行於普奧戰爭的餘波還擾動歐洲時。尤其是英國報紙，據艾卡里爾斯說，特別是《泰晤士報》，對於洛桑大會表示密切的注意，雖然它曾完全忽視上次大會。自然，這其間並不缺少嘲弄，然而資產階級終究開始認眞看待「國際」了。馬克思夫人在給《先兆》的信上寫道：「當我們的大會與它的繼弟和平大會進行比較時，總是有利於那兄長的，因爲前者被當作嚴重的威脅，而後者卻被視爲鬧劇和滑稽劇。」馬克思也這樣安慰自己，因爲他當然是不滿洛桑的爭辯的：「事情在進展。而缺乏資金！還有普魯東派搗亂於巴黎，馬志尼搗亂於義大利，再加上倫敦謹愼的奧哲爾、克里默、波特和德國的舒爾茨－德里奇和拉薩爾派。我們是有理由滿意的。」而恩格斯說理事會仍然留在倫敦，那麼洛桑大會的議決案是無足輕重的。這很正確，因爲在「國際」成立的第三年後，和平發展的時代就此結束，而殘酷鬥爭的時代開始了。

洛桑大會閉會幾天之後發生了一件影響廣泛的偶然事故。一八六七年九月十八號，武裝的芬尼亞（Fenian）[①]分子攔劫載著兩個芬尼亞犯人的囚車。他們在大白天實行襲擊，槍殺了一個護衛警察之後，打開囚車門釋放了他們的同志。這些強襲的人們從未被捕獲，但在後來拘捕的群眾中被選出了四位，以謀殺罪帶到法庭去審訊。這審訊自始就是有偏見的，並提不出任何對被告不利的眞憑實據，但他們最終被判處死刑而被絞死了。[②]這事轟動了英國，而且十二月間發生了一次「芬尼亞恐慌」，倫敦克勒肯維爾（Clerkenwell）區——幾乎全是工人和中下階層的居住地——的監獄圍墻被芬尼亞分子爆破，以致十二人死亡和一百餘人受傷。

「國際」和芬尼亞分子的謀叛當然毫無關係，且馬克思和恩格斯都斥責克勒肯維爾粗暴爲愚妄之舉，比任何事情都有害於芬尼亞分子，因爲這將冷卻或完全摧毀英國工人對愛爾蘭主義的同情。而英國政府把芬尼亞分子當作普通刑事犯，雖然他們是反抗無恥的及百年壓迫的政治反叛者，這情形激起了一切革命者的憤慨。甚至一八六七年六月馬克思寫信給恩格斯

---

① 愛爾蘭人於一八五七年在紐約成立之芬尼亞兄弟會（Fenian Brotherhood）之會員，其目的在使愛爾蘭脫離英國而獨立。語源出自「Finnan」，古愛爾蘭之勇士族。

② 四人中亞倫（Allen）拉爾金（Larkin）和奧布利恩（O'Brien）被絞死。苛頓（Condon）爲美國公民獲緩刑。

說：「這些可憎的英國豬吹捧其人道，說他們對待政治犯不比對待謀殺者、強盜、僞造者和雞姦者更壞。」而恩格斯則更受伯恩斯（Elizabeth Burns）女士的影響，後者是堅定的愛爾蘭愛國者，而他已把他對她逝去的姊姊瑪莉的愛轉向她了。

然而，馬克思對愛爾蘭問題所表現的熱烈關心，還有比同情被壓迫民族更深的原因。他對這問題的研究使他得到結論：愛爾蘭人的自由是英國工人階級解放的必要條件，接著輪到英國工人階級解放是歐洲無產階級解放之所依。他覺得當英國地主寡頭政治集團在愛爾蘭有著根深蒂固地位時，是不可能被推翻的。愛爾蘭人一旦自主管理自己命運、選舉自己的議員、任命自己的政府、開始自治，愛爾蘭地主貴族政治——大多數是英國地主所組成——的摧毀是比在英國更爲容易的，因爲在愛爾蘭這不僅是經濟的問題，也是民族的問題。在英國，地主們是傳統的顯貴，而在愛爾蘭他們卻是最可恨的民族壓迫的代表。英國軍、警一旦退出愛爾蘭就會發生農業革命。

以英國資產階級而論，他們與英國貴族有共同的利益，都想把愛爾蘭變爲純然的牧場，以最低價格供給英國市場肉類和羊毛。但除此以外英國資產階級也還有更重要的理由願意現存愛爾蘭政權的繼續。因爲佃農地的日益集中，愛爾蘭把穩定過剩的人口提供給英國勞動市場，因而可以壓低英國工人階級的工資以及物質和道德地位。在英國各工商業中心，工人階級已經分裂爲兩個敵對的陣營：一方是英國工人而另一方是他們的愛爾蘭友工。普通英國工人把愛爾蘭工人當作競爭者加以仇視，且覺得自己是優越的主宰族群，因此變爲貴族和資本家對抗愛爾蘭的工具，同時強化了這些階級對工人自身的統治力。英國工人懷抱著對愛爾蘭工人的宗教的、社會的和民族的偏見，所以前者看待後者正如以前美國奴隸州的「貧窮白人」看待黑人奴隸一樣。另一方面，愛爾蘭人也連本帶利地加以報復，立刻把英國工人視爲英國統治愛爾蘭的幫凶和愚蠢的工具。工人階級在英國的無力，除了它的組織問題以外，是根源於這種對立，而這對立是藉由報紙、講道壇以及冒險漫畫欄——簡言之，一切統治階級所能動用的手段人爲養成的。

再來，這禍害也蔓延到大西洋彼岸，英人和愛爾蘭人之間在那的對立阻礙著英、美的工人階級之間眞誠而有效的合作。「國際」的最重要責任是加速資本大都會英格蘭的社會革命之發展，而達到這目的的唯一方法是確保愛爾蘭的獨立。在一切可能的事變中，「國際」必須公開站在愛爾蘭方面，而理事會必須擔負起一種特殊任務，使英國工人相信愛爾蘭的民族獨立不僅是一個抽象的正義問題和人道關懷，也是他們自己的社會解放的先決條件。

在後來幾年中馬克思竭盡全力於這任務。正如他從前把波蘭問題（自從日內瓦大會之後就不再見於「國際」的會議程序）視爲推倒俄國統治的槓桿一樣，他是把愛爾蘭問題視爲推倒英國世界霸權的槓桿的。他的態度並未受制於這事實：急於想當下屆議員的那些工人階級運動中的「陰謀家」（他認爲甚至理事會會長奧哲爾也是其中之一）以此藉口而加入資產階級的自由主義陣營；因爲，格拉斯頓希望再次組閣，正在利用愛爾蘭問題作爲競選口號，且它已成爲當時火熱的問題之一。理事會曾組織一個請願團，向英國政府抗議對曼徹斯特的三個芬尼亞分子執行死刑（當然不成功），並譴責這項執行爲合法的謀殺，且它在倫敦也組織了一些公眾集會支持愛爾蘭立場。

這項活動激怒了英國政府，且它被法國政府所掌握用來對「國際」進行打擊。三年以來拿破崙三世曾注意「國際」的發展而並不加以干涉，希望藉此恐嚇難管教的資產階級。當「國際」的法國會員在巴黎成立分會時，他們呈報警察總監和內務大臣，但這兩位貴人甚至不承認接到呈文。然而，在這以前，當局方面早已有過不少狡猾小伎倆和詭詐手段。日內瓦「國際」大會曾經派一個生在瑞士而歸化英國的人將其會議紀錄帶去給理事會，它不願信任拿破崙三世黑暗內閣對其文件的虛弱自由定奪，但在法國邊境上它們被警察盜竊了，且法國政府不理會一切抗議。然而，倫敦外交部受理了這事件，以致竊賊被迫送還贓物。

法國皇帝的親信魯爾（Rouher）是受過「國際」的冷落的。因爲他說他願意允許法國出席日內瓦大會的代表們可以發表他們的宣言，只要「插入幾句感謝替工人做過許多事的皇帝的話」。這被拒絕了，雖然「國際」的法國會員的一般政策是盡可能地避免開罪於埋伏的野獸，他們很清楚它不過是在等待時機而已，而這種態度使資產階級激進分子懷疑「國際」的法國會員是僞裝的拿破崙派。

有些法國作家斷言激進分子利用這種懷疑挑撥會員們，以致後者支持前者所發表的一兩個反對帝國的無聊宣言，但這是無關緊要的，因爲另有許多比這更重要的理由使拿破崙三世公開和工人階級決裂。一八六六年嚴重危機之後的罷工運動曾發展到嚴重擾亂他的程度；然後一八六七年春季，當盧森堡爭議緊急到有和北德聯盟開戰的危險時，法國工人們在「國際」的影響下和柏林工人們交換和平請願；最後，法國資產階級正振耳欲聾地喧嚷著要求「爲薩多瓦（Sadová）復仇」③，以致法國皇宮中人靈機一動，以制止那喧嚷來換取「自由派」讓步。

在這些情況之下，拿破崙三世準備以「國際」的巴黎辦公室是芬尼亞分子謀叛的中心爲藉口對其出手，是可以一箭雙鵰的。辦公室會員的家突然在深夜裡無預警被搜查，但當然毫無謀叛的模糊痕跡，而因爲要避免這挫折所招致的公眾嘲笑，拿破崙三世只能對被逮的二十多個會員，控訴他們非法結社。三月六號和二十號，「國際」的十五個會員受審且被判有罪。他們各被處罰金一百法郎，辦公室宣告解散。上訴抗爭此判決顯然是無效的。

然而，在上訴未開審之前，新的控訴已經開始了。檢察官和法庭對被告們曾加以非常考慮，同時托萊因很溫和地爲自己和他們辯護，但開審之後兩天新的辦公室又成立了，這種挑釁和公開嘲弄奪走了拿破崙三世的最後幻想。五月二十二號新辦公室的九個會員出庭，在瓦爾蘭出色且尖銳的辯護之後，各被判處徒刑三個月。因此，帝國與「國際」之間的眞實關係

③ 捷克的一個鄉村；一八六六年七月三號普奧戰爭中，奧地利軍隊被普魯士軍隊大敗於此。遂以此波西米亞風格的鄉村命名科尼格拉茨戰役。

是顯明了，而法國支部從此最後及公開地和那十二月的屠夫分裂贏得新的力量。

「國際」也曾和比利時政府纏鬥。沙勒羅瓦（Charleroi）盆地的九個礦場主用不斷欺騙的手段驅使他們工資微薄的礦工們叛亂，且放任國家武裝力量來對付他們。在這惶惶不知所措的恐怖統治之中，「國際」爲被殘忍虐待工人們的宗旨而戰，在報紙上和公開集會上將這事件訴之大眾、援助死傷工人的家屬，且給予被捕工人法律的援助，終於使他們得到無罪釋放。

比利時司法大臣巴拉（de Bara）在內閣裡痛罵「國際」，且恐嚇提出壓迫措施，包括禁止原定將在布魯塞爾舉行的下屆「國際」大會。然而，這些威脅並未嚇退「國際」的比利時會員們，他們用一封公開挑釁信答覆這位大臣，保證下屆「國際」大會將在布魯塞爾舉行，不論司法大臣喜歡或不喜歡。

二、瑞士和德國

在這幾年內推進「國際」所號召的偉大運動的最有力槓桿，是作爲一八六六年經濟恐慌的結果，席捲資本主義發展程度高低不同的一切國家的普遍罷工風潮。

理事會對這些罷工的爆發當然是不能負責的，但它指導和援助罷工者們，而且動員利於無產階級的國際團結。因此，「國際」奪取了資本家階級一項很有力的武器，雇主們不再能夠藉由輸入外國的低賤勞動以箝制他們工人的鬥士了。還有，「國際」從公同敵人中無意識的外籍補充部隊募集了自我犧牲的盟友。凡是它的影響所到的地方，它就設法說服工人們為了他們自身的利益，他們應支持外國同志的工資鬥爭。

「國際」的這種活動顯然是有永恆價值的，且使它在歐洲贏得了遠超過其眞實力量增加的聲勢。資產階級都不願或不能理解，罷工潮的源頭必須求之於工人們的悽慘狀況；而只把罷工解釋為「國際」祕密策動的結果。因此「國際」就顯現為資產階級在每次罷工鬥爭中都要衝出來消滅的一種凶惡巨怪。每次大罷工都很快變為環繞著「國際」的一種鬥爭，而且每有一次罷工，「國際」就增加一次聲勢。

可以作為這類罷工例子的是一八六八年春季日內瓦建築工人的罷工，以及同年秋季爆發於巴塞爾而持續到第二年春季的緞帶織工和絲綢染織工人的罷工。日內瓦建築工人的罷工以要求提高工資和縮短工時開始，但在雇主們要求工人們必須和「國際」斷絕一切關係作為締結任何協議的先決條件時，立刻改變了這罷工的性質。罷工工人們拒絕了這傲慢的要求，而且多虧理事會為他們在英、法及各國所獲得的援助，他們才能堅持他們的原來要求。巴塞爾蠻橫的資本家所表演的把戲還要更為殘酷，市內一個緞帶廠的織工們得到通知：本年取消秋季市集最後一日行之多年，例應放假的休息時間，凡無視警告任意休假者立即解雇。一部分工人固執著這傳統的權利，而第二天他們就被警察驅出廠門，不顧他們的解雇必須在十四天以前通知的規約。資本家的這種殘酷與傲慢舉動激怒了巴塞爾的工人們，鬥爭開始了，持續了好幾個月，在州政府想用軍事措施嚇阻工人，包括制定實際等同戒嚴的法令，達到頂點。

這猛攻的目的不久就證明是要摧毀「國際」。資本家們用盡一切可能方法來壓倒工人們，從殘酷的驅逐罷工工人眷屬離開家宅和阻止商店記帳，以至可笑的急派密使到倫敦去調查「國際」的經費來源。當《泰晤士報》把「國際」各支部比擬爲初期基督教各團體時，「倘若這些單純和正統的基督徒生在基督教初興的時代，他們一定會組織機關調查使徒保羅在羅馬的銀行帳目」，馬克思揶揄地說。不論資本家們如何努力，巴塞爾工人們仍然忠實於「國際」，而當他們終於贏得勝利時，他們舉行繞市大遊行和在市集廣場開群眾大會來慶祝。他們收到別國工人們的慷慨捐助，且他們的鬥爭的影響甚至顯現於美國，在這裡「國際」正開始建立堅固的根據地；而佐爾格，一八四八年流亡到紐約去當音樂教師，現在獲得了貝克在日內瓦同樣的地位。

更值得注意的是罷工運動替「國際」在德國開拓了發展的道路——它在那裡原來只有些孤立的團體。經過艱苦的鬥爭和許多紛亂之後，全德工人聯合會已經發展爲一個堅固的組織，且持續造成令人非常滿意的進步，尤其在施韋策被選爲它的領袖之後。施韋策是北德議會中代表埃爾伯費爾德及巴爾門（Elberfeld-Barmen）區的議員，同時他的老對頭李卜克內西是代表施托爾貝格和雪山（Stollberg-Schneeberg）區的議員。幸虧他們對民族問題的態度相反，他倆很快就在議會裡纏鬥起來了。像馬克思和恩格斯一樣，施韋策承認，薩多瓦戰役所必然造成的現狀，而李卜克內西卻固執地反對北德聯盟，視其爲非法和無恥的產物，是必須無情地予以摧毀的東西，倘若必要，縱然在過程暫時放棄工人階級的社會目的亦在所不惜。一八五六年秋季，李卜克內西協助撒克遜人民黨的成立，這黨的綱領是激進民主的但不是社會主義的，而他於一八六六年在萊比錫發行《民主週報》（*Demokratisches Wochenblatt*）作為這黨的機關報。這黨主要是從工人階級中徵集黨員，在這一點上它和德國人民黨顯然不同，後者除了幾個正直的知識分子如雅各比之流以外，大半是法蘭克福交易所的民主人士、施瓦本派的共和黨員以及義憤俾斯麥任性違法粗率地取消幾個小王公的人士們。和它較為接近的是德國工人組織聯合會，這是拉薩爾開始其煽動不久之後由進步的資產階級分子成立起來以資對抗。然而，它要對抗拉薩爾派這事實卻迫使它左傾了，而且這左傾由於倍倍爾（August Bebel）當選聯合會會長而強化。李卜克內西發現倍倍爾是他的忠實的盟友。

在《民主週報》的第一號上李卜克內西就說施韋策是被社會民主主義所有先驅者否定的人，但在大體上這攻擊是陳腐和無效的，因為施韋策並不會動容於三年前他所受的馬克思和恩格斯的譴責，他仍然堅持本著拉薩爾的精神領導德國工人階級運動，同時不使它墮落為盲從墨守成規的一種正統派系。施韋策曾經盡力對德國工人宣傳馬克思的《資本論》第一卷，而且比李卜克內西做得更早更透澈。一八六八年四月，為了普魯士政府計畫減低鐵類輸入稅的問題，他甚至寫信請教馬克思。

單以馬克思是理事會的對德通信祕書這事實而論，就足以強迫他答覆一個大工業區的工人們的議會代表所提出的任何問題，況且那時他對施韋策的活動已有完全不同的結論。雖然馬克思只在遠處觀察事情，他並不會看不出施韋策領導工人階級運動所有的「智慧和動能」，而在幾次理事會席上他一說到他，總是稱其爲黨的人，而從不提他們的差異。

即使到現在他們之間還是有著足夠的差異。馬克思或恩格斯都不曾完全放棄他們私人對施韋策的不信任，雖然不再懷疑他私通俾斯麥，他們確實懷疑他請教馬克思是意在排斥李卜克內西。此外，他們都未完全消除全德工人聯合會是一種「派系」這觀念，認爲施韋策所要的是「他自己的工人階級運動」，但無論如何，他們總承認施韋策的策略比李卜克內西的策略高明得多。

馬克思說過施韋策是德國一切工人領袖中最有智慧、最有活力的人，又說只因爲有了施韋策，李卜克內西才被迫記起獨立於小資產階級民主人士之外的工人階級運動的存在。恩格斯也持和這相同的意見，說過這「傢伙」比其他任何人更能理解和說明一般政治環境以及工人對其他黨派的態度：

他說比起我們來其他黨派全是反動群體，它們之間的差別對於我們是無足輕重的！他承認一八六六年及其後果毀滅了那些王公，損害了合法化的原則，使反動勢力的核心動搖，使人民行動起來了，這是眞的，但現在，他正在攻擊其他後果，課稅等等，且他對俾斯麥的態度，比之李卜克內西對那些去職王公的態度更爲「正確」，如柏林人所說。

關於李卜克內西在另一事件上的策略，恩格斯說他是被圍困在這喋喋不休的議論之中了：「在聯邦議會、盲目的教皇黨和尊敬的黑森的選帝侯（Elector）④恢復之前，在不信神的俾斯麥受到正當而無情的報復之前，我們必須不製造任何革命。」恩格斯的話是有些急躁誇張的，但其中大部分是眞理。

後來馬克思說：有人認爲基督教神話在羅馬帝國之下的傳播，只因爲當時沒有印刷的報紙才可能，而今日的情形卻正相反。日報和電報頃刻就把揑造的事傳遍世界，一天之內揑造的神話（資產階級的驢子們所相信和傳播的神話）比前一世紀所能揑造的更多。這項評語的一個特殊明顯的例證是數十年來許多人（不只資產階級驢子們）相信這種神話：施韋策曾努力出賣德國工人階級給俾斯麥，而它的得以保存只是拜李卜克內西和倍倍爾的阻撓之賜。

事實正好相反。施韋策爲一種社會主義的觀點而戰，《民主週報》卻勾結那些「去職王公」的各州獨立派的擁護者們，勾結維也納的自由的腐敗分子政權，到一種絕不合於社會主義立場的形式。倍倍爾在他的回憶錄裡說奧國對普國的勝利將是可喜的事，因爲在奧國那樣

---

④ 神聖羅馬帝國有選舉皇帝之權之諸侯。

內部衰弱的國家裡，比之在普國那樣內部強固的國家裡，革命更容易布署。但這是事後諸葛的話，姑不論這想法的價值如何，在當時的文獻中確是找不出這樣觀點的任何一點痕跡。

姑不論與李卜克內西私人如何友好，及對施韋策私人如何不信任，馬克思並不會不認識事情的眞相。

他在答覆施韋策所提出的鐵類輸入稅問題的信上形式是愼重客氣的，內容是透澈和客觀的。於是施韋策做了他三年前建議的一件事。在一八六八年八月底於漢堡舉行的全德工人聯合會的大會上他提議加入「國際」。鑒於取締聯合的法令，這加入是採取聲明同情「國際」宗旨的形式，而沒有組織上的正式聯結。大會邀請馬克思出席接受德國工人們對他爲工人階級的宗旨所做的科學功勞的感謝，而且施韋策事先的探問是得到馬克思的友好回答的，雖然他終究不曾參加大會，無論施韋策如何催請。

在感謝加於他的「榮譽」的那封信裡，他以籌備將在布魯塞爾舉行的「國際」大會，他自己不能離開倫敦來開脫；同時他「欣然」稱道全德工人聯合會大會的議程包含了作爲任何莊重的工人階級運動的起點的主要項目：宣揚充分的政治權利、工作日規定的立法以及有系統的國際工人階級合作。在後來寫給恩格斯的信裡，馬克思說在那封信裡他誠懇祝賀拉薩爾派已經放棄拉薩爾的綱領，但老實說，要找出拉薩爾會反對上述三項的理由是困難的。

眞正破除拉薩爾的傳統，是由施韋策自己在大會上造成的；在猛烈反對之下，他以辭職爲要挾才得到授權委任，他和他的國會同事弗里切（Fritzsche）才以指導罷工爲目的組成囊括一切工人階級的組織，於九月底在柏林召開工人階級大會。施韋策考察過歐洲的罷工運動，他並未高估它的重要性，但他認爲要負起本身責任的工人階級的黨，不能任隨各處自然爆發帶有基本暴力的罷工，墮落爲無組織的混亂。所以他毫不遲疑地建立各種工會，雖然他未能認識它們存在的特殊狀況，但想要把它們組織得像全德工人聯合會自身一樣嚴格，且多少可以僅作爲後者的輔助機關。

馬克思曾提醒他小心不要犯這種嚴重錯誤卻落空。施韋策寫給馬克思的信現在還全保存著，而馬克思寫給施韋策的卻只留存了一封⑤，雖然一八六八年十月十三號的這一封信或許是最重要的。這信表達了對施韋策觀點的友好敬意，且它的形式是無可非議的。它羅列了最重要反對施韋策的工會組織計畫的理由，但它的弱點是扯上拉薩爾所成立的組織爲「派系」，最終必須斷然使其併入一般工人階級運動之中。在施韋策寫給馬克思最後一封的答覆信裡，他正當地答道他歷來是盡力和歐洲一般工人階級運動維持著共同步調的。

漢堡的全德工人聯合會大會閉會幾天之後，德國工人組織聯合會在紐倫堡舉行代表大會。這代表大會也證明它能理解時代需要，大多數人採取了「國際」會規的主要段落爲政治綱領，且以《民主週報》爲它的機關報，而少數人卻因此退出，永遠不見了。之後多數人否

⑤ 有比現存這封更多的信，例如一八六五年一月廿四號馬克思寫給施韋策討論普魯東的長信。

決了以國家控制爲保險基礎發放養老金的議案，而贊成建立工聯會來辦理的議案，因爲經驗顯示這種工聯會最適宜於管理養老金、健康給付和補助工匠出差費。贊成建立工會的這種論證並不如漢堡大會以自行顯現在罷工風潮中的勞資之間的階級鬥爭爲訴求那麼有力。漢堡大會通過加入「國際」的理由，是一切工人階級的黨派都有共同的利害關係，而紐倫堡大會對這事的態度並不很明白及積極。幾個星期之後，《民主週報》以顯著地位宣布德國人民黨在斯圖加特的代表大會決議，採用紐倫堡的綱領。

然而，全德工人聯合會和德國工人組織聯合會已經更加互相接近，且馬克思盡力調和李卜克內西和施韋策以謀德國工人階級運動的統一，雖然他並未成功。紐倫堡聯合會以空洞的藉口拒絕派代表出席施韋策和弗里切在柏林所召開的工會大會，但大會的出席踴躍，組織了許多「工人俱樂部」，與施韋策所領導的「工人同盟」平行並進。

紐倫堡聯合會於是開始組成頗爲誇大的所謂「國際工人合作社」，以倍倍爾起草的社章爲基礎，這比施韋策的各種建議更符合工會生活的需要。後來這合作社提議與其他組織協商一種確保統一的辦法，但這提議被粗率地拒絕了。紐倫堡派得到這通知：他們是要負分離責任的，他們可以不必徒勞於建立他們曾經阻撓的統一。倘若他們眞誠有意於統一，他們盡可以加入工人同盟，在其中做出他們想要的改革。

馬克思不能阻止德國工人階級運動的分裂，但他得到雙方對「國際」的支持仍算是一種進步。「國際」現在開始在各處劃定它的勢力範圍，雖然各處的界限還是模糊不清的。馬克思考慮把理事會總部從倫敦移到日內瓦，他的這種企圖和倫敦的法國派所造成的困擾有關。這一派的人數並不多，但吵嚷得很厲害，高聲喝采那提倡暗殺拿破崙三世的可憐小丑皮亞特（Pyat），使「國際」特別尷尬。「國際」當然盡力制止這種愚行，而它的「獨裁權」被這一派戲劇性的廢止了。這一派也開始準備在即將來臨的布魯塞爾「國際」代表大會中攻擊理事會。

幸而恩格斯竭力勸阻馬克思別採取這危險步驟，說絕不能只因爲一群蠢材的胡鬧就把這運動的領導權移交給並不勝任領導角色的人們，無論他們有怎樣的熱誠和天生的直覺。這運動愈擴大，尤其是它現今在德國正處進展之中，馬克思把那韁繩握在手裡就愈顯重要。而且不久之後就恰好印證日內瓦的那班有著熱誠和僅僅直覺的人們確是能力不足的。

三、巴枯寧的煽動

「國際」第三次代表大會於一八六八年九月六號至十三號在布魯塞爾舉行。

大會的出席情況比以前或以後任何其他大會都更好，但具有濃厚的地方性質，比利時人占了過半數；法國代表約占五分之一；英國有十一個代表，其中的六個是理事會成員，包括艾卡里爾斯、榮格、萊斯納和工會主義者盧克拉夫特（Lucraft）；瑞士有八個代表出席；而德國只有三個，其中之一是科隆派的赫斯。施韋策接到正式的邀請，由於他的國會議員職務要求他得在德國現身致不能出席，但他寄來一份聲明說全德工人聯合會贊成「國際」的宗旨，並解釋它不能正式加入不過是礙於德國的《取締聯合法》；義大利和西班牙各派來一個代表。

在成立的第四年中，「國際」的更具活力明確地顯現在這次大會的過程裡。普魯東派在日內瓦和洛桑大會中對工會組織和罷工的抗拒幾乎變成與其相反的形勢；但仍然堅持他們「免息貸款」和「交換銀行」的舊觀念，而且爭得了一個學院式的通過案，雖然艾卡里爾斯根據英國經驗展示普魯東的補救藥方在實踐上行不通，同時赫斯也根據馬克思二十年前對普魯東的答覆，演示其在理論上的不足取。

在「財產問題」上法國代表完全黯然失色了。根據佩帕（Paepe）的提議，就此課題大會通過了一個冗長的決議案：良好的社會制度必須接收和管理礦場和鐵道以利於全社會，即，基於正義準則的新國家，所以到那時候它們必須由能夠供給全社會必要保證的工人公司來經營。土地和森林也必須由國家接收，且委託給能夠提供同樣保證的類似工人公司。最後，一切水道、公路、電報，總之一切交通和通訊工具必須成為全社會的公產。法國代表猛烈反對這種「原始共產主義」，但他們所得到的保證不過是大會同意在已定於巴塞爾舉行的下次代表大會中重新討論這問題而已。

據馬克思說他未曾參與起草布魯塞爾大會決議案，但他對那議事錄沒有不滿。第一，大會按照漢堡和紐倫堡各大會的先例，以國際無產階級的名義感謝他為其所做的科學著作，這是對於他個人與政治都滿意的事實；第二，倫敦的法國派對理事會所發動的攻訐是被駁回的。然而，日內瓦派所提出的一個議案被大會通過了，大意是說：各種威脅性的戰爭必須由總罷工、總罷業加以避開。馬克思說這是「胡說」，但他贊成與「和平與自由聯盟」斷絕關係的決議。這聯盟差不多稍晚在伯恩開它的第二次大會。它向「國際」提議聯盟，但它接到布魯塞爾大會的簡潔回答：它似乎沒有繼續存在的明顯理由，最好是結束它自己並勸告其會員加入「國際」的各分部。

據說主張這種聯盟最力的是米哈伊爾·巴枯寧，他曾出席和平與自由聯盟的第一次代表大會，而且在布魯塞爾大會之前的幾個月加入「國際」。當「國際」拒絕他所提出的這兩個組織的聯盟時，他盡力說服和平與自由聯盟的伯恩大會提倡這主張：摧毀一切國家，且在這廢墟上建立一切國家的自由生產合作社的邦聯。然而，在這聯盟的大會中他是居少數，於是他聯合貝克與其他人及少數派建立國際社會主義民主聯盟（International Alliance of Socialist Democracy）。這團體是無條件地加入「國際」的，以求在其中根據全世界所有人類一律及道德平等的偉大原則，進一步研究一切政治和哲學的問題。

這聯盟由貝克在九月分的《先兆》上宣告成立，說是作爲法國、義國和西班牙以及「國際」勢力所及的各地方的「國際」支部，但三個月之後，一八六八年十二月十五號，貝克正式請求理事會容許這聯盟加入「國際」，同時這請求曾送到法、比聯合會且遭到拒絕。一個星期之後，即十二月二十二號，巴枯寧從日內瓦寫信給馬克思：

我親愛的朋友，我現在比從前更理解你所遵循的經濟革命大道是何等正確，你邀約我們同行，而責備我們之中的某些人枉費精力在部分是民族的而有時完全是政治冒險的歧途上。我現今正在做著二十年前你一直在做的事。自從我在伯恩會議鄭重且公開脫離資產階級以來，除了工人的世界以外我並不知道其他社會和環境。現在「國際」便是我的祖國，而你屬於其卓越的創立者之列。所以，你明白的，我親愛的朋友，我是你的學生，且我是以此爲榮的。我的態度和我個人的意見無非如此。

這些保證的眞誠是沒理由懷疑的。

倘若要快速和基本理解這兩人之間的關係，可以從巴枯寧在幾年之後——當他已猛烈地反對馬克思時——所做的馬克思與普魯東的比較中得到一種梗概：

馬克思是一個嚴肅而精深的經濟思想家，且作爲眞正的唯物論者是遠勝於普魯東的。普魯東，無論如何努力使他自己擺脫古典的唯心論的傳統，終其一生仍然是一個積習難改的唯心論者，有時爲《聖經》所動搖，有時爲羅馬法所左右（一如我在他死前兩個月對他說的），而到底總是一個形而上學家。他的大不幸是他從未研究過自然科學，從未採用它的方法。他稟賦著種種健全的本能，這些本能短暫地顯示給他正確的道路，但，被他壞的或唯心論的思維習慣所誤，他一而再陷於他的舊錯誤之中。因此普魯東是一個永遠不能免於矛盾、天才橫溢的革命思想家，不斷地和唯心論的種種幻想戰鬥而又永遠不能擊敗它們。

這是巴枯寧論普魯東。

然後他進而描述他所見到的馬克思的特質：

作爲一個思想家，馬克思是在正確的道路上的。他建立了這原則：在歷史中的一切宗教的、法律的和政治的發展，並不是經濟發展的原因而是結果。這是一個偉大而有成效的觀念，但這不能完全歸功於他。在他以前已有許多人暗示過它，甚至部分地表明了它，不過到他才以科學的方法發揚光大了這觀念，而且以它爲他全部經濟教學的基礎。在另一方面，普魯東比馬克思更能理解和欣賞自由這觀念。當他不從事於教條和幻想的發明時，普魯東擁有眞正的革命本能；他尊重撒旦而且公開褒揚無政府狀態。若說馬克思比普魯東更能推展一種更合理的自由體系，也是十分可能的，但他缺少普魯東的本能。作爲一個德國人和猶太人，他從頭到腳是一個權威主義者。

巴枯寧對馬克思有這些評論。

他從這比較中得出的結論是他使這兩種體系綜合於更高的統一之中。他以爲他發展了普魯東的無政府主義，使它脫去一切教條、唯心論和形上學的浮渣，且給予它一種科學的唯物論和歷史的社會經濟學的根據，但他可悲地欺騙了他自己。他的發展遠超過普魯東，受過更爲廣博的歐洲教育，對馬克思有更好的理解，但並不像馬克思，他既不精通德國哲學，也不曾仔細研究過西歐人民的階級鬥爭。況且，他對經濟學的無知甚至比普魯東對自然科學的無知更爲有害。巴枯寧在學養上的這種缺點是因爲他的韶光革命活動使其年華大半消耗在薩克森、奧地利、俄羅斯的監獄裡和西伯利亞的冰凍荒野裡，但這解釋儘管是光榮的，卻並未減輕那缺點的嚴重性。

那「內在的撒旦」是他的力量同時是他的弱點，且他所愛用的這名詞的意義究竟爲何，曾經由俄國著名批評家別林斯基（Bielinski）適當地用高貴字眼解釋過：「米凱爾（Michael）⑥時常是罪有應得和該受責備的，但在他內在有著可以蓋過其一切缺點的某物——那就是活躍於他精神深處的那永存的有所爲原則。」巴枯寧徹頭徹尾是一個革命性格，像馬克思和拉薩爾一樣，具有使人傾聽他的聲音的天賦。一個一文不名的亡命客，只憑不屈不撓的意志，在歐洲的許多國家之中，在西班牙、義大利和俄羅斯打下國際勞工階級運動的基礎，這成就是不能小覷的。然而提及這些國家，不過是要體認他和馬克思的不同。這

⑥ 巴枯寧的私名。

兩個人都看到革命的來臨，但馬克思認爲他在德國、法國、英國所研究過的工業的無產階級才是革命的骨幹，而巴枯寧卻想要以落魄的青年、農民，甚至貧民窟無產者的群眾來攫取勝利。雖然他承認馬克思作爲科學思想家的優越性，在其自身行動上卻一而再陷於「前代革命家」所常犯的錯誤之中，他安於他的命運而聊以自慰：雖然科學可以作爲生活的指南針，但並非生活本身，且只有生活本身才能創造眞實的事物和存在。

單憑兩人絕交時不可妥協的爭吵來評判他們的關係，這對馬克思和巴枯寧都是愚昧而且不公平的。追溯他們在三十個年頭之中如何彼此一而再接近直至決裂的事蹟，這才是在政治上，尤其在心理學上更有價値得多的。兩人都以青年黑格爾派開始他們的革命事業，且巴枯寧也是《德法年鑑》的發起人之一。當馬克思和盧格分裂時，巴枯寧支持馬克思而反對他多年的庇護者，但在布魯塞爾他才一明白馬克思的共產主義宣傳的意義就惶恐起來了，且幾個月之後他狂熱地支持赫維格（Herwegh）大膽義勇軍打進德國去的聖戰，直到體認了那冒險的愚蠢才公開認錯。

此後不久，在一八四八年夏季，《新萊茵報》指責他是俄國政府的工具，但後來爲這受到兩個獨立來源引致的錯誤而相繼更正——其寬宏大量足夠使巴枯寧完全滿足。馬克思和巴枯寧又在柏林會晤，恢復了他們的舊誼，而當巴枯寧被逐出普魯士時，《新萊茵報》曾竭盡精力擁護他的宗旨。他接下來的泛斯拉夫宣傳受到《新萊茵報》的嚴厲批評，但在序言中聲明「巴枯寧是我們的朋友」，指出他的動機是民主主義的，非常體諒他在斯拉夫問題上的自欺。至於餘下的部份該評論的作者恩格斯反對巴枯寧的宣傳，是錯誤的，因爲那時在奧國壓制之下的斯拉夫民族確曾擁有恩格斯所否定的歷史前途。巴枯寧革命性參與德勒斯登（Dresden）叛亂曾經得到馬克思和恩格斯的讚賞，在任何人之先且比任何人都更熱烈。

巴枯寧被俘於德勒斯登敗退之中，先由薩克森接著由奧國的軍事法庭兩次被宣判死刑。兩次判決都減刑爲終身苦役，他最終被引渡回俄國，在聖彼得堡要塞裡過了多年的可怕歲月。在他幽禁的期間，一個白痴的厄克特（Urquhartite）派又提起已被駁倒的指控，說巴枯寧是俄國政府的密探，而且在《晨報》（*The Morning Advertiser*）上撰文宣稱他實際未在監獄裡。後來《晨報》被迫而登載赫爾岑（Herzen）、馬志尼、盧格和馬克思諸人的抗議信。不幸的是，這巴枯寧的誹謗者也恰好叫作馬克思，已有少數人注意這名字，但對方堅拒廢棄這公開的筆名。這偶然的巧合後來被假革命家赫爾岑利用來做了一件可恥的奸計。一八五七年巴枯寧從聖彼得堡流放到西伯利亞，一八六一年他逃往日本，途經美國到了倫敦。赫爾岑使他信服，在他被拘期間馬克思在英國報紙上揭發他是俄國間諜。兩人之間所發生的許多糾紛是由這卑劣的散布醜聞開端的。

巴枯寧和歐洲生活已經完全隔絕了十多年之久，所以他一到倫敦就跟俄國流亡者赫爾岑之流接近，是可以理解的，雖然他和他們根本上很少共同之處。甚至在他的泛斯拉夫主義中——以他的目的而論可以給他這樣一個名詞——巴枯寧始終是一個革命者，而赫爾岑卻是在溫和的自由主義面具之下玩著沙皇主義的把戲，攻擊「墮落的西歐」，對俄羅斯的農村公社予以神祕的崇拜。巴枯寧對赫爾岑維持著私人的友誼，一直到後者死時，這是無可厚非的，因爲赫爾岑曾是他青年困厄時的援助者。兩人之間政治的分離是由巴枯寧一八六六年給赫爾岑的一封信，責備他主張避免政治變革的社會轉換，且只要能保留俄羅斯農村公社就願意原諒國家一切，而這些主張確是赫爾岑希望不僅改造俄國和斯拉夫諸國，甚至改革全世界的根據。巴枯寧對這種幻想加以毀滅性批評。

然而，他從西伯利亞逃出來，住在赫爾岑的家裡，因此和馬克思並無任何接觸。但不論這事實，他把《共產黨宣言》譯成俄文，在赫爾岑的《科洛科爾報》（*Kolokol*）裡出版，這是他行爲的一個典型。

巴枯寧第二次停留倫敦時，「國際」已經成立，馬克思破冰前去造訪他，並使他相信自己和那誹謗者毫不相干而且曾公開表達反對。經這一番解釋之後兩人和好而別。巴枯寧是熱忱支持這國際工人階級組織的計畫的，所以馬克思於十一月四號寫信給恩格斯說：「巴枯寧問候你。他今天去義大利了，現住在佛羅倫斯。我必須告訴你，他給我的印象是好的，比以前更好……總之，他是我過去十六年中所遇見的有所進步而未曾倒退的少數人之一。」

巴枯寧對「國際」宗旨的熱忱並不長久，他到義大利之後就喚醒了「前代革命家」的精神。他選擇住在義大利是因爲那裡的氣候宜人和生活便宜，但也有政治的理由，因爲法國和德國都拒絕了他。他把義大利人視爲斯拉夫反抗奧國壓迫的鬥爭中的天然盟友，且當他還在西伯利亞時，加里波底（Garibaldi）的功勛就已激起他的想像。他對這些功勛的第一個結論是革命運動又已再現了。在義大利他建立了幾個政治的祕密社團，結合著一些隨時願意投身於所有叛亂冒險之中的一群落魄知識分子、一幫時常處於挨餓邊緣的農民以及永遠在騷動的貧民窟無產者。特別那不勒斯的拉扎羅尼（Lazzaroni）是貧民窟無產者最具代表性的地區，巴枯寧在佛羅倫斯短暫停留後曾住在那裡。在他看來，這些階層是革命的眞實驅動力量，而且他把義大利視爲或許最近於社會革命的國家，雖然他不久就不得不承認錯誤。那時馬志尼的宣傳還盛行於義大利，而馬志尼是反對社會主義的。其曖昧的宗教口號和嚴格的中央集權運動的唯一目的，是想要確保一個資產階級的聯邦共和國。

住在義大利的那幾年之間，巴枯寧的革命煽動採取一種更爲明確的形式。因爲缺乏理論的知識、反應過於敏銳和急於行動，他隨時都受當下環境的強烈影響。馬志尼的政治－宗教的獨斷主義，迫使巴枯寧強調他自己的無神論和無政府主義，且否定一切國家權威。在另一方面，他視爲一般社會改造先驅的那些階級的革命傳統，大爲影響他自己耽溺在祕密反叛和局部暴動的傾向。所以，巴枯寧所建立的社會革命的祕密社團，當初是以義大利人爲主而目的在於打擊「馬志尼和加里波底的令人作嘔的有產者巧言弄詞」，但後來此目的旋即延展到其國際性勢力範圍內。

在一八六七年秋季他移居日內瓦，設法使和平與自由聯盟贊同他的祕密社團，失敗之後他又盡力使國際工人協會接受它的加入，而他對「國際」是四年以來未曾費神過的。

四、社會民主聯盟

馬克思對老革命家即巴枯寧繼續抱持友好的感情，且反對他的近身圈所施於或計畫對巴枯寧的各種攻擊。

這些攻擊的發起人是柏克海姆（Borkheim），一個正直的民主主義者——有關福格特事件和其他事務馬克思很感謝他。柏克海姆有兩個弱點：第一，他自認爲是一個卓越的作家，其實並不是；第二，他有著仇俄的偏執，那厲害程度並不下於赫爾岑同等的仇德。

赫爾岑是柏克海姆所憎惡的對象，曾寫了一系列文章予以澈底痛擊，於一八六八年開始發表在出版不久的《民主週報》上。雖然那時巴枯寧在政見上已經和赫爾岑鬧翻，他還是被柏克海姆攻擊爲赫爾岑的一名「哥薩克騎兵」，且被辱罵爲「牢不可破的消極」。柏克海姆在赫爾岑的一篇文章裡看出前些年巴枯寧有過這「特殊意見」：「積極的否定是一種創造的力量」，因此柏克海姆在義憤塡膺之中巧辯地問道俄疆之外的任何歐洲人曾否有過這樣觀念呢，並且補充說這是會使許多德國學童哄堂大笑的。可敬的柏克海姆並未查覺巴枯寧所常引用的「破壞的欲望是一種創造的欲望」（the lust for destruction is a creative lust）是來自《德意志年鑑》的一篇文章，這年刊發行於巴枯寧移進青年黑格爾派圈子且和馬克思及盧格合作創辦《德法年鑑》之時。

馬克思暗中嫌惡這一類的努力，且拚命反對柏克海姆想要引用恩格斯從前在《新萊茵報》上反對巴枯寧的那些文章，作爲他自己莫名其妙話語的根據——因爲它們是「十分適合他自己的書」的，這是容易理解的事。馬克思堅持倘若那些文章全被利用則絕不用於侮辱，因爲恩格斯是巴枯寧的老私交；當恩格斯支持馬克思這意見時，柏克海姆才放棄他的計畫。貝克也寫信給柏克海姆，請他不要攻擊巴枯寧，但接到了傲慢的回信；柏克海姆「以他素有的優雅」——如馬克思寫信給恩格斯所說——答道：他願意繼續對貝克的友誼和財務援助（不會很多），但以後通信必須避免談論政治。馬克思對柏克海姆滿懷友情，覺得後者的「恐俄病」已經具有危險的規模。

馬克思對巴枯寧的友情並未因爲後者參加和平與自由聯盟大會而有所減損。當這同盟在日內瓦舉行第一次大會時，馬克思曾經寄給巴枯寧一部《資本論》第一卷，題著作者贈與的文字，未接到答謝的信。他爲其他事寫信給日內瓦的另一個俄國移民者時，曾經詢及他的「老朋友」巴枯寧，雖然他已經有些懷疑巴枯寧是否還是他的朋友。這間接的詢問得到了巴枯寧十二月二十二號的來信，承諾追隨馬克思進行了二十年的道路。

在巴枯寧寫信的那一天，國際工人協會理事會已經決定拒絕經由貝克提出的允許社會民主聯盟加入。馬克思是這拒絕的主要動議者。他早已在《先兆》報上知道這聯盟的存在，但他一直把它視爲胎死腹中的地方發展，且毫無意義。他知道貝克在別方面是可靠的同志，但喜歡耽溺在組織上搞串連。貝克提出這聯盟的綱領和規程，並且在附帶給理事會的一封信裡說這聯盟急於要補足「國際」所缺乏的「理想主義」。

這不合宜的評語引起了理事會成員的「極大憤怒」，「尤其是在法國成員方面」，如馬克思寫給恩格斯所說，所以立刻達成了拒絕聯盟請求的決議。理事會指示馬克思起草一封信傳達這決議。馬克思在十二月十八號「半夜後」寫給恩格斯徵求其意見的信中，表示他自己對這件事有些動怒。他補充說，「這回柏克海姆是對的」。他的動怒與其說是由於那綱領，不如說是由於那規程。那綱領首先說明聯盟是無神論的。它主張廢除一切宗教以科學代替信仰，廢除神的正義而代之以人的正義。然後它主張一切階級及男女兩性個人在政治上、經濟上和社會上的平等，而以廢除財產繼承權爲開端。它更進而主張男女兒童從出生起全都應該享有發展的同等機會，也就是說，在科學、工業及藝術的各領域中的教育和供養照顧。最後這綱領譴責一切不直接以確保勞工戰勝資本爲目的的各種政治活動。

馬克思對這綱領的評價並不好。不久之後他就說它是「殘舊陳腔濫調的雜湊品，空洞的廢話連篇，虛飾到令人不寒而慄的意念上念珠，目的不過是有短暫效果的平庸即興之作」。在理論事務上「國際」是願意更爲容忍的，因爲它的歷史任務是要從它的實際活動中爲國際無產階級發展一種聯合的綱領。正因此理由，它的組織才是最重要的事，是一切實際活動成功的先決條件，而那聯盟的規程在這領域確實造成危險的侵害。

那聯盟自認爲是「國際」的分支，而且接受它的全部規程，但要求保持它爲一分立的組織。它的創建者們在日內瓦自行成立一個臨時中央委員會。並且在各國國內設置機關，在各處成立團體，打算將來加入「國際」。在每年的「國際」代表大會中作爲「國際」分支的聯盟代表，將要在另一個會場裡舉行他們自己的公開會議。

恩格斯立刻便決定不可能接受，因那樣辦就會有兩個理事會和兩個代表大會。在倫敦的實際的理事會一有機會，就會和在日內瓦「理想」的理事會相爭。他勸告馬克思冷靜處理，任何嚴厲的拒絕或許會激怒工人（尤其是瑞士的）之中那許多無教養分子，以致有害於「國際」。要拒絕聯盟的請求，必須溫和而堅定，且指出它既經選擇一種特殊領域作爲它的活動範圍，「國際」期待和看著它成功到那一地步。同時某一社團的成員沒有理由不應加入另一社團，只要他們想要。恩格斯對聯盟綱領的批評和馬克思的批評很相像，他認爲他所讀過的文件再沒有比這更拙劣的了，巴枯寧必然已經變爲「十足的驢子」。這評語並非特別怨恨巴枯寧，或最多不過是和馬克思稱他忠實的老朋友貝克爲「老糊塗」一樣。在私人通信中這倆朋友是隨便使用著這樣由衷的謾罵的。

於是馬克思靜心下來，草擬理事會拒絕同意聯盟加入「國際」的決議，那措詞是無懈可擊的。貝克在這聲明中受了間接的突擊：這聯盟的某些發起人曾以「國際」會員的合作地位確立在布魯塞爾大會中通過決議不跟和平與自由聯盟合併的問題。這一次理事會否決的主要理由是接受現存於「國際」之內和之外的另一國際團體的加入，將是摧毀「國際」的最好策略。

當貝克接到理事會的決議時，他似乎未十分動怒。最可信的是巴枯寧的聲明說他自始反對組成這聯盟，但被他的祕密社團的會員投票所制勝。他原來主張保持這祕密社團——它的會員可以在「國際」之內爲這社團的目的工作；他也曾主張組織直接加入「國際」以免去一切對抗。總之，這聯盟的日內瓦中央委員會對理事會的拒絕加入信的答覆是：提議倘若理事會在理論上承認聯盟的綱領，就可以改組聯盟的各分部爲「國際」的分部。

這時馬克思接到了巴枯寧十二月二十二號的友好來信，但他起了疑心，以致忽視了這「感情的第一道間菜」；那聯盟的新提議也引起他的不信任；他終於不得不以純粹客觀的形式來回答它。由於他的提議，理事會於一八六九年三月九號決議：審查加入「國際」不同工人組織的理論性綱領，是不在它的職權之內的。各國工人階級正處於發展的不同階段之中，所以由它們的實際活動所得到的理論表現也是各式各樣的。由聯合行動——這是「國際」的目的——和與「國際」各支部交換意見，以及最後在年會中的直接討論才能爲整個工人階級運動逐漸產生聯合理論綱領的發展，但此刻理事會的任務只是決定那不同綱領的是否合於「國際」的一般傾向，也就是說，爲工人階級的完全解放而鬥爭。

關於這一點，該決議指出聯盟的綱領中有可以引起危險誤解的文詞：一切階級在政治上、經濟上和社會上的平等，如照字面上來說，不過意味如資產階級社會主義者所宣揚的那一類勞資和諧而已。無產階級運動的眞實隱情和「國際」的大目的卻是要摧毀一切階級。然而，看上下文，「一切階級的平等」這一句或許是出於筆誤，所以理事會並不懷疑聯盟願意刪掉這段危險文句，那麼要把聯盟的分部改組爲「國際」的分部就沒有什麼障礙了。當這一點做好時，理事會希望聯盟按照「國際」會規通知理事會所有新分部的地點和會員人數。

聯盟刪改了理事會所反對的文句，且於六月二十二號宣布自行解散，號召它的各分部自行改組爲「國際」分部。聯盟的日內瓦分部（由巴枯寧所領導），經理事會一致投票表決接納進入「國際」。據說巴枯寧的祕密社團也已經解散，但它仍然以多少有些鬆散的形式繼續存在，且巴枯寧自己也還在爲那聯盟所定的綱領而工作。自一八六七年秋季至一八六九年秋季，他住在日內瓦湖邊，有時在沃韋（Vevey）或克拉倫斯（Clarens），且在瑞士的法籍、義籍工人之中取得相當勢力。

在他的活動中他是由工人們所處的那種特殊環境支持著的。要了解環境，我們必須記住「國際」並不是有確定的理論綱領的一種組織，而是兼容並蓄著各種傾向的，正如理事會在給聯盟的那一封信中所指出。一看《先兆》的專欄內容就知道，即使像貝克那樣有功績和熱忱的先驅者，也從不過度煩惱理論的問題。而且在實際上，「國際」的日內瓦各分部中已有兩種很不同的傾向。一方是「精製業」（Fabrique）⑦，這種工人幾乎全是本地人；另一方是「粗活業」（Gros métiers），大多數是建築工人，幾乎全是外國來的，德國人最多，被迫一再罷工以維持可容忍的普通工作條件。前者有參政權，而後者沒有，但「精製業」的人數不足使其有代表自己當選的希望，所以他們很想和資產階級的激進派取得選舉的妥協，

⑦ 日內瓦方言，對於珠玉業及鐘錶業中薪資優厚的高級技術工人的稱呼。

「粗活業」卻沒有這種誘惑，且更多支持巴枯寧所宣傳的那一類直接革命行動。

巴枯寧甚且在汝拉（Jura）的錶匠群中找到更有利的徵募增員領域。這些工匠並不是參與奢華交易的高級技術工人，而多半是在家庭中工作，他們已夠悽苦的生活狀況正受到美國大量生產的威脅。他們散居於山間的小村落裡，並不適合有政治目的的群眾運動。再者因爲有過幾次不快的經驗，他們已經害怕政治了。爲「國際」的宗旨，第一個去煽動他們的人是名叫庫勒里（Coullery）的醫生，一個具人道主義直覺的老實人，但對政治卻是絕望的糊塗。他把這些工人引到選舉聯盟裡，不但和資產階級的激進派聯合，甚至和納沙泰爾（Neufchatel）君主派的自由主義者結盟，而在這些場合中工人總是上了大當。庫勒里被他們十分看不起之後，汝拉的工人們找到的新領袖是紀堯姆（Guillaume）——洛克（Locle）工業中心的一個青年教師，已完全同化於他們的觀念，發行過名叫《進步》（*Le Progrès*）的一份小刊物，宣揚一種理想的無政府主義社會，在其中一切人都是平等和自由的。巴枯寧初次到汝拉就覺得這是爲他的種子充分準備好的田地，但那些窮鬼對他的影響，或許比他對他們的影響更大，因爲從此以後他比前更加譴責一切形式的政治活動。

然而，這時「國際」的瑞士義籍、法籍工人各派是和平相處的，而且在一八六九年一月，應巴枯寧的請求，他們成立了一個聯合聯邦審議會，發行一份很有影響力的《平等》（*L'Égalité*）周報，巴枯寧、貝克、艾卡里爾斯、瓦爾蘭和「國際」的另一些主要成員都投稿在它上面。說服這聯邦審議會在下次的巴塞爾「國際」代表大會中提出討論財產繼承權的也是巴枯寧。他這樣做是完全在其權限之內的，因爲討論這種問題正是代表大會的主要任務之一，所以理事會立刻同意了。

然而馬克思把這動議視爲來自巴枯寧的挑戰，而且就這樣接受了它。

五、巴塞爾代表大會

「國際」的第四次代表大會在九月五號和六號於巴塞爾舉行，在大會中「國際」檢討了它成立的第五年。

這一年確是最有生氣的，且被「勞資之間的游擊戰」——罷工——困擾。歐洲的統治階層愈漸不把這些罷工解釋爲無產階級悲慘或資本專橫的結果，而當做「國際」祕密圖謀不軌的結果。

於是以武力粉碎「國際」的殘酷渴望日益加劇了。甚至在英格蘭的罷工礦工和軍隊之間也發生了流血的衝突。在法國盧瓦爾（Loire）礦區的拉里卡馬里（Ricamarie）附近，酒醉的士兵演出了浴血的慘劇，槍殺了二十多人，其中有兩個婦女和一個小孩。比利時——「這歐陸憲政的模範國，這地主、資本家和教士的舒適安全樂園」，如馬克思所說——往往顯得最爲凶狠。理事會爲了被逐利者無情激怒所槍殺於瑟蘭（Seraing）和博里納日（Borinage）的犧牲者，向歐美工人發表了馬克思所起草的有力控訴。「世間每年完成它的革命並不如比利時政府每年屠殺工人那麼一定」，馬克思宣告。

血的種子成熟爲「國際」的收穫。一八六八年秋季英國依照修正選舉法舉行的第一次選舉，而那結果卻證實了馬克思警告工人反對改革同盟片面政策的話。並無一個工人代表當選。那些「大錢袋」勝利了，格拉斯頓又執掌政權，但他並不想澈底解決愛爾蘭問題或補償工會的正當訴求，於是新工會聯合主義的帆上得到了新的風力。

一八六九年在伯明罕所舉行的工會年會發表了一項呼籲，催請英國一切工人階級組織加入「國際」，不僅因爲各處工人階級利害相同，還因爲「國際」的原則被認爲可確保各民族間的永久和平。一八六九年夏季，英、美之間曾有過戰爭的威脅，馬克思在寫給美國全國勞工聯合會的信裡說道：「你們現在應該阻止那必導致大西洋兩岸工人階級運動的進展受挫的戰爭。」這信在美國得到了熱烈響應。

在法國工人階級的宗旨也很有進展，警察的迫害往往使「國際」募得更多新支持者。理事會對多次罷工的有益介入，致無論活躍於其中的「國際」精神如何明顯還是抑制不住工會的成立。工人們並未提出自己的候選人參加一八六九年的選舉，但他們支持資產階級極左派的候選人，因爲這一派曾經向選民提出很激進的競選綱領。這一次工人們至少間接使拿破崙三世受了嚴重的挫敗，尤其是在大城市裡，雖然他們努力的成果都落入資產階級民主派的懷抱之中。第二帝國開始不詳的破裂聲響，而且從外面承受了嚴重的打擊：一八六八年秋季西班牙發生革命，驅逐了伊莎貝拉二世。

德國的發展過程有些不同，因爲拿破崙主義還盛行不衰。民族問題分裂了德國工人階級，而且這分裂對發展工會運動是一大障礙。因爲他在工會騷動中的錯誤策略，施韋策滑進其無法控制的境地。那些持續而來指向他個人誠信的無稽攻擊，甚至使他的一些親信們也懷疑他了，而他未經考慮，冒著損害本沒那麼嚴重受損的危險實行了一場小小的「暴力政變」。

於是全德工人聯合會中的少數派，轉而和紐倫堡的聯合會合併爲新的社會民主黨，後來其成員號稱爲艾森納赫（Eisenachers）派，因爲他們的成立大會是在艾森納赫舉行的。當初兩派相爭頗爲激烈，而對「國際」卻都抱著多少相同的態度。他們在原則上是一致的，不同的是在形式上，只要德國的聯合法存在時。馬克思和恩格斯都很煩惱，因爲李卜克內西使「國際」理事會和施韋策對立這一件他無權參與的事情。雖然他倆歡迎「拉薩爾派系的解體」，他們並不能與別的團體太有關，直到這團體確定脫離德國人民黨，或，至少對後者維持著一種鬆散的聯盟安排。況且，他們認爲作爲一個爭論者，施韋策是比他的一切反對者都更爲優越的。

自一八六六年失敗之後才開始興起的奧匈工人階級運動的進展是較爲和諧的。拉薩爾的傾向並未取得據點，工人大眾都集結於「國際」旗幟之下，如理事會對巴塞爾大會的報告中所指出。

所以巴塞爾大會在這些有利的情況下舉行。只有七十八個代表出席，但比起前幾次大會更具「國際性」，有九個國家的代表。理事會照常派艾卡里爾斯和榮格去出席之外，還加派了兩個最重要的英國工會領袖，阿普爾加斯（Applegarth）和盧克拉夫特。法國派來二十六個，比利時五個，德國十二個，奧國兩個，瑞士二十三個，義大利三個，西班牙四個，美國一個。李卜克內西代表艾森納赫派，赫斯代表柏林。巴枯寧是由一個法國團體和一個義國團體委託出席的。紀堯姆是由洛克派來的代表。大會主席再由榮格擔任。

大會先討論組織上問題。在理事會的提議之下，大會一致決議勸令其分部及所屬一切社團廢除會長制度，這在理事會本身是幾年前就已實行了的，因爲在工人階級的組織層級中保持君主政體的權威主義原則，是有損其尊嚴的，即使會長不過是一個名譽職，也是違反民主原則的。另一方面，理事會提議擴大它自身的執行權，及有權停止違反「國際」精神的任何分部的會員資格，和有權延期舉行下次大會。這提議得到修正通過：凡有聯合審議會之處，理事會在執行任何這種職權之前必須諮詢該聯合審議會。巴枯寧和李卜克內西都大力支持原提案。李卜克內西的支持是自然的，而巴枯寧的支持卻不是，因爲這違反了他自己的無政府主義的原則，不論他如此做的機會主義動機是什麼。或許他想要用異教的魔王驅逐鬼怪，且打算取得理事會的援助來反對他認爲純然是機會主義的一切議會政治活動。他這種打算得到的支持，或許是眾所周知的李卜克內西對施韋策和倍倍爾參加北德議會工作的攻擊。然而，馬克思不贊同李卜克內西的演說，而未考慮困難之處就訂立計畫的巴枯寧也立刻知道破壞原則常會受到其報應。

在大會議程中最重要的理論問題，是土地公有問題和財產繼承權問題。前一問題是在布魯塞爾大會中早已解決了的，這一回是扼要性處理。大會以五十四票決定社會有權建立土地公有制，且有五十三票決定以社會全體的利益而論，這種制度的建立是必要的。大多數情況下少數派都放棄投票權。有八票反對第二議案，有四票反對第一議案。意見紛陳的是關於如何實施這些決議的問題，結果是留待下次巴黎大會詳盡討論。

關於財產繼承權的問題，理事會起草了一篇報告，以馬克思擅長的方式用幾句話概括指出最重要之處。和資產階級的其他一切立法一樣，繼承法不是原因而是結果，這是一個社會根據生產手段私有制的經濟組織立法結果。有權繼承奴隸並不是奴隸制度的原因，而奴隸制度才是有權繼承奴隸的原因。倘若生產手段變爲公有財產，只要它是社會的重點，那麼繼承權就會消失，因爲那時人所能遺留給他的後嗣的，不過是他活著時所能占有的東西。所以，工人階級的大目的是廢除那讓少數人有經濟能力挪用多數人勞動成果的制度。以宣布廢除繼承法爲社會革命的開端，就如在現行的商品交換制度中宣布廢除買賣契約法一樣荒謬。這在理論上是錯誤的，而在實踐上是反動的。繼承權只能在過渡時期改革，當一方面現存社會經濟基礎還未變革，而另一方面工人階級已有足夠力量實行在澈底改革社會前的種種措施時。關於這種過渡措施，理事會主張擴大死者的義務和限制指定繼承權，這種指定繼承權是和家族繼承權不同的，前者以一種迷信和武斷方式誇大了私有財產的原則。

然而，負責討論這問題的委員會，卻建議必須把廢除財產繼承權宣告爲工人階級的基本要求之一，雖然這建議除了一些「特權」、「政治與經濟的正義」和「社會秩序」等少數意識形態詞語以外，並無提供足夠支持其建議的理由。經過比較簡短的討論之後，艾卡里爾斯、比利時代表佩帕和法國代表瓦爾蘭聲明贊成理事會的報告，而巴枯寧則替委員會的建議辯護，因爲他就是該建議精神的父親。他提出通過該建議的理由號稱是實際的，其實全是幻想：不先廢除財產繼承權要建立財產公有制是不太可能的；倘若沒收農民的土地，他們會反抗，但廢除財產繼承權他們卻並不直接感覺本身受損害，由此私有財產就會逐漸消滅，云云。當投票表決時，委員會的建議得到三十二票贊成，二十三票反對，十三票棄權，七位代表缺席。理事會的報告得到十九票贊成，三十七票反對，六票棄權，十三位代表缺席。因此理事會的報告書或委員會的建議都不曾得到明顯的多數，以致這討論仍然沒有明確的結果。

巴塞爾大會比前幾次大會得到資產階級方和無產階級方更大的回應。資產階級最博學的代表們評語，一半恐慌，一半帶著惡意的滿足，評語說這「國際」的共產主義性質到底顯露出來了；而無產階級方卻欣然歡迎有利於土地公有制的決議。日內瓦的德語系工人曾經發表一篇對農民的宣言，並且譯爲法文、義大利文、西班牙文、波蘭文和俄文，廣泛地傳播著。在巴塞隆納，在那不勒斯，農業工人都發動了初步的組織。土地與勞動聯盟（Land and Labour League）在倫敦的盛大公開集會上成立，以「土地民享」（The land for the people!）爲標語。「國際」理事會的十個成員也是這聯盟的委員會之成員。

德國人民黨的高尚紳士們憤恨巴塞爾大會的決議，而李卜克內西最初受了他們的憤恨的威脅，甚至發表聲明大意是說艾森納赫派並不受那些決議的約束。幸而憤怒和極爲尊貴的領袖們並不以此爲滿足，進而要求他公開否定那些決議，於是李卜卡內西終於和他們脫離關係，這是馬克思和恩格斯早已催促他採取的行動。然而，他原先的遲疑不決已經對施韋策有利，因爲施韋策在這幾年中已經在全德工人聯合會中「鼓吹」過土地公有制，而不僅是接受此舉來嘲笑他的反對者——馬克思認爲這是「傲慢之舉」，恩格斯抑制著對這「惡言者」的憤怒，剛好承認施韋策時常「很聰明」地保持著一種正確的理論態度，明知他的反對者一遇理論問題就立即會慌張失措。

所以，這時拉薩爾派不但依然是最堅固的組織，在理論上也是所有德國工人階級黨派中最爲進步的。

六、日內瓦的混亂

在巴塞爾大會中討論繼承權時，巴枯寧與馬克思之間的精神決鬥並無確定的結果，而情形是較爲不利於後者。然而，有人說馬克思受了重大打擊而準備猛烈反攻卻不合乎事實。

馬克思很滿意巴塞爾大會的結果。那時他和他的女兒燕妮正爲了他的健康於德國旅行，九月二十五號他從漢諾威寫信給他的女兒勞拉說：

我很高興巴塞爾大會開完了，且其結果是相當良好的。這滿身創痛的團體的這種公開表演時常使我擔憂。沒有一個演員夠得上其原則的水準，但上流階層的痴呆修補了工人階級的錯誤。甚至我們所經過的德國最小城市其中最不起眼的報紙上，也滿載著這「可怕的大會」的事情。

巴枯寧對大會的結果並不比馬克思更失望。據說巴枯寧想要用關於繼承權的建議打敗馬克思，且把理事會從倫敦移到日內瓦作爲他的理論勝利的果實，當他達不到這目的時，他就在《平等報》上加力攻擊理事會。這種說法常被提及，以致化爲傳奇，然而其中沒有一個字是眞實的。在巴塞爾大會之後巴枯寧並未爲《平等報》寫過一行字；巴塞爾大會之前他是這報的主編，但看過他發表在上面的那些長系列文章的人，找不出其中有敵對理事會或馬克思的任何痕跡。尤其論及《「國際」的原則》的四篇文章是完全合於「國際」建立的精神的。確實在這些文章中，他擔憂馬克思稱之「議院矮呆症」對工人的議會代表，會有災難性影響，但首先，這種憂慮已經一再證實過了；第二，他的言詞比起那時李卜克內西對工人階級參與資產階級議會政治所做的那些猛烈攻擊是完全無害的。

再來，巴枯寧有關繼承問題的意見可以說是偏頗的，但無論如何他有權把它們提到大會裡來討論；其實歷次「國際」大會中曾經討論過比這更偏頗的意見，只要提出者並非另有隱情。對計畫把理事會從倫敦移到日內瓦這指控，巴枯寧的答覆既簡明和驚人，立刻公開地表明：

倘若有人提出這樣的建議，我必定首先盡一切可能的能量去反對，因爲我覺得這對「國際」的前途是致命的傷害。是的，日內瓦各分部在一段很短的時間內已有巨大的進步，但要把日內瓦作爲理事會的適當地點，它的氛圍還太過局限於在地。況且，只要歐洲現下的政治組織依然存在，倫敦顯然是理事會唯一適宜的所在地。提議把它遷移到別處去的人不是愚人便是「國際」的敵人。

有人認爲巴枯寧自始是一個說謊者，他對於這指控的答覆只是事後的辯解，但這種推論立刻就崩碎在事實之前了：在巴塞爾大會之前，巴枯寧就已安排在大會之後從日內瓦移居羅加諾（Locarno）了。他的決定是出於迫不得已的，他正在窮困中，而他的妻子即將生產。他想要定居於羅加諾，把馬克思的《資本論》第一卷譯爲俄文。一個同情他名叫留巴文（Liubavin）的青年說服一個俄國出版商以一千二百盧布購買這部翻譯，且預先支付巴枯寧三百盧布。

雖然這些事實證明了傳言中巴枯寧在巴塞爾大會之前之後的一切陰謀是莫須有的事，這大會到底留下一種苦味在他嘴裡，因爲，在柏克海姆的煽動之下，李卜克內西在第三者之前聲稱他握有巴枯寧是俄國政府間諜的證據。巴枯寧要求他在黨的榮譽法庭之前提出他所指控的證據，但他無法提出，結果受到法庭嚴厲的斥責。經過科隆共產黨審理案和流亡之後，李卜克內西頗有到處猜疑間諜的習慣，但他接受了這法庭的裁判，且伸手向巴枯寧表示和解，後者也接受了。

幾個星期之後，巴枯寧更加悲慘；十月二號，赫斯在巴黎的《晨鐘》（*Reveil*）上重新彈起這誹謗的老調。赫斯，曾作爲德國代表出席巴塞爾大會，敘述大會的「祕史」，連帶說到巴枯寧想要摧毀「國際」基礎，及將理事會從倫敦移到日內瓦的「陰謀」傳聞。他說巴枯寧的計畫在大會中並無結果，而結論是這無基礎的諷刺：他，赫斯，並不追究巴枯寧的革命眞誠，但這俄國人是和那被德國代表們在巴塞爾大會中指控爲德國政府間諜的施韋策有密切關係的。這攻訐的惡意在事實面前更表露無遺，因爲施韋策的煽動與巴枯寧的煽動之間毫無建立任何「緊密關係」的可能，且這兩個人從來不曾有過任何私人關係。

替巴枯寧著想，最好是完全不理會這篇確實值得忽視的文章，但他被這些重複攻擊其政治誠信所激怒，尤其是卑下的和蓄意的攻擊，這也是容易理解的事。他寫了一篇回答，但在盛怒之下他寫得那樣長，以致他自己覺得《啟示》是不會發表它的。他特別猛烈地攻擊「德國猶太人」——不過聲明拉薩爾和馬克思這些「大人物」是例外的——以別於柏克海姆和赫斯這些不足取的族類。於是他決定把這長篇回答作爲他論其革命信仰的一部書的序論，且寄給在巴黎的赫爾岑，請後者設法找到出版商。同時還連帶寄去一篇較短的對《啟示》的回答。然而赫爾岑怕甚至連短的那篇《啟示》也不會發表，他就自己寫了一篇爲捍衛巴枯寧而反對赫斯的文章；這文章發表在《啟示》上，還附加上編者的聲明；這聲明澈底使巴枯寧心平氣和了。

赫爾岑不全然滿意那長篇的回答。他不贊成攻擊「德國猶太人」，而且奇怪爲什麼巴枯寧不挑戰馬克思，而攻擊不知名的柏克海姆和赫斯。巴枯寧於十月八號回信給他說：雖然他認爲那些對他所施的攻擊，馬克思是要負責的，他卻避免攻擊馬克思，甚且稱他爲「大人物」。這有兩個理由：第一是要公平。

不論他如何用過可鄙的手段玩弄我們；我們，至少我，不能輕視他對社會主義宗旨的重大貢獻，他以其洞見曾經爲此不計利害地竭力工作了幾乎二十五年，那成績無疑地是超越我們之上的。他是「國際」的創立者之一，其實是主要的創立者；這在我看來是一大貢獻，無論他如何反對過我們，我都要承認。

然後他從政治方面和策略方面來考量馬克思：

這人不會容忍我，也不愛任何人，除了他自己和那些最接近他的人們以外。馬克思在「國際」中的影響當然是很有益的。他在他那一派中一直有著指導的勢力，且他是社會主義最強的支柱，是抵抗資產階級觀念和意向入侵的最堅固堡壘。倘若我僅爲報復私

> 怨而企圖破壞甚或削弱他的有利勢力，我是絕不原諒我自己的。然而，總有一天，我必須和他鬥爭，雖然這絕不爲攻擊他個人，而是爲了原則的問題，爲了他和他所領導的英人及德人所狂熱支持的國家共產主義。這是一場生死鬥爭，但每件事都有其適當時機，且這衝突的時刻還未到來。

巴枯寧終於說出在策略上阻止他攻擊馬克思的理由。倘若他公開攻擊馬克思，那麼「國際」四分之三的人數就會反對他，但在另一方面，若他攻擊圍繞著馬克思的那些嘍囉，那麼「國際」中多數派就會歸入他那一邊，馬克思自己將得到某種不懷好意的喜悅——巴枯寧在他寫給赫爾岑的法文信中用了幸災樂禍（Schadenfreude）這德文字。

寫了這信之後，巴枯寧就移居到羅加諾去了。他的私事如此忙碌，以致巴塞爾大會之後他在日內瓦的最後幾星期之中完全沒參與工人階級運動，也不曾爲《平等報》寫過一行文字。繼承他的編輯任務的，是一年前搬到日內瓦的比利時教員羅賓（Robin），和在巴枯寧之前編輯過這刊物的上釉匠佩龍（Perron），兩人都是擁戴巴枯寧的，但並不遵從他的意旨行事。巴枯寧的目的是要啟發那些「粗活業」工人們，認爲他們比「精製業」工人們更富於革命的無產者精神，且鼓勵他們採取獨立的行動。在這點上他和他們自己的委員們相左——他所說的我們現在所謂「區分政策」的客觀性危險，是甚至在今日也還值得一讀的。「精製業」工人們曾經支持「粗活業」工人們的幾次罷工，而從這無可否認的協助中得到錯誤的結論：「粗活業」必須忠實地跟隨著他們的同志「精製業」的每一步驟。巴枯寧曾打擊這種傾向，尤其反對「精製業」想和資產階級激進主義結盟的不可救藥的習性。然而，羅賓和佩龍卻以爲他們能夠洗清和弭平「粗活業」和「精製業」之間的差異——這差異並非巴枯寧所捏造，而是在社會對立中有其根據的。結果他們滑進拉鋸戰態勢，既不能滿足「粗活業」也不能滿足「精製業」，只能開門給一切陰謀詭計。

陰謀家之一是名叫尼古拉・烏廷（Nikolas Utin）的俄國流亡者，那時住在日內瓦。在六〇年代初他曾參加學生騷動，而當他感覺無法待下去時他逃到國外，舒適地享用著一萬兩千至一萬五千法郎的收入，這是從他父親的烈酒營業中得來的。這事實使這虛誇和喋喋不休的角色得到了其才智所不配獲得的地位。他的成功完全是在閙扯的場所，如恩格斯所說，「有點正經事要做的人斷然競爭不過終日聊八卦的人」的地方。當初烏廷想要親近巴枯寧，但遭到後者澈底的斥責，所以當巴枯寧離開日內瓦時，他就趁機爲其受傷的虛榮報復性散播卑鄙的誹謗，他在這方面目的所下的努力並不是沒有結果的。後來他屈膝於沙皇腳下，乞求憐憫，沙皇並非金剛石；在一八七七年俄土戰爭中，烏廷成爲俄軍供應品承包者，憑這資格他的拜金主義無疑比經由他父親的烈酒營業更有成效。

羅賓和佩龍這樣的人是容易被烏廷玩弄的，因爲他們雖爲人正直無可非議，而他們的愚蠢卻幾乎到了令人難以置信的程度，而使事情更糟的是他們爲了與法、義籍工人利益無關緊要的一些問題和理事會爭吵起來。《平等報》痛斥理事會太過注重愛爾蘭問題，以致不能在英國方面建立聯合審議會，又不去仲裁李卜克內西和施韋策之間的衝突等等。巴枯寧和這毫無關係，但純因羅賓和佩龍是他的支持者，而且紀堯姆的《進步》刊物也採取同樣態度，造成了這錯誤印象：巴枯寧贊成以此攻擊理事會，甚至教唆這種攻擊。

理事會為回答羅賓的攻擊，於一八七〇年一月一號發了一份私下的傳閱文件，除了日內瓦以外，只發給法語系的聯合審議會。雖然這份傳閱文件的語調尖銳，它依然只限於客觀的辯論。理事會說明在英國不成立聯合審議會的理由，在今日看來也還有趣。它說雖然革命的倡議或許來自法蘭西，然而只有英國才能作為一切重大經濟革命的槓桿；只有英國不再有農民，且土地所有權都集中在少數地主手裡；只有英國才在幾乎全部生產中建立了資本主義的生產方式，人口的大多數都是工資工人；只有英國的階級鬥爭和工人組織才已達到普及和成熟的某種程度；最後，因為英國在世界市場上的支配地位，凡是其經濟條件的一切革命都會立即反應到全世界的。

雖然英國有著社會革命的一切必要的物質條件，英國工人卻沒有融會貫通的才能或革命熱情，理事會的任務是給予英國工人這種精神和這種熱情。從倫敦大資產階級的報紙抱怨理事會毒害英國工人精神，和驅使他們傾向革命的社會主義，這事實就可以證明理事會正在成功地執行它的任務。倘若在英國成立聯合審議會，它將介居於「國際」理事會與工聯理事會之間並無特權，而「國際」理事會卻將因此而喪失它在無產階級革命中發揮槓桿的影響。所以它拒絕把這權柄交給英國人，且拒絕以豪言壯語代替切實而不顯眼的工作之愚行。

在傳閱文件還未到達之前，日內瓦內部已經發生糾紛。《平等報》編輯部有七個人是巴枯寧的擁護者，只有兩個是反對派。爲了一種並無政治重要性的偶然事件，多數派提出了信任的問題，而羅賓和佩龍顯然是依存於兩派之間的優柔寡斷者，少數派得到聯合審議會的支持，以致多數派的七個人不得不辭職，其中有貝克——當巴枯寧在日內瓦時和他很友好，但在許多事情上反對羅賓和佩龍的政策。於是《平等報》的支配權轉入烏廷的手裡了。

七、機密通信

那時柏克海姆仍然繼續他反巴枯寧的煽動。二月十八號他寫信給馬克思訴苦說雅各比的機關報《未來》（*Die Zukunft*）已經拒絕發表馬克思在給恩格斯信中所謂「一種有關俄國事件的魔鬼書信，一種翻弄瑣事的難以形容的雜湊品」。同時柏克海姆懷疑巴枯寧和卡提可夫（Katkoff）當局有「某種財務關係」；卡提可夫年輕時原是巴枯寧的追隨者，但後來成爲反動派。馬克思對這種指控並不在意；恩格斯哲學地說：「借錢生活在俄國人看來是稀鬆平常的事，一個俄國人不能爲此責備另一個人。」

把柏克海姆仍然繼續反巴枯寧的煽動通知恩格斯之後，馬克思說理事會已經被邀請決定有一個名叫理察（Richard）的人在里昂被「國際」開除是否正當（後來證明他確是壞人），並且附加說明在他看來這人並無可責之處，不過是巴枯寧的斯拉夫支持者和帶有自負而已。「我們上次的傳閱文件似乎已經造成一種轟動，而在法國和瑞士已經開始有系統尋找巴枯寧主義者。但這一切必須適可而止，而且我要留心不致做出不公道的事。」

幾個星期之後馬克思於三月二十八號所草擬的一份機密通信，經由庫格曼傳達給艾森納赫派的布倫瑞克（Brunswick）委員會，卻顯然和他給恩格斯的信中結語的善意大不相同了。這機密通信是只應該發給日內瓦和法語系聯合審議會的上次理事會的傳閱文件。這早已達到它的目的，而且在事實上已經發動了馬克思表示不贊成的有系統尋找巴枯寧主義者了。現在很難明白爲什麼馬克思要把已經在各處發生不愉快結果的這傳閱文件的內容通知德國方面，尤其在該處並無巴枯寧的擁護者。

更難明白的是爲什麼他要在這傳閱文件上加上序言和結論，此舉更易於放縱了「有系統尋找」，尤其針對巴枯寧。序言開始就痛罵巴枯寧，說他的企圖始於潛入和平與自由聯盟，其執行委員會將他視作「可疑的俄國人」來觀察。不能使聯盟採納他的荒謬綱領之後，他又轉而注意「國際」，想要把它變爲他的私人工具。爲了這目的，他創立了社會民主聯盟。理事會拒絕承認該聯盟後，聯盟在名義上是解散了，其實依然存在於巴枯寧領導之下，以尋找其他方法達到他的目的。在巴塞爾大會中他提出財產繼承權問題，想藉此在理論領域打倒理事會，且造成將它從倫敦遷到日內瓦。爲確保巴塞爾大會中居多數派，他曾經組織「一種公然的同謀」，然而，他並未成功，理事會也還留在倫敦。「巴枯寧惱恨他的計畫──或許是完成其一切投機私慾的計畫──的失敗」已經自行顯現於在《平等報》上攻擊理事會一事，這些攻擊是由一月一號傳閱文件回答了的。

於是馬克思在通信中插入傳閱文件的全文，接著說道：甚至在傳閱文件未達到之前，日內瓦已經發生糾紛。法、義籍瑞士工人聯合審議會已經不贊成《平等報》對理事會所施的攻擊，決定爲了未來會嚴密控制這刊物。這時巴枯寧退休於提契諾（Tessin）區。

不久赫爾岑死了。巴枯寧，在他自告奮勇要領導歐洲工人階級運動時曾否定他的這位老朋友兼保護人的人，這時立即吹起歌頌赫爾岑的號角。爲什麼呢？赫爾岑，除了他的私產以外，每年由俄國與其友好的假社會主義的泛斯拉夫主義黨得到兩萬五千法郎的宣傳費。多虧他極力的歌頌，巴枯寧自己得到了這一筆錢，且和仇恨遺產一樣毫無保留地「接受赫爾岑遺產」。

這時一群俄國的青年流亡者已經在日內瓦建立了自己的團體。這些學生們是眞誠地努力著，且以反對泛斯拉夫主義爲他們的主要綱領。他們曾經要求「國際」承認他們的團體爲支部，並提議以馬克思爲他們在理事會的臨時代表；這兩種請求都得到允許了。他們也聲稱他們將公開撕破巴枯寧的面具。因此，這高度危險的陰謀家的把戲就此結束，至少在「國際」方面。

現在不必列舉這通信中所有的錯誤。總而言之，它指控巴枯寧愈有罪，事實上就顯得愈無根據。尤其是追求遺產這一指控；並不曾有過俄國假社會主義的泛斯拉夫主義黨每年付給赫爾岑兩萬五千法郎宣傳費。這杜撰的空想根據是來自一個名叫巴提米切夫（Batmetiev）的俄國青年，在革命時期中曾捐了兩萬法郎作爲發動革命的經費，而赫爾岑曾支配過這一筆款項；並無任何理由可以相信巴枯寧曾表示要把這款項據爲己有的任何傾向。他替羅什福爾（Rochefort）的《馬賽曲報》（*Marseillaise*）所寫的溫馨訃聞，惋惜他青年時代的朋友，一個政治的反對派並不能引來支持這種說法。對這訃聞可以指責的至多不過是其多愁善感而已，這種性質，正如巴枯寧的其他一切錯誤和弱點——無論其如何罄竹難書——一樣，一般說來，是有違一個「高度危險的陰謀家」所屬的性格的。

機密通信的最後幾節顯示了馬克思爲何在巴枯寧上會犯這些錯誤。馬克思的消息是得自日內瓦的俄國流亡者委員會，換言之，得自烏廷，或者自貝克經由他而傳達到馬克思。至少從馬克思給恩格斯的信看來，那指控最甚的「追求遺產」部分是得自貝克。然而這和貝克當時寫給榮格的信（現在還留存著）並不符合，貝克在信裡埋怨日內瓦瀰漫著混亂、埋怨「精製業」和「粗活業」之間的對立、埋怨「羅賓一類的神經衰弱的幻想家和巴枯寧一類的固執怪胎」，但結尾卻讚揚巴枯寧，說他比以前更好、更有用。貝克和日內瓦俄國流亡者們所寫給馬克思的信都無可察考了，而在馬克思寫給這日內瓦新成立的「國際」支部的公、私答覆信函中，他顯然認爲最好是完全不提巴枯寧。他勸告俄國支部主要爲波蘭而工作，也就是使它自己不受歐洲問題的牽制，而他並非不知道自己權充俄國青年代表的滑稽，宣稱人眞料不到他會混在怎樣陌生的同伴之中呀！

雖然他用一種幽默態度對待這件事，他顯然是很高興「國際」開始在俄國革命者之中獲得立足地的，否則便無法理解爲什麼當他拒斥老朋友柏克海姆所說這一類的話時，他願意相信和他全不相識的烏廷指控巴枯寧的話。由於奇妙的因緣巧合，巴枯寧那時對一個俄國流亡者也犯了同樣錯誤，誤認他爲即將來臨的俄國革命之夏的第一燕，甚且自願投入比在其全部冒險生涯中的其他任何偶然事故，更有害他聲名的冒險之中。

機密通信寫了幾天之後，法、義籍瑞士工人聯合會於四月四號在拉紹德封（La Chaux-de-Fonds）舉行第二次年會，發生了公開的分裂。社會民主聯盟的日內瓦分部——曾被理事會納入「國際」——要求理應被納入聯合會，且得派兩個代表出席年會。烏廷反對這項要求，且猛烈攻擊巴枯寧，公然抨擊說該聯盟的日內瓦分部是其陰謀的工具，但遭到紀堯姆竭力反對。紀堯姆是一個度量狹隘的狂人，幾年之後他看待馬克思正如烏廷看待巴枯寧一樣惡劣，但他的教養和才能使他和可鄙的烏廷立於完全不同的等級。紀堯姆得到了以二十一票對十八票的多數勝利。然而少數派拒絕多數派的決議，使年會陷於分裂了。兩個年會同時舉行。多數派的大會決定把聯合審議會的會址從日內瓦遷移到拉紹德封，並且以紀堯姆在納沙泰爾（Neufchâtel）發行的《團結》（*solidarité*）爲聯合審議會的機關報。

少數派辯稱那多數粹純是偶然的，因爲只有十五處分會出席於拉紹德封，而日內瓦一處卻有三十個分會，全部或幾乎一致拒絕反對那聯盟加入這聯合審議會。另一方面，多數派卻堅持聯合審議會不能拒絕「國際」理事會所承認的團體。貝克在《先兆》上宣稱全部事件都太過令人討厭的無理取鬧，而鬧到這地步只是因爲雙方缺乏友愛的感情。那聯盟的分部的主要目的在於理論原則的宣傳，並不重視是否被納入一種全國性組織，於是日內瓦方面便愈把這聯盟分部視爲在那裡久已不受歡迎的巴枯寧的陰謀工具了。另一方面倘若聯盟眞誠要求加入，那麼拒絕它或以接受它爲分裂的理由，是小心眼和孩子氣的。

然而，情形並不像貝克所說的這樣簡單。這兩個分開年會所通過的決議在許多方面是相同的，但在中心問題上卻不相同——這就是日內瓦全部紛擾所發展起來的對立。多數派的大會完全採取「粗活業」的觀點，它譴責一切想要由全國改造達到社會變革的政治活動，認爲每一種國家政治組織都不過是資本家按照有產者的法律實行剝削的工具，所以無產階級參加在有產者的政治裡面，只是鞏固了現存制度和麻痺了無產者的革命行動；另一方面，少數派的大會卻採取「精製業」的觀點，它譴責政治的禁制有害於工人階級的宗旨，而主張參加選舉，並不因爲由此可以確保工人的解放，但工人的議會代表可作爲宣傳和煽動的手段，這在戰略上是不可忽視的。

在拉紹德封新成立的聯合審議會，要求「國際」理事會承認它爲聯合會的領袖。但理事會拒絕承認，而且於六月二十八號聲明：日內瓦聯合審議會曾經獲得日內瓦各分會多數派的支持，應繼續施行其舊有職權，而新聯合議會必須採取地方的名稱。雖然這聲明是由新聯合審議會所引起，且足夠公允，新聯合審議會卻拒絕服從，厲聲抗議理事會的「獨裁傾向」、「權威主義」，因此給了「國際」內部的反對派在其綱領上第二個條文——第一個是政治禁制。於是理事會斷絕了和拉紹德封的一切關係。

八、愛爾蘭大赦和法國公民投票

一八六九至一八七〇年冬季，又是馬克思經歷無數身體微恙的時期，但至少他已經免除頻繁的錢的困擾了。一八六九年六月三十號恩格斯終於擺脫了他的「該死的行業」，而且在六個月之前他就已詢問馬克思三百六十鎊是否足夠他一年的費用。恩格斯想要和他的合夥人結算他的業務，使馬克思在五、六年間每年支用這個數目。倆朋友的信札並未顯示這到底是如何安排的，但無論如何，恩格斯解除馬克思的財務困難不僅只在那五、六年間，而是一直到後者去世的。

在這一時期中他倆都很注意愛爾蘭問題。恩格斯仔細研究過這運動的歷史發展——可惜他從未發表過他研究的成果——而馬克思則催促理事會支持愛爾蘭運動。這運動要求大赦被違規判死而在獄中受虐待的愛爾蘭獨立運動者。理事會公開讚揚愛爾蘭人爲其權利而戰的那種大無畏、堅定和勇氣的表現，並譴責格拉斯頓的政策：他不顧在選舉時候他的一切諾言，不肯大赦，或提出侮辱英國弊政犧牲者和愛爾蘭人作爲大赦的條件。這位首相不顧他的責任地位，在公然認同美國奴隸擁有者的叛亂之後，向英國人民宣揚臣服的教條，因此受了最尖銳詞句的斥責。理事會宣稱他對愛爾蘭大赦問題的全副態度正是他激烈攻訐以至驅迫其保守黨對手下臺的那種「征服政策」的正宗產物。在馬克思給庫格曼的一封信裡，他說他現在攻擊格拉斯頓，好像從前攻擊帕默斯頓一樣，並且補充說：「這裡的民主主義的流亡者愛從遙遠的平安距離攻擊歐陸上的暴君們，我卻喜歡攻擊我看得見的面前敵人。」

馬克思特別高興的是他的大女兒在愛爾蘭運動中得到一種顯著的成功。英國報紙對愛爾蘭獨立黨人在獄中所受的殘忍虐待保持著頑固的緘默，因此燕妮・馬克思用威廉（Williams）這假名——這是在她父親五〇年代中常用的筆名——投寄了幾篇文章給羅什福爾（Rochefort）的《馬賽曲報》（*Marseillaise*）。在這些文章中她激情地描寫了民主的英國如何對待其政治囚犯，而這些揭發刊載在這歐陸最流行的報紙上，對格拉斯頓確是有點受不了。幾個星期之後大多數被囚的愛爾蘭黨人被釋放，啟程到美國去了。

《馬賽曲報》因爲勇於攻擊做作的拿破崙的統治——這時正在支離破裂之中——而贏得了歐洲的聲名，在一八七〇年之初，做作的拿破崙想以對資產階級讓步，爲挽救其血腥及苛刻政權的最後孤注一擲手段，所以任命喋喋不休的自由主義者奧利弗（Ollivier）爲內閣總理。奧利弗盡力於所謂改造方案，但，正如豹不能隨意改變牠的斑點一樣，做作的拿破崙要這些「改造」應受一場代表拿破崙式公民投票的洗禮。奧利弗是怯懦到讓步，甚至督促行政長官們盡力使這公民投票成功，而做作的拿破崙的警察卻比這喋喋不休者更懂得如何確保公投的成功：在投票的前夕他們發現了「國際」的會員據說想要謀害拿破崙的炸彈案。奧利弗膽小到聽從警察，尤其是關於對付工人的事，於是法國各地的「國際」領袖，只要是警察知道的，全都忽然被搜查和逮捕了。

理事會立刻迴避這記打擊，於五月三號發表抗議：

我們的章程規定一切分部的行動必須採取公開方式，即使我們的章程上並未明白規定這一點，但凡認同自身爲工人階級的團體，其性質是要排除一切祕密社團的方式。倘若工人階級——形成任何國家的大多數派，且生產一切財富，甚至篡奪的勢力也假借其名義來統治——要謀反，那麼它將公開謀反，像太陽對抗黑暗一樣，充分認識在它自己的軌道之外並無合法的權力存在……摧毀我們的法國分部的那種暴虐措施，完全是想要達到支持那公投目的而精心策畫出來的。

這是明白的事實，但卑鄙的手段又達到卑鄙的目的了：這「自由帝國」以七百萬票對一百五十萬票得勝。

然而，法國當局仍然要追究那炸彈案。警察宣布他們曾經在「國際」會員的家裡發現一本密碼字典，但查來查去他們只查出一兩個像是「拿破崙」一類的名字，以及一兩個化學名詞，如硝化甘油之類。這要慫恿拿破崙治下的法院輕信已經是太多了。於是起訴書又收縮到和「國際」法國會員前兩次受審及定罪的同樣涉嫌罪狀：他們是一個祕密或非法社團的成員。

在銅匠查坦（Chatain）——後來成爲巴黎公社的社員——卓越的辯護之後，一批罪犯於七月九號被起訴，被判處最高的徒刑是一年監禁並剝奪公權一年，但同時也爆發了掃蕩法蘭西第二帝國的暴風。

第十四章　國際工人協會的衰落

一、色當①

有關馬克思和恩格斯對普法戰爭的態度曾經有過很多評論，雖然很少談及根本。不像毛奇（Moltke）一樣，他們並不把戰爭視爲上帝常道的元素，但把它視爲魔鬼常道的元素，是作爲階級社會——尤其資本主義社會——無法分離的附隨物。

作爲歷史家，他們當然不會採取那種完全非歷史的態度；戰爭是戰爭，且每場戰爭都有同樣的缺點。在他們看來，每場戰爭都各自有其特定的原因和結果，而工人階級對戰爭的態度是必須依那些原因和結果而定的。拉薩爾的態度也是這樣的，在一八五九年他曾經和他們爭論過戰爭的實際決定性條件，而這三個人對戰爭的態度根本上是一致的，就是，都想要爲無產階級的解放鬥爭的目的而盡其可能地利用戰爭。

馬克思和恩格斯對一八六六年的普奧戰爭的態度也是取決於同樣考慮的。一八四八年德國爲建立國家統一的革命失敗之後，普魯士政府爲其自身利益利用這德國的統一運動（被經濟發展的進程而一再削弱了）來建立擴張的普魯士以代替統一的德國，如威廉老皇帝所說。那時馬克思、恩格斯、拉薩爾、施韋策、李卜克內西和倍倍爾都一致承認：德國無產階級自身解放鬥爭所需的初步，德國統一，只有經由全國革命才能成功。所以他們一致尖銳地

① 色當（Sedan）：法國東北城市，普法激戰之處。

反對一切大普魯士政策的王朝式各州獨立傾向。然而，普魯士在柯尼格雷茲（Koniggratz）戰勝奧國之後，他們都以他們對洞悉「實際情況」的估量，而或早或遲咽下這道苦藥——他們認清了全國革命已經不可能，由於資產階級的怯弱和無產階級的虛弱，且也認清了由「鐵與血」所建立起來的大普魯士，比恢復德意志聯邦議會及其可憐的無所謂政策更能給予無產階級鬥爭有利條件，況且那恢復無論如何是不可能的。馬克思、恩格斯和拉薩爾的後繼者施韋策都立刻達到了這結論。他們接受北德聯盟——不管其殘缺不全的形式——比之那聯邦議會的可怕錯誤更能給予德國工人階級鬥爭一種較爲穩固的基礎，雖然這接受是勉強的、很不樂意的。另一方面，李卜克內西和倍倍爾卻還保持著大德國革命的展望，甚至在一八六六年以後也繼續從事摧毀北德聯盟的工作。

馬克思和恩格斯在一八六六年得到那結論之後，他們對一八七〇年的普法戰爭的態度多少是有定見的了。有關直接促成這戰爭的事件，不論是俾斯麥擁戴霍亨索倫王子爲候選西班牙王，以對抗拿破崙三世，或拿破崙三世對抗俾斯麥的法奧義聯盟政策，他們都不曾發表任何意見。在那時對雙方的政策無論如何是很難做出任何合理的判斷的。然而，以拿破崙三世指向反對德國國家統一的戰略而論，他倆都承認德國是處於防衛地位的。

「國際」理事會七月二十三號所發表由馬克思起草的聲明，詳細地說明了這種觀點。他說一八七〇年的戰爭詭計是一八五一年「暴力政變」的改良版，但它敲響法蘭西第二帝國的喪鐘，這帝國的開始和結尾一樣是一篇諷刺詩文。然而，人必不可忘記，讓拿破崙三世能夠表演恢復帝制這粗野鬧劇十八年之久的，是歐洲各國的統治階級和政府。以德國而論這戰爭是防衛的，但誰強迫德國處於這種情勢，誰使路易・拿破崙能夠攻打德國呢？是普魯士。在柯尼格雷茲之前俾斯麥已經勾結了拿破崙三世，在柯尼格雷茲之後，俾斯麥並未建立與奴役的法蘭西顯著不同的自由德國，不過是在一切道地的背叛老譜上冠上第二帝國的種種狡詐詭計而已。所以拿破崙式的支配是盛行於萊茵兩岸之間的。除了戰爭以外能夠有其他結果嗎？

「倘若德國工人階級容許時下戰爭失去其嚴正的防衛性質而惡化為反對法國人民的戰爭，那麼或勝或敗都是同樣致命的。德國曾經受過的那些所謂解放戰爭的苦果，就會以增大的強度重現。」聲明指出法國和德國工人的反戰示威已經使這種憂懼成為不必要，且提醒工人們俄國的邪惡面目正在這自毀性鬥爭的背景下伺機而動。倘若他們容許普魯士政府邀請或接受哥薩克兵的援助，德國就要失掉在反拿破崙進攻的防衛戰中應得的一切同情。

七月二十一號，這聲明發表之前兩天，北德議會投票通過一千兩百萬塔勒的戰時公債。拉薩爾派的議員依照一八六六年以來的政策投了贊成票。李卜克內西和倍倍爾、艾森納赫派的議員們卻放棄投票權，因爲投贊成票就有信任自一八六六年就埋下目前戰爭種子的普魯士政府的嫌疑，而投反對票或可被解釋爲公開贊同拿破崙的凶暴和罪惡的政策。李卜克內西和倍倍爾都主要是從道德的觀點上來看這戰爭的，如後來李卜克內西在其論《埃姆斯（Ems）快遞》的著作上和倍倍爾在《回憶錄》中所表明。

他們的態度在其自己的一派中遭到猛烈的反對，尤其是他們的領導機關布倫瑞克委員會的反對。李卜克內西和倍倍爾的棄權確實不是政治操作，而是一種道德的抗議，無論其如何具正當性，總不適於當時政治形勢的需要。在私生活中向相爭的兩造宣稱：你們雙方都是錯誤的，我不願和你們的爭吵有任何關係，或許是可能而且有效；而在國家生活中，當兩國全體人民都必須受帝王們的爭吵之苦時，這卻是不可能的。這種不可能的中立性的實際結果，在開戰最初幾週之間就顯露在艾森納赫派機關報，在萊比錫出版的《民族國家報》（*Volksstaat*）的昏亂及無理態度之中。因此這報紙的編輯部，也就是李卜克內西，和布倫瑞克委員會之間的衝突加劇了；後者曾經籲請馬克思建議和支持。

七月二十號，戰爭剛爆發之後和李卜克內西及倍倍爾棄權之前，馬克思曾經寫信給恩格斯，嚴厲批評法國的「共和的沙文主義（愛國的好戰主義）」：

> 法國需要一次痛打。倘若普魯士勝利，那麼國家權力的集中是會有利於工人階級的集中的。德國所占的優勢將把西歐工人階級運動的中心從法國轉移到德國。只消比較一八六六年這運動在兩國中的情形，就知道德國的工人階級在組織上和理論上是勝過法國的。德國在世界競技場上勝過法國，同時就意味我們的理論勝過普魯東的理論。

當馬克思接到布倫瑞克委員會的籲請時，他去請教恩格斯，凡遇重要問題他常常要諮詢後者的；而且，正如在一八六六年一樣，決定策略具體細節的是恩格斯。

八月十五號恩格斯回信說：

我認為時局是這樣的：德國已經被拿破崙逼迫進行保衛民族生存的戰爭。倘若德國失敗了，那麼拿破崙主義就要穩固幾年，德國就要破裂幾年，或幾世代。在這種情勢之下就不存在任何獨立德國工人階級運動的問題。一切力量都將盡量使用在建立國家統一的鬥爭之中了，德國工人頂好也不過被法國工人拖著走而已。倘若德國勝利，那麼法國的拿破崙主義無論如何都要被毀，歷來爭吵不休的德國統一問題從此完結，德國工人就能夠在比以前更廣大的基礎上組織他們自己，而法國工人也會得到比在拿破崙治下更多的行動自由，無論繼之而來的是何種政府。德國人民大眾，一切階層，現在都已認識德國民族正在存亡關頭，而且立刻挺身而出去突破困局。在這種情形之下，我覺得德國政黨能規勸威廉（李卜克內西）全盤接受及把次要的考量放在主要問題之前，是不可能的。

恩格斯和馬克思一樣嚴厲地譴責法國的沙文主義，認為它的影響甚至深入共和分子層級之中：

倘若法國沒有大批沙文主義者——資產階級、小資產階層、農民，以及由拿破崙在大城市中所造成和由農村中徵募來的帝國主義者奧斯曼（G. E. Haussmann）②的建築業無產者，拿破崙就不能發動這次戰爭。在這種沙文主義不被澈底摧毀之前，德法之間的和平是不可能的。或許一次無產者的革命可以完成這摧毀，但戰爭現已開始，德國人除了立刻親自實行摧毀以外並無他法。

那些「次要的考量」——即這戰爭是由俾斯麥及一夥所策畫的，德國的勝利將成爲俾斯麥體系的光榮——是應該歸咎於德國資產階級的卑賤性質的。這很不愉快，但沒有辦法：

> 倘若以此而提升反俾斯麥主義爲指導原則，那是荒謬的。首先，正如在一八六六年一樣，俾斯麥正在做著我們一部分的工作。他以他自己的方法做著我們的工作，並非出於自願，然而他畢竟正在做著它。他給予我們比以前更爲清楚的局面。我們已經不是生活於一八一五年那種情形之中了。德國南方人現在必須參加德國議會，以建立對抗普魯士的勢力……總之，李卜克內西只因爲不喜歡普魯士而想倒轉一八六六年以後的全部歷史進程，這是無理的，不過我們由此就知道典型的南德人。

② 奧斯曼（一八〇九—一八九一）：法國政治家，巴黎市的改造者。

在這一封信裡，恩格斯再次提到李卜克內西的政策：

> 有趣的是威廉的主張：因爲俾斯麥曾經是拿破崙的同謀者，所以中立是正確的態度。倘若這意見通行於德國，那麼，不久就會又有一個萊茵區聯盟出現，高明的威廉那時就難以找到他在其中所能擔任的角色了，更不用說工人階級運動了。只慣於踢打的人們正是製造社會革命的好材料，尤其是在威廉所愛的那些封建小邦之中！威廉顯然將拿破崙的勝利來報復俾斯麥列入考量。你理應記得他如何常用法蘭西恐嚇俾斯麥吧。當然，你是站在威廉這方的。

最後這句話是存心諷刺的，因爲李卜克內西說過馬克思贊成他和倍倍爾在戰爭公債投票上的棄權。

馬克思承認他曾經表示贊成李卜克內西的「聲明」。這「聲明」是合「時」的，當爲了原則而爭執是「勇敢的行動」，但我們必不可因此得出這「時」是延續的，更不可認爲德國無產階級對這已經變爲民族戰爭的態度，能夠被概括在李卜克內西對普魯士的反感中。馬克思有充分理由贊成那「聲明」而不贊成棄權。當拉薩爾派完全不強調他們的社會主義立場而應和著資產階級多數派投票通過戰爭公債時，李卜克內西和倍倍爾卻發表聲明給出他們棄權的理由。他們不但給出理由，而且以「社會共和主義者及主張友好聯合一切被壓迫者來反對任何國籍壓迫者的『國際』會員」的資格，加上一項原則上反對戰爭及一切王朝的戰爭，希望歐洲人民從現在苦難中獲得教訓，及盡可能地爭取自身的自決權，並剷除成爲一切國家和社會災患原因的現存束縛與階級統治。當然，馬克思是非常滿意這聲明在具世界歷史重要性的問題上、在歐洲的一個議會中有史以來首次挑釁及公開舉起「國際」的旗幟的。

他贊成這聲明可以由他信上的措詞看出來。至於棄權卻完全不是「爲原則的爭執」，而是一種妥協，因爲李卜克內西實在是想投票反對公債的，但由於倍倍爾的勸告而改爲棄權。況且，如《民族國家報》每期所示，棄權並不僅是應「時」以決定其政策的行動。總之，以自行其是而論，棄權並不是「勇敢的行動」（acte de courage）。倘若馬克思的「勇敢的行動」是這種意義的話，那麼他應該更高度讚美尊敬的梯也爾（Thiers），因爲梯也爾在法國國會中激烈地反對這次戰爭，不顧第二帝國奴隸騎兵們對其的憤怒和最瘋狂的痛罵；或應該更讚美法弗爾和格雷維（Favre-Grevy）派的資產階級民主主義者，他們並不棄權，而是斷然拒絕授與戰爭公債，即使巴黎的愛國風潮至少和柏林同樣激烈。

恩格斯估計時局而擬定的德國工人階級的政策可以總結如下：在全國性運動以捍衛德國爲限之時，加入全國性運動（在簽訂和約之前在某種情況之下並不排斥進攻的行爲）；強調德國民族利益與普魯士王朝利益之間的差別；反對兼併阿爾薩斯（Alsace）和洛林（Lorraine）；立刻與代替巴黎沙文主義政府的共和政府談判光榮的和平；隨時注重德、法兩國的工人利益的一致性：兩國工人都不贊成戰爭，都不互相戰鬥。

馬克思宣布他自己完全贊同這擬定的政策，而把這意思寫信通知布倫瑞克委員會。

二、色當之後

在布倫瑞克委員會還未能實際應用從倫敦寄來的建議之前，時局已經完全改變了。色當戰役已經打過，拿破崙三世成爲俘虜，第二帝國崩潰了，巴黎宣布了資產階級的共和政治。法國首都的前任議員們自命爲共和首領，並宣布自己爲「全國防禦政府」。以德國而論，這戰爭已經不是國家的防衛戰。北德聯盟領袖的普魯士國王曾經屢次及莊嚴聲明，他所發動的戰爭並不是對抗法國人民，而是反對法國皇帝的政府，另一方面，現在巴黎的新統治者們也宣告願意賠償德國的一切損失。但俾斯麥要求法國應割讓土地，且爲奪取阿爾薩斯和洛林而繼續作戰，不顧因此使「德國所進行的是防禦戰」這主張成爲笑柄。

他的行動正是追隨著拿破崙三世的腳步，同時安排了一場公民投票，以解救普魯士國王莊嚴的保證；甚至在色當戰役的前夜，各式各樣的「貴族」就已向國王呈遞「群眾聲明」書，要求「邊境保護」。這「德國人民一致的意見」所造成的印象，致這位老紳士於九月六號寫信回國說：「倘若王室反對這種民情，那是冒著王座的危險的」；而九月十四號半官方的地方通信社（Provinzial-Korrespondenz）宣布主張北德盟主應遵守他個人隨意發表的保證，是一種「愚昧天真和無理的要求」。

為要加強這「德國人民一致的意見」，當局們進而無情地掃除一切反對派。九月五號，布倫瑞克委員會發表一份呼籲，號召工人階級舉行示威，促成對法蘭西共和國光榮的和平，且反對兼併阿爾薩斯和洛林。呼籲裡包含了馬克思寫給該委員會的信中幾部分。九月九號署名在呼籲上的人們都被軍事當局捕去，囚禁在洛茨（Lotzen）要塞裡。雅各比也作為國家罪犯被押解到同一地點，因為他曾在柯尼斯堡的一次集會上反對兼併法國領土，且表達這異端的意見：「幾天之前我們還在進行防衛性戰爭，一場為捍衛我們所愛的祖國的聖戰，但今天它已是為了征服的戰爭，一場為建立德裔族群在歐洲的霸權的戰爭。」一股封、禁、搜、捕的浪潮完成了軍事的恐怖統治，那目的是不准懷疑「德國人民一致的意見」。

在布倫瑞克委員會的人員被捕的那一天，「國際」理事會對新局勢又發表了一篇聲明，這是由馬克思起草並由恩格斯部分參與。它指出前次預言這戰爭將敲響第二帝國的喪鐘是如何迅速地實現，且前次也懷疑德國維持防衛戰的時間能有多久是如何迅速地被證實。普魯士的軍事樞密官已經決定實行征服戰，這如何解除普魯士國王他自己有關德國防衛戰的莊嚴保證呢？

那些幕後操縱者不得不讓他像是屈服於德國無法抵抗的要求，且立刻暗示給德國中產階層的自由主義的教授們、資本家們、市鎮議員們和新聞從業們。這中產階級，在一八四六至一八七〇年爲民權自由的鬥爭時期中出盡了猶豫不決、膽怯及無能的醜態，現在當然高度樂於有機會在歐洲舞臺上扮演德國愛國主義怒吼雄獅的角色。它裝出公民獨立的模樣，好像正在壓迫普魯士政府——做些什麼？那不多不少恰合普魯士政府的祕密計畫。它藉由大聲要求瓜分法蘭西共和國以懺悔其長期且幾乎宗教性信仰路易・拿破崙的絕無過錯。

然後聲明進而檢驗「那些頑強的愛國者」主張兼併阿爾薩斯和洛林的「堂皇藉口」。他們並不敢主張這些省分的居民渴望併入德國，不過他們指出許久許久以前這些省分的領土原是久已亡故的日耳曼帝國的一部分。

倘若現在歐洲地圖須要按照古代歷史的權利來重新改劃，那麼我們必不可以忘記布蘭登堡的選帝侯曾是波蘭共和國的封臣，就其普魯士的領土而言。

「許多低能的人」被蠱惑於「狡詐的愛國者」要求以阿爾薩斯和洛林作爲防備將來法國進攻的「實質保證」。如恩格斯所撰的一篇軍事科學論文中提及，聲明用其指出這次戰爭的經驗證明德國並不需要這樣增強其邊境以抗法國，「倘若此次戰爭證明了什麼的話，那就是證明了從德國進攻法國是何等容易的事」。況且，以軍事的考量作爲決定國界的原則不是荒謬及不合時宜的嗎？

倘若這原則是確定的，那麼奧國就有權要求威尼斯省和明喬河（Mincio）一帶，法國就有權要求萊茵地帶爲巴黎的屏障，巴黎的西北面確是比柏林的西南面更容易受攻擊的。倘若以軍事考量來決定國界，那麼不同要求是永無止境的，因爲每個軍事據點都必然有些弱點，都需要再兼併一些土地來增強它。最後，這樣定下的國界是永遠沒完沒了，就因爲戰勝者可以隨時以武力征服之，因而埋下新戰爭的種子。

聲明追述到拿破崙一世在提爾西特和平條約（Treaties of Tilsit）③中所取得的「實質保障」。然而沒幾年之後，他整個龐大勢力像脆弱的蘆葦般崩潰於德國人民的突擊之前。「普魯士所能或敢強求於法國的是什麼的『實質保證』呢，比起拿破崙曾強求普魯士的那些更狂妄？結果的禍害是不會比那一次更少的。」

德國愛國主義的代言人們說道德國的事和法國的事絕不可混爲一談，德國所要求的不是軍事彪炳而是安全，德國人本質上是愛和平的人民。

---

③ 一八〇七年，普魯士被法國擊敗後，在提爾西特締結之合約。

當然，在一七九二年想用刺刀毀滅十八世紀的革命而侵入法蘭西的並不是德國。但，染指征服義大利、壓制匈牙利、瓜分波蘭的不是德國嗎？德國現在的軍事制度把全國成年體格男子分爲現役兵和後備兵，都被動地聽候蒙恩寵上帝攝政的命令——當然是世界和平的「實質保證」囉，且超過達到文明的最高目的！在德國和在別國一樣，趨炎附勢之流用諂媚和自炫自誇的謊話毒害了公眾意見。這些愛國者誇大憤慨於目光所及沿著梅斯（Metz）和史特拉斯堡（Strassburg）一帶的法國防禦工事，但看不見華沙、莫德林（Modlin）和伊凡哥羅德（Ivangorod）一帶的巨大俄國防禦系統的危險。他們戰慄於拿破崙派的進攻意向，而閉眼不看沙皇攝政的醜行。

聲明順此一連串的觀念推論到兼併阿爾薩斯和洛林將驅使法蘭西共和國投入沙皇的懷抱。條頓主義者們眞相信此舉可提供德國的和平與自由任何保證嗎？

倘若一戰功成、勝利的傲慢和王朝的詭計誤導德國奪取了法國土地，那麼將來只有兩條路。不是在俄國侵入甘願爲奴——姑不論結果如何——或在短期喘息之後，又要準備一次「防禦」戰，那並非新萌芽的「局部的戰爭」，而是對抗斯拉夫人和近代拉丁語族聯合武力的種族戰爭。

德國工人階級，並不能阻止戰爭，曾經爲了德國的獨立和解除第二帝國對德國和歐洲的解放的心理夢魘而全力支持戰爭，「德國的產業工人和農業工人爲英勇的軍隊獻出血肉和資力，而留在他們背後的卻是半飢餓的家族」。在戰役中摧毀殆盡，他們又深受家庭的貧窮和不幸之累。他們現在要求保證他們的巨大犧牲不致白費，他們要贏得他們的自由，並使他們打潰拿破崙軍隊的勝利不致像一八一五年那樣變爲人民的失敗。他們所要求的保證第一是「對法光榮的和平」和「承認法蘭西共和國」。聲明揭示布倫瑞克委員會所發表的訴求。雖然，很不幸，這不能有任何立即的成就，歷史卻會表明德國工人階級並不具像德國中產階級那樣馴順的素質。它要盡它的義務。

然後，聲明轉移注意到法國方面的局勢。這共和並不曾推翻君權，而只是取得一個虛位。它並不被認爲是社會的成就，而只是作爲國防的方略。這共和的臨時政府部分是由惡名昭彰的奧爾良黨（Orléanist）人和部分資產階級的共和分子組織而成的，這班人之中有些被一八四八年六月的叛亂烙上了不能消除的汙名。新政府的職務的分配就已預示不祥之兆。奧爾良黨人取得了最強的地位——軍權和警權——而所謂共和派所得的是談話的職位。這新政府才一開始運行就非常清楚的證明它不但繼承著第二帝國的一堆殘跡，而且也繼承著其對工人階級的畏懼。

所以，法國工人階級處於極困難的境地。在大敵當前之際要推翻這新政府是非常愚昧的企圖。法國工人必須盡國民的義務，但也必須不爲一七九二年的國家記憶所支配，像法國農民被第一帝國的國家記憶所欺騙那樣。他們不必重複過去，而是要建設未來。他們應該冷靜而堅決地運用共和自由所賦予的手段來澈底組織他們自己的階級。這將給予他們無比的力量從事法國的復興和我們的共同任務——無產階級的解放。這共和的命運端賴法國工人的力量和智慧。

這聲明在法國工人之中得到熱烈的響應。他們放棄了反對臨時政府的鬥爭，且盡其國民的義務，尤其是巴黎的無產階級，編爲國家護衛隊，擔任英勇保衛法國首都的主要任務，但並未被一七九二年的國家記憶所迷惑，而認眞致力於組織自己的階級。德國工人執行他們自己的任務也顯示了不下於此的能力。不顧恐嚇和迫害，拉薩爾派和艾森納赫派的支持者都要求對法蘭西共和國的光榮的和平，且當北德議會於十二月再集會投票表決新的戰爭公債時，兩派的議員都斷然投了反對票。李卜克內西和倍倍爾尤其以炙熱的熱忱和挑戰性勇氣進行著這鬥爭，因此他們聲名大噪，卻不是如廣泛流言所傳爲了七月的棄權。本屆議會閉會時他倆被控爲高度叛國。

在這冬季期間馬克思又被工作累壞了。八月醫生就已送他到海邊去，但他在那裡受酷寒病倒了，八月最後一天，他還未痊癒而回到倫敦。然而，他必須處理理事會的一切國際通信，因多數外國通信員都已到巴黎去了。在十月十四號寫給庫格曼的信裡，他訴苦說在早晨三點鐘之前他是不能去睡的，不過他希望將來可以稍爲減輕，因爲恩格斯現已定居在倫敦。

無疑的，馬克思希望法蘭西共和國能夠成功阻擋普魯士的征服戰。德國的情況使他很苦惱，那實在是糟到連格爾弗黨的領袖溫特霍斯特（Windthorst）也有了這樣嚴厲的提議：倘若俾斯麥一定要吞併什麼，那麼他覺得辣椒更適合他的政治家風範。十二月十三號馬克思寫信給庫格曼：「德國人似乎不但吞噬了拿破崙三世及其兵將，而且也吸入了那全套的帝國主義，這主義及其弊害現正落戶於橡樹與萊姆樹之邦。」在這信裡，他明顯滿意英國的輿論，那當初是極其讚許普魯士的，現在卻變爲反對它了。除了民眾堅決同情那共和國及其他情況外：

> 德國從事戰爭的方式——徵用系統、燒夷鄉村、游擊隊的行刑、扣押人質，以及重演三十年戰爭中的種種苛虐——引起了公眾的義憤。當然，英國在印度和牙買加等處也做過同樣的事情，但法國人並不是印度人或中國人或黑人，而普魯士人也不是天縱的英吉利人。典型的霍亨索倫皇室觀念認爲一個族群在常備軍潰敗之後還要繼續自衛是犯罪的。

當普魯士抵抗拿破崙一世時，腓特烈．威廉三世曾經爲這種觀念所苦。馬克思把俾斯麥「砲轟巴黎」的威脅稱爲「不過是虛張聲勢」。「依照所有可能率的法則，這種行爲對巴黎是不會有嚴重的效果的。即使外圍工事有幾處被轟毀，造成幾個裂口——在被圍的人數比圍攻的人數更多的情形之下，這能有多大用處呢？制服巴黎的唯一有效方法是切斷軍糧使其投降。」這「沒有祖國的人」，對軍事科學的問題並無獨立判斷的自信，竟說俾斯麥砲轟巴黎的威脅「不過是虛張聲勢」確是與所有德國著名的將軍們同一見解：他們——除了羅恩（Roon）以外——在德國大本營經熱烈爭論幾星期後一致譴責這「砲轟巴黎」提議爲「候補軍官的惡作劇」；同時愛國的教授們和記者們卻受了俾斯麥下屬的唆使，全都對普魯士皇后和公主爆發了道德的憤慨，因爲據說這兩位貴婦阻止她們懼內的英雄轟炸巴黎，若不是爲感傷的理由便是有叛逆的考量。

俾斯麥大聲疾呼法國政府阻止報紙和議院自由發表意見，馬克思在一八七一年一月十六號的《每日新聞》上回應了這「柏林的幽默」，刻薄地描述箝制德國輿論的警察壓迫政權。他的結論是：「法蘭西——幸而並未失去它的宗旨——現在作戰不僅爲本國的獨立，而且也爲德國和歐洲的自由。」這一句話總括了馬克思和恩格斯在色當之後對普法戰爭的態度。

三、《法蘭西內戰》

巴黎於一月二十八號有條件投降。俾斯麥和法弗爾（Favre）所簽訂的投降條約中明白規定巴黎國家護衛隊得保有其武裝。

國民議會選舉的結果，反動的帝制派成了多數派，於是選出老陰謀家梯也爾（Thiers）爲共和國總統。在國民議會接受和平談判的先決條件（割讓阿爾薩斯和洛林、賠款五十億法郎作爲戰爭賠償）之後，他首先注意的是解除巴黎人民的武裝，因爲資產階級積習甚深的梯也爾和反動的地主們把巴黎人民的武裝視爲等同革命。

三月十八號梯也爾企圖扣押國家護衛隊的槍砲，無恥地扯謊道：雖然在圍城時期它們已被交給國家護衛隊使用，而且在十月二十八號的和約中也被認爲是國家護衛隊所有，它們確是國家的財物。這企圖遭到反抗，派去繳械的軍隊也加入了人民方的政變。內戰已經開始。三月二十六號巴黎人民選舉公社——在它的歷史中，巴黎工人方的英勇與犧牲正如凡爾賽法律和秩序派方的殘忍和惡毒一樣豐富。

馬克思以熱烈關心和同情注視著這些事件的發展是不必說的。四月十二號他寫信給庫格曼說：

> 那些巴黎人正在展示何等韌性的活力、何等歷史性的進取心、何等的自我犧牲呀！在經過與其說外敵不如說由內奸造成的六個月的飢餓和摧毀之後，他們起而反叛，好像德法之間並未開戰、好像普魯士的刺刀並不存在、好像敵人並未兵臨城下似的。歷史上從未有過如此壯闊的類似事例！

倘若巴黎人失敗了，那是因爲他們的「好天性」。軍隊和國家護衛隊中的反動派離開戰場後，他們是應該立刻進軍凡爾賽的，但良心的忌憚使他們不願開啟內戰。好像梯也爾並不曾企圖解除巴黎人民武裝而開始內戰似的！但即使巴黎人民必然失敗，他們的叛亂也仍然是我黨自六月暴動以來最光輝的成績。

試把這些天打雷劈的太陽神們，來比較普魯士德國的神聖羅馬帝國馴服奴隸及其遺腹子的假面具，後者正在散發出一種軍營、教會、農村蒙昧主義的腐朽之氣，總之，就是市儈氣。

當馬克思稱述巴黎公社爲「我黨」的成績時，他有兩方面的理由，從一般意義上說來，巴黎公社是以巴黎工人階級爲骨幹的；從特殊意義上說來，「國際」的巴黎會員們是公社中最能幹及英勇的鬥士，雖然他們在公社議會中只占少數。「國際」早已作爲資產階級社會動亂一切肇因著稱，它被所有國家的統治階級充作一切不愉快事故的替罪羊。所以，很自然地，資產階級也把巴黎公社視爲由「國際」的圖謀不軌來負責。然而奇怪的是，巴黎警察的機關報之一曾經設法開脫「國際」在這事件負任何「主謀」的責任，三月十九號這報紙發表了一封據說是馬克思寄給巴黎分部的信，信裡責備分部太過注重政治而太過小覷社會問題。馬克思立刻寫信給《泰晤士報》定性該文件是「無恥的僞造」。

誰也不比馬克思更明白「國際」並未製造公社，但自始他就把它視爲「國際」的血中之血和肉中之肉。當然，他這樣看法只是在「國際」的綱領和規章之精神，按照這兩者，一切目的在解放無產階級的工人階級運動都屬「國際」的。巴黎公社議會的多數派布朗基④主義者（Blanquist）或雖然屬於「國際」而受普魯東的思想影響甚深的少數派，都不能算是馬克思直接支持者。在公社時代只要情勢允許他都和這少數派維持接觸，但不幸，現存能證明這一點的證據很少。

公社公共工作部代表弗蘭克爾（Frankel）在四月二十五號回答馬克思的信（原信已不存）中說道：

倘若你願意盡可能地給建議幫助我，我是很高興的，因爲此刻我負責，其實是完全負責，一切我願引進公共工作部的各種改革。你上次來信中的一兩行是足以表明你願意盡力使一切人們和一切工人，尤其是德國工人，明瞭巴黎公社是和德國舊式公社毫不相同的。無論如何，在這一方面你將爲我們的宗旨做出好貢獻的。

馬克思是否有回信或有所建議給弗蘭克爾，現在沒有佐證。

---

④布朗基：法國社會主義者，他錯誤地以軍事密謀爲實現社會革命的手段。

弗蘭克爾和瓦爾蘭寄給馬克思的一封信已經散失了，但他於五月十三號回答他們的信裡說：

我和送信人談過了。把那些對凡爾賽惡棍們妥協的報紙放在安全地位上不見得是好想法吧？預防的措施是無害的。我接到從波爾多寄來的信，通知在上次市級選舉中「國際」的四個會員當選了。各省也在開始活動，可惜他們的行動是地方性的及和平的。我已經爲你們的事務寫過幾百封信給和我有聯繫的世界各角落。總之，工人階級是自始擁護公社的。甚至英國資產階級的報紙現在也拋棄了它們最初的敵視態度。我偶然成功把一篇袒護公社的文章混進它們的篇幅裡。我覺得公社似乎把太多時間耗費在無關宏旨的瑣事和人事糾紛上。在公社中除了無產階級的勢力以外，顯然還有別種勢力在運作。但這一切都無關緊要的，倘若你們能夠及時改正。

最後他指出迅速行動的必要，因爲三天之前德法正式和約已經在法蘭克福簽訂了，且俾斯麥現在和梯也爾同樣熱衷於壓制公社，尤其因爲隨著和約的簽訂，戰爭賠款就要開始償付。

以在這信裡馬克思所有的建議而論，能夠感覺到某種保留，無疑地，他所寫給公社社員的各種事情都是以同樣的筆調在表達。他並非不願意對公社的行動和疏忽負完全責任，因爲在公社失敗之後他立刻就公開地和鉅細靡遺地這樣做了，但那時他卻不願扮演獨裁的角色，及從遠處來決定本由在場者看得更清楚的何事當爲、何事不當爲。

五月二十八號公社最後的防禦者也倒下來了，兩天之後馬克思向理事會提出《法蘭西內戰》聲明。這是出自他手筆最卓越的文件之一，從各方面來說，甚至在今日也是所有討論公社已發表的繁多文獻的最高貢獻。他再度顯示了他非常的才能，在那令人迷惑外表呈明顯無解的混淆及議論紛歧的謠言中，指出情況的歷史要意。以這聲明所處理的事實而論——而第一、第二節以及第四節和最後幾節都是敘述事件的眞實經過——它在每一事例中指示眞理，任何一點都是顚撲不破的。

這聲明確未批評公社的歷史，這並不是它的目的。它是爲保持公社的榮譽和合理化反抗其敵人的中傷和不公而寫的，且它出色地辦到了。它是作爲爭論的文章而寫的，並不是歷史的評判，且那時起，社會主義者們嚴厲指責公社的弱點和錯誤已經夠頻繁，有時還太過嚴厲了。在這種情形之下馬克思自己只以提示下述一點爲足：

> 在每次革命中常有性質和現實革命的代表很不相同的人物挺身前來和現實革命的代表並肩進行。這種人物之中的一些人是前幾次革命的倖存者，他們完全被以往的革命所限制，並不理解當前的革命，但，因爲他們的著名勇敢和高尚品性，或者只因爲老資格，他們在群眾中仍然享有相當影響力。另一些則是純粹的咆哮者，多年以來重複嚷著

反對當時政府的同樣言論，藉由這種詐欺取得了最上等革命家的名聲。三月十八以後這種人也登場了，甚至在許多事件上擔任著重要角色。在他們的權力之內，他們阻撓著工人階級的現實行動正如從前他們阻撓所有早期革命的充分發展一樣。

聲明指出這種分子代表不可避免的惡。倘若假以時日，他們是有可能被擺脫的，但公社沒有得到必需的時間。

聲明第三節，評論公社的歷史性質，是特別有趣的。馬克思以極大辨別力展示公社和以往歷史上與它貌似的那些形式——從中古的公社以至普魯士的都市自治制度——之間的差別：

> 只有俾斯麥（倘若他不是忙於鐵與血的陰謀，他就會欣然回到投稿《克拉德拉達奇》⑤的老行業去，那是十分合於他的智質的），只有這種智質，才會想將巴黎公社化爲渴望一七九一年舊法國市政體制的諷刺畫，即把都市行政降爲僅是普魯士國家機構的附屬一環的普魯士都市自治制度。

---

⑤《克拉德拉達奇》（*Kladderadatsch*）：柏林的諷刺雜誌。

在詮釋公社的多樣性質和其中所表達利益的多樣性中，聲明認爲公社是一種易於擴張的政治形式，而歷來的政府形式卻主要是壓制性質的：

那眞正的祕密就在於它本質上是工人階級的政府，是生產階級與剝削階級鬥爭的結束，勞動力經濟解放所能發生的最終領悟的政治形式。

聲明並不能提出公社的詳細政府政綱以證明這種說法，因爲公社一直並未發展，而不能發展是由於它從成立的第一天起至最後一天都被迫和它的敵人作生死鬥爭。然而，聲明卻已根據公社所實施的政策證明了它的要旨在於毀滅國家，國家其最腐敗的形式（如第二帝國）不過是社會身體上的「一種寄生性成長」而已，消耗它的精力和阻礙它的自由發展。公社頒布的第一道法令是廢除常備兵而以人民武裝代替它。公社剝奪了警察武力——向來完全是政府的工具——的一切政治功能，把它改爲對公社負責的工具。廢除作爲舊政府的實質武器的常備軍和警力之後，公社進而破除壓迫的精神武器——教士的權力，公社宣布解散和取締作爲財產擁有者的教會。公社向人民開放一切教育機關，免學費，並且使這些機關不受國家和教會的干涉。最後，公社從根拔去舊官僚制度，一切官職——連法官在內——都由人民隨時選舉和罷免，而且規定國家公務員的最高年俸爲六千法郎。

聲明處理這些情節的方法是出色的，但這些情節和馬克思、恩格斯寫在《共產黨宣言》

裡而且持續了二十五年的意見之間有著某種矛盾。他們曾經主張未來無產階級革命的最後結果之一是「國家」這政治制度的取消，但這取消必須是逐漸的。這種制度的主要目的，向來是以武力保障專屬擁有社會財富的少數對做工的人口多數人的經濟壓迫。由於這少數有產者的消失，諸如國家這種武力壓迫的制度必將隨之消失。然而，同時，他們指出要達到這目的和未來社會革命的其他更重要的目的，工人階級首先必須取得已組建的國家政權，利用它粉碎資本家的抵抗和改造社會。《共產黨宣言》中的這些意見，是和理事會的聲明極爲讚揚巴黎公社已開始根除寄生性國家的激烈方式不能調和的。

當然，馬克思和恩格斯都很知道這種矛盾，所以，在巴黎公社當前的影響之下，在一八七二年六月新版的《共產黨宣言》的序言中，他們修改了他們的意見，明顯地迎合理事會聲明，聲明工人階級不能簡單地把持現成的國家機構而使用它來達成自己的目的。直到後來，在馬克思死後，當恩格斯被迫而反對工人運動中的那些無政府主義傾向時，他才停止了這項但書，又以《共產黨宣言》的基礎爲立場。巴枯寧派以他們自己的方法詮釋了理事會聲明是不難理解，巴枯寧自己也嘲笑說雖然公社已經推翻了馬克思的全部觀念，馬克思卻完全違反邏輯地向它脫帽致敬，且被迫將它的綱領和目的認爲是他自己的。而且在事實上，倘若一次反叛——在工人方面並未準備而是被突然且野蠻的攻擊所逼迫——用幾道簡單的法令就能夠廢除全部的國家壓迫機構，那不是肯定巴枯寧一直堅持的觀點了嗎？想要相信這項說法的人們並不難在聲明中找到合意的支持；聲明有意把其實不過是從公社性質上有發展的一種可能性當作已成事實看待。總之，巴枯寧的煽動在一八七一年開始比以前更獲認同這事實，確是由於巴黎公社所給予歐洲工人階級的有力印象。

聲明的結語說：

工人的巴黎和它的公社將永遠被紀念爲新社會的光榮先驅。它的殉道者是被銘記在工人階級的偉大心胸中。它的毀滅者已經被歷史所恥笑，他們的神父和牧師的一切禱告都不能使他們解脫。

這聲明立刻造成一大轟動，所以馬克思在給庫格曼的信裡說：

它已經引起一片鬼哭神號了，此刻我榮幸地算是倫敦最受誹謗和恐嚇的人。這對在像沼澤的一隻蛙悠閒孤立地過了冗長及無聊的二十年之後的我是好的。政府機關報《觀察者》（*Observer*）甚至以起訴恐嚇我。讓他們試試看吧！我蔑視這些惡棍。

首次怒吼被挑起來之後，馬克思立刻宣布他自己就是聲明的作者。

在後幾年中，他甚至被社會民主主義者方責罵：將巴黎公社的責任加在「國際」身上而危及「國際」——雖然「國際」對公社是不應負任何責任的——爲公社抵禦不公的攻擊是很好，但對它的缺點和錯誤，他應該推脫他自己呀，云云。總之，這種意見並不被廣泛接受，它所提的策略對自由主義的「政治家」或許是好的，對馬克思卻不好，就因爲他是馬克思。他是絕不會妄想減輕當前立即的危難而致危害他的主義的前途的。

四、國際工人協會與巴黎公社

未經事先清理殘餘就承受了公社的遺產，「國際」遭逢許多敵人。充斥著各國資產階級報紙中的那些誹謗是毫不重要的。恰相反，由於這些誹謗，「國際」在某種意義上和某種程度上爭取了一種宣傳的武器，因爲理事會能夠公開回應這些攻擊，至少在英國報紙上確保答辯的機會。

對「國際」更重要得多的問題是必須幫助許多流亡的公社社員，他們逃到比利時、瑞士，而主要是到倫敦。「國際」的財務狀況愈來愈壞，幫助流亡者所需要的款項募集十分困難，必須更努力。這幾個月以來，理事會不得不把大部分時間和精力用在這問題上，以致妨礙了它的正常事務，雖然這些事務，因爲幾乎各國政府現在都開始動員它們的力量反對「國際」而更形緊迫。

然而，甚至那些政府反「國際」的鬥爭也不是「國際」的主要困難。反「國際」運動在歐陸各國是進行得或多或少有力的，但想要聯合所有政府一致壓迫階級覺悟的無產階級的企圖此刻卻失敗了。法國政府首先發動這企圖，於一八七一年六月六號由法弗爾發出一個通牒；但這文件是如此愚昧且虛僞，致對別國政府少有影響，連俾斯麥也不理會。俾斯麥總是願意傾聽任何反動建議的，尤其是針對工人階級的建議；他也曾經由於其誇大妄想狂吃驚於德國社會民主方——包括拉薩爾派和艾森納赫派——的擁護巴黎公社。

不久之後，西班牙又想聯合歐洲各國政府一致反對「國際」，這一次也是由其外交大臣發出一個通牒。通牒宣稱各別政府應採取最嚴厲的措施以壓制「國際」和其在各國境內的分部，這是不夠的；各國政府必須聯合一致來消滅這個禍害。這項誘導理應得到更大的成功的，但英國政府立刻粉碎了它。格蘭維爾爵士回答道，「在我國中」，「國際」的主要活動只限於指導罷工，而支持其活動的經費是很有限的，至於構成其綱領的革命計畫，卻是代表外國成員的意見而不是英國工人的意見，英國工人所注重的是工資問題。然而，居留英國的外國人們和英國臣民一樣享有本國法律的保護，倘若他們以好戰的行動反對任何和英國維持著友好關係的國家，他們是要受懲罰的，但目前並沒理由採取任何特殊措施對抗旅居英國的外國人士。這項對無理要求的合理拒絕使俾斯麥的半官方喉舌叫罵起來了；只要英國像一個避難所，以法律保障及使一切擾亂歐洲的行爲免於受罰，任何反對「國際」的措施大都無效。

雖然「國際」的敵人在不同國家政府部分並未組成反「國際」的聯合十字軍，「國際」自身也並未構成一道鞏固的方陣，以抵抗其分部在歐陸各國所受的迫害。這是它焦急的主要原因，使事情更加嚴重的是它覺得其在英、德、法的基礎動搖了：這三國的工人階級它認爲是其最強固的堡壘，這三國的大規模工業發展是最爲進步的，及這些國家裡的工人們或多或少享受有限的參政權。這些國家對「國際」的重要性反應在這事實上：在理事會中有二十個英國人、十五個法國人、七個德國人，而瑞士和匈牙利不過各有兩個，波蘭、比利時、愛爾蘭、丹麥和義大利不過各有一個而已。

拉薩爾在德國工人中組織他的煽動自始就當作一國的事來做，這曾經引起馬克思的嚴厲斥責，但不久就顯見這種作法使德國工人運動越過了震撼其他歐陸國社會主義運動的一種危機。對法戰爭的結果使德國工人階級運動暫時陷於停頓。工運的兩派忙於自己的事務，無暇關心「國際」。雖然兩派都宣稱反對兼併阿爾薩斯和洛林，袒護巴黎公社，而理事會認爲「國際」分部的艾森納赫派卻比拉薩爾派受更多官廳的迫害，以致被控爲高度叛國及類似討厭的事件。據俾斯麥自己的證詞，首先引起他疑惑的是倍倍爾在國會裡的演說，在那演說中他聲稱德國社會民主派與巴黎公社團結一致；導致俾斯麥對德國工人階級運動不斷地加以猛烈打擊了。然而，更加決定艾森納赫派對「國際」態度的是這事實：它一旦在全國的基礎上成爲獨立政黨，它就和「國際」愈漸疏遠了。

在法國，梯也爾和法弗爾使反動的君主派國民議會，通過了一條專門壓制「國際」的嚴酷法令，完全麻痺了法國工人階級，這階級是早已被凡爾賽大屠殺血流成河的可怕削弱到精疲力竭了的。因爲想要殘酷的報復，這些法律與秩序的主持者要求從瑞士，甚至英國，將公社社員當作普通刑事犯引渡回國，而且，以瑞士而論，他們是幾乎成功了的。在這種情形之下，理事會和法國的聯繫完全中斷。因爲要在理事會中保有法國工人代表，「國際」補選了幾個流亡的公社社員（有幾個原是「國際」會員，有幾個是以在公社宗旨中的革命衝勁而著名的），那目的是在尊榮公社。這意見是好的，但它並不能增強理事會，反而削弱了它，因爲這些流亡的公社社員都難逃一切移民者的宿命，把全部精力都消耗在內部的鬥爭上。現在馬克思對法國移民者不得不經歷二十年前對德國移民者的同樣煩惱和困難。他是最不願意表揚自己曾做過認爲在任何情況下是他要作的責任的人，但一八七一年十一月中，法國流亡者的不斷爭吵使他遺憾的悲嘆道：「這就是我爲他們浪費將近五個月的時間和在聲明裡擁護他們的榮譽所得的報酬！」

最後，「國際」失掉它以前所享有的英國工人的支持。這破裂的初次表面化是兩個著名的工會運動領袖——盧克拉夫特和奧哲爾，都是理事會自成立以來的會員，而後者是該會歷來的主席——因爲《法蘭西內戰》聲明而辭去該會的職務。這項舉動惹起一種傳言：工會脫離「國際」是由於其道德上憎惡「國際」擁護公社。其實，這傳言是絕不合實情的。那破裂是由於更重要且更深沉的理由。

「國際」和工會的結盟自始是一種權宜婚姻（mariage de convenance）。兩方互相需要，但誰也沒有同甘共苦、百年偕老等的意願。馬克思曾以熟練的機敏依照《國際工人協會成立開場白》和規章起草了一個聯合綱領，但，工會雖然能接受這綱領，在實踐上卻只以適合自己的目的爲限。格蘭維爾爵士在回覆西班牙政府的牒文中正確地描述了英國工會和「國際」的關係。工會的目的是想在資本主義社會的基礎之上改善工作條件，爲求推進這目的他們並不輕視政治鬥爭，但在擇取其同盟和武器時，他們並不受原則考量的指引，因爲這種考量不立即適用於實際目的。

馬克思不得不立刻承認工會這種利己的特性，其在英國無產階級的歷史和性質是根深蒂固的，很不容易破除。工會需要「國際」推行改革法案，但這目的才一達到，他們就和自由黨勾結起來，因爲沒有後者的援助他們就沒有在國會中贏得席位的希望。甚至在一八六八年中馬克思就已埋怨這些「陰謀家們」，且點出奧哲爾——曾屢次被提出爲候選人——是其中的一個。又有一次，馬克思在理事會當著幾個愛爾蘭派布朗特雷·奧布萊恩（O'Brien）的支持者們面前鄭重說道：「不論其如何愚昧，奧布萊恩派在理事會中（時常必然）是制衡工會的一種勢力。這一派人更革命，對土地問題的態度更明確，更少國家主義，也沒有任何流於貪腐的趨向或形式，因此他們是早就可以出來的了。」馬克思也屢次反對在英國成立特種聯合審議會，那主要理由曾在理事會於一八七〇年一月一號所發表的傳閱文件中舉例說明過：英國人缺乏革命熱情和宏大氣魄，所以這種聯合審議會將成爲國會中激進成員手裡的工具。

英國工人階級領袖們退出之後，馬克思直率地責備他們出賣自己給自由黨內閣。他們之中的某些人眞是如此，但並非全都如此，即使以包括現款支付之外的其他「貪腐」形式而論。作爲工會領袖，阿普爾加斯（Applegarth）的名聲並不在奧哲爾和盧克拉夫特之下，且實際上是貴、眾兩院公認爲工會的正式代表。「國際」在巴塞爾舉行大會之後，其國會贊助者詢問他對土地公有等等大會決議的態度，但他拒絕被他們那近乎不明不白的恫嚇所脅迫。一八七〇年他被任命爲傳染病法案的皇家委員會的委員，這是工人得到皇帝冠以「我們所信愛的人」榮譽的第一次，然而他仍然署名在理事會的《法蘭西內戰》聲明上，且一直擔任理事會會員到底。

阿普爾加斯個人的品性是無可指責的，且他拒絕擔任商務局的職務。他的態度清楚地指出工會領袖們退出「國際」的眞正理由。工會的立即目的是確保自身和其基金的法律保障。在一八七一年春季，這目的在表面上似乎已經達到：政府引進一項法案，准許各工會登記爲核可的社團，且工會基金也得到了合法的保障，只要它的規程不牴觸現行法律。然而，政府用這一隻手給予的，立刻又用另一隻手收去了，因爲那法案裡有一冗長的條款，在實施上是摧毀聯合的權利，藉由禁止「威脅」、「要挾」、「騷擾」、「妨礙」、「暴力」，等等彈性的老用詞來防止罷工。其實它不過是專門反對工會的法令而已，凡是工會或個人旨在推動工會宗旨的一切行動都被認爲可能受罰，而別種團體的同樣行動卻依然是合法的。英國工會運動歷史家客氣且審愼說道：「倘若刑法如此延伸到這些團體用以達到目的的正常和平方法上，那就似乎不必承認這些工會社團的存在是合法。」⑥首先承認工會爲合法而且給予保障，同時又分明確認一切反對工會活動的但書條文，甚至加以強化。

自然，各工會和它們的領袖們都拒絕了這惡毒的禮物，但他們抗議的成功不過使政府把這法案分爲兩部分而已：一條准許工會合法存在，一條是刑事補充法，包括一切反對工會活動的條款。當然這並不是眞的成功，不過是邀請工會領袖們跳進去的陷阱而已，且因爲他們急需基金比忠於工會原則更爲熱忱，他們都跳下去了。他們全體，阿普爾加斯甚至作爲先導，在這新法令之下登記了他們的組織，且在一八七一年九月正式解散各業工會聯合會，這是「新工會運動」的代表性團體，曾經作爲「國際」與各工會之間的聯繫物，說是「已經盡完了它之所以組成的任務了」。

由於工會領袖們的漸進趨向中產階層得到尊重，他們已經把罷工視爲工會活動較爲原始的方法之一了，他們是不難以此自慰其良心的。早在一八六七年他們之中的一個，就已在皇家委員會之前作證說罷工對工人和雇主都是純然浪費金錢和精力的事。所以，在一八七一年，當工作九小時運動風靡全國時，工會領袖曾經盡力抑制工人們——工人們不曾與其領

⑥ Sidney and Beatrice Webb., *The History of Trade Unionism*, (London, Longmans, Green & Co., 1894), pp.263-264.

袖們的「政治家風度」並肩而行，且痛恨那新的反對工會活動的刑事補充法。這運動於四月一號以異德蘭（Sunderland）機器工人罷工開始，迅速擴大到各工業中心，而以紐卡索（Newcastle）的罷工爲頂點，經歷了五個月之久，結果是工人完全勝利。大機器工會，機器工人聯合會，是反對工人方的這種群眾運動的，一直到罷工進行了十四個星期之後，屬於這聯合會的罷工工人才得到罷工津貼，每星期五先令。工人們不得不用這點錢和平常的失業津貼來進行他們的鬥爭。這迅速擴大到一些其他工會和工業的運動，完全是由「九小時同盟」領導的，爲這目的而成立的同盟有一個很能幹的領袖：約翰・伯內特（J. Burnett）。

在另一方面，同盟得到「國際」理事會的強力支持，後者派科恩和艾卡里爾斯到比利時和丹麥，去阻撓雇主們的代理人在那裡徵募罷工破壞者，他倆對這任務都得到了相當的成功。當馬克思和伯內特磋商時，忍不住埋怨道：有組織的工人團體一直到困苦時還置身於「國際」之外，倘若他們來得更合時宜，那就比較容易採取預防措施。然而，此刻時事的發展好像使群眾慷慨地補償「國際」因爲他們的領袖們所受的損失。新的分部成立了，原有的分部正在增強，但同時要在英國成立特種聯合審議會的要求也更加急迫起來。

這一次馬克思終於讓步，不再拒絕他多年以來拒絕的事。由於巴黎公社的潰敗，新革命的可能性已經退入陰暗，因此，他顯然不再賦予理事會必須直接掌握革命的最強槓桿的重要性。然而，不久事實就證明他向來的憂懼是正確的：隨著這聯合審議會的成立，「國際」的影響開始在英國消失，比起在別國更爲迅速。

五、巴枯寧的反對派

巴黎公社失敗之後「國際」在德、法、英已經是夠困難的了，而這些困難比起在它根基薄弱的各國之中所有的紛爭來卻不算什麼。甚至在普法戰爭之前在瑞士就已構成的小紛爭中心，現在擴散到西、義、比及其他國家了，顯見得巴枯寧的意見似乎勝過理事會的意見。

這種發展並不如理事會所說是由於巴枯寧的陰謀。在一八七一年初他確是因爲要全力從事新的政治活動而中止翻譯《資本論》第一卷的，但這些活動和「國際」並無關係，且到頭來嚴重地損壞他自己的政治聲譽。那就是出名的尼察也夫（Netchayeff）事件，而這事件是不能像熱心讚賞巴枯寧的人們，把他的錯誤歸咎於「太過善良的結果是太過相信人」那樣輕描淡寫過去的。

那時尼察也夫是一個二十多歲的青年。他生來是一個農奴，可是幸而得到善心人士的贊助，能夠在一個神學院裡受師範教育。他偶然加入當時俄國學生運動，且在其中取得一定地位，這並不是由於他的教養，那是不足的，也不是由於他的頭腦，那是平庸的，而是由於他猛烈的能量和對沙皇壓制的痛惡。他的主要性格是完全沒有一切道德的考量，當他認爲他是在推行他的主義時。他私人並沒有什麼欲求，且當必要時什麼都可以不要，但當他認爲是在做著革命行動時，那就什麼也阻止不住他，無論會受什麼樣的斥責。

一八六九年春季他初次出現於日內瓦，戴著雙重光環，一是從聖彼得堡要塞逃出的政治犯，二是由號稱爲祕密準備全俄革命的一個全權委員會派來的代表。這些全是揑造的；尼察也夫從未在聖彼得堡，俄國也沒有這樣一個委員會。據他說，在一些和他直接有關的同伴們被捕之後，他離開了俄國，爲的是來影響前輩移民者用他們的名義和著作來鼓動俄國青年的熱情。就巴枯寧而言，他得到了一種幾乎難以置信的成功。巴枯寧對「這青年野人」，「這小老虎」（他常常這樣稱呼尼察也夫）印象深刻，把他當作革命衝勁足以推翻帝俄的新進後輩的代表人物。巴枯寧堅信那「委員會」，致無條件地接受它經由尼察也夫傳達給他的命令，而且立刻宣布他自己準備與尼察也夫一起出版一些極其革命的著作，輸入俄國境內。

無疑的，巴枯寧對這一類著作是有責任的；而對其中最惡劣的範本是否應由他或尼察也夫直接負責並不重要。況且，巴枯寧自己從來不曾以文字否認過他和下列文件的關係：籲請帝俄軍官像巴枯寧一樣無條件地投身於「委員會」指揮之下的文告，或將俄國盜匪理想化的傳單，或充分發揮巴枯寧所偏愛的可怕想法和凶猛言詞溢表的所謂革命教義問答。然而，巴枯寧曾否參與尼察也夫的種種魯莽行動卻從未被證實過。其實他本身就是那些行動的受害者，到他認識了這一點，並向「小老虎」關上門時，已經太遲了。

巴枯寧和尼察也夫都受到「國際」的指責：派遣無辜者帶著必然引起俄國警察注意的信件、材料或電報之類到俄國去送命，雖然巴枯寧的聲譽可以合理地預期會保護他免於如此的指控。到被揭發之後尼察也夫承認了事情的眞相，他是極盡厚顏地承認他慣於同意陷害不十分贊同他的人們，要毀滅他們或者把他們完全拖進那運動裡面。依照著這可詛咒的原則，他就會勸人們在激動時簽署妥協性聲明，或偷竊別人的妥協私信，以便日後要挾發信人。

一八六九年秋季尼察也夫回俄國去時，巴枯寧還不知道他的這些方法，親筆「委任」他為「可信賴的代表」，當然不是「國際」的代表，甚至不是社會民主聯盟的代表，而是巴枯寧天才式發明的歐洲革命聯盟俄國事務支部的代表。這組織也許只存在於紙上，但無論如何，巴枯寧的名字是足以為尼察也夫的煽動在學生群中獲得一定的支持。尼察也夫獲得影響力的主要方法還是那「委員會」的神話，所以，當他新贏得的支持者之一，學生伊凡諾夫（Ivanov），開始懷疑這種祕密權威的存在時，他就用暗殺處置了這不適宜的疑心者。由於伊凡諾夫屍體的尋獲，許多人被捕了，但尼察也夫卻已潛出國界。

一八七〇年一月初，他又出現在日內瓦，重新開始他的老把戲。巴枯寧挺身出來當他勇猛的捍衛者，說伊凡諾夫的被殺是政治事件，並非普通刑事，所以瑞士政府不該應允沙皇的引渡要求。這時尼察也夫躲避得很隱密，瑞士警察找不到他，但他用惡劣手段作弄他的保護人。他勸他放棄《資本論》第一卷的翻譯，專一致力於革命宣傳，且宣稱可取得已預付稿費的那當事出版商的同意。巴枯寧，那時生活在極窘迫的境況中，只以為這項承諾也就意味尼察也夫或那神祕的「委員會」先償還三百盧布給那出版商。然而，尼察也夫發了一封用一紙便箋寫就的「正式」信，信上附有「委員會」的名稱還畫著一柄斧子、一把短刀和一枝手槍，並不寄給那出版商，卻寄給作為巴枯寧與那出版商之間中介的留巴文（Liubavin），禁止他要求巴枯寧償還預支款項，否則他就活不成。巴枯寧收到了其事業上第一位暱友留巴文辱罵的信，他立刻回信承認債務，且一再承諾只要他的經濟情況許可就儘速償還，而他終於和尼察也夫斷絕關係，這時他發覺了後者更壞的事，如計畫搶劫辛普朗（Simplon）郵局之類。

巴枯寧在這事件上所犯下難以置信，且作爲一個政治領袖是不可饒恕的昏瞶之罪，他生平最冒險的插曲，給他很不愉快的結果。馬克思於一八七〇年聽說這事件，這回來自無可指責的來源，是經由五月間停留在日內瓦的洛帕廷告訴他的，這完全可信賴的洛帕廷曾設法使巴枯寧相信俄國並沒有這麼一個「委員會」，尼察也夫也不曾在聖彼得堡坐過牢，且勒死伊凡諾夫確是毫無人性的謀殺，終歸枉然。要說誰能知道事情的眞相，那就是洛帕廷，而他的消息落實了馬克思現在討厭巴枯寧的意見是自然的事。俄國政府因爲伊凡諾夫被害而拘捕了許多人之後，發現了尼察也夫活動的眞相，就盡量利用這有利的機會，且爲了要在世人眼前愚弄及暴露俄國革命黨人，就布置了第一次公開及在陪審團前進行政治審判，於一八七一年七月以所謂尼察也夫訴訟程序於聖彼得堡開審。八十多個被告，多數是學生，且大半被判處長期徒刑或西伯利亞礦坑苦役。

尼察也夫自己還是自由的，往來於瑞士、倫敦和巴黎，經過圍城和公社時期，在一八七二年秋季他才落在警察手裡——被暗探所緝獲。巴枯寧和他的朋友們爲他發表了一本小冊子，由蘇黎世的沙貝利茨（Schabelctz）出版，反對瑞士政府把他當作普通刑事犯引渡。這次行動並未辱沒巴枯寧。他曾寫信給也被尼察也夫欺騙過的奧加遼夫

（Ogarev）——在赫爾岑死後曾管理巴特米提夫（Batmetiev）基金的全部或一部：「我心中覺得現在尼察也夫——是完全迷失而確自知其迷失——將從他的性格深處尋回往昔的能量和堅定，那性格也許是混亂及墮落的，但並不低下。他將英雄地忍受一切，這回他不會出賣一個人和一件事的。」尼察也夫，在帝俄監牢裡受苦十年一直到死：證實了這些期許。他曾盡其所能補償他從前的過錯，保持著鋼鐵般的能量，甚至獄卒也退讓於他。

正當巴枯寧和他分開時普法戰爭爆發了。這戰爭使巴枯寧轉到另一方面。這老革命家估計德軍侵入法國將發出法國社會革命的信號。法國工人們必不至於在君主專制、貴族橫行和武力侵略之前毫不作爲，除非他們想要叛離不僅是他們的立場而是社會主義的宗旨。德國的勝利將成爲歐洲反動的勝利。他說國內的革命不一定會痲痺了法國人民對於外敵的抵抗，他特別引述法國歷史來證明這一點，這是不錯的，但他主張勸誘拿破崙派和反動的農民階層聯合參與城市工人們的革命運動卻完全是幻想：這些農民並不會接近任何命令或共產主義提議或組織形式，因爲這些東西將使他們反叛城市，「不過，人應該引發他們靈魂深處的革命精神」，及其他類似空話。

第二帝國崩潰之後，紀堯姆在《團結》上號召從速組成武裝義勇隊援助法蘭西共和國。這正是十足愚蠢的行爲，尤其因爲它出自一個無一不是狂熱反對參加「國際」政治行動的人，所以除了笑話之外毫無結果。然而，巴枯寧於九月二十八號打算在里昂成立革命公社卻不能和這相提並論。巴枯寧曾經被里昂的革命分子召請到那裡去。當克魯塞特（Cluseret）

將軍的詭計和另一些人的懦弱使國家防衛隊得到輕易勝利時，里昂市政廳被占領，宣布廢除「國家的行政和政府機關」而以「公社的革命聯合會」來代替它。巴枯寧力促採取強硬措施，首先拘捕政府代表卻徒然無果。他本人被捕了，但幾乎立刻就被一支義勇隊所釋放。他在馬賽停留了幾個星期，希望這運動的再起，直到證明這希望毫無基礎，才於十月底轉回羅加諾。

讓反動派去譏笑這不成功的企圖也許是合理的。有一位並不因為反對巴枯寧的無政府主義而失其客觀評判力的人寫道：

> 不幸，甚至社會民主派的報紙上也已揚起嘲笑的聲音，雖然巴枯寧的企圖確是不應該受這樣待遇的。當然，不同情巴枯寧之流的無政府主義的人們對他無根據的希望必須採取批評態度，但，除此以外，他在里昂的行動是勇敢的，企圖喚醒法國無產階級的能量，且同時指引他們反抗外來的敵人和資本主義制度。後來巴黎公社也有這種企圖，曾被馬克思所熱烈讚許。

這確是比萊比錫《民族國家報》的態度更為客觀而且合理，《民族國家報》按照慣用的方法，說巴枯寧在里昂所發表的聲明更適合於俾斯麥派，好像是在後者的機關報編輯室裡草擬出來的。

里昂運動的失敗使巴枯寧深爲頹唐。他曾經相信革命幾乎就在眼前，現在卻看著它消失在遙遠的未來，尤其是在巴黎公社倒閉之後；那公社曾經使他滿懷著新的希望。他更加憎恨馬克思所發動的革命宣傳，因爲他認爲它應該負起讓無產階級態度不定的主要責任。而且，他個人的境況很窘迫。他得不到他兄弟們的幫助，有時袋裡連買一杯他常喝的茶的五分錢都沒有。他的妻子怕他會失去活力，而身心衰退。然而，他決定纂輯他平日斷續所寫論人文、哲學、宗教、國家和無政府主義的發展意見，成爲一部書，算是他的政治遺囑。

這書始終未曾完成。他難控制的性格不許他有那麼多平靜時間。烏廷繼續在日內瓦煽風點火，一八七〇年八月他做成了把巴枯寧及其朋友排出日內瓦「國際」中央分部的事，那理由是他們是社會民主聯盟分部的會員。那時烏廷散播謊言，說那聯盟其實並未被理事會允許加入「國際」，聯盟所持有的由榮格和艾卡里爾斯簽字的文件是僞造的。然而，這時羅賓已移居倫敦，已經成爲理事會會員，雖然從前他在《平等報》上曾經猛烈地攻擊過它。由此理事會承認聯盟已經有了客觀的證明，因爲羅賓從未改變忠於聯盟的支持。一八七一年三月十四號他提議「國際」召集私下會議解決日內瓦紛爭。在巴黎公社的前夕理事會想要拒絕這項提議，但在七月二十五號它決定於九月召集會議討論日內瓦紛爭。在七月會議中，應羅賓的請求，它確認由榮格和艾卡里爾斯簽署的允許聯盟加入「國際」的文件是眞的。

確認的信還未達到日內瓦，聯盟日內瓦分部於八月六號自動解散，並且立刻通知理事會。那是爲造成一種好印象：在理事會爲聯盟分部洗刷嫌疑，反駁烏廷的謊話之後，聯盟爲和平及和解起見犧牲自己。然而，如紀堯姆後來所承認，其實決定解散是另有其他決定性的動機。聯盟分部早已陷於毫不重要的地位，尤其是對在日內瓦的公社流亡者，它似乎不過是私人爭吵的殘屍餘骸。此刻紀堯姆把這些流亡者視爲在更廣大的基礎上進行反對「國際」日內瓦聯合審議會鬥爭的適當人物。所以，聯盟分部解散幾星期之後，那些殘餘分子就和那些公社社員重新結合爲「革命社會主義宣傳及行動分會」，自稱贊同「國際」的一般原則，但保留著「國際」規章及歷次大會所提供的自由予以充分應用的權利。

當初巴枯寧和這些事完全毫無關係。也就是具全能重要性號稱聯盟領袖的他，甚至其日內瓦分部的自行解散，在事前都無人諮詢他，雖然他就在附近的羅加諾。他尖銳地抗議道：「我們不要這樣懦弱到，以保持『國際』的團結一致爲藉口」，這倒不是因爲受傷的情緒，而是因爲他覺得在這種情形之下解散是懦弱和卑劣的計謀。同時他開始著作，詳細敘述日內瓦的混亂，來展示他覺得在爭執中瀕臨危險的那些原則，且以此作爲他的支持者在倫敦會議中的指導方針。

這著作可觀的斷簡殘篇現還存世，幸而和一年前他與尼察也夫合作的那些俄文小冊子不同。除了一兩處氣盛之詞以外，這著作是寫得心平氣和且客觀的，無論人們對巴枯寧的特殊主張採取什麼態度，這著作確是可以令人相信日內瓦的混亂有著更深的根源，並不只是私人糾紛的流沙，至於擔當混亂角色的那些流沙是應該由烏廷之流負大部分責任的。

巴枯寧從來不曾否認過他和馬克思之間的根本差異，在後者的「國家共產主義」問題，和其不曾小心處理與其反對者的關係。然而，巴枯寧看馬克思並不是只有可責的追求自己目的毫不足取之人。他敘述「國際」從人民大眾中發展起來，得到爲民眾立場效勞的能幹人士的助力：

> 我們藉此機會向德國共產黨的知名領袖們，尤其是馬克思和恩格斯，以及貝克（我們從前的朋友，現在所不能妥協的敵人）表示敬意，他們是「國際」的眞正創造者，倘若個人能有所創造的話。我們承認他們的一切功績，同時也不得不和他們戰鬥。我們對他們的敬重是深切而且誠懇的，但不到把他們當偶像，而且我們絕不願做他們的奴隸。雖然我們充分肯定他們爲「國際」的宗旨曾做過和正在做著的大功勞，我們還是要戰鬥到底，爲反對他們虛假的權威主義、專斷的推定，以及其詭詐與虛誇的操縱、引用奸人、汙穢的侮辱和誹謗，總之，他們把幾乎成爲所有德國政治鬥爭特色的種種手段都引進「國際」了。

這確是夠坦白的，但巴枯寧並未否認作爲「國際」的創立者和領導者的馬克思對工人階級運動的不朽功績。

然而，巴枯寧也不曾完成這著作。當他正在寫作時，馬志尼在羅加諾發行一份週報，猛烈攻擊公社和「國際」。巴枯寧立刻和他肉搏，作了《一個「國際」主義者對馬志尼的答覆》，當馬志尼及其支持者出而應戰時，他又寫了其他同樣基調的小冊子。在種種失敗之後這一次巴枯寧得到完全成功：「國際」在義大利只有一點很狹小的立足點，現在迅速贏得地盤。巴枯寧的成功並不是由於他的「陰謀」，而是由於他的雄辯發洩了巴黎公社在義大利青年中所引起的緊張情緒。

在義大利，大規模的工業還未發達。新興起的無產者的階級覺悟是很緩慢的，且未擁有進攻和防守的合法武器。在另一方面，半世紀以來曾經展開過國家統一的鬥爭，資產階級之中保持著一種革命的傳統。爭取國家統一的無數叛亂和謀反所得到的結果，終是必然使一切革命分子大為失望的。最初是在法國保護之下，後來是在德國武力保護之下，義大利的最反動的一邦成為統治的君主專制。巴黎公社的英勇鬥爭使義大利革命青年從情緒消沉中振作起來。行將就木的馬志尼轉身背對激起他舊恨的社會主義新曙光，但更為偉大的民族英雄加里波底（Garibaldi）卻公正地歡迎「國際」中的「未來的旭日」。

巴枯寧明白知道他的支持者是來自民間哪些階層，一八七二年四月他寫道：

一直到此刻義大利所缺乏的並不是正確的直覺本能，而是組織和理論。這兩者現在發展得如此迅速，至目前義大利和西班牙，或許可算是最具革命性的國家。義大利現有著別國所缺乏的某物：一種熱忱及有能量的青年，並不急功近利或希望解答，雖然出身於有產階層，並不像別國有產階層子弟那樣道德萎靡和智力枯竭。現在他們正以我們的綱領，聯盟的綱領投身於我們的革命社會主義之中。

這幾句是巴枯寧寫給他的西班牙支持者，旨在鼓勵他們進一步行動的。然而，這並不是溫和的幻想，而是無可否認的事實，當巴枯寧估計他的成功在西班牙縱然不比在義大利更高也不會更低時——他對西班牙的影響只經由他的朋友，他自己並未去過那裡。

西班牙的工業發展也還是很落後的；凡在工業落後國家存在的（近代意義的）無產階級都被綁手綁腳，且沒有一切合法的權利，他們所能用來拚命的武器只有武裝暴動。西班牙的工業大城巴塞隆納在歷史上比世界其他城市有更多巷戰。況且，長期內戰已經使這國家陷於動亂；一八六八年秋季驅除了波旁（Bourbon）王朝之後，一切革命分子都大爲失望地發現自己處於一個外國君主的（非常不穩定的）統治之下。巴黎突發的革命烈焰的火花在空中飄舞也落在西班牙堆積著的可燃物上。比利時的情形和義大利及西班牙有些不同，因爲比利時已經存在無產階級的群眾運動，雖然這幾乎只限於瓦隆（Walloon）各縣區。博里納日（Borinage）最革命的礦工們組成這運動的骨幹，而以合法手段改善他們的階級狀況的一切觀念，都已在襁褓期被粉碎於其年復一年罷工的浴血場。他們的領袖都是普魯士主義者，所以傾向巴枯寧的意見。

只要一看巴黎公社失敗之後巴枯寧的反對派在「國際」中的發展情形，就發現有些人想用他的主張解決社會對立和由此而萌發的緊張。

六、第二次倫敦會議

理事會決定於九月在倫敦舉行的會議，作爲代替行將到期的年會。

一八六九年巴塞爾大會原來決定下次大會在巴黎召開，但奧利弗所主導的反對「國際」法國分部慶祝公民投票的煽動戰役，導致理事會運用其權威改變大會集會點，一八七〇年七月理事會決定大會要在美茵茲（Mayence）召開。同時它向各國聯合會提議把它的地址遷移到其他地方，但這提議被一致拒絕了。普法戰爭的爆發使美茵茲大會成爲不可能，於是各國聯合會授權理事會自行斟酌當時情勢召開大會。

時局發展很不利於一八七一年秋季大會的召集。各國對「國際」會員的壓迫使他們似乎不能如願地派遣代表，而能夠出席的那些少數人一定會被他們的政府，在其回去時比前更多的探訪。「國際」很不願意再增加受害者的數量，因爲援助其受難會員早已用盡其最大的精力物力，不勝其煩的了。

於是，理事會決定在倫敦召集一次私下會議，像一八六五年所召集的那樣，並不舉行公開的大會。出席人數之少完全證實了理事會的憂慮。這會議從九月十七號開到二十三號，只有二十三個代表出席，其中有六個比利時代表，兩個瑞士代表，一個西班牙代表。理事會的十三個會員也列席，但其中的六個只有建議權。在這會議的許多及廣泛的議決中，有些是關於工人階級的統計，工會的國際關係和農業等等，在當時的情形之下不過有種學術意義

「國際」、來抵抗揚言要從內部損害「國際」的分子，總之，這些任務是同時發生的。而已。會議的主要任務是防禦外敵的猛攻和團結

會議最重要的決議是關於「國際」的政治活動。會議首先依據《國際工人協會成立開場白》、《國際工人協會規章》、洛桑大會議決以及「國際」的其他正式公告，聲明工人階級的政治解放和其社會解放是永久地聯繫著的。然後會議指出「國際」正面對一種無情的反動，無恥地壓迫著工人階級爲求其解放所作的各種努力，用野蠻的方法追求無窮永續的階級分化及據此而形成擁有階級的統治。會議說明工人階級只有透過作爲一階級來行動，且把它自己組成一種特別的政黨，來抵抗統治階級的一切舊黨派，才能抵抗統治階級所施予的暴力；要達到社會革命的勝利及其最後目的，廢除一切階級，組成工人階級的獨立政黨是必不可少的；最後，工人階級也必須利用其藉由經濟力量所已取得到某種程度的聯合各種孤立勢力，作爲在反抗剝削者政治權力鬥爭中的武器。爲了這些理由，會議提醒「國際」全體會員奮戰中工人階級的經濟運動和政治運動是不可分離的聯繫著。

關於組織事項，會議要求理事會限制補選會員的人數，同時不可偏重某一國人。理事會的名義必須獨家使用，聯合審議會的名稱須依照其所代表的國度，地方分部則依照其特別的當地地名。會議禁止使用一切派別的名稱，如積極主義者、互助主義者、集體主義者、共產主義者等。「國際」的每個會員要繼續遵照從前的規定每年繳納會費一便士以支持理事會。

對於法國，會議主張盡力於工廠之內的宣傳，及散發小冊子。對於英國，理事會准許成立特別聯合審議會，只要該議會得到各區內和各工會內的「國際」分部的承認。會議宣稱德國工人在普法戰爭中已經盡了無產階級的義務。會議拒絕對尼察也夫謀反負一切責任。同時會議訓令烏廷根據俄文材料準備一份尼察也夫訴訟的節略，且把它發表在《平等報》上，但在發表之前須呈請理事會認可。

會議宣稱聯盟的問題已經解決，日內瓦分部已經自動解散，派別名稱的使用——表示除了「國際」一般宗旨之外另有特別任務——已經被禁止。關於汝拉（Jura）各分部，會議確認理事會一八七〇年六月二十九號的決議，承認日內瓦聯合審議會為近代拉丁系瑞士會員的唯一代表機關，但同時必須激發籲請工人的團結及一致的精神，現在比以前更為必要，因為「國際」正受到各方面的迫害。所以會議勸告汝拉各分部的工人們再隸屬於日內瓦聯合審議會，倘若他們覺得這是不可能的，他們就必須自稱為汝拉聯合會。會議也授權理事會否定一切自稱為代表「國際」的機關報，如汝拉的《進步》和《團結》之類，公然在資產階級之前討論「國際」的內部問題。

末了，會議授權理事會酌情決定下次大會的時間和地點，或再舉行一次會議來代替它。

以大體而論，無可否認的，這次會議的決議指導精神是客觀公允的。它對汝拉各分部所提出的解決，即讓它們自稱為汝拉聯合會，是它們自己曾經考慮過的。不過關於尼察也夫事件的決議含有私仇的痕跡，不能稱為客觀考量。當然，資產階級報紙利用揭露尼察也夫事件來反對「國際」，但這不過是它們時不時投擲在「國際」上的慣常誹謗，並無特別駁斥的必要。對類似這種事情「國際」向來只是輕蔑地把垃圾踢進陰溝去就算完事，但倘若它要把尼察也夫事件作爲例外，那就不該選擇像烏廷這種可恨的陰謀家作爲它的代表，這人在巴枯寧看來正如資產階級報紙一樣靠不住。

烏廷一動手去做他受託的任務就發生了駭人的事。在蘇黎世，據他自己說，他正要執行他的任務和其在那唯一的敵人是巴枯寧指使下聯盟的幾個斯拉夫人支持者，在一個晴朗的日子，八個斯拉夫人在運河附近寂靜空地上襲擊他。他們把他打倒在地，幾乎了結了他，且把他拋進運河裡，但有四個德國學生偶然走到那裡，拯救了他的寶貴生命，使他後來能夠服役於沙皇。

除此以外，會議決議確是提供了和睦的基礎；當一切工人階級運動全被敵人圍攻時，內部的和睦更絕對必要了。十月二十號聯盟的殘餘分子和一些公社流亡者在日內瓦新組成的革命社會主義宣傳及行動分會向理事會請求加入。理事會諮詢日內瓦聯合審議會之後，這請求被拒絕了，於是《社會革命》（*La Revolution Sociale*），已經代替《團結》，開始猛攻「俾斯麥所策動的德國委員會」，這在《社會革命》編者看來是「國際」理事會的正確描述。然而，這口號一下子就得到響應，以致馬克思寫信給他的美國朋友說：

其所指的是這件不可原諒的事實：我生長在德國而又在理事會發揮決定性智力的影

> 響。注意：理事會的德國人數不到英國人數和法國人數的三分之二。所以，那罪狀是英、法人在理論事務上被德人所支配，而這支配是由於他們覺得德國科學有用，甚至必不可少。

汝拉各分部於十一月十二號在松維利耶（Sonvillier）舉行了一次大會，開始總攻，雖然二十二個分部只有九個分部派十六個代表出席，而這十六個人大多數是患著迅速發展的肺病的。因爲要補足這種缺點，他們就比平常格外叫囂。他們深覺羞辱，因爲倫敦會議強加一個名稱（汝拉聯合會）在他們身上，而這名稱是他們曾考慮過，甚且後來他們決定服從及採用了的；同時卻要加以報復，說那近代拉丁系的聯合會必須解散；這決議當然毫無實質意義。然而，這次大會的主要成就是對「國際」的各聯合會發了一篇傳閱信，攻擊倫敦會議的正當性，依其決議主張儘速召開一次全體大會。

這傳閱信是由紀堯姆起草的，一開始就認定「國際」正在墮落及淪亡的道路上。它原是作爲「強烈反抗任何權威種類」而組成的，在《國際工人協會規章》中各分部和支部是獲保證完全獨立的，作爲執行機關的理事會的權力是有一定的限制。然而，會員們逐漸盲目信任理事會，以致在巴塞爾大會中，大會自己放棄權利，使理事會獲受權承認、拒絕或取消分部留待下次大會的決議。這傳閱信的作者卻不提起這項決議是經過巴枯寧竭力辯護，以及紀堯姆自己贊成的。

傳聞信又說，理事會——其中的人物和地位同樣不變地持續了五年之久——現在自以爲是「國際」的「合法的首腦」。理事會把它自身當作政府一類的東西，自然把它自己的特殊見解視爲「國際」的官方理論，唯一可允許的理論。其他團體的不同意見就被理事會視爲純然和簡單的異端邪說了。因此「國際」從倫敦理事會的席位及其代表人物逐漸發展出一個正統派。對這些人的種種意圖是無須抱怨的，因爲他們是依照著自己特別派別之見而行事的，但人們必須奮力和他們對抗，因爲他們的全能主義必然有腐化的結果。對其同伴把持著如此權力的人是絕不能保持德性的。

倫敦會議繼續著巴塞爾大會的工作，決意要把「國際」從一種各自獨立分部的自由聯合變爲一個權威性和層級節制的組織。爲集權在理事會手裡，會議決議理事會得有權決定下次大會的時間和地址，或以一種會議來代替它。因此理事會就能夠擅自以祕密會議代替公開的「國際」代表全體大會。所以現在必須把理事會的權力限制於原來的職能，也就是簡單通信和統計蒐集的辦公室，且以獨立團體自由聯合的方式達到理事想要用獨裁和集權的手段建立的統一。在這方面上，「國際」必須成爲未來社會的先覺者。

不論這傳閱信塗抹如何灰暗的顏色在「國際」的情勢上，或許正因爲這些顏色，汝拉分部並未達到其眞正目的。甚至在比利時、義大利和西班牙各國，汝拉分部所要求的儘速召開一次大會也不曾得到支持。在西班牙，這種對理事會的攻擊引起了懷疑：馬克思和巴枯寧之間的嫉妒是這一切之源。在義大利，會員們對汝拉並不比對倫敦更願受命。不過在比利時卻有一種決議，修改「國際」規章，要「國際」應自行宣布爲各完全獨立聯合會的協會，及其理事會則是「通信和情報中樞」。

然而，爲彌補其缺乏賞識，這松維利耶傳閱信得到了資產階級報紙的熱烈歡迎，把它當作珍饈一樣猛撲上去。尤其是自巴黎公社失敗以來，它們所散播的有關理事會的惡勢力的一切謊言，如今從「國際」陣營內部得到證實了。《汝拉公報》（*Bulletin Jurassien*），這時替代了短命的《社會革命》，至少是喜歡翻印那些資產階級報紙上熱心讚賞的文章的。

松維利耶傳閱信所引起的嚷嚷回響使理事會發表了一篇答辯，也用傳閱信的形式，題爲《國際工人協會內部的所謂分裂》（*The Alleged Disruption in the International*）。

七、國際工人協會的瓦解

理事會的傳閱信理直氣壯地爭論松維利耶及別處對理事會涉嫌違反，甚或變造規章、盲信、不容異說及類似的指控，遺憾的只是費了較多的筆墨在不十分重要的事上。

今日我們想要煩惱焦慮這些不甚重要的事，是必須克服許多難以接受的事。例如，當「國際」成立時，巴黎會員爲了避免拿破崙三世警察的干涉，曾刪去了規章上的一句詞。規章上說工人階級的一切政治運動必須作爲一種手段，服從於確保工人階級經濟解放的目的。「作爲一種手段」這一詞在法文規章中是被刪了的。情形是十分明顯的，但謊言一再傳播到溢言「作爲一種手段」這一詞是理事會事後添加的。且當倫敦會議承認德國工人在普法戰爭中盡了他們無產階級的責任時，這就被利用爲指控理事會被「泛德國主義」所支配的藉口。

粉碎了這些可笑的指責，它們原是爲摧毀「國際」的集權而提出來的，只有當維護和鞏固這種集權才能使搖搖欲墜的組織免於屈服在反動派的攻擊。所以，傳閱信的結語中痛責那聯盟被國際警察所挑弄，這是容易被人理解的。

> 它在無產階級陣營中，宣揚無政府主義爲破除剝削者手裡所強力集中的社會和政治勢力的絕對確實的手段。在這託辭下，正當舊世界設法毀滅「國際」時，它要求「國際」以無政府狀況代替它的組織。

「國際」愈受外敵的襲擊，那些從內部而來的攻擊就愈發顯得膚淺，尤其是這些攻擊全毫無根據。

然而，理事會對問題這一方的明澈，是襯托它對問題另一方的不明澈。一看傳閱信的題目，就知道它承認「國際」內部的分裂不過是「所謂」而已。像從前馬克思在機密通信所說的一樣，它把一切糾紛都歸咎於「某些陰謀家」的策動，尤其是巴枯寧。它又提起後者的「各階級平等」，以及巴塞爾大會等等，且指控他和尼察也夫得負斷送一些無辜者給俄國警察的責任。它也特別敘述他的兩個支持者曾被證實爲拿破崙三世的警探，這對巴枯寧確是極不愉快的事，但對他也沒多大傷害，幾個月之後理事會遭遇同樣不幸，它的兩個支持者也被證明爲奸細。傳閱信也指控「年輕的紀堯姆」詆毀日內瓦的「工廠工人」爲可恨的「中產階級」，而完全忽略了日內瓦的「精製業」有一派奢侈行業中多多少少參與可憐選舉的薪給優厚的工人，是與資產階級政黨妥協的。

然而，傳閱信中最弱之處是辯證理事會中並無所謂「正統派」這一節。它舉出了倫敦會議曾禁止各分部採用派別名稱的事實。它正確地說明了「國際」原是工會組織、合作社，以及教育和宣傳協會的高度相異集團，但它對那決議的詮釋卻極具爭議。

傳閱信上說：

> 無產者反對中產階級的鬥爭的第一階段是以派系發展爲特徵的。在無產者還不能發展成以一個階級來行動時，這些派系是各有其合理的存在。這時各別思想家開始批判社會矛盾，及各自憑著想像的解決方案來尋求克服以期待工人群眾的接受、傳播與實行。環繞著這樣的先驅者們形成的派系在本質上是排他的，並遠離一切實際行動，遠離政治、罷工、工會等等，總之，遠離群眾運動的各種形式。工人群眾仍然無感，甚或敵視他們的宣傳。巴黎和里昂的工人群眾並不願和聖西門派、傅立葉派，伊加利亞（Icarian）派發生關係，正如英國大憲章派和工會派對歐文派一樣。於是原來是作爲

工人運動的槓桿的各派系，變爲一種障礙，直接反動著追上它們的工人運動。例如英、法的各派和後來德國的拉薩爾派，多年以來妨礙著無產者的組織，終於變爲警察手裡的單純工具。

在另一段裡，傳閱信將拉薩爾派歸爲「俾斯麥派社會主義者」，在他們警察機關報《新社會民主黨》（*Der Neue Sozialdemokrat*）的外面穿著普魯士德意志帝國的白罩衫。這傳閱信是否由馬克思起草，並無明顯的佐證。從內容和文風上看來，它似乎大半出於恩格斯的手筆，但論派系的角色各節確是出於馬克思，而且同樣的意見出現在當時他和黨友的通信之中，這種意見最初曾發揮在他和普魯東的爭論之中。以大體而論，這特徵對社會主義各派其歷史的重要性是適當的，但馬克思有一個錯誤，他對巴枯寧派跟傅立葉派及歐文派，拉薩爾派更不必說了，犯了同樣錯誤。

人盡可以隨意輕視無政府主義，說它的出現簡直是工人階級運動中的一種疾病，但不能——今日，有著半世紀經驗的我們看來確是不能——想像這種疾病是從外面傳染來的。恰相反，它顯然是工人階級本身所自發的一種疾病，在有利的，尤其是在不利的環境中發展的。這種錯誤甚至在一八七二年也還是難以理解的。巴枯寧並未提出一套完整及定型的理論，且希望工人們無異議接受實行。馬克思不厭地重複說過巴枯寧在理論事務上是無足輕重的，他的綱領是左拼右湊膚淺觀念的雜湊品，他所擅長的只是陰謀詭計。

一切派系毫無疑問的特徵是敵視無產者的各式群眾運動，這敵視有兩種意義；就是，這種群眾運動對派系沒有用，同時派系對這種群眾運動也沒有用。即使巴枯寧眞是只爲自私的目的而企圖支配「國際」，他也已證明作爲一個革命者他是重視群眾的。雖然他反馬克思的鬥爭極其猛烈，他確是始終承認馬克思在「國際」替無產階級群眾運動創立了一種架構爲不朽的功績。兩人只是對這種群眾運動爲求達到目的必須採取的策略有所差異。巴枯寧的見解無論如何錯誤，總是和那些派系不同的。

至於拉薩爾派呢！在一八七二年中他們確實夠不上社會主義原則的全面水準，但在理論的洞悉上和組織的實力上，他們都比歐洲同時的工人階級黨團優越。不只艾森納赫派，他們的主要知識來源還是拉薩爾的那些通俗著作。拉薩爾的運動建立在無產者階級鬥爭的廣大基礎上，排除了派系的任何可能性。他的後繼者施韋策澈底相信無產階級的政治鬥爭和社會鬥爭是不可分離的，以致被李卜克內西嘲罵爲「議院主義」。不幸，在工會問題上施韋策忽視馬克思的警告，但，當理事會寫作這傳閱信時，他已經退出這運動之外有幾年了，況且拉薩爾派已經開始改正這方面的錯誤，例如，在柏林建築工人罷工中所表現，他們已經接續了因戰爭而短暫中斷的煽動，而且工人們正以不斷增加的人數川流不息地加入他們的陣營。

我們現在並不爲馬克思對拉薩爾及拉薩爾派的一切懷著不可抑制的厭憎，而特別強調這傳閱信所加於拉薩爾派的攻擊，但這些攻擊的前後因緣是特別重要的。由此可以明白「國際」瓦解的眞正原因，以及自巴黎公社失敗後這偉大團體中所發展出的無法消除的矛盾。自從巴黎公社失敗之後，整個反動世界動員它的勢力來打擊「國際」，後者唯一自衛的方法是更加集中它的力量。然而巴黎公社的失敗已經證明政治鬥爭的必要，而要執行這種鬥爭是非放鬆「國際」的約束不可的，因爲這種鬥爭只能進行於國家疆界之內。

退出政爭的主張，無論這可以誇張到什麼程度，到底是出現在合理疑慮資產階級議院主義的陷阱，這疑慮以最尖銳的形式表現於李卜克內西在一八六九年著名的演說之中。同時，幾乎各國在巴黎公社失敗之後都發生反對理事會獨裁作爲最後手段，除去一切誇張之詞不論，多多少少是來自這明白的概念：一國的工人階級的黨，首先必然要受它成爲其中一部分的這一國之內現存條件的指引，它不能跳過這些條件正如一個人不能跳過他自己的影子一樣；換言之，不能從國外領導這種運動。雖然馬克思曾經在《國際工人協會規章》中指出工人階級的政治鬥爭和社會鬥爭是不可分離地聯繫著的，其實他常是援引那些工人在具備資本主義生產方式的各國所共同的社會要求，且他觸及的政治問題只是來自這類的社會要求例如主張法定縮短工時。至於現實的政治問題和他所用字詞的直接意義，如關係到國家憲法之類，那是各國各不相同的，他想要留待無產階級被「國際」教導得更明白時。例如，他嚴峻地斥責拉薩爾就是因爲後者採取適合於一個特殊國家的煽動。

對這問題馬克思似乎想保持長時間的緘默，但巴黎公社的失敗和巴枯寧的煽動迫使他討論政治問題。隱忍一下也許可以甚至可能，但以馬克思的性格而論，他是一經挑戰就挺身來鬥的。然而他不曾看清他所面對的問題不能在「國際」規章之內得到解決，「國際」愈要集中力量對抗外敵，內部就愈加分裂。理事會的首腦認爲工人階級黨愈高度發展愈要依照它的觀點發展，且將它自己國家的工人階級黨，視爲可被收買的警察工具，這就證明「國際」的歷史喪鐘已經響了。

然而，這還不是唯一的明證。凡是國家的工人黨成立之地，「國際」就開始破裂。施韋策因爲其對「國際」涉嫌冷淡曾受過李卜克內西何等猛烈的斥責！但當李卜克內西身爲艾森納赫派首領時，他不得不聽恩格斯的同樣斥責，且他的回答也正如施韋策的一樣，歸咎於德國的聯合法令：「此刻對這問題我不能夢想冒著我們團體的生存危險。」倘若不幸的施韋策敢於——他絕不曾——用這樣放肆的言詞，這「裁縫大王」——他被這樣稱呼——仍固執保有「他自己的黨」，是要受更多責罵的。艾森納赫派的成立已經使日內瓦的「德語分部」受到第一次打擊，而這在歐陸上的最老、最強的「國際」組織所受的致命打擊則是由於一八七一年瑞士工人黨的成立。這一年末尾貝克被迫停止發行《先兆》。

在一八七二年，馬克思和恩格斯還不清楚局勢的眞正原因，且主張「國際」的崩潰乃是某位群眾煽動家陰謀的結果，他們遂減少他們自己的奉獻，雖然其實「國際」在已經盡完其偉大歷史任務的份額之後可以光榮地退出競技場了。我們必須同意我們今日的無政府主義者所說：沒有比一個異常惡毒的個人，「高度危險的陰謀家」，就能夠摧毀像「國際」這樣的無產階級組織這類想法，更「非馬克思主義」的了。有些正統派的信仰者一聽見馬克思和恩格斯不可能一直一絲不苟的臻於完美，就戰慄而發抖。倘若馬克思和恩格斯活到現在，他們必然鄙視這種聯想：作爲他們最尖銳的武器的無情批評，不該反過來用於他們自身。他們眞正的偉大並不在於他們從不犯錯，而在於一旦認出錯誤就絕不想維持這錯誤。在一八七四年中，恩格斯承認「國際」已經活過了它的時限：

> 在新的「國際」——沿著舊的「國際」路線，各國的各無產階級政黨的聯盟——未成立之前，如同一八四九年至一八六四年間，工人階級運動所受的全面潰敗可以說是必然的。現在無產階級的世界是太廣大、太分散。

他自我安慰的是十年以來「國際」已支配歐洲歷史的未來，它能夠榮耀地回顧它的工作。

一八七八年中，馬克思在一份英文刊物上駁斥「國際」是一種失敗，而現已死去的說法：

> 其實，德國、瑞士、丹麥、葡萄牙、義大利、比利時、荷蘭和北美各國國內所組成的或多或少社會民主的工人政黨正是許多「國際」的團體。它們不再是孤立的分部，零星地分散於各國之內，由理事會結合在其周圍，而是由工人階級自身以交換意見、互相幫助和共同目的，在固定和直接的聯絡之中結合著。……因此，不但沒有死去，「國

際」已經從一個階段發展到另一更高階段，在這更高階段之中它的許多原來宗旨已經得以完成。在這種穩定發展的過程中，在它的歷史的最後一頁還不能寫定之前，它將經歷許多變化。

在這幾句話裡馬克思又展示了他的先見。當各國工人階級政黨才剛發展時，且在新「國際」形成之前的十多年間，他已經預見到它的歷史性質，而且他連這第二形態也不承認爲終局的定型，只有一件事是確定的，那就是新生命將從舊的灰燼中繼續萌芽，一直到時代精神自行實現而後已。

八、海牙會議

理事會於三月五號發表的傳閱信中曾經宣布於九月初召開那一年的代表大會，這時馬克思和恩格斯就已決定提議把理事會遷移到紐約去。

關於這提議的必要性和效用性，以及造成這提議的理由，曾經有過許多爭論。有人認爲這是作爲頭等葬禮給「國際」送終，是馬克思想要掩飾「國際」已經不可救藥的實情。然而，這種意見是違反事實的，因爲甚至在理事會遷到紐約之後，馬克思和恩格斯都繼續盡其動能來支持「國際」，也還盡力來維持它的生命。也有人說馬克思已經厭倦了其代表「國際」的種種活動，想要不受干擾專心致力於他的科學著作。這種說法得到很多的支持是由於一八七二年五月二十七號恩格斯寫給李卜克內西的一封信。他提及一個比利時人提議完全廢止理事會而寫道：「以我們而論，我們並不反對。馬克思和我自己都絕不願再作理事了。照現在的情形我們簡直沒有寫作的時間，這是必須停止的。」然而，這不過是在煩惱時隨意寫出來的。即使馬克思和恩格斯拒絕再被選入理事會，那也沒理由把它遷到紐約，因爲同時馬克思一再表示絕不爲他的科學著作而忽略「國際」，直要到它確已走上正軌之後。所以馬克思是絕不會爲這理由而放棄「國際」，讓其自生自滅在它整體生存處於最危急的時期。

更近於事實的是他於七月二十九號寫給庫格曼的信：「這次『國際』大會（九月二號召開的海牙大會）可以說是『國際』的生死關頭。在我退出之前我至少要保衛它，抵禦那些解散的勢力。」馬克思的保衛計畫的要點是把理事會從異議日益加劇的倫敦遷到紐約。在理事會中幾乎完全沒有巴枯寧派的傾向，即使有充其量也是很弱的，不足爲害，但在德國、英國、法國的會員之中卻有了如此的混亂，以致理事會不得不組織一個特別次委員會來處理這些不斷的紛爭。

甚至馬克思和他兩個多年以來最忠誠和能幹的理事會成員助手——艾卡里爾斯和榮格——也交惡了。一八七二年五月馬克思與艾卡里爾斯之間出現明顯裂痕。艾卡里爾斯的生活很窘迫，因他認爲自己是不可或缺，遂要求加倍他每週十五先令的最微薄的薪水，示意辭去理事會祕書長的職位。然而英國人約翰．黑爾斯（Hales）被選出來代替他，爲此艾卡里爾斯不公平地遷怒於馬克思，其實馬克思時常是支持他而反對那英國人的。另一方面，馬克思常責備艾卡里爾斯向資產階級報紙兜售「國際」內務的消息，尤其是關於「國際」倫敦私下會議的消息。榮格埋怨恩格斯對他和馬克思之間交惡的專制態度，這或許有些是實情，因爲自從馬克思有機會每日和恩格斯接觸以來，他看待艾卡里爾斯和榮格就不像從前那樣了，雖然毫無惡意。在另一方面，「將軍」，恩格斯在這圈子的綽號，忽而儼然形成一種軍事風格，連他最好的朋友們也證實，所以，每當輪到他作理事會會議主席時，會員們就時常準備提防風暴。

當黑爾斯被選爲祕書長時，他和艾卡里爾斯之間起了一種死硬的敵意，在這敵對中後者得到了英國會員分部的支持。馬克思是難以得到這新祕書長的擁護的。相反的，當按照倫敦會議決議而成立的英國聯合審議會，於七月二十一號和二十二號在諾丁漢（Nottingham）開第一次大會時，黑爾斯對出席的二十一個代表提議聯合審議會應該直接和其他聯合審議會聯絡，不必經過理事會，而且提議在即將來臨的「國際」大會中這新的聯合審議會應該贊成修改「國際」規章，以削減理事會的權威。這一切正合於巴枯寧派「危害各聯合審議會自治權」的口號。黑爾斯撤消了第二項提議，但第一項卻被通過了。這大會並未表示傾向巴枯寧的綱領，但顯然傾向英國的激進派。例如，它贊成土地公有，而不贊成一切生產手段公有——這是黑爾斯所贊成的。黑爾斯公然策動反對理事會，所以在八月中不得不被革職了。

布朗基主義是理事會中法國會員的主要傾向。對正在爭論中的政治活動問題及澈底集權問題這兩個主要問題，布朗基派是十分可靠的，但顧及他們根本偏好革命的政變，在特定情形之下他們是會變爲更大危害的，當歐洲的反動勢力正在等待著一有藉口就要傾力壓倒「國際」時。在事實上，馬克思怕布朗基派控制理事會，或許是他提議把它從倫敦遷到紐約的最強動機；在紐約其國際組成才有可能和其卷宗得到保障，而這在歐洲大陸上任何地方都是不可能的。

因爲海牙大會（一八七二年九月二號至七號舉行）的六十一個代表之中，德、法代表頗有力量，馬克思成了一定的多數。他的反對派指控他施展手段造成這種多數，這項指控是毫無根據的。大會費了一半時間檢驗代表們的委任書，只有一個不合格而已。然而，馬克思確也在六月寫信到美國去替德、法會員請求委任書。有些代表是代表別國的分部的，並非本國的代表。另一些爲免落在警察手中而用了假名，或爲了同樣理由而隱藏其所代表的分部。這就解釋了不同報告對此次大會有關各國代表的數字有很大差距的原因。

嚴格地說起來，只有八個代表是出席代表德國的組織：伯納德·貝克（布倫瑞克區）、古諾（斯圖加特區）、狄慈根（德勒斯登區）、庫格曼（策勒區）、米勒契（Milke）（柏林區）、里廷豪森（Rittinghausen）（慕尼黑區）、斯許（Scheu）（符騰堡區）和舒馬赫（Schumacher）（索林根區）。馬克思身爲理事會的代表，同時也有紐約、萊比錫和邁恩斯各地的委任書；恩格斯有紐約和樂斯拉夫（Breslaic）的委任書；萊比錫的赫卜內（Hepner）有紐約的委任書；而柏林的弗里德蘭德也有蘇黎世的委任書。兩位用德國名字的代表，瓦爾特和斯萬，其實是法國人赫德興（Heddeghem）和鄧徒拉格（Dentraggues）。他倆是很可疑的分子，且在海牙大會中赫德興已經是拿破崙派的暗探了。作爲法國代表的公社流亡者是以本名出席大會的。弗蘭克爾（Frankel）和龍格（Longuet）支持馬克思，雖然蘭維爾、瓦蘭特和其他幾個是布朗基派，但他們的委任書的來源是多少有些曖昧的。理事會的代表是兩個英國人（羅奇和西克斯頓）、一個波蘭人（弗羅布萊夫斯基）、三個法國人（塞拉勒、庫爾內和杜邦）和馬克思自己。倫敦共產主義工人協會的代表是萊斯納。英國聯合審議會派了四個代表，其中有艾卡里爾斯和黑爾斯，他們在海牙開始和巴枯寧派互相勾結。

義大利的巴枯寧派並未派代表出席。八月他們在里米尼（Rimini）開會決議和理事會斷絕關係。五個西班牙的代表，除了拉法格（Lafargue）外，都是巴枯寧派，同時八個比利時的和四個荷蘭的代表也都是。汝拉聯合審議會派了紀堯姆和施維茲格貝爾，而日內瓦則仍然忠於貝克。從美國來了四個代表：佐爾格（Sorge），像貝克一樣，是最忠實的馬克思擁護者之一；德魯爾，前公社會員，是布朗基派；第三個是巴枯寧派；而第四個則是那唯一被大會拒絕認可的人。丹麥、奧地利、匈牙利和澳大利亞各有一個代表。

在先前檢驗委任書——一直審查了三天——的那一晚就發生了粗暴的場面。拉法格的西班牙委任書被激烈地反對，但終以少數棄權而得到承認。當討論一個代表芝加哥分部轉給住在倫敦的會員的委任書時，一個英國聯合審議會的代表反對他不是工人所承認的領袖；馬克思回答道不是英國工人的領袖倒是一種光榮，因爲那種領袖多半已經把自己出賣給自由黨。這委任書是確認了，但馬克思的評語造成了仇怨，在大會之後被黑爾斯和他的朋友們狂熱地使用爲反對馬克思的話柄。馬克思堅持著他自己的行爲，既不後悔也不撤回他的評語。細查過委任書之後，關於巴枯寧的幾件通信被交給由五個人組成的委員會去預篩。委員人選是一些不曾和那聯盟爭論有關係的人們。德國的古諾作主席，其他四個是法國人盧坎、維沙爾和瓦爾特（赫德興），和比利時人斯普林加德。

大會的正經事務到第四天才以宣讀理事會的報告開始。報告是馬克思起草的，由他用德語，西克斯頓（Sexton）用英語，龍格用法語，阿比爾（Abeele）用法蘭德斯語向大會宣讀。報告痛責歷來壓迫「國際」的所有暴行：自拿破崙三世的公民投票以來，巴黎公社的流血鎭壓、梯也爾和法弗爾的惡行、法國內閣的醜行、德國的反叛罪審判，以至英國政府對愛爾蘭分部採取恐怖主義和透過駐外使館送發照會爲難「國際」分部的行爲。這些政府的凶暴戰役時和文明世界所竭力主導的造謠戰役及誹謗相輔而行；「國際」被誹謗以及聳人聽聞的新聞電報和傲慢捏造的官方文告所轟擊，其中最凶惡的傑作是以快遞形容芝加哥大火乃「國際」所爲。報告上說，怪的是不把摧毀西印度的颶風計算進去。報告總結出在對抗這波沒人性及魯莽的戰役中「國際」所作的穩健進步：它滲入荷蘭、丹麥、葡萄牙、愛爾蘭、蘇格蘭，及其成長於美國、澳大利亞、紐西蘭和布宜諾斯艾利斯。大會以喝采通過了這報告，而且在比利時代表動議之下，大會記錄了對爲無產階級解放而鬥爭的受害者致上其讚頌和同情。

然後開始討論理事會。拉法格和佐爾格擁護它爲階級鬥爭的根據地，工人階級反資本主義的日常鬥爭沒有一個中心實體是不能有效執行的。倘若沒有理事會，也必須設法創立一個。反對派的主要發言人是紀堯姆，他認爲理事會沒有必要，除了作爲毫無權威的通信和統計中心辦公室外。「國際」並不是具有絕無謬誤的政治和社會理論的某一個聰明人所發明的，而是——在這位汝拉的代表看來——由現存的工人階級狀況而產生的，且這些狀況已經足夠保證工人階級努力的一致性。

討論終結於大會的第五日，正如討論委任書時候一樣閉門，也是不公開的。在長篇的演說中馬克思不但要求理事會前此的各種權力必須保持，甚且必須增加。在特定情況下，理事會應獲授權中止不僅個別分部，甚至整個聯合審議會，待下次大會決議。它並無軍警可指使，但它不能容許道德權力的衰微。寧願取消理事會也不願使它降格爲一個信箱。馬克思的觀點以三十六票對六票通過，有十五票持保留。

然後恩格斯提議把理事會從倫敦移到紐約。他指出從前幾次考慮過把它移到布魯塞爾，但布魯塞爾都拒絕了，而目前的情況使以紐約代替倫敦成爲急迫的必要。至少一年以前早就應該有此遷移的決議了。這提議使一般代表驚訝而且大部分代表不愉快。法國代表反對得特別激烈，結果爭得了分別投票表決：先表決理事會會址是否必須遷移，及次表決是否必須遷到紐約。必須遷移的動議以二十六票對二十三票，九票棄權，勉強通過；而遷移到紐約的動議則以三十票表決通過。然後，新理事會的十二個成員被選出來了，得到授權補選其他七個成員。

在同一場次的會議中開始討論政治行動。瓦蘭特（Vaillant）依照倫敦會議決議的精神提出工人階級必須組織自己的獨立政黨以對抗一切資產階級的政黨。瓦蘭特和龍格相繼引用巴黎公社由於缺乏政治綱領而崩潰的教訓。一個德國代表支持這種建議，卻毫無說服力地說道：從前施韋策因為退避政治鬥爭而成為間諜，而三年前在巴塞爾大會中同樣的施韋策卻又因為他的「議會主義」而被德國代表斥為間諜。另一方面，紀堯姆指出瑞士的一些事故：在選舉中工人們有時和張三，有時和李四結成選舉聯盟，有時聯絡激進派，有時聯絡反動派。汝拉分部不願和這些權詐手段有所瓜葛。他們也是政治家，但是消極的政治家，他們想要毀滅政權，而不想爭取政權。

討論一直持續到隔天，即第六天，大會的最後一天，竟以驚奇開場。蘭維爾（Ranvier）、瓦蘭特和其他幾個布朗基派已經因為理事會移到紐約的決議而退出大會，不久之後他們發了一張傳單，聲明：「在要盡其職責時，『國際』崩潰了。它越過大西洋逃避革命。」佐爾格代替了蘭維爾的地位。然後瓦蘭特的建議以三十五票對六票通過，八票持保留。一部分代表已經啟程回家，但他們大多數都留下書面聲明：他們贊成這建議案。

大會最後一天的最後時間都消耗在討論巴枯寧及聯盟的五人委員會的報告上。報告首先以四票對一票（比利時人）通過，肯定一個直接違反「國際」規章且帶有規章的祕密聯盟曾存在於「國際」之內，但這聯盟是否仍存在則尚未有充分證據。第二，藉由那聯盟所擬定的規章和巴枯寧的信件證明他曾經企圖組織或已經組織一個規章違反「國際」規章——有關政治和社會的——的祕密社團於「國際」之內。第三，巴枯寧曾經使用詐欺詭計攫取別人的財產，且，爲了要解除他自身應盡的義務，他或他的同謀者曾經使用恐嚇手段。基於這些事實該委員會多數要求「國際」開除巴枯寧、紀堯姆以及一些他們的支持者。古諾代表委員會發表報告，並未提出任何切實證據，卻聲明多數委員已達到一種道德的確信，覺得他們的結論正確，請求大會投票信任。

主席召請紀堯姆自行辯護；他早已拒絕在這委員會之前出現，聲明他不願爲己辯護，因爲他無意參加一場笑鬧劇。他說這種攻訐並不是打擊一些個人，而全是攻擊整個聯合審議會者的傾向。這些傾向的代表們，以目前仍在現場出席者而論，已經有所準備，已經擬定了一項團結協議。於是由一個荷蘭代表向大會宣讀那協議。它是由五個比利時、四個西班牙、兩個汝拉、一個美國和一個荷蘭的代表簽訂的。因爲避免「國際」分裂，這些署名者聲明自願仍舊和理事會維持一切行政關係，但拒絕其干涉各聯合審議會的內部事項，即使這干涉並不違反「國際」規章。同時這些署名者號召各聯合審議會和各分部自行準備下次大會，以使自由聯合的原則（autonomie fédérative）達到勝利。大會並不願討論這一點，但立刻開除巴枯寧（二十七票對七票，八票持保留），而後開除紀堯姆（二十五票對九票，九票持保留）。那委員會所提出的更多開除建議被拒絕，但指引它發表其有關那聯盟的材料。

海牙大會的這結束場面確是不值得的。自然，大會不能預知該委員會的一個委員是警察間諜，而使該委員會的多數之決議無效。倘若以政治的理由開除巴枯寧，在道德定罪他是一個積習難改的挑撥離間者，縱然不能提出白紙黑字的憑據證明他的圖謀不軌，這也是可以諒解的；但大會想用「我的和你的」（meum et tuum）這種問題毀壞他的好名聲卻是不能原諒的，而且，不幸馬克思對這是有責任的。

馬克思曾得到那以死亡恐嚇留巴文的所謂「革命委員會」的決議：不許他要求巴枯寧償還由他介紹翻譯《資本論》第一卷而預支俄國出版商的三百盧布。那原文眞跡並未發表過，但留巴文現在是巴枯寧的仇敵，把它寄給馬克思，同時寫信來說：「那時我覺得巴枯寧同意寄出這封信是無可疑的，但今天更冷靜地把這事情全盤加以考慮之後，我認爲這信並不能證明巴枯寧有罪，因爲它或許是尼察也夫不讓他知道就寫出來的。」這是眞情實理，但海牙大會，只憑據這一封信——連收信人都認爲不足證明巴枯寧有罪——就指控巴枯寧有下賤的劣行。

雖然巴枯寧一再承認設法籌還預支款項，他的長久財務窮困並不容許他履行他的諾言。在這整個陰森的事件之中，那被害人，即出版商，卻始終一聲不響，他似乎以一種哲學或認命態度承受他的命運，覺得這在他的行業中僅是司空見慣。有多少個作家，連許多最有名的在內，不曾在某段日子用完預支稿費卻交不出約定的稿件呢？這確是不值得恭維的事，但因此而科受託者以重罪卻是過分的。

九、臨別的悲痛

無論馬克思和恩格斯怎樣竭力維持它的生存，「第一國際」的歷史卻以海牙大會告終了。他們用盡方法推動在紐約成立新的理事會，但它總不能在美國獲得穩定的立足地。在美國也有不同分部的許多紛爭，而且這運動缺乏經驗、聯繫以及智力和物資。新理事會的生命和靈魂是佐爾格；他很熟悉美國情形，曾經反對過把理事會遷移到紐約去。一度辭謝之後，他接受了被選爲理事會祕書長的職位，因爲他太慎重和忠誠，使他不能推脫「國際」所加於他的任務。

在無產階級的事務中使用外交手段總不是好事。馬克思和恩格斯很怕把理事會從倫敦移到紐約去的提議，將引起德、法、英工人們的激烈抗拒，所以他們一直盡力隱藏著他們的這種意圖，以免增加本已夠多的爭論點。然而，他們在海牙大會上出其不意地提出這主張，雖然得到通過，結果到底是壞的。他們所擔心的抗拒並不因此而減少，反而更加強烈和令人遺憾。

相比之下，德國方面的抵抗最不激烈。李卜克內西是反對這遷移的，他時常說這是一種錯誤，但那時他和倍倍爾正在胡貝圖斯堡（Huberlusburg）的監獄裡。他對「國際」的興趣已經大爲降低，而艾森納赫派的大多數更是如此。這一派的代表們從海牙大會帶回來的印象只增強了興趣缺缺。恩格斯於一八七三年五月八號寫信給佐爾格說：「雖然這些德國人正在和拉薩爾派鬧著他們自己的爭吵，他們對海牙大會是很失望的，因爲他們期望在大會中對比著他們自己的口角找到完全和諧和友愛，於是他們變得完全不關心。」這或許是「國際」的德國會員們爲何對理事會的遷移並不激烈抗拒所給出較不滿意的理由。

嚴重得多的是布朗基派的退出，這一派與德國人相比是馬克思和恩格斯列入在關鍵問題上的主要支持者，尤其是期望支持他們反對另一完全傾向巴枯寧主義的法國普魯東派。布朗基派的怨恨的增強是由於他們發覺理事會遷到紐約是爲了要避免它受他們小暴動戰術的控制。然而他們爲了洩憤反而害了他們自己，因爲法國已經阻斷了他們的煽動，退出「國際」之後，他們就落入受害爲流亡者的通常命運。恩格斯於一八七四年九月十二號寫信給佐爾格說：

> 這些法國移民者完全是亂七八糟的。他們自己爭吵，和其他每個人爭吵，全是爲了私人問題，最多是關於錢的問題，所以我們要快避開他們……在戰爭、公社和流亡中的懶散生活已經可怕地敗壞了他們的德性，只有艱苦才能拯救道德敗壞的法國人。

但這是很冷淡的安慰。

理事會遷到紐約對英國運動的影響最壞。九月十八號黑爾斯在英國聯合審議會上動議投票譴責馬克思，因爲他說英國工人階級領袖用錢可收買。這投票動議被通過，而修正案中意思說馬克思自己並不相信這種指控，不過爲達到私人目的才說云云，卻被拒絕了，投票結果是持平。黑爾斯也聲稱他打算提議把馬克思逐出「國際」，同時另外一些會員主張拒絕海牙大會的決議。這時黑爾斯已經公開地繼續了他在海牙祕密和汝拉聯合會建立的關係。十一月六號他以英國聯合審議會的名義宣稱，舊理事會的僞善現在已經暴露了。舊理事會藉口剷除它所捏造以遂其願的祕密社團而企圖在「國際」之中組織一個祕密社團。然而，同時他指出英國方面並不同意汝拉聯合會的政治意見。英國人相信政治行動是有益的，自然願意承認其他聯合會因各國情況不同而要求的完全自治權。

黑爾斯得到了艾卡里爾斯和榮格的熱心結盟，尤其是榮格，他略爲躊躇之後終於變爲馬克思和恩格斯的最激烈反對者之一。艾卡里爾斯和榮格都是很有罪的，第一因爲他們的政治判斷是取決於私人的計較、嫉妒及惱怒恩格斯比他們得到，或好像得到馬克思的更多重視，第二由於捨棄他們以理事會老會員的資格而得到的有影響力和尊榮地位。不幸他們所造成的損害因爲他們以往的地位而深化了。在歷次大會中他們已經成爲世人周知的馬克思意見最狂熱和最可靠的詮釋者，所以現在當他們爲了同樣意見懇求以汝拉聯合會的寬容對抗海牙大會的不容異己，馬克思和恩格斯的嚮往獨裁似乎是無疑的了。

此事件下，看到因這兩人的行爲最受損害的還是他們自己，令人感到冰冷的安慰。他們遭受英國方面強烈的反對，尤其是愛爾蘭各分部，甚至聯合審議會本身，於是他們在這「國際」的英國分部中實行「政變」，藉由發表一份聲明給所有分部和所有會員，說英國聯合審議會已經分裂到再不能進一步合作。他們也要求召集大會來討論海牙大會決議的正當性。據那聲明的解釋，這些決議的用意並不是要「國際」各分部必須採取政治活動——聲明說這也是多數派意見——而是說理事會應決定各聯合會在各自特別國家之中所要執行的政策。少數派立刻針對這項陰謀發表了一篇答辯的反聲明，這似乎是恩格斯所起草的。答辯聲明駁斥艾卡里爾斯等人所提議召集的大會爲非法，但大會終於決定在一八七三年一月二十六號舉行。分部的多數派贊成，而且只有他們出席。

黑爾斯致開會詞，猛烈攻擊舊理事會和海牙大會，得到了榮格和艾卡里爾斯的積極支持。大會一致譴責海牙決議，拒絕承認紐約的新理事會。它也聲稱它贊成召集一次新的「國際」大會，只要各聯合會多數派贊成。於是英國聯合會完全分裂，雙方殘存者都沒有力量在一八七四年推翻格拉斯頓內閣的總選舉中做任何有效參與。他們的無力感由於工會的干預而更加提高；工會提出一些候選人，且首次獲得當選兩席的成功。

紐約理事會於九月八號在日內瓦召開的「國際」第六次大會，可以說是草擬了「國際」的死亡證書。巴枯寧派於九月一號在日內瓦舉行了反制的大會，出席的代表有英國兩人（黑爾斯和艾卡里爾斯），從比、法、西來的各五人，義國四人、荷蘭一人、汝拉六人，而馬克思派的大會出席者多數都是瑞士，其中大多數又都是居住在日內瓦的。甚至理事會也不能派一個代表來，並且英、法、西、比、義各國也沒有代表，只有一個德國人和奧國人在場。貝克曾經誇口說在不足三十個代表之中他或多或少用魔術產生了十三個，想要以人數多來提高「國際」威信並且保證成爲多數派。馬克思當然不肯這樣自欺，坦白承認這大會是「一次慘敗」，而且勸告理事會此刻不必注重「國際」的形式組織方面，只要盡力維持住這紐約中心據點，使它不致落入或會有損宗旨的白痴和冒險家之手。時局自身和事情的必然發展及複雜性會使「國際」在改良過的形式下復興起來。

這是在當時境況中所能採行的最聰明及最磊落的決定，但它的效果由於馬克思和恩格斯認爲必須對巴枯寧加以最後打擊而黯淡失色了。海牙大會曾經指令提議開除巴枯寧的五人委員會發表調查結果，但它不發表。那眞正原因是「不同國家委員們的分歧」阻止發表呢，或是其中一個委員聲稱巴枯寧無罪，而另一個又被曝光爲警察間諜，以致它的權威失墜呢，此刻已無法確定。於是海牙大會報告書起草委員會，包括杜邦、恩格斯、弗蘭克爾、穆蘇（LeMoussu）、馬克思和塞拉勒（Serraillier），來接辦這件事，在日內瓦大會之前幾個星期發表了一份備忘錄，題名爲《社會民主聯盟與國際工人協會》。備忘錄是恩格斯和拉法格所起草的，馬克思不過是修改最後一兩頁而已，雖然他對全文的責任自然不下於兩位實際起草者。

備忘錄後來簡稱爲聯盟小冊。任何批判式檢驗來定奪其細部責備的正確性或另有隱情，即使爲了簡潔至少需要和原文同樣多的篇幅。然而，不能爲篇幅的理由而簡略從事。在這樣的爭論中雙方都用力猛攻，這也就怨不得巴枯寧派對馬克思派攻擊得太毒辣，當前者受到凶惡的攻擊且偶有不公時。

把這小冊貶置於馬克思和恩格斯發表過的其他任何文字之下，那完全是另一問題。使他們的其他爭論文字具有特殊吸引力和永久價値的，是從負面的批評中顯示了新知識的正面，而聯盟小冊並不如此。它完全不提使「國際」衰落的內在原因，而只是繼續採用「機密通信」和理事會論「國際」所謂分裂的傳閱信的字句：巴枯寧和他的祕密聯盟用陰謀詭計毀壞了「國際」。聯盟小冊並不是歷史的文獻，而是每頁都具有明顯特定傾向的一種片面起訴狀。然而，德文翻譯者卻自作聰明，採取總檢察官的最佳慣例，把它冠名爲「反對國際工人協會的共謀」。

「國際」的衰落完全不是因爲其中有一個祕密的聯盟，但即令如此，聯盟小冊也並未提出其確實存在的證據。甚至海牙大會所組織的調查委員會也只以或然和可能爲滿足。人無論怎樣痛惡巴枯寧這樣自我陶醉於天馬行空的條文和駭人聽聞的豪言壯語，在未得到可信的證據之前，必須認爲這一切全是由於他的活潑的想像力。然而，聯盟小冊爲補足證據的缺乏，卻在它的第二節中塡滿可敬的烏廷所提供的有關尼察也夫訴訟和巴枯寧在西伯利亞流放期間的意外發現，說在那期間巴枯寧原只想做一個普通勒索者和劫路強盜。但並未提出支持這些指控的證據，至於其餘的事證限於把未經任何進一步檢驗的尼察也夫的各種言行都算在巴枯寧的帳上而已。

關於西伯利亞的一章，尤其是純然廉價的煽情主義。據說巴枯寧被放逐的那時，西伯利亞總督是巴枯寧的親戚，虧得這種關係和他對沙皇政府別的服務，被流放的巴枯寧曾成為「幕後執政」，且濫用權力，為了「適當賄賂」，偏袒資本家的業務，而又因為其「仇恨科學」，偶然抑制貪錢欲望，例如他曾經阻撓西伯利亞商人在那裡建立大學（為此目的須得沙皇允許）。

烏廷以特殊藝術手法美化且修飾了巴枯寧向卡特科夫借錢的故事。這故事是柏克海姆（Borkheim）在幾年前曾經試圖影響馬克思和恩格斯而不成功的。據柏克海姆說巴枯寧曾經從西伯利亞寫信給卡特科夫借幾千盧布作逃亡的費用。而烏廷卻說巴枯寧在安全到達倫敦之後才試圖借這筆錢，想要償還在西伯利亞流放時代從釀酒商所收受的賄賂，以慰藉其受折磨的良心。這到底是一種自責之情吧，但烏廷使巴枯寧的人情只表現在可怕的形式之下：去向一個他所知道的「受俄國政府雇用的告密者和隱身於文學的突擊隊員」借錢。烏廷的幻想發展到令人目眩的高度，但事情並不就此完結。

他在一八七三年十月到倫敦去報告有關巴枯寧「更驚人的事」，以致恩格斯於十一月二十五號寫信給佐爾格說：「這傢伙（巴枯寧）已經將其可貴的教義問答應用得淋漓盡致。這幾年以來他和他的聯盟專以敲詐為生，一看他們除了危害尊敬的人們以外就沒有文章發表。你就想不到他們是何等卑鄙的一群流氓。」幸而烏廷到倫敦時聯盟小冊已經發表了幾個星期了，所以那些「更驚人的事」被封存在他熱愛眞理的心裡，然後他到他的天父膝下懺悔，作爲從私酒生意的戰爭暴利中增加其收入的結果。

聯盟小冊在俄國分部將對其不良的政治影響推到極致。甚至那些和巴枯寧關係緊張的俄國革命者都被這小冊所嚇退。巴枯寧對七〇年代俄國運動的影響依然無恙，而馬克思卻失去了許多他在俄國所贏得的同情。結果，這小冊所達到的成功證明像向空中揮拳，因爲雖然它使巴枯寧退出鬥爭，但絲毫無損於冠著他的名字的那運動。

巴枯寧對聯盟小冊的答辯聲明首先寄往《日內瓦報》（*Le Journal de Genève*）。答辯揭露這小冊的攻擊造成巴枯寧痛苦之深。他藉由指出海牙大會中起草這指控的委員會中有兩個是警察的間諜，以展示那些攻擊的無稽。其實只有一個是警察間諜。然後他聲稱他已經六十歲，且心臟病使他愈來愈難以參加公眾事業：

> 讓更年輕的人們去做吧。至於我呢，不再有力量，或許不再有必要的自信，來繼續轉運薛西弗斯（Sisyphus）⑦的巨石來反抗到處勝利的反動勢力。我從此退出衝突，對我尊敬的同代人我只有一個要求：遺忘。從今以後，我不打擾任何人，任何人也不要打擾我。

---

⑦ 出自希臘神話，科林斯王，被懲罰重複推動巨石上山之勞役。

他一方面譴責馬克思把「國際」變為私人報復的工具，一方面還是稱頌他曾是「一個偉大和優秀的協會」的創立人之一。

在寫給汝拉工人的告別信中，巴枯寧更加激烈地反對馬克思，但更客觀。他說馬克思的社會主義和俾斯麥的外交政策同樣是工人必須開展一場可怕鬥爭的反動勢力的中心。在這信中他也說到他的年齡和疾病使他的努力對工人們弊多利少，並且用下面的事實解釋他退出衝突的正當性：日內瓦的兩個會議已經證明他宗旨的勝利和他敵人宗旨的失敗。

當然，巴枯寧以健康的理由說明他的退隱，是可以被嘲笑為藉口的，但生活貧困和忍受艱苦的那幾年確已表明他精力真已衰退。在寫給他親密朋友的幾封私信裡顯示他「或許」已經失去革命快要勝利的自信。他於一八七六年七月一號死在伯恩。他是值得更多比他在許多工人團體中已得的哀榮，雖然不是全部，但他曾為了工人階級的宗旨勇敢地戰鬥過，也受過許多痛苦。

無論他犯過怎樣的錯誤和有著怎樣的弱點，歷史將給他一個列入國際無產階級先驅者的光榮地位，雖然這地位或會引起爭議，只要世上有這麼些俗眾——無論他們的長耳朵是隱藏在小資產階級體面的睡帽之下，或者披著馬克思的獅子皮來掩飾他們打顫的四肢。

第十五章　最後十年

一、馬克思在家裡

一八五三年終，在共產主義者同盟臨終的劇痛之後，馬克思曾退入他的研究，而一八七八年底，在「國際」的最後掙扎之後，他又退入研究，但這一次卻是永遠的退出了。

他生活的最後十年被稱為「緩慢的死亡」，但這是太誇張了。巴黎公社失敗後的鬥爭確實使他的健康受了嚴重的打擊：一八七三年秋季他患了頭痛，很有演變成中風的危險，同時這慢性憂鬱的腦部狀況使他不能工作，剝奪了他的一切寫作欲望。然而在曼徹斯特，經過恩格斯的朋友，且為馬克思所深信的龔佩爾（Gumpert）醫生的幾個星期治療之後，他康復了。

遵從龔佩爾的囑咐，他於一八七四年及以後兩年都到卡爾斯巴德（Karlsbad）去。一八七七年他轉到巴特諾因阿爾（Bad Neuenahr）療養，但一八七八年的兩次謀殺德皇事件和隨之而來嚴厲的反社會主義戰役對他封閉了歐陸的門。然而那三次卡爾斯巴德的旅行是非常有益的，他多年的肝病幾乎全好了。現在他還患著慢性胃病和神經過度疲勞——使他嚴重頭痛和頑固性失眠。然而，在夏天一次海濱或溫泉療養之後，這些疾患或多或少消失了，只在第二年新年又發作。

要完全恢復健康或許是可能的，倘若馬克思讓自己保持平和及寧靜；在壯年超量工作和受盡辛苦之後，六十歲生日就在眼前的他是應該休養的，但他並不夢想休養，反而以其所有舊時的熱忱投身於要完成他的科學著作所必須的各種研究之中，那些研究的範圍同時也在大幅增加。恩格斯指出：

對於檢驗每種事物都要找出其歷史根源和其發展條件的人，每一簡單的問題自然會引起一系列新問題。爲了要使第三卷（資本論）的地租論比以前更完善，古代史、農學、俄國和美國的土地擁有權的關係、地質學等等，都已特別加以研究了。他輕易地讀著日耳曼系和近代拉丁系的語文，而且學會了古斯拉夫語、俄語和塞爾維亞語。

而這一切不過是他每日工作的一半，因爲雖然他退出積極的公眾生活，他終究是依然活躍於歐美工人階級運動之中的。他幾乎和各國工人階級領袖全都通信，且他們隨時都會就重要事物來向他請教。他愈發成爲戰鬥的無產階級應接不暇及隨傳隨到的顧問。

拉法格所描寫的七〇年代的馬克思，是和李卜克內西所描寫的五〇年代的馬克思一樣可愛的。他說他的岳父的體魄，必然是堅強的，否則就不能支持那樣異乎尋常的生活方式和殫精竭慮的智力活動。「他是很強而有力的。他的身高在水準以上，闊肩頭，胸部發展圓滿，手足勻稱，雖然背脊比腿稍稍更長一點，這是猶太人常有的現象。」而且不只猶太人，歌德也是這種身材，屬於德國人俗稱「坐著的巨人」，因爲背脊不等比例的長使他們在坐著時顯得比實際更高大。

據拉法格臆測，倘若在青年時代注重體能訓練，馬克思一定會成爲異常強健的大漢的，但他慣常的運動只限走路。他能走幾小時，同時不停地談話，或毫無倦容地爬上山，但甚至這種運動也多半是實行於書房之內，且只爲了要理清他的思緒。在他的書房裡從門口到窗前的地毯，顯出像草地上的足跡般一條踏壞的長痕。

雖然不到深夜不睡，他時常在早晨八、九點鐘之間就起來，喝了黑咖啡，看過報紙，然後就消失在書房裡直到半夜之後。除了出來吃飯以外，或者在天氣好的晚間越過漢普斯特德希思（Hampstead Heath）出去散步。午後他有時在沙發上躺一兩小時。工作於他已經變爲一種狂熱，以致時常完全忘記飲食，所以他的胃爲了他龐大的精神活動而受苦了。他的食慾短少，只好吃一些高度添料的食品，火腿、燻魚、魚子醬和醃漬物。食量不大的他也不大喝酒，雖然並不完全禁酒，而且作爲道地的萊茵人他欣賞佳釀。另一方面，他卻很愛吸菸，是一個火柴的惡魔。他常笑說他的《資本論》的稿費不夠買他寫它時所吸的雪茄。在長年窮困之中他所吸的當然都是些劣等牌子，結果他的菸癮確實有害他的健康，他的醫生曾好幾次禁止他吸菸。

他在文學上尋求精神的消遣和娛樂，而在他一生之中這對他是一大安慰。在這一領域裡他具有廣博的知識，可是從來不聲張。他的著作中少有顯示其博覽群書的跡象，唯一例外是與福格特的爭論，當然除了爲他的主題所直接必需的那些引證以外，但在《福格特先生》這書中，他爲藝術的目的大量徵引了歐洲的一切文藝作品。恰如他自己的科學著作反映一整個時代一樣，他自己所愛好的那些文藝也是反映它們時代的創作；從艾斯奇勒斯（AEschylus）和荷馬以至但丁、莎士比亞、塞萬提斯（Cervantes）和歌德。據拉法格說，馬克思每年至少讀艾斯奇勒斯的希臘文原本一次。他是古希臘的忠實愛好者，且曾大發雷霆痛罵那些阻撓工人欣賞世界古典文化的卑賤靈魂之徒。

他精通德意志文學，遠至中古時代。在較近代的德國作家之中他喜歡歌德和海涅（Heine）。德國俗眾對或多或少被誤解的席勒（Schiller）的「理想主義」所迸出的熱情，似乎使馬克思從青年時代以來對這位詩人就失了興致，而這「理想主義」在他看來似乎不過是想用飄渺之詞粉飾平凡的悲慘。脫離德國之後，他不大費工夫在近代德國文學上，他甚至連黑貝爾（Hebbel）和叔本華（Schopenhauer）這樣的作家們也不留心，其實他們是值得他的注意的，同時理察·華格納（R. Wagner）對德國神話的粗魯編纂受到他尖酸的批評。

在法國文人之中他重視狄德羅（Didelot），認爲他的《拉摩的侄兒》（*Le Neveu de Rameau*）從頭到尾是一部傑作。法國十八世紀啟蒙時代的文學也受讚賞，恩格斯曾說，這時期的文學在形式和內容上都可以算是法國智力的最高成就，內容是當期科學知識狀況的高度融會，而形式是空前無比的。法國的浪漫派是馬克思所澈底排斥的，尤其對夏多布里昂（Chateaubriand），這人的故作深奧、拜占庭式的誇張、廉價扭曲的感傷——總之，他空前的欺詐雜湊品——使馬克思時常覺得可厭。另一方面，巴爾札克（Balzac）的《人間喜劇》（*Comédie Humaine*）卻使他熱烈地認為是包含一個時代的藝術之鏡。事實上，他曾打算在完成他自己的大著作之後寫一本巴爾札克研究，但這也和其他許多計畫一樣沒有結果。

馬克思永久定居在倫敦之後，英國文學便居於首位，而莎士比亞的絕妙形影宰制了這一領域，其實，他全家都達到莎士比亞崇拜。遺憾的是馬克思從來不曾談論過莎士比亞對其當代重要問題的態度，但關於拜倫和雪萊，他說過凡是愛惜和了解這兩位詩人的人們，都必定以拜倫三十六歲而死為幸事，因為倘若他享盡天年，他無疑將變為反動的中產階級。在另一方面，他悼惜雪萊二十九歲而死，因為雪萊是一個澈底革命者，且終其一生將是社會主義的先驅。馬克思重視英國十八世紀的長篇小說，尤其是菲爾丁（Fielding）的《湯姆・瓊斯》（*Tom Jones*），也是以自己的方法反映了它的時代。他也認同司各特的（W. Scott）一些長篇小說是箇中翹楚。

在他的文學批評中他完全不帶一切政治和社會的成見，如他欣賞莎士比亞和司各特所示，但他絕不贊同「為藝術而藝術」的「唯美主義」觀念，這主義是時常和政治的漠視甚或屈從相聯結的。在這一方面他是陽剛和獨立的智者，絕不用什麼刻板的公式估量作品。同時他對讀物的選擇並沒有過分的挑剔，並不會不屑讀那些使學究的審美家嚇得在身上畫十字的作品。像達爾文和俾斯麥一樣，他瀏覽了大量的長篇小說，尤其愛好冒險和滑稽的故事。

爲了尋求它們而耿耿於懷，他從塞萬提斯、巴爾札克和菲爾丁下降到保羅・德・科克（Paul de Kock）和大仲馬（Dumas），這寫過《基度山恩仇記》（*The Count of Monte Cristo*）的人。

馬克思也在性質完全不同的領域尋求精神的娛樂：數學。尤其是在精神苦悶和有其他痛苦時，他就在數學上尋找安慰，這對他有一種舒緩的效力。恩格斯和拉法格都說他在這一領域有過獨立的發現，但這是此地不能論列的；據說在他死後，看過他原稿的數學家們並不贊同他的意見。

以他的全部智力志趣而論，馬克思並不是關閉在博物館裡從遠處看世界的華格納，也不是胸中住著兩個靈魂的浮士德。「爲世界而工作」是他愛說的話之一，他覺得凡是幸而能夠獻身於科學研究的人，都應該使自己服務於人類。這種智力志趣使他的血液在血管中熱烈地搏動，使他的骨髓在骨骼中鮮活。在家庭和朋友圈中他常是一個快活而詼諧的同伴，容易發出衷心的歡笑。那些尋訪過這「赤色恐怖博士」——巴黎公社失敗之後他被這樣稱呼——的人們發現他不是憂鬱的狂熱者和在安樂椅上作夢的哲學家，而是一個熟悉世間一切優雅話題的家居男人。

讀過他的書信的人們都驚訝於他熾烈的精神，會於幾乎不知不覺間從勃然大怒的高峰滑翔至深遠而平靜的哲理沉思之海，而聽他談話的人似乎也有這樣驚訝的感受，因爲海德門（Hyndman）如此敘述他和馬克思的談話：

當義憤塡膺地説著自由黨的政策，尤其是有關愛爾蘭問題時，這老戰士深沉的小眼睛放出光芒，皺著濃眉，寬大而堅挺的鼻子和面孔顯然被激情所感動，且傾瀉著滔滔不絕的斥責之詞，這種言詞顯示他性情的熱烈和措詞的巧妙。他被憤怒所深沉攪動時候的舉止及聲調，和他評論當代經濟事件時候的態度是很明顯相反的。他從一個預言家和猛烈的指責者角色轉為寧靜的哲學家姿態，不須明顯的努力。在這方面我從一開始就覺得，我可能需要很多年，才能在大師面前不再作為一個學生。①

雖然這時馬克思比二十年前已經更出名得多，他仍然繼續遠離社會交際，而海德門和他認識卻是經由一個保守黨議員的介紹。然而，在七〇年代，馬克思的家曾是許多人往來的場所；它是流亡的公社社員們的另一「正義的避難所」，他們常到那裡去聽取指教和尋找援助。這些喧嘩的人群確曾不斷地帶來許多討厭和麻煩，當第一批走了之後，馬克思夫人，那樣寬仁待客的人，也忍不住嘆息道：「他們可眞夠我們受的。」

但有些例外。一八七二年，當過公社委員會的委員和它機關報編輯的沙爾·龍格，娶了馬克思的女兒燕妮。他和這一家人的關係，在私交上和政治上，都不曾變得非常親密，如拉

---

① H. M. Hyndman, *The Record of an Adventurous life*, (London, Macmillan & Co., 1911).

法格那樣，但他是一個能幹人。馬克思夫人說，「他像從前一樣盡力烹調、叫囂和爭辯，但我必須稱讚他定期給他的國王學院演講，而且得到他上司的滿意。」這幸福的婚配由於初次生育的孩子的早夭而一度陰暗，但那「胖嘟嘟，結實和漂亮的小子」的出世曾強力且有益於增進全家以及他外公的歡欣。

拉法格夫婦也在公社流亡者之中，且住在他們鄰近。在結婚後最初幾年間他們曾喪失了兩個孩子，而且在這不幸的印象之下拉法格放棄了他的醫業，說道要在這行執業是非用某一程度的江湖騙術不可，而他不願這樣做。「何等可惜呀，他離棄了醫神阿斯克勒庇俄斯（AEsculapius）！」馬克思夫人嘆息。拉法格後來開了一間照相式平版印刷工作室，但，雖然幸而他的性格是樂天的，並覺得天色是常青的，即使他像「一名黑奴似的工作著」，且有他的妻子不倦地支持著，他的業務還是進展很慢，他覺得要和資本更大的同業競爭是困難的。

第三個女兒也在那時被一個法國人追求著。這是後來寫公社歷史的利沙加勒（Lissagaray），他是在其中戰鬥過的。愛琳娜似乎曾傾心過他，但她的父親懷疑他的可靠性，經過一番遲疑之後，並無結果。

一八七五年春季這家又搬到倫敦的同一區內的哈弗斯托克（Haverstock）山，梅提蘭公園（Maitland Park）路四十一號。馬克思在這房子裡度過他的最後幾年，而且在那裡辭世。

二、德國社會民主黨

幸而德國工人階級運動是一開始就沿著全國性路線發展起來的，它避免了「國際」一切其他分部開始發展爲全國性工人階級政黨時所遭受的危機。在日內瓦大會慘敗之前幾個月，一八七四年一月十號，德國工人階級在德國國會選舉中得到它的第一次選舉大勝利，獲得三十五萬票，當選九席，六席屬於艾森納赫派，三席屬於拉薩爾派。

「第一國際」衰落的原因顯現在這事實裡：馬克思和恩格斯，理事會的首腦，經過一番困難才能夠和就其初衷與他們最相近且比任何其他政黨更爲接近他們理論的這正在興起的工人政黨，達到一種暫時妥協。即使是馬克思和恩格斯也難免受懲罰，國際主義的優點使他們的見解能夠綜覽全局，同時卻阻礙他們鉅細靡遺洞悉個別國家的特質。甚至英國和法國最熱心擁戴他倆的人們都承認，馬克思和恩格斯掌握法、英生活的一切細節並不如英、法兩國的本國人，而且脫離德國之後他倆對德國情況並不曾重新建立其從前那樣透澈和親密的接觸。這甚至可以說明他們對德國黨的問題，有關這些問題，他們的判斷被他們對拉薩爾和所有拉薩爾派有增無減的不信任所蒙蔽了。

這是顯然可見的，當新選舉的德國國會第一次會議時，艾森納赫派的六個議員之中的兩個，李卜克內西和倍倍爾，還在獄裡不能就職，其餘四個——蓋布、莫斯特、莫特勒和瓦爾泰希——的態度曾引起他們自己的支持者陣營的大失望。倍倍爾在他的回憶錄中說道來自多方曾向他申訴，艾森納赫派的四個議會代表放任拉薩爾派的三個代表（哈森克萊弗、哈塞爾曼和呂默）凌駕他們自己之上。而恩格斯的意見卻完全不同，他寫信給佐爾格說：

拉薩爾派已經被其議會代表的信譽掃地，以致政府為了製造他們的運動是嚴重的印象，被迫而採取反對他們的措施。況且，自選舉以來，拉薩爾派已發現他們不得不尾隨著我們的人。哈森克萊弗和哈塞爾曼被選入國會是很僥倖的！他們顯然失去自信，必須跟從我們的人或自行其愚，而兩者都將毀滅他們。

眞難以想像比這誤解實情更甚的了。

兩派的議會代表是很能合作的，並未浪費許多時間來煩惱在議院裡誰比誰更好。在選舉運動中兩派都採取一種，使指控艾森納赫派為半社會主義或指控拉薩爾派為勾結政府都不可能的方式；兩派所得票數也差不多；兩派在議院面對著相同的敵人，提出相同的要求；且因為他們選舉的成功，兩派都受到政府方面同樣凶惡的迫害。他們眞實的差異僅在組織的事情上，但這些差異不久就得到協調，多虧檢察官泰森多夫（Tessendoff）事業心重的熱心，他從歷次調解庭中達到判決，摧毀了艾森納赫派所採取的較為散漫的組織形式和拉薩爾派所採取的更為集中的組織形式。

所以，當托爾克（Tolcke）於一八七四年十月，對剛從獄裡釋放出來的李卜克內西提出拉薩爾派的和解建議時，這兩派的聯合就自然而然地達成了。李卜克內西立刻欣然承諾這些建議，或許近於專擅吧，但他的熱誠並不因爲倫敦方面的不高興而不值得稱讚。馬克思和恩格斯還以爲拉薩爾派是一種將死的派別，遲早要無條件投降的，所以和他們對等談判的觀念似乎是違反德國工人階級利益的草率冒犯。當一八七五年二月兩派聯合起草的綱領公布時，馬克思和恩格斯勃然大怒了。

恩格斯寫了一封詳細的信向倍倍爾抗議之後，馬克思又於五月五號寄給這艾森納赫派的領袖，其所謂論綱領的信。在這信裡他比前更加鞭撻拉薩爾。他認爲拉薩爾已經心領神會《共產黨宣言》，但笨拙地加以曲解，爲了要掩飾他自己和敵對資產階級的專制主義者及封建主義者的結盟，把這些其他階級一概統稱爲反對工人階級的反動集團。然而，「反動集團」這口號實在完全不是拉薩爾的，而是在拉薩爾死後由施韋策創造的，曾得過恩格斯的公開讚賞。拉薩爾從《共產黨宣言》中所擇取的，確是他稱之爲工資鐵律，爲此他曾被馬克思斥責爲馬爾薩斯人口論的擁護者，雖然拉薩爾和馬克思與恩格斯同樣奮力地抨擊過它。

除了這極不愉快的一面外，這信論科學的社會主義的基本原則是一份高度啟發性的論證，且對那聯合綱領可以指責的地方都盡力指責了。然而，這鏗鏘有力的信，結果不過使收信者修改了他們草案裡少數且比較不重要的地方而已。二十多年之後，李卜克內西說道：他們的大多數，倘若不是全體，都贊成馬克思的意見，而且或許在聯合大會上可以得到多數通過，但少數總是不滿意的，而避免這種不滿意是必要的，因爲大會的目的並不是制定科學的社會主義原則，而是聯合兩個黨派。

這論綱領的信爲什麼被默然忽略過去呢，一種不具教化性卻更爲切實的解釋在這事實裡：它超過艾森納赫派分子的知識水準，甚至更甚於其超過拉薩爾派分子的知識水準。幾個月之前，馬克思曾埋怨艾森納赫的機關刊物上偶而登些半學究氣的庸俗空想。這些材料來自教員、醫生和學生，而李卜克內西對這事是必須要被斥責的。同時他怕那些（曾經吃力地注入黨內而且已經開始穩固的）現實主義的觀念現在會被拉薩爾派派系主義（從民主派和法國社會主義各派借來的）帶著意識形態的形式主義廢料所壓倒。

在這一點上馬克思完全錯了。在理論的問題上兩派或多或少處在同一水準，若有任何差異，那倒是拉薩爾派較爲可取。聯合綱領的草案在艾森納赫派方面毫無異議，而在德國西部，幾乎完全由拉薩爾派所主持的一次工人大會卻受到批評，那批評在許多方面都和幾個星期之後馬克思所作的批評雷同。然而，不必特別重視這一點，因爲實情是兩派都還離馬克思和恩格斯所創建的科學的社會主義有一段長遠路程。他們對歷史唯物論的方法都不曾有過模糊的觀念，而資本主義生產方式之祕對他們也還是一個謎。施拉姆（Schramm）（那時艾森納赫派最出色的理論家）肉搏馬克思價值論的那種笨拙方式便是最明顯的佐證。

在實際上兩派聯合是有利的，所以馬克思或恩格斯都不曾說過反對它的話，雖然他們還是認爲艾森納赫派受了拉薩爾派的欺騙。在論綱領的信裡，馬克思自己也說過：運動中的每一實際步驟的價值，是十數倍於綱領的。結果在這新聯合的政黨中，理論的混亂只是有增無減，而馬克思和恩格斯把這歸咎於不自然的合併，他們的不滿比以前更加顯露了。他們煩惱的根源主要是在從前的艾森納赫派成員之中，而不在從前的拉薩爾派成員之中，使他們有所躊躇，而且恩格斯偶然說過：拉薩爾派的成員快要成爲這運動中最清楚的思想家了，因爲這一派的報紙——合併後仍然存在了一年——上最少胡說。他說，雇用的和受過部分教育的煽動者們的禍害重壓在這黨上。他尤其惱怒莫斯特（Most），「他一點不懂《資本論》卻濃縮它的全部」而且竭力支持杜林（Duhring）派的社會主義。恩格斯於一八七六年五月二十四號寫信給馬克思說：「那些人顯然以爲杜林在妄肆和粗俗攻擊你之後，已使他自己變得無懈可擊了，因爲倘若我們譏笑他理論上的胡說，那不算什麼只是報復我們的私怨而已。」李卜克內西也難逃池魚之殃：

威廉急於要補救我們理論的缺點以隨時解答每一庸夫的異議。他急於要在他的心裡準備好一幅將來社會的圖像，因爲俗眾會問他這種事，且同時想要在理論上盡力獨立，這努力已經達到出乎他意料外的成功，歸因他完全沒有任何理論。

然而，這一切都和拉薩爾或拉薩爾派傳承毫無關係。他這新成立的黨之種種實際成功的急速進展，使它漠視理論，甚至以爲理論說得太多。他們所輕蔑的理論並不是這些，而是在他們的猛烈推進中他們認爲吹毛求疵的那些。不受賞識的發明家們、誤會事理的改革家們、反對接種疫苗的人士、自然療法的信仰者，以及類似的遐想家和異人都群集到這新黨的旗下來了，因爲他們希望在工人階級的活動行列中得到他們在資產階級世界中所被否定的認可。凡是對政治的病體表示善意或獻出某種藥方的人都一定受歡迎的，尤其是出身學術圈的人們，他們的現身可以證實無產階級與科學的聯盟。以多面向的詮釋向社會主義示好或有點示好的一位大學教授，是不必害怕他的知識庫存品會受任何很嚴格的批評。

杜林尤其安全，可以免除這種批評，因爲他有多種特質（個人的和其他），這些特質都必然吸引柏林工人階級運動中最活躍的知識成員。毫無疑問他有大天賦，而且他整個人格和資歷在工人中曾得到許多同情。他毫無財力資源，且早年失明，但他努力奮鬥，當到大學講師，並對統治階級絕不讓步，在他的講壇上常強力堅持他的激進主義，毫不遲疑地讚頌馬拉（Marat）、巴貝夫（Babeuf）和巴黎公社的英雄們。他性格中令人不快的方面是自大，他自稱精通六、七種科學調研的領域，其實由於他生理的缺陷他是一門也不精通的（宅在家）。再加上有增無已的誇大妄想狂，他出於求存棒打他的前輩們，哲學方面的費希特（Fichte）和黑格爾，經濟學方面的馬克思和拉薩爾——這一切都只在暗中進行，或許可以諒解爲他智力的孤立，而又迫於種種艱苦的鬥爭。

馬克思對杜林的「妄肆和粗俗的攻擊」並不在意，且攻擊的內容也實在不值得他接受那挑戰。柏林社會主義者們的日益熱心擁護杜林，許久以來都不曾影響馬克思，雖然杜林宣傳他絕無謬誤的「最終眞理」體系，顯示了天生的派系主義的一切特性。甚至當李卜克內西——這時他已經充分警覺——寄來工人們的書信，且指出黨的宣傳變淺薄時，馬克思和恩格斯還拒絕答覆杜林，因爲這是「太次要的任務」，但當莫斯特於一八七六年五月寫了一封無禮的信給恩格斯時，這似乎是最後一根稻草了。

恩格斯這時才開始檢驗杜林的「眞理體系」，且寫了幾篇批評的文章，開始發表在一八七七年初的《前進報》（*Vorwärts*）上，這是聯合後的黨之中央機關報。這些文章發展爲科學的社會主義的最重要和最成熟文獻之一，與馬克思的《資本論》並列，但黨接受這著作卻表明危險確實迫在眉睫。爲了兩件事，一八七七年五月在哥達（Gotha）舉行黨的年度大會，要開一個異端審問會來探究恩格斯，類似那些由正宗的大學教授們爲反對杜林所開的那樣。莫斯特提議黨的機關報上不許再發表恩格斯反對杜林的文章，理由是這些文章「對《前進報》大多數讀者是完全乏味甚或有異議的」。瓦爾泰希，在其他一切方面是莫斯特的勁敵，對這問題卻和他採共同立場，且說恩格斯的格調極差，會使《前進報》所提供的精神食糧變得難以入口。幸而事情還不算最壞，大會採取了一種折衷的提案：爲了實際和宣傳的理由，這論爭必須繼續發表在一份科學副刊上，而不在正刊上。

同時大會決定從十月起發行一份科學的雙週刊。這是由赫希貝格（Hochberg）提議，他承諾出錢支持這項風險嘗試。赫希貝格是資產階級中精通社會主義的人之一，當時德國很多這樣的人。他是法蘭克福一個彩券推動商的兒子，還年輕而且很富裕，同時是極不自私，自我犧牲的，凡是認識他的人對他的品性都給予最高評價。然而，從他所發表的那些文章看來，他的文學和政治才能是難於讚許的。當時赫希貝格被視爲一個沒有特色和令人疲乏的人，並不懂得社會主義的歷史和理論，更不懂得馬克思和恩格斯所倡導的科學性意見。他並不認爲無產者的階級鬥爭是解放工人的槓桿，而只是要爭取統治階層的成員，尤其是其中的知識分子，來沿著和平與合法的發展路線爲工人立場而鬥爭。

然而，當馬克思和恩格斯拒絕在《未來》（*Die Zukunft*，那新刊物的名字）上合作時，他們不很明白他這人。邀請他們和其他許多人一起投稿只是一種普通的傳閱信。恩格斯說大會的這些決議對實際的每日宣傳或許是很有用，而對發揚科學的成就而言卻全無助益，不足以確保這刊物可以眞正成爲科學的，其圓滿是不能藉由政令而得以完成的。沒有明確的策略和明確的傾向，科學的社會主義的刊物是不可能的，且鑒於現流行在德國的種種傾向其複雜性和曖昧性，採取特定的策略不一定合於時宜。

《未來》的第一期就證明他們對它採取一種保留態度是很正確的。赫希貝格所作的發刊詞果然是一種雜湊品，把他們在四〇年代曾認爲虛弱和無力而加以打擊的各種社會主義傾向重新蒐集起來。他們所採取的態度使他們得免於一切尷尬的爭論。德國黨的某一黨員問他們是否因爲哥達大會上的爭議而有所懷恨，馬克思答道：

> 引用海涅的話來說，我不懷私怨，恩格斯也不。對名聲我們都嗤之以鼻。我始終反

對任何形式的個人崇拜便是明證。在「國際」的時期我從不容許種種認知手段，對各國所發表的頌揚我覺得困擾，且絕不回應，縱有回答或許是斥責。（他加了一句：）

但像上次黨大會上所發生的那樣的事情——這完全是受國外黨的敵人所利用而成的——無論如何算是教訓我們必須留意我們和德國國內黨員們的關係。

但，事情還不至於像其看起來這樣的壞，恩格斯依然繼續發表他的反杜林的文章在《未來》的科學副刊上。

然而，馬克思大爲那種「墮落精神」不安，那精神開始顯現於群眾之中並不如顯現於領袖們之中那樣厲害，十月十九號他寫信給佐爾格說：

對拉薩爾派的妥協已經引起種種妥協：對其他那些假社會主義者們，對柏林的杜林及其「崇拜者們」（例如莫斯特），更進而對大群未定形的學生們和自負的學究們；他們想要給予社會主義「一種更高尚的，理想主義的傾向」；換言之，要用以自由、平等、博愛爲聖靈的近代神話來替代社會主義唯物論的基礎（倘若要在這基礎上成功運行，必需一種嚴肅和客觀的學習）。發行《未來》的赫希貝格先生是這種傾向的一個代表。提到他已經「捐款」入黨。我願意假設他的意圖是「最高貴的」，但我視「意圖」爲無物。世界上沒有出現過比《未來》的他的綱領更拙劣的了，還要加上那「中庸的假定」。

確實，倘若馬克思和恩格斯爲求他們自己和這「傾向」和解，那就必須否認他們過去的一切。

三、無政府主義與近東戰爭

一八七七年的哥達大會也決定派代表出席同年九月在根特（Ghent）所舉行的一個世界社會主義者大會。李卜克內西被選爲黨的代表。

這大會是由比利時人們發起的，他們一方面在無政府主義的湯裡發現頭髮，一方面想要使在海牙大會中破裂的兩派重新和好，巴枯寧派開過幾次大會（一八七三年在日內瓦，一八七四年在布魯塞爾，一八七六年在伯恩），但參加人數一次比一次銳減。它崩解於無產階級解放鬥爭的實際必需之前，正如它曾發展於這種必需之中一樣。

實際對立早已顯現於精製業與粗活業之間對日內瓦爭論的早期口角。一方面薪給較高擁有展開議會的鬥爭，但也被誘惑而與資產階級政黨進行各種曖昧可疑的聯盟政治權利的一批工人們；另一方面是薪給較低而沒有政治權利、專憑自己力量的一批工人們。整個爭吵的根源，是在這種實際的對立上，而不是如傳言所說由於理性與非理性之間的理論性鬥爭。

無政府主義一再被滅殺之後又重新復活起來，這就證明事情並不簡單，而在今日還是不簡單的。理解無政府主義不需得要擁護它。同樣的，爲求認識議會的政治活動及其可以接受的改革，會把工人階級運動引到失去其所有革命動能的地步，並不必然要否定這種活動。巴枯寧的支持者之中有些人很有功於無產階級的解放鬥爭，這絕不完全是偶然。李卜克內西確實不是他的朋友，但在巴塞爾大會時期他同樣熱心地主張政治的棄權。另一方面，法國的朱爾·蓋德、義國的卡爾洛·卡費羅、比利時的佩帕和俄國的保羅·阿克塞爾羅德，這些人在海牙大會時以及其後，都是巴枯寧的熱情支持者。後來他們都成爲同樣熱忱的馬克思主義者，這並不是因爲他們拋棄他們向來的全部信念，而是，如他們之中的幾個所公開告白，因爲他們是在巴枯寧曾和馬克思共同的基礎上繼續發展。

他倆都主張無產者群眾運動，而他倆所爭論的是關於群眾運動所應採取的路線。然而，與此同時巴枯寧派的幾次「國際」大會已經顯示無政府主義的路是行不通的。

若要在這裡說明在那幾次大會中無政府主義急劇衰落的根本原因，那或許說得太遠一點了。它的毀滅過程是輕快而且澈底的。理事會和年度徵集會員費都已廢止了，幾次大會都不許通過關於原則問題的任何決議，至於拒絕腦力勞動者加入「國際」陣營的一種企圖歷經困難後總算被駁回。然而，在積極方面的事態卻是悽慘的，連一種新綱領和新策略的擬定也一籌莫展。日內瓦大會特別爭論以總罷工爲社會革命的唯一及無誤方法的問題，但沒達成協議，在布魯塞爾的第二次大會中有關公眾服役這主要議題也不能達到結論，而佩帕對這問題的態度是受到完全脫離無政府主義的正當斥責的。以實情而論此問題，佩帕的轉向顯然是勢所必然的。激烈爭辯之後，這議題延到下次大會解決，但下次大會也無法解決。那些義大利人說道「開大會的時代」已經過去了、完了，他們主張「行動的宣傳」。利用義大利國內的飢荒，他們在兩年之內可敬地執行了六十次的小暴動，但對他們的主義卻毫無成就可言。

無政府主義墮落爲一種澈底偏狹的流派是由於它理論觀點的絕望混亂，而更由於它對與近代無產階級有切身利害關係的所有實際問題，一概採取純粹否定態度。當瑞士工人開展支持以法律限定每日工作十小時這群眾運動時，無政府主義者們拒絕和這運動發生任何關係，而且他們採取同樣否定態度面對佛拉蒙社會主義者們組織一項請願以法律確保禁止工廠雇用童工。自然，他們也反對工人爲普遍參政權而鬥爭或（在已有參政權的地方）爲利用這種民權而鬥爭。這樣了無生趣和絕望的政策，相形之下，德國社會主義的工人階級運動的種種成功更形燦爛，於是各處群眾開始謝絕無政府主義的宣傳。

一八七六年伯恩的無政府主義者大會決定，於次年在根特召開一次世界社會主義者大會，便是由於承認無政府主義已經完全不能爭取群眾。根特大會自九月九號起開到九月十五號。出席代表四十二人，而無政府主義者（在紀堯姆和克魯泡特金（Kropotkin）領導之下）只控制十一名核心代表。他們從前的許多支持者，包括比利時代表的多數派和英國的黑爾斯，都已轉向社會主義這一翼，這一翼的領導者是李卜克內西、格魯利希（Greulich）和弗蘭克爾。李卜克內西和紀堯姆之間曾經發生尖銳的衝突，因爲後者指控德國社會主義者們的綱領是受制於選舉活動，但，以全體而論，這大會的進行總算是和平的。無政府主義者們已經喪失愛用豪言壯語的習慣，他們的演說都以溫和和小調爲主調，這就可能使其反對者採取較爲遷就的態度。然而，大會中所提議的「團結公約」並無結果，因爲相反的意見太不相同了。

馬克思對大會並不期待其他的任何結果，而且他現在正在注意著他預期會發生革命的另一暴風中心——俄土戰爭。他曾寫過兩封建議信給李卜克內西，在一八七八年二月四號所發的第一封信中，他說：

我們決定袒護土耳其，這有兩個理由：第一，我們曾經研究過土國農民，即土國人民大眾，發現他們確是歐洲農民最能幹和道德正直的代表人物之一；第二，俄國的失敗可以大大加速社會變革（這種變革的因素在俄國到處都有），因而也加速全歐洲的變革。

在這之前三個月，他曾經寫信給佐爾格說：

這危機是歐洲歷史中的一個新轉捩點。俄羅斯——我曾經研究過俄羅斯狀況，根據非官方和官方的原始資料（後者只流通於極少數人，我得到它們是經由彼得堡的朋友們友善幫忙）——久已在革命關頭，且一切必要的因素都已齊備。這幾年來善良的土耳其人曾經催促革命爆發，多虧他們不僅連續打擊俄羅斯軍隊和俄羅斯財務，而且打擊了俄羅斯王朝本身（沙皇、太子和其他六個羅曼諾夫氏）。俄國學生們的傻氣滑稽舉動不過是一種徵候，本身並無價值，但總是一個徵兆。俄國社會所有階層在經濟上、道德上和思想上都處於一種崩裂狀態。

馬克思的這種觀察經事實證明是絕對正確的，但一如經常發生那樣，他的革命熱情的急躁性，且因爲其對事情的演進看得太清楚而不覺其遠，他低估了時間因素。俄國的始敗而終勝，據馬克思估計，是由於俾斯麥的暗中援助和英、奧兩國的陰謀背信，也並非不由於土耳其人自身的錯誤，他們不能以一次革命推翻君士坦丁的色瑞（Serail）政權，雖然那政權是沙皇最親近朋友之一。在極端危機中不能以堅決的革命形式有所作爲的人民是無可救藥的，馬克思說。

俄土戰爭的結果並不是在歐洲發生革命，而是在德國社會主義運動似乎被一種可怕的打擊所摧毀的同時同地，開了一次外交官會議。

四、新時代的曙光

雖然有這些挫折，新時代的曙光開始照臨世界地平線上。俾斯麥希望由此摧毀德國社會主義運動的反社會主義者法，實際上卻開拓了這運動的英勇時代，掃除了一切混亂和不和（存在它與倫敦兩位社會主義元老之間的），雖然又先發生了一次鬥爭。

德國黨勇敢地面對反社會主義十字軍和反社會主義選舉（在謀刺德國皇帝威廉一世事件之後於一八七八年夏季舉行）的考驗，但當它對那威脅性打擊有所準備時，它並未認清它應該估計懷恨的嫌惡累積到什麼程度。這法案很難成爲法律：當政府代表完全忘記了他們安慰國會疑慮許以「公正行政」的一切諾言，且禁閉了這黨的一切機關，並剝奪了幾百人的生計。幾星期之後柏林及其周圍區域宣布準戒嚴狀態，顯然違反那法案的條文，六十多個社會主義者被放逐，不但失業且失去家園。

單這一點就造成社會主義陣營中可想而知和不能避免的混亂。巴黎公社失敗之後「國際」理事會曾經訴苦說：因爲必須救濟流亡者，以致幾個月以來不能執行其正常活動。現在德國黨的領導機關所遭遇的是更爲艱危任務，因爲它每一步都受警察的迫害而受阻，同時一種可怕的經濟危機痲痺了這國家。不能否認的是暴風分開了麥粒和糟糠：前幾年混進黨裡來的那些資產階級成員屢屢顯示他們自己的靠不住；有些領導者也經不起這試煉，同時另一些人，包括許多有能力及有價值的人，喪膽於反動派的嚴重打擊之下，唯恐引起敵方更凶猛的攻擊，不敢表現任何強勁的抵抗。

這一切當然使馬克思和恩格斯很不滿意，但他們確實也過於低估當時環境的種種困難。甚至社會民主派的國會代表——經過暴風之後又出現在國會中的九個人——的態度也足以使他們抱怨。代表之一，馬克斯·凱瑟（M. Kayser），認爲在辯論新關稅法案的時候必須談及贊成提高鐵的進口稅，且他甚至投票贊成提高關稅。這造成一種很壞的印象，因爲人人知道這新法案是要爲德國國庫增加幾百萬歲入、保障地主的土地租金以對抗美國的競爭，及補助大規模工業在經濟冒泡年月中反常興奮所自招的損失，而且人人知道反社會主義法令的終極目的，是要摧毀工人階級對危害其生活水準的種種威脅性打擊的抵抗力。

倍倍爾盡力爲凱瑟的態度辯護，指出他對這問題曾作過特別研究，恩格斯粗魯地答道：

> 倘若他的研究有絲毫價值，他應該知道德國有兩個煉鐵廠，多特蒙德聯合公司（Dortmunder Union）和柯尼希—勞拉（Konigs und Laura）鑄造廠，每一個都能滿足全德國鐵的需要，況且此外還有許多較小的鐵工廠。所以鐵的進口稅是愚昧的，唯一的解決法是爭取外國市場，也就是絕對自由貿易，否則破產。他應該知道煉鐵廠資本家們主張鐵的進口稅，那僅是因爲他們已經形成一圈，進入共謀以在國內市場實施壟斷價格，且避免生產過剩而在國外市場跌價傾銷——這是他們已進行到相當程度了的。凱瑟是爲這圈子的利益發言，而他投票贊成提高鐵的進口稅也是爲他們的利益投票。

當卡爾・赫希（K. Hirsch）在《提燈》（*Die Laterne*）上無禮地攻擊凱瑟的策略時，社會民主派國會議員們採取一種尊嚴受損的態度，因爲凱瑟曾提及得到這些議員的允許。這種態度使馬克思和恩格斯不能再忍。前者說道：「議會的痴呆病已經如此深入他們的骨髓，致他們以爲自己是超乎批評之上，義憤塡膺批評他們是大逆不道似的。」

卡爾・赫希是一個青年記者，在李卜克內西被拘禁的時間，曾經代表李卜克內西編輯《民族國家報》，他在德國除外法令通過後被放逐，住在巴黎。然後他就做了德國黨領導者一開始所該做的事：一八七八年十二月中，他開始在比利時的布列達（Breda）發行德文《提燈》週刊，這週刊的作風與形式和羅什福爾的法文《提燈》（*la Lanterne*）一樣，可以摺疊起來裝在普通信封裡，寄回德國去，且作爲社會主義運動的集會點。這辦法是好的，且赫希自己十分明瞭原則上的各種問題，但他的文風簡潔、精緻、犀利、警句式，不適合工人階級讀者的需要。能適合這種需要的，是幾星期之後莫斯特在倫敦得到共產主義工人教育協會援助所發行的《自由》（*Die Freirait*）週刊；不幸不久之後它就迷失在業餘的革命主義裡面。

因爲這兩份可以說是「野性」及獨立的刊物的出現，在國外建立正式黨報的問題對德國黨的領導者們變得急迫了。倍倍爾和李卜克內西都盡力贊成這觀念，且終於克服了黨內主張謹守緘默的有影響力圈子的頑強反對。與莫斯特合作已經不可能，而赫希自願放棄《提燈》，聲言願意承辦新黨報的編輯事務。馬克思和恩格斯，完全信賴他，也願投稿。這新刊物預定在蘇黎世每週發行一次，且住在那裡的三個黨員已經受命進行它出版的必要準備：被驅逐出柏林的保險經紀人施拉姆、卡爾・赫希貝格，和赫希貝格爭取來當他文學顧問的伯恩斯坦。

他們並不急於執行他們的使命，這延遲的理由到一八七九年七月才完全明白，他們發行了他們自己的《社會科學與社會政治學年鑑》（*Das Jahrbuch für Sozialwissenschaft und Sozialpolitik*）。這年鑑是半年發行一次，其編輯的宗旨就顯現在由這三位明星署名的一篇叫作〈社會主義運動的評論〉的文章裡面。它的真正作者是赫希貝格和施拉姆，伯恩斯坦不過奉獻幾行字而已。

這文章是一篇無謀和考慮欠周到出乎意外的說教，來譴責黨的種種罪過；其無禮的語調、排斥異己的傾向，其阿諛群眾而忽視知識階級，以及一個無產階級政黨時常惹惱小資產階級俗眾的各種事情。這文章的實際主旨大意是要黨利用反社會主義法令所強加在它之上的閒暇來悔改和贖罪。馬克思和恩格斯很義憤，寫了一封私信給黨的領導者們傳閱，直言要求：倘若後者認爲必須容忍懷抱這種意見的人們在黨內，那麼至少應該不許這樣的人們代表黨發言。其實赫希貝格並不曾受命於黨，而是擅自專行的，正如他主張蘇黎世的三個人有權管控赫希的編輯活動而且赫希必須放棄編輯《提燈》的作風一樣。從此之後，赫希和倫敦的兩位元老拒絕和新的黨報再有任何關係。

有關這事的浩瀚通信，只有些許殘件還保存著。這些殘件顯示李卜克內西和倍倍爾並不贊成蘇黎世這三人的態度，但難以看出爲什麼他倆不盡力加以干涉。赫希貝格親自到倫敦去拜會恩格斯，而不是馬克思。他思慮的混亂留給恩格斯可能最壞的印象，但無論恩格斯或馬克思都不懷疑這人的好意。由於事務所引起的相互間齟齬使彼此難以達到任何協調，所以一八七九年九月十九號馬克思寫信給佐爾格說：倘若黨的新週刊是按照赫希貝格的意旨編輯的，那麼他們就不得不公開抗議如此加在黨及其原則裡的「劣質品」。「這些先生們已經被警告，而且他們也足夠明白現在這問題是必須確定不是這樣便是那樣的了。倘若他們一定要損害他們自己，那就盡量損害吧，但無論如何不許他們損害我們。」

幸而事情並未走到極端。沃爾馬爾（Vollmar）擔任了蘇黎世《社會民主黨人報》（*Sozialdemokrat*）的編輯，據馬克思和恩格斯的意見，辦得「夠糟糕的了」，但還不至於壞到必須提出公開抗議的程度。「時常和萊比錫的人們通信爭論，且氣氛屢屢熱辣起來」，但蘇黎世的三個人反倒是無害的。施拉姆完全退避在暗處，赫希貝格往往在旅行之中，而伯恩斯坦在反動派初次突擊連續事件所造成的消沉現象的影響之下置身事外，像那時許多其他黨員一樣，最初是聽任事情自然發展的。後來，馬克思和恩格斯終於表示極大贊賞黨的領導者不得不與龐大困難奮鬥，這事實也許大有助益於平定一般人的惱怒和焦躁。一八八〇年十一月五號馬克思寫信給佐爾格說：「在外國享受著較爲平靜生活的人們，對那些在德國國內工作於最困難的環境之下和獻出巨大犧牲的人們，無權使事情更加困難，以取悅資產階級。」於是幾個星期之後，爭執的各方正式言歸於好。

一八八〇年十二月三十一號，沃爾馬爾辭去他的編輯事務。且德國黨的領導者們決定指派卡爾・赫希爲他的繼任者，以安撫馬克思和恩格斯。因爲赫希住在倫敦，倍倍爾決定到倫敦去和他當面談判，同時要和馬克思及恩格斯透澈討論局勢（這是許久以來就籌劃著的）。他帶著伯恩斯坦同去，以消解倫敦方面仍存在反對後者的成見，因爲這時伯恩斯坦已經完全恢復他自己的名譽。這次「卡諾莎之行」（the journey to Canossa）②（黨內稱呼這次倫敦的拜訪）達成了其不同的目的，除卡爾・赫希修改他當初接受編輯任務的條件，說希望在倫敦工作。這被認爲是不受歡迎，最後伯恩斯坦被任命爲臨時編輯。他的地位終於變爲常任的了，而且他光榮地盡著他的職務使人人滿意，連馬克思和恩格斯在內。一年之後，當第一選舉實行於反社會主義法令之下時，恩格斯欣喜地說道無產階級不曾如此英勇地戰鬥過。

法蘭西的運動也在幸運之星下發展。一八七一年不分青紅皀白的大屠殺之後，梯也爾在凡爾賽對戰慄的資產階級宣稱法國的社會主義從此永遠滅絕了，卻不顧這事實：在一八四八年六月屠殺之後，他也曾用同樣的保證安慰過它一次，且已經證明那是錯誤的預言。或許

② 神聖羅馬帝國皇帝亨利四世（一〇五〇—一一〇六）與教宗額我略七世（一〇二〇—一〇八五）爭執，終於一〇七七年親至教宗所在地卡諾莎表示臣服，承認教權高於政權。「卡諾莎之行」於後世用以形容懺悔，且往往帶有不情願之涵義。

他以爲一八七一年所流的血更多，將證明效果更大吧，因爲巷戰的結果，巴黎無產階級的損失、集體槍斃、放逐、苦役，判刑及移民出境的人數估計達到十萬之多。一八四八年之後，社會主義需要幾乎二十年之久，才從被打到失去知覺的狀態中恢復過來，但一八七一年之後它只需要十年的一半就又再崛起。一八七六年，當軍事法庭還在執行其血腥工作，及巴黎公社的擁護者們還倒斃在行刑隊的齊射子彈之下時，第一次工人代表大會就已於巴黎舉行。

是的，這一次大會不過是一種象徵，因爲它是在資產階級共和黨人庇護之下，這些人想要工人支持他們反對君主派的地主們，且其決議也只是有關全然無害的合作事項，如舒爾茨—德里奇（Delitzsch）在德國所主張的那樣。但事情顯然不止於此。一八〇三年和英國締結商約之後逐漸發展起來的大規模機器工業，在一八七一年之後比以前發展得更快。這工業的當前急務是補償在普法戰爭中廣大區域內所受的損失、累積必需的資本在更大規模上重建軍國主義，以及補足由法國工業化最高的省分阿爾薩斯（Alsace）的損失人員所招致的缺額。大規模的工業是完全能夠滿足這些要求的。新興的工廠布滿全國，強而有力的工業無產階級被創造出來，而在舊「國際」的平靜日（halcyon days）③工業無產階級的存在不過是

③ 希臘神話中一對夫妻死後化爲翠鳥；在冬至前後七日，風神保持風平浪靜，讓翠鳥得以在海灘築巢產卵。「平靜日」成爲描述過往太平時期的慣用語。

在東北部的幾個城市裡而已。

這些條件使朱爾・蓋德（J. Guesde）的迅速成功成爲可能。他以他熾熱的辯才投身於一八七六年由巴黎大會再開始的工人運動之中。他是新近從無政府主義轉變過來的，對理論方面並不十分清楚，這由一八七七年他所創辦的《平等報》上可以看出來。雖然《資本論》第一卷已經譯成法文出版，他對馬克思還是一無所知，由於卡爾・赫希的引介他才初次注意到前者的理論，但他已透澈把握土地和生產手段的合併所有權這觀念，幸而他卓越的雄辯和論爭的能力使他成功，代表在無產階級鬥爭中成爲定論的那些主張喚起法國工人階級，雖然這些主張時常遭到曾出席過舊「國際」歷次大會的法國代表們的激烈反對。

第二次工人代表大會在一八七八年二月於里昂舉行，組織者不過想複製巴黎大會，蓋德卻爭取到二十個代表作爲少數派集結於他的旗幟周圍。政府和資產階級覺得事情嚴重起來了，又開始壓制工人運動，同時以重罰和判監加害於《平等報》編輯們，迫使它不能生存。然而，蓋德和他的支持者們並未氣餒，孜孜不倦地工作到第三次大會，這大會在一八七九年十月於馬賽舉行，他們在其中成爲代表的多數派，而且立刻創立了法國社會主義工人聯合會（Fédération du parti des travailleurs Socialistes en France），準備組織政治鬥爭。《平等報》又復活了，而且得到拉法格這樣可貴的撰稿人，它的理論文章幾乎全是他寫的。不久之後，馬隆（Malon），從前也是巴枯寧主義者，開始發行《社會主義評論》（*Revue Socialiste*），得到馬克思和恩格斯偶爾投稿的支持。

一八八〇年春季，蓋德到倫敦去邀請馬克思、恩格斯和拉法格幫忙替這年輕的社會黨起草選舉運動的綱領。共同商定了所謂極簡綱領：第一節是簡短的序論，說明這運動的最終目的是共產主義，包括經濟方面專門提出直接出自現存工人階級運動中的各種要求。他們並不是對於每一點都互相同意的，且當蓋德堅持綱領中應該列入要求法律規定最低工資時，馬克思直率地說倘若法國無產階級還幼稚到需要這種誘餌，那就完全不值得起草一份綱領。

但，事情並不壞，而且在大體上馬克思把這綱領視為使法國工人們擺脫含糊的措詞而立足於現實基礎上的一個重要步驟。從這綱領所得到的反對和贊同兩方面看來，他認為初次的眞正工人階級運動，正在法蘭西發展。他認為在這以前法國只不過有些由派系主義者在製造標語口號，同時無產階級大眾卻漠不關心的這些派系，跟在激進派或假激進派資產階級後面，為這資產階級英勇戰鬥，第二天就被曾依賴他們的助力而得到政權的人們所屠殺和放逐。所以，當法國政府被迫而大赦巴黎公社社員時，馬克思同意他的兩個女婿在情勢許可時立刻返回法國。拉法格回去和蓋德合作，而龍格在《正義》（*La Justice*）報上取得有影響力的地位，這是極左派首領克里蒙梭（Clemenceau）的機關報。

俄羅斯的情形是不同的，而馬克思覺得甚至更為有利。他的《資本論》在俄國比在其他任何地方都更廣泛地被閱讀，及得到更大的認同，尤其是在那更年輕的科學界和文學界中得到許多支持者而不是少許的私人朋友。然而，在那時可以稱為俄國群眾運動的兩大傾向，民意黨和土地重分黨，都對他的理論完全陌生。以兩黨的目的都只在爭取農民而論，兩黨是全然巴枯寧主義的。馬克思和恩格斯把兩黨所爭執的主要問題歸納如下：俄國農村自治制度——一種已很衰落的原始土地公有制——能夠直接發展爲一種更高形式的共產主義土地公有制嗎？或者俄國首先必須經歷在西歐各國歷史發展中所見過的同一分解過程呢？

「對這問題今日唯一可能的回答」是馬克思和恩格斯給薇拉．查蘇利奇（Vera Sassulitch）新譯《共產黨宣言》所作的序文裡的話：「倘若俄國革命爲西歐的工人革命發出信號，兩個革命互相呼應，那麼俄國現有的財產公有制是可以作爲發展到共產主義的起點的。」這種觀點說明了馬克思熱心支持民意黨——其恐怖政策實際上已經使沙皇成爲加特契納（Gatschina）革命的俘虜——且同時嚴厲譴責土地重分黨——因爲它完全拋棄一切政治和革命的形式，而只限宣傳——雖然曾經盡力把馬克思主義的精神灌入俄國工人階級運動之中的那些人，如阿克塞爾羅德（Axelrod）和普列漢諾夫（Plechanov）等，都是土地重分黨的成員。

最後，曙光也開始出現在英格蘭。一八八一年六月題名爲《全民的英格蘭》（*England for all*）的一本小書出版。它是海德門寫的，算是民主主義聯盟的綱領，這聯盟是剛由英格蘭和蘇格蘭不同的半有產者及半無產者的激進社團組織成的。論資本與勞動的幾章完全摘錄自馬克思的《資本論》或其觀念的概要，但海德門並未提及《資本論》或作者馬克思的名字，只是在他的序文的結尾聲明他很感謝來自一位大思想家的著作和原著者的觀念和許多事項。這樣處理馬克思著作的奇特方法已經夠討厭了，而他請馬克思原諒的申辯話語更加氣人：馬克思的名字是「如此令人厭惡」，英國人不喜歡受外國人教訓及類似的藉口。馬克思從此和海德門斷絕關係，無論如何都認定他是「一個不可靠的人」。

然而在同一年內，馬克思大爲高興，由於一份英國刊物的十二月號發表了貝爾福特・巴克斯（B. Bax）所寫的有關他的一篇文章。④他發現其中有關他生平傳記的大都錯誤而有關他的經濟原理有許多方面的敘述都不對且混亂，但他重視它，認爲它是這類對新觀念懷抱眞實熱情而大膽反抗英國俗眾的第一本英文出版品。這文章的出現，曾貼出大幅廣告在倫敦西區的牆壁和招貼板上而造成極大轟動。

在馬克思寫給佐爾格關於這事的一封信裡，這向來漠不關心毀譽的鐵人，似乎感受了志得意滿的衝擊。而這情有可原，那封信確是在一種深情之中寫成的，這由它的結尾就可以看出：

> 我在十一月三十號收到這本書，這對我是最有意義的，因爲我親愛的妻子在臨終之前因此而得到一點欣喜。你知道她對這種事情是有著怎樣熱烈的興趣的。

---

④《近代思想》（*Modern Thought*）刊物中，〈近代思想的領導者〉（*Leaders of Modern Thought*）系列，第二十三號刊。

馬克思夫人逝世於一八八一年十二月二號。

五、暮色

當暗雲逐漸從各處社會和政治的地平線上散去時，沉沉暮色卻深深降落在他和他的家上——這在馬克思是常有之事。歐洲大陸拒絕了他，不許他到那裡有益健康的溫泉地去治療，於是他的生理疾病又再惡化，使他或多或少不宜於工作。自一八七八年以來，對他的重要著作他已經無從進行，且同時對他妻子的健康的噬膚憂慮日益加深。

以她和睦和穩健性格的平靜嫻雅，她在晚年曾享受過優遊的歲月。佐爾格喪失了兩個在青春期的孩子，她寫信安慰他說：

那是多麼可怕，在這種損失之後，人要經過多久時間才能恢復心理的平靜，這對我是太熟悉的了。但日常生活以其小歡娛和大麻煩，以其一切瑣細的顧慮和微末的折磨，來幫助我們，使那巨大憂傷逐漸被當前的麻煩和憂慮所麻痺，以致幾乎不知不覺之間減輕那劇烈的苦悶；創傷並非完全痊癒，並非不存在母親的心裡，但人逐漸恢復了對新煩憂和新歡娛所應有的感受性甚至敏感度，懷抱著破碎然而還有希望的心活下去，一直到這心寂然不動，這才永遠平靜。

世間還有誰比這勇敢和宏忍的婦人更該在自然的手中從容解脫世俗的羈絆，安詳辭世的？但她的命運並非如此，在臨終之前還要忍受一些大痛苦。

一八七八年秋季，馬克思通知佐爾格說他的妻子「很不健康」，一年之後他又寫信說：「我的妻子還是在危險的病中，而我自己也站不穩。」顯然在長時期的不確定之後，這才顯現出馬克思夫人的病是一種無可救藥的癌症，不可避免地要漸漸受許多痛苦以至於死。在這可怕的疾病中，馬克思自己受著怎樣的苦痛，只能從他的妻子在他的生活中所占的位置來衡量。她自己以比她的丈夫和家屬更大的冷靜來忍耐她的痛楚。因爲要時常顯示寧靜的面容，她以壯烈氣概壓住一切苦痛的表徵。一八八一年夏季，病情已經很重，她鼓起勇氣要到巴黎去看她的兩個出嫁的女兒。因爲治療無望，醫生們都同意讓她冒險去旅行。一八八一年六月二十二號馬克思寫信通知女兒燕妮他們要來巴黎：「立刻回信，因爲媽媽若不知道你希望她從倫敦帶什麼東西來給你，她是不肯啟程的。你知道她愛做這樣的事。」在這種景況之下事情總算辦得滿意，馬克思夫人並未發生意外，但在回來時馬克思自己得了急發性胸膜炎，併發支氣管炎和早期肺炎。這是一種危險病症，但他克服了它，主要原因是得力於他的女兒愛琳娜和倫希恩・德穆斯的自我犧牲的悉心和看護。他們都陷在這些悲傷的日子，愛琳娜曾經寫過：

母親躺在前面的大房間裡，摩爾躺在隔壁的小房間裡。這兩個彼此相依爲命的人已經不能夠同居一室了……當摩爾終於又克服險病，我永遠不能忘記那天早晨：他覺得他自己有力氣站起來了，就走進母親的房間裡。他倆好像又都年輕了——她是個戀愛中的女孩，而他是個熱切的青年，正要開始共同生活，而不是健康受損的老翁和將死的老婦彼此永遠訣別的樣子。

馬克思夫人去世時（一八八一年十二月二號），馬克思還很衰弱，醫生不許他去送他愛妻最後一程。馬克思寫信給他的女兒燕妮說：

我服從了醫生的命令，因為在你的母親去世的前幾天，她表示不要在她的喪事中舉行儀式，她說：「我們不注重表面形式。」她的生命消逝得很快，這對我是一大安慰。正如醫生所預言，這病具有一種逐漸虛弱的形式，似乎是年老所致。甚至在最後那幾刻——並沒有對死的掙扎，而是慢慢沉入熟睡，而她的雙眼比以前更大，更美，更亮。

恩格斯在燕妮・馬克思的墓前演說。他以最深的敬意和稱讚她為她丈夫的忠實同志，他的演說的結語是：

不必由我述說她個人的種種德行。她的朋友們知道它們，而且絕不會忘記它們或她的。倘若世上有過以使別人快樂爲自己最大幸福的女性，那就是這位女性。

六、最後一年

馬克思比他的妻子多活了一年多一點，但這一時期不過是「緩慢的死亡」而已；恩格斯的直覺是正確的，在馬克思夫人過世的那一天他說，「摩爾也已經死了」。因爲在這短時期內倆朋友大部分時間再度分離，他們通信討論延年益壽，最後一年在一種憂鬱的崇高情懷之中渡過，這爲全人類的殘酷命運耗盡心血的人之病痛詳情，是深爲動人的。

使他還固執求生的，是想要竭其餘力獻身於他終身的偉大目標的熱望。一八八一年十二月十五號他寫信給佐爾格說：「我已經出現了雙重殘廢的重病；由我的妻子的死而導致的精神傾頹，和其留給我的肋膜充血及日益敏感的支氣管的生理痼疾。此後我一部分時間將完全損耗在恢復我的健康上。」這時間一直延長到他死去那一天，因爲一切恢復其健康的努力都失敗了。

醫生們當初送他到懷特（Wight）島的文特諾（Ventnor），後來又到阿爾及爾（Algiers）去。一八八二年二月二十號他到了阿爾及爾，但因爲冷天旅行他又患了胸膜炎。新的憂慮是阿爾及爾的冬季和春季異常之冷、潮濕和不舒服。五月二號他帶著因陰冷旅程新得的胸膜炎到了蒙地卡羅，也沒好運氣，發覺那裡的天氣持續不好。

不過，當六月初間他和龍格夫婦住在阿讓特伊（Argenteuil）時，他的健康多少好了一點。當然，這家庭生活的舒適很有益於他，加上他在昂吉安（Enghien）附近溫泉的硫磺泉水沐浴對他的慢性支氣管炎是有效用的。後來他和他的女兒愛琳娜在日內瓦湖畔沃韋（Vevey）住了六個星期，這也大有助益於改善他的健康，以致九月間回到倫敦時他似乎再度康健了，且時常步行到漢普斯特德荒野去——這裡高出他的家約三百尺——並無任何疲乏的樣子。

於是他打算恢復工作，因爲，雖然醫生們不許他在倫敦過冬，住在南部海岸地帶是可以的。冒著十一月的濃霧他又去到文特諾，但他發現那裡的潮濕和霧氣跟去年冬季在阿爾及爾和蒙地卡羅所發現的一樣。他又受寒，因此不能在新鮮空氣中享受有益健康的散步，被迫而蟄居室內，體力愈漸衰弱，任何科學工作都是不可能的，雖然他對一切科學的進步還是很有興趣（甚至對與他自己的研究領域並無直接聯繫的那些科學，如德普雷茲（Deprez）在慕尼黑電學展覽會中所做的電力實驗之類）。從他的通信上看來，總顯露出他的心情是抑鬱和失意的。當法國的年輕工人黨中開始顯出種種不可避免成長病痛時，他不滿意他兩個女婿代表他觀念的方式：「龍格是最後的普魯東主義者，而拉法格是最後的巴枯寧主義者。讓他們見鬼去吧！」在這時候，他說了一句後來引起俗世如此好奇的一句話：在他看來，他當然不是馬克思主義者。

一八八三年一月十一號，他因爲他的女兒燕妮的死而受了致命的打擊，正是回到倫敦的翌日，患著惡性支氣管炎，旋即併發喉頭炎，使他幾乎不能吞嚥食物。「他冷靜地認命忍耐著最大痛苦，只好喝牛奶（這是他生平厭惡的東西），不吃一切較硬的滋養品。」二月間他的一邊肺上長了腫瘤。他吃下去的藥，在這十五個月以來已經服藥過量的身體上，並無多大效果，卻損壞他的食慾和減弱他的消化力。他幾乎明顯的在逐日消瘦，但醫生們並不放棄希望，因爲支氣管炎已經完全不見，呑嚥食物較爲容易。然而，死亡意外地到來。一八八三年三月十四號午後，卡爾·馬克思坐在他的安樂椅上，毫無苦痛地悠然沉入長眠之中。

對於這無可補償的損失雖然大爲悲哀，恩格斯卻也發現足以安慰之處：

醫學或許可以使他再拖延幾年，過著不能自立無用的垂死生活，並不突然而是一寸一寸地捱到死，爲醫業增光。我們的馬克思卻斷不能忍受這樣，活活看著許多未完的工作擺在眼前，受著很想要做而明知不能的椎心之苦——那或許比這樣悠然死去更苦一千倍。和伊比鳩魯（Epicurus）一樣，他常說死亡對於死者並非不幸，對於後死之人才是不幸。與其看著這偉大天才苟延殘弱之軀，以彰醫藥之榮光和被他在壯健時代常常痛罵的庸俗小人嘲笑——不，現下這可是好一千倍，那麼，我們送他到他的妻子躺著的墓中去比這更好一千倍。

三月十七號，星期六，卡爾・馬克思被埋葬在他的妻子的墓旁。他的家屬明智地廢除了一切儀式，因爲用那些儀式來結束他的人生是不調和的音符。不過幾個忠實的朋友站在墓旁：恩格斯和共產主義者同盟時代的老同志萊斯納（Lessner）及洛克納（Lochner）、拉法格、從法國來的龍格和從德國來的李卜克內西。代表科學界的是兩位最卓越的先驅者，化學家肖萊馬（Schorlemmer）和生物學家雷・蘭克斯特（Ray Lankester）。

恩格斯用英語向他的亡友致告別之詞，誠懇和坦率地簡括了卡爾・馬克思對人類做了什麼貢獻和他將永遠留存在人間的是什麼，這正好藉以結束本書：

> 在三月十四號下午三點差一刻時，這位當代最偉大有活力的思想家停止了思想。他獨自在房裡不到兩分鐘，當我們進去時我們發現他在他的椅子裡安靜地睡著了——永遠睡著了。
>
> 正在戰鬥中的歐美無產階級和歷史性科學，因這人的死亡所受的損失是無法衡量的。不久我們就會感覺由於這卓越的精神之死而出現的裂痕。
>
> 正如達爾文發現自然界中有機體的進化法則一樣，馬克思發現了人類歷史的進化法則，這簡單的事實，歷來掩蔽在意識形態的增長之下：人類首先必須本身有吃、有喝、有住和有穿，然後才能轉而注意到政治、科學、藝術和宗教；所以，生活即時物資的生產，及由此而形成的某一民族或某一時代的經濟發展特定階段，形成該民族的國家制

度、法律原則、藝術以至宗教觀念賴以發展的根基，必須從這根基上來說明它們；而歷來的說明卻和這正相反。

不只是這一點，馬克思也發現了現今資本主義生產方式和由此而生的資產階級社會制度的特殊發展法則。由於剩餘價值的發現，光明才忽然照射在其他一切資產階級和社會主義的其他經濟學者們曾一直摸索的黑暗之中。

這兩件發現是足夠任何人終身從事的。甚至能夠做成一件也是幸運的了。在馬克思調研的許多領域中沒有一種調研是膚淺的，在每一領域中他都有獨立的發現，甚至在數學領域。

這是作爲科學家的他，但絕不是他的全部。對於馬克思，科學是一種創造性、歷史和革命的力量。在理論科學的各領域有所新發現——這發現的實際效果尚未顯現——固然使他快樂，而他的更大快樂卻在於直接以一種革命方式推動工業發展及整個歷史發展的新發現。例如他密切注意電子科學種種發明的發展，以至最近德普雷茲的工作。

革命對馬克思是首要的事，他生存的大目的是合作，用各種方法推翻資本主義社會及由此而創的國家制度，促成近代無產階級的解放：他首先使它覺悟其階級地位和其階級需要，認識其解放所必需的諸般條件。在這鬥爭中他是如魚得水的，他熱情和固執地戰鬥著，得到稀少的成就。最初是一八四二年的《萊茵報》，一八四四年巴黎的《前進報》，一八四七年《德文布魯塞爾報》，一八四八至一八四九年間的《新萊茵報》，一八五二至一八六一年間的《紐約每日論壇報》——後來是豐富的論爭文稿，以及在巴黎、布魯塞爾和倫敦的組織工作，最後，作爲這一切的冠冕的是那偉大的國際工人協會。事實上，單這協會的組織就已是一種值得誇耀的生平志業，倘若它的創始者並無其他任何成就。

所以，馬克思是當代最被仇恨和最受誹謗的人。專制及共和的政府都驅逐他出境，同時保守的和極端民主的資產階級都互相競爭著中傷他。他把這一切像蜘蛛網似地揮開，不理會它們，到迫不得已才加以回應。現在他死了，受到歐美數百萬革命工人的尊崇、敬愛和哀悼：從西伯利亞的礦場到加利福尼亞的海岸。而我敢說他雖有許多反對者，可是沒有私人仇敵。

他的名字將活過幾世紀，他的著作也將如此活過幾世紀。⑤

⑤ 這是以英語發表的演說，但發表的時候，顯然只有蘇黎世《社會民主黨人報》上的一篇德文譯文。此演說的提綱恩格斯也是用德文寫的。上文是從德文再轉譯爲英文。——英譯者

附錄

梅林的《馬克思傳》初版序言上標明一九一八年三月寫成。所以這著作是依據一九一八年初以前所能用到的現成資料。梅林的準備工作，廣義地說，占了其作爲馬克思主義作家的他之全部生涯，也就是十九世紀後期的三十年間。他撰寫《德國社會民主黨史》，編輯馬克思遺著，協同校印馬克思和恩格斯的通信，以及寫作有關馬克思主義及其相關事物的短篇文章，全都屬於這準備時期。只要一考究在梅林之前有關馬克思和恩格斯的生活和著作所知道的都是些什麼，就明白梅林所奠下的基礎和所規劃的輪廓。

梅林的《馬克思傳》包含及總結了前此整個時期中的馬克思主義研究——這算是對這龐大主題一個簡稱，包括馬克思和恩格斯關於當時經濟、政治、文學和哲學的發展中所有的著作和政治及組織活動，以及他們的生活——在這一時期中梅林並不是唯一的主要人物，但確實是那些最偉大的人物之一。而這淵博的著作被賦予了一種古典文藝形式。

《馬克思傳》的大部分寫成於戰爭年代，在這些年代中他同時是德國共產黨的前身斯巴達克同盟的創立者和先驅者之一。這事實是重要的，因爲表明了梅林在他的著作中所採取的政治觀點，這觀點特別顯現在他敘述馬克思和恩格斯對戰爭的態度，和他們應付戰爭的實際方略之中，尤其是對一八七〇至七一年的普法戰爭。在歷史的形式中，有關馬克思主義者對戰爭及其不同歷史的形態，梅林有許多意見要說，而以直接和批評的方式說明這些意見是當時法令所不許的，甚至在歷史敘述的限度之內，軍事審查迫使他採取許多迂迴和婉轉的方法來達到他的目的。

弗朗茲・梅林死於一九一九年一月，而自那時起馬克思主義研究已經開始一個新階段，研究的中心是在蘇聯中央執行委員會主辦下，由梁贊諾夫（D. Riazanov）創建及指導多年的莫斯科馬克思恩格斯學院。由於這一大組織的合作者們的助力，大批新資料已經被蒐集、分類和校印。自一九一八年之後，許多政府的、警察的和其他的檔案已經被公開，在從前這些檔案是完全回拒一切調研者的，或者只開放給那些毫無疑問屬反馬克思主義的調研者。馬克思和恩格斯的選集正由馬恩學院繼續印行，已經進行得很遠，且包括馬恩全部的原稿通信。此外還有馬恩檔案的各種文本出版物和調研；由古斯塔夫・邁爾（G. Mayer）印發的拉薩爾遺著和拉薩爾與俾斯麥的通信及其論恩格斯早期文章的著作；由舊俄檔案中提出巴枯寧的〈悔過書〉和有關巴枯寧的其他重要材料；在萊茵地帶、倫敦、巴黎等處的檔案館和圖書館中勤苦搜索而得的資料。

然而，不僅資料方面巨量增加，馬克思主義研究的歷史地平線也已大爲廣闊；作爲以一九一七年十一月俄國革命爲起點的革命激變結果，作爲世上初次出現一個無產階級專政國家的結果，而其命運又絕不像巴黎公社般只是一個歷史的插曲，最後，作爲資產階級社會基礎已經動搖且部分崩潰的結果。在這些巨大的歷史事件的光焰之中，馬克思主義的各種問題，比之在資本主義社會制度相對穩定的時代，已經具有一種大不相同的重要性和形式。「理論」已經成爲實踐，「文字」已經成爲「血肉」。

馬克思主義研究的現階段，離它的終點還有一段長遠的路程。細節上的研究還需要繼續許多年，而根據現階段整個研究結果寫成任何完備的著作，恐怕在很長遠的未來也還是不可能的。現階段研究的根基自然要依賴馬恩通信及其選著的全部印行。同時，這總結和概括了一八九〇至一九一八年期間馬克思主義研究的著作——梅林的《馬克思傳》——是必不可少的。

這附錄的宗旨，是要在其簡短形式許可之下，使讀者認識這期間以後所發表的馬恩原作新出文獻以及研究結果，而引起各種最爲重要的問題。

旁徵博引是超出這普及版傳記的限度之外的。在現階段即使這樣做，也不過是成爲雜湊之物，並不能滿足科學的確切性和完整性的嚴格要求，同時卻攪亂了梅林給予其著作的古典一致性。

在某些重要面向，各種梅林的觀點必須依照其書的一般宗旨加以改變，這將由客觀的方法寫成，而不是由論爭和批評的方法。

一、馬克思博士論文的準備工作

馬恩學院所持續印行的《馬克思恩格斯選集》，使馬克思的博士論文《德謨克利特和伊比鳩魯的自然哲學之區別》的準備工作初次公諸於世。這準備工作，開始（在柏林）於一八三九年冬季，更明白顯示，即在那時馬克思就已脫離黑格爾而獨立。

這工作證實了恩格斯回答沃登（A. Woden）（一個普列漢諾夫的年輕追隨者）的話。沃登問：「是否馬克思無論何時，都是在確切字義上的一個黑格爾派？」恩格斯答覆的大意是：關於德謨克利特和伊比鳩魯之間的差異的那論文，確已顯示這可能性：在他著述活動的初期，馬克思已完全掌握住黑格爾的辯證方法，可是還未被他自己的研究的進展所逼迫而把這方法轉爲唯物論辯證法，就已在黑格爾毫無疑問最擅長的領域，即思想史領域完全脫離黑格爾而獨立。黑格爾並未改造伊比鳩魯體系內在辯證法，而只是隨意擇取這體系中的一些精華；馬克思卻改造了這一派的內在辯證法，並且絕不理想化它，而把它和亞里斯多德體系相比較以暴露它貧乏的內容。

然後恩格斯詳細解釋馬克思對黑格爾的態度，和拉薩爾對黑格爾的態度之間的大區別，指出拉薩爾「始終不曾把自己從他作爲黑格爾一個學生的關係中解放出來」。恩格斯也追述馬克思曾打算還要更進而研究希臘哲學史，在甚至將死之前馬克思還對他談到，毫不掩飾他偏愛唯物論諸體系，且他主要根據柏拉圖和亞里斯多德，以及哲學新秀萊布尼茲和康德的辯證法。①

在這準備工作中特別有趣的是他嚴厲批評古代「庸俗主義者」代表普魯塔克

① 《馬克思主義法學入門》，沃登，《馬克思主義年鑑》。

（Flutarch）所主張的個人不朽的觀念；而讚美「眞正的羅馬史詩詩人」，唯物主義者和諸神之敵盧克萊修（Lucretius），更進而揚言哲學向現存世界即將到來的進攻：

> 正如哲學中有些接合點，將哲學提高到具體以某些抽象原則包含在一個全體之中，因而中止了前進的直線一樣，有時哲學也不再高超，而像務實的人一般和現世糾纏密謀，離開冥界（Amenthes）②清晰的軌道，而投身於俗世賽蓮海妖的懷中……但是像那盜得天火而在地上建立家宅的普羅米修斯一樣，涉足於現世的哲學也轉而反對現象的世界。這就是黑格爾的哲學現在正在做著的事。③

這提示已經表明轉而反對現象世界和實行對它抗爭的哲學，必須改變它自己的形式。所以馬克思不久就達到結論：哲學爲求充實它自己必須清算它自己。

最後，有關「哲學性歷史的著作」馬克思所下的評語中包含著將來唯物論發展的一粒結實的種子。在每一哲學體系裡人必須「從哲學家們竭其所知提出來的論證、辯解及陳述中分

② 埃及神話中的死後世界，象徵重生和死後的二次生命。

③《馬克思恩格斯文集》，一卷。

辨出諸定義本身，那恆久眞實的結晶體」。④

後來，成爲歷史的唯物論者，馬克思更進而分辨某一歷史時代如何考量它自己、它的「意識形態」和它的實際性、物質性爲何之間的差異。

二、《黑格爾法律哲學批判》

這初次發表於《馬克思恩格斯選集》一卷。《選集》編校者們以爲它寫成於一八四三年三月至八月間，也就是說，在馬克思辭去《萊茵報》編輯職務之後。在蘭茨胡特（S. Landshut）和邁爾（I. P. Mayer）爲馬克思和恩格斯初期著作所寫的導言⑤中，他們設法證明這作品早已寫成於一八四二年三月間，當時馬克思曾把它寄給盧格去發表在他的《哲學逸話》上。

馬克思這作品的重要性是他首次對這問題申述了他自己的獨立見解，這些見解有三個要點。第一，發現黑格爾唯心論辯證法的顚倒「神祕」過程；第二，發現歷史發展的根源並不

④《馬克思恩格斯文集》，一卷。

⑤《馬克思歷史唯物論及其他》，阿爾弗雷德·克羅納，萊比錫，一九三二年。

是黑格爾所主張的國家，而是「資產階級社會」；第三，辯明資產階級共和國本身就是一種不能解決的矛盾，不但不能實現眞正的人類大同，反而強化人間的敵對達於極端，而私有財產便是各式各樣資產階級國家的基礎。

首先是關於黑格爾的「邏輯的泛神的神祕主義」：

> 眞實（對於黑格爾）變爲一種現象，而除了這現象以外觀念並無其他內容。觀念也沒有其他目的，除了「是永久存在的眞實精神」的邏輯目的以外。這一節包含著黑格爾法律哲學的及其一般哲學的全部奧祕。
>
> 重要的是黑格爾在各處都以觀念爲主詞，而以現實的眞正的主詞，例如，「政治意見」，爲敘述詞。然而，推展時常在敘述詞方面進行。
>
> 那唯一目的（黑格爾的）是在各項要素之中發現「觀念」本身，即「邏輯的觀念」，無論那要素是國家或自然，同時那些實際的主詞，如以「政治結構」而論，都變爲不過是名詞，不過是認識的表象。它們現在是而且永遠是不會被想像的，因爲它們在其特殊本質上沒有可想像的條件。
>
> 他（黑格爾）並不從事物推展他的思想，而是按照在邏輯的抽象範圍中自成一體的思想來推展事物。那目的並不是推展「政治結構」中的明確觀念，而是把它作爲一環安排在它自己的歷史（作爲觀念）之中，明顯的神祕化。

正因爲黑格爾自一般原則的敘述詞出發，而不自現實的主詞，而這些界定到底必須有所根據，於是神祕的觀念就成爲這種根據。這是黑格爾的二元論，他並不把一般性看作眞實有限的現實本質，也就是說，並不把現存、明確，或現實的主詞（存在）看作無限的眞實主體。

因此，馬克思批評地破除了黑格爾唯心論辯證法的神祕主義，詳盡地揭露了它的一切過程，主張一種根據於現實的辯證法，也就是唯物論的辯證法。這是一個根本和巨大的進步，不但超過黑格爾的唯心論，而且也超過一切唯心論，同時仍然保留著「理性」，即黑格爾的辯證法的物的核心。這也超越了費爾巴哈。

國家與資產階級社會：

無產對私有財產階級有什麼權力呢？私有財產本身的特殊權力，其本質帶來其存在的根基。國家的政治組織還有什麼和這根基相矛盾的？國家決定它本身被決定的位置，這是幻想。

私有財產是總範疇，國家的總綱。

代議政治的，形式的民主政治的矛盾：

代議政治（比起總體國家政治）代表一定的進步，因爲它是近代國家狀況的坦白、不歪曲和邏輯的表現。它是不隱藏的矛盾。

代理人（議員）所顯現的矛盾：

> 他們是正式被指定代理的，但立即他們眞如此，他們不再是代理人。議員們應當作爲代表，而實際並不是。

在那時馬克思對這矛盾的解決只能提出一般概略：

> 政治的共和是在抽象的國家形式之內的民主。民主的抽象的國家形式便是共和。然而，因此它已經不是純然的政治組織。
>
> 黑格爾的出發點大體是從國家與「資產階級社會」的分離，從「特殊利益」和「存在本體」，且官僚政治確是基這種分離的。
>
> 清算官僚政治只能把一般利益眞變爲特殊利益，而不僅是在——如黑格爾所說——觀念上、在抽象中，且在實際上，要清算官僚政治，只有把特殊利益變爲一般利益才可能。

行政權現在是最難發展的。它屬於全體人民的程度遠超過立法權。

眞正驚人的是：經由他的透澈批評，資產階級國家的實質和當時發展最高的法律哲學（黑格爾），馬克思何等清楚地把握了發展到最高形式的資產階級國家（民主共和國）的本質，而且他已經畫出更進步的另一種國家形式的輪廓，在那時他稱這新形式的國家爲「眞實的」國家。由此定義我們可以感覺他仍受費爾巴哈的影響所限，但他很快就拋之腦後。

由馬克思的這些早期的著作所提供的最重要結論是：他從來不是在資產階級和形式民主主義意義上的民主主義者。

三、弗里德里希·恩格斯

自從梅林的《馬克思傳》出版以來，有關恩格斯的發展和活動，也有大批新資料被發表。一九二〇年古斯塔夫·邁爾的《恩格斯傳》第一卷出版，附帶著一卷《早期著作》（*Schriften der Frühzeit*）。一九三〇年《馬克思恩格斯選集》第二卷出版，包括恩格斯一八四四年初的著作，以及書信和評論，幾乎達到七百頁之多。《馬克思恩格斯選集》關於一八四八年以前各卷中也包含著恩格斯的一些重要的新資料。恩格斯的《自然辯證法》（*Dialektik der Natur*）已經全文發表在馬恩檔案的卷二。另一些從未發表過的恩格斯的小著作被收集在《馬克思主義年鑑》之中。因此有關他的事業和活動的資訊已經大爲增多，這種資訊愈增多，他就愈從他自己的過度謙遜以致從較爲隱晦的地位上冒出來。

四、馬克思的初期經濟學研究和著作

一八四三年馬克思在巴黎開始其經濟學研究，閱覽英、法諸大家的著作。他的起點是發表在《德法年鑑》上的恩格斯的《政治經濟體批評大綱》。這些還保存著的筆記本包括許多提要，摘錄自亞當・史密斯、李嘉圖、彌爾（James S. Mill）、麥卡洛克（McCulloch）、薩伊（J. B. Say）、李斯特（Friedrich List）及其他諸家。布瓦吉爾伯特（Boisguillebert）是他所讀的第一個法國老經濟學家。馬克思打算把他的經濟學研究結果發表在一本小冊子裡，更進而繼續發表一些獨立的小冊子，批評法律、道德性、政治等，然後把它們融會貫通起來，作成一部專書，最後是關於唯物論空論的批評。那些經濟、哲學的稿子現在已經編印在《選集》第三卷裡，連帶著那些筆記本裡一篇最重要的評論。

這些著作中所用的術語還在費爾巴哈的強大影響之下。在他爲政治經濟體批評的那些稿件而作的緒論提要中，馬克思指出《德法年鑑》中的魏特林和赫斯的文章，以及恩格斯的《政治經濟體批評大綱》都不過是初步工作。一般的積極批評，其中也包含德國對政治經濟體的積極批評，必須借重費爾巴哈的《將來的哲學》和《哲學改造論》中的「費爾巴哈的發現」爲「眞實基礎」。「積極的人本主義和自然主義的批評」是自費爾巴哈開端的。下列各點可以表明那時馬克思的經濟批評的階段。

亞當．史密斯所提出的工資法則是被認爲正確的。

> 據亞當．史密斯說，常態工資是與簡陋的人生，即動物生存相匹配的最低狀態。
>
> 生產過剩是最有利於工人的一種社會狀態——財富增廣——的結果。

工人階級的境遇的特徵被述如下：

> 在社會衰落的狀況中我們發現工人有每況愈下的悲慘，在進步的狀況中工人有複雜糾紛的悲慘，在安定的狀況中工人有停滯不移的悲慘。

指出「那些枝節的改革家——想要提高工資，或如普魯東想要建立『工資平等』」的錯誤。馬克思鑒於社會財富增加而工人收入固定，採用了德國經濟學家舒爾茨的「工人相對貧窮」的觀念來看待增長中的社會財富和停滯的工人收入。資本有時被定義爲「積存的勞動」（依照亞當．史密斯），後來又定義爲「支配勞動及其產品的權力」。並沒有分析過資本的利潤。在私有財產的法則之下資本的累積結果都集中在少數人手中，這是由於競爭推動著資本的自然歸宿。固定資本和流通資本的分類是從亞當·史密斯借來的。不變資本和可變資本還不曾出現。他也接受了亞當·史密斯的地租論，但是批評道：

> 這顯然是政治經濟體中概念上的顚倒，把土地的豐腴轉化爲地主的屬性。
>
> 地租是在佃農與地主之間的鬥爭中建立起來的。
>
> 在政治經濟體中我們到處都發現利益的敵對場面，鬥爭、戰爭是被承認爲社會組織的基礎的。
>
> 小規模耕作的地主對大規模地主的關係，正和自有工具的手工匠對「工廠主」的關係一樣。
>
> 社會終於分裂爲兩個階級，財產擁有者們和沒有財產的工人們。

（資產階級的）政治經濟體是從私有財產這要素出發的；它把私有財產的實際過程總結在總括的抽象形式之中，在法律之中，但是它並不理解法律，也就是說，它並不表明法律是如何以私有財產的本質出發的。由此馬克思達到他的歷史性批判，就是，他對這問題的革命觀點。並不從什麼「捏造的原來狀況」加以解釋，而必須從「現存的政治經濟因素」來解釋。那理由在什麼地方呢？

勞動不但生產商品，也生產它自己和作爲商品的工作，且像生產普通商品似地生產工人。

勞動所生產的事物自身表現爲「一種疏離（異化）的實體」，作爲獨立於生產者的一種勢力。勞動的異化傾向和具體化。

這一切結果都產生於這種情形：工人把其勞動的產品看作一種疏離的實體。據此這就顯明了：工人愈盡力勞動，他在他自己之外所創造的疏離的客觀世界就變得愈強勢，而他和其內心的世界就變得愈貧乏，且可以稱爲他自己的就更少。這正如宗教上一樣，人愈信賴上帝，他內心保留給自己的就愈少……

「勞動的異化傾向」表現在下列基本現象之中：

㈠勞動對工人成爲「外在的」，也就是，它不屬於他的本身：他在勞動中感覺不快，並非自由發揮他的體力和智力，而是在「抑制」他的肉體和毀損他的精神。於是工人「覺得他的個體性只在勞動之外，而勞動是在他自己之外的」；

㈡他的勞動不屬於他，而屬於別人；

㈢因爲具體化的勞動疏遠人類，1.疏遠自然，2.疏遠他自己，疏遠他的活動機能，疏遠他積極的生活，這種勞動也就使他化爲異類。

異化的勞動產生「並不從事生產的人們支配生產及其產品的權力」。私有財產，表面上是異化的勞動的根源和理由，其實是它的種種後果之一。一切政治經濟的範疇都可以從異化的勞動這觀念和私有財產得到推展。

「異化傾向」，「具體化」這概念是直接來自費爾巴哈的，再遠些是來自黑格爾，但是必須說明的是：馬克思從革命觀點上把握住資產階級經濟秩序的種種基本事實之一，即工人與生產工具的分離，批評馬克思早期經濟著作的許多資產階級們都不曾注意到這一點。雖然術語還是黑格爾和費爾巴哈的術語，這分析卻是革命的和唯物的，從工人階級和社會主義的觀點上把握住資本的基本關係，因此超越黑格爾和費爾巴哈。在這一階段中馬克思分析的基本要素並不是費爾巴哈主義的形式的外殼，而是那顯然已超越費爾巴哈的實質內容。

馬克思還區別「原始共產主義」與共產主義之間的不同：前者是一種普遍的等平，抽象地否定文化和文明的世界（他用這名詞的意義是說原始工匠的共產主義，連帶著一種樸素主義的觀念，推翻從前的文化世界等等），而後者是進化的更高階段，「把私有財產當作人類自我異化加以積極清算，將人的屬性眞正由人來支配和爲人所享；因而，以從前發展而得的全部財富爲基礎，人完全自覺地歸復爲社會的人，也就是，眞實的人。」以資本主義的技術和文化的成就爲基礎的共產主義！在這一階段，馬克思還稱這種共產主義爲「完成的自然主義」和「人道主義」。

他進一步說道：

> 共產主義是處於「否定之否定」的位置，因而是人類解放和自我復原的歷史發展第二階段的眞正必要因素。共產主義是即將到來的必然形式和推動原則，但是共產主義並非人類發展的目的——而是人類社會的形式。

這觀念的進一步和明確發展在馬克思對《哥達綱領》所作的旁注之中被發現，這旁注概略地描述了社會主義和共產主義的發展的不同階段。後來馬克思完全拋棄「人類發展的目的」這觀念，而恩格斯（在馬克思同意之下）卻在《反杜林論》中發展這觀念：人類發展中的一個興起的支派必須假定一個衰落的支派，最終必須假定人類的歷史的目的。

在這裡我們也可以發現歷史唯物論基本觀念的核心：人的社會意識是被他的社會存在所決定的。「在人的依屬感中他肯定他眞實的社會生活，在思想中他僅是重複他的眞實存在而已」。「依屬感」這用語還是費爾巴哈的，但是那內容卻根本地超過費爾巴哈了。

接著馬克思分析「異化的勞動」，他又根據黑格爾的《精神現象學》（一八〇七年出版）批評黑格爾唯心論的辯證法。黑格爾的精髓在於他把人類的自我創造理解爲一種過程，並分析人類勞動。然而，黑格爾只以「抽象的智力勞動」爲勞動。他只看見勞動的積極方面，而看不見它的消極方面。人是被看作一種非物質的精神實體的。精神界是被認識和被清算為人自我異化，但是同時以人的眞實存在呈現。「這是黑格爾錯誤的實證主義的根源，或他純然表面的批評主義的根源。」

五、作爲第一國際組織者的馬克思

馬克思和恩格斯的組織活動的最高成就，是把他們的許多社團合併爲共產主義者同盟，而由同盟採取了科學的共產主義。首先闡明這一點的是梁贊諾夫，他把八〇年代和九〇年代間，俄國各圈子的終於合組成俄國社會民主黨作爲一個中央集權的黨類比爲四十年代的共產黨運動的相對應階段。馬克思和恩格斯先在布魯塞爾組織「工人教育協會」。他們從布魯塞爾與德國、倫敦、巴黎和瑞士的共產主義團體建立聯繫。「通信委員會」是由他們和其在布魯塞爾、巴黎及倫敦的支持者組成和指導。馬克思寫信請普魯東援助巴黎的通信委員會。在一八四六年中，布魯塞爾的中央通信社的領導者是馬克思，巴黎分社是恩格斯，倫敦分社是鮑爾、夏佩爾和莫爾。

一八四七年一月二十號倫敦通信委員會派莫爾爲代表到布魯塞爾報告倫敦社會狀況。這次訪問造成了在倫敦開國際代表大會的決定。共產主義者同盟就是在這大會中建立起來的。威廉・沃爾夫代表布魯塞爾出席大會。規約草案交由各分社討論，等到下次大會提出。組織的單位是「社」或分部。「社」在各區內組成。「中央區」選出中央委員會。同盟發行了最早的共產主義機關刊物（只出過一期）。第二次大會於一八四七年十一月舉行。馬克思這次才出席。在詳細討論綱領之後，馬克思受命起草共產黨宣言。宣言發表於一八四八年二月下半月。值得注意的是這《共產黨宣言》的最初兩版都題名爲《共產主義者宣言》。

從這些情形看來，馬克思和恩格斯起草宣言和制定《第一國際共產黨綱領》顯然不是孤立的作家的作爲，而是執行作爲他們所組織的國際共產主義運動的領導者的任務。雖然這運動在數量上是很弱小，它到底代表了當日工人階級運動中一切最進步分子的團結，因此它是十九世紀和二十世紀社會主義和共產主義工人階級運動的眞實起點。這組織具有非法的性質是必然的，但它已經不再是古早意義上「陰謀反叛的團體」，而是一種國際性組織的革命黨，那時它的主要目的是以馬克思和恩格斯所發展的科學性共產主義或社會主義爲根據，推廣一致的共產主義宣傳。

六、《德意志意識形態》

《德意志意識形態：對晚近德國哲學及其代表費爾巴哈、鮑爾和施蒂納與德國社會主義及其不同預言家之批評》這書現在已經全部發表在選集第五卷之中。

第一節「費爾巴哈」中包含馬克思和恩格斯所發展的歷史唯物論主要因素的敘述，和對費爾巴哈的摘要批評。人類的發展始於人類生產生活手段。某種「生活方式」是以生產什麼和怎樣生產爲特徵的。「勞動分工」的各階段決定財產的不同歷史形態，也就是說，勞動分工的現行階段也決定了有關勞動的物資，工具和產品的個人相互的關係。

財產的主要階段：一，「部落財產」（即原始共產主義），奴隸制度開始；二，「古代社區和國有財產」（奴隸制度還存在），然後眞正財產的發展；三，「封建或合作的財產」；四，資產階級的財產。

「意識絕不會是其他什麼，不過是有意識的存在而已，而人的存在便是其眞實生活過程。」帶著眞實表象的「獨立的哲學」失掉其存在之中介物。它的地位盡可以由人類歷史發展的冥想中萃取的最普遍結論的摘要來代替。

> 生活的產物，個人本身的勞動和繁殖的新生命，兩者都有雙重關係，一方面是自然的關係，另一方面是社會的關係——社會是指幾個個人合作之意，不論這種合作的條件、方式和目的爲何。

這一段很重要，因爲它無可非難地表明，後來恩格斯在總結人類生活的生產和再生產爲社會發展的基本因素中所使用的公式，並非他自己偶然的即興之作，如某些馬克思主義批評者所爭執，而是早在一八四五至八六年間馬克思和恩格斯就已共同使用了的。語言像意識一樣古老，它是一種社會的產物。最初的勞動分工是在性的行爲上，稍後是作爲生理的特質分化的結束等等。國家是由特殊利益與一般利益之間的衝突而發展起來的。國家之內的一切鬥爭都是階級之間的實際鬥爭所幻化而成的形式。志在得到統治地位的每一階級首先必須奪取政治權力。「有產者的社會」是全部歷史的眞實基礎和舞臺。後來所用的「意識形態的上層建築」這詞在這裡是用「理想主義的上層建築」這詞來表達的。

費爾巴哈想要把稱呼一個特殊政黨的支持者的共產主義者這個詞，轉移爲徒具形式的範疇。費爾巴哈進展到一個理論家所能進展的地步，無論如何不超出哲學家和理論家之外。費爾巴哈把他自己限制在對物質世界的純然冥想。他停滯在抽象的「人」上。他把人理解爲物質客體，而不當作「物質活動力」。他並不批評現存的生活狀況。

「在共產主義唯物論者看見工業和社會組織轉型的必然性和條件」的地方，他倒退入唯心論裡面去了。「以作爲一個唯物論者而論，歷史並不提及他，而當他檢驗歷史的時候，他卻不是唯物論者。」在統治階級之內，一種勞動分工實行於它的「積極接受意識形態的專家」與其餘的群眾——其實是「這階級的積極成員」——之間。

「國家」不過是有產階級對內、對外必須採用以保障其財產和利益的組織形式。國家的獨立現時只是在這樣的國度中：社會各品位還不曾完全發展爲階級，或在較爲進步的國度，品位已被廢除，但仍顯出作用，或社會中沒有一個階層已取得優越地位的國度。這就是德國的特殊情形。

生產力發展到某一階段，生產手段和交通手段的生產，在某種情況之下，只能招致損害，成爲「破壞力」。負擔著社會一切重擔的階級，代表社會全體成員的多數派，被迫而敵對其他階級，並覺悟根本革命的必要，興起共產主義的意識，那麼，這一階級就是那必要的革命的積極因素。它對先前的統治階級進行一種革命鬥爭。共產主義的革命「清算一切階級的統治和階級自身」。革命的必要不僅因爲只有用這種方法才能推翻統治階級，而且也因爲只有用這種方法才能使新興的階級「自身掃除過去一切積重難返的弊害，且能夠建立一個新社會」。

在我們看來，歷史上以往的一切衝突都源於生產力與社會體制之間的矛盾……所以，在某一個其他國度裡由這矛盾而引起的衝突，並不一定在另一個國度之內被強化到爆發點。與更高度工業化的國家競爭——由國際關係的擴張所造成——是充分足夠在工業發展程度較低的國度中產生同樣矛盾的（例如，德國的潛伏的無產階級藉由對英國工業的競爭而顯揚起來）。

這一節明示甚至那時馬克思和恩格斯也已知道，共產主義的革命不一定首先在最高度工業化諸國之內爆發。

對施蒂納的批評占去《德意志意識形態》的較大部分。梅林評說：「它甚至比《神聖家族》中最枯燥的幾章還要更枝節散漫，超出論爭之外；沙漠中並非全無綠洲，然而終究比較稀少。」（參看該書第五章第一節。）

要我們今日的工人理解馬克思和恩格斯反對施蒂納的詳細論爭確是困難的，但必須指出這論爭絕不是對今日的讀者無關緊要的任何哲學幻想的問題，而是共產主義與無政府主義之間的根本討論。施蒂納是無政府主義的主要泉源之一。倘若能夠從這討論，把關於社會主義和共產主義對無政府的關係，有根本重要性的每一件都萃取成評論，這是很有價值的工作。這討論確是包含著這種評論的一切基本要素的。這書詳細證明施蒂納的「自由人的聯合」不過是「現今社會的理想反映」。小資產階級的心理，它的需要和它的理想，被揭露為施蒂納的批評主義的基礎。施蒂納所宣傳的「反叛」是作為反抗共產主義革命的。

馬克思和恩格斯評說：

這以貧弱的對照法和凋敝的雄辯呈現的整個反叛哲學，到底不過是為暴發主義辯護的誇張之詞而已。凡暴發戶在採取「利己行動」的時候都有特殊心理，想要不顧一般實際條件使他自己高升起來。他想要越過現存的障礙，而把其餘據為己有。已經「升」為工廠主的那織工擺脫織布機，就離棄了它。否則世界仍然要照常繼續它循環不斷的日常生活，這位「意氣風發」的暴發户就得露出僞善的神氣勸告別人也要學他一樣變爲暴發户。所以，施蒂納的一切挑戰性的誇口歸根究柢不過是由格勒特（Gellert）⑥的寓言而得的道德性結論，和對有產者的慘況的推測性詮釋而已。

對「眞正社會主義」的批評，有下面這樣重要的一節：

眞正社會主義是最完全的社會文學運動；它的發展毫無任何現實的黨派利益，而且在共產黨成立之後它也還想無論如何繼續存在。自從德國國內發展一個眞正的共產黨以來，眞正社會主義者們顯然將要愈漸只限於以小資產階層爲他們的群眾，只限於以頹廢無力的三流作家爲這群眾的代表人了。

使作爲無產階級前有組織性運動的共產黨，脫離小資產階級和那些小資產階級意識形態的作家們無組織的運動是必要的。

⑥ 格勒特（一七一五—一七六九）：德國神學家。

七、馬克思與科隆「工人協會」

馬克思和恩格斯於一八四八至四九年間加入革命運動，成爲民主運動的左翼，盡力向前推進。在這些年間民主派的主要群眾是革命的小資產階級、城市的工匠和店主、鄉村的中農和小農。這小資產階級成爲當時德國革命運動的分遣軍。工人階級運動，在數量上還很薄弱，以同盟者的姿態作爲小資產階級運動的左翼而活動著。馬克思和恩格斯所採取的策略路線是工人階級運動先與革命的小資產階級結爲同盟，只要後者還是進步的，而且不妨礙工人階級運動，一般目的是促進革命的小資產階級，使它能夠取得權力，且游說它採取強而有力的革命措施打擊土地貴族和資產階級，然後把工人階級組織成獨立的革命勢力對抗小資產階級，在適宜的時機從後者手中奪取權力。在他們眼前的事例是法國大革命中的雅各賓黨的專政，即城市小資產階級、工人和農民的專政。

然而，德國的革命的發展卻在不同的路徑上。資產階級與皇室和土地貴族建立妥協，而小資產階級在幾次未能取得任何廣大權力的短促進攻之後就潰退了且大都很悲慘。

馬克思和恩格斯領導萊茵地帶民主運動的活動是人所熟知的，而且已經有足夠的記載。首先揭露馬克思和恩格斯在科隆和萊茵地帶工人階級運動中所扮演的角色的卻是梅林。

一八四八年四月十三號一個名叫戈特沙爾克（Gottschalk）的醫生創立科隆工人協會，且迅速發展。五月八號戈特沙爾克宣稱已有會員五千人。協會以「萊茵民主聯合會區委員會」爲代表機關，而自始馬克思就通過莫爾和夏佩爾影響它。不過當初，「馬克思派」是少數派。在戈特沙爾克領導之下的多數派不願和小資產階級的民主派聯盟，而且決定不參加普魯士和德國國民議會的選舉。七月三號戈特沙爾克和他的助手安內克（Anneke）被捕。於是馬克思派在協會取得多數派，莫爾於七月六號當選爲區委員會主席，和馬克思及恩格斯攜手合作。鬥爭緊張起來，夏佩爾（也是共產主義者）和青年律師貝克（Becker）也於九月二十五號被捕。官方也曾企圖逮捕莫爾，使他不得不隱藏起來。繼承莫爾的諾特榮（Nothjung）和勒塞（Roser）感覺他們不能勝任，於是馬克思於十月十六號親自執行主席職務，於十月二十二號由協會在居策尼希（Gurzenich）所舉行的全體大會確認他的職位。他終於成功說服協會參加選舉，且提出一份新規章，於一八四九年二月二十五號得到通過。二月二十八號夏佩爾又取得領導權。四月十五號馬克思、威廉・沃爾夫、夏佩爾和安內克退出區委員會，同時工人協會也退出聯合會。馬克思已決定組織獨立工人團體的時機已經成熟。五月六號萊茵地帶和西伐利亞的各工人協會舉行了一次代表大會。它的會議程序是：組織萊茵地帶和西伐利亞工人聯合會；選舉代表出席全國工人聯合會代表大會（六月在萊比錫）；本會的決議案。

一八四九年五月十六號馬克思接到驅逐他出科隆的命令。

八、第一國際

關於創立第一國際的歷史，梁贊諾夫曾經蒐集得許多新資料（《馬克思恩格斯檔案》第一卷）。在這裡我們只能列舉一些在準備創立中的最重要事件。

一八六二年二月二十一號——由一個委員會發信邀請巴黎工人派代表到倫敦參觀世界博覽會。二十萬工人參加選拔，選出了兩百個代表。第一批代表於一八六二年七月十九號啟程，最後一批於十月十五號啟程。

由於《工人》（*The Working Man*）的編者的提議，於七月在倫敦成立法國工人接待委員會。八月五號，在共濟會大堂開會，但是具有資產階級性質的倫敦工聯會並未參加。一部分法國代表，連建築工人托萊因在內，和倫敦工會建立聯絡。

法國委員會分裂：非拿破崙派分子（托萊因等）退出委員會，獨立行動。

在英國和法國熱烈宣傳贊助波蘭叛亂。法國工人被邀請到倫敦。

一八六三年七月二號，在聖詹姆士大堂開會，倫敦工會和法國工人的代表（托萊因等）出席。英、法代表和參與者會後討論。

七月二十三號，由倫敦工聯會召集法國代表在老巴勒（Bailey）「鐘店」（Bell Inn）開會決定選舉委員五人向法國工人發出呼籲。聲明於十一月十號在「鐘店」第二次會議中通過，並於一八六三年十二月五號在蜂房（The Beehive）印刷出版。八個月之後法國工人才有回信到倫敦。一八六四年九月二十八號，在倫敦聖馬丁堂開會及討論那回信。馬克思親臨講壇，但是並未積極參加討論。由他指定艾卡里爾斯爲發言人。選舉臨時委員會，艾卡里爾斯和馬克思被選爲德國代表，處理開場白事項。決議根據英法聲明組成「國際協會」，作爲國際間通信和討論的機關。並指定次委員會，包含馬克思在內，起草協會「規定和規章」。其餘的事是已經周知的。

一九一八年十一月以後，由於檢驗奧國警察檔案變得可能，發覺艾卡里爾斯——在國際工人協會理事會任職多年，後來和馬克思爭吵——曾經將有關理事會議程的報告提供給奧國特務機關。

九、馬克思—恩格斯與拉薩爾—施韋策

梅林對拉薩爾—施韋策及其政策的態度在今日是不可取的。梅林死後才發現的一些重要事實，和此後工人階級運動發展所引起的一些新問題，迫使我們否定梅林對拉薩爾派運動的態度。這全部問題曾經詳細檢討在波爾諾（L. Pollnau）所作的梅林選集第五卷導言裡。這裡我們只能略舉梅林對拉薩爾派運動的意見必須要修改的一些新事實和新原則。

第一件事實是俾斯麥和拉薩爾的通信，這些信在一九二八年偶然發現於普魯士首相布勞恩（Otto Braun）內閣的難以分類和被遺忘文件的雜項卷宗中。布勞恩把這些信交給邁爾發

表於後者所撰輯的《俾斯麥與拉薩爾，他們的通信和討論》。通信開始於一八六三年五月十一號，先由俾斯麥寫一封短信給拉薩爾，邀請他去商討「勞動問題」，也就是說，早在拉薩爾的工人聯合會建立之前。現在摘錄拉薩爾於一八六三年六月八號所寫的信函裡的一節，以示他對俾斯麥和普魯士國王的態度：

> 然而，從這縮圖（德國工人聯合會規章）看來，你就可以認清勞動階級本能地傾向獨裁政治，只要他們合理相信這獨裁政治是爲他們的利益而運行的，而且，如我最近向你所提議，無論他們如何傾向共和——或者正因爲這種傾向——他們都很願意接受國王爲社會獨裁統治的天然工具，而不爲資產階級利己主義的工具，倘若國王能夠決心採取——實際是很不可能地——一種眞正革命和全國性的政策，把它自身從特權階級的君主制轉變爲革命人民和社會的君主制。

第二件事實是從瓦格納（Hermann Wagener）的文學遺物中所得到的一份文件（也是由邁爾發表的）；向俾斯麥借到兩千五百塔勒的一張收據，簽字者是霍夫施泰頓（Von Hofstetten），施韋策的朋友和親信，《社會民主黨人報》編輯之一。參看邁爾的《全德工聯會與一八八六年的危機》（*Der Deutsche Allgemeine Arbeiterverein und die krisis 1866*），發表於《社會科學及社會政策檔案》第七十五卷。

這些文件證明拉薩爾和施韋策所遵行的策略使他們依靠俾斯麥和普魯士國王的反動封建君主專制，到工人階級所不能容忍和不可能的程度。馬克思和恩格斯所遵行的政策則是完全獨立的工人階級運動；聯合小資產階級和農民中的革命分子反抗大敵封建的反動派；凡是資產階級和土地貴族及國王衝突的時候，就鼓勵資產階級。這政策是符合革命工人階級黨的利益及原則的唯一政策。馬克思和恩格斯直接棄絕了拉薩爾派運動的假設，視其為一種機會主義從一八四八至四九年間共產主義運動所已達到的明白原則故態復萌為政客陰謀（Realpolitik）。在馬克思—恩格斯與拉薩爾—施韋策的衝突中，前者是完全正確的。

十、馬克思與巴枯寧

關於馬克思與巴枯寧在第一國際的衝突，梅林的態度在今日也是不可取的，而且也由於一些新事實和工人階級政策發展的一些新問題，使我們必須修正他的意見。梅林對這問題所犯的錯誤可以由下述情形加以解釋：第一，當時德國社會民主派對巴枯寧及其鼓吹的無政府主義的攻擊，總是出於機會主義的考慮以及庸俗的道德論（而與馬克思和恩格斯所考慮的常沒關係或完全無關）；第二，自一八九〇至一九一四年間，德國無政府主義對社會民主運動並無任何嚴重危險。因此梅林忽略了第一國際時代的情形和當時德國情形根本不同，更不知道在革命鬥爭的某一階段中無政府主義幾乎必然抬頭，且它一出現就必然，在某種情況之下，扮演一種反革命的角色〈例如，馬赫諾在烏克蘭的角色〉。

十月革命以後，從俄帝國的檔案中得到一些有關巴枯寧的新事實。關於巴枯寧最重要的已公開的文獻，是所謂〈悔過書〉，這是他在奧爾洛夫伯爵提議之下寫給沙皇的，在他被奧國政府交給沙皇的警察之後。這文件由巴枯寧寫成於一八五一年九月十五號，很快就進呈沙皇，沙皇交給太子閱讀，讀後歸入第三部檔案中惡名昭彰的「保護」檔案。這文件於一九一九年發現於列寧格勒中央檔案館，隨即發表。巴枯寧於一八五七年二月十四號寫給沙皇的一封信也已發現，並被公布。

這兩份文件的主旨都是要求減輕刑罰。在〈悔過書〉裡巴枯寧從「悔改的罪人」——他簽名自稱——的觀點敘述他的革命事業。一八五七年二月十四號所寫的信甚至比〈悔過書〉更為惡劣，其中有這樣的話：「我要用什麼詞彙稱呼我過去的生活呢？開始於空想和無效的努力，結束於罪惡……我詛咒我的錯誤、我的越軌和我的罪惡……」從政治觀點加以研究，二月十四號的信和〈悔過書〉都表現著沙皇主義的泛斯拉夫的反動傾向。巴枯寧毫不遲疑地投合沙皇主義反對西歐民主和革命運動的反動嫌惡。

根據現有的關於巴枯寧的材料，能夠反駁馬克思和恩格斯對他的態度的，不過是他們不曾在更早時間批判他而已。

關於馬克思和巴枯寧及其追隨者之間黨派鬥爭採用「道德性質」的討論，在今日是很次要的問題。馬克思和恩格斯並不是「無邪的羔羊」，而巴枯寧及其朋黨也不是；他們雙方實行黨派鬥爭，絕不嚴格符合道德的至上命令。無論如何，這一切現在都是很次要的了。在巴枯寧派及其追隨者與馬克思派及其追隨者的鬥爭之中，根本原則和歷史是在馬克思和馬克思主義這方的，因此，我們可以假設，「道德」的正當性也在這一方。

卡爾・馬克思年表

Karl Marx, 1818-1883

年代	記事
一八一八	（五月五號）馬克思誕生於居里。
一八三五	畢業於居里高級中學。
一八三五—三六	在波昂大學學習法律。和燕妮女士訂婚。
一八三六—四一	在柏林大學學習法律、歷史和哲學。 開始研究黑格爾。加入青年黑格爾派（鮑爾、魯騰伯格、邁恩和科本等）。 初次文藝習作（詩及其他）。
一八三八	馬克思的父親去世。
一八四一	畢業於耶拿大學。
一八四二—四三	投稿於科隆《萊茵報》，後來任編輯。與盧格合作。
一八四三	與燕妮結婚。
一八四三—四五	旅居巴黎。
一八四四	與盧格共同發行《德法年鑑》。 投稿於巴黎《前進報》（伯恩斯坦和伯內斯主持）。 研究法國社會主義和共產主義。 結交海涅、普魯東等。初次會見恩格斯。 研究經濟學和哲學。

一八四五	基佐應允普魯士政府的請求把他逐出巴黎。
一八四五—四八	旅居布魯塞爾。 與恩格斯合作《神聖家族》和《德意志意識形態：對晚近德國哲學及其代表人費爾巴哈、布魯諾・鮑爾和施蒂納與德國社會主義及其各種預言家之批評》。 投稿於《社會之鏡》、《西伐利亞汽船》和《德文布魯塞爾報》。
一八四七	和魏特林會晤。 和普魯東論戰，作《哲學的貧困》。 加入共產主義者同盟，講演保護貿易、自由貿易、工資勞動和資本。 與恩格斯同被委任起草《共產黨宣言》。
一八四八	《共產黨宣言》出版。 被逐出布魯塞爾。 改組共產主義者同盟（恩格斯、夏佩爾、沃爾夫、施特凡・波恩等）。
一八四八—四九	在科隆任《新萊茵報》編輯。 會晤拉薩爾和弗萊里格拉特。 遊歷維也納，對維也納工人協會演講。

一八四九	被控違犯出版法及煽動武裝叛亂，旋由科隆檢察官宣告無罪開釋。 被逐出科隆，《新萊茵報》停刊。 代表德國民主黨出席巴黎民族會議。 被逐出巴黎。
一八四九—八三	流寓倫敦。
一八五〇	恩格斯到倫敦，然後到曼徹斯特。 發行《新萊茵報・政治經濟評論》。 對倫敦工人教育協會演講。 最小的兒子夭折。
一八五二	最小的女兒夭折。 擔任《紐約每日論壇報》撰稿人（直到一八六一年）。 投稿於大憲章派的報紙。 共產主義者同盟解散。 與德國流亡者爭論。 科隆共產黨審理案。 出版《路易・波拿巴的霧月十八日》。

一八五五	兒子艾德加夭折。
一八五七—五八	編纂《美國新百科全書》。 和拉薩爾通信。
一八五九	《政治經濟體批判》出版。 投稿於倫敦的《人民報》。
一八六〇	與福格特論戰。
一八六一—六二	投稿維也納《新聞報》。
一八六一	重返德國。在柏林會晤拉薩爾。
一八六三	拉薩爾建立全德工人聯合會。
一八六四	拉薩爾去世。 在倫敦聖馬丁堂成立國際工人協會。馬克思起草《國際工人協會成立開場白》。 威廉・沃爾夫去世。
一八六五	與施韋策的《社會民主黨人報》短期合作之後脫離全德工人聯合會。 講演〈關於價值、價格和利潤〉。 倫敦國際會議。

一八六六	日內瓦第一次國際大會。 《先驅》作為國際工人協會的機關報。
一八六七	《資本論》第一卷出版。 洛桑第二次國際大會。
一八六八	布魯塞爾第三次國際大會。 巴枯寧建立國際社會民主聯盟。
一八六八—六九	西歐、中歐罷工運動盛行。
一八六九	艾森納赫德國社會民主勞工黨大會。 巴塞爾第四次國際大會。 關於巴枯寧的機密通信。
一八七〇	國際工人協會理事會對普法戰爭的聲明。 恩格斯定居於倫敦。
一八七一	巴黎公社。國際工人協會理事會聲明：《法蘭西內戰》。 倫敦第二次國際會議。 與萊比錫《民族國家報》合作。

年份	事件
一八七二	海牙國際大會。開除巴枯寧。國際工人協會理事會移至紐約。馬克思在阿姆斯特丹演說。
一八七三	寫反對巴枯寧的小冊子。馬克思患重病。
一八七五	德國各勞工黨派在哥達合併。馬克思寫《哥達綱領批判》。
一八七六	巴枯寧去世。
一八七七	與恩格斯合作《反杜林論》。
一八七八	德國發布反社會主義法令。
一八七九—八三	馬克思舊病復發，加上心病，致久病難癒。
一八八一	馬克思夫人燕妮去世。
一八八二	旅行至阿爾及爾和法國。馬克思女兒燕妮去世。
一八八三	（三月十四號）馬克思去世。
一八八五	《資本論》第二卷出版。
一八九四	《資本論》第三卷出版。
一八九五	恩格斯去世。

國家圖書館出版品預行編目(CIP)資料

馬克思 / 弗朗茲・梅林 (Franz Mehring) 著；李華夏編譯 . -- 初版 -- 臺北市：五南圖書出版股份有限公司，2024.07
面 ; 公分
譯自：Karl Marx : geschichte seines lebens.
ISBN 978-626-393-343-9(平裝)

1.CST: 馬克思 (Marx, Karl, 1818-1883.) 2.CST: 傳記

549.348 113006349

大家身影 015

馬克思

作　　者 —— 弗朗茲・梅林（Franz Mehring）
編 譯 者 —— 李華夏
發 行 人 —— 楊榮川
總 經 理 —— 楊士清
總 編 輯 —— 楊秀麗
副總編輯 —— 侯家嵐
責任編輯 —— 吳瑀芳
特約編輯 —— 張碧娟
封面設計 —— 封怡彤
出 版 者 —— **五南圖書出版股份有限公司**
地　　址：臺北市大安區 106 和平東路二段 339 號 4 樓
電　　話：02-27055066（代表號）
傳　　真：02-27066100
劃撥帳號：01068953
戶　　名：五南圖書出版股份有限公司
網　　址：https://www.wunan.com.tw
電子郵件：wunan@wunan.com.tw
法律顧問 —— 林勝安律師
出版日期 —— 2024 年 7 月初版一刷
定　　價 —— 850 元